2021 年度浙江省哲学社会科学规划后期资助重点课题成果（21HQZZ003Z）

浙江省哲学社会科学规划
后期资助课题成果文库

南阳汉代画像石综合研究

上卷

卜友常 著

中国社会科学出版社

图书在版编目(CIP)数据

南阳汉代画像石综合研究：全二册／卜友常著．—北京：中国社会科学
出版社，2022.6

（浙江省哲学社会科学规划后期资助课题成果文库）

ISBN 978-7-5227-0668-9

Ⅰ.①南… Ⅱ.①卜… Ⅲ.①画像石—研究—南阳—汉代 Ⅳ.①K879.424

中国版本图书馆 CIP 数据核字(2022)第 141632 号

出 版 人	赵剑英	
责任编辑	宫京蕾	
特约编辑	李晓丽	
责任校对	秦 婵	
责任印制	李寡寡	

出　　版	中国社会科学出版社	
社　　址	北京鼓楼西大街甲 158 号	
邮　　编	100720	
网　　址	http://www.csspw.cn	
发 行 部	010-84083685	
门 市 部	010-84029450	
经　　销	新华书店及其他书店	

印刷装订	北京君升印刷有限公司
版　　次	2022 年 6 月第 1 版
印　　次	2022 年 6 月第 1 次印刷

开　　本	710×1000　1/16
印　　张	59
插　　页	2
字　　数	996 千字
定　　价	398.00 元（全二册）

凡购买中国社会科学出版社图书，如有质量问题请与本社营销中心联系调换
电话：010-84083683

前　言

　　中国美术考古作为考古学科中的一个门类，在通常情况下，往往被理解为是对作品外在的视觉艺术层面的价值判断，其重点是去研究艺术风格的发展与演变，其实不然，与所有其他人文科学一样，所谓的内在与外在均是其关心的重点。随着中国美术考古研究的不断深入，尤其是对汉唐美术图像的解读，越来越成为讨论的重点。这就涉及目前学术界重视的图像学问题。图像学基本注重两个问题，即什么画以及画面的精神因素。这里面有两个层面的意思，即画的内容和画的意涵，而意涵是图像背后的问题。按著名美术史家潘诺夫斯基（Ewin Panofsky）的说法，"艺术不仅仅存在于其外在形式的发展及其形式问题的解决；它总是首先致力于观念的表达，在艺术的历史当中，这些观念对人的控制，完全不亚于艺术中所表现的宗教、哲学和诗；艺术是精神之总体历史的一个部分"①。当一件作品是"什么画"的问题解决之后，美术考古的任务其实并没有就此终结，还有一系列的问题需要去解决。

　　从学科的属性来讲，中国美术考古研究属于新的研究模式与发掘资料的交汇，即美术考古学科与田野考古学科的交汇。由于视觉逻辑和文化结构的不同，伴随着所谓的内在逻辑和结构研究的不断深入，中国美术考古跨学科、跨文化的深度和广度也得到不断延伸，学科之间的界限也越来越模糊。虽然这种研究已经有了近百年的历史，也取得了令人瞩目的成果，推动着这个学科的发展，但其任务并没有完成，彷徨和犹豫依然使我们时时处在十字路口上②。

　　汉代墓葬艺术作为中国美术考古的重要组成部分，如何深入研究，是历代美术考古学家都在思索的一个问题。巫鸿先生在《美术史十议》中

---

① Michlael Ann Holly. Panofsky and the Foundations of Art History. Cornell UniversityPres，1984.

② ［美］巫鸿：《美术史十议》，生活·读书·新知三联书店 2008 年版，第 99 页。

有过一段较为客观的论述，他指出美术考古研究，"如果没有一个整体的
'墓葬观念'作为分析的基础，这些专门性研究在增添某种特殊知识的同
时也消解了它们所赖以存在的文化、礼仪和视觉环境，不知不觉中把墓葬
从一个有机的历史存在转化成储存不同种类考古资料或重要文物的'地下
仓库'"①。因此，也只有了解墓中的相互关系，把它梳理得更加清楚，
方能明了它的整个意义。墓葬材料如此，文献材料亦如此，对待汉代以及
汉代前后的文献材料，也需要有一个"文献整体观念"。文献记述存在时
间性与地域性的差异，但仍需要有整体把控的态度和能力，需要去伪存
真，识别决断，否则我们在文献面前，就会被其击败，成为文献的奴隶。

　　汉代墓葬艺术的研究方法固然重要，但它只是此项工作的起点，墓葬
材料的完整性是一切墓葬艺术研究的基础。在中国，墓葬艺术的历史源远
流长，从华夏民族进入文明时代就已经开始。从物质形态上讲，它属于一
种建筑和艺术的综合体，比中国的宗教具有更长的历史。在此过程中，中
国墓葬的特性越来越明显，并在发展过程中逐渐锻造出极具民族特色的视
觉语汇和形象思维方式，并有着鲜明的时代特性，这种思维方式与当时的
文化结构密切相关，蕴含着宗教、民俗、伦理、生死观、孝道思想等。墓
葬的营建与陈设方面，是这些观念的物态化呈现。这些原封的、完整的物
态化，是我们墓葬艺术研究的原始资料，同时也是所有学术研究者梦寐以
求的资料状态。但是，中国墓葬艺术在历史的进程中遭遇着种种不幸，十
墓九盗已经成为墓葬的常态化，其原始性已经受到破坏，这是墓葬艺术研
究碰到的第一个缺环。第二个缺环是考古发掘报告的欠严谨性。就以汉代
画像石墓为例，全国汉代画像墓葬考古发掘报告有 200 多篇，这些丰富的
内含和缜密的设计不仅呈现的是一个"宇宙"，还有天界、仙界、人间、
冥界，另外加上各类陪葬品和棺椁，在建墓者心目中属于一件完整的"作
品"，墓葬所特有的叙事程序与视觉逻辑是固定化的存在，而不是冥器的
堆积与棺椁的停放。然而众多的发掘报告几乎清一色地套用了一种模式，
就是着重描述墓葬形制、出土遗物、所属年代这三个步骤。往往在叙述墓
葬信息时不够严谨，出土器物的位置以及这些器物之间的逻辑没有澄清，
有的墓葬中画像的视觉逻辑与叙事程序没有梳理清楚。有的墓葬画像还与
墓室之外的方向和地理环境有一定的关联，这也是墓葬画像释读过程中的

---

① ［美］巫鸿：《美术史十议》，生活・读书・新知三联书店 2008 年版，第 78 页。

一个视觉环节，但考古发掘过程中没有予以重视，此项环节的丢失，造成了墓葬艺术资料的不完整性，是学术研究极大的损失。

汉代画像石毕竟是一种墓葬的材料，而墓葬的完整体系，不仅包括墓室与祠堂，还包括茔域中的墙垣、神道、墓碑、石像生、墓阙等。如果要讨论所谓的"整体性"，正如上文所言，也应该把墓地建筑周边的环境纳入进去。毕竟汉代人在阴宅的选择上是十分讲究图宅术或宫宅地形的，这种学说我们俗称"风水学"。一味地谈墓葬艺术中的宇宙观、生死观，不把风水学放置进去，将会对墓葬图像的释读造成一个巨大的损失。这不仅是我们研究过程中没有注意到的，就连考古发掘的工作者也是没有注意到的。在《水经注》中，记录了弘农太守张伯雅的墓葬，生动而又形象地描述了墓葬的风水学布局理念，从而使一个更加立体、鲜活的墓葬呈现于我们面前，同时也把营建张伯雅墓的宇宙观展现在我们面前，这对更加深入理解墓室内的图像会有巨大的帮助。

因此，墓葬艺术研究不是单独对墓葬中一幅作品或一件器物的研究，也不仅仅是墓室内部的一个整体研究，而是从墓室到封丘以及墓地祠堂和墓地环境的一个大综合体的研究。而目前文物考古部门整理出来的所谓"发掘简报"，由于历史的原因，缺失大量信息，几乎使一份专业的考古发掘报告成为出土文物的清单。墓葬的信息已经支离破碎，墓葬艺术研究又怎能还原历史真实状态呢？

这是迄今汉代墓葬艺术研究所面临的问题，也是众多研究者的困惑。尽管如此，还是有一些学者以惊人的思维，逐步探索着汉代墓葬艺术的历史真相。同时也涌现出一批研究成果，深受学界的关注，我们可以简单地归结为以研究方法取得赞誉和以严密的结论取得赞誉两大类。

就汉代墓葬艺术研究方法的创新与使用而言，取得较大成功的，我们不得不提美国芝加哥大学巫鸿先生。巫鸿的学术背景与目前国内美术史研究学者略有不同，深厚的文化人类学积淀，促使他看待墓葬材料极其认真，阅读完整的墓葬材料，已经成为他研究中的主要环节。他的《武梁祠——中国古代画像艺术的思想性》一书，可以作为近几十年来汉代墓葬艺术研究方法使用比较先进的一个案例。巫鸿师从著名考古学家张光直，而张光直在早年提倡聚落形态理论，他的学术研究成果尤其是《武梁祠——中国古代画像艺术的思想性》，虽然不能简单地说直接来源于聚落形态理论本身，但与这一理论有着千丝万缕的联系。在具体的论述中，他不仅关注祠堂内部的画像，整个建筑也是他关注的重点，并把视野逐渐扩大，把墓碑中关于武梁的生平与画像对读，这样一来，画像与汉代的社会背景以及墓主人的特殊经历联系在一起，使我们的思绪随着他的论述跌宕起伏，引人入胜。此外，他还特别关注考古发掘材料的完整性，通过对墓葬考古发掘材料的系统梳理，往往会发现之间的关联，从而使墓葬的视觉逻辑和叙事程序更加理性化。在书中，我们可以看到他所使用的"原境""图像程序"等术语，这就不难理解他研究的基本思路，即特别强调墓葬的整体性，而他所谓的整体性，不仅是物质方面的结构关系，还有着丧葬礼仪和丧葬观念的语境。通过这些整体性的思维，他将考古材料与考古研究有机统一在一起。更为惊奇的是，他不仅没有就此为止，反而以这些手段为中介，扩大墓葬艺术的视野，从而使其历史性和思想性得到不断延伸。他的这种处理方法，使他的著作内容更加饱满，把汉代墓葬艺术与历史学、考古学、文化学、人类学进行了有效对接，打破了学科之间的界限，弱化了作为美术考古学科的属性，使其著作成为兼具多元学科属性的学术著作。

《武梁祠——中国古代画像艺术的思想性》一书的亮点不少，但最值得称赞的是研究方法的恰当运用，他往往能使大量的考古材料与分析过程，构成一种十分丰富复杂而有机的关联，用学术的视野构建完整的、具有内在逻辑的墓葬本身，而不是单独的壁画、明器或墓俑。将材料放置在国际视野中观察，进行大量的论述，我们往往会发现，这些论述比结论更加精彩，更富有启发性。他尝试着建立了一种全新的研究模式，为未来的中国美术考古研究开辟了巨大的空间。

在巫鸿之前，信立祥《汉代画像石综合研究》是汉代墓葬艺术研究必读的一部名著，也是自宋代金石学以降，中国学术界第一次系统地对汉代画像石墓、汉代画像石阙、汉代画像石棺、汉代画像石祠堂等历史遗存进行梳理、归类、分期、分区、考证。从而将汉代画像石的研究推向了一个前所未有的高度，特别是对汉代画像石的图像渊源、图像分类、艺术表现、图像意义以及图像之间的关联等问题做了卓有成效的工作，并在研究过程中形成了一套切实可行的研究方法，就是把墓葬中的画像视之为一个整体，体现了汉代道教宇宙观中天界、仙界、人间、冥界的四个部分。在划分墓室空间时，他提出汉代画像石墓是按照汉代人生前居住的前堂后寝的格局来营建的，并把这个整体与墓地祠堂联系起来，墓室的图像与祠堂的图像存在诸多互动。其中墓室中的车马出行图是从地下墓室走向地上祠堂，接受家人祭祀的一种场景。

全书有破有立，提出了诸多具有启发性和挑战性的新看法，同时也驳斥了不少成说，尤其是对待一些图像的解读，不得不佩服他的文献熟悉程度以及对文献的整体把控程度。这为后世研究汉代墓室壁画提供了一个较为成熟的案例，引领着学术界的研究方向，必将对今后的汉代墓葬艺术研究产生重要的影响。

巫鸿的研究方法引人入胜，令人心潮澎湃，但是其结论多少让人失望。信立祥的研究则与巫鸿不同，他既注重研究方法，又十分注重研究结论。虽然有的结论也会让人质疑，但他为我们提供了思考这类问题的路径。两位不约而同地使用墓葬整体观来研究汉代画像石，巫鸿把武梁祠画像与武梁墓碑对照起来研究，信立祥把墓室画像与墓上祠堂联系起来研究，都力争把汉代画像石的外围信息研究扩大化、完整化，这都是值得我们学习的地方。

每一项研究都是无止境的，汉代画像石也是如此。死后世界存不存在，到底是什么情况，其实是人类一个永恒的谜。汉代画像石研究将会困惑着一代又一代的学者。由于汉代画像石墓葬分布于天南海北，必将造成不同地域、不同宗教，甚至不同身份、不同性别、不同年龄的人，存在着不尽相同的思维观念和思想信仰，仅以现存凤毛麟角的文献来解读这些千差万别的画像，也不可能是一种完美的渠道。

巫鸿与信立祥的研究，启迪着我们的思维，促使我们打破旧的研究框架。基于这样的理念，启动了南阳汉代画像石综合研究这项艰巨的任务。这个项目的选择和开启，与我的生活和工作密切相关。南阳是我生于斯长于斯的故乡，汉代画像石是我朝夕相伴的藏品。二十余年前，出于对汉代墓葬艺术的酷爱，行程 1000 余里，考察了南阳、许昌、平顶山以及湖北北部的汉代遗迹和考古发掘现场 300 多处，撰写 100 多篇考察报告，同时也集藏了民间流散的汉代画像石实物资料 230 多件，种类有象人斗兽、乐舞百戏、拜谒迎宾、驱鬼辟邪等。资料的收集与考察，加深了我对汉代人的社会生活和丧葬理念的感性认识；田野考察的积累，也弥补了我手里文献和考古资料的不足，从而激发了我对研究对象的联想，使我在文献资料、考古材料以及田野考察材料的交汇中，不断地去寻找汉代墓葬艺术的真意。

　　针对南阳汉代画像石系统的研究，学界成果较少，我在此之前也只是做过大量的个案研究。但个案研究是关注一个点的问题，在目前完成的20多篇个案研究中，往往有种冰山一角的感觉，特别需要全面、系统地对南阳汉代画像石进行梳理、分析与归纳。在此基础上的研究，才会有种"一览众山小"的感觉，建立健全南阳汉代画像石研究的应有视野。只有如此，方能发现南阳汉代画像石更多的问题，正确地解决这些问题；只有如此，汉代人的初衷方能展现在我们面前，方能真真切切明明白白。

　　本书分为十一章，第一章是南阳汉代画像石的发现与研究，第二章是南阳汉代画像石的历史原境，第三章是随枣走廊与南阳汉代画像石墓的起源，第四章是南阳汉代画像石的时空序列，第五章是南阳汉代画像石在墓葬中的视觉构建，第六章是南阳汉代画像石的五大图像体系，第七章是南阳汉代画像石的外向型视觉逻辑，第八章是汉代工官体制与南阳汉代画像石的制作，第九章是南阳汉代画像石墓墓主身份，第十章是南阳汉代画像石的流变与影响，第十一章南阳汉代画像石的衰亡。本书力求学术上的突破，着重厘清一些模糊的认识，主要解决了如下几项问题。

　　一是关于汉代画像石墓的起源问题。以前学界也有研究，但莫衷一是。信立祥先生在《汉代画像石综合研究》一书中，针对中国汉代画像石发展两个较为集中的地方，有较为客观的论述，他认为在汉代画像石发展前期，南阳地区汉代画像石的制作技艺影响了全国汉代画像石的发展；而汉代画像石发展后期，山东地区汉代画像石的制作技艺影响了全国汉代画像石的发展。这些论述也说明了一些问题，交代了南阳汉代画像石出现较早。但关于南阳汉代画像石的起源问题，信立祥先生没有深入研究，这个问题的梳理与研究，不仅关系到区域文化的研究问题，也关系到全国汉代画像石、汉代画像砖以及汉代壁画的谱系研究问题。通过梳理大量资料，发现南阳南部与湖北北部，也就是随枣走廊及其周边地区，从新石器时代开始到战国时期，一直是人类生活的热土，由于地理位置的特殊性，成为中国早期历史上一个极其重要的文化交汇之地。在两周时期，曾国长期定都于此，形成了诸侯、卿、大夫、士四个阶层，影响着人们对贵族生活的向往，观念之中一直保留着强烈的阶层意识。表现在墓葬上，也极力与贵族进行攀比，但是西汉时期的太守或者类似的官员，他们毕竟无法享用回廊结构的木椁墓，以石代椁的形式也许对这些官员来说也算是一种理想的方式。随枣走廊及其周边地区汉代画像石墓产生的原因，与战国时期郑韩都城产生画像砖椁墓的原因几乎一样，均是中下层官员墓葬礼制方面一种间接的僭越。此外，汉代画像石墓出现于曾国故都，战国画像砖椁墓亦是出现于郑韩都城，其思想动机也几乎一样。至于墓室之中的画像，是源于随枣走廊及其周边地区长期的棺椁漆画装饰与棺椁上面覆盖的帛画。

二是关于南阳汉代画像石的时空序列问题。学界以前对分期问题进行过探讨，但随着南阳汉代画像石墓的不断发掘，为分期问题提出了更加清晰的材料支撑。所以，在前人研究的基础上，提出了南阳汉代画像石发展的四个阶段，早期是西汉中后期，中期是西汉末到王莽时期，中晚期是东汉早期，尾声期是东汉中晚期。把南阳汉代画像石产生的时间提前到了西汉中后期，也就是汉昭帝时期。在区域分布问题上，把南阳汉代画像石的分布区域扩大到南至湖北当阳、北至许昌的广大地区，这些汉代画像石，均是在南阳一带的基础上发展起来的，起源地在唐河县、枣阳市、随州市一带。所以，我们在分区的过程中把南阳及其周边具有南阳汉代画像石风格的统称为南阳汉代画像石，并提出了一区以唐河县为中心，包括桐柏、新野县以及湖北枣阳市、当阳市、随州市，目前考古发掘 23 座墓；二区以南阳市区为中心，包括南阳市宛城区、卧龙区、邓州市，目前考古发掘 87 座墓；三区以方城县城关镇为中心，包括平顶山市郏县、叶县，许昌市襄县，目前考古发掘 9 座墓。这些汉代画像石墓分布在南北长约 400 千米、东西宽约 200 千米的文化走廊中，而这个走廊就是历史上所谓的南襄隘道。这说明南阳汉代画像石最初出现于随枣走廊，后来蔓延到整个南襄隘道。

三是关于南阳汉代画像石在墓葬中的视觉构建。我们通过梳理考古发掘资料，发现汉代画像石墓是仿照当时汉代人生活的前朝后寝的建筑格局进行的。所以，前室属于各项礼仪活动的场所，而后室是生活的场所。墓室的顶部属于汉代人宇宙观中的天界部分，而仙界往往配置在人界与天界的交汇处。也正是根据这些配置规律，我们提出了南阳汉代画像石五大图像体系，即天界类、仙界类、人间类、冥界与人间交叉类、冥界类。

四是关于南阳汉代画像石外向型视觉模式。书中首先对南阳汉代画像石的制作过程进行了探讨。通过梳理文献记述资料和考古发掘的信息，大致可以把汉代画像石制作分为六道工序：（1）确定工匠人选；（2）选取优质石料；（3）切割打磨石料；（4）谨慎绘制粉本；（5）凿錾石刻画像；（6）按图逐个施彩。其次是对南阳汉代画像石的雕刻技法进行了考察。

大致可以归为五类：（1）剔地凿纹浅浮雕；（2）剔地平面浅浮雕；（3）凹地阴线刻；（4）平面阴线刻；（5）高浮雕与透雕。再次是对南阳地区汉代画像石的施彩方式进行了探讨。通过考古发掘资料，目前带有彩绘画像石的墓葬共计12座。墓主人为类太守或秩两千石官员的有5人，两千石以下的有2人。已发现的这批彩绘汉代画像石，随着不同的时代，施彩的内容和具体部位也不断地发生变化。在颜料运用方面，大致有朱红、紫红、粉红、土黄、黑色、白色和粉绿七种，以朱红居首位。最后对南阳汉代画像石的构图进行了探讨，并对空间透视方法进行了研究，主要可分为平视构图法、斜视平列法、鸟瞰透视法。

五是关于南阳汉代画像石与工官体制问题。文中通过大量的材料梳理，认为南阳高规格汉代画像石墓的艺术成就，与工官体制的绘画有着间接或直接的联系。以南阳麒麟岗汉代画像石墓的画像成就为例，这种接近西汉梁共王墓室壁画艺术成就的作品，非一般画家能够完成。我们根据考古发掘报告，得知该墓是南阳迄今发掘出土画像石最多的一座墓葬，其规模不次于汉郁平大尹冯君孺久画像石墓，而冯君孺久画像石墓的墓主身份系太守级别。参照郁平大尹冯君孺久画像石墓，麒麟岗汉代画像石墓的墓主身份也不会太低，应该也相当于太守级别或略高。这类人的墓葬营建虽然不能与西汉时期的诸侯王相比，但他们不惜物力、人力和财力支撑，一般的家庭是承担不起的。另外，南阳在汉代属于中央少府设置工官的地方，说明此地是美术资源发达的地区。在此设置工官目的有二：一是集聚当地的美术人才；二是在中央少府的管理和引导之下，提升这些人才的技艺水平，为中央少府所服务，满足中央少府的需求。根据当时工官的管理体制有命去做、无命自散的原则，这些人在为工官服务之余，被一些有钱有势的人家所雇，绘制画像石粉本就在所难免。

六是关于南阳汉代画像石的流变与影响过程中，对洛阳、北京、辽东、四川等地画像石或壁画制作产生了巨大的影响。当然，艺术的传播是极其复杂的情况，我们在此说明南阳汉代画像石影响了五个地域只是一个初步的考察，只不过这五个地域比较明显，可以拿出来互证的材料也比较多。其实古代的艺术交流与传播是十分复杂的事情，其方法和形式也多样，以迁徙带动艺术交流的方式最为普遍。所以，从辽东汉魏壁画、巴蜀汉代画像石中我们可以找到人口流动的文献资料，但北京汉代画像石的艺术传播方式，我们已经无法找到相关的证据，留给我们无限的遐想，或是商业往来，或是官员调动，或是游学访友，或是人口流动，这些都是我们认为可能的原因之一。它不像南阳地区汉代画像石艺术对中岳汉三阙画像石艺术的影响，它们之间不仅距离不远，而且交通也十分方便。

此外，书中还对南阳地区汉代画像石产生的历史背景、墓主身份、衰亡时间、衰亡原因、衰亡时期的墓葬形制与画像配置等问题进行了较为深入的研究，完整而又系统地还原了黄河流域与长江流域文化的交汇点——南阳这一特殊地理位置上发生的墓葬艺术变革，这一变革拉开了中国历史上由"间切形"墓葬到"宅邸形"墓葬的转变，而这一变革的最大成果就是画像石墓的产生，并系统地对这一文化现象进行了一次较为严谨的学术考察，澄清了学界多年困惑的一些问题，构建了一个较为完整的地域文化的基本面貌。

这部书稿是汲取巫鸿的研究方法和在信立祥的研究观点影响下结合我二十余年的考察和研究形成的，大胆地提出了诸多自己的想法。前人的研究，虽然令人受益良多，但对于我们来讲，还存在着难以消化和不能认可的地方，我在苦苦的探索中完成了这部书稿。书稿虽已完成，但并不是一部完美无瑕、尽善尽美的著作，有的论述还不详备。作为历史的文化遗存，我们只能在只鳞片爪中缀合、修复、推测、思考，困惑与未知始终相伴。书中有些论述是一些设问与对话，期待更多学者在此基础上做进一步研究，去发现真知灼见。诚然如此，作者所愿足矣。

总目录

上册目录

第一章

南阳汉代画像石的发现与研究

南阳汉代画像石是在 20 世纪 20 年代初发现的，相关资料显示，在 1923—1924 年，南阳籍学者董作宾、杨章甫等人首先发现了一些石刻画像，迄今将近 100 年。在这近 100 年中，南阳汉代画像石研究也历经了几个阶段，有初期的图录，而这些图录基本延续中国金石学传统，以搜集、著录、考据为主旨；中期为形式分析与内容探索；后期为墓葬整体链条式研究，也就是说把整个汉代画像石墓作为一个整体进行研究，而每一块画像石只是整个墓葬图形体系的一个组成部分。如果没有一个整体的"墓葬观念"作为分析的基础，那些所谓的专门性研究在增添某些特殊性知识的同时也消解了它们所赖以存在的文化、礼仪和视觉环境，会不知不觉把墓葬从一个有机的历史存在转换成储存不同种类考古资料或"重要文物"的地下仓库。① 回顾这近百年的研究，我们也会得到诸多启示，正如有学者指出的那样，在实际的历史中，并不像历史学家通常说的那样，对历史的回顾决定了对未来的选择。起初的情形往往是，对未来的估计在相当大程度上左右着人们应回忆哪些历史，凸显哪一部分过去，强调什么样的遗产，突出何种传统。所以，任何所谓的"回顾""检讨"，都是有立场、有预设的。历史不是自我呈现的，而是被叙述的，学术史尤其如此。②

第一节 南阳汉代画像石的发现

一 民国时期南阳汉代画像石的搜集

南阳汉代画像石的使用到发现历经了一个漫长的过程，如果从西汉中

---

① ［美］巫鸿：《美术史十议》，生活·读书·新知三联书店 2008 年版，第 78 页。
② 王学典：《近五十年的中国历史学》，《历史研究》2004 年第 1 期。

后期南阳出现汉代画像石墓算起，到20世纪20年代南阳汉代画像石被发现，南阳汉代画像石在南阳这块大地上已经沉睡了将近2000年。在这将近2000年里，历代不乏土夫子光顾汉代画像石墓的现象，这些土夫子在掠取较为珍贵的各类器物之后，有的墓葬就被暴露于荒野，一些汉代画像石墓开始被人拆毁，有的汉代画像石就被移作他用，有的散置墓地周边。从1973年3月在南阳市李相公庄发掘的三国曹魏墓中出土的汉代许阿瞿墓志画像石得知，此时汉代画像石墓已经被拆毁并作为建墓材料再次使用于曹魏墓葬中。① 现存的南阳宛南书院旧址，以及南阳市改造前的魏公桥、七孔桥就使用大量的汉代画像石垒砌，南阳市北黄渠河上的"玉石月牙桥"、方城县博望桥（图1-1）下的"石人大睡觉"均带有汉代蟾蜍画像石与汉代人物画像石。除此之外，在南阳宛城区、卧龙区、唐河县、方城县、邓州市等地的寺院、道观、民宅中，汉代画像石也多次被作为建筑材料再次使用。南阳汉代画像石未被发现之前，它一直作为稍有一点作用的建筑材料被予以利用，学术研究自然也就无从谈起。

南阳汉代画像石的发现时间，据后来的一些学者考证，在1923—1924年，南阳籍著名学者董作宾②、杨章甫等人在南阳市区首先发现了一些石刻画像。1931年夏，白河泛滥，位于南阳西南十八里草店村河边的汉代画像石墓被冲出，石墓被当地驻军宋天才部私掘，出土物凡三担，皆被运送出宛，下落不明，仅余画像石在原处。③ 董作宾闻后即有回宛发掘之意。④ 1933年7月董作宾在山东滕县调查汉代画像石。8月，董作宾转往河南南阳草店调查汉代画像石墓⑤，但是具体的调查经过和持续时间并不十分清楚，根据石璋如所编《考古年表》中谓"其余城乡散存画像石亦甚多"⑥ 的说法，可以得知其调查范围之广。也就是在此次考察中，董作宾将四块汉代画像石移至南阳民众教育馆保存，此事被孙文青记录于

---

① 南阳市博物馆：《南阳发现东汉许阿瞿墓志画像石》，《文物》1974年第8期。

② 董作宾1895年出生于南阳市宛城区长春街（现解放路）。民国十二三年时，28岁的董已赴北京，入北京大学旁听，初学甲骨文。

③ 孙文青：《南阳草店汉墓享堂画像记》，《国闻周报》1933年第10卷第40期。

④ 孙文青：《南阳草店汉墓画像集自序》，《河南博物馆馆刊》1936年第5期。

⑤ 邢义田：《中央研究院历史语言研究所藏汉代石刻画像拓本的来历与整理》，《中央研究院历史语言研究所藏汉代石刻画像拓本目录》，中研院历史语言研究所，2002年。

⑥ 孙文青：《南阳草店汉墓画像集自序》，《河南博物馆馆刊》1936年第5期。

图 1-1　方城县博望镇博望桥

《南阳汉画像访拓记》的附表四第一条备注中。其中三幅汉代画像石拓片被孙文青《南阳汉画像汇存》收录，列为书中的第六六、七〇、七三图。① 这三石现存南阳汉画馆。另外，董作宾还用照片和模型的方式复原了草店汉代画像石墓，照片和模型后收入孙文青《南阳汉画像汇存》一书，真实直观地再现该墓的整体面貌，此种情况，被有关学者认为是中国考古学界用模型复原墓葬的先河②。

　　董作宾此次的访拓应该也拓制了一定数量的拓片，其后这批拓片归于台湾中研院历史语言研究所。2002 年台湾中研院史语所的文物图像研究室汉代拓本整理小组出版《中央研究院历史语言研究所藏汉代石刻画像拓本目录》一书，并建立了网络数据库。

　　在其后的 1927—1928 年，时任河南省通志馆编修、曾任河南省博物馆馆长的南阳籍著名教育家、方志学家张中孚，奉命回宛赈灾，"访拓宛境金石于荒桥古寺中，得画像数石"，"重往寻访，又得数石"。次年，

_____

① 孙文青：《南阳汉画像汇存》，中国文化研究所，1937 年。

② "草店墓影片与模型乃段之董彦堂先生者，可以窥见其墓遗制。"参见商承祚《南阳汉画像汇存跋》，载《南阳汉画像汇存》，中国文化研究所，1937 年。

"复有所增，计先后所获已有四十石之多"。收集拓片数十幅带回开封，委托当时担任河南省博物馆馆长的关百益①选取其中的 40 幅，于 1930 年 9 月由上海中华书局出版《南阳汉画像集》一册。该书图像部分除第一图为山东潍县陈簠斋所藏南阳汉代画像砖，第四图和第四一图非汉代之外②，余者皆为南阳地区汉代画像石，每块注明了原石尺寸、图像内容和发现地的说明。关氏还为该书作《南阳汉画像集序》一文，文中对于汉画的雕刻技法做了概述和区别，并认为"或为剔地阴文隐起象，或为镂地阴文隐起象"③。这部图录，是中国最早介绍南阳汉代画像石的书籍。从此，南阳汉代画像石逐渐被学术界重视。

1932 年，南阳籍学者孙文青开始收集访拓汉代画像石。他先后发现和发掘了草店汉代画像石墓，得到汉代画像石 27 块，画像 44 幅，并撰有《南阳草店汉墓画像记》，发表在 1932 年 10 月 6 日《国闻周报》第 10 卷第 41 期。另外，他在南阳县石桥镇东门外汉墓得到汉画像 25 幅及随葬品数十件；在南阳县北广阳镇桐庄太子岭汉墓，得到汉画像 6 幅。还在南阳城内及通往各县的交通道上，发现了 274 块画像石，并制作了 144 幅拓片，记录了这些画像石的出土、分布及画像内容情况。④

1933 年，孙文青赴开封后，又托张禹九、王冼真、蔡一木几位友人代为访拓。8 月，孙文青完成第一篇关于南阳汉画像石的文章《南阳草店

---

① 关百益（1882—1956），原名探谦，字益斋。满族。开封市人。清光绪三十三年（1907 年），毕业于京师大学堂速成科师范馆。1908—1917 年先后任北京第三中学堂、第一中学堂校长兼任高等学堂校长。1917 年受聘于河南省教育厅，历任河南优级师范学校校长、河南省立师范学校校长、河南省立第一中学校长、河南省省长秘书、河南省博物馆（今河南省博物院）馆长和河南省通志馆编纂等职。

② 图一砖收入《神州国光集》第七集，图像为一人侧坐，一手上举，另一手执弓箭，鼻子较高；中一人手挥长袖，脚下似有一盘鼓；右侧一人冠式向前，跪坐；画面下部为山峦树木。原文评其为汉画像之最奇者。第四图和第四一图风格上确非汉代之物，孙文青在《南阳汉画像访拓记》中收录并同意非汉代之说。

③ 文中关氏首先将"汉像"分为雕像和画像，以区别"鲁王墓前石人"类圆雕和"朱鲔墓""邹县食斋祠园"类浅浮雕。然后对浅浮雕类图像的雕刻技法做了"以阴线泐成图象者谓之减地阴文平钑象""仅将象身陷入而饰以阴阳互用之文理者谓之减地阴阳文陷入象""又就减地阴文平钑象将四围镂成文理者谓之镂地阴文隐起象""就减地阳文陷入象将四围石地镂成文理者谓之镂地阳文陷入象"四类划分。

④ 孙文青：《南阳汉画像访拓记》，《金陵大学学报》1934 年第 4 卷第 2 期。

汉墓享堂画像记》①。也是在这一年，又完成了《南阳汉墓中的星象及斗兽图》一文。②

1937年，孙文青《南阳汉画像汇存》一书在金陵大学出版，该书收录了孙文青的两篇序文和董作宾所拍摄草店墓的发掘照片（图1-2、图1-3、图1-4）和复原的模型照片（图1-5、图1-6），并有商承祚所作跋文。同年，孙文青由开封重回南阳任县志馆副馆长。1939年，在董作宾的斡旋下得到中英庚款董事会资助，在友人刘尧庭、刘寿之协助下继续调查南阳周边的画像石，完成《南阳汉画像汇存》二、三、四卷③。

图1-2　南阳草店墓发掘照片

1942年，在当地驻军修筑工事时翻修马路出土了一批画像石，经国民党第145师黄樵松师长许可编《南阳汉画像汇存》第五卷。后来的四卷至今并未出版，新中国成立后，孙文青将四卷的原稿捐赠南阳档案馆，将500余张汉画拓片捐赠南阳汉画馆。④

1944年9月1日，孙文青《南阳草店汉墓画像集》一书出版，该书收录作者自序、袁同礼所作序文、发现记述、提要、考释、编校后记等文

---

①　孙文青：《南阳草店汉墓享堂画像记》，《国闻周报》1933年第10卷第41期。

②　孙文青：《南阳汉墓中的星象及斗兽图》，《科学画报》1933年第10卷第10期。

③　徐呈瑞：《南阳汉代画像石的早期收集、著录与研究综述》，《汉画总录》第30卷，广西师范大学出版社2015年版，第225页。

④　徐呈瑞：《南阳汉代画像石的早期收集、著录与研究综述》，《汉画总录》第30卷，广西师范大学出版社2015年版，第225页。

图1-3　南阳草店墓发掘照片

字，该书是第一部以整座墓为材料的画像集，并开始思索南阳汉代画像石墓的画像配置规律。

正因为孙文青多年痴迷汉代画像石，并长期考察、收集、研究南阳汉代画像石，逐渐加深了他对南阳汉代画像石的认识。因此，在南阳汉代画像石早期的研究方面，孙文青是一位绕不开的学者，虽然他的考证和论断也有瑕疵，但总的来讲，还是有许多观点对今人的研究具有启发意义。

孙文青先生的研究，主要体现在如下三点。

（1）通过对南阳西南十八里草店汉代画像石墓和石桥东门外汉代画像石墓以及广阳镇桐庄西太子岭汉代画像石墓的发掘，总结了汉代画像石墓的墓葬结构，发现了南阳汉代画像石墓葬图像配置的基本规律，并对民间流散的汉代画像石进行了原有墓葬位置的还原，在此基础上，根据图像在墓葬中原有的位置对其意义做了相应考释。孙文青先生的这些研究，虽然在当时还属于南阳汉代画像石研究的初期探索阶段，但从今天的研究视角来审视，无不使我们感觉到孙文青先生学术视野的敏锐。

（2）在孙文青先生的研究中，有一项研究也属于他在南阳汉代画像石研究过程中的一大亮点，也就是他首次把南阳汉代画像石分为六大类，分别为天象图、地域图、历史图、礼乐图、游戏图、祥瑞图，并对其画像的来源问题以及粉本问题进行了探讨。关于粉本来源问题，提出了文献对画像的影响以及宫廷壁画对民间画像的影响。

（3）迄今南阳汉代画像石墓的发掘，已经有119座，但从来没有发现

图 1-4　南阳草店墓发掘照片

汉代画像石祠堂。但在《水经注》中记录南阳市唐河县湖阳镇湖阳公主庙北有石室并有刻铭"珍之玄孙桂阳太守场，以延熹四年遭母忧，于墓次立石祠，勒铭于梁，石宇倾颓，而梁字无毁"。还记录了湖阳城南石庙数间。让人惊奇的是，在孙文青《南阳汉画像汇存》第四图，记述此图原石出自南阳城北阮堂"殆为祠壁石"的天象石，这也是南阳汉代画像石研究中首次提出南阳有汉代画像石祠堂的说法。这些提法与郦道元在《水经注》中的记述相吻合。但孙文青是如何判定的，今人已经不得而知。

随着孙文青汉代画像石拓片的收集与研究，其学术成果不断地在学术界产生影响，而且对文学界也产生了影响。鲁迅就是其中之一。

图 1-5　南阳草店墓复原的模型

图 1-6　南阳草店墓复原的模型

鲁迅先生不仅是著名的文学家，而且还是一位著名的金石拓片收藏家，尤其对汉代画像石刻表现出浓厚的兴趣，甚至到了痴迷的状态。其收藏的汉代画像石拓本数量甚为可观，而且在日记、书帐和书信往来中多有关于画像石拓本收集的记录。1930 年 11 月 15 日，三弟周建人在关百益的《南阳汉画像》一书出版后不久，为鲁迅购买一册。由此开始，南阳汉代画像石才为鲁迅先生知晓。通过现今鲁迅先生的书信，可知鲁迅先生真正开始收集南阳汉代画像石拓片是在 1935 年至 1936 年之间。1935 年 11 月 5 日至 12 月 29 日，在短短的 54 天的时间内，鲁迅先生按捺不住激动的心情，为收集南阳汉代画像石拓片，连续发出七封书信，即 11 月 15 日、12 月 3 日、12 月 21 日致台静农信；11 月 5 日、11 月 18 日、12 月 21 日、12 月 29 日致王冶秋信。1935 年 8 月 11 日，鲁迅在给台静农的信中说："南阳画像，也许见过若干，但很难说，因为购于店头，多不明出处也，倘能得一全份，极望。《汉圹全集》未见过，乞寄一本。"从这封信可以看出，此时鲁迅已开始准备收集南阳汉代画像石拓片。鲁迅通过台静农和王冶秋，由王冶秋委托他在北京上学时的好友杨廷宾[①]、王正朔、王正今等人着手组织拓制南阳汉代画像石拓片。从书信中的统计来看，至 1936 年鲁迅收到南阳拓本共 231 幅。[②]

1986 年北京鲁迅博物馆、上海鲁迅纪念馆选 200 幅南阳汉代画像石拓片编为《鲁迅藏汉画象》（一）。编者还亲赴南阳汉画馆将拓片和原石进行了核对，但未及——核对。

鲁迅先生在收集汉代画像石拓片的过程中，也在不断地探讨汉代画像石的一些相关问题。通过鲁迅给王冶秋的信可以得知，南阳汉代画像石是"古之阔人的冢墓中物"；并把南阳汉代画像石与别处的汉代画像石比较，发现南阳汉代画像石"稍粗"。从而也从一个侧面道出了南阳汉画像石的

---

① 杨廷宾，南阳城区人，出生于读书世家，其父杨鹤汀为南阳辛亥革命先驱，辛亥革命后曾经出任首任南阳镇守使。1935 年，杨廷宾从北京大学艺术学院毕业后，回到家乡南阳，在南阳女子中学教美术。王正朔，内乡人。王正今又名王黎生，为王正朔的堂兄弟。王冶秋、王正朔、杨廷宾在北京西山中学读书时为同窗好友。王正朔、杨廷宾等人非常乐意帮助鲁迅收集南阳汉画拓片，保护祖国珍贵的文化遗产。

② 李允经：《鲁迅和南阳汉画像》，《鲁迅研究动态》1985 年第 8 期。杨士俊选注：《鲁迅关于南阳汉画的九封书信》，载《中州今古》1994 年第 3 期。曾宪波：《鲁迅收集南阳汉画拓片始末》，载《中州今古》1997 年第 3 期。黄廷珣：《为鲁迅搜集南阳汉画拓片的地下党员》，载《协商论坛》2011 年第 12 期。另加上鲁迅自己零散所购，一共为 246 幅（《鲁迅藏汉画象》一书"编印说明"）。北京鲁迅博物馆、上海鲁迅纪念馆编：《鲁迅藏汉画象》，上海人民美术出版社1986 年版。

艺术风格是粗犷豪放。所以鲁迅给予南阳汉代画像石"唯汉人石刻，气魄深沉雄大"的论断。此外，鲁迅还倡导汉代画像石为版画创作提供滋养，发展具有民族特色的新版画。这也是鲁迅藏汉代画像石拓片的初衷之一。把汉代画像石中的一些造型风格利用到书籍装帧中去，是鲁迅在汉画研究方面的一大贡献，这虽是一种实践设计，不是理论研究，但为后来艺术设计的发展提供了一种新的模式，其意义非同一般。

南阳汉代画像石的学术影响越来越大，随之而来的保护呼声也越来越高。1935年，时任河南省第六（南阳）督察专员兼保安司令罗震，顺应南阳文献会及南阳籍著名学者张中孚、董作宾、郭宝钧、徐旭生、孙文清等人的呼吁，会同秘书李静之、建设科长李丹五、教育局局长吴重辉、民众教育馆馆长王恒超，辟教育馆隙地一块，筹资兴建汉画馆（图1-7）。工程历时数月，计建单檐廊庑式展室3间，廊房26间。采用壁间镶石的陈列方法，展出南阳汉代画像石118块①，命名为"汉画馆"，罗震亲笔题写馆名，并撰写了《南阳汉画馆创修记》碑文②。

第二个对南阳汉代画像石著文进行专门研究的是滕固先生，其《南阳汉画像石刻之历史的及风格的考察》一文③，首次对山东、南阳两地的汉代画像石进行了风格方面的概括，并提出了南阳汉代画像石是"拟浮

---

① 曾宪波、强玉春：《南阳汉代画像石的发现、收藏历史与理论研究综述》，《中国汉画学会第十三届年会论文集》，中州古籍出版社2011年版，第562页。

② 其文曰："南阳为光武帝之故里，当时文物之盛，读'驱车策驽马，游戏宛与洛'之古诗句略可想见。顾年代久远，遗迹渺然无存，惟石刻汉画时有再现。石刻多初民游猎故事，人物生动，刻画苍老，不特于以见古代艺术之精，且为研究古代历史文化之珍贵资料。惜前人多不注意搜集拓印，各书亦无著录，致散遗损毁，湮没不彰。世人多知山东有汉画，而不知南阳汉画之多，品质之精，实远出山东之上。民国十七年，张中孚先生访拓数十幅，请关君百益影印四十帧，名曰《南阳汉画像集》，交中华书局出版。此集之出，世人始知南阳之有汉画。然仅四十幅，犹未能衰集所有，蔚为大观。二十三年夏，余奉命督察宛属行政，见诸石散遗，日就损毁，思有以保存之。乃命李科长丹五、吴局长重辉、王馆长恒超从事访察搜集，除房基、桥梁无法拆下者不计外，共得百十八石。诸石既集，复命教育局设计，鸠工筑室于教育馆后院，名曰'汉画馆'。藏诸其中，保存古物，以为学人研究之资。且于馆之西廊，预留隙地，以备将来续有发现之藏置。馆成，因记其始末如此。东峰罗震中华民国二十四年国庆纪念日。"

③ 滕固：《南阳汉画像石刻之历史的及风格的考察》，《张菊生先生七十生日纪念论文集》，商务印书馆1937年版，第483页。文中提及其使用的拓本是南阳教育局代为雇工拓印了150份，董作宾本欲约其往南阳考察原石，未成行。

**图 1-7　1935 年时任河南省第六行政区督察专员公署专员兼
南阳保安司令罗震题写的南阳汉画馆**

雕"、山东汉代画像石是"拟绘画"。该文还对南阳汉代画像石的年代问题、墓室结构与画像、野兽图像、乐舞图像等做了探讨。滕固留学日本和德国的经历让他较之孙文青在看待图像时有更为广阔的视野，在对待材料推断问题时，比孙文青更为精确。文中第一部分从文献和当时可见的汉代雕塑实物的情况推断南阳汉代画像石的大体时代应该在东汉早期。第二部分通过图像内容和在墓葬中的位置认识到画像石存在一定组合程式，并对俑与图像的关系做了提示。第三部分提出野兽图像中存在一些外来因素，承认汉代图像受到外来影响的说法。第四部分提出乐舞的场景所描述的是巴俞舞，并作了文献上的分析。[①]

在近年的南阳汉代画像石研究史梳理过程中，发现佛罗伦斯·艾斯库（Florence Ayscough）1939 年准备离开北京的前夕，一位商人带来一包 77 张（后又增加了 36 张）拓片让其检视，并讲述其为一单姓中国学者的旧

[①]　沈宁：《滕固艺术文集》，上海人民美术出版社 2003 年版，292 页。滕固文章发表之后，孙次舟对其文章中南阳汉画像中的乐舞场景大抵为"巴渝舞"或至少与"巴渝舞"有关的论点进行了论证缜密的反驳。孙次舟《论南阳汉画像中的乐舞——驳滕固先生》，载《历史与考古》1937 年第三回，第 9 页。

藏，原欲出书，结果身死未成。其子无能力出版，决定转让这批拓片。艾斯库买下这批拓片之后，在裴德士（W. B. Pettus）、章学楼（Zhang Hsüehlou）、白桂岑（Pai Kueits'en）的帮助和建议下进行了图像内容的初步辨识。他将关百益《南阳汉画像》一书的序文译作英文，并由方志彤（Achilles Chih-t'ung Fang）做了校对和笔记。译文之后，他还对画面中的动物形象的选择和象人（masked man）、"百戏"、神话形象与《天问》《大招》等古文献中的文本的关系问题提出了初步的认识，并将《大招》译为英文。① 文章虽不长，但较为准确地切中实际问题。这部著作收录南阳汉代画像石拓片 18 幅。

关于这百余张拓片后来的归属问题，至今还不得而知，但是该文却是第一次将南阳汉代画像石介绍到西方学界，估计关百益和孙文青也未必能想到南阳汉代画像石相关研究会被发表在西方的杂志上。

二　新中国成立后南阳汉代画像石的考古发掘

历史进入 1949 年 10 月 1 日，华夏大地发生了翻天覆地的变化，到处生机盎然，南阳汉代画像石的保护与发掘也进入一个新的阶段，学术研究也日趋活跃起来，出现了前所未有的新时代。

1956 年 12 月，时任文化部副部长田汉考察南阳，他对南阳汉代画像石饶有兴趣，首先参观了南阳汉画馆，后又查看南阳市内砌有汉代画像石的魏公桥、七孔桥。他呼吁当地政府保护汉代画像石，另建新馆。并且直接找到河南省省长吴芝圃，建议省政府拨专款改造魏公桥、七孔桥，抢救汉代画像石，建造新馆。1958 年，河南省人民政府拨专款 2.7 万元，在南阳武侯祠内建了一座汉画馆。1959 年 9 月 8 日，时任中国科学院院长郭沫若题写了"汉画馆"（图 1-8）馆名。1999 年 12 月新建成的南阳汉画馆正式对外开放。

1949 年以后南阳汉代画像石的考古发掘进入一个崭新的阶段，迄今南阳已发掘汉代画像石墓 119 座，这 119 座汉代画像石墓已经构成了一个完整的链条，把该地区汉代画像石墓的发展脉络清晰地展现了出来。现就南阳早期、中期、晚期具有代表性的汉代画像石墓做一简要介绍。

---

① Florence Ayscough, An Uncommon Aspect of Han Sculpture: Figures from Nan-yang, Monumenta Serica, Vol. 4, No. 1（1939）, pp. 334-344.

图1-8 郭沫若题写的南阳汉画馆

（1）南阳西汉中后期画像石墓的考古发掘

南阳西汉中后期的汉代画像石墓，是汉代画像石墓在该地区的萌芽期。在考古发掘过程中，发现了一些早期的墓葬，主要有湖北随县聂家湾汉代画像石墓①、湖北随县唐镇王家湾汉代画像石墓②、唐河县湖阳镇汉代画像石墓③、唐河县石灰窑村汉代画像石墓④、南阳杨官寺汉代画像石墓⑤、南阳赵寨砖瓦厂汉代画像石墓⑥。早期的汉代画像石墓，有一点有必要予以说明，就是该地区早期的汉代画像石墓大多分布在湖北北部和唐河县，所以南阳汉代画像石墓的兴起应该在湖北北部和唐河县这一带。如果这个假设成立的话，那么作为墓葬变革的地点为什么不发生在南阳郡的宛城一带，而发生在南阳郡下属的一个县？笔者推测，这个地方的文化

---

① 湖北省文物管理委员会：《湖北随县唐镇汉魏墓清理》，《考古》1966年第2期。

② 湖北省文物管理委员会：《湖北随县唐镇汉魏墓清理》，《考古》1966年第2期。

③ 南阳地区文物工作队、唐河县文化馆：《唐河县湖阳镇汉画像石墓清理简报》，《中原文物》1985年第3期。

④ 赵成甫、张蓬西、平春照：《河南唐河县石灰窑村画像石墓》，《文物》1982年第5期。

⑤ 河南省文化局文物工作队：《河南南阳杨官寺汉画像石墓发掘报告》，《考古学报》1963年第1期。

⑥ 南阳市博物馆：《南阳县赵寨砖瓦厂汉画像石墓》，《中原文物》1982年第1期。

和经济应该是有一定的特殊性，相关资料表明，自新石器时代至夏商周，唐河县与枣阳以及随县一带，有一个南北文化走廊，考古学界称之为"随枣走廊"。随枣走廊位于襄阳市东部枣阳、随州一带，西北起唐河、白河河水交汇处，东南至安陆东南端的水河谷，其西与南阳盆地相连，在这个区域中，北面是桐柏山，西南面是大洪山，形成了一个较为平坦而又狭长的平原，交通便利。随枣走廊是夏商周三代通往南土的首选路径，更是重要的军事屏障，同时也是曾国的国都所在地。

（2）南阳西汉晚期至新莽时期画像石墓的考古发掘

南阳汉代画像石墓到西汉晚期，已经处于一种迅猛发展的状态，在湖北随县、枣阳县和南阳的唐河县、宛城区、卧龙区朝气勃勃地发展起来。此时，唐河县仍然是一个主要的流行地。此期的汉代画像石墓，主要有唐河汉郁平大尹冯君孺久墓①、唐河针织厂汉代画像石墓②和唐河县电厂汉代画像石墓等③。

我们在梳理西汉中期和西汉晚期的汉代画像石墓时，也发现了一些有价值的线索，一是出土器物的特殊性，比如湖阳墓东室的葬具为漆棺并饰金箔，金箔的图案有鸟、猪、虎等。此外，还出土有鎏金凤凰、鎏金龟纽铜印、玉佩等，表明了墓主人较高的身份和奢侈的生活习性。二是回廊形墓，比如王莽前后的汉代画像石墓，大多墓室结构是回廊形画像石墓。回廊墓是汉代新兴的墓葬形制，最早见于西汉的木椁墓，是诸侯王、列侯的一种特殊葬制，如长沙象鼻咀④和咸家湖陡壁山⑤、北京大葆台⑥、江苏高邮天山⑦等西汉木椁墓中，皆在"黄肠题凑"内设置了前后室和回廊结构。这些资料给我们提供了极其重要的信息，说明南阳汉代画像石墓在早期出现的时候，与诸侯王、列侯墓的形制有密切关系，是否有的画像石墓

① 南阳地区文物队、南阳博物馆：《唐河汉郁平大尹冯君孺久画像石墓》，《考古学报》1980年第2期。

② 周到、李京华：《唐河针织厂汉画像石墓的发掘》，《文物》1973年第6期。

③ 吕品、周到：《唐河县电厂汉画像石墓》，《中原文物》1982年第1期。

④ 湖南省博物馆：《长沙象鼻嘴一号西汉墓》，《考古学报》1981年第1期。

⑤ 肖湘、黄纲正：《长沙咸家湖西汉曹（女巽）墓》，《文物》1979年第3期。

⑥ 北京市古墓发掘办公室：《大葆台西汉木椁墓发掘简报》，《文物》1977年第6期。

⑦ 梁白泉：《高邮天山一号汉墓发掘侧记》，《文博通讯》第32期，《新华日报》1980年5月30日。

是诸侯或列侯的墓葬，这个问题需要我们去考证。现在发掘的这些早期汉代画像石墓，基本上是有回廊的墓室结构。这里面还存在一种身份不够高，但也采用画像石回廊的形式，说明这些墓的主人不是诸侯王，但又要模仿诸侯王墓的形制。

（3）南阳东汉早期画像石墓的考古发掘

南阳发掘的东汉早期画像石墓，数量也比较可观，主要有南阳英庄汉代画像石墓[①]、邓县长冢店汉代画像石墓[②]、南阳军帐营汉代画像石墓[③]、唐河针织厂二号汉代画像石墓[④]、方城城关镇汉代画像石墓[⑤]、南阳县王寨汉代画像石墓[⑥]、南阳西郊麒麟岗汉代画像石墓[⑦]等。东汉早期汉代画像石墓，已经在南阳地区遍地开花，墓葬的结构也越来越宅邸化，基本上完成了从竖穴椁墓形式向横穴室墓形式的转化，并逐渐形成一种范式，向其他地方传播。此外，在空间上，也逐渐在墓室之中完成了天界、仙界、人间、人间和冥界交叉、冥界五个图像体系的配置规律。这种配置规律，营造了墓室之内的一个小宇宙，也就是把汉代人对宇宙的思维观念复制于墓室之内。这开启了中国墓葬的新纪元，并对以后中国以及亚洲的墓室空间营造产生了巨大的影响。

（4）南阳东汉中晚期画像石墓的发掘

南阳东汉中晚期的画像石墓，从数量上来讲，处于江河日下的局面，墓葬主要有当阳县刘家冢子东汉画像石墓[⑧]、襄城茨沟汉代画像石墓[⑨]、

---

① 南阳博物馆：《河南南阳英庄汉画像石墓》，《中原文物》1983年第3期。

② 《南阳汉代画像石》编委会：《邓县长冢店汉画像石墓》，《中原文物》1982年第1期。

③ 南阳博物馆：《河南南阳军帐营汉画像石墓》，《考古与文物》1982年第1期。

④ 南阳地区文物工作队、唐河县文化馆：《唐河县针织厂二号汉画像石墓》，《中原文物》1985年第3期。

⑤ 南阳地区文物工作队、方城县文化馆：《河南方城县城关镇汉画像石墓》，《文物》1984年第3期。

⑥ 南阳市博物馆：《南阳县王寨汉画像石墓》，《中原文物》1982年第1期。

⑦ 韩玉祥、李陈广主编：《南阳汉代画像石墓》，河南美术出版社1998年版，第135页。

⑧ 沈宜扬：《湖北当阳刘家冢子东汉画像石墓发掘简报》，《文物资料丛刊》第1辑，文物出版社1977年版，第123页。

⑨ 河南省文化局文物工作队：《河南襄城茨沟汉画像石墓》，《考古学报》1964年第1期。

新野县前高庙村汉代画像石墓①、桐柏县安棚汉代画像石墓②、南阳市中原技校汉代画像石墓等③。由于政治原因，东汉中晚期南阳郡政治影响力下降，经济衰退，尤其是黄巾起义对南阳毁灭性的打击，南阳地区汉代画像石墓的营建数量明显减少。表现在墓室结构上越来越不够规范，画像石的数量也越来越少，画像的内容也逐渐单调，艺术风格也显得呆板。这说明南阳地区汉代画像石当时已经走向了穷途末路。

第二节　南阳汉代画像石的研究

上文已经提及，南阳汉代画像石研究的第一部图录是 1937 年孙文青出版的《南阳汉画像石汇存》一书，收录画像 145 幅。1944 年，孙文青主编《南阳草店汉墓画像集》一书，并由南阳雨湘图书馆出版发行。第一个学院派的学者研究南阳汉代画像石的要数滕固，他于 1937 年撰写了《南阳汉画石刻之历史的及风格的考察》，首次运用风格学的方法研究南阳汉代画像石，并提出汉代画像石可分为两类，其一是拟浮雕的，其二是拟绘画的，南阳汉代画像石的艺术表现属于拟浮雕的。真正开始对南阳汉画像石进行全面研究，是 20 世纪 70 年代。此时的考古工作者在南阳一带发掘了一批汉代画像石墓，从而使学术界开始拥有科学考古的汉代画像石墓葬发掘资料，也使学术界更加理性地认识南阳汉代画像石墓的基本情况，为进一步研究南阳汉代画像石提供了珍贵的资料。1973 年，河南省博物馆发表了《南阳汉画像石概述》，对南阳汉代画像石产生的历史背景、时代和分期、画像题材、艺术风格等方面进行了综合分析，这是较早的全面研究文章④。20 世纪 70 年代属于中国历史上一个煮鹤焚琴的时代，能在这个时代研究南阳汉代画像石实属可贵，但毕竟历史的车轮在不断向

---

① 南阳地区文物工作队、新野县文化馆：《新野县前高庙村汉画像石墓》，《中原文物》1985 年第 3 期。

② 南阳市文物研究所：《桐柏县安棚画像石墓》，《中原文物》1996 年第 3 期。

③ 南阳汉画馆编：《南阳市中原技校汉代画像石墓》，《南阳汉代画像石墓发掘报告集》，中州古籍出版社 2012 年版，第 399 页。

④ 《文物》1973 年第 6 期。1975 年，周到发表了《南阳汉画像石中的几幅天象图》（《考古》1975 年第 1 期），对当时能见到的阳乌、白虎星座、苍龙星座、日月合璧等图像进行了介绍和研究，这是较早的专题研究文章。

前滚动，谁也阻挡不了它前进的步伐。20 世纪 80 年代，中国迎来了新的时期，历史开启了崭新的一页，南阳汉代画像石研究也迎来了学术的春天。南阳本地以及河南省的一批专家学者，率先投入南阳汉代画像石的研究中，研究南阳汉代画像石学者逐渐增多。迄今为止，公开出版了一批南阳汉代画像石的著作、图录、论文以及数次研讨会。著作和著录主要有闪修山、陈继海、王儒林著《南阳汉代画像石刻》，上海人民美术出版社 1982 年版；南阳汉代画像石编委会著《南阳汉代画像石》，文物出版社 1985 年版；闪修山、李陈广著《南阳汉代画像石刻续编》，上海人民美术出版社 1988 年版；闪修山、王儒林、李陈广著《南阳汉画像石》，河南美术出版社 1989 年版；张晓军、魏仁华、刘玉生著《南阳汉代画像石砖》，陕西美术出版社 1989 年版；刘兴怀、闪修山著《南阳汉代墓门画艺术》，百家出版社 1989 年版；王建中、闪修山著《南阳两汉画像石》，文物出版社 1990 年版；张新强、李陈广著《南阳汉画早期拓片选集》，中州古籍出版社 1993 年版；黄雅峰著《南阳汉画像砖石的视觉造型》，河南美术出版社 1994 年版；韩玉祥主编《南阳汉代天文画像石研究》，民族出版社 1995 年版；韩玉祥、李陈广《南阳汉代画像石墓》，河南美术出版社 1998 年版；韩玉祥、曹新洲主编《南阳汉画像石精萃》，河南美术出版社 2005 年版；徐永斌主编《南阳汉画像石艺术》，河南大学出版社 2007 年版；曹新洲主编《南阳汉画之神话传说》，中国档案出版社 2007 年版；黄雅峰主编《南阳麒麟岗汉画像石墓》，三秦出版社 2008 年版；石红艳、王清建主编《南阳汉代画像石墓发掘报告集》，中州古籍出版社 2012 年版。凌皆兵、徐颖主编；牛天伟、李建副主编《南阳汉代画像石图像资料集锦》，中州古籍出版社 2012 年版；牛天伟、朱青生主编《汉画总录·南阳卷》，广西师范大学出版社 2013 年版；凌皆兵、王清建、牛天伟主编《中国南阳汉画像石大全》，大象出版社 2015 年版；杨运秀《南阳汉画像与汉代经济研究》，河南大学出版社 2017 年版；徐永斌、王斐主编《南阳汉画装饰艺术》，河南大学出版社 2014 年版；南阳市文物考古研究所《南阳汉代画像石墓分期研究》，河南美术出版社 2019 年版。近 30 年来产生的这批著作，有的属于著录，也有的属于专题的或综合的研究，每一项研究都在推动南阳汉代画像石的学术发展，各类著录整理了南阳汉代画像石的资料，为深入研究南阳汉代画像石奠定了基础；专题或综合的南阳汉代画像石研究，既拓宽了汉代画像石的研究道路，又使汉代画像石的研究迈向纵深发展。除了大量的专著之外，学术论文的数量也蔚为大观，迄今为止，南阳汉代画像石研究方面的学术论文 200 余篇。这些专著和论文对南阳地区汉代画像石墓的起源、分期、题材、风格及渊源等方面进行了探讨，有的学者还对南阳汉代画像石进行天文学、美学、文学、民俗等领域的研究，同时在专题研究如文化、美术、天文、音乐、体育、建筑、神话、兵器、农业等方面也取得了丰硕的成果。

面对大量的南阳汉代画像石研究成果，我们可以从如下五个方面进行归纳总结。

一　南阳汉代画像石墓起源时间问题

在汉代画像石研究问题上，有学者认为南阳汉代画像石起源时间早于山东汉代画像石，出现于西汉中期，山东汉代画像石出现在西汉中后期；而有的学者认为山东汉代画像石早于南阳汉代画像石，出现于西汉中期，南阳汉代画像石出现在西汉中后期。迄今为止，南阳汉代画像石墓发掘 119 座，早期的墓葬 7 座，主要集中在对随县唐镇王家湾墓、随县唐镇聂家湾墓、唐河石灰窑墓、唐河湖阳镇墓、赵寨砖瓦厂墓等几座画像石墓葬的时代认识上。1964 年湖北省文物管理委员会发表《湖北随县唐镇汉魏墓清理》一文，该报告清理两座汉代画像石墓，分别是随县唐镇王家湾墓、随县唐镇聂家湾墓。根据信立祥先生的研究，认为这两座墓均是西汉中后期。并认为这种平顶结构，显然在形态上保持着木椁墓的特征，说明它刚刚从木椁墓演变过来不久。① 1979 年南阳地区文物队发表的《河南唐河县石灰窑村画像石墓》考古发掘报告认为，"该墓的时代不会晚于西汉晚期，上限不超过昭、宣时期，其下限应在新莽之前"。他们的一个主要依据是该墓出土的五铢钱"除一枚为武帝五铢钱外，其余都是宣帝至平帝时期的。个别'五'字，交叉两笔上下端略向外撇，也许可早到昭帝时期"。在文末还有一句话发人深思："此墓的清理，说明画像石墓最迟在西汉晚期已经存在。同时，画面雕刻较为细致、逼真，使人感到它虽是早期的作品，但并不是原始状态。所以，如果把南阳汉代画像石墓起源的时代再往前推溯，估计是不会有什么问题的。"② 1982 年南阳地区文物工作

---

① 俞伟超：《考古类型学的理论与实践》，文物出版社 1989 年版，第 260 页。

② 南阳文物工作队：《河南唐河县石灰窑村画像石墓》，《文物》1982 年第 5 期。

队、唐河县文化馆发表的《唐河县湖阳镇汉画像石墓清理简报》认为，"从目前已发掘的王莽时期及稍前一个时期的画像石墓看，那是豪强地主的墓葬多为前堂加回廊的结构。但是此墓形制并不复杂，时代应更早"。在报告的最后，认为"此墓的建造年代可能是昭帝年间或稍后"①。1976年南阳市博物馆发表《南阳县赵寨砖瓦厂汉画像石墓》的考古发掘报告，根据"随葬器物中厕所与猪舍、陶灶、陶鼎、陶瓮、陶敦、陶奁等的器型，均具有西汉中期的特点。西汉五铢钱，最晚有昭帝晚期（或昭、宣之间）铸造的。随葬器物从另一个角度反映了该墓的时代特征"。在报告结尾认为该墓"年代应定为昭帝时期，其下限不会晚于宣帝以后，这是南阳迄今发现最早的一座汉画像石墓"②。

这五座汉代画像石墓的时代，发掘报告基本上定在汉昭帝、宣帝时期。赵成甫《南阳汉画像石墓兴衰刍议》认为"湖阳墓早于南阳已发掘的所有画像石墓"，南阳汉画像石墓兴起于西汉中期③。王建中在《试论画像石墓的起源——兼谈南阳汉画像石墓出现的年代》中指出，赵寨砖瓦厂汉代画像石墓的相对年代在西汉后期元帝至成帝之间，"可视为我国已知的、最早的画像石墓。它的发现说明，南阳汉代画像石墓出现的年代大致早于国内其他地区，即出现于西汉后期（前48—9年）"④。信立祥《汉代画像石综合研究》中关于南阳最早汉代画像石墓认为是"唐河县石灰窑村墓为西汉宣帝时期的墓葬"⑤。

二 南阳汉代画像石艺术渊源问题

关于南阳汉代画像石艺术渊源问题，吴曾德先生分析了南阳汉画像石产生的时代背景，列举了考古发现的楚画内容，进而从题材、技法、布局特点、动感艺术等方面对南阳汉代画像石与楚画比较，得出了"楚画艺术

① 南阳地区文物工作队、唐河县文化馆：《唐河县湖阳镇汉画像石墓清理简报》，《中原文物》1985年第3期。
② 南阳市博物馆：《南阳县赵寨砖瓦厂汉画像石墓》，《中原文物》1982年第1期。
③ 赵成甫：《南阳汉画像石墓兴衰刍议》，《中原文物》1985年第3期。
④ 李陈广、韩玉祥：《南阳汉画像石的发现与研究——纪念南阳汉画馆创建六十周年》，《中原文物》1995年第3期。
⑤ 信立祥：《汉代画像石综合研究》，文物出版社2000年版，第226页。

是南阳汉画像石艺术之先导"的结论①。在其后的研究中，信立祥、王建中等诸多学者均赞成此观点。南阳汉代画像石艺术渊源受楚国文化艺术的影响，对此问题学界基本没有什么异议。

三 南阳汉代画像石的分期问题

目前对南阳汉画像石墓的分期主要有下列几种观点：周到、吕品《南阳汉画像石简论》根据对墓葬形制、出土文物、雕刻技法、画像题材、艺术风格的分析，分为三期，早期暂定为西汉晚期至新莽，中期即东汉前期，晚期即东汉末期。②《南阳汉代画像石》一书通过对 16 座墓葬材料的分析，认为"约从西汉中期至新莽年间是画像石墓产生、发展时期，是为早期；从刘秀建立东汉王朝约至顺帝年间是画像石墓盛行时期，是为中期；从顺帝以后约至东汉末年是画像石墓衰落时期，是为晚期"③。肖亢达《汉代南阳郡与南阳汉画像石墓》分为三期，从西汉昭宣时期至新莽前后为早期；从东汉建立到安帝前后为中期；东汉安、顺帝以后为晚期。④ 赵成甫《南阳汉画像石墓分期管见》一文将墓葬材料分为四型十式，并对随葬器物和画像内容与墓形的依附关系进行分析，做出了分为四期的推论：一型墓为初期，其上限不过昭宣年间，最晚应不过哀平之际；二型墓在王莽新朝前后，上限不过西汉晚期，下限不会晚到东汉初年；三型墓上限当不逾东汉初年，下限不过东汉中晚之交；四型墓上限应在东汉中期靠后，下限当在东汉末年⑤。信立祥把南阳、鄂北画像石定为同一区域，并将其分为四期，第一期为西汉晚期，主要墓葬有唐河石灰窑村墓、随县聂家湾墓、南阳杨官寺墓，最早不过宣帝；第二期为西汉末到王莽时期，主要墓葬有唐河电厂墓与冯孺久墓；第三期为王莽到东汉早期，主要墓葬有南阳英庄墓、方城城关 M1 和随县唐镇墓；第四期为东汉中晚期，

① 吴曾德：《汉代画像石研究》，文物出版社 1987 年版，第 16 页。
② 周到、吕品：《南阳汉画像石简论》，《中原文物》1982 年第 2 期。
③ 南阳汉代画像石编辑委员会编：《南阳汉代画像石》，文物出版社 1985 年版，第 2 页。
④ 肖亢达：《汉代南阳郡与南阳汉画像石墓》，《汉代画像石研究》，文物出版社 1987 年版，第 32 页。
⑤ 赵成甫：《南阳汉画像石墓分期管见》，《汉代画像石研究》，文物出版社 1987 年版，第 12 页。

主要墓葬有当阳刘家冢子墓、襄城茨沟墓、新野前高庙村墓。① 李陈广、韩玉祥、牛天伟《南阳汉代画像石墓分期研究》认为南阳汉代画像石分四个时期："第一期西汉中期，本期是南阳汉画像石墓的产生期。第二期西汉晚期，本期是南阳汉画像石墓的发展期。此期墓葬数量与前期相比明显增多。第三期东汉早、中期，本期为南阳汉画像石墓的鼎盛期。第四期东汉晚期，是南阳汉画像石墓的衰落期。此期的墓葬数量与前期相比明显减少。"②

四　南阳汉代画像石题材分类问题

汉代画像石，如同当时社会的一面镜子，反映了当时社会的方方面面，也正如翦伯赞先生所说的那样，汉代画像石是汉代的一部"绣像史"，再没有一种史料比绘画、雕刻更能反映出历史上的社会之具体的形象了。南阳汉画像石反映了当时的思想、文化、风俗、制度、社会、科技、信仰等多方面的内容，涉及汉代的各个方面。认真对南阳汉代画像石进行分类，既可推动南阳汉代画像石的研究，又能加深理解汉代历史文化。同时，作为一个地域的美术现象，对其进行分类也是美术考古研究的必要工作。根据目前的研究，对南阳汉代画像石分类的文章为数不少。影响较大的要数王建中、闪修山《南阳两汉画像石》一书的划分，把南阳汉代画像石分为七类，一是生产类，二是社会生活类，三是历史故事类，四是远古神话类，五是祥瑞类，六是天文星象类，七是装饰类。③ 南阳汉代画像石编委会在《南阳汉代画像石》一书中把南阳汉代画像石分为五大类，一是豪强世族生活，二是远古神话和历史故事，三是神仙、祥瑞和辟邪，四是舞乐百戏，五是天文图象④。赵成甫在其著作中分为八类，第一类几何纹图案，第二类厅堂楼阁，第三类侍吏奴婢，第四类舞乐百戏，第五类出行田猎，第六类历史、神话故事，第七类天文星象，第八类神

---

① 信立祥：《汉画像石的分区与分期研究》，《考古类型学的理论与实践》，文物出版社1989年版，第251页。

② 李陈广、韩玉祥、牛天伟：《南阳汉代画像石墓分期研究》，《中原文物》1998年第4期。

③ 王建中、闪修山：《南阳两汉画像石》，文物出版社1990年版，第14页。

④ 南阳汉代画像石编辑委员会：《南阳汉代画像石》，文物出版社1985年版，第37页。

仙、祥瑞、辟邪。① 除此之外，关于南阳汉代画像石分类的问题还有其他的一些分法，随着考古发掘新材料的不断发现以及学术研究的不断深入，相信南阳汉代画像石的分类研究还会更加细化，也更加科学。

五　南阳汉代画像石的外向型视觉模式问题

艺术风格的研究，主要注重艺术作品的外向型模式分析与概括，并总结出作品的艺术表现方法，提炼艺术作品的经典语言，从而为观众深入了解起到一种引领作用。南阳汉代画像石的艺术风格，在汉代美术史的范围中，是一朵奇葩，与中原美术、齐鲁美术还有着一定的差异。由于受到楚国地域、信仰、民俗、思想等多种因素的影响，具有浓郁的楚国艺术元素。南阳汉代画像石编辑委员会在《南阳汉代画像石》一书中对南阳地区汉代画像石的雕刻技法进行了阐述，指出南阳汉代画像石的雕刻技法，主要有平面阴线刻、剔地凹面阴线刻、剔地浅浮雕、浅浮雕兼阴线刻四种。构图主题突出，分布疏朗，中期以后注意空间补白和局部装饰。在题材和表现手法上，写实已成为主要倾向；在写实的基础上，利用了夸张的手法，使人物或动物的个性更加典型化。当然，南阳汉画像石艺术在我国美术史上尚处于浑朴古拙阶段，有的透视和比例关系还不够准确，也不注意细部的修饰。但是汉代艺术家能够抓着不同形体和外貌的特点，注重突出的是高度夸张的形体和大动作，从而表现出力量、动感和气势美。② 该书还认为，"南阳汉画像石有一个显著的特点，就是画面单纯饱满，主题突出，每幅画面大都一个内容。与山东等地的构图绵密，分层分格，内容复杂的壁画型画像相比，南阳汉画像石为我国后来的独幅绘画构图形式开辟了道路"③。李宏在《南阳汉代画像石刻美学风格初探》中指出，南阳地区汉画像石是一种灿烂的现实主义艺术，从审美角度看……它没有讲究逼真的形体和细节描写，而是以飞腾跌宕的动势，流畅起伏的韵律感组成一种气度，一种充满乐感的时空交融的造型。南阳地区汉画像石之所以有洪流奔跃的磅礴气韵，主要因为它抓住了艺术形象的实质——力量和运

---

① 赵成甫：《南阳汉画像石墓分期管见》，《汉代画像石研究》，文物出版社1987年版，第12页。

② 南阳汉代画像石编辑委员会：《南阳汉代画像石》，文物出版社1985年版，第37页。

③ 南阳汉代画像石编辑委员会：《南阳汉代画像石》，文物出版社1985年版，第38页。

动。其富有魅力的艺术效果，与成功的构图也是分不开的，比较恰当地解决了画面中的各种因素空间关系的组合，重视点、线、面的有机结合，把线的运行与轮廓和位置经营密切结合，形成一种从多变中求得均衡、对称的构图美。① 研究美术史，风格的研究也是一个重点，南阳汉代画像石风格的研究，相关文章层出不穷，这不仅可以更加深入理解南阳汉代画像石，而且为继承这种优秀艺术有着重要的意义。此外，还有诸多学者也有相关的研究，此处不再一一赘述。

南阳汉代画像石一直受到国外学者的关注，并出版或发表了一些著作和文章，这是我们不得不关注的一个学术现象。从某些方面，也推动了南阳汉代画像石的研究。尤其是日本的一些学者在研究南阳汉代画像石时也提出了一些较为精辟的观点。日本迹见学园女子大学教授西林昭一对唐河郁平大尹冯君孺久画像石墓题记和许阿瞿画像石墓志进行了较为深入的研究，代表了日本对汉代墓志研究的水平②。此外，日本著名学者长广敏雄著《南阳的画像石》一书，梳理了一些相关资料并考证了一些画像内容，同时也指出了南阳汉代画像石的史料价值③。

美国学者巫鸿、汪悦进，我国台湾学者邢义田等，均对南阳汉画像石进行过研究，这些研究主要分布在著作和论文中，其中也不乏精辟见解。

南阳汉代画像石研究，就目前的成果来看，大致可以分为上述几个方面。作为中国汉代画像石的五个区域之一，南阳地区汉代画像石与其他区域汉代画像石的联系以及影响，或者说南阳汉代画像石在中国汉代画像石发展过程中的谱系问题，就目前研究来看，还没有学者涉猎，这也是南阳汉代画像石研究绕不开的问题。此外，汉代画像石制作过程中的一些细节，我们今天还存在诸多疑问，困惑着我们更加深入理解南阳汉代画像石。比如，南阳汉代画像石的制作需要粉本，粉本从哪里来，这个问题在90 年前孙文青先生已经提出并进行了探讨，但时至今日，始终没有深入研究。如果有粉本参照，那么参照粉本进行制作时是在墓地制作还是有专门的生产基地，假如有生产基地，那么工匠集团与其他地区的工匠集团又是如何来交流的，是否存在粉本的一次性问题，如有，什么情况下存在一

---

① 李宏：《南阳汉代画像石刻美学风格初探》，《中原文物》1983 年特刊，第 154 页。
② 《不手非止》第五号，1981 年；《大东文化大学创立 60 周年纪念中国学论集》，1984 年。
③ 日本京都大学人文科学研究所研究报告，1969 年。

次性问题,什么情况下存在多次性问题。这也需要对大量墓葬资料进行梳理和总结才能发现一些蛛丝马迹。如果说谱系和粉本是南阳汉代画像石有待解决的问题,那么,南阳汉代画像石的时空序列也是我们研究面临的重要问题。南阳汉代画像石墓的分布,南北长 400 千米,东西宽约 100 千米。它不仅存在分期问题,也存在分区问题,这个问题也是推动南阳汉代画像石研究的一项刻不容缓的任务。诸如此类的问题还有很多,有必要对南阳汉代画像石做一个系统的梳理与研究,让中国美术史上的这一文化奇葩绽放出绚丽的色彩,也为中华民族的文化复兴助一臂之力。

表 1-1　　　　　南阳汉代画像石墓发掘出土画像石数据一览

（按墓葬发掘时间顺序排列）

序号	简报名称	发掘时间	发表期刊	墓葬年代	方向	墓葬尺寸	保存状况	画像石数量
1	南阳草店汉画像墓序	民国二十三年(1934 年)	《雨湘图书馆》,1944 年	东汉	墓门向东	高 3.33 米,宽 4.45 米,长度不详	扰乱	37 块
2	南阳汉代石刻墓	1956 年 10 月	《文物》1958年第 10 期	东汉	16°	长 5.31 米,宽 5.40 米,残高 1.62 米	扰乱	15 块
3	河南南阳东关晋墓	1962 年 3 月	《考古》1963年第 1 期	东晋	155°	长 3.10 米,宽 1.40 米,高 1.64 米	扰乱	12 块
4	河南南阳杨官寺汉画像石墓发掘报告	1962 年春	《考古学报》1963 年第 1 期	东汉早期或中期	104°	长 6.47 米,宽 5.60 米,高约 2.30 米	扰乱	14 块
5	河南襄城县茨沟汉画像石墓	1963 年 4 月	《考古学报》1964 年第 1 期	东汉永建七年	273°	长 11.6 米,宽 9.22 米	扰乱	5 块
6	河南南阳市发现汉墓	1963 年 10 月	《考古》1966年第 2 期	东汉中期或晚期	不详	长 5.2 米,宽 4.7 米	扰乱	约 10 块
7	南阳麒麟岗汉画像石墓M1(暂定名)	1964 年	《南阳麒麟岗汉画像石墓发掘报告》《南阳汉代画像石墓发掘报告集》,中州古籍出版社 2012 年 10月版	不详	不详	不详	不详	不详

序号	简报名称	发掘时间	发表期刊	墓葬年代	方向	墓葬尺寸	保存状况	画像石数量
8	河南南阳西关一座古墓中的汉画像石	1964 年 3 月	《考古》1964 年第 8 期	西晋初年	155°	长 4.7 米,宽 1.4 米,高 1.3 米	扰乱	3 块
9	湖北随县唐镇汉魏墓清（M1）	1964 年 11 月	《考古》1966 年第 2 期	西汉中后期	正北	长 2.84 米,宽 1.74 米	扰乱	7 块
10	湖北随县唐镇汉魏墓清（M2）	1964 年 11 月	《考古》1966 年第 2 期	西汉中后期	正南	长 3 米,宽 4.74 米	扰乱	5 块
11	河南南阳英庄汉画像石墓	1965 年 11 月	《中原文物》1983 年第 3 期	东汉早期	93°	长 3.75 米,宽 3.07 米,高 2.34 米	扰乱	15 块
12	河南南阳军帐营汉画像石墓	1966 年 3 月	《考古与文物》1982 年第 1 期	东汉早期	5°	宽 3.80 米,长 4.68 米,高 2.10 米	扰乱	9 块
13	南阳市中原技校汉画像石墓	1971 年 8 月	《南阳汉代画像石墓》,河南美术出版社,1998 年 12 月版	东汉晚期	45°	长 10.9 米	扰乱	10 幅
14	湖北当阳刘家冢子东汉画像石墓发掘简报	1972 年 3 月	《文物资料丛刊》1977 年第 1 期	东汉末年	10°	1 号墓长 5.35 米,宽 2.9 米,高 3.6 米。2 号墓长 6.74 米,宽 3.10 米,高 4.28 米	扰乱	24 块
15	河南南阳石桥汉画像石墓	1972 年 3 月	《考古与文物》1982 年第 1 期	东汉早期	85°	长 4.02 米,宽 3.47 米,高 2.16 米	扰乱	17 块
16	唐河针织厂汉代画像石墓	1972 年 6 月	《文物》1973 年第 6 期	西汉末到新莽	105°	长 5.08 米,宽 4.52 米	扰乱	74 块
17	南阳发现东汉许阿瞿墓志画像石	1973 年 3 月	《文物》1974 年 8 月	三国	35°	无	扰乱	3 块
18	南阳县王寨汉画像石墓	1973 年 3 月	《中原文物》1982 年第 1 期	东汉早期	154°	长 4.76 米,宽 2.26 米,高 2.36 米	扰乱	20 块
19	邓县长冢店汉画像石墓	1973 年 5 月	《中原文物》1982 年第 1 期	东汉中期	125°	长 5.88 米,宽 8.24 米,高 3.56 米	扰乱	63 块

序号	简报名称	发掘时间	发表期刊	墓葬年代	方向	墓葬尺寸	保存状况	画像石数量
20	唐河县电厂汉画像石墓	1973年6月	《中原文物》1982年第1期	西汉晚期	205°	长7.0米，宽6.55米，高2.82米	打破	35块
21	南阳县赵寨砖瓦厂汉画像石墓	1976年2月	《中原文物》1982年第1期	西汉后期	正东	长5.86米，宽5.30米	扰乱	13块
22	方城东关汉代画像石墓	1977年10月	《文物》1980年第3期	东汉早期	110°	长7.1米，宽7.8米	扰乱	9块
23	唐河汉郁平大尹冯君孺久画像石墓	1978年3月	《考古学报》1980年第2期	新莽天凤五年	95°	长9.5米，宽6.15米，高3.14米	扰乱	画像石35块，题记10块
24	河南唐河县石灰窑村画像石墓	1980年5月	《文物》1982年第5期	西汉晚期	213°	长3.79米，宽3.34米，高1.50米	扰乱	5块
25	南阳市唐河县西冢张村画像石墓M1发掘简报	1980年11月	《洛阳考古》2018年第3期	新莽时期	139°	长5.26米，宽5.20米	扰乱	15块
26	唐河县西冢张村画像石墓M2	1980年10月	未刊资料	东汉晚期	214°	长7.90米，宽3.16米	扰乱	5块
27	河南南阳县十里铺画像石墓	1982年4月	《文物》1986年第4期	东汉末年	273°	长6.72米，宽2.29米，高1.98米	扰乱	26块
28	河南方城县城关镇汉画像石墓	1982年4月	《文物》1984年第3期	新莽或东汉初期	182°	长4.7米，宽4.93米，高1.6米	扰乱	13块
29	河南南阳县英庄汉画像石墓	1982年12月	《文物》1984年第3期	新莽或东汉初期	200°	长5.22米，宽3.67米，高3.30米	扰乱	53块
30	南阳县英庄汉画像石墓M1(暂定名)	1982年以前	《河南南阳县英庄汉画像石墓》《文物》1984年第3期	不详	不详	不详	不详	不详
31	南阳县英庄汉画像石墓M2(暂定名)	1982年以前	《河南南阳县英庄汉画像石墓》《文物》1984年第3期	不详	不详	不详	不详	不详

续表

序号	简报名称	发掘时间	发表期刊	墓葬年代	方向	墓葬尺寸	保存状况	画像石数量
32	南阳县英庄汉画像石墓M3(暂定名)	1982年以前	《河南南阳县英庄汉画像石墓》《文物》1984年第3期	不详	不详	不详	不详	不详
33	南阳县英庄汉画像石墓M4(暂定名)	1982年以前	《河南南阳县英庄汉画像石墓》《文物》1984年第3期	不详	不详	不详	不详	不详
34	南阳县英庄汉画像石墓M5(暂定名)	1982年以前	《河南南阳县英庄汉画像石墓》《文物》1984年第3期	不详	不详	不详	不详	不详
35	南阳县英庄汉画像石墓M6(暂定名)	1982年以前	《河南南阳县英庄汉画像石墓》《文物》1984年第3期	不详	不详	不详	不详	不详
36	南阳县英庄汉画像石墓M7(暂定名)	1982年以前	《河南南阳县英庄汉画像石墓》《文物》1984年第3期	不详	不详	不详	不详	不详
37	唐河县湖阳镇汉画像石墓清理简报	1983年2月	《中原文物》1983年第3期	西汉昭帝或稍后	不详	长5.54米,宽5.98米,高2.78米	扰乱	13块
38	唐河县针织厂二号汉画像石墓	1983年3月	《中原文物》1985年第3期	新莽晚期或东汉初期	342°	长5.2米,宽4.02米	扰乱	13块
39	南阳市王庄汉画像石墓	1983年4月	《中原文物》1985年第3期	魏晋	183°	长4.84米,宽1.50米	扰乱	25块
40	新野县前高庙村汉代画像石墓	1983年5月	《中原文物》1985年第3期	东汉中晚期	48°	长8.34米,宽8.90米	扰乱	7块
41	南阳市独山西坡汉画像石墓	1983年12月	《中原文物》1985年第3期	魏晋	183°	长16.52米,宽11.1米	扰乱	5块
42	方城党庄汉画像石墓	1984年4月	《中原文物》1986年第2期	东汉晚期	5°	长9.1米,宽3.32米	扰乱	10块

序号	简报名称	发掘时间	发表期刊	墓葬年代	方向	墓葬尺寸	保存状况	画像石数量
43	南阳市建材试验厂汉画像石墓	1984年12月	《中原文物》1985年第3期	西晋	95°	长6.64米，宽3.4米，残高1.86米	扰乱	11块
44	河南南阳县蒲山汉墓的发掘	1986年6月	《华夏考古》1991年第4期	东汉初期	215°	长9.96米，宽2.96米，高2.96米	打破	24块
45	南阳市刘洼村汉画像石墓	1986年7月	《中原文物》1991年第3期	西汉晚期	不详	长3.57米，宽2.8米，高2.30米	扰乱	16块
46	南阳市麒麟岗汉代画像石墓	1988年5月	南阳汉画馆《南阳汉代画像石墓发掘报告集》中州古籍出版社，2012年10月版	东汉早期	274°	前室宽4.04米，进深1.36米。三主室进深2.74米，宽0.94米	扰乱	153块
47	河南省南阳县辛店乡熊营画像石墓	1988年秋	《中原文物》1996年第3期	西汉宣帝至东汉早期	206°	长4.54米，宽3.24米，高3.15米	扰乱	40块
48	河南省邓州市梁寨汉画像石墓	1989年10月	《中原文物》1996年第3期	东汉晚期	276°	长3.65米，宽3.24米	扰乱	11块
49	河南省唐河罐山汉画像石墓M3发掘报告	1989年冬	未刊资料	东汉早期	18°	长5.28米，宽5.67米	扰乱	8块
50	河南省唐河罐山汉画像石墓M4发掘报告	1989年冬	未刊资料	新莽至东汉初	198°	残长2.26米，宽4.10米	扰乱	5块
51	河南省唐河罐山汉画像石墓M5发掘报告	1989年冬	未刊资料	东汉早期	16°	长5.24米，宽4米	扰乱	7块
52	河南省唐河罐山汉画像石墓M6发掘报告	1989年冬	未刊资料	东汉早期	20°	长4.14米，东西宽2.72米	扰乱	5块
53	南阳市常庄画像石墓发掘简报	1989年11月	未刊资料	新莽至东汉初期	294°	长10.94米，宽4.42米	扰乱	4块

续表

序号	简报名称	发掘时间	发表期刊	墓葬年代	方向	墓葬尺寸	保存状况	画像石数量
54	南阳市第二化工厂二十一号汉画像石墓	1991年10月	《中原文物》1993年第1期	东汉末至魏晋	286°	长3米，宽2.9米	扰乱	10块
55	南阳市第二化工厂三十号汉画像石墓	1991年10月	南阳汉画馆《南阳汉代画像石考古发掘报告集》	东汉晚期	287°	不详	扰乱	20块
56	南阳市药材市场汉画像石墓	1992年10月	《中原文物》1994年第1期	魏晋	不详	长6.36米，宽2.34米	扰乱	10块
57	南阳蒲山二号汉代画像石墓	1992年12月	《中原文物》1997年第4期	东汉初期	196°	长4.06米，宽2.8米	扰乱	画像石17块，刻铭32幅
58	邓县元庄汉画像石墓（暂定名）	1993年	未刊资料	东汉中期	不详	不详	不详	不详
59	邓县八里岗画像石墓	1993年3月	未刊资料	东汉中期	185°	不详	扰乱	2块
60	桐柏县安棚画像石墓	1993年3月	《中原文物》1996年第3期	东汉晚期	196°	长12.61米，宽13.81米	扰乱	7块
61	南阳市邢营汉画像石墓M1	1994年2月	《中原文物》1996年第1期	魏晋	240°	长15.80米，宽3.86米	扰乱	25块
62	南阳市邢营汉画像石墓M2	1994年2月	《中原文物》1996年第1期	三国	278°	长15.60米，宽3.84米	扰乱	2块
63	南阳县高庙汉画像石墓	1994年4月	《南阳汉代画像石墓》，河南美术出版社，1998年12月	东汉晚期	300°	长4.46米，宽2.93米	扰乱	61块
64	湖北当阳郑家大坡东汉画像石墓	1994年3月	《考古》1999年第1期	东汉	180°	长11米，宽4.6米	扰乱	5块
65	河南南阳桑园路东汉画像石墓	1994年夏	《文物》2003年第4期	东汉早期	184°	长4.85米，宽2.92米，高1.86米	扰乱	6块
66	南阳中建七局机械厂汉画像石墓	1995年3月	《中原文物》1997年第4期	新莽时期	76°	长3.87米，宽4.16米	扰乱	21块

序号	简报名称	发掘时间	发表期刊	墓葬年代	方向	墓葬尺寸	保存状况	画像石数量
67	南阳市十里铺二号汉画像石墓	1995年11月	《中原文物》1996年第3期	东汉晚期	110°	长7.26米，宽2.28米	扰乱	7块
68	河南唐河白庄汉画像石墓	1996年1月	《中原文物》1997年第4期	新莽或略晚	93°	长4.68米，宽4.80米	扰乱	12幅
69	南阳市妇幼保健院东晋墓	1996年5月	《中原文物》1997年第4期	东晋	184°	长8.48米，宽2.53米	扰乱	10块
70	南阳高新区标准厂房汉画像石墓	1998年6月	《南都学坛》2015年第4期	东汉早期晚段至东汉中期偏早	106°	长8.90米，宽3.30米，高3.8米	扰乱	2块
71	南阳市粮食学校汉画像石墓	1998年10月	资料未发布	不详	不详	不详	不详	不详
72	河南南阳市安居新村汉画像石墓	1999年4月	《考古》2005年第8期	新莽或东汉初	114°	长4.44米，宽2.84米	扰乱	17块
73	南阳市柴油机厂汉画像石墓	1999年5月	未刊资料	不详	不详	不详	不详	不详
74	南阳市汽车运输公司住宅小区M18发掘简报	1999年8月	未刊资料	西晋	290°	长6.96米，宽3.74米	扰乱	1块
75	河南南阳市永泰小区汉画像石墓	2000年2月	《华夏考古》2010年第3期	西汉晚期	69°	长4.16米，宽2米，高3.34米	完整	4块
76	河南南阳市永泰小区汉画像石墓（M35）发掘简报	2000年2月	《中原文物》2014年6月	新莽	160°	长3.36米，宽1.34米	完整	4块
77	河南南阳景庄东汉画像石墓	2000年12月	《文物》2012年第4期	东汉晚期偏后	185°	墓室南北长5.67米，东西宽1.38—3.34米，墓底距地表2.18米	扰乱	19块
78	河南南阳市东关晋墓发掘简报	2001年4月	未刊资料	西晋晚期	290°	长6米，宽2.80米	扰乱	3块

续表

序号	简报名称	发掘时间	发表期刊	墓葬年代	方向	墓葬尺寸	保存状况	画像石数量
79	河南省南阳市东风机械厂汉画像石墓	2001年5月	未刊资料	东汉中期	106°	口宽3.68米，底宽3.48米，最深处近5米	扰乱	19块
80	河南南阳市辛店熊营汉画像石墓	2001年9月	《考古》2008年第2期	西汉晚期或略早	110°	长3.16米，宽2.87米	保存较好	22块
81	河南南阳陈棚汉代彩绘画像石墓	2001年11月	《考古学报》2007年第2期	新莽或东汉初年	280°	长4.8米，宽4.95米	扰乱	39块
82	唐河县黑龙镇西刘冲村汉画像石墓	2002年5月	未刊资料	西汉晚期	119°	长5.16米，宽3.56米	扰乱	6块
83	南阳市新店乡熊营画像石墓M3	2002年8月	未刊资料	新莽—东汉早期	200°	长3.70米，宽2.99米	扰乱	5块
84	河南省唐河县电业局汉画像石墓	2003年10月	未刊资料	新莽至东汉早期	105°	长474米，宽350米	扰乱	5块
85	南阳市经济适用房中心汉墓M2	2005年4月	《中原文物》2017年第5期	王莽时期	6°	长3.75米，宽4.45米	扰乱	4块
86	唐河县湖阳罐山画像石M10	2005年10月	《华夏考古》2013年第2期	西汉晚期后段至新莽	185°	长4.70米，宽7.90米	扰乱	8块
87	河南省南阳市万家园汉画像石墓	2006年	《中原文物》2010年第5期	西汉晚期偏早	113°	长13.24米，宽3.24米	扰乱	9块
88	南阳市四福井建材市场汉画像石墓M2发掘简报	2006年1月	未刊资料	西汉晚期后段至新莽	285°	长4.24米，宽2.52米	扰乱	9块
89	南阳市四福井建材市场汉画像石墓M3发掘简报	2006年1月	未刊资料	东汉初年	105°	长5.8米，宽2.52—3米	扰乱	2块
90	河南南阳市八一路汉代画像石墓	2008年6月	《考古》2012年第6期	新莽	180°	墓室南北总长5.18米，东西最宽5.7米，墓深4.02米	扰乱	33幅

序号	简报名称	发掘时间	发表期刊	墓葬年代	方向	墓葬尺寸	保存状况	画像石数量
91	南阳市汉景小区画像石墓	2009年1月	未刊资料	东汉早期	103°	长5.83米，宽2.78米	扰乱	3块
92	河南唐河古城井楼汉画像石墓	2009年3月	未刊资料	东汉早期	107°	长4.60米，宽5.70米	扰乱	4块
93	河南省南阳市体育中心游泳馆汉画像石M18发掘简报	2009年12月	未刊资料	西汉晚期后段至新莽	110°	长4.69米，宽4.40米	扰乱	6块
94	河南郏县黑庙M79发掘简报	2010年4月	《华夏考古》2013年第1期	东汉早期	278°	长11.70米，宽1.04—4.40米，墓深1.79米	扰乱	15块
95	南阳市工兵新城汉画像石墓M5发掘简报	2010年4月	未刊资料	东汉早期至中期	106°	长8.04米，宽3.30米	扰乱	1块
96	南阳市工兵新城汉画像石墓M6发掘简报	2010年4月	未刊资料	东汉中晚期	98°	长6.10米，宽3.56米	扰乱	1块
97	河南宝丰县廖旗营墓地东汉画像石墓M9	2010年5月	《考古》2016年第3期	东汉中期偏晚	175°	长11.76米，宽2.48米	扰乱	5块
98	河南宝丰县廖旗营墓地东汉画像石墓M10	2010年5月	《考古》2016年第3期	东汉中期偏晚	95°	长11.76米，宽2.56米	扰乱	6块
99	南阳市张衡路汉代画像石墓	2010年7月	《中原文物》2017年第2期	新莽或稍晚	185°	长4.96米，宽1米	扰乱	4块
100	河南南阳市潦河镇王营汉画像石墓	2011年6月	未刊资料	东汉早期	283°	长5.52米，宽3.90—4.30米	扰乱	8块
101	南阳市赵寨汉画像石墓发掘简报	2011年8月	未刊资料	新莽	200°	长4.98米，宽4.44米	扰乱	5块

续表

序号	简报名称	发掘时间	发表期刊	墓葬年代	方向	墓葬尺寸	保存状况	画像石数量
102	南阳市宛城区达士营汉画像石墓	2012年	《华夏考古》2017年第1期	新莽至东汉初期	190°	长3.54米，宽1.54米，墓底距地表2.7米	扰乱	3块
103	方城县南兰高速公路汉画像石M1	2012年3月	未刊资料	东汉初年	102°	长3.85米，宽3.45米	扰乱	不详
104	南阳市仲景门国贸小区汉画像石墓	2012年6月	未刊资料	汉代	110°	不详	全毁	8块
105	南阳市泥营汉画像石墓发掘简报	2012年8月	未刊资料	汉代	5°	不详	全毁	7块
106	南阳市老庄汉画像石墓M3发掘简报	2012年12月	未刊资料	新莽至东汉早期	195°	长5.48米，宽4.20米	扰乱	2块
107	南阳市车站路画像石墓	2012年	未刊资料	不详	不详	不详	不详	不详
108	河南省南阳市凯旋广场西晋画像石墓发掘简报	2013年8月	未刊资料	西晋	265°	长9.5米，宽6.5米	扰乱	35块
109	南阳市万盛地产汉画像石墓M8发掘简报	2014年4月	未刊资料	新莽至东汉初年	15°	长4.45米（不包括墓道），宽2.50—3.94米	扰乱	8块
110	南阳市万盛房地产明代画像石墓M9发掘简报	2014年4月	未刊资料	明代	40°	长2.64—3.06米，宽2.72米	保存完好	10块
111	南阳牛王庙村八一星旺幼儿园M20发掘简报	2016年5月	未刊资料	东汉晚期	110°	长19.20米（墓道因障碍仅清理一部分），宽处11.62米	扰乱	2块
112	南阳大屯教师公寓画像石墓发掘简报	2016年5月	未刊资料	东汉	190°	长10.70米，宽3.60米	扰乱	1块

续表

序号	简报名称	发掘时间	发表期刊	墓葬年代	方向	墓葬尺寸	保存状况	画像石数量
113	南阳市四季花城小区画像石墓发掘报告	2016年7月	未刊资料	汉代	不详	残长1.10米，宽约1.35米	全毁	8块
114	南阳市赵寨画像石M2	不详	王建中《汉代画像石通论》紫禁城出版社,2001年6月版	不详	不详	不详	不详	不详
115	内乡县赵店画像石墓	不详	王建中《汉代画像石通论》紫禁城出版社,2001年6月版	不详	不详	不详	不详	不详
116	南召县留山画像石墓	不详	王建中《汉代画像石通论》紫禁城出版社,2001年6月版	不详	不详	不详	不详	不详
117	镇平县柳泉铺画像石墓	不详	王建中《汉代画像石通论》紫禁城出版社,2001年6月版	不详	不详	不详	不详	不详
118	南阳县石桥镇东关汉画像石墓	不详	《南阳汉代画像石》文物出版社,1985年10月版	不详	不详	不详	不详	不详
119	方城县广阳镇桐庄太子岭汉画像石墓	不详	《南阳汉代画像石》文物出版社,1985年10月版	不详	不详	不详	不详	不详

说明：据南阳文物考古研究所统计，截至2019年12月，共计发掘119座汉代画像石墓，已公开发表69座，未公开发表50座，其中魏晋时期墓葬13座，明代墓葬1座。出土汉代画像石1473块。南阳汉画馆现藏汉代画像石1998块（含考古发掘的1473块），南阳市考古研究所藏汉代画像石78块，唐河县博物馆藏汉代画像石112块，方城县博物馆藏汉代画像石12块，共计2200块。另据国家出版基金项目《中国民间珍藏汉代画像砖石全集》课题组的统计，截至2019年12月南阳民间珍藏汉代画像石约400块。

表 2-2 　　　　南阳汉代画像石墓葬分类一览（按墓葬类型排列）

序号	墓葬类型	报告名称	发掘时间	资料来源	墓葬年代	墓道情况
1	纯石结构画像石墓	河南南阳杨官寺汉画像石墓发掘报告	1962 年春	《考古学报》1963 年第 1 期	东汉早期或中期	有墓道
2	纯石结构画像石墓	湖北随县唐镇汉魏墓清理	1964 年 11 月	《考古》1966 年第 2 期	西汉中后期	不详
3	纯石结构画像石墓	唐河针织厂汉代画像石墓	1972 年 6 月	《文物》1973 年第 6 期	西汉末到新莽	有墓道
4	纯石结构画像石墓	河南唐河县石灰窑村画像石墓	1980 年 5 月	《文物》1982 年第 5 期	西汉晚期	有墓道
5	纯石结构画像石墓	南阳县高庙汉画像石墓	1994 年 4 月	《南阳汉代画像石墓》，河南美术出版社，1998 年 12 月	东汉晚期	有墓道
6	纯石结构画像石墓	南阳市宛城区达士营汉画像石墓	2012 年	《华夏考古》2017 年第 1 期	新莽至东汉初期	无墓道
7	砖石混合结构画像石墓	南阳草店汉画像墓序	民国二十三年（1934 年）	《雨湘图书馆》，1944 年	东汉	无墓道
8	砖石混合结构画像石墓	南阳汉代石刻墓	1956 年 10 月	《文物》1958 年第 10 期	东汉	无墓道
9	砖石混合结构画像石墓	河南南阳市发现汉墓	1963 年 10 月	《考古》1966 年第 2 期	东汉中期或晚期	无墓道
10	砖石混合结构画像石墓	河南南阳西关一座古墓中的汉画像石	1964 年 3 月	《考古》1964 年第 8 期	西晋初年	无墓道
11	砖石混合结构画像石墓	湖北随县聂家湾汉代画像石墓	1964 年 11 月	《考古》1966 年第 2 期	西汉中后期	无墓道
12	砖石混合结构画像石墓	河南南阳军帐营汉画像石墓	1966 年 3 月	《考古与文物》1982 年第 1 期	东汉早期	无墓道
13	砖石混合结构画像石墓	南阳市中原技校汉画像石墓	1971 年 8 月	《南阳汉代画像石墓》，河南美术出版社，1998 年 12 月	东汉晚期	无墓道
14	砖石混合结构画像石墓	南阳县赵寨砖瓦厂汉画像石墓	1976 年 2 月	《中原文物》1982 年第 1 期	西汉后期	无墓道

续表

序号	墓葬类型	报告名称	发掘时间	资料来源	墓葬年代	墓道情况
15	砖石混合结构画像石墓	南阳市唐河县西冢张村画像石墓 M1 发掘简报	1980 年 11 月	《洛阳考古》2018 年第 3 期	新莽时期	无墓道
16	砖石混合结构画像石墓	河南南阳县英庄汉画像石墓	1982 年底	《文物》1984 年第 3 期	新莽或东汉初期	无墓道
17	砖石混合结构画像石墓	唐河县针织厂二号汉画像石墓	1983 年 3 月	《中原文物》1985 年第 3 期	新莽晚期或东汉初期	无墓道
18	砖石混合结构画像石墓	南阳市王庄汉画像石墓	1983 年 4 月	《中原文物》1985 年第 3 期	魏晋	无墓道
19	砖石混合结构画像石墓	新野县前高庙村汉代画像石墓	1983 年 5 月	《中原文物》1985 年第 3 期	东汉中晚期	无墓道
20	砖石混合结构画像石墓	方城党庄汉画像石墓	1984 年 4 月	《中原文物》1986 年第 2 期	东汉晚期	无墓道
21	砖石混合结构画像石墓	南阳市刘洼村汉画像石墓	1986 年 7 月	《中原文物》1991 年第 3 期	西汉晚期	无墓道
22	砖石混合结构画像石墓	河南省南阳县辛店乡熊营画像石墓	1988 年秋	《中原文物》1996 年第 3 期	西汉宣帝至东汉早期	无墓道
23	砖石混合结构画像石墓	湖北当阳郑家大坡东汉画像石墓	1994 年 3 月	《考古》1999 年第 1 期	东汉	无墓道
24	砖石混合结构画像石墓	河南南阳桑园路东汉画像石墓	1994 年夏	《文物》2003 年第 4 期	东汉早期	无墓道
25	砖石混合结构画像石墓	河南南阳市永泰小区汉画像石墓	2000 年 2 月	《华夏考古》2010 年第 3 期	西汉晚期	无墓道
26	砖石混合结构画像石墓	河南南阳市永泰小区汉画像石墓(M35)发掘简报	2000 年 2 月	《中原文物》2014 年 6 月	新莽	无墓道
27	砖石混合结构画像石墓	河南南阳东关晋墓	1962 年 3 月	《考古》1963 年第 1 期	东晋	有墓道
28	砖石混合结构画像石墓	河南襄城县茨沟汉画像石墓	1963 年 4 月	《考古学报》1964 年第 1 期	东汉永建七年	有墓道
29	砖石混合结构画像石墓	河南南阳英庄汉画像石墓	1965 年 11 月	《中原文物》1983 年第 3 期	东汉早期	有墓道

序号	墓葬类型	报告名称	发掘时间	资料来源	墓葬年代	墓道情况
30	砖石混合结构画像石墓	南阳麒麟岗汉画像石墓 M1（暂定名）	1964 年	《南阳麒麟岗汉画像石墓发掘报告》《南阳汉代画像石墓发掘报告集》中州古籍出版社，2012年 10 月版	不详	不详
31	砖石混合结构画像石墓	湖北当阳刘家冢子东汉画像石墓发掘简报	1972 年 3 月	《文物资料丛刊》1977 年第 1 期	东汉末年	有墓道
32	砖石混合结构画像石墓	河南南阳石桥汉画像石墓	1972 年 3 月	《考古与文物》1982 年第 1 期	东汉早期	有墓道
33	砖石混合结构画像石墓	南阳发现东汉许阿瞿墓志画像石	1973 年 3 月	《文物》1974年 8 月	三国	不详
34	砖石混合结构画像石墓	南阳县王寨汉画像石墓	1973 年 3 月	《中原文物》1982 年第 1 期	东汉早期	有墓道
35	砖石混合结构画像石墓	邓县长冢店汉画像石墓	1973 年 5 月	《中原文物》1982 年第 1 期	东汉中期	有墓道
36	砖石混合结构画像石墓	唐河县电厂汉画像石墓	1973 年 6 月	《中原文物》1982 年第 1 期	西汉晚期	有墓道
37	砖石混合结构画像石墓	方城东关汉代画像石墓	1977 年 10 月	《文物》1980年第 3 期	东汉早期	有墓道
38	砖石混合结构画像石墓	唐河汉郁平大尹冯君孺久画像石墓	1978 年 3 月	《考古学报》1980 年第 2 期	新莽天凤五年	有墓道
39	砖石混合结构画像石墓	唐河县西冢张村画像石墓 M2	1980 年 10 月	未刊资料	东汉晚期	有墓道
40	砖石混合结构画像石墓	河南南阳县十里铺画像石墓	1982 年 4 月	《文物》1986年第 4 期	东汉末年	有墓道
41	砖石混合结构画像石墓	河南方城县城关镇汉画像石墓	1982 年 4 月	《文物》1984年第 3 期	新莽或东汉初期	有墓道
42	砖石混合结构画像石墓	南阳县英庄汉画像石墓 M1（暂定名）	1982 年以前	《河南南阳县英庄汉画像石墓》《文物》1984 年第 3 期	汉代	不详
43	砖石混合结构画像石墓	南阳县英庄汉画像石墓 M2（暂定名）	1982 年以前	《河南南阳县英庄汉画像石墓》《文物》1984 年第 3 期	汉代	不详

序号	墓葬类型	报告名称	发掘时间	资料来源	墓葬年代	墓道情况
44	砖石混合结构画像石墓	南阳县英庄汉画像石墓 M3（暂定名）	1982 年以前	《河南南阳县英庄汉画像石墓》《文物》1984 年第 3 期	汉代	不详
45	砖石混合结构画像石墓	南阳县英庄汉画像石墓 M4（暂定名）	1982 年以前	《河南南阳县英庄汉画像石墓》《文物》1984 年第 3 期	汉代	不详
46	砖石混合结构画像石墓	南阳县英庄汉画像石墓 M5（暂定名）	1982 年以前	《河南南阳县英庄汉画像石墓》《文物》1984 年第 3 期	汉代	不详
47	砖石混合结构画像石墓	南阳县英庄汉画像石墓 M6（暂定名）	1982 年以前	《河南南阳县英庄汉画像石墓》《文物》1984 年第 3 期	汉代	不详
48	砖石混合结构画像石墓	南阳县英庄汉画像石墓 M7（暂定名）	1982 年以前	《河南南阳县英庄汉画像石墓》《文物》1984 年第 3 期	汉代	不详
49	砖石混合结构画像石墓	唐河县湖阳镇汉画像石墓清理简报	1983 年 2 月	《中原文物》1983 年第 3 期	西汉昭帝或稍后	有墓道
50	砖石混合结构画像石墓	南阳市独山西坡汉画像石墓	1983 年 12 月	《中原文物》1985 年第 3 期	魏晋	有墓道
51	砖石混合结构画像石墓	南阳市建材试验厂汉画像石墓	1984 年 12 月	《中原文物》1985 年第 3 期	西晋	有墓道
52	砖石混合结构画像石墓	河南南阳县蒲山汉墓的发掘	1986 年 6 月	《华夏考古》1991 年第 4 期	东汉初期	有墓道
53	砖石混合结构画像石墓	南阳市麒麟岗汉代画像石墓	1988 年 5 月	南阳汉画馆《南阳汉代画像石墓发掘报告集》中州古籍出版社，2012 年版	东汉早期	有墓道
54	砖石混合结构画像石墓	河南省邓州市梁寨汉画像石墓	1989 年 10 月	《中原文物》1996 年第 3 期	东汉晚期	有墓道
55	砖石混合结构画像石墓	河南省唐河罐山汉画像石墓 M4 发掘报告	1989 年冬	未刊资料	新莽至东汉初	有墓道

续表

序号	墓葬类型	报告名称	发掘时间	资料来源	墓葬年代	墓道情况
56	砖石混合结构画像石墓	河南省唐河罐山汉画像石墓M5发掘报告	1989年冬	未刊资料	东汉早期	有墓道
57	砖石混合结构画像石墓	河南省唐河罐山汉画像石墓M6发掘报告	1989年冬	未刊资料	东汉早期	有墓道
58	砖石混合结构画像石墓	南阳市常庄画像石墓发掘简报	1989年11月	未刊资料	新莽至东汉初	有墓道
59	砖石混合结构画像石墓	南阳市第二化工厂二十一号汉画像石墓	1991年10月	《中原文物》1993年第1期	东汉末至魏晋	有墓道
60	砖石混合结构画像石墓	南阳市第二化工厂三十号汉画像石墓	1991年10月	南阳汉画馆《南阳汉代画像石考古发掘报告集》	东汉晚期	有墓道
61	砖石混合结构画像石墓	南阳市药材市场汉画像石墓	1992年10月	《中原文物》1994年第1期	魏晋	有墓道
62	砖石混合结构画像石墓	南阳蒲山二号汉代画像石墓	1992年12月	《中原文物》197年第4期	东汉初期	有墓道
63	砖石混合结构画像石墓	邓县元庄汉画像石墓（暂定名）	1993年	未刊资料	东汉中期	不详
64	砖石混合结构画像石墓	邓县八里岗画像石墓	1993年3月	未刊资料	东汉中期	有墓道
65	砖石混合结构画像石墓	桐柏县安棚画像石墓	1993年3月	《中原文物》1996年第3期	东汉晚期	有墓道
66	砖石混合结构画像石墓	南阳市邢营汉画像石墓M1	1994年2月	《中原文物》1996年第1期	曹魏至西晋	有墓道
67	砖石混合结构画像石墓	南阳市邢营汉画像石墓M2	1994年2月	《中原文物》1996年第1期	三国时期偏早	有墓道
68	砖石混合结构画像石墓	南阳中建七局机械厂汉画像石墓	1995年3月	《中原文物》1997年第4期	新莽时期	有墓道
69	砖石混合结构画像石墓	南阳市十里铺二号汉画像石墓	1995年11月	《中原文物》1996年第3期	东汉晚期	有墓道
70	砖石混合结构画像石墓	河南唐河白庄画像石墓	1996年1月	《中原文物》1997年第4期	新莽或略晚	有墓道
71	砖石混合结构画像石墓	南阳市妇幼保健院东晋墓	1996年5月	《中原文物》1997年第4期	东晋	有墓道

序号	墓葬类型	报告名称	发掘时间	资料来源	墓葬年代	墓道情况
72	砖石混合结构画像石墓	南阳高新区标准厂房汉画像石墓	1998年6月	《南都学坛》2015年第4期	东汉早期晚段至东汉中期偏早	有墓道
73	砖石混合结构画像石墓	南阳高新区标准厂房汉画像石墓M10	1998年6月	资料未发布	东汉早期	有墓道
74	砖石混合结构画像石墓	南阳市粮食学校汉画像石墓	1998年10月	资料未发布	汉代	不详
75	砖石混合结构画像石墓	河南南阳市安居新村汉画像石墓	1999年4月	《考古》2005年第8期	新莽或东汉初	有墓道
76	砖石混合结构画像石墓	南阳市柴油机厂汉画像石墓	1999年5月	未刊资料	汉代	不详
77	砖石混合结构画像石墓	南阳市汽车运输公司住宅小区M18发掘简报	1999年8月	未刊资料	西晋	有墓道
78	砖石混合结构画像石墓	河南南阳景庄东汉画像石墓	2000年12月	《文物》2012年第4期	东汉晚期偏后	有墓道
79	砖石混合结构画像石墓	河河南南阳市东关晋墓发掘简报	2001年4月	未刊资料	西晋晚期	不详
80	砖石混合结构画像石墓	河南省南阳市东风机械厂汉画像石墓	2001年5月	未刊资料	东汉中期	有墓道
81	砖石混合结构画像石墓	河南南阳市辛店熊营汉画像石墓	2001年9月	《考古》2008年第2期	西汉晚期或略早	有墓道
82	砖石混合结构画像石墓	河南南阳陈棚汉代彩绘画像石墓	2001年11	《考古学报》2007年第2期	新莽或东汉初年	有墓道
83	砖石混合结构画像石墓	唐河县黑龙镇西刘冲村汉画像石墓	2002年5月	未刊资料	西汉晚期	有墓道
84	砖石混合结构画像石墓	南阳市新店乡熊营画像石墓M3	2002年8月	未刊资料	新莽—东汉早期	有墓道
85	砖石混合结构画像石墓	河南省唐河县电业局汉画像石墓	2003年10月	未刊资料	新莽至东汉早期	有墓道

续表

序号	墓葬类型	报告名称	发掘时间	资料来源	墓葬年代	墓道情况
86	砖石混合结构画像石墓	南阳市经济适用房中心汉墓 M2	2005 年 4 月	《中原文物》2017 年第 5 期	王莽时期	有墓道
87	砖石混合结构画像石墓	唐河县湖阳罐山画像石 M10	2005 年 10 月	《华夏考古》2013 年第 2 期	西汉晚期后段至新莽	有墓道
88	砖石混合结构画像石墓	河南省南阳市万家园汉画像石墓	2006 年	《中原文物》2010 年第 5 期	西汉晚期偏早	有墓道
89	砖石混合结构画像石墓	南阳市四福井建材市场汉画像石墓 M2 发掘简报	2006 年 1 月	未刊资料	西汉晚期后段至新莽	有墓道
90	砖石混合结构画像石墓	南阳市四福井建材市场汉画像石墓 M3 发掘简报	2006 年 1 月	未刊资料	东汉初年	有墓道
91	砖石混合结构画像石墓	河南南阳市八一路汉代画像石墓	2008 年 6 月	《考古》2012 年第 6 期	新莽	有墓道
92	砖石混合结构画像石墓	南阳市汉景小区画像石墓	2009 年 1 月	未刊资料	东汉早期	有墓道
93	砖石混合结构画像石墓	河南唐河古城井楼汉画像石墓	2009 年 3 月	未刊资料	东汉早期	有墓道
94	砖石混合结构画像石墓	河南省南阳市体育中心游泳馆汉画像石 M18 发掘简报	2009 年 12 月	未刊资料	西汉晚期后段至新莽	有墓道
95	砖石混合结构画像石墓	河南郏县黑庙 M79 发掘简报	2010 年 4 月	《华夏考古》2013 年第 1 期	东汉早期	有墓道
96	砖石混合结构画像石墓	南阳市工兵新城汉画像石墓 M5 发掘简报	2010 年 4 月	未刊资料	东汉早期至中期	有墓道
97	砖石混合结构画像石墓	南阳市工兵新城汉画像石墓 M6 发掘简报	2010 年 4 月	未刊资料	东汉中晚期	墓室已被破坏，有无墓道不确定
98	砖石混合结构画像石墓	河南宝丰县廖旗营墓地东汉画像石墓（M1）	2010 年 5 月	《考古》2016 年第 3 期	东汉中期偏晚	有墓道
99	砖石混合结构画像石墓	河南宝丰县廖旗营墓地东汉画像石墓（M2）	2010 年 5 月	《考古》2016 年第 3 期	东汉中期偏晚	有墓道

续表

序号	墓葬类型	报告名称	发掘时间	资料来源	墓葬年代	墓道情况
100	砖石混合结构画像石墓	南阳市张衡路汉代画像石墓	2010年7月	《中原文物》2017年第2期	新莽或稍晚	有墓道
101	砖石混合结构画像石墓	河南南阳市潦河镇王营汉画像石墓	2011年6月	未刊资料	东汉早期	有墓道
102	砖石混合结构画像石墓	南阳市赵寨汉画像石墓发掘简报	2011年8月	未刊资料	新莽	墓室已被破坏，有无墓道不确定
103	砖石混合结构画像石墓	南阳市车站路画像石墓	2012年	未刊资料	不详	不详
104	砖石混合结构画像石墓	方城县南兰高速公路汉画像石M1	2012年3月	未刊资料	东汉初年	有墓道
105	砖石混合结构画像石墓	南阳市仲景门国贸小区汉画像石墓	2012年6月	未刊资料	汉代	墓室已被破坏，有无墓道不确定
106	砖石混合结构画像石墓	南阳市老庄汉画像石墓M3发掘简报	2012年12月	未刊资料	新莽至东汉早期	有墓道
107	砖石混合结构画像石墓	河南省南阳市凯旋广场西晋画像石墓发掘简报	2013年8月	未刊资料	西晋	有墓道
108	砖石混合结构画像石墓	南阳市万盛房地产明代画像石墓M9发掘简报	2014年4月	未刊资料	明代	无
109	砖石混合结构画像石墓	南阳市万盛地产汉画像石墓M8发掘简报	2014年4月	未刊资料	新莽至东汉初年	有墓道
110	砖石混合结构画像石墓	南阳牛王庙村八一星旺幼儿园M20发掘简报	2016年5月	未刊资料	东汉晚期	有墓道
111	砖石混合结构画像石墓	南阳大屯教师公寓画像石墓发掘简报	2016年5月	未刊资料	东汉	有墓道
112	砖石混合结构画像石墓	南阳市四季花城小区画像石墓发掘报告	2016年7月	未刊资料	汉代	有墓道

续表

序号	墓葬类型	报告名称	发掘时间	资料来源	墓葬年代	墓道情况
113	砖石混合结构画像石墓	南阳市赵寨画像石M2	不详	王建中《汉代画像石通论》紫禁城出版社，2001年6月版	汉代	不详
114	砖石混合结构画像石墓	内乡县赵店画像石墓	不详	王建中《汉代画像石通论》紫禁城出版社，2001年6月版	汉代	不详
115	砖石混合结构画像石墓	南召县留山画像石墓	不详	王建中《汉代画像石通论》紫禁城出版社，2001年6月版	汉代	不详
116	砖石混合结构画像石墓	镇平县柳泉铺画像石墓	不详	王建中《汉代画像石通论》紫禁城出版社，2001年6月版	汉代	不详
117	砖石混合结构画像石墓	南阳县石桥镇东关汉画像石墓	不详	《南阳汉代画像石》文物出版社，1985年10月版	汉代	不详
118	砖石混合结构画像石墓	方城县广阳镇桐庄太子岭汉画像石墓	不详	《南阳汉代画像石》文物出版社，1985年10月版	汉代	不详
119	岩洞、砖石混合结构墓	河南省唐河罐山汉画像石墓M3发掘报告	1989年冬	未刊资料	东汉早期	有墓道

说明：截至2019年12月，南阳地区及周边共计发掘纯石结构画像石墓6座，砖石结构画像石墓112座，岩洞、砖石混合结构画像石墓1座，其中有墓道73座，无墓道22座，无法确定24座。

第二章

南阳汉代画像石的历史原境

　　历史原境，是艺术品的文化、政治、社会和宗教的环境以及氛围。随着美术考古研究的不断深入，对其历史原境的研究也越来越深入。任何一项事物的发展，都离不开所在的环境，犹如一颗植物的成长离不开气候与土壤一样。研究古代的历史文化遗存也是如此，这种外在的因素，决定其内在的本质。从南阳地区的地理环境来看，地处河南省西南部，属南襄盆地北区，跨"黄淮海区"和"长江中下游区"两大区。这里北、西、东三面环山，南依汉江，是一个相对独立的地理单元。作为南阳汉代画像石，它的出现与发展，均与南阳地区的地理环境和社会背景有着密切的关联，这些关联，不是一点一滴，而是一种错综复杂的链条。因此，南阳汉代画像石研究的第一个环节，就是我们对其历史原境做一梳理与研究，这对更加清晰认识南阳汉代画像石会有所帮助。

第一节　南阳的地理环境

一　南阳的地理与气候

　　南阳地理坐标介于东经110°56′—113°187′，北纬32°197′—33°487′之间，东西长263千米，南北宽168千米，面积26567平方千米，位于河南省西南部，东邻信阳、驻马店地区，北依平顶山市、洛阳市、三门峡市，南与湖北省交界，西和陕西省接壤。全国地形的第二阶梯向第三阶梯的过渡地区，地处华北、西北、西南、中南四大经济协作区交界地带，是东西方、南北方经济发展的转折地带。① 现辖邓州市、卧龙区、宛城区、南召

---

① 丁心敬、王沛悦、杨晓冰编著：《南阳地理》，2001年，未刊本。

县、内乡县、西峡县、淅川县、镇平县、新野县、方城县、社旗具、唐河县、桐柏县。

气候处于北亚热带北缘，属亚热带季风型大陆性气候，又跨我国农业地理分界线秦岭—淮河一线南北，所以具有明显的北亚热带与暖温带过渡特征，兼有南北之长。特点是气候温和、雨量充沛、热量适中、四季分明。年平均气温 14.5—15.9℃，最冷月份 1 月，平均气温 0.3—2.3℃，最热月份 7 月，平均气温 27.3—38.6℃，由西南向东北递减；年无霜期222—241 天；年均日照 1945—2100 小时；年均降水量 800—1200 毫米。① 因此，该地区水系发达，地下、地表水资源均十分丰富。全区多年平均地表水、地下水、过境水总量达 100.27 亿立方米，利于发展农田灌溉和水上运输事业。地下水大部分为重碳酸盐类淡水，中性酸碱度，矿化度低于每升 0.25 克，适合饮用和灌溉，且埋藏条件较为优越，中浅层水质一般符合农业灌溉及生活用水的要求。地表水分属长江、淮河、黄河三大水系。因此，南阳盆地分属长江、淮河、黄河三大流域。长江水系中数唐河、白河水系最大，丹江水系次之。流域面积约 23740 平方千米，约占盆地总面积的 89.35%，涉及南阳市所辖的 13 个县市区。除了长江水系外，淮河水系为该区的第二大水系，流域面积约 2805 平方千米，约占盆地总面积的 10.55%，主要分布于桐柏县，方城次之，南召极小。淮河，发源于桐柏县桐柏山主峰太白顶北麓，自西向东流入信阳地区，区内干流长 83 千米，流域面积 1320 平方千米。其支流有干江河、澧河、彭河等，发源于南阳盆地东北部方城、南召一带，向东流入平顶山市鲁山、叶县境内。黄河水系在该区面积最少，流域面积 24 平方千米，约占盆地总面积的 0.1%，仅分布于南召县马市坪乡一带，属伊河上游支流。②

二 南阳在汉代时期所处的地理位置

南阳是一个古老的地名，它是对地质、地貌、方位等因素一个地理实体的命名。就字意而言，"南"是一个方位词汇，"阳"是一个地貌词汇。南阳之"南"字在夏代就有方位上的含义。黄河流域素有"中华民族摇

---

① 南阳地理志办公室：《河南省南阳地区地理志》（豫内资料）1991 年，第 1 页。

② 南阳地区水利志编纂委员会：《南阳地区水利志》，南阳地区水利局（内部发行），第9 页。

篮"之称,黄河流域两岸建立的历代王朝和分封的诸侯国林立,古人概念中称"中国"。既有中国之"中",必然就有东、西、南、北之"外",南阳地理位置处于当时"中国"之南,故有南字之意。此外,我国处在北半球,故山之南坡、水之北岸是向着太阳。南阳这一广大地区既在伏牛山之南,又在汉水之北,当属"阳地"。《释名·释州国》中说:"南阳在中国之南,而居阳地,故以为名也。"①

南阳是在中生代的白垩纪形成的一个盆地,同时在其周围也出现了一些小盆地。由于古代陆地湖泊不断接受泥沙沉积,湖水下泄形成了大大小小的湖积平原,河流的下游也形成了一连串的河谷平川,这些湖积平原和河谷平川的上部形成了肥沃的积层土壤,为农业生产提供了良好的自然条件。②

南阳位于黄河流域与长江流域、黄淮平原与陕甘高原之间。南阳"地势,则武关阙其西,桐柏揭其东。流沧浪而为隍,廓方城而为墉"。南阳基本属于南阳盆地地形区,是一个相对独立的地貌单元。北、西及东三面环中、低山丘陵,中部和南部为开阔平原,地势西北高而东南低,以河流为骨架构成了向南开的"南阳盆地"。盆地南有新野缺口与湖北襄阳盆地相连,史称"南襄盆地"或"南襄隘道",南襄隘道是我国古代南北的交通要道,在《史记》中,也曾经记述南阳:"西通武关③、郧关,东南受汉、江、淮。宛亦都会也。"这一优越的地理位置显然受到司马迁的重视。《汉书·地理志》也写道:"宛,西通武关,东受江、淮,一都之会也。"可见,南阳的繁荣,以其优越的交通地理因素为重要条件。此处除了可以控制武关道交通因素以外,所谓"东南受汉、江、淮","东受江、淮",这些记述均说明了南阳在与东方和东南方之间的交通关系,是十分需要引起重视的。《史记·食货志》:"秦、夏、梁、鲁好农而重民,三河、宛、陈依然,加以商贾。"《汉书·地理志下》亦有曰:"南阳好商贾。"这两部史书的记载,无不说明南阳的交通便利带来的经济优势。南阳这一特殊的交通地理条件在两汉时期尤为突出,至东汉时期,随着其政

---

① 韩玉祥、李陈广:《南阳汉代画像石墓》,河南美术出版社1998年版,第4页。

② 韩玉祥、李陈广:《南阳汉代画像石墓》,河南美术出版社1998年版,第4页。

③ 武关道,以南阳为一端,联系关中平原和江汉平原关道,春秋战国时期已经成为秦楚之间的交通要道,途经长安、蓝田县、商州至河南内乡、邓州、南阳之间道路的统称。

治地位的上升，南阳地理位置更加非同凡响。

南阳东北隅有方城缺口与华北平原相通。盆地北部为雄伟高峻的伏牛山，伏牛山脉是长江与黄河两大水系的分水岭，也是暖温带与北亚热带的自然分界线，由西向东逐渐降低，东延断陷处有著名的隘口走廊南阳隘道，为古今南北交通的孔道。东部及东南部为蜿蜒起伏的桐柏山，是长江与淮河两大水系的分水岭，西部为岩溶地貌比较发达的霄山。区内中山、低山、丘陵、陇岗、平原逐级分布。地势具有明显的环状和梯级状结构特征。最高峰是西峡境内的鸡角尖，海拔2212.5米，最低点位于新野县南，海拔77.3米，高差2135.2米。盆地轮廓略成一椭圆形，它是在地质历史上四周山地隆起，南阳一带下陷，又经唐白河侵蚀和冲积而形成的。①

两汉时期，南阳盆地的对外交通十分发达，主要有五条要道，而这些要道呈放射状向周边分布，将南阳盆地与全国几个重要的大型城市紧密联系起来，从而使其成为华夏腹地沟通东西连接南北的交通枢纽。

向西是武关道：武关道位于今陕西丹凤县东南的武关而得名，从南阳盆地中心的宛县（古申县，今南阳市区）出发，向西经析县（今西峡县）过武关，历商县（今丹凤）、上雒（今商县）、蓝田（今蓝田县西）抵达关中地区。②

向东有东南道：从宛县出发，东南过平氏（今桐柏县平氏镇）循桐柏山北麓淮河一线东行，经复阳（今桐柏县城西）出南阳盆地，可达淮河中上游及江淮地区，折而向南还可抵达豫章郡（今江西省一带）等长江以南地区。③

东北是方城道：从宛县出发，东北经博望（今方城县博望镇）、堵阳（今方城县城东）出方城隘口至叶县（今叶县旧县镇）经汝河、颍河中上游，可达黄河中下游及其以北等广大地区。④

正北有宛洛道：又称"三鸦路"，从宛县沿淯水（今白河）北上，经西鄂（今卧龙区石桥镇）雉县（今南召县云阳镇），历鲁阳（古鲁县，今

---

①　丁心镜、王沛悦、杨晓冰编著：《南阳地理》，2001年，未刊本。

②　侯甬坚：《论唐以前武关的地理位置》，载所著《历史地理学探索》，中国社会科学出版社2004年版，第304页。

③　郭天江、刘振宇：《南阳的古代道路》，《河南交通科技》1996年第3期。

④　王文楚：《历史时期南阳盆地与中原地区间的交通发展》，《史学月刊》1964年第10期。

鲁山县）可达洛阳及河东地区。①

第二节　南阳的历史地位

一　南阳原始社会的文化遗存

　　地理位置的优越，无疑为人类的生活提供了诸多便利，这也是人类早期选择定居地的一个首要因素。南阳在人类早期就被原始先民视为生活的乐土，原始部落布局在南阳盆地的各个角落。

　　根据目前的考古发掘，我们发现了在旧石器时代南阳就已经有大量的人类活动。在南阳从事最早活动的人类要数"云阳猿人"。1978 年 2 月在南召县云阳镇杏花山上发现了一批古脊椎动物化石和一枚古人类牙齿化石，这枚牙齿化石经世界著名古人类学家吴汝康先生等人鉴定为早期人类的右下第二前臼齿，后来这些猿人被命名为"云阳猿人"。经考证，这里发现的古人类与"北京猿人"所处的时代大体相当，距今五六十万年，是中原人类文明的发祥地，是中原人类的鼻祖。②

　　1980 年 6 月中国科学院古脊椎动物与古人类研究所和南阳地区文管会在南阳地区进行旧石器时代考古调查时，在"云阳猿人"遗址约三千米的小空山发现了旧石器时代早期的文化遗址，共出土石器和石料122 件。③

　　1987 年 9 月 25 日至 10 月 5 日，由北京大学考古系、河南省文物研究所、南阳地区文物队、南召县文化馆组成的小空山联合发掘队，在北京大学考古系教授吕遵愕先生的带领下，对小空山上洞旧石器时代遗址进行了发掘。在这次发掘中，共发现石制品 153 件。另外，还出土了一批动物化石。为了进一步确定小空山下洞旧石器遗址的时代，该队对该洞的残余堆积进行了清理，共获得石制品 55 件。④ 经考证，这些遗物应是云阳猿人遗留下来的，此地也是他们生活的聚集地。"小空山文化"的发现，是我国

———————

　　① 王文楚：《历史时期南阳盆地与中原地区间的交通发展》，《史学月刊》1964 年第 10 期。

　　② 未化：《南召县发现猿人牙齿化石》，《河南文博通讯》1979 年第 2 期。

　　③ 张维华：《南召县小空山发现旧石器时代文化》，《中原文物》1982 年第 1 期。

　　④ 小空山联合发掘队：《1987 年河南南召小空山旧石器遗址发掘报告》，《华夏考古》1988年第 4 期。

直立人阶段使用火与管理火能力的一个洞穴遗址，是我国旧石器文化的又
一次重要发现，同时也是中原文明的发祥地之一。

　　时至新石器时代，南阳发现的文化遗址较多，已有 80 多处。1959 年
1 月，原河南省文化局文物工作队对南阳市黄山遗址（图 2-1）北部和西
南部进行了试掘，发掘 1600 平方米，发现房基 3 处共 10 间房屋，墓葬共
计 57 座，成人 44 座，儿童瓮棺葬 13 座，成人墓均有不同数量的随葬品，
出土了玉器 5 件，计有铲、凿、璜等，经有关部门鉴定，全部为独山玉制
品。依据伴出陶器的特征，该遗址可能是一处仰韶文化遗址。①

图 2-1　南阳市黄山遗址

　　1958 年 10 月 8 日至 12 月 26 日，河南省文化局文物工作队在南召县
南约 30 里的二郎岗紫岗村发掘了一处新石器时代遗址，发现房基 8 座，
窖穴 2 个，共发现瓦罐葬 22 座，排葬 13 座。另外还发现众多陶器和
石器。②

---

　　①　南阳地区文管会、文化局编：《南阳地区文物志》（一），未刊稿，1982 年 6 月，第
78 页。

　　②　《河南南召二郎岗新石器时代遗址》，《文物》1976 年第 5 期。

1992 年、1994 年、1996 年对邓州市城郊乡白庄村八里岗西北的八里岗遗址进行了三次发掘，发掘面积约 3 万平方米，文化层厚 4 米。发掘墓葬 110 余座，获得仰韶文化至石家河文化时期的大批遗物。采集的陶器标本有彩陶、灰陶罐，文化序列比较完整。特别是发现了排房式建筑遗址 30 余座，是我国目前所知时代最早的新石器时代排房式建筑，对中国古代建筑史及史前社会聚落面貌的研究探索极为难得。①

关于新石器时代的文化遗址，南阳发掘的较多，通过发掘简报可以看出，在当时，原始人在南阳的生活普遍较为安定，基本都有较为坚固的建筑物，而且属于群居状态。在丧葬方面，对逝者的态度逐渐更加文明，并且形成了一套礼仪制度。在社会组织方面，原来的母系社会组织逐渐开始解体，并向父系社会过渡。

二　夏商周秦时期南阳的历史状况

至夏代，社会治理空前发展，人类由原始社会进入奴隶社会，历史开启了新纪元。此时，天下分冀州、青州、兖州、徐州、扬州、荆州、豫州、梁州、雍州，豫州为其九州之一，夏都亦在豫州之内。夏的范围南至荆山，北达黄河。南阳亦在豫州之内，亦与夏都阳城不远。《史记·货殖列传》记述曰："颖川、南阳，夏人之居也。"此外，《史记》又有记载夏仲康时曾封其子于邓（今襄阳市北）；历史上的"吕"在今天南阳市西边，此地则是吕尚的先祖四岳的封地。史书有云：唐虞时代，因四岳"佐禹治水有功，帝尧嘉之，封于有吕（在今南阳市区梅溪河以西）"。虞夏之际，又封于申（在今南阳市北 10 千米）。

商承夏制。南阳在商代时期仍属豫州。南阳作为豫州的西南边陲，依然是人们生活和生产的一片乐土。新中国成立之后，南阳地区考古工作者进行了文物普查和考古发掘，发现商代文化遗址在本区域有多处发现，如桐柏古台寺遗址、内乡黄龙庙遗址、南阳新集遗址、南阳市十里庙遗址等，这些遗址均有大量的商代遗物出土。据《史记》记载商代的先祖契封于商（今陕西商县），后自西向东转移于东亳。这种记载应该属实。因此，可以说南阳是商文化的发源地之一，同时也是商文化向东传播的过渡地带。

---

① 张江凯：《河南邓州八里岗遗址发掘简报》，《文物》1998 年第 9 期。

西周的政治制度与商代有所不同，周武王克商之后，原有的商地均归西周，周武王为了牢牢控制住四方土地，把宗亲和功臣分封各地，这就是历史上的分封制，于是封国遍布于西周。作为西周的战略要地——南阳，自然也是西周王室眼中的一片乐土，当时的南阳先后有申、吕、谢、应、邓、唐、蓼、楚等国。

春秋时期，南阳一带西周初封的诸多诸侯国灭亡，仅剩吕、邓二国，此后又分封了唐、鄀、许、应、郦等国。此时，楚国在南方逐渐崛起，对南阳一带的诸侯国来说是一种严重的威胁。此时的楚国，野心勃勃，于是不断向中原扩张，南阳一带申、邓被灭，楚文王置宛邑，南阳始称宛。楚国把宛地作为北上的一个军事要地，欲与中原诸国争雄。

战国后期，韩国占据宛，秦昭王十四年，司马错攻楚大胜之后，秦国军事力量逐渐东移。秦昭王十五年，秦国大将白起攻楚取宛，宛归秦国。秦昭王十六年，秦昭王封其舅父魏冉于穰（在今邓州市境内）。公元前272年，秦置南阳郡，郡治于宛。

秦朝统一以后，整个南阳盆地都在南阳郡的管辖范围之内。秦代南阳郡已知的辖县有十四个，治所位于南阳盆地内的有七个：宛、穰、阳城、湖阳、析、郦、丹水。[①]

第三节　汉代南阳的经济与政治

两汉时期的南阳，与今天的南阳市大致相当。秦昭襄王三十五年时所设置的南阳郡，所辖包括今栾川、鲁山以南，汉江以北，西峡、均县以东，信阳、随县以西的地区。[②] 汉代延续南阳郡制，除西北部的丹水、浙县在元鼎三年割予弘农，建武十五年又重归南阳外，郡境几无变化。[③]

一　汉代南阳的经济

《汉书·王莽传》记载，王莽"分三辅为六尉郡，河东、河内、弘

---

① 谭其骧：《中国历史地图集》，中国地图出版社 1996 年版，第 17 页。

② 后晓荣：《秦代政区地理》，社会科学文献出版社 2009 年版，第 266 页。

③ 周振鹤：《西汉政区地理》，人民出版社 1987 年版，第 134 页，李晓杰：《东汉政区地理》，山东教育出版社 1999 年版，第 198 页。

农、河南、颍川、南阳为六对郡，置大夫，职如太守"。南阳作为当时的六个重要地区之一，是重要的特别行政区。《汉书·食货志》亦有云："于长安及五都立五均官，更名长安东西市令及洛阳、邯郸、临淄、宛、成都市长皆为五均司市师。东市称京，西市称畿，洛阳称中，余四都各用东西南北为称，皆置交易丞五人，钱府丞一人。"《汉书·地理志》："宛，……有工官、铁官。"由此可见，在两汉时期，南阳在特殊的地理战略位置上，扮演着什么样的角色。此外，关于南阳农业的发展，许倬云先生有深入论述，认为南阳的雨水比关中地区充足，处于产稻区与产麦区交界的有利位置，气候条件更为优越，大规模兴修的水利工程又保证了农田的灌溉，使其很快成为继京畿地区之外的新经济核心区。[1] 同时，随着地方教育的不断发展，南阳还逐渐成为儒学盛行、学术活跃的文化中心[2]，而西汉都会、东汉陪都的地位又使其一直处于两汉政治的核心地带[3]。

由于优越的地理位置和经过长期的经济积淀，再加上春秋时期已经发展起来的冶铁业，南阳在秦代已经开始了它的腾飞。到西汉时期，南阳的经济已经是异军突起。此时的南阳郡无论是冶铁、农业还是商业，均已在全国出类拔萃，其郡治宛城，已与洛阳、临淄、邯郸、成都一样成为天下名邑。

（1）冶铁业

两汉时期，南阳是全国冶铁业最发达的地区之一，正因为有了这样一项支柱产业，不仅改变了南阳一带的农业生产工具，提高了农业收入，同时也很大程度上成为推动南阳经济、文化等各方面迅猛发展的重要原动力。

---

① 许倬云：《汉代农业——早期中国农业经济的形成》，江苏人民出版社 2012 年版，第 103 页。

② 《后汉·书儒林列传》中收录的经学大师，有洼丹、魏满、尹敏等三位为南阳人，这些大儒广收门徒，南阳治内郡有郡学、县有县学，还有兴盛的私学；《后汉书·樊宏阴识列传》载，删定《公羊严氏春秋》章句、世号"樊侯学"的樊鯈，教授门徒前后达三千余人。

③ 借鉴"工业区位论"概念，若将交通条件、资源环境及思想文化基础看作汉代考古学文化发展的一般区位要素，政治地位看作特殊区位要素，那么南阳无疑是当时最具发展优势的"区位单元"之一。参见阿尔弗雷德·韦伯《工业区位论》，李刚剑、张志人、张英保译，商务印书馆 2010 年版，第 52 页。

南阳盆地铁矿资源较为丰富，据矿业部门调查，有中型矿床 1 处，小型矿床 18 处，矿点 45 处，主要分布于今南阳市桐柏、方城、南召、镇平、内乡、淅川、西峡等县。[①]

根据目前考古工作者的考古发掘，南阳已发现冶炼作坊有桐柏毛集铁山庙、桐柏毛集铁炉村、桐柏固县镇张畈、桐柏黄小庄、方城赵河、鲁山黄楝树、鲁山西马楼、泌阳铁王、泌阳上河湾等九处。

铸造作坊 3 处。一是南阳瓦房庄遗址，位于南阳市老城区北关外瓦房庄西北，汉代应属宛县，总面积约 28000 平方米[②]。二是鲁山望城岗冶铁遗址，位于平顶山市鲁山县城南关与望城岗村之间，由东西两个岗地组成，北距护城河约 500 米，南距望城岗村约 200 米。现存遗址东西长约 1500 米，南北宽达 500 余米，面积近百万平方米。该遗址目前已经正式发掘了近 2000 平方米，发掘点主要集中在毛家村南和贺楼村南两个区域。[③] 三是泌阳下河湾遗址，位于驻马店地区泌阳县马谷田镇南岗行政村下河湾村东，汉代属比阳县，该遗址南北长约 400 米，东西宽约 300 米，面积在 12 万平方米以上。[④]

也正因为南阳铁矿资源丰富，为冶铁业提供了坚实的基础。南阳冶铁以及铸造的迅速发展，使南阳生产出的铁器工具销售到全国各地。根据近年的一些考古发掘资料，铸有"阳一""阳二""比阳"铭文的南阳铁器在其他地区不断被发现，其中陕西省永寿县和江西省清江县均有不同程度的出土。这些考古发掘资料说明当时南阳铁官生产的农具的销售情况，在中国的西北和东南地区也有远距离的销售。

（2）水利工程

南阳的冶铁业不仅为南阳的经济发展插上了一双翅膀，同时也为农业的发展提供了一定的物质基础。冶铁业的发展，除了改善农业生产工具外，对农业生产之外的其他行业也是一种巨大的改变。就以水利灌溉来

---

① 参阅南阳地区地理志办公室《河南省南阳地区地理志》，豫内资料，1991 年。

② 河南省文物研究所：《南阳北关瓦房庄汉代冶铁遗址发掘报告》，《华夏考古》1991 年第 1 期。

③ 河南省文物考古研究所、鲁山县文物管理委员会：《河南鲁山望城岗汉代冶铁遗址一号炉发掘简报》，《华夏考古》2002 年第 1 期。

④ 《泌阳发现国内罕见冶铁遗址其发掘和研究将推动中国乃至世界冶金史研究进程》，《河南日报》2006 年 8 月 3 日。

讲，冶铁业的发展，极大地提升了水利工程修筑的工具改良，为修筑大量的水利灌溉工程提供了保障。

根据近年的考古发掘报告，在南阳一带发现大量的汉代水利工程，其数量之大，在汉代诸多郡中，尤其是长江以北的郡中，数量名列前茅。说明在汉代时期，南阳不仅商业比较发达，其农业基础设施建设也是十分先进的。

两汉时期南阳的水利工程，根据不完全统计，目前总共发现 27 处，遍布南阳郡的各个县。有汉穰县西，今邓州市大西门外岔股路村北的六门陂；汉新野县，今新野县西北的邓氏陂；汉穰县北，今邓州市赵集镇堤南高村北的汉堤；汉涅阳县，今镇平县贾宋镇马河湾东北的严陵河水坝；汉安众县，今邓州市东北，新野县西北一带的安众港；汉朝阳县西，今邓州市刘集镇陈桥村西南钳卢陂；汉朝阳县北，今新野县西南，上港乡瓦亭陂一带的樊氏陂；汉堵阳县，方城县城关镇大凉亭村一带的堵阳陂；汉湖阳县，今唐河县上屯乡上下杨背之间的堰陂；汉湖阳县，今唐河县西南部一带的赵渠；汉湖阳县唐子山西南，今唐河县湖阳镇南的唐子陂；汉湖阳县，今唐河县南部龙潭镇韩庄北的汉垱；汉新野县北，今新野县沙堰镇的沙堰渠；汉安众县东部，今卧龙区陆营乡沐垢河下游一带的安众港；汉丹水县，今淅川县东南部丹江库区一带的阿堤；汉冠军县西北，今邓州西北的楚堤；今内乡县的郑渠；今内乡县东的上默河堰；汉舞阴县城东，今泌阳县西北羊册镇一带的马仁陂；汉宛县北，今南阳市北的上石堰；汉宛县东南，今南阳市东南的马渡堰；汉新野北，今新野县北白河故道上的蜣螂堰；汉新野北，今新野县沙堰镇一带白河古道上的沙堰；汉宛县东北豫山东，今南阳市东北独山东的豫山三十六陂；汉宛县的玉池陂；汉新野县北部的无名陂；汉新野县南部豫章大陂。

水利是农业的命脉，有了水利的保障，农业的丰收已经不是问题。这同时也为南阳成为富庶之地奠定了基础。这一大批农田水利工程的修建以及农田水利网的形成则极大地推动了农业发展，成为农业兴起最重要的内因。

（3）庄园经济

丰富的铁矿资源，促成了冶铁业的兴旺。而冶铁业不仅获得了巨大的经济效益，同时也推动了生产力的发展。也正因为如此，出现大量而且种类繁多的农用工具，这也为修筑大型的水利工程提供了强大的保障。我们由此可以看出，南阳地区占有着得天独厚的条件。首先它占"天时"，从气候方面来说，它属于南北气候的交界线上，既不属于北方的干旱气候，又不属于南方的多雨气候，小麦、水稻都可种植。其次它占"地利"，地下的矿藏，尤其是大量的铁矿资源为冶炼、铸造、生产、销售各种农用工具、兵器以及其他工具提供了大量的原材料。所以说，冶铁业不仅影响了南阳地区的经济，同时也影响了南阳地区的农业，带动着汉代南阳庄园经济的发展。

庄园经济，是在封建社会土地私有制条件下，以地主庄园为单位的一种大地产制经济，属于自然经济的范畴。地主庄园，是汉代时期大地主阶层经营地产的一种形式，它以封建土地私有制下的大地产制为基础，以宗族组织为依托，以人身依附关系为纽带，役使奴隶和依附民进行生产，开展农、林、牧、副、渔、工、商等多种行业的综合性经营，是一种自给程度较高的经济实体。另外，每个庄园一般都拥有一定数量的私人武装，负责保卫庄园的安全，是一种半独立化的准军事组织①。

汉代庄园经济是私有制经济的产物，井田制结束以后，土地开始私有化，极大地激发了生产力的发展。至汉武帝时期，为了快速发展经济，汉武帝把商业经济中的重头戏盐、铁、酒的经营权收归国有，从而促使社会资金流向地产行业，不仅炒作土地价格，还加剧土地兼并。与此同时，又促使农民开垦大量荒地。在某种程度上，掀起了中国历史上第一次空前绝后的土地开垦热潮，为农业发展以及农业丰收提供了一个坚实的基础。所以说，汉代的庄园经济，是汉代崛起的一个物质基础。如果没有庄园经济，土地私有制经济进展步伐会慢一些；如果没有庄园经济，汉代的军事也不可能如此的强大，征服匈奴也是不可能的。

作为汉代经济重镇，南阳在庄园经济的发展中也毫不示弱，甚至起到了一个排头兵的作用。但南阳的庄园经济并不是从汉武帝时期一蹴而就的，而是在西汉后期元、成之际发展壮大起来的。

据文献记载，光武帝刘秀外祖父樊重就是南阳当时庄园主的代表之一，樊重主要活动在西汉后期元、成时期，他所经营的地产当时已经闻名于世。至樊宏时期，樊氏地产已经在全国颇具影响。《后汉书·樊宏传》载："（樊重）世善农稼，好货殖，重性温厚，有法度，三世共财，子孙

_____

① 王彦辉：《汉代豪民研究》，东北师范大学出版社 2001 年版，第 164 页。

朝夕礼敬，常若公家。其营理产业，物无所弃，课役童隶，各得其宜，故能上下勤力，财利岁倍，至乃开广田土三百余顷。其所起庐舍，皆有重堂高阁，阪渠灌注。又池鱼牧畜，有求必给。尝欲作器物，先种梓漆，时人嗤之，然积以岁月，皆得其用，向之笑者咸求假焉。货至巨万，而赈赡宗族，恩加乡闾。"①

又《水经注·比水篇》引司马彪曰："（樊重）能治田，殖至三百顷，广起庐舍，高楼连阁，波阪灌注，竹木成林，六畜放牧，鱼蠃梨果，檀棘桑麻，闭门成市。兵弩器械，赀至百万。其兴工造作，为无穷之功，巧不可言，富拟封君。"②

到东汉时，南阳庄园经济愈演愈烈，继承着西汉庄园经济的发展模式。此时的地方豪强势力更加炽盛，土地兼并问题势不可当，大量农民失去土地，从而使国家的经济利益受到严重损失。建武十五年（公元39年），光武帝刘秀下诏州郡检核垦田顷亩及户口年纪，也正是在这次检核过程中，南阳郡成为全国度田不实情况最严重的郡之一。当时，各郡向光武帝刘秀禀报度田情况，光武帝刘秀窃见陈留郡官吏的牍牒上有"颍川、弘农可问，河南、南阳不可问"字句，使其实情暴露，太子刘庄向光武帝讲述了"河南帝城，多近臣，南阳帝乡，多近亲，田宅逾制，不可为准"。光武帝刘秀令人拷问陈留吏，结果正如太子刘庄所说。时宗室刘隆任南阳太守，与当时南阳大量的庄园经济主实施了弄虚作假、蒙骗皇帝的行为，后因其为开国功臣，刘秀免其一死，废为庶人。由此可见，在当时的南阳，庄园经济主之多，情况之复杂是难以想象的。建武七年（公元31年），刘秀任命杜诗为南阳太守，杜诗在上任的第二年就上疏提出要"退大郡，受小职"。并非杜诗谦虚恭卑，而实际上是杜诗在深知南阳庄园经济主兼并役使行为恶劣，自己也无能为力的情况下，所作出的无可奈何的政治选择。

二 汉代南阳的政治

南阳庄园经济的快速发展，造就了一大批富商大贾以及拥有万金的大庄园主。这批人在经济上得到满足之后，渴望政治上也有所作为，从而提

---

① 周天游：《八家后汉书辑注》，上海古籍出版社1986年版，第539页。
② 郦道元著、王先谦校：《水经注》，岳麓书社2014年版，第434页。

升家族的社会地位，于是就凭着雄厚的经济实力踏入仕途。西汉文景时期，南阳张释之以钱财买官，后来官至廷尉；孔仅，冶铁有方，"致产累千金"，出任西汉武帝的大农丞，官至九卿。西汉末年游学京师长安的南阳人刘秀、刘隆、邓禹、卓茂、张堪、阴识等人都有一定的经济实力，这些人在东汉建立之初纷纷成为东汉王朝的中流砥柱。

西汉时期，作为与长安、洛阳呈三足鼎立之势的南阳，一直受到西汉王公贵族的向往，据文献资料显示，西汉时期封在南阳的王侯约 30 个，其中出使西域的张骞被封为博望侯，王莽被封为新都侯等。南阳在西汉政权中，身份显赫者达 13 人之多，如张释之、孔仅、杜周、直不疑、杜延年等，他们为西汉政治社会发挥了积极作用。

在新莽时期，南阳人以刘秀家族为代表的庄园经济主纷纷登上政治舞台，扮演着新时代的开创者。首先是刘秀的族兄刘玄子为更始帝，其后是刘縯、刘秀的起义军席卷全国，推倒了阻碍历史发展的新莽王朝，开创了一个崭新的时代，推动着历史的车轮前行。

在此过程中，南阳人邓禹、刘赐、刘嘉、刘信、贾复、李通、陈俊、岑彭、杜茂、马成、马武、任光、吴汉等人既是刘秀的亲密朋友，又是刘秀的得力干将，与刘秀一起完成了统一大业，建立了东汉王朝。因此，在东汉王朝中，南阳籍的功臣在中央政权居统治地位。正如《剑桥秦汉史》所云："强烈的地方主义是整个这场内战的典型特征；光武帝的胜利在某种意义上说是他家乡南阳郡的胜利。通过他，来自南阳的人在以后很长的一段时期中取得并保持显赫的地位。"[①]

正因为刘秀在南阳起兵，带领南阳家族成员和亲朋好友推翻王莽政权，造就了一大批新时期权贵。据不完全统计，东汉建国初期，南阳人任三公的就有 10 人，九卿 13 人。尤其值得一提的是东汉初年担任大司马的南阳人吴汉，其任该职长达 19 年之久；其后南阳人刘隆担任该职 7 年。由此可见，在东汉初年，东汉的最高军事权一直控制在南阳籍的功臣手中，从这一点来说，南阳人对东汉政权的巩固做出了深远的贡献。

据《后汉书》记载，收录并被立传的南阳籍官吏达 195 人，其中任三公的 27 人，任九卿的 38 人，被封为王侯者 120 人。光武、明、章帝时

---

① ［美］费正清、［英］崔瑞德编：《剑桥中国秦汉史》，杨品泉等译，中国社会科学出版社 2006 年版，第 27 页。

期，南阳籍官吏有53人，和帝、灵帝时有51人。除此之外，南阳的外戚集团在东汉的政治舞台上也发挥着举足轻重的作用，在东汉195年的历史当中，有五位皇后均为南阳籍人，她们是光烈阴皇后、和帝阴皇后、和熹邓皇后、桓帝邓皇后、灵帝何皇后，这五位皇后影响东汉政治长达81年之久，几乎占据东汉历史的二分之一，深刻影响着东汉的政治走向。

在东汉历史上，从南阳走向东汉政治舞台的大官僚占据半壁江山，而且从东汉政治权力中心走向南阳的达官贵族也为数不少。根据《后汉书》记载，东汉时期7位公主、28位王侯被封在南阳。

《后汉书》中把南阳称为"帝乡""南都"，从当时的经济实力和政治影响力来看，南阳确实比长安更为发达。如果我们今天审视历史地图，会发现，南阳、洛阳、长安，这三个城市呈现一个倒立的三角形，南阳正处在倒立三角形的交汇点上，向西410千米到达长安，向东220千米到达洛阳。在当时，南阳的影响力仅次于洛阳。正如著名历史学家范文澜所言："洛阳与南阳是东汉两个最大的中心城市。"这个第二大都市，又是东汉众多南阳籍各地官员辞官后返乡养老的居住地，所以说，南阳在东汉时期始终是政治炽热的一片土地。

第四节　汉代南阳的厚葬习俗

一　汉代以前的生死观念

生死是人类所面临的最大问题，自上古以来，任何人都不能逃避它，无论时代如何变幻，最终永衡不变的自然规律就是有生必有死。生死观念是埋藏在人类心中的稳定意识形态，它构成了每一个时代的深层文化——心理结构，同时也是这一时代的生死观念。所以在探讨人的精神世界时，这是不能回避的一个问题。①

上古先民，对于"死"和"生"往往持一种不去深究的态度，或以为是神的安排，或以为是宇宙的必然。反映西周初年至春秋中叶五百年社会生活的《诗》中，描述了许多人为"生"或"死"发出悲伤的咏叹。儒家先师孔子，在弟子问及"死"时，他只用"未知生，焉知死"敷衍

① 卜友常：《汉代墓葬艺术考述》，上海三联书店2015年版，第212页。

而过。而"子在川上曰，逝者如斯夫，不舍昼夜"，这里也是对生命短暂所引发的感伤，更主要的则是功业未建而对未来的鞭策。先秦诸家中庄子对生死的思考最为深刻，其言曰："人生天地间，若白驹过隙，忽然而已。"①

至汉代，人们对生命或死亡的体验，则变得非常强烈。西汉早中期羽化升仙信仰进一步转化为浓烈的延长生命的渴望，东汉盛行一时的厚葬及墓葬艺术则反映人们将关注的目光，由现实的生生死死，转向缥缈的仙境，为了实现去世亲人去仙界的愿望，后人则往往想得相当周密，设计了许多极其复杂的环节，这在汉墓画像中均有所体现。

无论是汉代画像石墓、画像砖墓、壁画墓，均体现了汉代人们对死亡的一种信仰，也可以说是一种观念。这是一个较为复杂的命题，其间蕴含着多元的思维。中国人自古以来对待死亡，与其他国家或地区有着一定的区别。从新石器时期开始，丧葬已经开始出现薄葬与厚葬的差异，这种差异，反映的是财富与地位的差异；同时，这也是对待逝者的一种尊重和一种孝道，是人类不断地走向文明的标准之一。《左传》有云："国之大事在祀与戎。"对一个国家来讲，大事只有两件，一是战争，二是祭祀。而祭祀源自两种信仰，一是天地信仰，二是祖先信仰。祖先信仰相信逝者的亡灵有一种超自然的力量，这种力量会对后代带来护佑，从而使后人生活平平安安，稼穑五谷丰登。

二　汉代南阳厚葬的形成

厚葬的习俗虽然悠久，但作为一种丧葬形式，需要一定的物质基础作为支撑。在古代社会，所谓的厚葬，是不惜代价来营建墓穴，不惜代价来配置陪葬品，不惜代价使逝者的服饰穿戴更加华丽高贵。这一切，均是为了使逝者在另外一个世界的生活不仅无忧无虑，而且是钟鸣鼎食、奴婢服侍的生活，依然和生前一样享受。也正因为如此，厚葬的基本条件是物质基础。那么在汉代时期，从汉武帝执政起，汉代的经济在文景之治的基础上，出现了飞跃式的发展，尤其是汉武帝对盐、铁、酒实行专营之后，国库的收入呈现翻倍递增，使汉王朝出现了前所未有的富裕景象。司马迁在《史记》中对汉武帝时期的社会财富有过一段记述，其文曰："京师之钱

---

① 《诸子集成》，中华书局 2006 年版，第 140 页。

万巨，贯朽而不可校；太仓之粟陈陈相因，充溢露积于外，至腐败不可食。"有了文景时期的财富积淀，同时又有了汉武帝各种增加国库收入政策的实施，至汉武帝时期，国家财政的积蓄空前增多。于是汉武帝在即位后的第二年便开始为自己修造茂陵，茂陵规模宏大，修建长达53年之久，由于修建时间长，至武帝下葬时，陵园"其树皆已可拱"。关于汉武帝陵墓之内的陪葬情况，《汉书·贡禹传》记载甚明："多藏金钱财物，鸟兽鱼鳖牛马虎豹生禽，凡百九十物。"汉武帝陵墓修建如此奢华，在当时影响巨大，对整个丧葬习俗是一种重大的冲击。作为各级贵族与地主，他们也纷纷效仿，精心营建逝去父母或自己的墓葬。在今天的西安郊外，有庐山之姿态的名将卫青之冢，有祁连山之雄伟的霍去病之冢，均屹立在空旷的田野之中，无不令人感叹陵墓工程之宏大。在《汉书·霍光金日磾传》记载：汉武帝的托孤大臣霍光薨，"上及皇太后亲临光丧，太中大夫任宣与御史五人持节护丧事，中二千石治莫府冢上，赐金钱、缯絮、绣被百领，衣五十箧，璧珠玑玉衣、梓宫、便房、黄肠题凑各一具"①。霍光的葬礼不仅隆重，陪葬也十分奢侈，完全不亚于帝王的葬礼规格。对于庄园经济的大地主和富商来说，是否厚葬，标志着自己是否具有社会地位。因此，无论是帝王、权臣、地主、富商以及百姓，争相仿效厚葬，于是厚葬风气弥漫于整个社会。

东汉初期，光武帝刘秀在政策方面继续延续西汉的各种制度，同时实行休养生息政策，农业生产很快得到恢复，庄园经济逐渐发展起来。在战争创伤得到医治、经济得到发展之后，作为西汉流行的厚葬习俗在此时得到持续发展。据文献记载，京师贵戚、名门世族或郡县豪家，比附之风有过之而无不及。《后汉书·张衡传》有曰："天下承平日久，自王侯以下，莫不逾侈。"越来越多的丧葬僭越现象频发，政府屡禁不止。厚葬之风愈演愈烈，在东汉的广袤土地上不断蔓延。今天在内蒙古、北京、辽宁地区，依然可以发现东汉时期厚葬的遗存。王符在《潜夫论·浮侈篇》中记述东汉厚葬的情况甚为明了，其文曰："今京师贵戚郡县豪家，生不极养，死乃崇丧，……良田造茔，黄壤致藏，多埋珍宝，偶人车马，造起大冢，广种松柏，庐舍祠堂，崇侈上僭。宠臣贵戚，州郡世家，每有丧葬，都官属县，各当遣吏赍奉，车马帷帐，货假待客之具，竟为华观，……今

___
① 班固撰、颜师古注：《汉书》，中华书局1998年版，第2931页。

天下浮侈富本，亦已甚矣。边远下土，亦竟成仿效。……工匠雕刻连累日月。"①

　　汉代厚葬的习俗通过文献分析可知，大致可以归为四个方面。一是政治稳定，经济发达，为厚葬提供了物质基础。二是帝王厚葬影响整个社会，这种上行下效不仅影响达官贵族，而且对地主阶层和一般百姓也有深远影响。三是灵魂不灭的思想观念。在汉代时期，认为人死之后灵魂不灭，在阴间还会继续生活。所以在墓室营建方面不仅豪华，而且还埋葬大量金银财宝和生活用品，以供在阴间继续享用。四是汉代推行的"举孝廉"制度，"举孝廉"制度是地方官推荐社会上孝道清廉之士给朝廷，由朝廷任命为官。这种制度也为厚葬起到推波助澜的作用，很多人对待父母生不极养、死乃崇丧，以此博得孝道的美誉。此种例子在汉代举不胜举。

　　南阳作为西汉的重要经济重镇和东汉的"帝乡"，不仅经济发达，权贵云集，而且还是东汉时期的陪都。因此，流行在汉代的厚葬之风，南阳也是继洛阳之外的又一个厚葬之风炽热的地区之一，大量的汉代画像石墓出现在南阳一带也不难理解。

　　① 王符著、汪继培笺、彭铎校正：《潜夫论笺校正》，中华书局2014年版，第156页。

第三章

随枣走廊与南阳汉代画像石墓的起源

汉代画像石墓起源的时间，学术界根据目前的考古资料，划定在西汉中后期。而关于汉代画像石墓起源的地点问题，学术界没有定论，几乎也没有学者研究。根据信立祥先生梳理汉代画像石墓的发掘资料，认为汉代画像石墓早期发展阶段，南阳及湖北北部的汉代画像石墓是最发达的地区，到东汉晚期，山东、苏北、皖北、豫东一跃成为汉代画像石墓最发达的地区。[①] 针对这一论断，我们是否可以理解为汉代画像石墓是从南阳及湖北北部开始向全国传播的？如果假设成立，南阳及湖北北部汉代画像石墓分布在广阔的地域之内，南北相距约 400 千米，东西相距约 200 千米，南阳汉代画像石墓的起源地能否缩小地域，继续深入探索它相对具体的地点？此项问题的解决，将对汉代画像石墓的发展脉络研究至关重要。本章结合随枣走廊的考古发掘，阐释南阳汉代画像石墓的起源地点问题。

第一节　随枣走廊的文化遗存

随枣走廊在中国地理位置上处于南北地理的交会之地——湖北省北部、汉水以东。其范围西北起自滚河入唐白河处，东南至安陆东南端的涢水河谷，其西与南阳盆地相连，东邻鄂东低山丘陵。从地形上来看，北面属于大别山余脉桐柏山，西面是大洪山，其间是丘陵和坡地，大洪山西端紧邻江汉平原。在两山中间有一条西北与东南走向的狭长平原，因从地理位置上覆盖了随州、枣阳的绝大部分地区，在行政区划上包括现在的唐河县南部、随州市、枣阳市、京山县等地，学术界称之为"随枣走廊"。在考古学领域通常对待"走廊"有两层含义，其一是交通要道，其二是文

---

① 信立祥：《汉代画像石综合研究》，文物出版社 2000 年版，第 358 页。

化交流的通道。纵观从新石器时代至西汉时期，随枣走廊始终是中原文化与荆楚文化交流的大通道，同时也是中国南北之间的军事要地。

近年考古资料显示，在这片区域之内，从新石器时代开始至西汉时期，不仅人口密集、经济发达，而且是诸侯、卿、大夫、士等不同阶层汇聚的一个地域，呈现出社会结构多元化的一种组织形态。

一　新石器时代的文化遗存

1989 年至 1990 年，枣阳市组织文物工作者在全市范围内进行了文物普查，尤以随枣走廊地区为多。这里原始社会文化遗址分布密集，面积较大，内含丰富，时代序列清楚，为认识该地区新石器时代社会生活提供了较为翔实的资料。主要有陈大堰遗址、二王庄遗址、孙家湾遗址、窑湾遗址、长堰湖遗址、周家古城遗址六处。出土有夹砂红、灰陶，器形有豆、盘、钵、杯、盆、缸、瓮、器座、器盖、三足器等，其中有代表性的器形有：圆锥足、鸭咀形足、凿形足、宽扁足的鼎形、盆形级，仰折沿深腹雄，高圈足杯，喇叭形杯，镂孔高圈足豆，双腹豆，敛口钵，大喇叭形厚胎器座，花瓣式钮器盖等。[①] 生产工具主要是石器，大部分为磨制，种类有斧、锌、凿、镰、铲、球、锥等，其中铲及部分斧、锛磨制精细，表面十分光滑。此外尚有数量不多、大小不一的陶纺轮。从采集遗物的文化特征看，遗址包含有仰韶文化、屈家岭文化及石家河文化三种文化因素，尤以石家河文化遗物最为丰富。[②] 由以上特征可见，随枣走廊的独特地理位置决定了该区域文化的多元性，从而导致文化元素受到南北同期原始文化的影响，呈现出多元化的陶器形制，在多元化的背后，还表现出有共性的一面，同时也反映出多元化文化在此交汇融合后形成自己独特风格发展轨迹的一面。在这些器物中，虽然受到外来文化的影响，但外来文化中各地曾经出现过的一些典型器在此发现不多，形制也有所变化，只是因调查资料有限尚难找到其明显和独有的地方特色。此外，在湖北枣阳市雕龙碑新石器时代遗址、随州西花园遗址等地均发现了新石器时代原始先民们在此聚集生活的情况。说明在原始社会，当时的人们已经感觉到此地不仅属于宜居之地，而且在部落之间的交流方面也十分方

---

①　襄樊市博物馆：《随枣走廊几处新石器时代遗址调查》，《江汉考古》1995 年第 4 期。

②　襄樊市博物馆：《随枣走廊几处新石器时代遗址调查》，《江汉考古》1995 年第 4 期。

便，这样优越的一种地形，是否在当时就是一种南北实物的交换之地，已经不得而知。

二　两周时期的用鼎礼制与棺椁体制

在其后的历史进展中，随枣走廊依然发挥着它举足轻重的作用，吸引着世人的目光。根据考古发掘出土的资料，发现了大量从西周初年至战国晚期的贵族墓葬。就以此地出土的青铜器为例，可以窥探出西周至战国晚期随枣走廊的政治与社会结构。

西周时期，由于随枣走廊属于要冲之地，成为周王朝控制南土的重要屏障，周王将周之宗亲大多分封于此，形成特有的"汉阳诸姬"政治地理新格局。周文化也对这一区域产生了强烈的影响。从考古发掘而知，周代这一区域基本与中原同期文化面貌相同。[①]

自 1966 年京山苏家垅出土春秋早期铜器[②]开始，随州市、枣阳市及新野县等地先后出土了数量较多的西周到战国时期的青铜礼器，其中随州市擂鼓墩曾侯乙墓铜器群[③]最为引人注目。

重要的发掘有羊子山墓[④]、随州桃花坡 M1[⑤] 和 93M[⑥]、随州义地岗 M83[⑦]、京山苏家垅墓[⑧]、随州熊家老湾墓[⑨]、随州周家岗墓[⑩]、河南新野墓[⑪]、随州季氏梁墓[⑫]、随州徐家嘴墓[⑬]、76 和 80 随州义地岗墓[⑭]、随州

---

① 黄凤春：《随枣走廊话曾国——随州的曾侯墓地》，《中国文化遗产》2013 年第 5 期。
② 湖北省博物馆：《湖北京山发现曾国铜器》，《文物》1972 年第 2 期。
③ 随县擂鼓墩一号墓考古发掘队：《湖北随县曾侯乙墓发掘简报》，《文物》1979 年第 7 期。
④ 随州市博物馆：《湖北随县安居出土青铜器》，《文物》1982 年第 12 期。
⑤ 随州市博物馆：《湖北随县安居出土青铜器》，《文物》1982 年第 12 期。
⑥ 随州市考古队：《湖北随州义地岗又出土青铜器》，《江汉考古》1994 年第 2 期。
⑦ 随州市考古队：《湖北随州义地岗又出土青铜器》，《江汉考古》1994 年第 2 期。
⑧ 湖北省博物馆：《湖北京山发现曾国铜器》，《文物》1972 年第 2 期。
⑨ 郭兵：《湖北随县发现曾国铜器》，《文物》1973 年第 5 期。
⑩ 随州市博物馆：《湖北随县发现商周青铜器》，《考古》1984 年第 6 期。
⑪ 郑杰祥：《河南新野发现的曾国铜器》，《文物》1973 年第 5 期。
⑫ 随县博物馆：《湖北随县城郊发现春秋墓葬和铜器》，《文物》1980 年第 1 期。
⑬ 随州市博物馆：《湖北随州安居镇发现春秋曾国墓》，《江汉考古》1990 年第 1 期。
⑭ 随州市博物馆：《随州东城区发现东周墓葬和青铜器》，《江汉考古》1989 年第 1 期。

擂鼓墩 M1（曾侯乙墓）① 和擂鼓墩 M2②、随州擂鼓墩 M33③ 和 M13④。通过这些发掘资料，可以看出，随枣走廊区域之内出土的西周早期青铜礼器的形制、纹饰和组合均与中原地区相同，明显属中原文化范畴。相关的历史文献，以及后来出土的一大批青铜器，说明随枣走廊在西周早期已经处于周王室的控制之下了。西周晚期到春秋早期是随枣走廊文化的大发展时期，这一时期最引人注目的是九鼎八簋大墓和大批"曾"铭铜器的存在，而且一直延续到战国早期。这表明随枣走廊已形成了统一的地方政权，从文献记载和有铭铜器特别是"曾侯"铭器来看，这个政权应为曾国。曾国的青铜器分布范围也很广，北起河南新野，南到京山，西至枣阳，东面一直到随州城东郊的整个随枣走廊均有发现。可见，这一时期随枣走廊的政治和文化都是十分发达的。⑤

青铜礼器在两周社会中具有"明尊卑，别下上"的社会意义。从"三礼"等的记载来看，西周时期"天子九鼎，诸侯七，大夫五，元士三"，到春秋战国时期在各诸侯国内变为"诸侯用大牢九鼎，卿、上大夫用大牢七鼎，下大夫用少牢五鼎，士用牺三鼎或特一鼎"⑥。青铜礼器组合是使用者身份地位的象征，从另外一个方面也反映了随枣走廊贵族社会的构成状况。

也正因为随枣走廊是两周时期南北文化交流之重要地区，反映在贵族社会中分层是十分显著的时代现象，可以分为诸侯、卿、大夫、士四个阶层，是一套比较完整的诸侯国贵族系统。

有曾国这样一种政权的存在，丧葬方面也出现了与中原一样的一套完整的礼制，这种礼制在此地历经七百多年，根深蒂固，不仅影响了一代代上层贵族，中下层贵族以及富裕的民众阶层也深受影响。人们不仅深刻认识丧葬礼制中的用鼎制度，而且对丧葬礼制中的棺椁制度也不陌生，因为

---

① 湖北省博物馆：《随县曾侯乙墓》，文物出版社 1980 年版，第 28 页。

② 湖北省博物馆、随州市博物馆：《湖北随州擂鼓墩二号墓发掘简报》，《文物》1985 年第 1 期。

③ 随州市博物馆：《湖北随州擂鼓墩战国东汉墓发掘简报》，《江汉考古》1992 年第 2 期。

④ 随州市博物馆：《随州擂鼓墩砖瓦厂十三号墓发掘简报》，《江汉考古》1984 年第 3 期。

⑤ 王京传：《随枣走廊两周时期文化变迁和社会结构——以该地区出土青铜礼器为根据》，《齐鲁学刊》2016 年第 6 期。

⑥ 俞伟超、高明：《周代用鼎制度研究》，《北京大学学报》1978 年第 1 期。

丧葬礼制中的用鼎与棺椁是密切联系的一套礼仪。所以，考古发掘的用鼎情况，也为我们揭示了该地各类贵族的棺椁使用情况。例如曾侯乙墓出土的棺椁，就分内棺和外棺，这与《礼记·檀弓上》记载完全一致，其文曰："天子之棺四重"，郑玄注："诸公三重，诸侯两重，大夫一重，士不重。"说明此地在七百余年的历史中，棺椁制度一直在延续，以棺椁体现身份的丧葬习俗始终存在。长此以往，人们把棺椁葬制不仅看作身份的象征，更看作一种家族的荣耀。能够使用棺椁，尤其是能像贵族那样风光的埋葬，已经成为随枣走廊一般官吏的一种梦想。这种梦想，在一定的历史条件下，他们就会把它变为现实。在其后的近百年中，此地出现的西汉画像石墓也就证明了这一点。

第二节　随枣走廊棺椁空间结构的变革与南阳汉代画像石墓的关联

黄晓芬《汉墓的考古学研究》一书认为，南阳汉代画像石墓是中国古代墓制的一次重要改革。从南阳汉代画像石墓早期的形制和装饰来看，汉代画像石墓的产生经历了一个漫长的过程，不仅是丧葬观念的变化，同时也是墓葬礼制的变化。如果我们要为南阳汉代画像石墓进行溯源的话，无论从墓室的空间发生的变革还是空间装饰的变革，均是从春秋战国时期的随枣走廊及其周边一带开始的，而且这种变革也一直在不断地进行。当随枣走廊进入西汉时期，政治结构已经发生了巨大的变化，墓葬的形式也开始了它多元化的时代。新中国成立后的考古发掘资料向我们提供了诸多这方面的信息。

一　棺椁从密闭空间走向开通的第一步——开设方孔

自古以来，以密闭、隔绝为特点而构筑的椁墓为中国传统式埋葬设施。汉代初期以后，代表传统形制的竖穴椁墓明显趋于衰退。而新的形制逐渐成熟，汉代画像石墓是横穴土坑墓，而横穴土坑墓的一大特点就是室墓空间格局。中国的墓制，如果说椁墓是新石器晚期至封建社会初期的墓葬礼制标配的话，那么室墓是封建社会初期以后墓葬礼制的标配。考古发掘资料显示，墓制礼制改革是与战国后期的社会变革同步发展的。椁墓向室墓的转变，战国时期的棺椁墓已经开始出现了端倪。我们就以随枣走廊一带的战国墓葬为例，该地区迄今发掘的战国墓葬，要数曾侯乙墓的规模最大，规格也最高，棺椁结构也可以代表当时的丧葬理念。在曾侯乙墓出土的大型漆彩绘棺椁上，我们也发现有方孔造型。此外在彩漆棺外侧也同样发现了方孔的图形。在仔细审视的过程中，会发现这些彩绘的画面中，方孔的造型与间隔板上开凿出的方孔造型存在这一定的关联，它们之间有着彼此呼应的关系。因此，表现形式、开凿及绘画等虽不相同，但制作和描绘方孔的功能及用途方面应该是一致的。① 进入战国中期以后，随枣走廊及其周边一带的墓葬在椁内间隔板上开凿方孔的现象逐渐增多起来，不仅是大型墓，就连中小型墓葬中也多有发现。例如，江陵雨台山 M166 的木椁是典型的间切形非对称式椁，由棺厢和两个随葬品厢组成。棺厢和侧厢的间隔板上开凿有高 0.13 米、宽 0.10 米的小方孔。从其造型、位置、表现手法以及方孔和间板之间的大小高低比值来看，与上述大型墓没有什么区别。② 同墓地的雨台山 M321、M406 内埋设比较单纯的非对称式间切形椁，这里只用一块隔板将椁内分成头厢和棺厢，在仅有的一块间隔板的下侧中央位置也开设一个小方孔。中小型墓葬所见方孔的造型规格一般都比较小，且方孔的位置还未固定。但它与大型椁墓的方孔制作一样，标志着强调密闭、隔绝性的传统椁形制已经从椁的内部空间开始发生变化，即已经把原来的密闭空间打开缺口，椁的内部开始逐步转向相互连接和开通。这种在椁内间隔板上开凿方孔的现象，正是椁内的密闭空间走向开通的第一步。③ 然而这一时期随枣走廊及其周边一带墓葬的四侧椁壁结构对外界仍处于全面封闭状态，故可以明确指出：以开通方孔为代表的开通现象仅仅限于椁内。这种限于椁内各空间相互连通的方孔造型，有可能是为椁内墓主人的灵魂提供一个能够自由回旋的通路而设计的。换句话说，方孔的出现也许象征着死者灵魂的游离。④

二　棺椁从密闭空间走向开通的第二步——装饰门窗

如果说方孔的出现是楚墓空间结构发生变化的第一步，那么门窗的出

---

① 湖北省博物馆：《随县曾侯乙墓》，文物出版社 1989 年版，第 49 页。
② 湖北省荆州地区博物馆：《江陵雨台山楚墓》，文物出版社 1984 年版，第 147 页。
③ 湖北省荆州地区博物馆：《江陵雨台山楚墓》，文物出版社 1984 年版，第 147 页。
④ 黄晓芬：《汉墓的考古学研究》。岳麓书社 2003 年版，第 61 页。

现是楚墓空间结构发展的第二步，同样在曾侯乙墓出土的漆棺上，该墓出土的大小漆棺外表都发现了用黑红漆描绘的方框形门，以及连续方格式的窗造型。截至目前，这是已发现最早的装饰门窗资料。曾侯乙的漆棺椁规格是目前考古发掘最大的一具，涂红、黑漆的彩绘纹饰也最复杂。特别是内棺（图3-1），在长侧外壁描绘一组覆斗形纹饰，其两侧还描绘有持兵戈并排站立的神怪人物（图3-2）。这里的覆斗形纹饰似乎是当时表现门建筑的造型之一，其两侧持戈并立者则当属门卫形象。同一棺的头侧正中位置还描绘有连续方格纹饰，比起覆斗形的门造型来，此方格纹饰似更接

图3-1　曾侯乙内棺

于表现格子窗的造型。① 另外，该墓中年轻女性陪葬漆棺的一部分也发现描绘有相类似的装饰门窗图案。在此需要强调的是，曾侯乙墓的方孔制作以及装饰门窗的造型及表现手法等都显得比较成熟，这种有意识地表现椁内开通的思考与造型的出现期，应当比曾侯乙墓的年代更早一些。②

战国中期以后，装饰门窗的造型显得形式多样。湖北省江陵天星观为大型楚墓的代表，墓圹中央构筑的间切形椁由棺厢和六个随葬品厢组成，棺厢位于椁中部，与棺厢邻接的东、西南侧厢的间隔板外表都描绘有装饰门扉的图案。③ 河南省信阳M2，同样也在间切形对称式椁的间隔板上用白色鲜明地描绘出装饰门扉的图案。④ 与此同时，有不少中小型墓也采用

① 湖北省博物馆：《随县曾侯乙墓》，文物出版社1989年版，第49页。

② 黄晓芬：《汉墓的考古学研究》，岳麓书社2003年版，第61页。

③ 湖北省荆州地区博物馆：《江陵天星观1号楚墓》，《考古学报》1982年第1期。

④ 河南省文物研究所：《信阳楚墓》，文物出版社1986年版，第87页。

图 3-2　曾侯乙内棺神怪人物

描绘或雕刻手法，在间切形椁内隔板上来表现装饰门窗造型的湖北省江陵
九店 M537 是一座比较单纯的间切形椁墓。这里仅用一块间隔板将椁内分
成棺厢和头厢，在间隔板的上方，采用线刻加浅浮雕手法，并列雕出两行
计 8 个小方孔，以表现格子窗造型。① 江陵溪峨山 M2 也属于单纯的间切
型椁，同样采用雕刻手法在头厢和棺厢之间的隔板上划分上、下两部分来
表现门窗造型。间隔板的上半部雕出 8 个小孔相连，表现格子窗装饰，同
间隔板的下半部则用浅浮雕刻出一扇门扉造型。②

---

① 湖北省文物考古研究所：《江陵九店东周墓》，科学出版社 1995 年版，第 13 页。
② 湖北省博物馆江陵工作队：《江陵溪峨山楚墓》，《考古》1984 年第 6 期。

三　棺椁从密闭空间走向开通的第三步——模仿门扉

随枣走廊及其周边一带战国墓空间结构变革的第三步是模仿门扉。墓葬中棺椁的变革，除了在椁内的隔板上开凿方孔、描绘或雕刻门窗的造型以外，还出现了完全模仿实物的门扉，这种门扉能够开闭自如。

根据发掘资料，椁内设置模造门扉者最早出现于战国中期，与开设方孔及表现装饰门、窗的图案造型相比，这种模造门扉在造型上更接近实用性门、窗建筑。而略有不同的是，模造门扉的一般高度大约等于实物门扉的三分之一。

湖北省荆州市砖瓦厂 M2 的间切形椁自身体积并不大，椁内只设一块间隔板简单隔离棺厢和头厢，但这一块间隔板上也精心雕凿出并列两组门楣和门框造型①。溪峨山 M16②及江陵太晖观 M50 等墓例亦是同样，都是根据棺厢与侧厢之间的隔板大小及设置场所来设计构成一组或并列两组门扉形式，且在每一组门扉上都精巧而形象地刻画出门柱、门轴、门楣、扉板等造型，属于典型的模造门扉构造③。

战国晚期以后，随枣走廊及其周边一带墓葬率先出现的椁内开通现象更趋于流行，其突出表现在间切形椁内的模造门扉明显增加。这一时期的模造门扉一般以双扇扉为主，也存在一部分单扇扉。模造门扉的平均高度一般在 0.60 米左右，其中规格最大者可以达到 1 米。④

在其后的历史进程中，在椁内制作的模造门扉亦逐渐增大，并呈现出复杂化趋势。湖北省黄冈市国儿冲 M1 的棺厢设在椁正中，其前后左右四面用间隔板隔为四个随葬品厢。在棺厢长侧的两隔板中部各开设一组双扇门模造门扉，制作精致，并且规格较前例有所增大。⑤ 其他如湖北省雨台山 M54、江陵秦家嘴 M2⑥、湖南省长沙市广济桥 M5 等都设置有同类模造门扉。特别是雨台山 M54 在头厢和侧厢隔板上开设的双扇门扉高度为 1.01 米，宽 0.63—0.68 米，与该墓椁壁的高度相比，其比值由以前的三

---

① 荆州地区博物馆：《湖北荆州砖瓦厂二号楚墓》，《江汉考古》1984 年第 1 期。

② 江陵县博物馆：《江陵溪峨山楚墓》，《江汉考古》1992 年第 4 期。

③ 湖北省博物馆等：《湖北江陵太晖观 50 号楚墓》，《考古》1977 年第 1 期。

④ 黄晓芬：《汉墓的考古学研究》，岳麓书社 2003 年版，第 61 页。

⑤ 黄州古墓发掘队：《湖北黄州国儿冲楚墓发掘简报》，《江汉考古》1983 年第 3 期。

⑥ 荆沙铁路考古队：《江陵秦家咀楚墓发掘简报》，《江汉考古》1988 年第 2 期。

分之一增至二分之一，较战国中期的同类楚墓模造门扉明显增大。楚墓模造门扉由小到大的变化过程十分清楚。[①]

以湖北省云梦睡虎地 M7[②]、睡虎地 M39[③] 等为代表的随枣走廊及其周边一带墓葬，这种特有的制作和配备模造门扉的椁墓，一直延续到秦末汉初。在一部分随枣走廊及其周边一带的汉代椁墓中，也发现有制作和使用模造门扉的现象。战国随枣走廊及其周边一带墓葬中新开创的椁内开通现象，即密闭型的椁内隔板上开设方孔，以及采用装饰门窗的表现形式来象征椁内开通，不久又发展到在椁的隔板上制作模造门扉，并且伴随着时光的流逝这种模造门扉逐渐由小变大，趋于复杂化。虽然这种椁内开通出现种种变化，却始终没有超出椁内范围，更不具备实用性。因此，随枣走廊一带在椁内制作模造门扉的象征意义，也就只能停留在死者灵魂的出游、回旋范围去理解。[④]

通过上述考察和分析，从墓地的规划配置、坟丘形式到埋葬设施主体部构造、等级规制以及椁构造由简到繁的逐渐复杂化等，都可以清楚地认识到随枣走廊及其周边地区墓葬的构造特点及超越传统性，颇具地方特色。特别是墓室所独有的现象，即在椁内间隔板上开设方孔到装饰门窗再到设置模造门扉等一系列的发展变化，把以往注重密闭隔绝性能的埋葬空间，变革成为具有开通意识，逐步实现室墓的格局。这一现象标志着随枣走廊及其周边地区人们生死观的变化，在一定程度上为后世横穴汉代画像石墓的创立，起到了铺路奠基的作用。[⑤] 随枣走廊及其周边地区产生的汉代画像石墓的空间结构完全是按照此地的棺椁空间结构发现而来，在发展的过程中，有的仿照此地战国时期的间切形棺椁墓的模式营建画像石墓，而有的模仿西汉初年的回廊式棺椁墓营建画像石墓，而回廊式棺椁墓也脱胎于战国时期的间切形棺椁墓。无论如何，这两种方式均与战国随枣走廊及其周边地区的棺椁墓有着密切联系。

① 湖北省荆州地区博物馆：《江陵雨台山楚墓》，文物出版社 1984 年版，第 147 页。

② 云梦睡虎地秦墓编写组：《云梦睡虎地秦墓》，文物出版社 1981 年版，第 1 页。

③ 云梦县文物工作组：《湖北云梦睡虎地秦汉墓发掘简报》，《考古》1981 年第 1 期。

④ 黄晓芬：《汉墓的考古学研究》，岳麓书社 2003 年版，第 69 页。

⑤ 黄晓芬：《汉墓的考古学研究》，岳麓书社 2003 年版，第 69 页。

第三节 随枣走廊及其周边地区的早期汉代画像石墓

一 棺椁制度的变革与汉代画像石墓的产生

随枣走廊及其周边地区的战国墓葬，一直在棺椁结构上不断地进行变革，并朝横穴室墓的方向发展。至西汉中期，随枣走廊及其周边地区墓室空间结构的变革一直没有停下它的步伐。作为一种全新的丧葬形式，回廊画像石墓在随枣走廊及其周边地区出现，标志着横穴土坑墓的正式诞生。伴随着室墓的登场，墓葬的装饰形式也接受了传统和革新的挑战。西汉中期以后，随着横穴室墓的成熟和定型，这种全新型的墓制迅速向帝国领域的四面八方推广和普及开来。①

至于汉代画像石墓作为一种崭新的墓葬形式，为什么在随枣走廊及其周边地区出现，这与随枣走廊及其周边地区的特殊环境有着密不可分的关系。上文已经提及，随枣走廊从新石器时代已经是一片适应人类生活的热土，也是从这个时候，随枣走廊已经成为南北文化的交汇之地，中原的仰韶文化与南方的屈家岭文化及石家河文化三种文化因素在此交集，从而形成了一种多元文化的氛围，这种多元的氛围，就是一种遗弃与革新的氛围。在他们面对多种文化时，他们有所取舍。如此一来，造就了随枣走廊人民的一种革新精神，与中原文化相比，他们的被动继承意识要弱很多。

这种根深蒂固的革新意识，随着时代的发展，尤其是随着人们物质生活的提升，会越来越强。两周时期的随枣走廊及其周边地区棺椁墓的变革，同样是随枣走廊文化意识形态的一种反映。尤其是棺椁墓中各类门窗的出现，展现了随枣走廊一带人在墓葬变革中的一种革新意识，也更体现了他们顺应时代的发展，满足当时人们对亡灵在地下的各类需求，并给予最好的服务。

如果我们将战国郑韩地区出现的画像砖椁墓视为中国棺椁墓的第一次变革，那么随枣走廊在西汉时期出现的画像石墓就是中国棺椁墓的第二次变革。第一次是把木椁变成以砖代椁，那么随枣走廊及其周边地区与郑韩地区恰恰相反，是以石代椁的形式，而这种以石代椁的形式与郑韩故里相

---

① 黄晓芬：《汉墓的考古学研究》，岳麓书社 2003 年版，第 236 页。

似的是，郑韩故里的砖是有画像的，而随枣走廊的石椁墓也是一种带画像的。

在这种对比过程中，我们还发现了一个相似的问题，战国时期郑韩地区画像砖椁墓与随枣走廊画像石椁墓的墓主人身份有着较为相似的地方。根据现有的考古发掘材料，郑韩故里画像砖椁墓的主人几乎均是士一级的墓葬，产生这种墓葬的原因，是基于春秋战国时期社会动荡导致的社会等级制度的崩坏，原有的社会秩序被破坏，社会阶层变化频繁，即上层贵族社会地位的下降和下层庶民社会地位的上升①。在具体的社会中，频发的战争造成兵源不足，使得原本由贵族充任的车战主力——士，越来越多地由平民担任。平民虽承担了贵族中士的作用，但他们却并非贵族，不宜在丧葬中使用贵族专用的铜礼器，于是使用仿铜陶礼器便成了一种变通之法。② 这种变通就表现在陶器取代了铜器、木椁被空心砖所取代上。另外，在当时社会动荡的情况下，没落的贵族和上升的庶民在经济上相对困难，而作为重要经济支柱的手工业中的制陶作坊也顺应了时代潮流，生产出了价格低廉、可以代替木料的砖。砖制作简单，韩国都城所在地区为平原地带，砖的主要原料即黏土非常充足，而且制作成本低廉，适合大批量生产。③ 此外，战国中晚期周代的丧葬制度尚未全面解体，当时的丧葬观念仍然是按照身份的高低来决定棺椁的层数。空心砖的厚度基本与木椁墓外椁板的厚度相近。④ 空心砖墓的出现，是为了满足当时既要表明身份、又希望能够减少开支的一部分下级贵族的需要。

随枣走廊及其周边出现的汉代画像石墓，其思想动因应该也与战国时期郑韩地区画像砖椁墓产生的动因有一定的相近性。由于随枣走廊及其周边地区在两周时期一直是曾国的都城所在地，在上文中我们已经提及，通过考古发掘出土的一些青铜器就可以看出，长期存在着诸侯、卿、大夫、士四个阶层。随着秦国统一全国，随枣走廊及其周边地区的贵族也一个个走向没落，但他们贵族的血统使他们一直自命不凡。在其后的历史进程中，尤其是在政治稳定、经济繁荣的西汉中期，随枣走廊昔日的没落贵族

---

① 卜友常：《汉代墓葬艺术考述》，上海三联书店 2015 年版，第 6 页。

② 印群：《黄河中下游地区的东周墓葬制度》，社会科学文献出版社 2001 年版，第 221 页。

③ 卜友常：《汉代墓葬艺术考述》，上海三联书店 2015 年版，第 6 页。

④ 李德文、秦让平、汪欣、邓刚、杨亚宁：《安徽六安市白鹭洲战国墓 M566 的发掘》，《考古》2012 年第 5 期。

或一些中下层官员，他们想与平民产生身份上的区别，但又不敢僭越当时的棺椁制度，同时借鉴战国时期郑韩地区画像砖椁墓的丧葬形式，以一种新的，同时又坚固的画像墓的形式来进行安葬。

二 随枣走廊及其周边地区早期汉代画像石墓形制

在迄今考古发掘中发现的早期汉代画像石墓，几乎出现在随枣走廊及其周边地区，而这些早期的汉代画像石墓，与其之前的棺椁墓相比，又有着千丝万缕的联系，这种联系主要表现在依然呈现出随枣走廊及其周边地区棺椁墓的影子，最为突出的就是墓室的回廊形结构和间切形结构。

（1）湖北随县唐镇聂家湾汉代画像石墓墓室结构（图3-3、图3-4）。在随县王家湾北约4千米的聂家湾后面，是一座用石材构筑的平顶多室墓，墓室方向正南，方向180°。有四个并列的墓室，即东、西室和东、西侧室，皆呈长方形，其建筑桔构及大小基本相同，每室内宽为1米，各室之间均有门通连。四个墓室共宽4.74米，各长3米、高1.62米。石料与墓1的石门相同，亦非当地所出。所用石条和石块的规格不一，都是预先经过修整的，使其五面平整，仅一面粗糙。墓葬年代属于西汉中后期。①

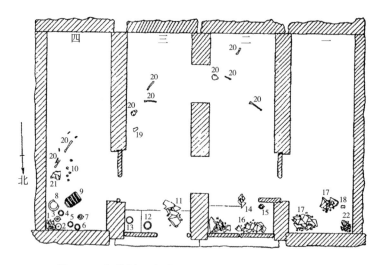

图3-3 湖北随县唐镇聂家湾汉代画像石墓室平面图

（2）湖北随县唐镇王家湾汉代画像石墓墓室结构（图3-5）。该墓处

---

① 湖北省文物管理委员会：《湖北随县唐镇汉魏墓清理》，《考古》1966年第2期。

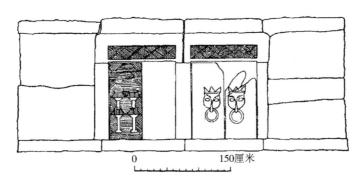

图 3-4　湖北随县唐镇聂家湾汉代画像石墓室墓门立面图

于随县唐镇北 4 千米之王家埠西侧，墓室方向 10°，是一座砖石建筑的双室墓，墓室平面呈方形，分墓门、椁室、壁龛三个部分。除墓门外，全部用长 34—36 厘米、宽 17—18 厘米、厚 5—6 厘米的素面砖砌成。墓室正中为另砌有 50 厘米厚的一道砖墙，将墓室分隔为两个棺室，由于隔墙已遭严重破坏，从残痕无法看出两室是否有门相通。棺室的平面皆为长方形，结构亦相同，长 2.84 米、宽 1.7—1.74 米。墓门有二个，由七块（门楣石二、石柱三、门槛石二）长条形石灰岩石构成。墓葬年代属于西汉中后期。[1]

（3）唐河县湖阳镇汉代画像石墓墓室结构（图 3-6）。该墓位于唐河县湖阳镇西北二里许，墓南北长 5.54 米、东西宽 5.98 米、高 2.78 米，墓室由三个并列的券洞构成。中室前部有通向东、西两室的过道。东过道高 0.66 米、宽 0.4 米。西过道高 0.64 米、宽 0.4 米。三室大小基本相同，长 4.76—4.8 米、宽 1.42 米、高 2.06—2.09 米。墓门由三个门楣、四个门柱、六个门扉和槛石构成。此外，墓室中的东室，发现大量棺灰中夹杂着金箔和漆皮，同时还发现了鎏金凤凰和鎏金铜印章，说明了墓主人应该有一定的级别。该墓年代属于西汉中后期。[2]

（4）唐河县石灰窑村汉代画像石墓墓室结构（图 3-7）。该墓位于唐河县黑龙镇公社石灰窑村，墓室方向 213°，北距唐河县县城 26 千米。墓

---

① 湖北省文物管理委员会：《湖北随县唐镇汉魏墓清理》，《考古》1966 年第 2 期。

② 南阳地区文物工作队、唐河县文化馆：《唐河县湖阳镇汉画像石墓清理简报》，《中原文物》1985 年第 3 期。

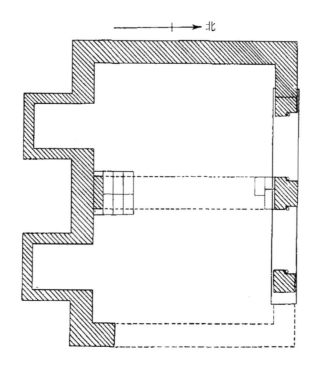

图3-5   湖北随县唐镇王家湾汉代画像石墓平面图

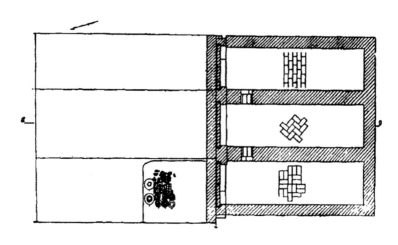

图3-6   唐河县湖阳镇汉代画像石墓平面图

室南北长 3.97 米、东西宽 3.34 米、高 1.50 米。室内中间有一道隔墙，把墓室分成东、西两部分。隔墙靠南端有一门洞，东西相通。东室墓门有门相、门柱、门扉和顶门石。门扉有门枢，门楣有臼窝。西室墓门仅用两块石板封堵，外用一石条支顶。两室的后部都呈不规则的弧形。西室后部留有生土二层台，台上满置器物，东室未留立层台。墓壁和隔墙的绝大部分都使用碎毛石片砌垒。墓底和墓室后部未经砌筑。该墓全部用石材构筑。[①]

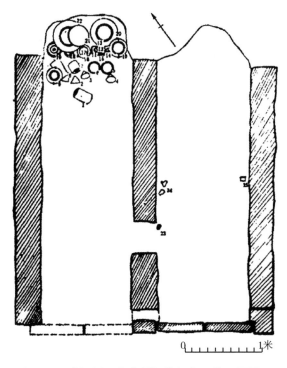

图3-7 唐河县石灰窑村汉代画像石墓平面图

（5）唐河汉郁平大尹冯君孺久画像石墓墓室结构（图3-8）。该墓位于唐河县湖阳镇新店村。墓室方向方向95°，墓室东西长9.5米、南北宽6.15米。墓室建筑分前室、中室和后室三个部分。前室从前大门到中大门，包括前室和南、北两个车库，这一部分除各门的门框、门相和门扉是石质外，其余皆为砖结构。中室从中大门到后主室，为一近似正方形的"天井"式"院落"建筑，除顶部用砖叠券为覆斗式之外，其余均为石结构。后室包括南、北主室，南、北、西"阁室"，为石结构。墓由大门、前室、南车库、北库房、中大门、中室、南主室、北主室、南阁室、北阁

---

① 赵成甫、张蓬酉、平春照：《河南唐河县石灰窑村画像石墓》，《文物》1982年第5期。

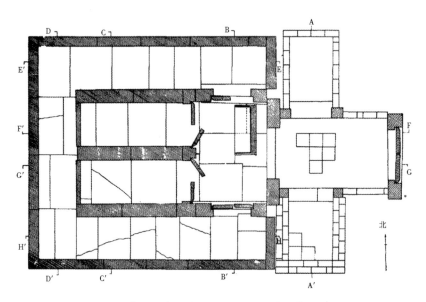

图 3-8　唐河汉郁平大尹冯君孺久画像石墓平面图

室、西阁室 11 个单位组成。墓门共八道，除南、北车库门和中大门上有门框、门相而无门扉外，其他如墓大门、南北主室门、南北阁室门均有门框、门相和门扉。墓室的后部，围绕南北主室的南、北、西三面，有三个阁室，三阁室相通，形成对称的回廊式建筑。墓大门由南、北两门侧柱、一门相、一门槛和两扇门扉组成。门高 1.42 米，宽 1.40 米。前室平面东西呈长方形，长 2.90 米、宽 1.76 米、高 2.30 米。南车库由库门和库室组成，门高 96 厘米、宽 114 厘米。北库房平面呈长方形，建筑形式和南车库同。门高 98 厘米、宽 104 厘米。中大门位于前室与中室之间，有门相、两侧柱和门槛，无门扉。门高 1.34 米、宽 1.28 米。中室南北长 2.5 米、东西宽 2.03 米。南、北两面门与阁室相通。主室东西长 3 米、南北宽 2.56 米、高 1.24 米。南阁室阁室东西长 5.90 米、南北宽 1.10 米、高 1.34 米。西阁室也可称墓后室，南北长 3.20 米、东西宽 0.98 米、高 1.34 米。北阁室有阁门和阁室，东西长 5.90 米、南北宽 1.10 米、高 1.34 米。冯君孺久墓是介于纯石和砖石混作墓之间的一种较特殊的墓葬形制，但结构更为复杂。该墓在前室之前又增设了一甬道和左右两耳室（车库），结构为砖石混作，除了前室、甬道及南北耳室以砖砌筑和券顶外，其他各室仍用条石盖顶，以石板砌墙体，类似纯石墓构造，呈现出由纯石墓向砖石混作墓过渡的特征。墓顶除了使用早期常见的石条平顶和砖券拱顶外，还出现了一种新的墓顶形式——砖券穹窿顶。该墓的年代属于新莽时期。[①]

（6）唐河针织厂汉代画像石墓墓室结构（图3-9）。该墓位于唐河县南关外针织厂，墓室方向105°。墓室长5.08米、宽4.52米、高2.23米，由墓门、前室、南北两主室、南北两侧室和后室组成。除两侧后端直接通往后室两端外，两侧室前门安有门楣，其他各门均安装有门框、门楣。前大门并有门扇，整个墓室建筑坚固、均衡、对称。墓门由两侧柱、一中柱和两块门楣筑成两个南北并列的墓门，门高1.32米、宽1.16米。前室南北长方形，长4.56米、宽1.12米、高1.80米，地平比主、侧室低0.22米。主室长3.08米、宽1.02米、高1.58米，正中筑一道留门隔墙，分成南北两主室。侧室和后室两侧室门与前室通，仅设有门楣，无门扉，门

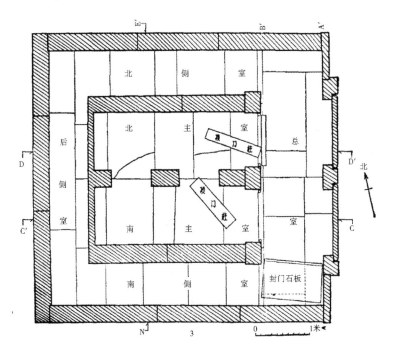

图3-9　唐河针织厂汉代画像石墓平面图

---

① 南阳地区文物队、南阳博物馆：《唐河汉郁平大尹冯君孺久画像石墓》，《考古学报》1980年第2期。

高1.12米、宽1.58米。后室两端与两侧室相通，没有设门，长4.56米、宽0.72米、高1.58米。墓室为纯石结构，用特制的石料130块，在距地表深1.60米的方形土圹里砌成立方体的墓室，平面呈回字形。墓室所用的石料，墓底32块，墓壁44块，门额8块，门扇4块，墓顶34块，封门6块，顶门柱2块。[①]

（7）唐河县西冢张村M1画像石墓墓室结构（图3-10）。该墓位于唐河上屯公社下屯大队西冢张村，墓室方向139°。墓为砖石混合结构，平面呈回廊形结构。墓室通长5.26米，最宽处5.20米。由前室、南北二主室、北侧室、南侧室、后室组成。北侧室、南侧室和后室形成回廊，侧室和后室之间没有设门。前室平面呈长方形，南北内长260厘米、东西内宽84厘米。主室平面呈长方形，在主室中部用梁柱、过梁组成隔墙，将主室分成南北两主室，通过梁柱之间空间，使两墓室相通。两主室均呈东西长方形，北主室内长268厘米、内宽94厘米，南主室内长260厘米、内宽96厘米。主室南、北、西三墙壁宽均30厘米，为双平砖错缝垒砌。

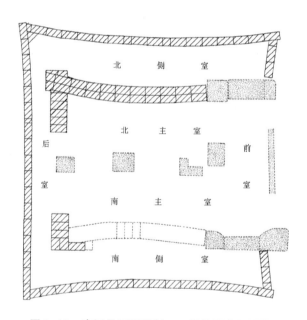

图3-10　唐河县西冢张村M1画像石墓平面图

---

① 周到、李京华：《唐河针织厂汉画像石墓的发掘》，《文物》1973年第6期。

北、南两墙壁向内微凹。北侧室内长 456 厘米、内宽 80 厘米。南侧室内长 444 厘米、内宽 78 厘米。后室内长 334 厘米、内宽 40 厘米。石料主要用在墓门、北侧室门、南侧室门、主室门及中间隔墙等处，其余部分均用小砖垒砌。该墓现有石料 15 块，其中门楣 1 块、门柱 4 块、门扉 2 块、其他 8 块，另有画像石 14 块，画像 15 幅。该墓年代属于西汉晚期①。

（8）唐河县电厂汉代画像石墓墓室结构（图 3-11）。该墓位于唐河县南关发电厂，墓室方向 205°。墓室南北长 7 米、东西宽 6.55 米、高 2.82 米，由前室、东西两主室、东西两侧室和后室组成。两侧室后端与后室两端相通，除前大门安装有门框、门楣、门扉外，主室及侧室前门仅有门框、门楣而无门扉。墓门用一根中柱、二根侧柱、二根边柱和二根门楣石构成东西并列的两个墓门，门高 1.24 米、宽 1.40 米。门框和门楣上均凿有门枢，装有两扇能够关闭的门扉。前室东西长方形，长 6.05 米、宽 1.70 米、高 2.2 米。南壁即墓门内壁，北壁即两主室、两侧室门的外壁，由一根中柱、二根侧柱、二根边柱、四根门楣石构成东西并列的四个

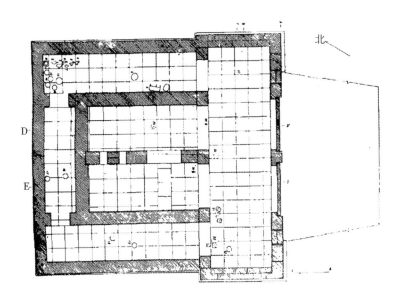

图 3-11　唐河县电厂汉代画像石墓平面图

① 南阳市文物考古研究所：《南阳唐河县西冢张村画像石墓发掘简报》，《洛阳考古》2018 年第 3 期。

门，门高 1.14 米、宽 1.17 米、厚 0.32 米。东西两壁用 26 层灰砖砌墙，
与南北两壁门楣平齐。主室在墓室中间，长 3 米、宽 2.6 米、高 1.68 米。
正中用立柱三根、横梁二根筑成一道隔墙，分成东西两室。侧室和后室两
侧室门与前室相通，门高 1.31 米、宽 0.86 米、厚 0.32 米。墓室平面呈
回字形，共用石 36 块。该墓年代属于西汉晚期。①

从墓葬形制上看，冯君孺久墓结构复杂，由库房、中室、主室、藏阁
等 11 个单位组成。墓室的后部，围绕主室的南、北、西三面，有三个藏
阁，三藏阁相通，形成回廊式建筑。② 具备这种结构特点的，还有唐河县
针织厂汉代画像石墓、唐河县电厂画像石墓、唐河县西家张村汉代画像
石墓等。这些墓葬也基本具备回廊这种模式。从考古发掘资料来看，湖
北随县唐镇聂家湾汉代画像石墓、随县唐镇王家湾汉代画像石墓、唐河
县湖阳镇汉代画像石墓、唐河县石灰窑汉代画像石墓均属于西汉中后期
的墓葬，而唐河县汉郁平大尹冯君孺久墓、唐河县针织厂汉代画像石
墓、唐河县电厂汉代画像石墓、唐河县西家张村汉代画像石墓属于西汉
末年的墓葬。这些墓葬在南阳地区汉代画像石墓的发展过程中均属于早
期墓葬。

随枣走廊及其周边地区出现的早期汉代画像石墓，其中有一些是回廊
墓，根据目前考古发掘的材料所知，回廊墓是汉代新兴的墓葬形制，这种
墓葬形制是在战国时期棺椁形制的基础上发展而来。就其回廊墓的规格来
讲，与战国时期的棺椁形制一脉相承。关于回廊形墓制，根据目前发掘的
考古资料，最早见于西汉的木椁墓，此类墓葬形制，是诸侯王、列侯的一
种特殊葬制，诸如此类的墓葬有长沙象鼻咀汉墓③、长沙咸家湖陡壁山汉
墓④、北京大葆台汉墓⑤、江苏高邮天山汉墓⑥等西汉木椁墓中，皆在"黄
肠题凑"内设有前后室和回廊结构。上述几座木椁墓的时代均在武帝前
后。尔后，这种回廊形逐渐扩大到其他类别的墓葬中，包括崖洞墓、砖室

① 南阳汉画像石编委会：《唐河县电厂汉画像石墓》，《中原文物》1982 年第 1 期。

② 南阳地区文物队、南阳博物馆：《唐河汉郁平大尹冯君孺久画像石墓》，《考古学报》
1980 年第 2 期。

③ 单先进、熊传新：《长沙象鼻嘴一号西汉墓》，《考古学报》1981 年第 1 期。

④ 肖湘、黄纲正：《长沙咸家湖西汉曹撰墓》，《文物》1979 年第 3 期。

⑤ 北京市古墓发掘办公室：《大葆台西汉木椁墓发掘简报》，《文物》1977 年第 6 期。

⑥ 梁白泉：《高邮天山一号汉墓发掘侧记》，《文博通讯》1981 年第 32 期。

墓和石室墓。属崖洞墓的有河北满城陵山一、二号墓墓主为中山靖王刘胜夫妇。如果说西汉初期、中期这种形制是专为诸侯王、列侯所享用的特殊葬制，那么，在西汉中期和晚期，已有如"郁平大尹"（郡太守）一类的官吏，便在某种程度僭制享用这种形制了。① 在回廊形画像石墓中，尤其是在随枣走廊及其周边地区的早期汉代画像石墓中，规模超越郁平大尹冯君孺久墓规模的还没有发现。所以我们可以这么认为，唐河针织厂汉代画像石墓、唐河电厂汉代画像石墓、唐河县西冢张村汉代画像石墓的墓主人级别应该与冯孺久一样。由此可见，在西汉画像石墓出现的初期，墓主几乎都是具有一定身份的官吏。这些官吏在级别上与诸侯王还有一定的差距，但在丧葬过程中，又想通过墓葬提升自己身份，与一般官吏和地主区别开来，但在实际操作中又不敢直接使用回廊形的棺椁墓，而采取了一种变通的方式，这种变通的方式，可以避开制度的制裁。于是，以石代椁变相的回廊形墓就成为一种新的墓葬形式。可以想象，下层的官吏和一些没有身份的地主，他们也会仿效使用画像石墓的那些官吏，以同样的方式来进行丧葬。这样一来，汉代画像石墓就从此开始流行开来。

小　　结

随枣走廊及其周边地区是从新石器时代开始的一片人类生活的热土，由于地理位置的特殊性，它是中国早期历史上一个及其重要的文化交汇之地。在两周时期，曾国长期定都于此，形成了诸侯、卿、大夫、士四个阶层，影响着人们对贵族生活的向往，观念之中一直保留着强烈的阶层意识。表现在墓葬上，也极力与贵族进行攀比。时至西汉时期，太守或者基本相同的官员，他们毕竟无法享用回廊结构的木椁墓，以石代椁的形式也许对这些官员来说也算是一种最为理想的方式。随枣走廊及其周边地区的汉代画像石墓的产生原因，与战国时期郑韩都城产生的画像砖椁墓的原因几乎一样，均是中下层官员墓葬礼制方面一种间接的僭越。在其后的进程中，随着这种丧葬风俗的流行，对一些贵族也有影响，甚至略高于太守级别的人员，也使用画像石来营建墓葬。此外，汉代画像石墓出现于曾国故都，战国画像砖椁墓亦是出现于郑韩都城，其思想动机也几乎一样。至于

---

① 赵成甫：《南阳汉画像石墓兴衰刍议》，《中原文物》1985 年第 3 期。

墓室之中的画像，是源于随枣走廊及其周边地区棺椁漆画装饰与棺椁上面覆盖的帛画。在历史发展的长河中，画像石中所见的传统装饰题材和意匠得到不断的继承和发扬。然而，墓葬装饰性的改革和创新则更突出表现了汉墓的室墓特点。在这种室墓中，随枣走廊及其周边地区人们的宇宙观在汉代新型的画像石室墓中得到了恰如其分的展现，这种展现，在其后的历史中受到越来越多的人青睐。正因为如此，在二三百年中，这种新的丧葬形式不断地向全国各地普及，同时也造就了中国丧葬历史上的一朵奇葩，绽放在中国的文化苑围中。

表 3-1　　南阳汉代回廊画像石墓一览（按发掘时间顺序排列）

序号	墓葬名称	墓葬年代	发掘时间	资料来源
1	唐河县石灰窑村汉代画像石墓	西汉中期	1980 年 5 月	《文物》1982 年第 5 期
2	唐河针织厂汉代画像石墓	西汉中期	1972 年 6 月	《文物》1973 年第 6 期
3	唐河县电厂汉代画像石墓	西汉中期	1973 年 6 月	《中原文物》1982 年第 1 期
4	南阳赵寨砖瓦厂汉代画像石墓	西汉晚期	1976 年 2 月	《中原文物》1982 年第 1 期
5	南阳杨官寺汉代画像石墓	西汉晚期	1962 年春	《考古学报》1963 年第 1 期
6	唐河汉郁平大尹冯君孺久画像石墓	新莽	1978 年 3 月	《考古学报》1980 年第 2 期
7	唐河县西冢张村画像石墓发掘简报	新莽	1980 年 10 月	《洛阳考古》2018 年第 3 期
8	河南方城东关汉画像石墓	东汉中期	1976 年春	《文物》1980 年第 3 期

第四章

南阳汉代画像石的时空序列

　　墓葬艺术的时空序列，主要是指在时间与空间方面的呈现状态。用考古学的专业术语来讲，也就是考古分期与分区。而时空序列更加注重墓葬艺术不同时间与空间之间的视觉逻辑和叙事程序。此处我们既要用考古学的模式，又利用时空序列的逻辑梳理分期与分区。关于考古学文化，夏鼐先生曾经指出：考古学文化"是考古学上的特别术语，是有它一种特定的含义。这是某一个社会的文化在物质方面遗留下来可供我们观察到一群东西的总称。……考古学上的文化是表示考古学遗迹中，所观察到的共同体。这是一个复杂的共同体。……这样一群特定类型的东西合在一起，我们叫它为一种'文化'"①。相同类型遗迹、遗物所构成的考古学文化，它的分布往往形成了若干考古学文化区②。因此，在研究过程中，往往对文物遗迹进行划区，但在分区之后，因为有的区域特殊，又有更细的划分。比如宿白先生把石窟寺分为新疆地区、中原北方地区、南方地区和西藏地区四大地区。而新疆地区又进行了细化，分为古龟兹区、古焉耆区、古高昌区。关于汉代画像石墓的分期与分区问题，信立祥先生在其《汉代画像石综合研究》一书中有过较为精辟的分析。他把汉代画像石分为五大区域，第一个分布区是由山东省全境、江苏省中北部、安徽省北部、河南省东部和河北省东南部组成的广大区域，其范围以山东省西南部和江苏省西北部的徐州市为中心，这是地域最广阔、汉代画像石分布最密集的一个区域，所发现的汉代画像石数量占全国汉代画像石总数的60%以上。第二个分布区是以南阳市为中心的河南省西南部和湖北省北部地区。第三个分

---

　　① 夏鼐：《关于考古学上文化的定名问题》，《考古》1959年第4期。

　　② 严文明：《关于考古学文化的理论》，《走向21世纪的考古学》，三秦出版社1997年版，第78页。

布区是陕西省北部和山西省西部地区。第四个分布区是四川省和云南省北部地区。第五个分布区是河南省洛阳市周围地区。①综观这五个区，笔者昔日曾在拙著《汉代墓葬艺术考述》一书中指出，汉代画像石墓基本上有两个体系，一个是山东，一个是河南南阳。南阳汉代画像石，作为汉代画像石的两大体系之一，在汉代画像石的谱系研究中至关重要，基本上可以作为一个较为独立的文化体系。如此重要的一种文化现象，遗憾的是迄今没有学者对南阳汉代画像石的分区问题进行系统研究，而如今分期问题随着考古发掘新资料的不断出现，也改变了以往的研究论断。本章将根据已有的考古发掘材料，对南阳汉代画像石重新进行分期，并对分区进行梳理与概括。

第一节　南阳汉代画像石墓的分期

关于南阳汉代画像石的概念问题，基本上有两种说法，一种是按照今天南阳市行政区域划分方式，另外一种就是按照汉代南阳郡的划分方式。本书在以往划分方式的基础上，提出南阳汉代画像石是以汉代南阳郡宛城为核心，南到今天湖北荆州的当阳，北到今天的许昌襄县，因为这些地方的汉代画像石，均源于一个祖形，并以南阳宛为中心发展起来的。前文已经提及，汉代的南阳郡与今所谓"南阳盆地"大致相当。秦昭襄王三十五年（公元前272年）秦伐楚占领此地，以宛县（南阳）为治所设置南阳郡，所辖包括今栾川、鲁山以南，汉江以北，西峡、均县以东，信阳、随县以西的地区②。汉代延续南阳郡制，除西北部的丹水、淅县在元鼎三年割予弘农，建武十五年又重归南阳外，郡境几无变化③。

要按照汉代行政区划分的话，南阳汉代画像石包含汉代的南阳郡、南郡、颍川郡。所以我们在此次南阳汉代画像石分期过程中，梳理的资料不仅局限于现在南阳市的范围之内，基本上涵盖了南阳郡、南郡、颍川郡的汉代画像石墓的资料。

---

① 信立祥：《汉代画像石综合研究》，文物出版社2000年版，第15页。
② 后晓荣：《秦代政区地理》，社会科学文献出版社2009年版，第266页。
③ 周振鹤：《西汉政区地理》，人民出版社1987年版，第134页。李晓杰：《东汉政区地理》，山东教育出版社1999年版，第198—201页。

根据现有考古发掘资料，南阳以及南阳周边已经发掘了119座汉代画像石墓。我们目前基本上可以把南阳一带的汉代画像石墓分为四个时期，一期——西汉中后期，二期——西汉末到王莽时期，三期——东汉早期，四期——东汉中晚期。

一　一期——西汉中后期（约昭帝至元帝）

一期是南阳汉代画像石墓的产生期。墓葬发掘数量不多，目前仅发现7座，画像石没有纪年资料，但墓的形制和伴出器物却有鲜明的时代特征。这7座即随县聂家湾汉代画像石墓、随县王家湾汉代画像石墓、唐河湖阳镇汉代画像石墓、唐河石灰窑村汉代画像石墓、南阳杨官寺汉代画像石墓、赵寨砖瓦厂汉代画像石墓、河南省南阳市万家园汉画像石墓。

（一）墓葬形制

（1）湖北随县唐镇聂家湾汉代画像石墓墓葬形制。墓门方向180°。该墓为平顶多室墓，墓室系纯石结构。四个墓室共宽4.74米，各长3米、高1.62米。石料与唐镇王家湾汉代画像石墓的石门相同，亦非当地所出。所用石条和石块规格不一，都是预先经过修整的，使其五面平整，仅一面粗糙。除墓门的门扉和阑额石外，其他均无纹饰。石长0.48—1.95米、宽0.3—1.15米、厚0.14—0.3米。墓室内并列四个棺室，即东、西室和东、西侧室，皆呈长方形，其建筑结构及大小基本相同。东室为一对铺首衔环的门扉，西室一扇刻有并列的双层阙形建筑。在门额石的下半部也凿有斜方格纹，线条比较粗糙。门扉上下有轴，插入门额石和门坎石的轴窝内，由外开门。墓顶用13块近方形石，并列平铺盖顶，其衔接处均凿有阴阳衔口，两石相互扣压，相当牢固。出土6块石料，其中画像6幅。①

（2）湖北随县唐镇王家湾汉代画像石墓墓葬形制。墓门方向10°。该墓平面呈近方形，分墓门、椁室、壁龛三部分。为穹隆顶石门砖室墓，长2.84米、宽1.7—1.74米。墓门有两个，另有7块长条石建筑于不同部位。此外，后壁小龛已变成规整的砖砌方形券顶小室。出土画像石7块，画像2幅。②

（3）唐河县湖阳镇汉代画像石墓墓葬形制。该墓用砖石砌造，墓室、

---

① 湖北省文物管理委员会：《湖北随县唐镇汉魏墓清理》，《考古》1966年第2期。

② 湖北省文物管理委员会：《湖北随县唐镇汉魏墓清理》，《考古》1966年第2期。

墓底和封门用砖,墓门和过道的门楣用石。该墓东西宽5.98米、南北长5.54米、高2.78米,墓室由三个并列的券洞构成,墓门由三个门楣、四个门柱、六个门扉和槛石构成。门通高1.95米、通宽6.06米。门楣画像为连弧纹。门柱和门扉部是菱形纹,但雕刻技法不同,前者是常见的斜纹衬底浅浮雕,衬底也是规则的图案。后者采用剔纹的方法,用不同的纹向使图案显示出来。椁室之间有过道相通。墓道中有一长2.24米、宽2.09米的外藏椁土坑,内置随葬品。①

(4)唐河县石灰窑村汉代画像石墓墓葬形制。墓门方向213°。为石结构平顶墓,所用石料多为不规整的毛片石,墓长3.97米、宽3.34米,中间由隔墙分为两个棺室,两室之间有过洞相通,隔墙靠南端有一门洞,东西相通。东室墓门有门楣、门柱、门扉和顶门石,西室墓门仅用2块石板封堵,外用一石条支顶。此墓出土画像石5块,全作为东室墓门。两室后壁不用石材,后壁留有不规则的略呈半圆形的生土二层台以放置随葬品。出土画像石5块。②

(5)南阳杨官寺汉代画像石墓墓葬形制(图4-1)。墓门方向104°。

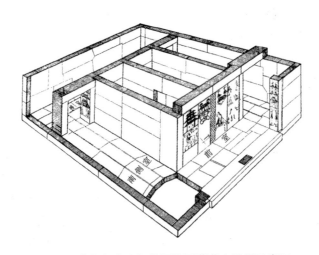

图4-1 南阳杨官寺汉代画像石墓墓室透视示意图

① 南阳地区文物工作队、唐河县文化馆:《唐河县湖阳镇汉画像石墓清理简报》,《中原文物》1985年第3期。

② 赵成甫、张蓬西、平春照:《河南唐河县石灰窑村画像石墓》,《文物》1982年第5期。

该墓为平顶纯石结构墓，墓长 6.47 米、宽 5.6 米，由前室、主室、南侧室、北侧室、后侧室组成，主室又由隔墙分为南主室和北主室。实际上，南侧室、北侧室和后室共同组成围绕主室的回廊。墓室的顶盖、周围壁墙、隔墙、门框、门扉以及封门和墓底，全用事先制好的各种大小不同的石材砌筑而成。计分顶盖 44 石、壁墙与隔墙 199 石、支柱 10 石、阴额 8 石、铺底 82 石、门扉 4 石、封阴 4 石，共为大小 351 石。这种以主室为中心、左右和后部围以回廊的墓葬，是从诸侯王等级的高级专用木椁墓形式演变而来。出土画像石 14 块，画像 14 幅。①

　　（6）南阳赵寨砖瓦厂汉代画像石墓墓葬形制（图 4-2）。墓门方向 90°。墓室长 5.86 米、宽 5.3 米。平面近正方形，为砖石混合结构，由一前室、一后室、南北两侧室组成，前室（包括墓门和前室的南北侧壁）和南北两个侧室的天井由石板平铺的平顶构造，墓前大门并排四门，由三中柱、二侧柱和八扇门扉组合。门扉通高 1.70 米、厚 0.08 米。南北两侧的四扇门扉各宽 0.45 米，中间四扇门扉各宽 0.52 米。前堂平面呈长方形，南北长 4.42 米、东西宽 1.42 米、高 2.15 米。内室东西长 3.88 米、

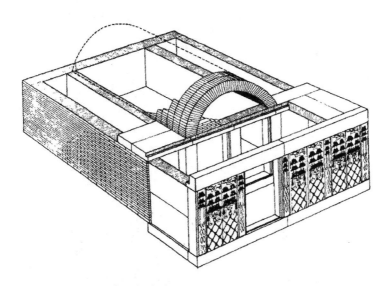

图 4-2　南阳赵寨砖瓦厂汉代画像石墓透视示意图

---

　　①　河南省文化局文物工作队：《河南南阳杨官寺汉画像石墓发掘报告》，《考古学报》1963 年第 1 期。

南北宽 2.28 米、顶高 3.10 米。后室、两个侧室的墙体为砖结构,侧室、后室为子母砖砌券顶,其余各室为石板铺砌的平顶结构。南、北侧室分别筑于内主室两厢,形制相同,长 3.88 米、宽 0.78 米、高 2.15 米。均无门扉装置。该墓画像石较少,仅墓大门门扉和门柱上雕有画像,其余所有石料均为素面,画像皆有彩绘痕迹。内容分楼阁、门阙两种。八扇门扉皆刻楼阁,五个门柱皆刻门阙,出土画像石 13 块,画像 13 幅。[①]

(7)河南省南阳市万家园汉画像石墓墓葬形制(图 4-3)。该墓坐西向东,方向 113°,砖石混合结构。墓葬的建筑程序是,先在地表挖出长方形竖穴土坑墓圹,在墓圹的东部又挖出梯形斜坡状墓道,墓圹长 3.60

图 4-3　河南省南阳市万家园汉画像石墓墓葬结构图

---

① 南阳市博物馆:《南阳县赵寨砖瓦厂汉画像石墓》,《中原文物》1982 年第 1 期。

米、宽4.34米，墓圹壁面平整较光滑，方向98°。从整个清理出来的墓室与墓圹看，墓室与墓圹的方向相差15°，整个墓室向西北偏，墓室与墓圹之间回填原坑土夯实。夯层厚25厘米，未见夯窝。墓室顶部已毁，情况不明。该墓总长13.24米、宽3.24米，由墓道、封门、墓门和南、北室组成。墓室主体为砖结构，封门、墙体、铺地砖均用青灰色小条砖构筑。砖分长方形和楔形两种，长方形砖有长32厘米、宽16厘米、厚8厘米和长33.5厘米、宽16厘米、厚8厘米两种，楔形砖长32厘米、宽16厘米、厚5—6厘米。石料用于墓门的门楣、门柱、门扉、垫石等部位。此墓共用石料11块。其中画像石9块、画像13幅，包括门楣2块，门柱3块、门扉4块。[①]

（二）墓室装饰的画像石

此期墓葬画像石的雕刻技法主要是凿纹地阴线刻画浅浮雕和凿纹地凹面刻。如唐河石灰窑墓出土的汉代画像石基本上均是凿纹地阴线刻浅浮雕（图4-4、图4-5），画面讲究对称，一般情况下是横幅竖纹、竖幅横纹的表现方式。对动物或人物的刻画较为粗糙，人物面部刻画简约。与此相反

图4-4　墓门画像石（左扉）

图4-5　墓门画像石（右扉）

---

① 南阳市文物考古研究所：《河南省南阳市万家园汉画像石墓》，《中原文物》2010年第5期。

的如杨官寺墓的楼阁画像，屋顶部分是用凿纹地阴线刻，画像部分均采用凿纹地凹面刻。特别值得一提的是，南阳万家园汉代画像石墓的画像，虽然画像石仅使用在墓门及其周边，数量较少，但雕刻技法已经娴熟，动物刻画栩栩如生，动感十足。此时期的画像内容主要为楼阙建筑、铺首衔环、墓门上的朱雀白虎和简单的几何图案，人物偶尔出现。总的来看，此时期的画像石图像表现方面比较简单，手法有待提升。图像的底纹处理也比较粗糙；有的画像过份对称，近似图案；人像刻画比例失当，人物站像身躯修长，而坐像则头大身小，细部刻画也极为草率。神兽刻画动感也不够生动，多为静态形象。

（三）随葬器物

南阳地区汉画像石墓由于历史原因，众多墓葬在历史上多次被盗。在考古发掘时，几乎是盗墓贼光顾后遗留下来的一些陶器和钱币甚至一些小铜构件。更让人失望的是，有的墓葬里面空空如也，没有任何随葬品，有的墓葬遗留的全是残缺的陶片，几乎没有一件完整器。这7座墓葬中，随县王家湾墓，仅出土有陶盘、钵、屋顶、楼房等器碎片，又都不能复原，因此不作详述。随县聂家湾墓出土的有两件铜害和8枚铜钱，8枚均为五铢，有郭的7枚，其余皆为陶器。陶器均为灰陶，有仓、双耳小罐、小炉、筒形罐、瓮、罐、灶、钵、井、耳杯以及各类家畜等。唐河县湖阳镇墓中出土器物也仅仅是陶器而已，陶器分红陶、灰陶两种。红陶施红黄釉，灰陶施绿釉，釉陶器物主要有壶、小壶、敦、方盒、仓、磨、灶、井、盆、博山炉盖，其中又以红黄釉陶居多，还有陶猪圈及猪、鸡、鸭等无釉灰陶。另外还有鎏金凤凰、鎏金龟纽铜印、玉佩等，表明了墓主人较高的身份和奢侈的生活习性。[1] 唐河县石灰窑村墓中出土器物有陶罐、陶盆、陶仓、陶磨、陶井、陶灶以及五铢钱8枚。南阳万家园汉代画像石墓出土的器物有铜镜、铜钫壶、铜食盒、环首铁刀等。[2] 南阳杨官寺墓中出土有成套的鼎、敦、壶礼器。鼎又分为大、中、小三种不同的型号，且在

---

　　① 南阳地区文物工作队、唐河县文化馆：《唐河县湖阳镇汉画像石墓清理简报》，《中原文物》1985年第3期。

　　② 河南省文化局文物工作队：《河南南阳杨官寺汉画像石墓发掘报告》，《考古学报》1963年第1期。

每个鼎足的上部分别饰以老年、中年和青年三种不同年龄的人面形象。① 赵寨砖瓦厂汉代画像石墓中出土的陶器为猪圈（连厕所）、灶、曾瓦、鼎、炙炉、瓮、敦盖等，另外还有仓、博山炉盖及奁盒等碎陶片。其中仅猪圈 1 件为豆绿釉陶，其他多为黄釉陶②。在这些墓葬中，依然有礼器出现，不过已经不再是铜器，而是以陶来代替，生活用品依然流行，并且出现了家禽家畜。在这些陶器中，绿陶和红陶以及灰陶、绿陶和红陶有带釉现象。尤其是湖阳汉代画像石墓，出现了鎏金凤凰（图 4-6）、鎏金龟纽铜印、玉佩等，残留的棺椁还有漆皮的痕迹，漆皮上面还有金珀的动物造型，这向我们诉说了画像石墓在早期流行阶段部分贵族也曾使用的事实。

图 4-6　鎏金凤凰

（四）综合特征及其年代

综合这 7 座墓的情况来看，均没有纪年材料，但墓的形制和伴出器物却有鲜明的时代特征。在 7 座墓中，唐河石灰窑村汉代画像石墓、随县聂家湾汉代画像石墓、南阳杨官寺汉代画像石墓均为平顶纯石结构；赵寨汉代画像石墓虽后室为券顶，但前室和耳室均为石板铺设的平顶结构。这种平顶结构，显然在形态上保持着木椁墓的特征，说明它从木椁墓演变过来

---

① 南阳市文物考古研究所：《河南省南阳市万家园汉画像石墓》，《中原文物》2010 年第 5 期。

② 南阳市博物馆：《南阳县赵寨砖瓦厂汉画像石墓》，《中原文物》1982 年第 1 期。

不久。唐河湖阳汉代画像石墓没有明显地分出前后室，随葬品置于墓室外的外藏椁中；随县王家湾汉代画像石墓只有短而窄的棺室而无前室。这都是较早的墓形特征。从出土随葬品看，石灰窑村墓所出 8 枚货币最晚的为宣帝五铢，墓的时代应属宣帝或稍后。杨官寺汉代画像石墓所出陶壶与洛阳烧沟汉墓的陶壶极为相似，所出货币也皆为西汉五铢，其中一部分为磨郭钱，证明墓的年代已到西汉晚期。聂家湾汉代画像石墓所出器物与王家湾汉代画像石墓接近，其年代应大体相当，应为西汉中后期。赵寨墓所出 21 枚五铢、唐河湖阳墓所出百余斤五铢，都属西汉中晚期，墓的年代应为西汉晚期。① 徐永斌在《南阳汉画像石的发展与分期》一文中把唐河湖阳墓定为汉武帝时期，实为不妥。② 李陈广等人撰文认为唐河湖阳墓的年代大约在西汉昭帝和宣帝时期，他们的依据是，在唐河湖阳汉代画像石墓和南阳赵寨砖瓦厂汉代画像石墓中，出土有少量的金银小件饰物、铜车马饰件、铁器、玉器等。两墓均出土有西汉五铢钱，大多为昭、宣时期铸造的，仅湖阳镇汉代画像石墓中有少量的武帝五铢。③ 如果仅仅以钱币为依据把湖阳汉代画像石墓定为武帝或昭帝时期，也不够严谨，前朝货币到汉宣帝时期继续使用也再正常不过。较为妥善的处理方式是，综合墓葬的所有信息，包括墓葬形制、出土钱币和器物等来判断。由此可见，这 7 座墓的年代大体属西汉中后期，最早不过昭帝，大约在昭帝至元帝时期。④

二 二期——西汉末到新莽（成帝至王莽）

从西汉中后期出现汉代画像石墓，到成帝时期，经过四十余年的发展，南阳汉代画像石墓的数量越来越多，雕刻技法也越来越成熟。已发掘的典型墓葬有唐河针织厂汉代画像石墓、唐河县电厂汉代画像石墓、唐河

---

① 俞伟超：《考古类型学的理论与实践》，文物出版社 1989 年版，第 260 页。

② 徐永斌：《南阳汉画像石的发展与分期》，《中原文物》2009 年第 1 期。

③ 李陈广、韩玉祥、牛天伟：《南阳汉代画像石墓分期研究》，《中原文物》1998 年第 4 期。

④ 中原墓葬的演变，有着漫长的过程，至西汉中期，社会经济和政治均得到前所未有发展和强化，传统的棺椁制度，已与当时的社会情景不相符合。新兴的阶层要求改革旧的葬制。这种丧葬制度的变革，就在关中和中原地区发生了。汉武帝、昭帝、宣帝时期，丧葬制度在多方面均发生了较多变化，出现了以砖代木、以石代木、以石代砖的墓葬，并且这种墓葬逐渐成为一种比较时髦的丧葬形式。这种丧葬形式，基本上汇聚了画像砖墓、崖墓、石椁墓的各种优点和不足，创造出了整齐、坚固、省工、阔气，又宜于雕刻且能表示一定身份的墓葬——画像石墓。

汉郁平大尹冯君孺久汉代画像石墓、唐河县西冢张村汉代画像石墓、唐河县针织厂二号汉代画像石墓、唐河县湖阳罐山汉代画像石 M3、唐河县湖阳罐山汉代画像石 M4、唐河县湖阳罐山汉代画像石 M5、唐河县湖阳罐山汉代画像石 M6、唐河县湖阳罐山汉代画像 M10、南阳市常庄汉代画像石墓、南阳中建七局机械厂汉代画像石墓、唐河白庄汉代画像石墓、南阳市安居新村汉代画像石墓、南阳市永泰小区汉代画像石墓、南阳市永泰小区汉代画像石墓、南阳市东风机械厂生活区汉代画像石 M17、南阳市熊营汉代画像石墓、南阳陈棚汉代彩绘画像石墓、唐河县黑龙镇西刘冲村汉代画像石墓、南阳市新店乡熊营汉代画像石 M3、唐河县电业局汉代画像石墓、南阳市经济适用房中心汉墓 M2、南阳市四幅井建材市场汉代画像石 M2、南阳市四幅井建材市场汉代画像石 M3、南阳市八一路汉代画像石墓、南阳市体育中心游泳馆汉代画像石 M18、南阳市张衡路汉代画像石墓、南阳市潦河镇王营汉代画像石 M16、南阳市赵寨汉代画像石墓、南阳市宛城区达士营汉代画像石墓、南阳市老庄汉代画像石 M3 等。

（一）墓葬形制

（1）唐河针织厂汉代画像石墓墓葬形制。墓室为纯石结构，用特制的石料 130 块，在距地表深 1.60 米的方形土圹里砌成立方体的墓室，平面呈回字形。墓室四周及顶上均用土填封夯实。地面封上为冢。墓道被近代墓打破，已看不出形状。发掘时，发现填土中有残碎石块，证明墓的画像石是在此墓附近雕凿的。又在墓门前填土中发现铁凿一件，磨成锥状，柄端有锤打卷痕，可能是雕凿画像石所使用的工具。墓室长 5.08 米、宽 4.52 米、高 2.23 米，由墓门、前室、南北两主室、南北两侧室和后室组成。除两侧后端直接通往后室两端外，两侧室前门安有门楣，其他各门均安装有门框、门楣。前大门并有门扇，整个墓室建筑坚固、均衡、对称。墓门方向 105°。墓门：由两侧柱、一中柱和两块门楣筑成两个南北并列的墓门，门高 1.32 米、宽 1.16 米。门框和门楣上均凿有门臼，用以安装门扇。前室：南北长方形，长 4.56 米、宽 1.12 米、高 1.80 米，地平比主、侧室低 0.22 米。顶部用方柱形石条横盖，东壁即墓门内壁，南北两壁用两块方形石板垒筑，两壁即两主室和两侧室门外壁，上有四块门楣，下有三柱分成两主室和两侧室门，门高 1.14 米、宽 0.40 米、厚 0.30 米。主室：长 3.08 米、宽 1.02 米、高 1.58 米，正中筑一道留门隔墙，分成南北两主室。主室门框的四角凿有门臼。门外封门石板被盗墓者推倒，门内倒放有两根顶门柱。北主室顶柱一端有"下男（？）三"三字，其意不解。主室内南北壁用四块石块砌成。两主室之间用两块门楣和三根石柱筑成了门道，门高1.14米、宽0.74米，无门扇。墓底铺有石板。侧室和后室：两侧室门与前室通，仅设有门楣，无门扇，门高1.12米、宽1.58米。后室两端与两侧室相通，没有设门，长4.56米、宽0.72米、高1.58米。墓室所用的石料计：墓底32块，墓壁44块，门额8块，门扇4块，墓顶34块，封门6块，顶门柱2块，共大小石料130块，体积约33立方米。画像共计74幅。[①]

（2）唐河县电厂汉代画像石墓。墓门方向205°。墓室用砖石混合砌筑，先在距地表深3.46米的地方，挖一近方形土圹，底部垫有厚2—4厘米的一层木炭。南边有斜坡形墓道，墓道长10米、宽3.76—4.56米。土圹中有砖石雄成的方形墓室，平面呈回字形。墓室四周和顶上填土夯实，夯层厚9—11厘米。原有土冢，早已被雨水冲刷和取土挖平。墓室南北长7米、东西宽6.55米、高2.82米，由前室、东西两主室、东西两侧室和后室组成。两侧室后端与后室两端相通，除前大门安装有门框、门楣、门扉外，主室及侧室前门仅有门框、门楣而无门扉。门楣石6块，门扉石4块，门框（柱）石10块，隔墙柱石3块，隔墙横梁石2块，垫底石11块，共用石36块。除此之外，墓室的墙和各室上部的双层拱券皆用长34厘米、宽18厘米、厚6厘米的素面灰砖砌券。墓室内地面用长37厘米、宽37厘米、厚6厘米的素面方砖平铺。整个墓室建筑坚固、均衡、对称。墓门：用一根中柱、二根侧柱、二根边柱和二根门相石构成东西并列的两个墓门，门高1.24米、宽1.40米。门框和门楣上均凿有门枢，装有两扇能够关闭的门扉。前室：东西长方形，长6.05米、宽1.70米、高2.2米。南壁即墓门内壁，北壁即两主室、两侧室门的外壁。由一根中柱、二根侧柱、二根边柱、四根门楣石构成东西并列的四个门，门高1.14米、宽1.17米、厚0.32米。东西两壁用26层灰砖砌墙，与南北两壁门楣平齐。墓顶用灰砖由门相石向上起双层拱券，东西两端由砖墙向上用双层拱券和主券成直角相交。主室：在墓室中间，长3米、宽2.6米、高1.68米。正中用立柱三根、横梁二根筑成一道隔墙，分成东西两室。中柱与后柱上的横梁断裂，下用灰砖垒柱支撑，可知是在营造时已断裂。东西两壁

---

①　周到、李京华：《唐河针织厂汉画像石墓的发掘》，《文物》1973年第6期。

和北壁皆用小砖砌筑，墙高 1.12 米，由墙上起双层拱券，券高 0.85 米，券两头用立砖封堵。侧室和后室：两侧室门与前室相通，门高 1.31 米、宽 0.86 米、厚 0.32 米。后室两端与侧室后部连接，后室为砖券门框，室高 1.42 米、长 2.82 米、宽 0.84 米。后室与侧室纯用小砖砌筑。该墓出土画像石 35 幅。[1]

（3）唐河汉郁平大尹冯君孺久墓墓葬形制。这座墓的墓道早被四周小型画像石，墓和近代墓所打破，详情不明。墓门方向 95°。墓室东西长 9.5、南北宽 6.15 米。冯君孺久墓则是介于纯石和砖石混作墓之间的一种较特殊的墓葬形制，虽也属"回"字形墓，但结构更为复杂。该墓在前室之前又增设了一甬道和左右两耳室（车库），结构为砖石混作，除了前室、甬道及南北耳室以砖砌筑和券顶外，其他各室仍用条石盖顶，以石板砌墙体，类似纯石墓之构造，呈现出由纯石墓向砖石混作墓的过渡特征。墓室前部严重破坏，墓前大门的门楣、门柱和门扉脱离原位，门下槛石尚存。前大门至中大门的砖拱券顶全部塌陷。南、北耳室的门相、两门侧柱，以及中大门的门楣、两侧柱被弃置墓外。葬具和骨架已腐朽无存。墓室建筑分前室、中室和后室三个部分，结构严密。前室从前大门到中大门，包括前室和南、北两个车库，这一部分除各门的门框、门楣和门扉是石质外，其余皆为砖结构。中室从中大门到后主室，为一近似正方形的"天井"式"院落"建筑，除顶部用砖叠券为覆斗式之外，其余均为石结构。后室包括南、北主室，南、北、西"阁室"，为石结构。墓由大门、前室、南车库、北车库、中大门、中室、南主室、北主室、南阁室、北阁室、西阁室 11 个单位组成。墓门共八道，除南、北车库门和中大门上有门框、门楣而无门扉外，其他如墓大门、南北主室门、南北阁室门均有门框、门楣和门扉。墓室的后部，围绕南北主室的南、北、西三面，有三个阁室，三阁室相通，形成对称的回廊式建筑。墓大门：由南、北两门侧柱、一门楣、一门槛和两扇门扉组成。门高 1.42 米，宽 1.40 米。门楣和门槛上均凿有门臼，用以安装门枢。门外用青砖错缝平砌封堵。门楣刻二龙穿璧画像，饰朱彩，仍很清晰。南北两门侧柱刻执笏画像，南柱画像上方有阴刻题记："郁平大尹□□□□冯孺□□无□□□"。南门扉刻白虎、铺首衔环画像。北门扉刻朱雀、铺首衔环画像，前室：平面东西呈长方

---

① 吕品、周到：《唐河县电厂汉画像石墓》，《中原文物》1982 年第 1 期。

形，长 2.90 米、宽 1.76 米、高 2.30 米。底部用方砖铺地，方砖边长 36 厘米。顶部为小砖拱券。室南为南车库，室北为北库房，室东为墓大门，室西是中大门，室壁用砖垒砌。南车库：由库门和库室组成。库门有一门楣、两侧柱和一门槛，无门扉。门高 96 厘米、宽 114 厘米。库室平面呈长方形，南北长 1.5 米，东西宽 1.14 米，券高 1.75 米。顶部由小砖拱券，底部为方砖铺地，方砖和前室铺地砖相同。北库房：平面呈长方形，建筑形式和南车库同。门高 98 厘米、宽 104 厘米，前室、南车库和北库房顶部的拱券和室壁皆用小砖砌筑。小砖分大小两种：一种长 36 厘米、宽 16 厘米、厚 8 厘米；另一种长 32 厘米、宽 16 厘米、厚 4 厘米。中大门：位于前室与中室之间。有门楣、两侧柱和门槛，无门扉。门高 1.34 米、宽 1.28 米。门楣刻二龙穿璧画像。中室：南北长 2.5 米、东西宽 2.03 米。南、北两面门与阁室相通。室顶为四角攒尖式，高 3.14 米。砌顶用的楔形砖可分三种：一种长 37 厘米、宽 19 厘米，一端厚 9 厘米，另一端厚 8 厘米；一种长 38 厘米、宽 18 厘米，一端厚 6 厘米，另一端厚 5 厘米；一种长 38 厘米、宽 17 厘米，一端厚 9 厘米，另一端厚 8 厘米。室底部用大小不一的石板铺地。主室：东西长 3 米、南北宽 2.56 米、高 1.24 米。主室正中筑一道留有窗洞的隔墙，分成南北两个主室。两主室各有一门，每门有南北两侧柱、门楣和二门扉，中以中柱隔开。门框四角凿有门臼。主室隔墙由两窗楣、三窗柱和两窗台筑成。东窗口高 65 厘米、宽 58 厘米；西窗口高 65 厘米、宽 56 厘米。南阁室：阁室东西长 5.90 米、南北宽 1.10 米、高 1.34 米。阁门有一门楣、两门柱和两门扇。门向北与中室相通。阁室之上用石板盖顶，下用石板铺地。阁室南壁用八块石料筑成，阁室北壁即南主室南壁，东部与阁门相接，共用八块石板筑成。西阁室：也可称墓后室，其南端和北端分别与南阁室西端和北阁室西端相通。阁室南北长 3.20 米、东西宽 0.98 米、高 1.34 米。阁室上部用石板盖顶，下部用石板铺地。阁室南部、中部和北部在盖顶石板之下分别有三条石梁，东西横置，用以承放盖板。阁室西壁用五块石板和两梁柱筑成。北阁室：有阁门和阁室，东西长 5.90 米、南北宽 1.1 米、高 1.34 米。上部用石板盖顶，底部用石板铺地，西端与西阁室相通。阁室南壁即北主室北壁。东部阁门即中室之北门，中部和西部用石块垒砌。阁门有一门楣、两侧柱和两门扇。门向南，与中室相通。墓顶除了使用早期常见的石条平顶和砖券拱顶外，还出现了一种新的墓顶形式——砖券穹窿顶。冯君孺久墓除有特殊的墓室结构外，更重要的是墓中还刻有确切的纪年铭文——"始建国天凤五年十月十七日癸巳葬"等。墓室所用大小石料共计 154块。其中墓顶盖板石 22 块，铺地石 34 块，门框 26 块，门扉 10 块，墓壁62 块。石方共约 60 立方米，出土画像石 35 幅。[①]

（4）唐河县西冢张村汉代画像石墓墓葬形制（图 4-7）。该墓为砖石混合结构，平面呈"回"字形，方向 139°。墓室通长 526 厘米、最宽处520 厘米。由前室、南北二主室及北、西、南侧回廊组成。墓顶和墓壁上部已被破坏。石料主要用在墓门，南、北回廊与前室连通处，主室门及中间隔墙等处，其余部分均用小砖垒砌。砖均为长方形小砖，分两种：一种是菱形花纹砖，在砖的一个侧面上模印有菱形纹，另一种是素面砖。两种砖尺寸相同，均为长 30 厘米、宽 15 厘米、厚 5 厘米。墓室四壁均用单砖平砖错缝垒砌而成，墙壁厚 15 厘米。墓室四壁可能是外力挤压均向内微凹。前室：平面呈长方形，南北内长 260 厘米、东西内宽 84 厘米。主室：平面呈长方形，在主室中部用梁柱、过梁组成隔墙，将主室分成南北两主室，通过梁柱之间空间，使两墓室相通。两主室均呈东西长方形，北主室内长 268 厘米、内宽 94 厘米，南主室内长 260 厘米、内宽 96 厘米。主室南、北、西三墙壁宽均 30 厘米，为双平砖错缝垒砌。北、南两墙壁向内微凹。北回廊：内长 456 厘米、内宽 80 厘米。南回廊：内长 444 厘米、内宽 78 厘米。西回廊：内长 334 厘米、内宽 40 厘米。该墓现有石料 15块，其中门楣 1 块、门柱 4 块、门扉 2 块，其他 8 块，画像石 14 块，画像 15 幅。[②]

（5）唐河针织厂二号汉代画像石墓墓葬形制（图 4-8）。墓室为砖、石结构。石结构仅限于墓门。及前室之梁、柱，共用石 30 块。其余部分均用长方小砖、楔形砖砌券。清理时，在墓室东南上部发现"元祐通宝""崇宁重宝"各一枚，并发现一铜弩机（明器）。主室、侧室券顶及隔墙绝大部分已倒塌。东墙和南墙各发现一盗洞，说明该墓曾多次被盗，上部被宋墓打破，故墓室扰乱极甚，碎砖、淤土充满其间。未见任何葬具及人骨。墓门向北，方向 342°。整个墓室南北长 5.20 米、东西宽 4.02 米，由

① 南阳地区文物队、南阳博物馆：《唐河汉郁平大尹冯君孺人画像石墓》，《考古学报》1980 年第 2 期。

② 南阳市考古研究所：《唐河县西冢张村画像石墓发掘简报》，未发表。

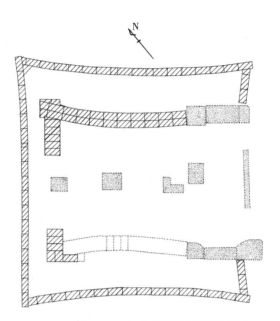

图 4-7　唐河县西冢张村画像石墓平面图

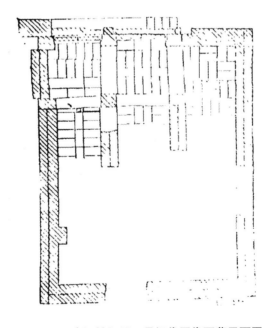

图 4-8　唐河针织厂二号汉代画像石墓平面图

墓门、前室、两个主室、一个侧室、一个后室组成。墓门用砖、石封堵，即下部用六层横砖平砌，上部用五块石板封堵。大部分石板厚薄不一，形状不规则，未加过工。墓门东边上部用单砖平砌一南北向的女墙，其上部略高于门楣石。由于墓门紧邻针织厂厂房，墓道被压于厂房之下，未清理。墓门由一块门楣、二块侧柱、一块中柱、二个大梁北端、四扇门扉构成东西并列的两个门道。墓门高1.90米、宽3.31米。门扉皆凿有门框，门楣及门槛石上皆凿有门臼。门相石上部用砖平砌一高0.69米的女墙。墙上部距地表0.50米。前室：东西长方形，长4.18米、宽1.00米、高1.86米。顶部用柳形单砖并列砌三个券，北壁为墓门内侧，南壁为二主室。两主室间及东主室与侧室间各立一石柱，柱上各架一石梁，石梁北端一直伸到墓门外，立于墓门中。东柱上部，压在门楣石下部。石梁南端土部凿去一段，以承放两主室之门楣石。铺地砖为单砖平铺。主室：两室南北长2.56米、东西宽2.52米。正中筑一墙分为东、西两室，隔墙仅剩一段。西主室北端有一高出地面的门槛石，南端与后室隔墙留一门洞，似为过道，惜仅存西边，东边不存，不知门洞宽度。铺地砖为单砖平铺。顶为楔形单砖并列券。东侧室、后室与主室的隔墙以及顶部，已经坍级。东墙有一宽0.96米、高0.65米的盗洞，南墙有一宽0.90米，从顶一直到底的盗洞。墓砖皆青灰色，一面饰绳纹。分条砖和楔形砖两种，条砖墓本三个型号，一种长35厘米、宽16.8厘米、厚6.5厘米，一种长37厘米、宽18厘米、厚6.4厘米，一种长38.5—39厘米、宽18.5—19厘米、厚8厘米。楔形砖专为券顶烧制，长38厘米、宽19厘米、外厚7.5厘米、内厚5.2厘米。出土画像石13块，画像20幅。①

（6）唐河县湖阳罐山汉代画像石M3墓葬形制（图4-9）。M3位于山腰中下部，是这四座墓中所处位置最高者，因采石时炸出东侧室东墙而被发现。墓顶已不见封土，墓上草皮之下是一层土杂碎石的坡积物。该墓由墓道、前室、东、西侧室、主室组成。墓室南北长528厘米、东西宽567厘米。墓道向北，方向18°。由于盗扰严重，葬具、骨架皆不存。该墓前室、东侧室、主室坐落在青石上部的风化层上，西侧室坐落在红色粉砂岩上，墓室的基础比较好，因而墓室结构基本没有变化。墓道平面为长方形，口略大于底。口长6.50米、宽1.56—1.76米。底为斜坡状，底长7.45米。填土

---

① 南阳地区文物工作队、唐河县文化馆：《唐河县针织厂二号汉画像石墓》，《中原文物》1985年第3期。

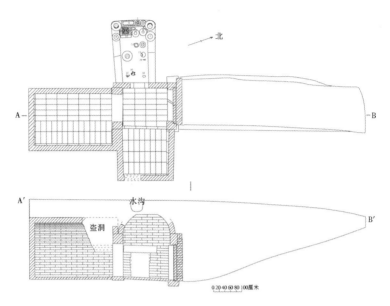

图4-9　唐河罐山汉代画像石 M3 墓平剖面图

中可见到零星的建墓时遗留于此的碎砖块及碎石，碎石质地与画像石石质相同，应是制作画像石时剥凿下来的碎石等。墓道尽头是封门墙，封门墙主要是砌券顶剩余的楔形砖与少量砌墓壁剩余的小砖混合平砌而成。封门墙高1.64 米、宽1.64 米、厚0.20 米。封门墙后面是墓门，墓门由一块门楣、二块门柱、二个门扉、一块门槛石组成一个门道。门楣、门槛石皆凿有门臼，门扉皆凿有门枢。当我们揭去封门砖，去掉砖与石墓门之间的泥土，发现墓门画像部分仍保存有用红色颜料进行勾绘的残痕，很鲜艳，使画像显得更加生动，弥补了石刻画像细部表现差的不足，再现了当时的画像全貌。前室和东侧室基本同宽，即前室与东侧室共用一道前、后墙和一个券顶。为了区别前室与东侧室，前室的铺地砖低于东侧室铺地砖0.10 米，且前室地面略呈前低后高的斜坡状，这当便于排出墓中积水。东段券顶不存，西段仅存一部分。券顶为楔形砖与长方小砖相间的混合并联券。室内上部被山水冲下的坡积物填充，下部为碎砖及零星陶片，可知其早年被盗。墓壁皆用一侧模印龙形图案、一端模印白虎、另一端模印熊的小砖错缝平砌，致使墓壁成为一个龙的海洋。铺地砖同壁砖，单层平铺。整个前室、东侧室内部东西长3.05 米、南北宽1.60—1.66 米、高约2.28 米。其中前室进深1.62 米、宽1.34 米，东侧室东端略窄，东墙东边就是炸石形成的陡坡，东墙南部有一宽约 0.60 米的缺口，此当是炸石所致。前室西侧有一个高 0.84 米、宽 0.66 米的门洞与西侧室相通，门洞顶用素石作门楣。西侧室依山凿岩而成，该处岩石为红色砂岩，成岩性不好，易剥落坍塌，因此，该室下部堆满了由顶部塌落下来的碎岩屑，同时也保存了部分随葬品。除东段靠门洞处的随葬品被盗外，西半部器物保存完好。西侧室与墓室整体设计稍有差错，其北端稍向后偏。西侧室下部南、西、北三边有二层台，二层台高 0.50 米、宽 0.20—0.25 米。西端二层台上放置陶瓮、陶方盒、小壶，二层台下放置陶仓、陶圈厕等。西侧室东西长 2.18 米、南北宽 1.40—1.54 米。西侧室顶部大部分岩层剥落严重，顶是何样不清，估计为弧形顶，高约 0.84—0.116 米，前室后壁有一高 1.14 米、宽 0.97 米的石门洞与主室相通。主室门由一块门楣石、二块门柱石、一块门槛石组成。墓壁用砖和砌法同前室。东西两壁从铺地砖以上第 16 层砖上部开始起券，券顶用砖 37 列，为楔形砖与长方形砖混合并联券，其券法为：两侧各为用一块楔形砖与一块长方砖为一组各 5 组，再上为 5 块楔形砖一块长方砖为一组各一组，最顶端为 5 块楔形砖。楔形砖内侧皆模印龙纹画像。在券顶前端有一长 1.08 米的盗洞，室内堆满淤土、碎砖，无任何器物。铺地砖为小砖平铺。整个主室内侧南北长 2.80 米、东西宽 1.81 米、高 1.86 米。墓砖皆青灰色，分两种：一为楔形券砖，一为砌壁和铺地的长方小砖，皆一面饰绳纹。券砖，子母口楔形，长 37.5 厘米、宽 18.5 厘米、内侧厚 6.5 厘米、外侧厚 8.5 厘米。榫头长 2.5 厘米、宽 4 厘米，榫眼深 2.5 厘米、宽 4 厘米。内侧模印一龙一熊。长方小砖，长 38.5 厘米、宽 19 厘米、厚 8.5 厘米。一端模印白虎，一端模印熊，一侧模印二龙画像。从白虎、熊画像上的小圆点看，或有表示星象之意。[①]

（7）唐河县湖阳罐山汉代画像石 M4 墓葬形制（图 4-10）。M4 位于M3 北偏西，两墓墓道相距 7.6 米。M4 平面结构与 M3 基本相同，亦由墓道、墓门、前室、东、西侧室、主室组成。惜主室被窑场推土机全部推完，其门楣石、门柱石不存，仅余门槛石。前室及东西两侧室北壁亦被推土机推去，南部保留一部分，墓门幸未殃及。整个墓室残长 226 厘米、宽 410 厘米，方向 198°，墓道向南（向山顶方向），分两部分，南部较规整，壁较直，北部较宽，口略大于底，底呈弧形斜坡状。口长 4.76（水

---

① 南阳市文物考古研究所、唐河县文化馆：《河南唐河罐山汉画像石墓发掘报告》1989 年11 月，未刊资料。

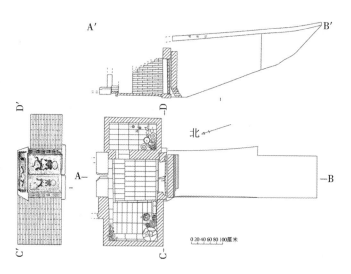

图 4-10　唐河县湖阳罐山汉代画像石 M4 平剖面图

平距离）米、宽 1.34—1.66 米。墓道尽头是封门砖，封门砖大小同墓壁砖，为单砖错缝平砌，封门砖中上部较直，底部向前弯曲，上宽下窄，宽 1—1.48 米、高 1.43 米、厚 0.15 米。揭去封门砖，露出石墓门，墓门由一块门楣石、二块门柱石、二个门扉石、一块门槛石组成一个门道。门楣、门槛石皆凿有门臼，门扉皆凿有门枢。当我们揭去封门砖，去掉砖与石墓门之间的泥土，可见到门楣、门扉的画像上残存少量的朱涂痕迹。墓大门后即为前室，前室平面略呈梯形，内部进深 1.65 米、前宽 1.26 米、后宽 1.34 米。西侧室与前室共用一个券顶和前后墙，墙壁砌法为小砖错缝平砌。西侧室东西进深 1.26—1.33 米，南北宽 1.57 米，铺地砖高于前室 9 厘米。铺地砖为单砖平铺。西侧室南壁处幸存有陶质的方盒、鼎、盆、瓮，北部残存鸡、鸭等。前室东壁北端有一宽 44 厘米的门道通向东侧室，门道上部残，何种样式顶不清楚。东侧室内部南北长 1.52 米、东西宽 0.86 米。南部尚存部分残券顶，从残存券顶看，为楔形砖并联券。墙壁为小砖错缝平砌，铺地砖为单层平铺。东侧室内尚存有陶质的釜、猪、圈厕、井、盒、仓、磨等。主室被推完，仅存门道下的门槛石，从残存迹象看，门道宽约 1.08 米。主室长度不详，残宽约 1.60 米。[①]

---

① 南阳市文物考古研究所、唐河县文化馆：《河南唐河罐山汉画像石墓发掘报告》1989 年 11 月，未刊资料。

（8）唐河县湖阳罐山汉代画像石 M5 墓葬形制（图 4-11）。M4 北约 90 米处为 M5 和 M6。M5 与 M6 东西并列，两墓相距 0.7 米，均被窑场取土时发现并破坏。墓前已是一个起土的大坑，墓门暴露于外。M5 墓室平

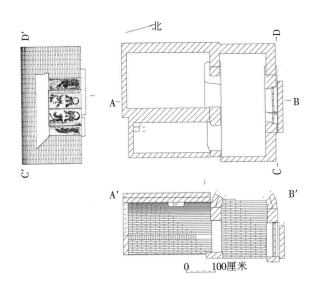

图 4-11　唐河罐山汉代画像石 M5 平剖面图

面呈长方形，由墓道、墓门、前室、主室、东侧室组成。墓门向北，方向 16°，整个墓室南北长 5.24 米、东西宽 4 米。墓门前为取土坑，坑底低于墓底，故墓道不存，但在墓门北约 10 米的取土坑壁上，发现距地表 30 厘米下有一层厚约 10 厘米的碎石层，碎石的石质与画像石石质相同。墓门前的封门砖仅存下半部分，已不能完全遮挡墓门。封门砖残高 1.12 米、宽 1.75 米、厚 0.16 米。其砌法为小砖错缝平砌。墓门由一块门楣石、二块门柱石、二个门扉、二块门槛石组成一个门道。门楣、门槛石皆凿有门臼，门扉皆凿有门枢。门楣石西端残。墓门南侧是前室，前室呈横长方形，室内东西长 3.48 米、南北宽 1.53—1.58 米。顶已残，从残存的券顶看，券顶用楔形砖双层并联券，残高 2.10 米。三边墓壁宽厚，为小砖错缝平砌。铺地砖全部揭完，从残存迹象看，当为单层平铺。前室地面低于主室地面 16 厘米。前室后壁由二块门楣石、三块门柱石、三块门槛石组成的 2 个石门洞通向两个墓室。西边石门洞高 1.04 米、宽 1.05 米，墓室内部宽大，南北长 2.84 米、东西宽 2.09 米、高 1.68 米，为主室。主室顶为楔形砖双层并联券。在西壁上部有一个东西长 70 厘米、南北宽 55 厘

米的盗洞。除南边墓壁砖部分被揭去，墓室内填有窑场遗弃的废砖坯。除南边墓壁外，其余三边墓壁皆宽厚。墓壁用小砖错缝平砌，唯其下部用一周丁砖砌筑。铺地砖已不存，从残存迹象看，当为单层平铺。东边石门洞高 1.04 米、宽 0.86 米。室内长 2.64 米、宽 1.02 米。较主室短，当为侧室。侧室顶残，从残存迹象看，为单层并联券，东壁和南壁较薄，部分墓壁已基本被破坏完，室内填满窑场遗弃的废砖坯，铺地砖已不存，从残存铺地砖看，为单层平铺。①

（9）唐河县湖阳罐山汉代画像石 M6 墓葬形制（图 4-12）。位于 M5 西，两墓并列。M6 大门偏后于 M5 大门约 1 米。墓室平面呈长方形，由墓道、墓门、两个并列的墓室组成。墓门向北，方向 20°。墓室南北长 414 厘米、东西宽 272 厘米。墓门前为窑场的取土坑，墓道已不存。墓门

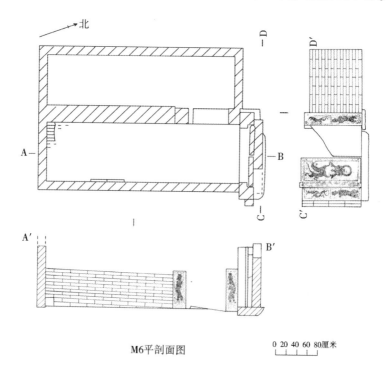

M6平剖面图

0 20 40 60 80厘米

图 4-12　唐河罐山汉代画像石 M6 平剖面图

---

① 南阳市文物考古研究所、唐河县文化馆：《河南唐河罐山汉画像石墓发掘报告》1989 年 11 月，未刊资料。

封门砖上部已被揭走，下半部分为小砖与楔形砖混合错缝平砌，残高92—120厘米，宽仅存94厘米，厚16厘米。墓门门楣已不知去向，仅存2个门柱、1个东扉、半个西扉、2块门槛石。墓门残高122厘米、宽164厘米。墓门南侧即东墓室。东室内长368厘米、宽112厘米。券顶已不存，墓壁仅存下部，砌法为错缝平砌。东、西两壁向下沉降，尤其西墙沉降较甚，这当于墓底地基有关。铺地砖基本被揭完，仅存后部一小部分，为丁砖铺地。从形制分析，该室应分前后室，前室南边应至西室门道南柱，铺地砖可能为平铺。如是，东室长约247厘米。前室西壁有石质门道通向西室，门楣已不存，仅剩两个门柱、一块断裂的门槛石。西室内长358厘米、宽95厘米。券顶不存，墓壁残甚，西南部已到生土，铺地砖皆不存。由于M6盗扰严重，仅见到零碎的陶器残片，从这些陶器残片中可看出的器形有鼎等。另有零星的鎏金小铜饰件。墓砖皆青灰色，一面饰绳纹，分小砖和券砖两种，小砖长33.3厘米、宽16厘米、厚5.7厘米。券砖为楔形，32.8厘米、宽16厘米、外侧厚4.5厘米、内侧厚3厘米①。

（10）南阳市常庄汉代画像石墓墓葬形制（图4-13）。该墓位于常庄窑场西南角，坐东朝西，方向294°。墓葬平面呈长方形，为砖石混合结构墓，总东西长1094厘米，南北宽442厘米。由墓道、墓门、三前室、主室门及三主室组成。墓室主体为砖结构，券顶、封门、墙体、铺地均用小条砖构筑。砖分两种，一种为长方形小青砖，长32厘米、宽16厘米、厚5厘米；另一种为楔形砖，长32厘米、宽16厘米、厚5—7.5厘米，这种砖主要用于券顶的垒砌。石料主要用于门楣、门柱、门扉、过梁等部位。墓道：位于墓室的西部，近长方形斜坡状墓道。东西长600厘米，宽约270厘米，坡度20°。墓门：为砖石混合结构。北、中两墓门为石结构，由两门楣、三门柱、三垫石组成并列两个墓门，墓门无门扉，均用小砖二顺一丁垒砌封堵。而南墓门仅用砖封堵。北门高125厘米、宽104厘米；中门高125厘米、宽94厘米。北门楣长149厘米、宽40厘米、厚32厘米；中门楣长154厘米、宽40厘米、厚32厘米。三门柱大小相同，均为高125厘米、宽30厘米、厚30厘米。另外，在门楣上有一女墙，从下往上为5排平砖错缝、一丁三顺、一丁二顺垒砌，高88厘米。前室：平

① 南阳市文物考古研究所、唐河县文化馆：《河南唐河罐山汉画像石墓发掘报告》，未刊资料。

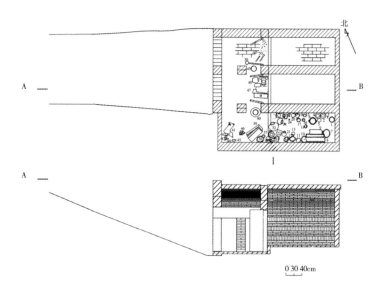

图 4-13　南阳市常庄汉代画像石墓平剖面图

1、22、23. 奁；2、4、9. 仓；3、5、46. 仓盖；6. 鼎；7、38. 盆；
8、39. 方盒；10、12、14. 博山炉盖；11、13、19—21、36. 罐；15—18、
35、37、49. 钵；24、25. 汲水小罐；26、52. 小盆（灶上）；27. 甑（灶
上）；28. 釜（灶上）；29. 灶；30. 铜镜；31、34. 盒；32. 瓮；33. 磨；
40. 壶；41. 狗；42、44. 鸭；43. 鸡；45. 猪；47. 圈厕；48. 井；50. 铜钱；
51. 绿松石玉珠

面呈长方形。东西长 180 厘米、南北宽 442 厘米、高 228 厘米。由过梁和
梁柱把墓室分成北、中、南三前室，并在过梁下正中间用小砖砌成的方柱
来支撑，以承托着前室三并列券顶之间相接部位，并在砖柱下垫有垫石。
墙高 162 厘米，为三顺一丁垒砌，券顶高 66 厘米，用楔形砖并列砌成三
个拱形券顶，券顶与三主室的券顶相通，为同一方向。前室底比主室底低
25 厘米，铺地砖为竖排错缝平铺。主室墓门：位于前室和主室之间。由
两门楣、三门柱、两门槛石及四扇门扉组成并列的北、中室两个墓门，而
南后室无门。北门高 155 厘米、宽 104 厘米；中门高 155 厘米、宽 105 厘
米。北门楣长 154 厘米、宽 35 厘米、厚 26 厘米；中门楣长 140 厘米、宽
34 厘米、厚 27 厘米。三门柱高和宽尺寸相同，高均为 155 厘米、宽 30 厘
米，北门柱厚 30 厘米、中门柱和南门柱厚 28 厘米。四门扉尺寸相同，高
均为 154 厘米、宽 51 厘米、厚 5 厘米。北门槛石长 104 厘米、宽 23 厘

米、厚10厘米；中门槛石长110厘米、宽23厘米、厚10厘米；南门槛石长108厘米、宽25厘米、厚10厘米。主室：平面成长方形，长250厘米、宽442厘米。在主室中部筑有两隔墙，将主室分为北、中、南三室。隔墙宽32厘米，为平砖错缝垒砌。北主室内宽104厘米、中主室内宽108厘米、南主室内宽108厘米。墙高138厘米，为三顺一丁垒砌，券顶高66厘米，与三前室的券顶相通。后室底比前室底高25厘米，铺地砖为竖排错缝平铺。①

（11）南阳中建七局机械厂汉代画像石墓墓葬形制（图4-14）。该墓所处的位置高于周围地区，墓顶距地表60厘米，坐西向东，方向76°。平面成长方形，东西长3.87米（不含墓道），最大宽度是4.16米。该墓为砖石混合结构，由墓道、墓门、前室、北主室、南侧室、中主室六部分组成。石料主要用于门楣、门柱、过梁、梁柱等六部分。墓道：位于墓门正前方。由于地表建筑物占压，所以只清理约250厘米。从所清部分看，墓道平面呈梯形，接触墓门部分最宽与墓最大宽度一样，向前逐渐变窄，开口宽度也大于底部。底部分两层，上层为阶梯墓道，用白土回填，行夯；阶梯由花土夯筑而成。从墓门到第一阶约150厘米，这部分与墓室底同深。每阶宽和高约35—40厘米。阶梯底部为斜坡墓道，坡度约30°。在墓道两壁有10—30厘米的花土，与墓道所填白土呈明显的分离状，厚度从墓门向前越来越薄。根据这些情况分析，该墓道应为两次挖填。即第一次为斜坡墓道，回填花土行夯；第二次挖成阶梯墓道，回填白土行夯。墓门：由南、北、中三部分组成。三门皆用砖石混筑而成。其中门楣、门柱、门槛用石料共12块。封门用小砖（长31厘米、宽15.5厘米、厚5.5厘米）砌筑，均无门扉。封门砌法是最下两层为平砖错缝顺砌，向上全部是一顺一丁。门高136厘米，南门宽88厘米，中门和北门宽91厘米。三门分别通过前室与三后室相通。画像石主要集中在这一部分。前室：位于墓门和三后室之间，长方形，南北长333厘米，东西宽108厘米，底距地表275厘米，低于三后室底23厘米。底部除中门柱和后梁柱之间垫为石质外，其余均用小砖错缝顺铺而成。前室的上部被中主室通往墓门的二过梁分为三部分，顶部被三后室延伸至墓门的三个券顶所封盖。前室是随葬品的主要存放地之一。北主室：位于三后室的最北边。长方

① 南阳市文物考古研究所：《南阳市常庄画像石墓发掘简报》1989年10月，未刊资料。

形，东西长 229 厘米，南北宽 91 厘米，高 156 厘米，底部用小砖平铺而成，铺法是东西错缝顺铺。南壁厚 31 厘米，北、西壁厚 15.5 厘米，三壁皆平砖错缝顺砌，北壁向前延伸至墓门成为前室北壁。墓顶用楔形砖对砌券成。该券顶前端前室上方部位有一 62 厘米×50 厘米的盗洞。该室为停放尸骨的地方。中主室：形状和长宽、铺底、券顶、墙壁、砌法都与北主室相同，只是南北二壁厚均为 31 厘米，在其券顶前端前室上方部位也有一 100 厘米×80 厘米的盗洞。该室也是停放尸体的地方。南侧室：长方形，东西长 229 厘米，南北宽 88 厘米，高 152 厘米，南壁和西壁厚 15.5 厘米，底部铺法及墙壁砌法与中北室相同。该室应是存放随葬品的地方之一，在其券顶前端也有一 62 厘米×60 厘米的盗洞。①

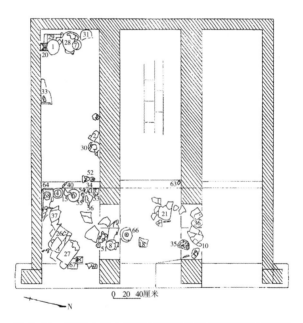

图 4-14　南阳中建七局机械厂汉代画像石墓平剖面图

（12）唐河白庄汉代画像石墓墓葬形制（图 4-15）。该墓位于唐河县张店镇白庄村西约 150 米。墓为砖石混合结构，共用 17 块石材和大量的青砖和楔形砖混筑而成。方砖长 30 厘米、宽 15 厘米、厚 5 厘米，楔形砖长 30 厘米、宽 15 厘米、上部厚 5.5 厘米、下部厚 4 厘米，该墓坐西向

---

① 南阳市文物考古研究所：《南阳中建七局机械厂汉画像石墓》，《中原文物》1997 年第 4 期。

东，方向 93 度。墓室平面近正方形，由墓道、墓门、前室、主室门、主室、侧室六部分组成。墓道位于墓室的东部，为长方形斜坡形。残长 140 厘米、上部宽 230 厘米、底宽 220 厘米。墓门高 190 厘米、宽 226 厘米。前室南北壁、底部都破坏严重，底部仅剩几块砖。南壁残高 43 厘米、北壁残高 20—190 厘米、前室南北横宽 428 厘米、进深 198 厘米。主室门门高 176 厘米、南门宽 96 厘米、中门宽 116 厘米、北门宽抖厘米。主室二道隔墙把其分为大小略同的三个主室。墙壁均用单顺砖错缝平砌，墓室隔墙用双顺砖平砌，铺地为"人"字形。侧室东西长 270 厘米、南北宽 60 厘米，北壁东部留一小门与南主室相通。小门由二门柱、一门相构成，高 172 厘米、宽 46 厘米。侧室北壁双顺砖错缝平砌，其余三壁均单顺砖平砌，铺地为"人"字形。①

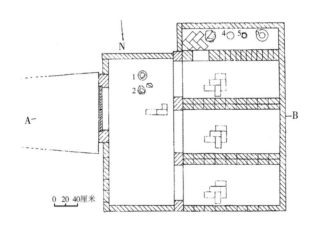

图 4-15 唐河白庄汉代画像石墓平面图

（13）南阳市安居新村汉代画像石墓墓葬形制（图 4-16）。该墓为砖石混合结构，由墓道、墓门、两前室和两后室组成。墓室所用砖均长 32 厘米、宽 16 厘米、厚 6 厘米。画像石等主要用于门楣、门柱、过梁、梁柱、门槛等部位。墓室平面近"T"字形，东西长 4.44 米、南北宽 2.84 米，方向 114 度。后室券顶已被毁坏，后室和前室的地砖铺设均为竖排东西向错缝顺铺，墙壁均用单顺平砖错缝垒砌，后室隔墙则用双顺平砖错缝

---

① 南阳市文物考古研究所、唐河县文化馆：《河南唐河白庄汉画像石墓》，《中原文物》1997 年第 4 期。

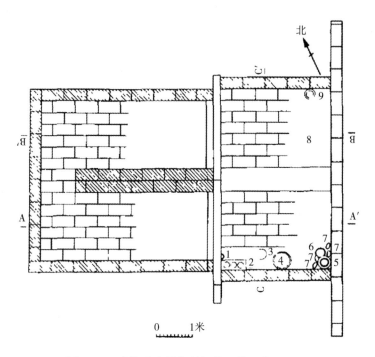

图4-16　南阳市安居新村汉代画像石墓平面图

垒砌，后室墙壁上有厚0.5厘米的白灰。葬具和骨架已腐朽无存，仅能看出残留的棺漆皮。墓道：位于墓室的东部，因紧靠居民楼，仅发掘了0.5米，全长不明，坡度28°。墓门：由南北两门柱、一斗形梁柱、两门楣、两垫石构成南、北两墓门。门高1.6米、宽1.1米。两门共用8块石料，其中6块石料上有14幅画像。封门用青砖砌筑，但砌法不同，南封门底部为7层平砖错缝垒砌，向上则是一丁顺砌筑；北封门为一顺一丁砌筑。门柱底部为2块素条石。墓门的斗形梁柱则是由斗和正方体立柱两部分组成。斗上部边长43厘米、高10厘米，四周刻二方连续菱形套连纹。下部呈弧形，边长35厘米、高9厘米。过梁东部采用透雕形式表现出龙的唇齿等部位，并且与侧面两个龙首的相应部位吻合。前室：底部除梁柱底部之间垫有2块不规整的素条石外，其余均用小砖竖排东西错缝顺铺而成。前室南北长2.84米、东西宽1.53米，其底低于后室底0.24米。前室西壁有2块门楣，中有一梁柱，下有两门槛石形成两后室门。门高1.34米、宽0.94米。前室上方的过梁放置在墓门斗形梁柱、前室梁柱和后室梁柱上，置于两门楣正中处，把前室分为两部分。顶部为小砖券顶所封盖。在南前室南墙高 1.22 米处有两个与过梁南侧相对应的长方形小孔，此孔可能用来放置木制构件，用以装饰墓顶，孔长 10 厘米、高 6 厘米、深 16 厘米。北前室过梁和北壁未见这种小孔。过梁两侧刻龙首，梁柱四面刻画像。后室：正中筑一道有门隔墙，分成南、北两后室。东西长 2.74 米、南北宽 2.52 米、高 1.92 米。底部用砖竖排东西错缝顺铺，隔墙厚 0.32 米、南北墙厚 0.16 米。墙壁上有一层厚 0.5 厘米的白灰。从出土的黑色漆皮看，后室应为停放尸骨的地方。墓葬共用 13 块画像石、4 块素石。①

（14）南阳市永泰小区汉代画像石墓（图 4-17）。该墓大致呈长方形，坐西向东，墓向 69°，为砖石混合结构。墓室长 4.16 米，宽 2 米，底距地表 3.34 米。由墓门、前室、后室和耳室组成。石料用于门柱、门楣、垫石和门槛等部位。墓室主体为砖结构，砖长 32 厘米、宽 16 厘米、厚 6 厘米。墓门：为砖石混合结构。石料主要用于门楣、门柱和垫石，共 5 块，画像石 3 块，画像 3 幅。封门均用砖砌筑（无门扉）。从下往上为四层平砖错缝，上为四组一丁一顺垒砌，门高 1.50 米、宽 2.02 米。前室长方形，长 1.04 米、宽 2 米，底低于后室底部 0.22 米。墙高 1.18 米，平砖错缝垒砌，底到券顶高 2.14 米，为拱形券。铺地砖为竖排错缝平铺。后室：长方形。长 2.12 米、宽 2 米，在门口部位放置一门槛石（但画像

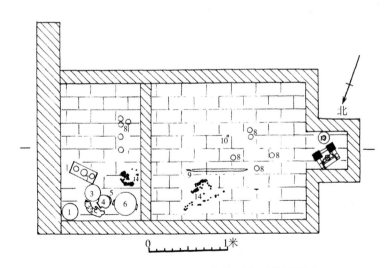

图 4-17　南阳市永泰小区汉代画像石墓平面图

---

① 南阳市文物考古研究所：《河南南阳市安居新村汉画像石墓》，《考古》2005 年第 8 期。

已漫漶，无法看出画像内容）。墙高 0.96 米，为平砖错缝垒砌，底到券顶高 1.92 米，拱形券。铺地砖为竖排错缝平铺。耳室：近方形。位于后室西部，长 0.70 米，宽 0.78 米，高 0.54 米，底到顶高 0.76 米，顶部用四层平砖叠错封顶。共用石料 6 块，其中画像石 4 块。①

（15）南阳市永泰小区汉代画像石墓 M35 墓葬形制（图 4-18）。该墓呈长方形，墓向 160°，为砖石混合结构。墓室长 336 厘米、宽 134 厘米，墓底距地表 318 厘米。由墓门、前室和后室组成。共用石料 4 块，均为画像石。石料主要用于墓门两门柱、门楣和后室门槛石 1 块。墓室主体为砖结构，砖均为长方形小条青砖，长 32 厘米、宽 16 厘米、厚 6 厘米。墓门：为砖石混合结构。封门均用砖砌筑（无门扉），为平砖错缝垒砌。门高 166 厘米，宽 132 厘米。石料长均为 132—133 厘米、宽 32—32.5 厘米、厚 12—12.5 厘米。石料 3 块，主要用于门楣和 2 门柱，画像 3 幅，其中南门柱画面已漫漶。②

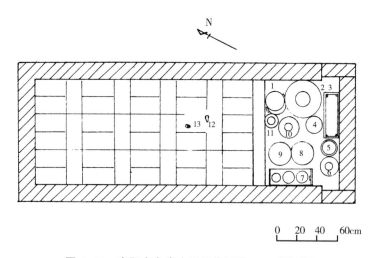

图 4-18　南阳市永泰小区画像石墓 M35 平面图

（16）南阳市东风机械厂生活区汉代画像石 M17 墓葬形制（图 4-19）。M17 为砖石混合结构，由墓道、墓门、前室、左主室、右主室及左

① 南阳市文物考古研究所：《河南南阳市永泰小区汉画像石墓》，《华夏考古》2010 年第 3 期。

② 南阳市文物考古研究所：《南阳永泰小区画像石墓 M35 发掘简报》，《中原文物》2014 年第 6 期。

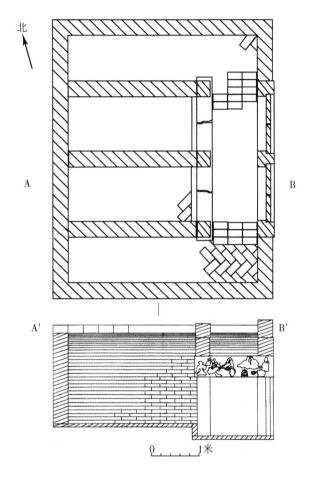

图 4-19　南阳市东风机械厂生活区汉代画像石 M17 平剖面图

侧室、右侧室等部分组成。墓门方向为 106°，从墓室的外部轮廓来看，其平面形制呈长方形，整体上宽度大于长度。墓室东西长度为 4.64 米（不含墓道），南北宽度 5.64 米，墓底距地表深度为 5 米左右，墓室结构基本保存完好（仅在右主室墓顶后侧发现一直径约 50 厘米的盗洞）。该墓共有石材 23 块，主要用于墓门、主室门、左、右侧室门及前室过梁等处，其他部位则用砖垒砌，除墓顶部分为楔形砖外，墓壁及其余地方均为长方形条砖，砖的规格一般为：32 厘米×16 厘米×6 厘米。墓道：位于墓门的正前方，呈长方形斜坡状，坡度 15 度左右，口宽 368 厘米，底宽 348 厘米，最深处近 5 米。由于种种原因，墓道向前只清理了一小部分。墓门：砖、石混筑而成，主体框架部分用石材，由二侧柱、一中柱、二门楣、四门扉及二门槛石等构成两个门道。在三个门柱与门楣之间，叠压有前室过梁的梁头，每个门道高164厘米、宽116厘米，门扉有门枢，门楣及槛石上都凿有臼窝，门柱上凿有凹槽，每扇门扉均向外侧开启，门道前有双层砖垒砌而成的封门砖墙，门楣石上部有用砖砌成的矮墙。前室：亦可称作前厅，介于墓门与主室及左、右侧室之间，有门与之相通，南北长2.52米，东西宽1米。除墓底和墓顶外，前室均为石材构筑，借用其他墓室及墓门的门柱，承托着南北并列的三条过梁，过梁之上是前室的墓顶，墓顶为两个拱形券顶，用楔形砖垒砌，墓底铺砖为顺砖平铺，从墓底至墓顶高度为2.28米。在清理过程中，我们还发现在铺底砖之上有一层厚约2厘米的白灰面。主室：南北并列两室，大小基本相等，均为长方形，砖、石结构。主室门由两门楣、三门柱及二门槛石（其下还有两块垫石）等构成两个门框，在三个门柱与门楣之间，叠压有前室过梁的梁头，门楣之上垒砌有四层砖墙把主室与前室的墓顶隔开（北侧门楣石已断裂）。每个主室长2.72米，宽1.10米，墓底高出前室26厘米，底部铺砖呈"人"字纹，同时在墓底也铺有一层2厘米厚的白灰面；墓顶为拱形券顶，用楔形砖对缝垒砌，与前室券顶高度基本一致，墓壁用双层顺砖错缝平砌。侧室：两个侧室南北向对称，大小基本相等，结构亦相同，均为长方形，砖、石结构。侧室门偏在一侧（两门相对应），由两门柱和一门楣构成一个门框，其中门楣与前室过梁共用，每个侧室长4米、宽0.92米；墓底与前室墓底为同一个平面，底部铺砖呈"人"字纹，墓顶用楔形砖对缝垒砌成拱形券顶，墓壁用双层顺砖错缝平砌。①

　　（17）南阳市熊营汉代画像石墓墓葬形制（图4-20）。此处为高地，是一处画像石墓较集中的区域，以前曾陆续发现和发掘过一批汉代画像石墓。此墓坐西向东，方向110°。为平顶砖石混合结构。墓葬先在地表开挖近方形的竖穴土坑，在其东部又挖出斜坡墓道。土坑东西长3.4米、东南北宽3.12米、深3.6米。坑底用8块石板平铺，然后在石板周边用砖石修筑墓室，墓室与土坑之间的空隙回填夯实，墓室顶部填土已被扰乱，情况不明。该墓总长6.46米，由墓道、封门、墓门和两个并列的墓室构成。两墓室以过梁和梁柱间隔。墓室总长3.16米、宽2.87米。石料主要

---

① 南阳市文物考古研究所：《南阳市东风机械厂生活区汉画像石M17》2001年5月，未刊资料。

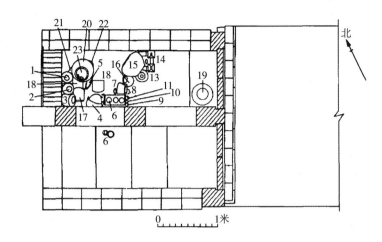

图 4-20　南阳市熊营汉代画像石墓平面图

用于墓顶、门楣、门扉、门柱、过梁、梁柱、垫石和铺地等，而小砖则用
于墓室西、南、北三面墙壁和封门。砖分两种，一种长 27.5 厘米、宽
13.5 厘米、厚 4 厘米，另一种长 32.5 厘米、宽 16 厘米、厚 7.5 厘米。墓
道呈长方形斜坡状，位于墓室东部，宽 2.9 米。因受发掘范围的限制，只
清理了 2.5 米长。依据墓道前段呈 40° 的斜坡推算，墓道长约 3.3 米。后
段在靠近墓门处呈水平状，填土为五花土。封门位于墓门东部。砖结构，
由 25 层平砖错缝垒砌而成。墓门位于墓室东部，为石结构，由 1 块门楣、
3 根门柱、4 扇门扉和 2 块垫石组成，共用石料 10 块，其中画像石 8 块，
刻有画像 8 幅。门高 1.55 米、宽 1.06 米。门扉外侧有门枢，门楣下和垫
石上均凿有门柱窝，门扉以两扇为一组，可以开闭。门楣南部被村民挖墓
穴时砸断。墓室平面呈长方形，长 3.16 米、宽 2.87 米、高 1.4 米，为砖
石混合结构。由过梁和门柱、梁柱、垫石把墓室分成南、北二室，两室相
通。墓室墙高 1.2 米、宽 0.32 米，南、北、西三墙（从下往上）为 10—
12 层平砖错缝、一丁砖、2—4 层平砖错缝垒砌，并分别在南、北墙上部
平放着厚 11 厘米、宽 30 厘米的 2 块石板，墓顶用 6 块石板盖住，墓底则
平铺 8 块石板。南室内放置一棺，棺痕长 2 米、宽 0.82 米。该墓共用石
料 24 块，其中画像石 14 块，刻有画像 21 幅。[①]

---

① 南阳市文物考古研究所：《河南南阳市辛店熊营汉画像石墓》，《考古》2008 年第 2 期。

　　（18）南阳陈棚汉代彩绘画像石墓墓葬形制（图4-21）。此墓坐东向西，方向280°。砖石混合结构。墓葬的建筑程序是，先在地表挖出近方形的竖穴土坑，在竖穴土坑的西部又挖出斜坡墓道。土坑东西长500厘米、南北宽520厘米、深450厘米。坑底用砖石构筑墓室，墓室与土坑之间的空隙回填原坑土，夯实。墓室顶部填土因被推土机推毁，情况不清。该墓总长1215厘米，由墓道和三个并列墓室构成，每个墓室均由墓门、前室、后室门、后室组成。三墓室以石柱间隔。墓室略呈"'T'字形"，东西长480厘米、南北最大宽度495厘米。墓室主体为砖结构，券顶、封门、墙体、铺地均用长方形小砖构筑，砖长32厘米、宽16厘米、厚6厘米。石料用于门楣、门柱、门扉、门槛、过梁、梁柱、垫石等主要部位。墓道：斜坡状，位于墓室西部，墓门正前方。因受地表现代建筑限制，只清理240厘米。从发掘现场看，墓道应为一次挖成，平面呈梯形，西窄东宽，开口宽度略大于底部，两壁平整。依据斜坡度推算，该墓道长约720厘米、宽500厘米，前段约40°斜坡，长660厘米；后段靠近墓门处改为水平，填五花色沙土。在近西部处，发现一个盗洞，盗洞口近圆形，深直达墓道底部，向中室墓门挖进，并进入墓室。三墓门：位于三前室西面，三门皆用砖石混筑而成。石料主要用于门楣、门柱、垫石共10块，画像石7块，画像18幅，其中彩色画像14幅。封门均用砖砌筑，为五组一丁三顺垒砌。门高160厘米、北门宽113厘米、中门宽115厘米、南门宽114厘米。三前室：位于墓门和后室门之间，呈长方形。南北宽495厘

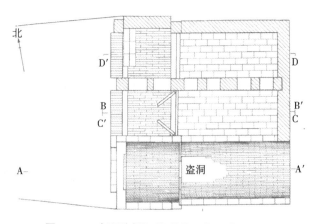

图4-21　南阳陈棚汉代彩绘画像石墓平面图

米、东西长 160 厘米、高 225 厘米。共用石料 6 块，画像石 4 块，画像 8 幅，其中彩绘画像 6 幅。由南、北二梁和梁柱把墓室分成南、中、北三室，中室通过门柱、梁柱和后室门柱空间与南、北二室相通。南前室南墙和北前室北墙均为四组三顺一丁垒砌，上为四层平砖错缝顺砌，墙高 160 厘米。以上起券，券顶被后室门楣和上部的两排横立砖分成前后两部分，券高 65 厘米，为单层拱券。前室底低于后室底 24 厘米。底部除垫石之外，为竖排横立砖东西错缝铺地，底距地表 425 厘米。北前室位于墓室最北边，宽 124 厘米，西北部有一长 96 厘米、宽 32 厘米、高 18 厘米的平台，其平台用途目前尚不清楚。在发掘该墓时，北室券顶已被推土机推毁，并压断了北后室门楣。从现场看，室内未淤满积土，因此可以推断，北室券顶顶部应未有盗洞。中前室宽 115 厘米，在西南角铺地砖上残留一片长约 30 厘米、宽约 20 厘米的朱红色矿物质颜料遗迹，应是当时艺术工匠施彩时在地上堆放颜料或调色时遗留的。南前室宽 126 厘米。三前室是随葬品的主要存放地之一。三后室门：石结构。由三门楣、四门柱、六门扉、三门槛和三垫石组成，共用石料 19 块，画像石 16 块，画像 28 幅，其中彩色画像 16 幅。门高 128 厘米、三门宽均为 114 厘米。门扉有门枢。门楣底面凿有直径 9 厘米、深 7 厘米的圆形门柱窝，以便利于门扉启闭。三后室门均为双扇，南后室和中后室门扉大小相同，但北后室门扉则一宽一窄。南后室的北门扉和北后室的南、北门扉均已断为数块。中后室门扉则半开半掩，似为盗墓者启动所致。三后室：平面呈长方形，南北宽 472 厘米、东西长 310 厘米、高 196 厘米。前室南、北二梁通过后室门与后室南、北二梁相连接，并和梁柱把后室分成南、中、北三室。共用石料 16 块，画像石 12 块，画像 29 幅。三室大小相同，均呈长方形。中后室通过门柱和四根梁柱空间与南、北二室相通。南后室南墙、北后室北墙和三后室的东墙均为三组三顺一丁垒砌，上为四层平砖错缝顺砌，墙高 126 厘米，以上起券，拱券高 70 厘米。仅在南后室西部门楣上方发现一盗洞，长 112 厘米、宽 70 厘米。底部除垫石之外，均用平砖竖排东西错缝铺地。由于该墓曾多次被盗，棺木不存，未见人骨。只在墓底部出有大量红黑漆皮和零乱的棺木痕迹。三室均应为放置人骨的地方。此墓共用石料 51 块，有画像石 39 块，包括门楣 6 块、过梁 6 块、门扉 6 块、门柱 8 块、梁柱 10 块、门槛石 3 块；画像 83 幅，其中彩色画像 36 幅，分别位于门楣、门槛、前室梁柱、后室门柱正面，门扉正、背面，前室门柱和过梁的正、侧面。①

　　（19）唐河县黑龙镇西刘冲村汉代画像石墓墓葬形制（图4-22）。该墓坐西朝东，方向119°。平面呈长方形，由南北两墓道、南北两墓门、前室和两主室等部分组成。墓葬为砖石混合结构，共用27块石材和大量的长条形青砖和楔形砖混筑而成。青砖长0.35—0.36米、宽0.16米、厚0.06米；楔形砖长0.35—0.36米，宽0.16米，上部厚0.06米、下部厚0.04米。墓室东西长5.16米，南北宽3.56米。墓道：位于墓门东端。中间有一生土隔子，分墓道成南、北双墓道，分别对应南北并列的两个墓门。两墓道平面均呈梯形，底为斜坡状，近墓门处较宽。南墓道宽1.24米，北墓道宽1.36米。墓道上部遭到破坏，残长2.40米。墓门：由内外双墓门组成，分别由两门楣、三门柱石构成南、北并列的两部分主体门框。南、北内侧墓门下各有一块门槛石，南门框高1.18米、宽1.22米，北门框高1.18米、宽1.10米。每个门框的外侧内沿均刻有凹槽，门楣石下凿有门枢窝，用于安装门扉，而发掘时门扉已无存。另外在墓门两主体门框的外侧（东侧）再设一重"辅助"门框，构成外侧门框，也由南北两部分组成，由三门柱、两门楣和三门柱垫石筑成，无槛石，亦不见门扉。由于人为破坏，清理出来时，构筑外侧两门框的石材已脱离原来位置，只有外侧南门柱保持原位。在墓门外侧不见有封门砖。前室：为横前室，呈南北向长方形，南北宽3.24米，进深1.16米，底低于主室底0.20米。南北两壁均用长条砖砌筑，自下而上为单顺砖错缝平铺垒砌，中间夹两层立砖；西壁为主室门外壁，东壁为墓门内壁。前室无铺地砖。另外，前室墓顶破坏不存，墓顶形制不明。主室墓门：由南、北并列的两部分组成，两主室各对应一门。由两块门楣、三块门柱、两块门槛石构成南北主室门框，南主室门框高1.1米、宽1.04米，北主室门框高1.1米、宽0.96米。主室：中间一道留门隔墙把其分为南宽北窄的两个并列主室，进深3.14米，南主室宽1.72米，北主室宽1.04米。主室南、北两壁及后壁均为单顺砖错缝平砌而成，隔墙由两过梁、三立柱、两垫石构成。两室底部近平，北主室无铺地砖，南主室铺地砖为"人"字形平铺。南室墓顶已塌陷，但仍能看出为弧形拱券顶，北室墓顶保存较好，用楔形砖错缝券筑成弧形拱券顶，高1.74米，从残存痕迹看，南室顶部高出北室顶

_____

①　南阳文物考古研究所：《河南南阳陈棚汉代彩绘画像石墓》，《考古学报》2007年第2期。

部约 0.40 米。该墓葬共用石材 27 块，主要用于前室墓门、主室墓门和隔墙等位置，其中有画像的 6 块，主要在前室墓门处，共雕刻画像 8 幅。[①]

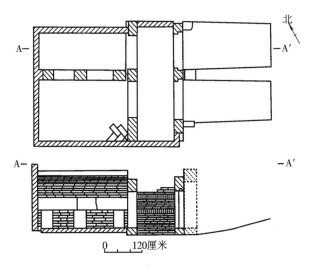

0　　120厘米

图 4-22　唐河县黑龙镇西刘冲村汉代画像石墓平剖面图

（20）南阳市新店乡熊营汉代画像石 M3 墓葬形制（图 4-23）。该墓平面呈吕字形，为并列平行双室砖石混合结构墓，方向 200°。墓室长 370 厘米、宽 299 厘米，底距地表 320 厘米。由墓道和东、西两室组成，两室之间平行相距 33 厘米。墙均为平砖错缝垒砌，券顶为竖排对缝起券。因该墓严重扰乱，未出随葬品。墓室所用砖分两种：一种用于垒墙的长方形小青砖，长 30 厘米、宽 15 厘米、厚 5 厘米。另一种则用于垒砌券顶的楔形砖，砖长 30 厘米、宽 15 厘米、厚 3.5—5 厘米。墓道：已破坏，仅能看出有墓道。西室：平面呈长方形。由墓门、前室和后室组成。长 370 厘米、宽 126 厘米、高 186 厘米。墓门由一门楣、两门柱、一槛石组成，无门扉、无封门砖。门高 130 厘米、宽 94 厘米，在门楣上有高 20 厘米的女儿墙，为平砖错缝垒砌。前室长 124 厘米，墙高 120 厘米、券高 66 厘米，底低于后室底 20 厘米。铺地砖为竖排错缝平铺。后室长 246 厘米，在门口处有门槛石，墙高 100 厘米，券顶高 66 厘米。铺地砖为人字形平铺，底高于前室底 20 厘米。在室内发现有漆皮痕迹。东室：平面呈长方形。由封门、前室和后室组成。长 352 厘米、宽 120 厘米。封门用平砖错缝垒

---

① 南阳市文物考古研究所：《唐河县黑龙镇西刘冲村汉画像石墓》2002 年 5 月，未刊资料。

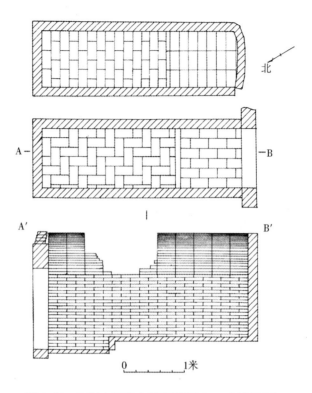

图 4-23　南阳市新店乡熊营画像石 M3 平剖面图

砌成弧形。前室长 124 厘米，铺地砖为横排对缝平铺。后室长 220 厘米，铺地砖为横排错缝平铺。前、后室底相平，仅在两室之间用一排横立砖隔开，横立砖高于底平面 8 厘米。此墓室毁坏严重，仅存 7 厘米高的墙体。此墓现存石料 5 块。其中画像石 4 块，包括门楣 1 块、门柱 2 块、槛石 1 块。共 4 幅画像，其中 2 幅已漫漶看不清。①

（21）南阳市八一路汉代画像石墓墓葬形制（图 4-24）。该墓坐北向南，方向 180°，砖石混合结构。由墓道、墓门、前室、后室墓门及后室组成，总长 12.18 米。其中墓室平面呈 "T" 字形，由前室、后室等组成，墓室南北总长 5.18 米，东西最宽 5.7 米，墓口至墓底深 4.02 米。墓室共用石料 25 块以及大量长方形青砖砌筑，砖长 30—32 厘米，宽 15—16 厘米，厚 5—6 厘米。墓道：位于墓室南侧偏西，与后室的中室和东室相

---

① 南阳市文物考古研究所：《南阳市新店乡熊营画像石 M3》2002 年 8 月，未刊资料。

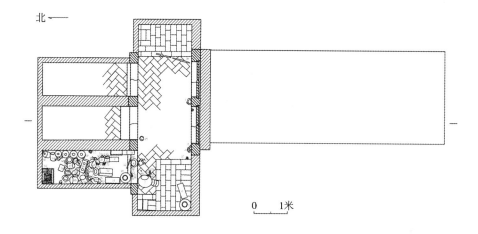

图4-24　南阳市八一路汉代画像石墓平面图

对应。墓道口平面呈长方形，长7米、宽2.7米。斜坡底，两壁陡直。墓门：砖石混合砌筑。东西并列两个墓门，共由两块门楣、三块门柱、四块门扉、两块门栏以及南端前室过梁组成。西门洞宽1.1米、高1.62米，由两块门扉石封门，西门扉宽0.56米、高1.60米，东门扉宽0.54米、高1.60米；东门洞宽1.06米、高1.62米，西门扉宽0.52米、高1.60米，东门扉宽0.54米、高1.60米。四个门扉均有门轴。墓门外保存有高约1.86米的封门砖墙，其砌法为两平一丁相间。前室：横前室，东西内壁长5.4米、南北宽1.6米。前室为拱形券顶，南北两侧分别自前室门楣和后室门楣之上起券，墓底至券顶高2.64米。前室东、西两侧向两端超出后室1.12米、0.75米，形成两耳室，墙壁为平砖错缝砌筑而成。前室中门柱和后室的东室与中室之间的立柱通过一过梁相连接。前室底部低于后室0.22米，低于耳室0.18米，前室中部为人字形铺底砖，两端为平砖错缝平铺。后室墓门：砖石混合砌筑。东西并列三个墓门，共由三块门楣、四块门柱、三块门栏和三块垫石以及前室北端过梁组成。三个墓门均没有门扉。西门洞宽0.92米、高1.36米；中门洞宽0.98米、高1.36米；东门洞宽0.98米、高1.36米。后室：东西三室并列。东室长2.88米、宽0.98米、高1.72米；中室长2.88米、宽0.98米、高1.72米；西室长2.86米、宽0.92米、高1.72米。三室四壁均为平砖错缝砌筑而成，人字形砖铺底，先铺地后筑墙，拱形券顶。该墓共用石料25块，主要用于门楣、门柱、门扉以及过梁、门栏等位置，可以分辨出的画面有 33 幅。①

（22）南阳市张衡路汉代画像石墓墓葬形制（图 4-25）。该墓为近"甲"字形砖室墓，方向 185°，总长约 12 米，其中墓室 T 形，墓口至墓底深约 4.3 米。墓道位于墓室南部偏东，长方形斜坡墓道，上层已被破坏，宽 2.1 米，残长 7.5 米。该墓为砖石混合结构，但破坏严重，石料及砖多数已被取出，墓室四壁及铺地砖保存无几，仅存的砖墙均为平砖错缝砌筑而成。该墓墓室可以分为前室、中室和后室三部分。横前室，东西宽 6.06 米，进深 1.52 米，东西两端分别超出中室和后室约 0.55 米，南侧与墓道连接。中室位于前室和后室之间，东西长 4.96 米，南北宽约 1 米，与后室的自东第二侧室两壁相对应的位置，保存有四根立柱，立柱下有近方形垫石，其中北侧两立柱应为后室的门柱，南侧两立柱是前室北墙的一部分。后室位于最北端，为四室并列，南北长 2.88 米，各室东西宽均为 0.95—1.05 米，后室的西侧室东门柱位置保存有一块近方形垫石，后室墓底高出中前室约 0.36 米，墓底保存有少量人字形铺地砖。前室和后室为拱形券顶，中室顶部结构不详。另外后室填土中及四壁保存有少量白灰。该墓出土画像石 16 块。②

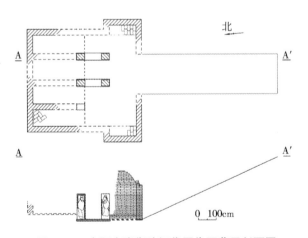

图 4-25　南阳市张衡路汉代画像石墓平剖面图

① 南阳市文物考古研究所：《河南南阳市八一路汉代画像石墓》，《考古》2012 年第 6 期。

② 南阳市文物考古研究所、南阳知府衙门博物馆：《南阳市张衡路汉代画像石墓》，《中原文物》2017 年第 2 期。

（23）南阳市赵寨汉代画像石墓墓葬形制（图4-26）。该墓上部原是居民住宅区，这次修路墓室上部又毁坏一部分，现仅存下半部分，但墓葬形制还算清晰，为砖石混合结构墓，由前室和三后室组成。该墓坐北向南，方向200°。墓室长498厘米、最宽处444厘米、残高56厘米，残存的墓圹开口距地表约150厘米。室内填有五花土、碎砖块、陶片、石渣等。因该墓毁坏严重，是否有墓道，不清楚。墓室所用砖均为长方形小条砖，长32厘米、宽16厘米、厚5厘米。该墓因扰乱严重，仅在墓室内清理出灰陶残片（器形有圈厕、方盒、博山炉盖、壶等）。墓门：从前室门口的3块门槛垫石看，推测应有墓门。前室：呈长方形，东西横长444厘米，南北宽130厘米，残高56厘米。东、西两壁宽32厘米，为一丁二顺垒砌。铺地砖南部为竖排对缝平铺，在近中后室处铺地砖改为三排横砖对缝平铺。在前室填土中有倒放的柱石1块、石料1块（推测这两块石料应为墓门上的门柱石和门楣石）。后室：呈长方形，长366厘米、宽410厘米，残高56厘米。从后室底部铺地的石条看，后室应有后室门和两隔墙，隔墙使其成为东、西、中三后室。从隔墙下的垫石看，垫石长236厘米。在后室北部铺地砖，为三排横砖对缝平铺。西室铺地砖为竖排对缝平铺；

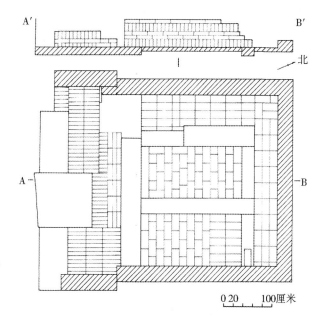

图4-26　南阳市赵寨汉代画像石墓平剖面图

中室为横排错缝平铺；东室南部为横排错缝平铺、北部两竖排对缝平铺。后室墙宽 32 厘米，为一丁二顺垒砌。该墓现存的 14 块石料看，有槛石 3 块、垫石 6 块，其中 5 块石料原位置不明，均为画像石。其中画像石 5 块、画像 5 幅。[①]

（24）南阳市宛城区达士营汉代画像石墓墓葬形制（图 4-27）。该墓呈长方形，墓向 190°，为纯石结构墓。墓室长 3.54 米，宽 1.54 米，墓口距地表 0.35 米，底距地表 2.70 米。此墓由墓门、前室和后室组成（墓门前部已被破坏，未见墓道）。墓壁均用不规则石条垒砌，较规整。石料现存有 10 块。主要为封门石 2 块、墓门门柱 2 块、后室门槛石 1 块以及盖顶石 5 块。墓门由 2 个门柱组成。门外用 2 块石板封门。东、西门柱均高 1.05 米，宽 0.27 米，西柱厚 0.20 米，东柱厚 0.16 米。前室呈长方形，长 0.84 米，宽 1.54 米，底低于后室 0.20 米。墓壁高 1.05 米，宽 0.27—0.35 米，石片厚 0.10—0.20 米。墓底未铺。后室呈长方形，长 2.70 米，宽 1.54 米，门口有一门槛石。墓壁高 1.05 厘米，宽 0.27—0.35 米，石条厚 0.10—0.20 米。墓底未铺。此墓共有汉代画像石 3 块。[②]

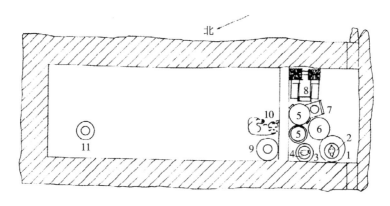

图 4-27　南阳市宛城区达士营汉代画像石墓平面图

（25）南阳市老庄汉代画像石墓 M3 墓葬形制（图 4-28）。南阳市老庄汉代画像石墓 M3 是一座 "T" 字形砖石混合结构墓，方向 195°。由墓

① 南阳市文物考古研究所：《南阳市赵寨汉画像石墓发掘报告》2011 年 8 月，未刊资料。

② 南阳市文物考古研究所：《南阳市宛城区达士营画像石墓》，《华夏考古》2017 年第 1 期。

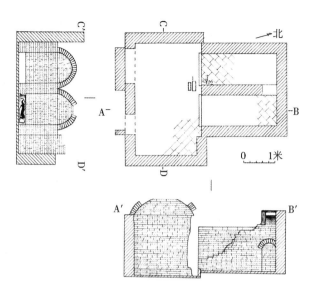

图 4-28　南阳市老庄汉画像石墓 M3 平剖面图

道、封门、前室和并列双后室组成。墓室长 524 厘米、最宽处 410 厘米、墓顶距地表深 230 厘米、底距地表 474 厘米。由于该地为黄褐色沙质土，土质疏松，墓室不易修建，故建造时首先在地上平铺一层平砖，这样起到加固墓室的作用。然后在铺地砖上开始砌筑墓壁，整个墓室墙壁均为双层，宽 32 厘米，但砌法不太规则，为平砖错缝顺砌间以平砖纵向垒砌，这样平砖顺砌两层墓壁厚度为 32 厘米（16 厘米×2 厘米）与平砖纵向铺的砖长 32 厘米正好相等。砖均为长方形小条砖，分两种，一种砖较大（仅用于封门最下面两层），长 34 厘米、宽 20 厘米、厚 8 厘米；另一种砖稍小于第一种，长 32 厘米、宽 16 厘米、厚 6 厘米。墓道：因占压未发掘。封门：遭破坏严重，据观察有内外两层封门，为两次封堵而成。内层封门与前室东西壁相连，为一个整体。大部分已被破坏，从残存的部分看，砌法及用砖与墓室墙壁基本相同，但下部有两层大立砖。外层封门西半部存留，东半部被破坏，砌法及用砖与墓室墙壁基本相同。前室：平面呈长方形，东西长 410 厘米、南北宽 260 厘米。东西两侧长度不对称，西侧比后室宽 1 墙 32 厘米，东侧则比后室宽 90 厘米。西墙壁砖残存较多，墙高 178 厘米，从痕迹看前室为拱形券顶，残高 62 厘米。铺地砖为西北—东南斜向平砖错缝平铺。前室底低于后室底 17 厘米。在前室北部出土陶方盒 1 件。后室：平面呈长方形，为砖石混合结构。在墓室中部筑有一道隔墙，将后室分为东西两室。南北长 280 厘米、东西通宽 288 厘米、墙高 138 厘米、券顶残高 56 厘米。在隔墙北部有一小券洞，使两后室相通，小券洞高 86 厘米、宽 44 厘米。两后室铺地砖均为东北—西南斜向平砖错缝平铺。后室底高出前室底 17 厘米。后室门口处仅存门槛石两块，均为画像石。据观察、推测后室门间原应有三个石门柱，现均不存。推测后室墓门应为画像石构筑而成。该墓因严重扰乱，仅在主室门口处残存有两块门槛，均为画像石，画像 2 幅。①

（二）墓壁装饰的画像石

此时期的汉代画像石在雕刻技法上分为两类，唐河一带的均是剔地浅浮雕并不饰底纹。南阳市区均是凿纹减地浅浮雕，并饰横线或竖线的底纹。在目前南阳地域以及南阳周边地域发现的汉代画像石，也只有唐河与湖北北部的画像石墓葬中存在剔地浅浮雕并不饰底纹的现象。所以，这种剔地浅浮雕技法是唐河与湖北北部的地方性特点。而南阳市区一带此时期的画像石，已运用凿纹减地浅浮雕技法。通过对图像的对比，发现在图像内容方面已经出现了较大的变化，楼阙建筑已退居次要地位，车骑出行、属吏谒拜、门吏、乐舞百戏、仙人神怪、历史故事、天象等内容大量出现。画像的装饰面积也不断增多，墓门、墓壁、墓顶均已经开始装饰画面。画像内容的装饰也开始更加讲究，一般是属吏谒拜、乐舞百戏、田猎，历史故事安排在室壁，天象安排在墓顶，门扉上则为铺首衔环，门柱上为门吏和仙人。门额出现二龙缠尾、虎食恶鬼和车骑出行。与西汉中后期（宣帝至元帝时期）画像石相比，在雕刻技巧方面有了较大改善。叙事程序逐渐复杂，出行图一般都是车马列骑，神兽图中的神兽也多成群出现，特别是历史故事，往往一个故事的基本情节均罗列出来，画面显得异常丰富。

（三）随葬器物

西汉末到新莽时期的南阳汉代画像石墓中，随葬器物仍以陶器为主。而这些陶器主要是带釉红黄陶、不带釉泥质灰陶、不带釉泥质红陶三种。陶器的种类主要有：方奁盒、博山炉盖、罐、井、瓮、灶、磨、猪圈、壶、仓、陶楼房及各类家畜家禽明器。冯君孺久墓中已经出现了铁刀一件、铁镰、车軎 2 件、钱币 12 枚，其中"大泉五十" 9 枚，"小泉直一"。陶器有罐、大瓮、小瓮、井、方、仓、灶、案、炙炉、博山炉盖、鸭、

---

① 南阳市文物考古研究所：《南阳市老庄汉画像石墓 M3》2012 年 12 月，未刊资料。

鸡、鸟、楼阁、猪圈、环、甄、俑头、壶、仓、狗、敦、高足盘、耳杯、勺等。另外还出土有残俑及俑头，这表明王莽时已有随葬陶俑的风俗。[1] 唐河针织厂汉代画像石墓，由于早年被盗，随葬遗物保存甚少。[2] 唐河县电厂汉代画像石墓出土 13 枚钱币外，其中有一枚为"大布黄千"，其余皆为"大泉五十"。其他主要是陶器，有陶磨、陶灶、陶缸、陶仓盖、陶鸡、陶鸭、鼎盖等，皆出土于侧室和后室。[3]

（四）综合特征以及年代

此批画像石所属诸墓，唐河郁平大尹冯君孺久墓有明显纪年，其时间为始建国天凤五年（即公元 18 年）。唐河针织厂汉代画像石墓二桃杀三士和虎食恶鬼（图 4-29）等内容画像与洛阳发现的西汉晚期空心砖墓壁画（图 4-30）内容一致[4]，其时代应属西汉末。唐河电厂汉代画像石墓与冯君孺久汉代画像石墓同属一类形制，不同的是各室皆为券顶，画像内容也与冯君孺久墓大体相同，特别是蹶张画像（图 4-31、图 4-32）和门额上的二龙穿璧画像（图 4-33）与冯君孺久墓的（图 4-34）如出一手，所出的 13 枚货币也全部为王莽铸币，其时代也应属王莽时期。[5] 因此，本组画像石的上下限，大约为西汉末到新莽时期。

图 4-29　虎食恶鬼

---

① 吕品、周到：《唐河县电厂汉画像石墓》，《中原文物》1982 年第 1 期。

② 周到、李京华：《唐河针织厂汉画像石墓的发掘》，《文物》1973 年第 6 期。

③ 吕品、周到：《唐河县电厂汉画像石墓》，《中原文物》1982 年第 1 期。

④ 河南省文化局文物工作队：《洛阳西汉壁画墓发掘报告》，《考古学报》1964 年第 2 期。

⑤ 俞伟超：《考古类型学的理论与实践》，文物出版社 1989 年版，第 260 页。

图4-30　洛阳发现的西汉晚期空心砖墓壁画

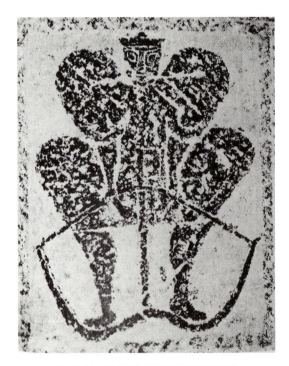

图4-31　唐河电厂汉代画像石蹶张

图4-32　唐河郁平大尹冯孺久汉代画像石墓蹶张、熊

图4-33　唐河电厂汉代画像石二龙穿璧

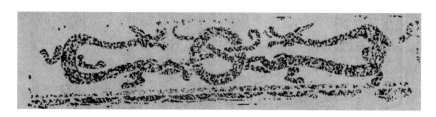

图4-34　唐河郁平大尹冯孺久汉代画像石墓二龙穿璧

三　三期——东汉早期（光武帝至章帝）

此期为南阳汉代画像石墓的鼎盛期。已发掘的墓葬数量最多，有南阳草店汉代画像石墓、南阳市七里园汉代画像石墓、南阳军帐营汉代画像石墓、南阳英庄汉代画像石墓、南阳市中原技校汉代画像石墓、南阳石桥汉

代画像石墓、南阳县王寨汉代画像石墓、邓县长冢店汉代画像石墓、方城东关汉代画像石墓、方城县城关镇汉代画像石墓、南阳县英庄汉代画像石墓、南阳蒲山一号汉代画像石墓、南阳市刘洼村汉代画像石墓、南阳西郊麒麟岗汉代画像石墓、南阳县辛店乡熊营汉代画像石墓、南阳市第二化工厂三十号汉代画像石墓、南阳蒲山二号汉代画像石墓、南阳桑园路东汉画像石墓、南阳市邢营二号汉代画像石墓、南阳市高新区标准件厂汉代画像石M10、南阳高新区标准厂房汉代画像石墓、南阳市汉景小区汉代画像石M11、唐河县古城乡井楼汉代画像石墓、郏县黑庙汉代画像石墓、南阳市兵工新城汉代画像石M5、南阳市兵工新城汉代画像M6、方城县南兰高速公路汉代画像石M1、南阳市万盛地产汉代画像石M8、南阳城区大屯教师公寓汉代画像石M3。

（一）墓葬的形制

（1）南阳市七里园汉代画像石墓墓葬形制。该墓为长方形，用砖和条石构成并列券合葬的画像石墓。根据残存形状看，分前后两室，方向北偏东16°，前室低于后室0.2米，全长5.31米、宽5.4米。前室结构长2.17米、宽5.31米，用长约32厘米、宽16厘米、厚5厘米的小砖及石条构成。券残高1.62米，其券法是以石条三根竖立作柱，柱上有横石两块，长1.7米、宽0.36米。南北两壁用小砖砌成。西壁用九块石条构成通往后室的四个过门。（中间三柱长1.52米、宽0.36米，两边二柱宽0.28米。）中间门宽1米，两侧宽0.7米、高1.32米。后室在紧接前室的四个过门处用大砖和小砖券成并列弧形券四个，中间二券为主室，用长36厘米、宽18厘米、厚6厘米的大砖砌成，两边耳室用小砖砌成，券长3.28米、高1.32米。券顶倒塌，券内充满淤泥。前后两室均用小砖铺底。该墓出土汉代画像石29幅。[①]

（2）南阳军帐营汉代画像石墓墓葬形制（图4-35）。该墓之上原有高冢，因在村北，故称"后冢"。墓门向北，墓门方向5°。该墓分前后两室，前室东西宽3.80米，进深1.78米、壁高2.10米；室的前壁用石条筑城两个并列的大小相同的墓门。墓门各高1.36米、宽1.26米。墓门全用小砖平砌封堵。前室后壁有两个通往后室的砖券门，门各宽1.16米、高1.96米，后室两门之间竖有中柱，与前门中柱相对应。在前后两中柱

———————————

① 河南省文化局文物工作队：《南阳汉代石刻墓》，《文物》1958年第10期。

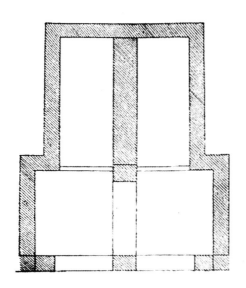

图 4-35　南阳军帐营汉代画像石墓平面图

的顶部，横架一根长 2.4 米的石梁，石梁前端凿有与门楣石相吻合的卯口，与前室横梁相应的地面，铺有石条。根据四壁上部残留的小砖券筑情况看，前室应属于"四角攒尖"顶。底部用小砖顺行平铺。后室：分两个并列的大小相同的砖券墓室，每室宽 1.16 米，进深 2.90 米。后室的墙壁采用平砖错缝的砌法，上部为并列券顶，后室的底部较前室稍高。后室两门各置有一块门槛石。在墓内所用的 12 块石条中，除 3 块没有画像外，其他 9 块均雕有一幅或两幅画像。在部分画像上，还涂有红白颜色，使得画像生动醒目。①

　　（3）南阳英庄汉代画像石墓（图 4-36）。这座墓葬早年曾遭破坏，封土堆早已不存。墓顶距地表 0.65 米。墓门向东，方向为 93°。墓道位于墓室之东，未作清理。墓室东西长 3.75 米、南北宽 3.07 米、高 2.34 米，平面呈长方形，由墓门、前室、南北二主室组成。墓室的建筑材料，除墓门、顶盖、二主室门及隔墙为纯石结构外，其余各壁和铺地皆用长 36 厘米、宽 14 厘米、厚 5 厘米的灰色小砖砌筑。墓门由一中柱、两侧柱、两门楣、两门槛及四门扉用 11 块石材构成南北并列的二门。门楣之上用单砖错缝横砌五层作女墙，用以遮挡前室的盖顶石。门通高 1.34 米、总宽

---

① 南阳市博物馆：《河南南阳军帐营汉画像石墓》，《考古与文物》1982 年第 1 期。

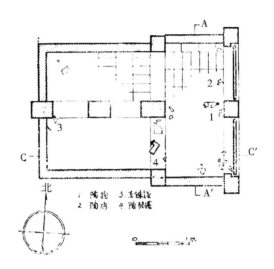

图 4-36　南阳英庄汉代画像石墓平面图

3.12 米。四扇门扉大小相同，高 1.54 米、宽 1.04 米。每个门框的外侧内沿一周均刻有凹槽，其上下凿有门枢窝，以安装门扉，门可启闭，其中北门南扉被盗墓人打破三分之二。二次入葬时用小砖竖砌成弧形墙壁封堵墓门。前室略宽于二主室，南北宽 2.45 米、进深 1.26 米、高 1.88 米。地平低于二主室 20 厘米，铺地砖为小砖平铺，顶部系用四块长方形石材东西覆盖，其中北边的一块石材被盗墓人撬离原位。前室东壁即墓门背面，西壁为二主室之门，南北两壁系用小砖错缝砌筑。二主室两门的结构与墓的二大门相同，但无门扉，门口各宽 0.9 米、高 1.26 米。二室之间由三根立柱和二根石梁构成隔墙，分主室为大小略同的南北二室，进深 2.22 米、宽 0.93 米、高 1.08 米。南主室西、南两壁和北主室西、北两壁皆用小砖错缝横砌，铺地砖的铺法与前室相同，二主室顶部各用三块长方形石材南北覆盖。该墓多次被盗，墓门被砸烂，墓顶也撬有盗洞。墓中的随葬器物仅留有灰陶狗一件和少量陶器残片。出土画像石 15 块，画像 20 幅，其中墓门正面 9 幅、背面 7 幅、前室顶部 4 幅。[1]

（4）南阳石桥汉代画像石墓墓葬形制。该墓室为砖石结构的"T"字形。墓的结构分墓道、前室、二主室和二耳室等六部分。墓道：位于墓室的东部，呈前高后低的斜坡形，残长 33.40 米、宽 3.20 米。在墓道的土

---

① 南阳博物馆：《河南南阳英庄汉画像石墓》，《中原文物》1983 年第 3 期。

壁上，发现有挖筑墓道时遗留的铁镬痕迹。墓门：系用石材构筑成两个高
1.50米、宽1.05米南北并列的墓门。两门之间有一根方柱，两侧各有一
根方形门框，其上各置门楣。共用五块石料筑成两个并列的石门框，在门
框石的外侧棱处，各凿有一周直角形的门扉口凹槽，并在门楣和门槛的靠
边处凿有对称的门枢窝以装石门扉。墓门的每块石材构件的正背两面（除
两门楣背面外）均雕刻画像。墓门的外边用小砖封堵，其中北门的封砖规
整，南门的封砖作"人"字形。前室：为南北长方形，宽2.43米、进深
1.22米、高2.16米。前室的后壁，有通往两个主室的石门，其结构和墓
门基本相同，但没有门扉。在石门楣两侧和砖壁相接处，钉有两个对称的
小铁钩。前室的两壁有左右耳室门。两门各由两根侧柱和一块门楣构成。
在墓门中柱和主室中柱的顶端架有一根石梁，它不仅起到联结墓门与主室
门石材构件的稳固作用，而且承托着前室顶部用小砖错缝券筑的两个并列
券顶的中间相接部分，券顶的两端底部，是放置在左右耳室的门楣上，从
而使整个墓室相互联结得甚为牢固。前室系用小砖铺地。主室：中间有一
砖筑隔墙，把主室分为大小略同的南北两个主室，每室进深2.80米、宽
1.04—1.07米、顶高1.88米。主室各壁系用小砖作一竖三卧砌筑。两个
主室的券顶和前室并列券顶相连接，形成前室与主室相通连的并列券顶，
地面用小砖平铺。北主室的顶部和周壁上，均涂有一层厚约1厘米的石灰
面，并在高0.58米的周壁处，用土黄色颜料绘制宽8厘米的带条，顶部
绘有菱形图案。耳室：左右耳室大小略同，皆为长方形，进深2.30米、
宽1.04米、顶高1.66米。顶部为小砖错缝券筑，券顶的方向和前室券顶
相垂直。两室的地面，也用小砖平铺。该墓出土画像石17块，画像
28幅。①

（5）南阳县王寨汉代画像石墓墓葬形制（图4-37）。墓葬早年曾遭
破坏，封土不存，墓顶残陷。墓为砖石结构，石材主要用于墓门及主室部
分，其余全用小砖砌筑。墓顶距地表30厘米左右。墓门向西，方向
260°。斜坡墓道，西窄东宽，东西长5.5米、前端宽2.8米、接近墓门处
宽3.4米。墓道填土分层夯实，每层厚约10厘米。夯窝直径8厘米、深2
厘米。墓道壁上有铁镬挖掘痕迹。墓室东西长4.76米、南北宽2.26米、
通高2.36米。平面呈"T"字形。墓由墓门、前室、两主室和两侧室组

---

① 南阳博物馆：《南阳石桥汉代画像石墓》，《考古与文物》1982年第1期。

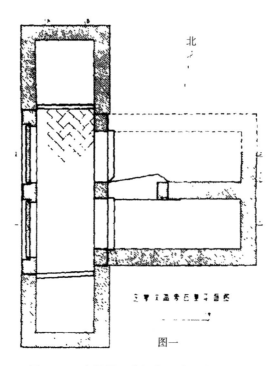

图一

图4-37 南阳县王寨汉代画像石墓平面图

成。该墓虽遭破坏，但画像的位置没有移动，墓室各部保存尚好。墓门南
北并列二门，由一中柱、二侧柱、二门楣、二门槛及四门扉共11块石材
组成。门高1.6米、总宽3.2米。四门扉各高1.24米、宽1.1米。门楣
和门槛石上皆凿有门臼。北门两扉上部被盗墓人打破一洞，南门南扉上部
亦被打破。门外用券墓剩下的楔形砖、长方砖混合封堵墓门。前室南北宽
3.2米、进深1.8米、高2.54米，地平比主、侧室低0.22米。铺地砖铺
为人字形。顶部是从墓门门楣和主室门楣上开始用小砖起券，与两侧室连
成南北统一的拱形券。西壁即墓门内壁。南北两壁即两侧室之门，东壁即
两主室之门。在墓门两门楣石和主室两门楣石的衔接处，架有一道石梁。
石梁两端的下面，皆凿有与门楣石相吻合的榫口，扣缝叠压，使墓室牵拉
得更加牢固。主室东西长2.68米、南北宽2.26米，正中筑一道留有小门
的隔壁，分成南北并列的两个主室。主室门是由一中柱、两侧柱、二门楣
和二门槛组成，无门扉。门口为正方形，二门高、宽均为0.96米。两室
隔壁间的小门高0.58米、宽0.96米。门楣西端架在主室门中立柱上，东
端另设一柱支撑。从而使墓门、主室门及隔壁小门互相连接，形成了一个

整体的石骨架，增加了墓室的牢固程度。其余壁顶部分，皆用小砖券筑。从残存的南主室看，二室为东西并列的两个拱形券顶。墓底至顶高1.9米。壁砖为横三竖一砌筑，底为小砖错逢平铺。侧室分南北两侧室，二门与前室两端相连。除门槛石外，其他部分全部用小砖砌筑。两室大小基本一致，宽1.2米、进深1.32米、高2.32米。壁、底砌筑方法与主室相同。墓砖为一长方形，青灰色，一面有绳纹，一般长30—32厘米、宽16—17厘米、厚6—8厘米。另外，还有券顶用的楔形砖。该墓出土汉代画像石20块，画像23幅。①

（6）邓县长冢店汉代画像石墓（图4-38）。该墓位于邓县城西6千米的长冢店村北200米处，地表留有封土堆，南北并列三个墓冢连在一起，使封土形成一个两头高，中间稍低的枕形长冢，村名因之而得。我们在发掘时，北面的两座墓葬早已损坏。长冢南北长37米、宽12.7米、高4.7米，堆土分层夯实，每层厚12—14厘米，层次分明。墓门朝东，方向125°。墓道位于墓门之东，长方形斜坡，长7.5米、宽2.25米。在墓道两侧的壁上当时铁镬痕迹历历可辨。墓葬券顶高出地面约1.5米。墓室系用63块石灰岩条石与大量小砖混合砌筑而成，分墓门、前室、二主室及四侧室八个部分。平面呈"品"字形。墓室内全长5.88米、宽8.24米、高3.56米。墓门用门楣、槛石和二立柱构成，高1.3米、宽1.14米。门框内沿雕凿凹槽和门枢窝，安装门扉两扇。前室方形，南北阔2.69米、东西进深2.75米、高3.56米，地面低于二主室及四侧室0.24米。前室东壁即墓门内壁，南、西、北三壁分别为南二侧室、二主室和北二侧室之门。顶部用小砖券筑为盝顶。底部用小砖平铺作"人"字形。小砖为灰色泥质，长34厘米、宽17厘米、厚6厘米。主室长方形，中间用石柱和石梁隔离成南北并列的两室。两室的前边用二门楣、二槛石、三立柱构成并列的二门，各安装门扉两扇。门高1.08米、宽1.03米。作为两室隔壁用的三立柱之间有二小门可以相通。两室各长2.75米，南主室宽1.02米，北主室宽1米，通高1.55米。两室后壁及南主室南壁和北主室北壁均用小砖砌成。两室顶部用砖券作东西并列的两个拱形券。券顶系用小砖和斧刃砖相间券筑而成，斧刃砖刃厚3.5厘米。铺底砖的铺法与前

---

① 南阳市博物馆：《南阳县王寨汉画像石墓》，《中原文物》1982年第1期。

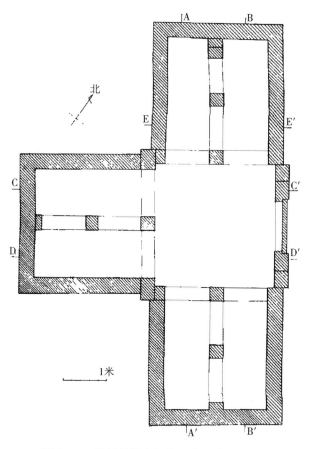

图4-38　邓县长冢店汉代画像石墓平面图

室相同。侧室前室南北两侧各有并列的二侧室,大小与二主室相同。①

　　(7)方城东关汉代画像石墓墓葬形制(图4-39)。墓室为砖石结构,石结构用于墓门部分,其余部分全用砖砌。券顶已塌,顶距地表20厘米左右,墓门向东,方向为110度。斜坡墓道东窄西宽,东西长17.5米、前端宽3.2米、墓门处宽4.4米。墓道内填土分层夯实,每层厚12厘米左右,一般夯窝径约8厘米、深约2厘米。墓室全长7.1米、宽7.8米、残高1.83米。由墓门、两前室、两主室、两侧室和后室八部分组成,互相通连,整个墓室建筑均衡、对称。因墓室破坏严重,现仅存墓门、两侧室和两主室。墓底铺砖。墓门:南北并列两座,由一中柱、两侧柱、四块

──────────
　　① 《南阳汉画像石》编委会:《邓县长冢店汉画像石墓》,《中原文物》1982年第1期。

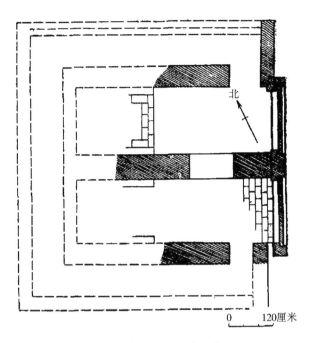

图 4-39　方城东关汉代画像石墓平面图

门楣、两块门限及四块门扉石筑成。门通高 2.53 米、共宽 4.86 米，两合门扉各高 1.74 米、宽 1.90 米。门框和下门楣及门限石上，皆凿有门臼，用以安装门扉。前室：南北长方形，中间有一东西隔墙，分成南北两前室，隔墙留有 1.26 米宽的门，使二前室互通。隔墙残高 1.18 米，双砖平砌。每室进深 3.28 米、宽 1.88 米，地平比主室低 0.22 米，小砖错缝铺地。东壁即墓门内壁，南北两壁即侧室门外壁，西壁即两主室门。主室：位于墓室正中，前室的隔墙延伸到主室，又把它分为相等的南北两主室，进深现残存 1.02 米、各宽 1.86 米。墓壁的砌法为小砖错缝平砌。侧室和后室：分南北两侧室，门与两前室相毗连，门高 1.58 米、宽 0.92 米。地平比前室高 0.06 米。可惜外壁及其他部分已毁。从痕迹看，后室两端和两侧室相通。墓砖为长方形，青灰色，一面有绳纹，一般长 33—36 厘米、宽 14—17 厘米、厚 5—8 厘米。除素面砖外，还有少量的菱形纹砖。该墓共有画像石 9 块，刻有画面 13 幅。①

（8）方城城关镇汉代画像石墓墓葬（图 4-40）。墓室为砖石结构。

---

① 南阳市博物馆、方城县文化馆：《河南方城东关汉画像石墓》，《文物》1980 年第 3 期。

石结构仅限于墓门和西主室前门，共用石 20 块，其余部分均为砖砌。清
理时，中前室顶部发现一南北长约 1.6 米的盗洞，西主室前门门楣被打碎
为两块散落于淤土中，门扉则碎为数块散见于两个前室中，其余皆保存完
好。葬具和骨架已腐朽，由于扰乱较甚，已看不出葬具的痕迹，仅在三个
主室及两个前室的淤土中发现零星碎骨。墓顶距地表 0.56 米。墓向
182°。此墓由墓门、前室、主室三部分组成，墓室全长 4.7 米、宽 4.93
米，主室高 1.6 米、前室高 2 米。除东主室四壁及顶用单砖砌券外，余皆
用双层砖砌券。墓道压在房基下，未清理。墓门高 2.4 米、宽 4.13 米，
由四块门楣、两块边柱、两块中柱、四块门扉、三块门限石构成。形式为
东西并列的两个门洞。门楣、门限石上均凿有门臼，装有四扇能够关闭的
门扉。封门砖用单砖错缝平砌。前室由一堵南北墙隔为中、西二室，隔墙
上有券洞可以相通。两室均长方形，地面分别低于西主室 26 厘米、中主
室 31 厘米，铺地砖错缝平铺，各二层。从墓壁第二十五层砖开始起券。
中室东壁正中有券洞与东主室相通。西壁即隔墙，北壁有门通中主室。在
东、西二门洞下各有一长 106 厘米、高 19 厘米的台阶。西壁即墓壁，北
壁有门通西主室。主室有东、中、西三室，均长方形。东、中、西主室两

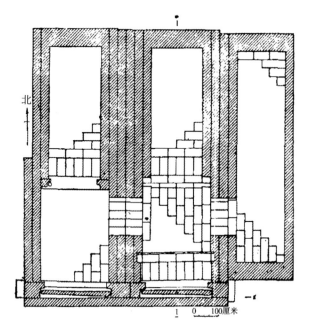

图 4-40 方城城关镇汉代画像石墓平面图

壁分别由第二十一、十八、十九层砖开始起券。墓壁为一顺一横平砌，券顶为错缝砌。铺地砖皆错缝平铺，各三层。三室仅西室有石门，但门楣、门扉均被盗墓者打碎。石门原由一块半圆形门楣石、两块门柱、一块门扉及一块门限石组成。门楣、门限石上均凿有门臼，安装一扇可以开闭的素面门扉。从中主室前的遗迹看，中主室前应有木门。墓砖均青灰色，一面有绳纹。大部分砖一侧饰菱形图案，有些饰菱形乳钉图案，部分砖三个侧面饰菱形图案。砖分两种：砌墙、铺地砖为长方形，部分有子母口，一般长 34.6—35.5 厘米、宽 15.8—17 厘米、厚 5.6—6.3 厘米，券顶砖为子母口楔形砖，一般长 33.2—35.5 厘米、宽 16.3—17 厘米、背厚 5.7—6.5 厘米、里厚 4.1—4.8 厘米。一般榫长 1—1.4 厘米、眼深 1.3—2 厘米。该墓共用石 20 块，画像 13 幅。[①]

（9）南阳县英庄汉代画像石墓墓葬形制（图 4-41）。该墓长 5.22 米、宽 3.67 米、墓底距地表 3.30 米；墓向 200°；由墓门、前室、东西两主室组成。墓系砖、石结构：墓门、主室门楄、门柱、前室大梁、主室隔

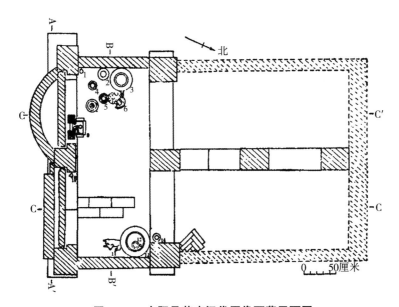

图 4-41　南阳县英庄汉代画像石墓平面图

①　南阳地区文物工作队、方城县文化馆：《河南方城县城关镇汉画像石墓》，《文物》1984 年第 3 期。

墙等主要部位共使用 25 块石料，其他部分系砖砌。清理时墓顶、后室墓壁和铺地砖已拆毁。据群众反映，墓室为券顶。前室顶高于后室顶。前室地面低于主室地面 0.24 米。东墓门用单顺砖平砌，西墓门用砖封成半圆形。前室墓底用顺砖平铺。后室墓底用竖砖成人字形铺砌。前室、主室东西两壁用单顺砖砌筑，主室后壁用双顺砖平砌。墓门门楣上有残缺的女墙。除墓顶和西墓门封堵用楔形绳纹砖外，其他部分全用绳纹长方砖。墓门由二侧柱、一中柱、二门楣、四门扉构成。门高 2.22 米、宽 3.67 米。门扉有门枢，门楣及槛石均凿有白窝。前室东西长 2.84 米、宽 1.14 米。其南壁即墓门内壁。其北壁即两主室外壁，上有两块门楣，下有三柱，形成两主室门。东主室门高 1.18 米、宽 1.07 米，西主室门高 1.18 米、宽 1.02 米。前室上方有一大梁，梁两端分别放置在墓门门楣和主室门楣正中处。主室正中筑一道留门隔墙，分成东西两主室。东主室长 2.68 米、宽 1.20 米。西主室长 2.70 米、宽 1.17 米。该墓共出土 53 幅画像。①

（10）南阳蒲山一号汉代画像石墓墓葬形制（图 4-42）。蒲山汉画像石墓（M1）曾遭盗掘和破坏，墓葬上面的封土堆已不复存在，东西两主室的券顶及前室的东壁也全部坍塌。该墓为砖石结构，由墓道、墓门、前室及东、西两主室四部分组成，全长 9.96 米，宽 2.96 米，墓底距地表 2.96 米，方向 215°，共有石料 27 块，主要用于墓门、主室门、主室隔梁及前室墓顶等部位，其余部位用砖垒砌，除墓顶部分为楔形砖外，墓壁及其他地方均为长方形条砖，规格为长 32 厘米、宽 16 厘米、厚 6 厘米。墓道在墓门的正前方，呈斜坡式，坡度为 14°，长 6.26 米。墓道口宽 1.2 米，墓道底部无规则地放置着四块石板，这些石板大小厚薄、形状样式不一，大概是填土时随意扔进去的。墓门：由二侧柱、一中柱、二门楣、四门扉、二门槛构成。门高 1.9 米，宽 2.96 米，门扉有门枢，门楣及槛石上均凿有白窝，东墓门没有发现封砖，西墓门的封砖为倾斜的立砖垒筑，下垫一大石块。前室：介于墓门与主室之间。其顶部为四块画像石所覆盖，但发掘前已被搬离原位。前室西壁为单顺砖垒砌，东壁已不存在，东西长 2.64 米，南北宽 0.94 米，墓底铺砖为一横两竖平铺。主室：为砖券顶，主室门由两门楣及三门柱构成。主室正中筑一道留门隔墙，将主室分

---

　①　南阳地区文物工作队、南阳县文化馆：《河南南阳县英庄汉画像石墓》，《文物》1984 年第 3 期。

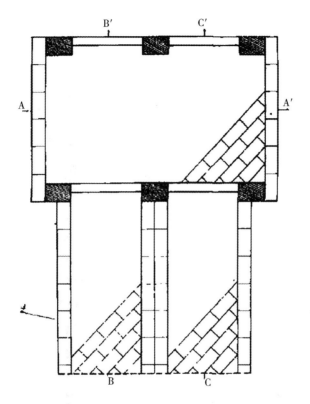

图 4-42　南阳县蒲山汉代画像石墓平面图

为东、西两部分，此隔墙上为一隔梁，下有三柱，南端立柱和主室中门柱共用，三柱共承一雕龙大梁，龙头为透雕，突出到前室，被主室的门楣所压。龙的造型逼真，富有立体感。遗憾的是，突出的龙头部分已遭破坏。主室的东、西墓壁及后壁为单砖顺砌，墓底铺砖和前室基本相同，东、西两主室大小相等，长度均为 2.28 米，宽度 0.92 米，底部较前室高出 20 厘米。需要指出的是，在清理此墓的过程中，我们发现西主室的填土中有一块画像石，图像漫得不清，在墓中的原始位置不明。墓共出土画像石24 块，雕刻画像 35 幅。①

　　（11）南阳市刘洼村汉代画像石墓墓葬形制（图 4-43）。该墓为砖石混作，地表的封土早已无存，墓顶距地表约 0.4 米，前室部分券顶砖已坍塌于墓底，主室的券顶砖尚好。石材主要用于墓门及主室，其余全用小灰

---

　　①　南阳地区文物考古研究所：《河南南阳县蒲山汉墓的发掘》，《华夏考古》1991 年第 4 期。

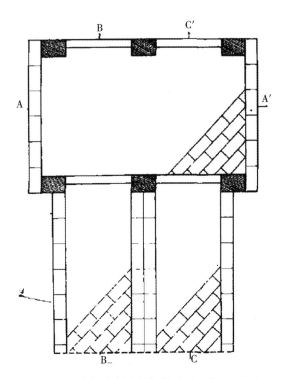

图 4-43　南阳市刘洼村汉代画像石墓平面图

砖砌筑。墓室二墓门、前室、二主室门和二主室组成，平面呈"T"字形。墓门向东。墓道由于压在房下无法清理，主室的后墙已毁坏。墓东西残长 3.56 米、前室南北宽 2.80 米、两主室总宽 2.20 米、墓门、主室门宽均为 0.80 米、前室底距地表深 2.30 米。清理过程中在填土内发现残铁犁铧一件并发现该墓已两次被盗，但画像石的位置并无移动。墓门：分南北二门，由一根中柱（柱顶端另外加一拱石），南北各有一根侧柱、二门楣、二门槛石共八块条石组成。门高 1.7 米、宽 0.80 米。没有门扉，系用长方形小灰砖四平一立错缝封堵。前室：南北室 2.80 米、进深 1.60 米、高 2.30 米前室地平比主室低 10 厘米，铺地砖为斜平铺、南北两壁皆用单平砖错缝砌筑，中间有炭梁，长 1.94 米，东西两端分别放置于墓门中立柱和主室的中立注上。石梁上端用两平砖砌筑后，又用楔形砖南北并列券顶，使前室主室连成一个整体。前室券顶比主室高 0.4 米。主室：残长 1.96 米、总宽 2.20 米、高 1.85 米。用两平砖砌筑的墙壁间隔成南北并列的两主室。由七块条石构成二主室门，门高 1.50 米、宽 0.8 米。南壁和北壁约系单平砖错缝砌成，然后用楔形砖券作南北并列的两个拱形券顶，铺地砖与前室相同。[①]

（12）南阳麒麟岗汉代画像石墓墓葬形制（图4-44）。该墓为拱券顶的砖石混砌结构，墓顶略低于地表，墓葬的骨架结构全部用石条、石板构筑，墓门方向274°。墓道为斜坡形，宽3.2米，坡长已被扰乱，从清理时的现场看，该墓南大门门楣上方与前室拱券顶结合部位有一个不规则的圆形盗洞，近年地质钻探时，钻机又钻在前室上部。因此，墓前室拱券顶部破坏严重。该墓由二大门、前室、南主室、中主室和北主室五部分组成，墓室平面呈"而"字形。墓顶：把墓顶封土完全清理后，可以看到墓顶结构是一横三纵的四个拱券的第一层墓顶。一横券下面为前室，三纵券下面分别为南、中、北三主室。此三室每个拱券均采用小砖并列成券。以北主室顶为例，共用八道小砖券连接而成。每道券之间砖不错缝连接，即各券之间不相互楔接。前室则用小砖错缝砌筑券顶。清除小砖拱券顶之后，前室和中、北二主室露出了第二层石质墓顶结构。前室第二层顶系用9块石板覆盖而成，中主室用盖顶石板4块。北主室用盖顶石板6块。二大门：墓二大门用小砖封堵在表面，北大门上部条石门楣的为外表用小砖三层贴封，下部用小砖"闸"封。南大门门楣石刻裸露，封门砖相当错乱，

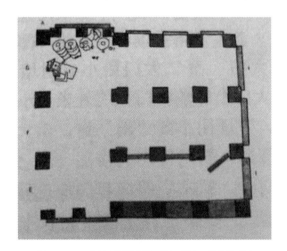

图4-44　南阳麒麟岗汉代画像石墓平面图

①　南阳市文物工作队：《南阳市刘洼村汉画像石墓》，《中原文物》1991年第3期。

拆除封门砖，原来的四扇石门扉已经被盗墓者全部砸毁，碎块散存于前室和封土中。由此看出，盗墓者曾从墓大门进入墓室盗掘，墓葬被盗不止一次。墓葬二大门系用二门楣石、南北二立柱、中柱和两块下槛石构成。南门高1.42米、宽0.96米。北门高1.37米、宽1.12米。二门的上下槛各刻凿有两个门枢窝以安装石门扉。二门楣石的上边用小砖砌筑女墙。女墙宽3.08米，高0.58米。在南、北立柱的边缘，紧贴立柱用小砖各砌筑砖墙一段，用以堵挡两侧泥土。前室：二大门的背面即为前室西壁。在南大门的南段另用一门楣，一立柱与南大门南立柱砌成一假门，此假门不与不通，但增加了前室的横宽。前室宽4.04米、进深1.36米、高1.45米（至石板顶）。前室北壁系用二侧柱、一中柱、二门楣石与下槛石构筑成东西并列的两个假门，假门外侧各用两块石板堵砌。前室南壁与北壁的砌筑方法相同。前室东壁即南、中、北三主室之门。前室顶部用9块宽窄不同的石板东西纵铺、构筑成顶。在每块盖顶石两端的下部与三主室的门楣石上部雕刻有榫卯，用以加固墓顶结构。前室地平用小砖和盗墓砸碎的石门扉铺砌，铺砌很不规则。三主室：南、中、北三主室之门即前室东壁。用二门楣、四立柱和下槛石构成南北并列的三个门。北主室和中主室门的门槛内侧边缘皆刻凿"L"形槽，并在二门的门楣和下槛上各刻一对门枢窝，以安装门扉。北主室北壁系用三门槛、四立柱和下槛石构成东西并列的三个假门。假门外侧各用石板堵砌。北主室南壁即中主室北壁，系用三门楣、四立柱和下槛石构成东西并列的三门。三门皆与南主室互通。其东壁的砌筑方法系在该室南、北二壁最东边的立柱外边，用两块石板堵砌而成。北主室上部用石板南北横向平铺成顶。石板顶之上用小砖再砌筑东西长的拱券顶。北主室地平用小砖南北横铺。该室进深2.74米、宽0.94米（石柱距）、高0.94米（至石板顶）。地至砖顶高1.54米。中主室北壁即北主室南壁。中主室南壁用三门楣、四立柱、门下槛石砌筑成东西并列的三门。东边一门安装一扇石门扉，可与南主室互通。其他二门以石板封堵，成为假门。其东壁及室顶的砌筑方法与北主室相同，进深2.74米、宽0.95米、高0.92米。南主室砌筑方法与北、中二主室相同，不同之处是该室南壁的三个假门内系小砖砌筑。墓顶部分仅有东西向小砖拱券顶而未筑石板顶。南主室西部墓底用小砖铺砌一个平台，台长1.72米、高0.42米。平台与南主室等宽。在该墓室门槛石上用小砖铺砌有一道南北向排水沟。该墓总长4.10米、宽3.58米。该墓共出土画像石111块，画像 153 幅。①

（13）南阳县辛店乡熊营汉代画像石墓墓葬形制（图 4-45）。该墓长4.54 米，宽 3.24 米，墓底距地表 3.15 米，方向 206°。由门、前室、东西两主室组成。墓系砖石结构：门、主室门楣、门柱、前室大梁、主室隔墙、门槛石等主要部位共使用 22 块石料，其他部分系砖砌。封门砖封门砖残高 0.42 米，用顺砖错缝平砌。前室过梁已拉出墓室。墓券顶绝大部分已被毁掉，前室券顶已不存，主室后部残存七纵砖。券高 0.32 米，砖为楔形砖。砖上部厚 6 厘米、下部厚 4.2 厘米、长 31.5 厘米、宽 15 厘米。前室墓底低于主室 11 厘米。其东部用顺砖平铺，横排直缝，西部除中间有两行纵排平铺外，其余铺法同东部。东壁残高 0.92 米，砌法平砖立砖交用。西壁残高 1.10 米，砌法同东壁。西主室铺地砖为纵铺法，东主室铺地砖较乱，自南而北依次为两顺砖一纵砖七顺砖平铺。砌法主室东壁自铺地砖以上平砖与立砖交用。西壁、后壁砌法皆同东壁。主室隔墙南部则用石料砌一通道，北部则用砖砌，即长 0.82 米，高 1.42 米。砌法同东壁。墓门由二侧柱，一中柱，二门楣，四门扉，二门槛石构成。门高

图 4-45　南阳县辛店乡熊营汉代画像石墓发掘现场图

① 南阳市文物考古研究所：《南阳麒麟岗汉代画像石墓发掘报告》，《南阳麒麟岗汉代画像石墓》，三秦出版社 2008 年版，第 489 页。

1.55 米，宽 1.18 米。门扉有门枢、门楣及槛石均凿有臼窝。前室东西横阔 2.55 米，进深 1.5 米。其南壁即墓门内壁，其北壁即两主室外壁。主室门由两门楣，三门柱构成。东主室门高 1.37 米、宽 0.98 米，西主室门高 1.39 米、宽 0.98 米。前室上方有一大梁，梁两端分别放置在墓门楣和主室门楣正中处。主室门由三门柱、两门楣、两门槛石构成室正中南部筑一道留门隔墙，北部为砖墙。分成东西两主室。通门高 0.715 米、宽 0.713 米。该墓共出土 40 幅画像，画面皆有彩绘痕迹。[①]

（14）南阳市第二化工厂三十号汉代画像石墓墓葬形制。墓葬坐东向西，方向 287°，砖石结构。平面呈正方形，由墓道、甬道、前室、南北主室组成。石材主要用于墓门、甬道门、前室墓门、两主室的墓门及隔墙，其余各处及铺地皆用灰色小砖砌筑。墓门由一中立柱、两侧柱、两门楣组成，无门扉。墓门后为甬道。甬道仅存一立柱、一横梁。前室略宽于两主室，地平低于两主室，底部为小砖平铺，南、北两壁用小砖错缝砌筑。主室分为南北两主室。主室门由一中立柱、两侧柱、两门楣、两门槛组成。两主室之间由三立柱、二石梁构成隔墙。南主室东、南两壁和主室东、北两壁皆用小砖错缝横砌。主室墓顶在清理时已坍塌，前室墓顶已无。该墓共用石材 20 块，画像 28 幅。[②]

（15）南阳蒲山二号汉代画像石墓墓葬形制（图 4-46）。该墓为砖石结构，平面呈长方形，由墓道、墓门、前室、主室四部分组成。墓门朝南，方向 195°。墓室总长 4.06 米（含封门墙）、宽 2.8 米、墓门宽 3.2 米、墓底距地表 2.6 米。整个墓除墓门、前室及主室隔墙等部位使用石材并雕刻有各种画像外，墓室墙壁和铺地均用长 30 厘米、宽 15 厘米、厚 5 厘米的长方形灰砖砌筑。墓道：位于墓室的南部，为南高北低斜坡状。底部宽于口部，平面呈梯形。残长 2.35 米、口宽 1.1 米、底宽 1.45 米。底部与封门墙间留有 0.25 米宽的空间。墓门：由二侧柱、一中柱、二门楣、四门扉、二槛石和前室大梁南端构成。门高 1.72 米、宽 3.2 米。门扉有门枢、门楣及槛石，均凿有臼窝。东门用两块未加工不规则的石板封堵。

① 南阳市文物考古研究所：《河南省南阳县辛店乡熊营画像石墓》，《中原文物》1996 年第 3 期。

② 南阳汉画馆：《南阳市第二化工厂三十号汉代画像石墓》，《南阳汉代画像石墓》，河南美术出版社 1998 年版，第 402 页。

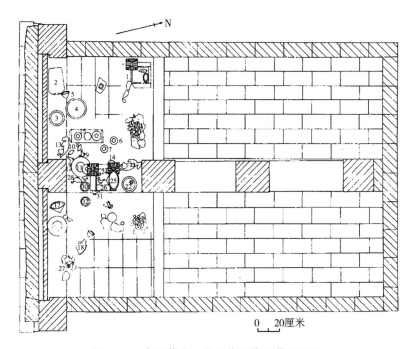

图4-46　南阳蒲山二号汉代画像石墓平面图

西门下部用石板，上部用方砖封堵。封砖为人字形砌法。前室：东西长方形，长2.8米、宽1米。上部中间一石梁，南端伸到墓门外，立于中门柱上，压在门楣石下。东西两壁均用单顺砖错缝平砌，铺地为顺砖平铺。主室：中间一道留门隔墙把其分为大小略同的东西两个主室。东室长2.42米、宽1.1米；西室长2.42米、宽1.05米。底部高于前室0.2米，与前室连接处有两块门槛垫石。隔墙由三立柱架一石梁构成。墙壁均系单顺砖错缝平砌，底部用方砖错缝平铺。[①]

（16）南阳桑园路东汉画像石墓墓葬形制（图4-47）。该墓封土堆不存，墓顶距现地表仅0.84米。长方形券顶砖室墓，坐北朝南，方向184°。砖石混砌结构，长4.85米、宽2.92米、深1.86米，由前室和东西两个主室构成，墓门前还筑一道封门墙。前室长1.96米、宽2.92米，室内中间由2个立柱和过梁石组成过门。主室地面高出前室0.32米，被一道宽约0.32米的隔墙分为东西两室，门口立2块条石，形成门槛。墓

①　南阳市文物研究所：《河南南阳蒲山二号汉画像石墓》，《中原文物》1997年第4期。

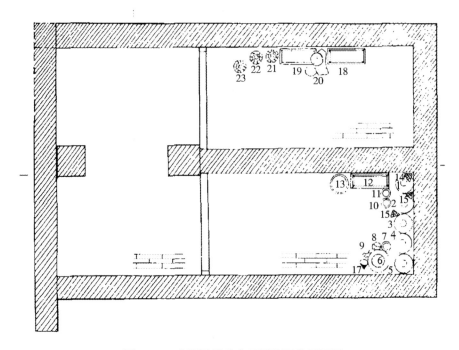

图 4-47　南阳桑园路东汉画像石墓平面图

壁砖砌而成，墓顶为双列双层拱券，铺地砖直行错缝立铺。砖的规格为长
31—32.5 厘米、宽 16—16.5 厘米、厚 6 厘米。墓室周壁及顶部均涂抹一
层厚约 1 厘米的白灰面，多已剥落。画像石集中在前室，为过梁石、立柱
以及两个主室的门槛。另有一块斜竖在前室，原来位置不详。该墓发现画
像石 6 块，上刻画像 16 幅。①

　　（17）南阳市邢营二号汉代画像石墓墓葬形制（图 4-48）。该墓为砖
石结构，由墓道、墓门、甬道、主室四部分组成，平面呈"凸"形，全
长 15.60 米，坐东朝西，方向 278°。该墓用石材五块，且集中于墓门上。
墓室由青砖和绳纹砖构筑，其砖大小不一。墓道在墓室西端，长斜坡土坑
竖穴式，长 8.40 米、宽 1.50—1.80 米、深 0.30—3.84 米。墓门：砖石
结构，由女墙、拱券、门楣石、左右立柱和二封门画像石构成，无门扉装
置。砖砌拱券门洞，高 1.80 米、宽 1.04 米。在门楣石上起券，其上为单
层错缝平铺的女墙，高 0.88 米、宽 2.05 米、厚 0.16 米。二立柱之间为

　　①　南阳市古代建筑保护研究所：《河南南阳桑园路东汉画像石墓》，《文物》2003 年第 4 期。

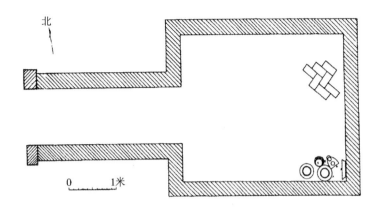

图 4-48　南阳市邢营二号汉画像石墓平面图

砖铺门下槛，高于甬道底 0.06 米。甬道：平面呈长方形，室内长 3.10 米、宽 1.15 米、高 1.76 米。墓壁在 1.10 米处即第 15 层砖起券收缩成双列错缝砌拱券顶，券高 0.66 米。在顶的砖缝之间挤有砖楔，内壁尚平整，外壁则参差不平。南北两侧壁采用小砖三横一丁错缝平铺砌筑。其底与主室底在同一平面上，地面皆用小砖铺为"人"字形图案。主室：平面为长方形，室内长 3.45 米、宽 2.99 米，最大深度 3.45 米，墓壁厚约 0.30 米。墓顶采用四隅券进式砌成穹窿顶，墓室四壁的基本砌法为三横一丁，从第 19 层砖起券，四隅各平置一砖，砌为抱角，同时券进收缩，至墓顶中心交汇，形成长方形砖框抱心。整个墓顶券法为单列立砖直缝顺砌成穹窿顶，砖缝间挤有砖楔，内壁尚平整，外侧凹凸不平，券高 1.69 米。在东、南、北三壁的中间部位各形成一个大"人"字形砖缝图案。①

（18）南阳高新区标准厂房汉画像石墓墓葬形制（图 4-49）。从发掘的情况看，该墓早年已遭毁坏，上部已不存在，但残存的形制还是比较清晰的。墓葬平面布局略呈"凸"字形，为砖石混合结构墓。由墓道、甬道、前室和后室组成，方向 106°。墓室长 890 厘米、最宽处 330 厘米，墓口距地表深 40 厘米，墓底距地表深 380 厘米。墓壁均为双砖平砖错缝垒砌，砖均为长方形小青砖，长 30 厘米、宽 15 厘米、厚 6 厘米，铺地砖均为"人"字形平铺。在室内扰土中出有仓 2 件、耳杯 1 件、方盒 1 件和一些残陶片（能看出器形的有鼎、方盒、磨、圈厕、器盖等）。墓道：因有

① 南阳市文物工作队：《南阳市邢营画像石墓发掘报告》，《中原文物》1996 年第 1 期。

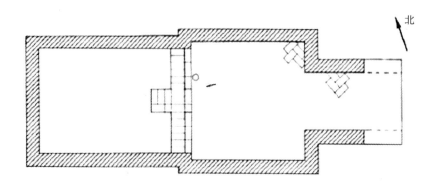

图4-49　南阳高新区标准厂房汉画像石墓平面图

障碍而无法清理。甬道：呈长方形。长230厘米、宽194厘米。墙高166厘米，为双平砖错缝垒砌。底低于后室底26厘米、与前室底相平。前室：位于甬道西部，与甬道和后室相通。长270厘米，宽330厘米。墙高180厘米，券残高48厘米，为穿窿顶。底低于后室底26厘米，与甬道底相平。前室西部出有铜镜1面、铜矛1件。后室：呈长方形。长390厘米、通宽298厘米。墙高182厘米，为双平砖错缝垒砌，从残存的券顶看为穿窿顶，墓室残高270厘米。后室中间有一隔墙，将后室分为南北两室，隔墙宽52厘米，为平砖错缝垒砌。底高于甬道和前室底26厘米。前后室之间用双券门相连，形成了后室两门，券门高170厘米、宽均96厘米，在门口处用两块画像石作为门槛石，券顶为双层拱形券顶。①

（19）唐河县古城乡井楼汉代画像石墓墓葬形制（图4-50）。该墓坐西朝东，方向107°，由墓道、墓门、前室和主室几部分组成。墓道因障碍未清理，墓室平面呈"T"字形。墓葬为砖石混合结构，石材主要用于墓门和主室门，其余全部用长方形青砖和楔形砖砌筑。墓顶距现地表50厘米左右。长方形砖长32厘米、宽16厘米、厚6厘米；楔形砖长35—36厘米、宽16厘米，上部厚6厘米、下部厚4厘米。墓室东西长460厘米（不含墓道）、南北宽570厘米。墓内填土为砂质五花土，因扰乱严重，填土中夹杂有墓砖、石块和少量碎陶片等。墓道：位于墓门正前方，底部宽176厘米，因障碍未发掘，长度不详。墓门：从残存情况看，墓门由一

---

①　李长周、柳荫：《南阳高新区标准厂房汉画像石墓》，《南都学坛》2015年第4期。

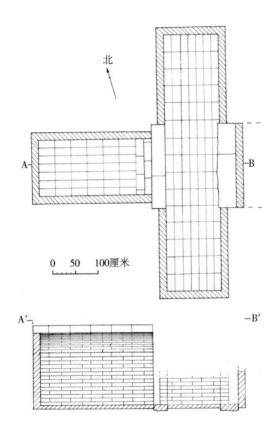

北

0　50　100厘米

图 4-50　河南唐河井楼汉代画像石墓平剖面图

门楣、二门柱、二门扉组成。墓门下有门槛石，门楣和门槛石上皆凿有门枢窝，用于安装门扉，而发掘时除门槛石外其他石材已被挖掉拉出。门外有封门墙，残高 50 厘米，单顺砖错缝平砌。前室：为横前室，呈南北长方形，南北宽 570 厘米、进深 118 厘米。墓壁均用长方形小条砖砌筑，自下而上为平砖错缝平砌，铺地砖为直缝平铺。另外，前室墓顶及墓壁上部破坏不存，墓壁下部残高 45 厘米。主室门：从清理情况看，主室门也由一门楣、二门柱、二门扉组成。墓门下有门槛石，门楣和门槛石上凿有门枢窝，用于安装门扉。发掘时除门槛石外其他石材均被挖掉拉出。主室：东西长 250 厘米，南北宽 125 厘米。主室南、北两壁及后壁均为单顺砖错缝平砌而成，铺地砖为直缝平铺。主室墓顶保存较好，用楔形砖错缝券筑成弧形拱券顶，高 165 厘米，从残存痕迹看。该墓葬石材主要用于前室墓门、主室墓门位置，现场收集画像石 4 块，共雕刻画像 4 幅。①

（20）郏县黑庙汉代画像石墓墓葬形制（图 4-51）。该墓位于发掘区中南部，为带斜坡墓道的"甲"字形，为砖石混合结构，由墓道、甬道、前室和后室组成。墓向 278°。墓口距地表深 0.40 米，墓长 11.70 米，宽 1.04—4.40 米，墓深 1.79 米。墓道位于甬道西端，为斜坡墓道，长 5.66 米，宽 1.04—2.12 米，底坡长 6 米，底端深 1.80 米。封门砖位于墓道与甬道之间，用整砖和残砖上下叠压错缝叠砌而成。砖长 36 厘米，宽 12 厘米，厚 6 厘米。墓门：由石门楣、门柱、门扉和垫石组成，共 6 块，其中带画像者 5 块，门高 1.17 米，宽 0.56 米。甬道连接墓道与前室，呈长方形，长 1.06 米，宽 0.98 米，墙高 0.78 米，为小砖错缝垒砌。拱形券，券高 1.24 米。底部为小砖错缝平铺。前室为长方形，券顶与北壁早期坍塌，南北长 4.30 米，宽 2.22—2.26 米，墙残高 1.22—1.32 米，为平砖错缝叠砌。前室四壁为砖石结构，石料用于门楣、门柱，共 3 块画像石，其中门楣 1 块、门柱 2 块。底部用砖错缝平铺。后室为长方形，由右、中、左三个墓室组成，均为拱形券。右室券顶保存完整，中、左二室券顶局部早期坍塌。底用小砖错缝平铺。长 4.24—4.40 米，宽 2.68—2.70 米，墓底距地表 2.20 米，为小砖错缝垒砌。墓门为砖石混合结构。左室，长 2.60 米，宽 1.03 米，券顶高 1.20 米。底用小砖错缝平铺。葬具为单棺，木质结构，腐朽严重。从棺灰痕可知，棺长 2.08 米，宽 0.56—0.60 米，厚 0.06 米。人骨架腐朽严重，可以看出头西足东。中室，长 2.60 米，

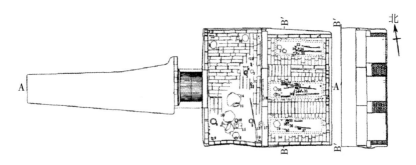

图 4-51　河南郏县黑庙 M79 平面图

---

① 南阳市文物考古研究所：《河南唐河井楼汉画像石墓》2009 年 3 月，未刊资料。

宽 0.92—0.96 米，券顶高 1.20 米。底砖为错缝平铺。葬具为单棺，木质结构，腐朽严重。右室，长 2.58 米，宽 1.12—1.16 米，券顶高 1.20 米。底砖错缝平铺。葬具为单棺，木质结构，腐朽严重。从棺灰痕可知，棺长 1.84 米，宽 0.50—0.60 米，厚 0.06 米。该墓石料用于门楣、门柱，共 7 块画像石，其中门楣 3 块、门柱 4 块。[①]

（21）南阳市兵工新城汉代画像石墓 M5 墓葬形制（图 4-52）。M5 位于整个发掘区的西侧中部，是一"中"字形砖、石混合结构墓。方向 186°。墓室长 804 厘米，最宽处 330 厘米，墓口距地表 20 厘米，墓底距地表深 135 厘米。由墓道、甬道、前室和两后室组成。该墓葬破坏较严重，墓室顶部已全部毁坏，墓框保存较好。墓葬所用砖规格均为长 30 厘米、宽 15 厘米、厚 6 厘米的长方形小青砖。墓道：位于墓室南部。呈梯形斜坡状。仅发掘一部分，南北长 130 厘米、北宽 150 厘米、南宽 120 厘米，底距地表 135 厘米。填土为较纯净的黄沙土，未夯打。甬道：平面呈长方形，长 154 厘米、宽 128 厘米。甬道前端用砖垒砌成横人字形来封门，封门墙厚 30 厘米。墙残高 27 厘米、宽 15 厘米，东、西两壁砌法相同，均为三顺一丁垒砌，丁砖均为半截砖。甬道底低于后室底 15 厘米，与

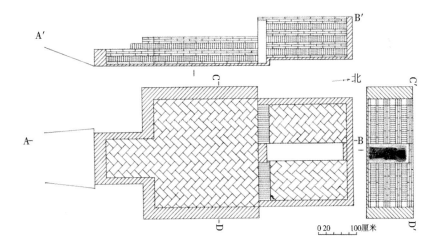

图 4-52 南阳市兵工新城汉代画像石墓 M5 平剖面

[①] 河南省文物局南水北调办公室、河南省文物考古研究所、平顶山市文物管理局：《河南郏县黑庙 M79 发掘简报》，《华夏考古》2013 年第 1 期。

前室底相平。铺地砖为"人"字形平铺。前室：平面呈长方形。长270厘米，宽328厘米。墙残高56厘米，宽30厘米，为三顺一丁垒砌。前室底低于后室底15厘米，与甬道底相平。室内扰土中出有陶狗头等陶片。铺地砖为"人"字形平铺。后室：平面呈长方形，长245厘米、宽270厘米。中部用隔墙将后室分为东、西两室，隔墙宽40厘米。从整个清理的情况看，后室应有后室门，为石结构，现存有一中门柱和（后室墓底倒放有）一门扉（素面）。后室底高于甬道底和前室底15厘米。墙高106厘米、宽15厘米，为三顺一丁垒砌，丁砖均为半截砖。铺地砖在两后室门口处有一排横立砖并与后部"人"字形铺地砖相连。该墓石料仅存2块（包括门扉1块、门柱1块），画像1幅。①

（22）南阳市兵工新城汉代画像石墓M6墓葬形制（图4-53）。M6位于整个发掘区的西南部、M5的西南方。因M6前室部分已被破坏，是否有墓道、甬道已不可知，从发掘现场看，该墓是近"凸"字形砖、石混合结构墓，由前室和后室组成。方向98°。墓室长610厘米、最宽处356厘米、墓口距地表170厘米、墓底距地表深260厘米。该墓葬破坏较严重，墓室顶部已全部毁坏，前室仅存部分南壁和铺地砖、后室墓框保存较

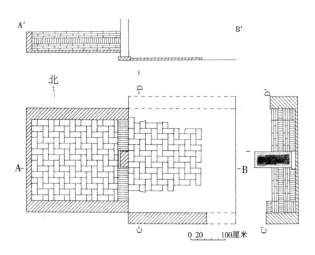

图4-53　南阳市兵工新城汉画像石墓M6平、剖面图

①　南阳市文物考古研究所：《南阳市兵工新城汉画像石M5发掘简报》2010年4月，未刊资料。

好。墓葬均用长方形小青砖，长 30 厘米、宽 15 厘米、厚 6 厘米。前室：
呈长方形，东西长 312 厘米，南北宽 356 厘米。南墙残高 88 厘米，南墓
壁宽 30 厘米，为一丁三顺垒砌。前室底低于后室底 15 厘米，铺底砖为
"人"字形平铺法。在室内扰土之中出有红釉陶仓盖等陶片。后室：呈长
方形，为砖、石混合结构。东西长 298 厘米，南北宽 290 厘米。墙残高 72
厘米，南、北墓壁宽 30 厘米，为一丁三顺垒砌。西壁宽 15 厘米，为一丁
三顺垒砌，丁砖为半截砖。从整个发掘情况和墓室看，后室未见有隔墙痕
迹，但在后室门口中部立有一柱石，柱石下有一垫石。后室底高于前室底
15 厘米，铺地砖在后室门口处有一排横立砖并与后部"人"字形铺地砖
相连。该墓石料仅存 2 块，包括门柱 1 块、垫石 1 块，其中画像 1 幅。①

　　（23）方城县南兰高速公路汉代画像石墓 M1 墓葬形制（图 4-54）。
该墓早年被严重盗掘破坏，墓顶毁坏，后室墓壁现已不存，墓室上部现距
地表约 0.5 米。墓葬为砖石混合结构，平面呈"甲"字形，坐西朝东，
方向 102°，由墓道、墓门、两前室和双后室组成。墓室为长方形，前、

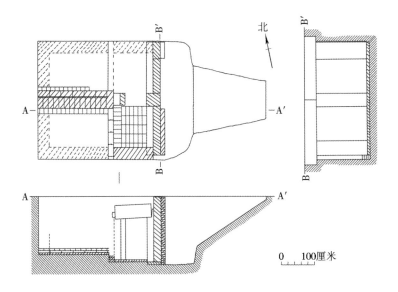

图 4-54　方城县南兰高速公路汉画像石墓 M1 平、剖面图

---

①　南阳市文物考古研究所：《南阳市兵工新城汉画像 M6 发掘简报》2010 年 4 月，未刊
资料。

后室等宽，东西长 3.85 米，南北宽 3.45 厘米，墓底距地表深 1.64—1.86 米。墓道为斜坡形，位于墓室东部，长 3.07 米，宽 1.1—3.45 米，最深处 2 米。墓道前部平面呈梯形斜坡状，长 2.2 米，宽 1.1—2 米，墓道坡度 33°；近墓门处渐宽，呈喇叭状，最西端与墓室等宽，底部与墓门底相平。墓道与前室之间设置有墓门，用石材砌筑而成，共用石材 9 块，由北、中、南三立柱和两门楣、两门扉、两垫石构成。墓门分南、北两扇门，分别对应南、北两前室，高度为 1.54 米，宽度各为 1 米，由两门楣石、三块门柱石和两门槛石构成。南门楣石长 1.9 米、宽 0.36 米、厚 0.22 米，北门楣石长 1.85 米、宽 0.36 米、厚 0.22 米；北、中、南三门柱石规格分别为 1.54 米×0.5 米×0.22 米、1.54 米×0.38 米×0.42 米、1.54 米×0.42 米×0.22 米；两门扉石规格各为 1.54 米×1 米×0.22 米。墓门外用小砖错缝平铺砌墙封门加固，北部残缺不存。前室平面呈横长方形，中间由两立柱支撑一石质过梁，分前室为南、北两室，东部立柱与墓门中门柱共用，上端西部挖出一槽放置过梁。过梁西端下部有凸出的榫卯结构，推测可能与后室过梁相连接，现后室过梁不存。过梁石和西立柱石规格分别为 1.1 米×0.4 米×0.36 米、1.2 米×0.36 米×0.15 米。前室进深长 1.2 米，南北前室横阔内宽分别为 1.2 米、1.17 米，前室底低于后室底 0.22 米。前室墓壁已破坏不存，仅在南部墓底残存三层砖墙，用长方形条砖横竖交错平铺，墙宽 0.36 米。南前室铺砖保存完好，近后室处用一组平砖南北向纵铺，东部平砖齐缝横铺。北前室铺砖无存。后室毁坏最为严重，墓壁砖墙不存，形制已不太清楚，仅依据现存情况进行推测，应为南北两主室组成。后室中部底残存三层东西向隔墙，隔墙宽度为 0.51 米，仅剩 0.12 米高，分后室为并列南北两室，进深约 1.96 米，南主室宽约 0.98 米，北主室宽约 1.1 米。后室与前室交接处用平砖横铺砌成门槛，南部残存两层，用砖为带有榫卯的子母砖。后室铺地砖铺不存，从隔墙两侧残存铺砖看，为单层砖横向平铺。墓内用砖一致，规格为 0.31 米×0.16 米×0.06 米。该墓所用石材均未雕刻画像，只在正面刻出横竖纹衬底。[①]

（24）南阳市万盛地产汉画像石墓 M8 墓葬形制（图 4-55）。M8 坐南朝北，方向 15°。开口于地表扰土层下，墓口距地表 210 厘米。该墓平面

---

① 南阳市文物考古研究所：《方城县南兰高速公路汉画像石 M1 发掘简报》2012 年 12 月，未刊资料。

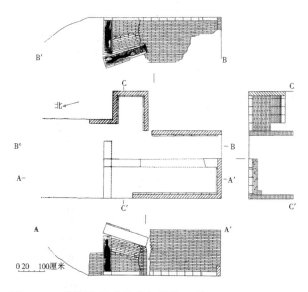

图 4-55　南阳市万盛地产汉画像石墓 M8 平、剖面图

略呈"L"字形，为砖、石混合结构墓，由墓道、墓门、东耳室和东、西两主室几部分组成。全墓南北长 445 厘米（不包括墓道），东西宽 250—394 厘米，墓底距地表 356 厘米。砖均为长方形小条砖，长 30 厘米、宽 15 厘米、厚 5 厘米。墓道：位于墓门之北。未完全清理，仅清理了靠近墓门的一部分，长 128 厘米、宽 290 厘米、坡长 142 厘米。口深 286 厘米，底深 356 厘米，坡度 37°。从清理出的墓道看为长方形斜坡状。在墓道南部，靠近墓门的东部还残留有砖砌的挡土墙，墙为平砖错缝垒砌，残存部分长 54 厘米、宽 15 厘米、高 64 厘米。墓门：从整个发掘现场看，墓门由石结构筑成。现残存两门楣石、一门柱石、二门槛石。石面较粉，部分画面漫漶。东门楣石长 170 厘米、宽 30 厘米、厚 36 厘米；西门楣石长 152 厘米、宽 30 厘米、厚 40 厘米；门柱石长 124 厘米、宽 30 厘米、厚 30 厘米。西门槛石长 130 厘米、宽 30 厘米；东门槛石长 80 厘米、宽 30 厘米，两垫石因埋入地下，厚度不详。因墓遭破坏，门楣石已失去原位，倾斜放置。门高 190 厘米。东耳室：位于东主室北部，向东开一耳室，东西长 145 厘米、南北宽 132 厘米、高 124 厘米。墙高 70 厘米，为平砖错缝垒砌，券顶部为拱券，为竖排对缝起券。铺地砖从残留的一列看，应为横立砖铺底，但铺法不明。主室：平面呈长方形，南北长 445 厘米、东西宽 250 厘米、高 145 厘米，为砖石混合结构。在主室中部用过梁和梁柱把主室分成东西两室。北部过梁石将其北部放在墓门中柱之上、东西门楣之下。过梁石之上还残留有三排小砖，应为券顶砖，但两主室券顶已不存。北过梁石长 170 厘米、宽 28 厘米、厚 36 厘米。在主室南部还残留有垫石。墙为错缝平砌，宽 15 厘米。从残留的一列看铺地砖为立砖，但铺法不明。西主室内宽 100 厘米。东主室内宽 88 厘米。填土中出土较多断裂的石块，上面均刻有画像，推测是原来用于主室内的画像石，但已遭到破坏。该墓因严重毁坏，现存石材 8 块，其中画像石 4 块，画像 8 幅。①

（25）南阳城区大屯教师公寓汉代画像石墓 M3 墓葬形制（图 4-56）。从清理过程看，该墓已扰乱，墓内填土中夹杂有碎砖、陶片、石碴等，但墓葬形制结构保存较好，为砖石混合结构。全墓由墓道、封门、甬道、前室、两后室组成。残存的墓圹开口距地表 160 厘米，南北方向，墓道朝南，方向 190°。全墓长 1070 厘米、最宽处 360 厘米、高 140 厘米，底距地表 300 厘米。墓壁均为三顺一丁垒砌；铺地砖为"人"字形平铺。砖均为长方形小条砖，长 30 厘米、宽 15 厘米、厚 5 厘米。墓道：位于墓室南部，墓门正前方。平面呈梯形，南窄北宽，斜坡状，斜坡约 30°。墓道长 380 厘米，南宽 100 厘米，北宽 156 厘米，距地表 300 厘米，填五花土。

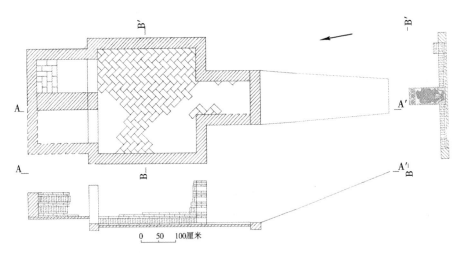

图 4-56　南阳城区大屯教师公寓汉代画像石墓 M3 平、剖面图

---

① 南阳市文物考古研究所：《南阳市万盛地产汉画像石 M8 发掘简报》2014 年 3 月，未刊资料。

墓门：封门已不存在，仅存墓门门槛石一块（素石，中部已断裂）。槛石长156厘米、宽30厘米、厚20厘米。甬道：位于前室南端。平面呈长方形，长160厘米、宽156厘米、高126厘米。前室：平面近方形。南北长320厘米、东西宽360厘米、残高60厘米。底低于后室底，且与甬道相平。后室：呈长方形。南北长210厘米、东西宽300厘米，残高68厘米。由中门柱和隔墙将后室分为东西两室。两室大小相同，均呈长方形。隔墙宽50厘米。其底高于前室和甬道底20厘米。该墓现存石料3块，其中画像石1块，画像1幅。[①]

（二）墓室装饰的画像石

东汉早期的南阳汉代画像石墓与西汉晚期至新莽时期的汉代画像石墓有着较大的区别，此时期主要表现在画像石数量逐渐减少。墓室营建方式也发生了变化，主要表现在墓室用砖石两种材料建墓，而画像石主要配置在墓门、主室门、耳室门或侧室门、前室门楣及主室隔墙等，画像石在整个墓室中起到一种结构作用。与以往不同的是，以前无画石材屡有发生，而此期凡是在墓中能看到的石面，基本上都刻有画像，一石多画的现象非常普遍。内容比以前更加丰富，各类题材的布局也更加严谨。历史故事也有出现，而神仙、祥瑞和辟邪升仙的画像非常普遍。这是此一时期画像内容方面的显著特点。另外，此时墓室内的立柱上配置了大量的侍女奴婢图。这种图像在西汉时期的画像石墓中极少见到。东汉早期的画像石，雕刻技法更加成熟，基本上是一种技法，大多采用横幅底纹是竖纹，竖幅底纹是横纹。画面雕刻与底纹处理十分和谐。另外在艺术表现方面，也达到了前所未有的高度，尤其是一些动态强的画面，形象生动、线条流畅、布局合理，把汉代绘画艺术水平推向了一个新的高度。此时期汉代画像石墓艺术水平最高的当属南阳麒麟岗汉代画像石墓。

（三）随葬器物

东汉早期的画像石墓，画像石的画面与以前相比也更加丰富，随葬品的种类和数量与以前相比也发生了较多变化，数量不仅多而且种类也很丰富，说明此时在南阳一带，发达的经济基础为丧葬提供着雄厚的物质条件。遗憾的是，此期大量的墓葬已经多次被盗，仅剩一些残缺的陶器，主

---

① 南阳市文物考古研究所：《南阳城区大屯教师公寓汉代画像石M3发掘简报》2016年5月，未刊资料。

要器形有仓房、磨、猪圈、瓮、灶、釜、奁盒、罐、熏炉、豆、灯等，个别墓葬出土了鼎、敦、壶等陶礼器。各类家畜有鸡、鸭、狗等，陶狗也是此时期各个墓葬必配的随葬品，其姿态各异，造型极为生动。另外，有些墓葬出土了数量不等的陶钱，主要有"大泉五十""五铢"和无文钱等。表明在南阳一带"冥钱"之风俗更加流行。

（四）综合特征以及年代

此期的画像石墓，全部为石门砖室结构，从墓葬的形制来看，处于汉代画像石的兴盛期，与西汉末到新莽这段要晚一些。其中唐河针织厂二号汉代画像石墓所出的货币，最晚的都是王莽铸币。南阳英庄汉代画像石墓所出的两枚五铢，一枚属西汉，一枚属东汉早期。方城城关汉代画像石墓和江苏邗江永平十年广陵王刘荆墓及其家属墓相似，均应属东汉早期。[1] 此时期的画像石的艺术更加精练，与西汉末年的相比，更加成熟。综合以上信息，我们可以大致把此时期的画像石墓定为东汉早期。

四　四期——东汉中晚期（和帝至献帝）

本期是南阳汉画像石墓的衰亡期。此期的墓葬数量明显减少，目前发掘的墓葬主要有：当阳县郑家大坡东汉画像石墓、南阳北关中原技校汉代画像石墓、新野县前高庙村汉代画像石墓、襄城茨沟汉代画像石墓、南阳县高庙汉代画像石墓、桐柏县安棚汉代画像石墓以及方城县党庄汉代画像石墓。

（一）墓葬形制

（1）当阳县郑家大坡东汉画像石墓（图4-57）。刘家冢子一、二号墓相距约20米，都有高约2米的夯筑封土堆。因一号和二号墓形制相近，现以二号墓为例。墓门方向180°，甬道：长1.8米，宽1.77米，高2.0米。前室：长3.30米，宽2.84米，高4.28米。前室与甬道相接处设有石门，两石柱立于石槛上，柱上置石横额。后室：长3.42米，宽东3.05米，西3.10米，高残4.60米。与前室相接处为石门；三柱立于石槛上，南北两柱与前、后室的砖墙连接，横额由两块条石组，相接处置于中柱上，两端置于南、北柱上，没有门扉。南、北耳室：长2.00米，宽1.63米，高1.45米。置于前室左、右两侧，结构大小相同。四壁用条砖错缝

---

① 俞伟超：《考古类型学的理论与实践》，文物出版社1989年版，第260页。

平砌，砌至 40 厘米处开始起券，为券顶。出土画像石 2 块。[1]

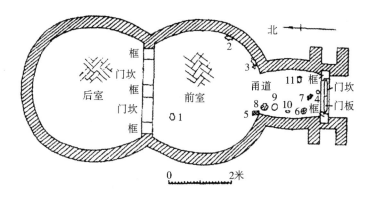

图4-57　当阳县郑家大坡东汉画像石墓平面图

（2）襄城茨沟汉代画像石墓墓葬形制（图4-58）。该墓通高 6.6 米（由上冢顶点至后室铺地砖的高度），通长 23.04 米，方向 273°。墓室结

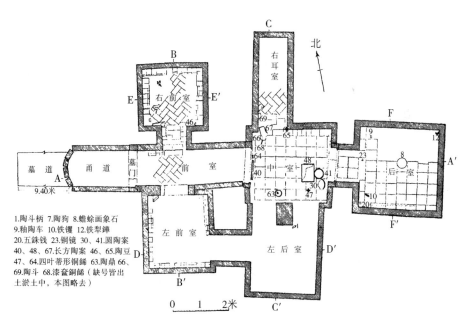

1.陶斗柄 7.陶狗 8.蟾蜍画象石
9.釉陶车 10.铁镬 12.铁犁鐷
20.五铢钱 23.铜镜 30、41.圆陶案
40、48、67.长方陶案 46、65.陶豆
47、64.四叶蒂形铜锜 63.陶鼎 66、
69.陶斗 68.漆盒铜锜（缺号皆出
土淤土中，本图略去）

图4-58　襄城茨沟汉代画像石墓平面图

① 沈宜扬：《湖北当阳刘家冢子东汉画像石墓发掘简报》，《文物资料丛刊》第 1 辑，文物出版社 1977 年版，第 123 页。

构是由墓道、甬道和七个砖室组成的。封土：现存高出附近地面约 4 米余，呈椭圆形，东西长 17 米、南北宽约 9.4 米。土为黄褐色，比较坚实，但不成层次，只在接近前室券顶的西部发现小片夯土，共九层，总厚 31 厘米。夯痕为圆形，平夯，每层厚 3—5.5 厘米、直径 4—5 厘米。封土中发现的遗物有东周时期的筒瓦和板瓦残片，汉代陶房的房脊残片。在前室和右前室顶上的封土中，发现有造墓时掘土工具的遗迹，长 8—10 厘米、宽 5—7 厘米，颇似镢痕。土塚中央偏西的地方，发现一处盗洞，直径约 1 米。洞内填土松虚而较黄，其中遗留有少量夹纻漆器残片和汉代陶片。这个盗洞破坏了中室穹窿顶的北部，盗者从此进入墓内，将各室扰乱，墓内的随葬品遭到损失。墓道：为斜坡式，位于墓门和甬道之西，长 9.4 米、宽 1.12 米。它的西端距地表深 2.4 米，东端深 0.9 米。甬道：墓道与墓门之间，设有砖砌甬道，长 2.04 米、宽 1.28 米、残高 0.82 米。南北两壁以 II 式花纹砖（各式花纹砖或素面砖详后）平铺顺砌。砖长 37 厘米、宽 17 厘米、厚 7.5 厘米。铺地砖已被破坏。在墓道与甬道相接处，尚可见到一层封门砖，是利用三块半砖逐层平铺垒砌、封堵于甬道口。残存的一层封门砖平面排列呈弧形。砖长 42 厘米、宽 17 厘米、厚 7 厘米。墓门：位于前室之西，高 1.45 米、宽 1.25 米。门楣是由石 1、门柱石 2 和门槛石 1 构成。门楣石长 1.8 米、宽 0.23 米、厚 0.42 米，正面刻画像一幅，向下的前侧棱处，刻一道门框槽。框槽的左右两端各刻一门枢窝，窝径 10 厘米、深 0.45 厘米。左右两门柱石表面粗糙，皆作方柱形，高约 1.48 米、厚 0.24 米，宽度则因下粗上细不等，右柱宽 10—14 厘米、左柱宽 16—19 厘米。门槛石的两端皆埋于土圹内，可知的长度为 1.6 米、宽 0.29 米、厚 0.18 米，已断成两截。发掘时已不见两扇石门。墓室：系砖石混合桔构，长 11.6 米，最宽处 9.22 米，由 7 个墓室构成。它的平面布局是：前室、中室和后室建筑在同一条中轴线上，皆设有石门可通。前室之北设一券门通往右前室；前室之南垒砌石门通往左前室。左前室之东砌有左后室，中间亦有券门可通。中室之北券砌右耳室；中室之南砌券门二以通左后室。前室：平面呈长方形，长 3.87 米、宽 1.14 米、高 2.02 米。南北两壁以小花纹砖平铺顺砌九层，然后发券，以"交错拜列券法"将室顶砌成弧券顶。南北两壁至室顶所砌花纹小砖的花纹是完全对称的，今举北壁为例，说明各层花纹砖的式样：最下砌 XIX 式小砖一层，其上依次砌 V 式砖一层、XIX 式砖二层、V 式砖一层（此层兼砌以素面小砖）、素面砖七层、Ⅴ式砖八层（偶有将带花纹的砖侧砌向壁内的）、Ⅲ式砖二层、Ⅴ式砖一层、Ⅲ式砖五层、Ⅴ式砖一层、Ⅲ式砖一层、Ⅲ式与Ⅵ式砖混合券砌五层，券顶中央为Ⅲ式和Ⅴ式砖交错券砌。上述Ⅵ式花纹砖上印有"大吉"两字，砌时皆两两相对地砌入券顶上。或者每两块Ⅵ式砖间砌以一Ⅲ式砖。铺地砖仅残存一部分，排列呈人字形，砖长40厘米、宽17厘米、厚8厘米。中室：位于前室之东，平面呈方形，东西长2.78米、宽2.44米、残高2.38米。西壁与前室相接处没有石门，门高1.32米、宽1.24米。门楣石已断为两截，残长约2.4米、宽0.28米、厚0.4米。石的正面和背面各刻画像一幅，向下一面前棱处，也刻出直角的门框槽，两端也各刻门枢窝一个。此石出土时，长的一段已倒塌于右耳室门外的淤土中，短的一段倒置于通往左后室的西券门之外。左右两门柱石形制与墓门的相似，高皆约1.32米、厚约0.26米；左柱最宽处0.2米，右柱最宽处0.24米。门槛石外露的长1.24米、宽0.26米、厚0.18米。此门在发掘时亦未发现有石门。中室北壁以ⅩⅨ式小砖交错顺砌，现残存17层。在靠近西北隅的地方以ⅩⅨ式及ⅩⅪ万式小砖砌成双弧券门，即为右耳室门，门高1.06米，最宽处1.02米。券门顶上尚承托残存的中室穹窿顶砖18层，其砌法以Ⅻ式、ⅩⅢ式、Ⅺ式、Ⅻ式、ⅩⅣ式、ⅩⅦ式、ⅩⅧ式小花纹砖逐层叠涩垒砌，但每向上垒砌一层其圆周半径皆缩小4—6厘米。中室南壁券砌两个并列的券门以通往左后室。由于室顶和券门塌毁，残高0.6—0.9米。南侧门宽0.84米，北侧门宽约0.96米。两门皆系双弧券。两门间所夹的砖柱亦以Ⅸ式小砖垒砌，东西长0.58米、南北宽0.8米、残高0.7米，用以承托穹窿顶南部和支撑左后室盝顶北部。中室东壁中央设石门一道，通往后室，门高约1.52米，最宽处约1.12米。门楣石已不存，左右门柱石与上述两门的相似，高约1.14米、厚约0.23米、宽0.2米。门槛石长约0.85米、宽0.26米、最厚处0.22米。此门左右两侧的东壁皆以ⅩⅨ式小砖错缝顺砌，唯门右（东壁右边）壁面上曾涂白粉，上施朱绘，已模糊不清。门券顶上亦残存穹窿顶，大体皆以Ⅶ、Ⅷ、Ⅻ、ⅩⅣ、ⅩⅥ、ⅩⅧ等式花纹砖混合逐层垒砌，共砌法与右耳室券门上部相同。小砖印有花纹的一端皆砌向室内，印有文字的一端皆朝向室外。由于中室的下部为方形，顶为穹窿形，故穹窿顶四隅衔接处，全用特制的花纹小砖垒砌。从中室穹窿顶塌陷的花纹砖可以推知四隅结构与后室完全相同，系以Ⅶ—ⅩⅢ式花纹砖混合垒砌的。中室铺地砖有两层，上一层为长宽 36 厘米、厚 7 厘米的方形砖。纵铺六行，横铺七行。周边皆不与四壁紧密接联，而高出壁基约 7 厘米。北壁下留有较宽的空隙，露出第二层铺地砖。下一层系小砖并列横铺，砖长 42 厘米、宽 17 厘米、厚 7 厘米。后室：位于中室之东，平面亦呈方形，东西长 2.64 米、南北宽 2.68 米、残高 2.55 米。它与中室之间的门道，西砌石门东砌小砖券门，门道长 0.44 米、南北宽 1.1 米、高 1.83 米。从残存部分砌砖看，其券法是以 XIX 式砖平铺顺砌 14 层后开始起券。券上是砌以 XXI 式砖一层、II 式砖一层，XXI 砖二层，II 式砖一层，最后以 XXI 式砖砌成双弧券顶。券顶之上，以并列的数块子母砖平铺垒砌。甬道铺地砖亦以四块方形砖平铺成甬路式。后室四壁平直，皆用 XIX 式小砖错缝顺砌至 17 层后，再用特制小砖将方形的四隅缩成弯窿顶。四壁和穹窿顶衔接的结构保存较佳，尤以西北隅最为完整。系以 VII—XII 式砖混合逐层叠涩垒砌，尤其 IX 式砖有花纹的一端有"中间角"三字，X 式砖有花纹的一端有"右行"两字，XI 式砖有花纹的一端模印有"左行"两字的特殊结构（后两式砖有花纹的一端是斜面，但它们又是对称的），将西、北两壁相接处由直角逐渐转成弧形角而垒砌为穹窿顶。从后室券顶倒塌的残砖可以看出，它和中室穹窿顶的砌法是相同的，所砌的小花纹砖也是 XIV—XVII 式。发掘时曾在后室中部残砖中，发现一块圆形画像石，直径 38 厘米、厚 22 厘米，石面粗糙，仅向下的一面刻出直径 24 厘米的圆形平面，周刻宽边，中刻蟾蜍一只。此石出上时刻有画像的一面向下，但蟾蜍的头部向东、尾向西。据此推知此石系用以结后室弯窿顶的。根据《太平御览》卷九四九引张衡《灵宪》"羿请不死之药于西王母，姮娥窃之以奔月，……遂托身于月，是为蟾蜍"的记载，推知此一图像应是象征月亮的。也许中室穹窿顶的中央原用刻有"金乌"图像的画像石封堵。后室券门之北（西壁的北边）有朱绘遗迹，现已模糊不清。后室铺地砖与中室同，但下层为纵铺方形小砖，多残碎长短不齐。右前室：位于前室的北边，东西长 2.14 米、南北宽 2.02 米、高 2.6 米。它与前室之间设有券门，门高 0.75 米、门道长 0.86 米。此门券法两面不同：由前室向北看为小砖单券；由右前室向南看则系小砖双券。门道的铺地砖为并列横铺呈甬路式。此室四壁皆以花纹小砖平铺顺砌，大约砌至八层，即逐层缩小，并使之平衡上升，四面结顶，所以四壁和盝顶比较尖陡。此室四壁所砌小花纹砖，亦有规律，以北壁为例：最下砌 V 式砖二层，其上砌 IV 式砖五层，

V 式砖一层、V 式与 III 式砖交错顺砌三层、V 式砖九层、III 式砖一层、II 式砖一层、III 式砖一层、II 式碑砖一层、II 式砖一层、II 式砖二层、III 式砖二层，最高处以 II 式砖三块封顶。室内铺地砖接近四壁的部分，皆并列斜铺，其一端被压在壁基下，另一端斜翘向室内，因此室内地面作甬路式，中间皆铺成人字形。右耳室：位于中室之北，平面作长方形，南北长 3.27 米、宽 1.03 米、高 1.32 米。此室券门在叙述中室北壁时已经提及，由于券顶之上增加了一层弧券，所以从中室北望为双券，但此室券顶实为单券。其东西两壁所砌花纹碑完全一致，以西壁为例：由下而上砌 XIX 双式砖十一层，然后砌 II 式砖一层、XIX 式砖一层、II 式砖一层、XXI 式砖二层、II 式砖一层、XXI 式砖十一层、II 式砖一层、XXI 式砖二层，最高处砌 II 式砖一层。不过，第十七层砖为交错并列顺砌，以上的券顶结构则用并列券法。北壁为单砖顺砌，砖皆素面。上部略向室内倾斜，且稍高于券顶。此室内壁及券顶皆以白粉涂刷，在涂白粉之前，西壁南部书有"天下囧山""大""豆仒"等文字；东壁书有"七月"两字。字皆朱书隶体。另外有几处笔迹为白粉所掩，剔出后仍然模糊不清。室内地面以素面小砖铺砌呈人字形，两边稍低于中央。东西两壁各有三块砖的一角向上伸出，略高于铺地砖。左前室：位于前室之南，平面呈方形，南北长 2.55 米、东西宽 2.22 米、残高 1.7 米。北壁以石条砌一门，门洞高约 0.84 米、宽 1 米。门楣石长 1.62 米、宽 0.35 米、厚 0.4 米。此石向北的一面有朱绘画像，因未镌刻，彩色已经脱落，模糊不清，仅能看出一虎。向南的一面，有画像一幅。此石的下面外侧角处，也刻出直角的门槽，两端也凿有门枢窝各一个，窝径 9 厘米、深 7.5 厘米，且被砸毁。门柱石二，西柱宽 24 厘米、厚 34 厘米、高 87 厘米；东柱宽 22 厘米、厚 34 厘米、高 86 厘米。门槛石已断成两截，长 90 厘米、厚 12—16 厘米，最宽处 36 厘米，最仄处 32 厘米，剖面呈阶状。除门楣石经过雕凿外，其他各石皆为糙面。此室四壁亦为小花纹砖逐层顺砌，大约砌至 1.16 米以上，然后平衡上升，缩成四面结顶。但从坍毁的残迹看，四壁的曲度比右前室为舒缓，盝顶也较右前室宽大。东、西、南三壁皆素面小砖（长 42 厘米、宽 22 厘米、厚 7 厘米）错缝顺砌 13 层，然后砌 II 式砖二层、V 式和 IV 式礴六层，其上已坍毁。北壁门柱石以东的砌砖是 IV 式砖一层、II 式砖一层、IV 式砖五层、V 式砖一层、IV 式砖一层，其上皆为 V 式砖。室内铺地砖损毁严重，仅靠四壁尚残存一部分，其铺法与右前室相同。这室的东壁南侧砌一双券门，以通左后室。门洞东西长 1.54 米、南北宽 0.9 米、高 1.27 米。门洞的东、西两口，告以六块子母砖（砸掉子榫，长 40 厘米、宽 22 厘米、厚 7 厘米）交错垒砌。但券门内的南北两壁自下而上砌五层素面砖以后，在第六层的中央顺砌 IV 式砖各一块，其上以素面小砖或楔形砖砌成券顶。以这种 IV 式花纹砖砌门洞壁，南北两壁是一致的。左后室：位于中室之南、左前室之东，平面亦呈正方形，长宽皆 2.4 米、高 3.04 米。其形制与右前室同，仅北壁砌两个券门，以通中室。两门之间设有方形砖柱以顶托北壁的上顶，唯盝顶已倒塌。四壁皆砌花纹砖。以残存的东壁为例：最下砌素面小砖 16 层，其上砌 II 式砖四层、III 式砖一层、II 式砖二层、III 式砖一层、II 式砖二层、IV 式傅三层、III 式砖一层、II 式砖二层、III 式砖一层、II 式砖三层、III 式砖一层、I 式砖一层、II 式砖一层、III 式砖一层、II 式砖一层、III 式砖一层、II 式砖一层，最高处以两砖封堵，做成盝顶。通往左前室的券门保存较好，门额为双弧券。室内铺地碎已被损毁。上述七个墓室的内壁皆涂刷白粉。除右耳室东、西壁白粉下发现文字外，在中室北壁的中部（即右耳室阴口的东边）白粉之下的砖壁上，有朱书隶体字两行，右行字迹较大，文曰："永建七年正月十四日造砖工张伯和"。左行字迹较小，文曰："口石工褚置"五字。此字书于六块顺铺的素面砖上，其中"造"字下的一块砖而已毁，文字恐有脱漏。该墓出土画像石 5 块。①

（3）新野县前高庙村汉代画像石墓墓葬形制（图 4-59）。Ml 为砖、石并用，因早年被盗掘，故损毁严重。基顶不存，有的墓室中的砖壁保留很少。葬式不明，残存的少量骨骼也很零乱。此墓南北长 8.34 米、东西宽 8.90 米。墓门向北，方向 48°。由墓门、前室、近正方形的中室、西侧室、东侧室、后室几部分组成。墓门仅有两门扉。门楣、门柱下落不明。门宽 1.70 米、高约 1.80 米。门扉为白虎铺首衔环。根据群众反映，门楣为二龙穿壁，门柱无画像。前室宽 1.18 米、纵深 1.98 米。中室门位于中室北壁，由门楣、两门柱组成，宽 1.11 米、高 1.1 米，门楣正面刻二龙穿壁。背面刻两组二龙交尾，中室宽 2.85 米、长 2.90 米。其东、西、南三壁分别是东、西侧室及后空的室门。西侧室为双室，每室宽 1.04 米、长 2.52 米，其中南室的门楣石上刻二龙穿壁。东侧室为单室，宽 1.22

---

① 河南省文化局文物工作队：《河南襄城茨沟汉画像石墓》，《考古学报》1964 年第 1 期。

米、长 2.30 米。东例室门的南部壁上，也砌有门楣、门柱，但门用砖封堵，未建墓室。这两门楣背面分别刻有二龙交尾图，两图中间的壁分刻在两石上，各占一半。后室为双室，大小相等，皆宽 0.91 米、长 2.26 米，其西室门相刻二龙穿壁。前室、中室铺地砖为人字形错缝平铺。①

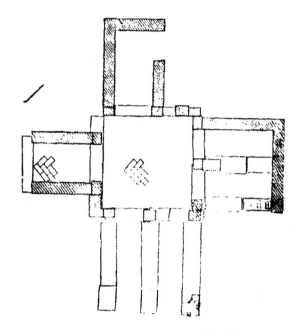

图 4-59　新野县前高庙村汉代画像石墓平面图

（4）桐柏县安棚汉画像石墓墓葬形制（图 4-60）。这座墓早年曾遭严重破坏，封土不存，墓顶残陷。墓葬坐北向南，方向 196°，砖石结构。平面布局呈"十"字形。南北长 12.61 米（不含墓道），东西宽 13.81 米，由墓道、甬道、墓门、前室、后室、左右侧室等 12 部分组成。墓道位于前室甬道正前方。由于墓道上面埋有现代坟墓，故未予清理。石材用于前、后室墓门部位，其他部分均用砖砌筑。现将详细情况介绍如下：甬道，包括前室、后室、左右侧室四个甬道。前室甬道位于前室门前，长 2.9 米，宽 1.66 米。砖砌墙，砌法为三平一丁，墙宽 0.36 米。底部用平砖铺，呈"人"字形。顶部不存，但从两侧墙体可知为拱形券顶。前端

---

① 南阳地区文物工作队、新野县文化馆：《新野县前高庙村汉画像石墓》，《中原文物》1985 年第 3 期。

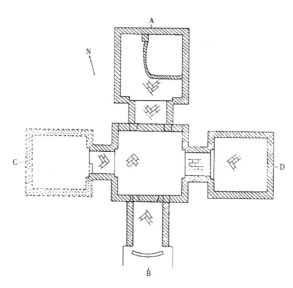

图 4-60　桐柏县安棚汉画像石墓墓葬形制平面图

封门完整，用平砖错缝砌筑，略呈弧状。左侧室甬道，位于前室和左侧室之间，长 1.82 米，宽 1.26 米。砖砌墙，三平一丁砌法，墙宽 0.36 米。拱形券顶已不存。底用平砖错缝顺铺。左端留有木制门位置。右侧室甬道与左侧室甬道结构相同，只是铺底为"人"字形。后室甬道位于前室和后室之间。南北长 1.3 米，东西宽 1.8 米。墙壁、铺底和顶部与前室甬道相同。墓门有三重，第一重在前室甬道前与封门砖之间，高 1.68 米，宽度不详。根据各种情况分析，可能为一木制墓门。第二重位于前室与其甬道之间，即前室门，门宽 1.04 米，高 1.4 米，由门柱、门楣、门槛四部分组成，门楣和门槛石上内侧皆凿有门臼，二门柱内侧凿有门槽，说明门向内开，但没有发现门扉。第三重位于后室甬道前端，宽 1.52 米，高 1.36 米，由门柱、栌斗、门楣、门槛五部分组成。栌斗置于二门柱上方，厚 0.18 米，其下面有臼槽与柱体吻合。门楣已掉落于前室中部。前室：长方形，东西长 3.46 米，南北宽 3.56 米。墙壁除南北两道石门外，其余用砖砌筑，砌法为三平一丁。底面用砖平铺成"人"字形。顶部已残，从所留部分看墓顶为穹窿顶。室内堆满碎砖、扰土和器物残片。中部发现一楔形石块，当为墓室顶部用件。在东南、西南二角距墓底 1.6 米的壁中各砌一石羊。石羊面向前室中部。侧室：对称分布于前室左右两侧。均有甬道与前室相通。左侧室进深 3.02 米，宽 2.98 米，全部用砖砌筑。墙的砌法为三平一丁，墙厚 0.36 米。底面用砖平铺成"人"字形，高出前室底 0.16 米。顶部已残，但可看出是用四隅捻尖法砌筑而成的穹窿顶。右侧室已全部残。室内填满碎砖碴。从其残留痕迹看，结构形状等与左侧室相同。后室，东西长 3.48 米，南北宽 3.44 米，全部用砖砌筑。墙体下半部为三平一丁或四平一丁，上部为平砌错缝，墙宽 0.36 米。底面用砖平铺成"人"字形，高于前室底 0.1 米。顶部同其他各室一样。在后室底部有一用砖砌成的略呈弧状的不规则墙体，该墙与底墓室后壁连接处有一方形柱（36 厘米×36 厘米），其用途尚不清楚。这座墓共用画像石 7 块，雕刻画像及其他纹饰图案 11 幅。①

（5）南阳市中原技校汉代画像石墓墓葬形制（图 4-61、图 4-62）。墓门方向 45°。墓室通长 10.9 米。甬道长 1.36 米，宽 1.68 米。二耳室位于前室南北两侧，大小略同。前室长 2.00 米，宽 1.18 米。前室西边是中室门。中室长 3.08 米、宽 3.12 米，中室南边为两侧室。中室与后室之间并列两个假门，后室长 3.08 米、宽 2.98 米。整座墓室均用素面灰砖铺作"人"字形。该墓纯石多室墓结构。由墓门、甬道、前室、二耳室、中室、二侧室和二后室组成。出土画像石 10 幅。②

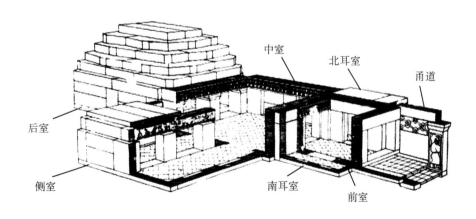

图 4-61　南阳市中原技校汉代画像石墓透视图

---

① 南阳市文物研究所：《桐柏县安棚画像石墓》，《中原文物》1996 年第 3 期。

② 南阳汉画馆编：《南阳市中原技校汉画像石墓》，《南阳汉代画像石墓发掘报告集》，中州古籍出版社 2012 年版，第 399 页。

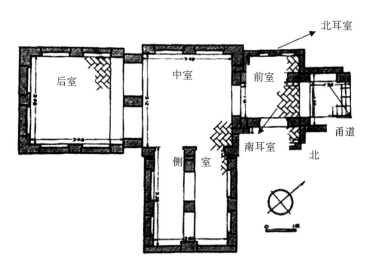

图 4-62   南阳市中原技校汉代画像石墓平面图

（6）唐河县西冢张村画像石墓 M2 墓葬形制。该墓位于 M1 的北部，为砖石混合结构墓，方向 214°。由墓道、甬道、前室和两后室组成。墓室长 790 厘米、最宽处 316 厘米。石料主要用于墓门、后室门、后室中间的隔墙，其余用小砖砌成。墓壁残高 42 厘米，除后室后壁为单平砖错缝垒砌外，余为双平砖错缝垒砌，墙宽 32 厘米。使用的小砖均为长方形小条砖，长 30 厘米、宽 16 厘米、厚 6 厘米。墓道：平面呈梯形，北宽南窄，为长斜坡状。墓道坡长 670 厘米，北部宽 160 厘米、南部宽 140 厘米，坡度 14°。甬道：呈长方形，南北内长 164 厘米、东西内宽 80—100 厘米，铺地砖为平砖错缝斜向铺。东、西两壁向内微凹。前室：平面近方形。在门口处用一排横立砖作门槛。南北内长 264—272 厘米、东西内宽 240—254 厘米。从残存的铺地砖看，为平砖错缝斜向铺。东、西两壁中部均向内微微凹。后室：平面呈长方形。南北内长 240 厘米，中间有隔墙分为东、西两室，东室内宽 94 厘米，西室内宽 100 厘米。北、东、西三壁均向内微微凹。墓壁向内凹可能是外力挤压所致。葬具、葬式不详。因严重毁坏，随葬品无存。①

（7）方城党庄汉画像石墓墓葬形制（图 4-63）。墓室建筑为砖、石

---

① 南阳市文物考古研究所：《唐河县西冢张村画像石 M2 发掘报告》1980 年 10 月，未刊资料。

混合结构，平面为长方形，由封门墙、墓门、甬道、中室和双主室五部分组成。整个墓室南北通长9.16米，东西宽3.3名米。墓门向南，方向北偏东5°。封门墙：建于墓门之外，并与墓门紧密相接，上下以21层平砖错缝砌筑，底部同墓门之下的门槛平齐，上部高出墓门之上门相底边一砖。通高1.32米。平面砌作弧形，东面宽1.16米。同墓门两侧立往内壁相衔。墓门：由门楣、两门柱和门槛组成，无门扉。门道通高1.24米、东西宽1.12米。门楣和两门柱南面均刻二方连续菱形穿环图案，门槛为素面，上面同墓内铺地砖相平。甬道：平面作长方形，南北长2.74米、东西宽1.12米、通高1.92米。南部与墓门相接，北部直通中室。底部为平砖铺地，作"人"字形。东西两壁用砖砌筑，以双砖垒砌，砌法为"三横一竖"，即先以横砖错缝平砌三层，再以一层横砖平砌竖立，壁高1.24米。其顶为单层拱券，券高68厘米。中室：平面近方形，南北长2.83米、东西宽2.79米、壁高约1.57米。清理时，已遭破坏，绝大部分砌砖和大部分石材均被拉出，使一些建筑结构情况不够确切，只能依据现存的石材、铺地砖、残存遗迹以及参与挖掘者的介绍来复原确定。中室的平面范围，因南与角道相接，北同双主室相连，而甬道、双主室保存尚好，其南北情况可以确定。东壁尚存一块铺底石，东壁位置亦容易确定。唯西壁破坏较重，幸喜中室西部铺地砖保存完好，又因为西壁铺底石痕迹尚存，所以西壁的位置也可确定。中室底部，用砖平铺，其铺法与甬道同。北壁为双主室门，南壁中部与甬道相通，两侧宽出部分为砖壁，砌法不明。东西两壁据挖掘群众介绍，其建筑形式是先用石料搭出骨架，其间用砖垒砌。两壁之底，皆用石条铺地。石条之上，两壁中部和南端均有石

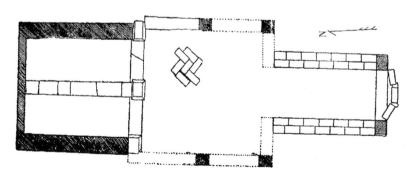

图4-63 方城党庄汉画像石墓平面图

柱直立，北端柱石借用双主室东西两侧门柱石，柱石之上，横架石梁，梁上起券。墓顶可能砌作盈顶。中室所用石材，除铺底石为素石外，其余石材面向室内一侧均刻二方连续菱形穿环图案。主室：墓室后部为两个东西并列的主室。东主室长 2.83 米、宽 0.98 米、壁高 1.10 米；西主室长 2.82 米、宽 0.92 米、壁高 1.10 米，券高 68 厘米，清理时，西主室的墓顶基本全部塌陷，东主室墓顶后部也已塌陷，西主室墓底铺地砖亦部分遭到破坏，这显然是早年盗掘时造成的。双主室之门，建造特殊，是南阳汉代画像石墓所仅见。两主室门均由门楣、门柱和门槛组成，无门扉。主室东门宽 97 厘米、西门宽 90 厘米、高皆为 1.12 米。主室门的底部以条石铺地，以象征门槛。铺地石之上，在两主室门的东西两侧和两主室门之间，设置三个立柱，即两侧柱和中柱。三立柱之下与铺地石相接处，在铺地石之上又增设了柱础石，柱础石均作方斗形。门楣、门柱南面皆刻二方连续菱形穿环图案。两主室的底部用砖铺地，其铺法与中室、甬道相同。两主室后壁和东、西两侧壁，皆用砖垒砌，砌法与甬道壁不同，为平砌错缝砌筑。两主室之间，设有一道隔墙，隔墙之底以条石铺地，它的中部和南、北两端设立三个石柱，三石柱之上用二块条石横架石梁，使偏垮形成南北两个门洞，二块横架石梁便成为两门洞之门楣，造成两主室相通。北门洞宽 79 厘米，南门洞宽 2.24 米，高皆为 70 厘米。墓顶从两门橱之上起券，为单层券顶。隔墙的三立柱和两门相的东、西两侧，均刻二方连续菱形穿环图案。墓内所用砌砖，均为素面灰色，大体可为两种：一种为墓壁砌砖，大小基本一致，只是在尺寸上稍有差异，或稍薄稍厚，或稍长稍短，或稍宽稍窄，这可能为烧制时不大规整造成的，但一般都是长 36 厘米、宽 17.5 厘米、厚 6 厘米，一种为墓顶所用券砖，即楔形砖，大小亦基本相同，也是仅在具体尺寸上有些差异，一般都长 36 厘米、宽 17 厘米、厚侧 6.5 厘米、薄侧 5 厘米。墓内所用石材，除铺地用的石材为素石外，其余图案画像石的雕刻技法，皆为剔地浅浮雕。该墓出土画像石7 块。①

（8）邓州市梁寨汉代画像石墓墓葬形制（图 4-64）。该墓位于梁寨村东南角的一处高地上，坐东朝西，方向 276°。墓葬由墓道、墓门以及

---

① 南阳地区文物工作队：《方城党庄汉画像石墓——兼谈南阳汉画像石墓的衰亡问题》，《中原文物》1986 年第 2 期。

南北主室组成。墓室全长 365 厘米，最大宽度 324 厘米，墓室平面呈"曰"字形。该墓为砖石结构，共用 19 块石材和大量的小青砖混砌筑成。墓道：呈长方形斜坡状，口宽 340 厘米，底宽 330 厘米，最深 270 厘米。因积水墓道仅清理 150 厘米左右。墓门：砖石混合砌筑。南北室各有一墓门，共由两块门楣、三块门柱、两块门槛组成门框，南室门框高 141 厘米，宽 106 厘米，北门框高 141 厘米，宽 100 厘米。墓门均无门扉，南室保存有一部分封门砖，其砌法为一横一丁相间。由于人为的破坏，墓门清理出来时两块门楣已脱离原来位置。墓室：南北两室均为砖石结构。两室之间由三块立柱及三块立柱垫石、中门柱、三段过梁及三块铺石组成一隔墙，这样形成南北两室，南北室其余墓壁均由小青砖砌筑而成，砌法与封门砖相同，即一横一丁。南北墓室长均为 335 厘米，南室宽 106 厘米，北室宽 100 厘米。两室铺底砖均已不存在，在南室紧靠门槛处保存有一段立砖对缝顺砌的铺底。由于人为破坏，两室墓顶均已塌陷，但仍能看出其原为拱形券筑，高约 265 厘米。另外南室南壁及北室北壁因积水严重变形，都向墓室内挤压，呈向内突出的弧形。同样，过梁也有不同程度的破坏，其中西段过梁清理出来时，也脱离原位。该墓共有画像石 11 块，雕刻画

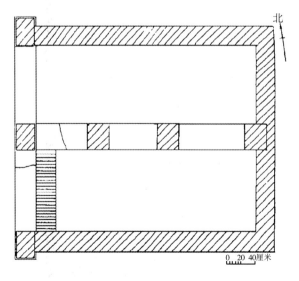

图 4-64　邓州市梁寨汉代画像石墓平面图

像 21 幅。[1]

（9）宝丰县廖旗营墓地东汉画像石墓 M9 墓葬形制（图 4-65）。该墓为长斜坡墓道三室砖墓，由墓道、墓门、甬道、前室和双后室组成，通长12.1 米、深 2.4 米，方向 175°。墓壁均用 34 厘米×13 厘米×6 厘米的小砖单层错缝平砌而成。墓道：平面近似梯形，长 5.72 米、宽 1.14—1.65米、深 0—2.4 米。斜坡底，坡度 22°，底坡斜面长 6.12 米。墓门：宽1.52 米、高 1.62 米、厚 0.24 米。由六块画像石组成，为门楣 1 块、门柱2 根、门扉 2 扇、门槛 1 块。门楣长 1.7 米、宽 0.34 米、厚 0.32—0.38米。两扇门扉规格相近，右门扉宽 0.51 米、高 1.1 米、厚 0.16 米，左门扉宽 0.57 米、高 1.1 米、厚 0.16 米。两根门柱规格相同，宽 0.23 米、高 1.05 米、厚 0.28 米。门槛长 1.66 米、宽 0.32 米、厚 0.16 米。甬道：位于墓门与墓室之间，进深 1.25 米、宽 1.1 米、高 1.14 米。券顶，从第14 层开始起券，券高 0.37 米。铺地砖东西向错缝平铺。甬道内发现有罐、壶、灶、甑、奁、博山炉、碓坊等陶器。前室：平面呈长方形，顶部塌陷。南北长 2.6 米、东西宽 2.44—2.52 米、残高 0.86 米。铺地砖呈"人"字形排列。双后室位于前室后部，东西并列，券顶。除中间墓壁为一平一丁相间砌成外，其余墓壁为单层错缝平铺；从第 7 层起券，券高0.34 米。铺地砖或纵向排列或横向错缝平铺。东室长 2.24 米、宽 0.92米、高 1.24 米。[2]

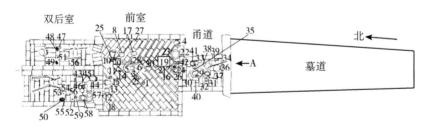

图 4-65　宝丰县廖旗营墓地东汉画像石墓 M9 平面图

（10）宝丰县廖旗营墓地东汉画像石墓 M10 墓葬形制（图 4-66）。M10 为长斜坡墓道双室砖墓，由墓道、墓门、前甬道、前室、后甬道、后

①　南阳市文物研究所：《河南省邓州市梁寨汉画像石墓》，《中原文物》1996 年第 3 期。

②　郑州大学历史学院考古系、河南省文物局南水北调文物保护办公室、宝丰县文物局：《河南宝丰县廖旗营墓地东汉画像石墓》，《考古》2016 年第 3 期。

室组成，通长 11.76 米、深 2.56 米，方向 95 度。墓壁均用 30 厘米×12
厘米×6 厘米的小砖单层错缝平砌而成。墓道：平面近刀把形，口部向南
弯曲，长 4.42 米、宽 1.3—1.4 米、深 0—2.56 米。斜坡底，底坡斜面长
5.6 米。填土内发现铁刀 1 件。墓门：宽 1.42 米、高 1.64 米、厚 0.22
米。由六块画像石组成，即门楣 1 块、门扉 2 扇、门柱 2 根、门槛 1 块。
门楣长 1.76 米、宽 0.44—0.5 米、厚 0.2 米。左侧门扉宽 0.56 米、高
1.02—1.06 米、厚 0.08 米，右侧门扉宽 0.52 米、高 1.04—1.08 米、厚
0.08 米。两门扉雕刻的图案相同。左侧门柱宽 0.22 米、高 1.02 米、厚
0.1 米，右侧门柱宽 0.22 米、高 1.04 米、厚 0.1 米。两者均刻有一位戴
冠、着长袍、拱手相向而立的小吏。门槛长 1.6 米、宽 0.22 米、厚 0.11
米。画像雕刻技法与 M9 同。石墓门外又以小砖墙贴护，残存 13 层。前
甬道：位于墓门与前室之间，平面呈长方形，进深 0.98 米、宽 1.2 米、
高 0.96—1.2 米。券顶，残存两排砖券，从 16 层开始起券，券高 0.36
米。铺地砖横向错缝平铺。前室：平面近正方形，顶部塌陷，东西长
2.44—2.52 米、南北宽 2.42—2.48 米、残高 1.34 米。铺地砖横向错缝
平铺。后甬道：位于前、后室之间，平面呈长方形，券顶塌陷，进深
0.66 米、宽 1.16 米、残高 1.44 米。铺地砖横向错缝平铺。后室：前接
后甬道，南壁与后甬道南壁相连为一条直线。平面呈长方形，墓顶塌陷，
长 2.54—2.58 米、宽 1.94 米、残高 0.96 米。铺地砖已被破坏，仅在东
南角有数块残砖，呈"人"字形排列。[1]

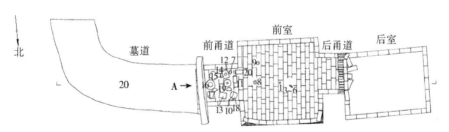

图 4-66　宝丰县廖旗营墓地东汉画像石墓 M10 平面图

（11）南阳牛王庙村八一星旺幼儿园 M20 墓葬形制（图 4-67）。该墓坐
西朝东，方向 110°。由墓道、墓门、甬道、三前室、三中室和后室组成，

① 郑州大学历史学院考古系、河南省文物局南水北调文物保护办公室、宝丰县文物局：《河
南宝丰县廖旗营墓地东汉画像石墓》，《考古》2016 年第 3 期。

平面呈"十"字形。墓葬的建筑程序是，先在地表挖出近"十"字形的

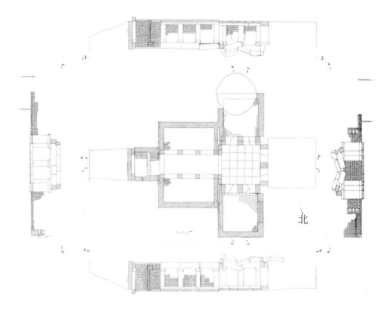

图 4-67　南阳牛王庙村八一星旺幼儿园 M20 平剖面图

竖穴土坑，又在竖穴土坑的东部挖出斜坡墓道。土坑东西通长 1920 厘米（墓道因障碍仅清理一部分）、南北最宽处 1162 厘米。先在坑底用砖、石铺地，再在铺地砖上垒砌墙体构筑墓室，墓室与土坑之间的空隙回填原坑土，夯实。墓室东西长 1590 厘米，南北最宽处 1162 厘米，墓口距地表276 厘米，底距地表 556 厘米。墓葬所用的砖均为长方形小条砖，长 30厘米、宽 15 厘米、厚 5 厘米。除中室用方形石板铺地外，其余均用砖铺地，铺地砖大小分两种，一种长 30 厘米、宽 12 厘米、厚 5 厘米，另一种长 32 厘米、宽 16 厘米、厚 5 厘米。铺地石边长 64 厘米、厚 15 厘米。石料主要用于墓门、隔梁、铺地石（门柱、门楣、槛石、斗、垫石、梁柱、梁、铺地石）等主要部位。墓道：墓道位于墓室之东。平面呈梯形。由于墓道上有建筑物障碍，因此仅清理了一部分，东西长 330 厘米，西宽 260厘米，东宽 224 厘米，墓道口距地表深 276 厘米，底距地表 556 厘米。底呈斜坡状，坡度约 25°。在填土中出土陶泡钉 1 件。墓门：位于墓道之西。墓门由封门砖和石门组成。石门由门楣 1、栌斗 2、门柱 2、门槛 1 组成。石面均凿有纵向条纹，无画像。栌斗石面上未凿纵向条纹。石门高 220 厘米、宽 260 厘米。封门砖的砌法为：最下部为一丁二顺，上部均为一丁一

顺垒砌。朝向墓内的一面砌得平整，朝向墓道的一面不平整，砖有凸有凹，说明原来封门内面有门。门楣石朝向墓内的一侧抹有石灰。甬道：呈长方形。东西长 260 厘米、南北宽 270 厘米、残高 215 厘米。南北两墙用砖砌筑而成，均为一丁三顺垒砌，甬道顶遭破坏，从残存的部分看，应该为砖砌拱券顶。墙高 170 厘米、券高 45 厘米。在距门楣 104 厘米处的甬道南北两壁上各有一个凹槽，凹槽下部对应的铺地砖处也形成了一个凹槽，其凹槽与南北两墙上的凹槽相连。南北墙上的凹槽上端宽大、下端窄，最宽处 46 厘米，窄处 18 厘米，高 200 厘米，进深 6 厘米，墓底凹槽宽 30 厘米、深 12 厘米。推测此处原来可能装有木门，现已腐朽。南北墙凹槽东部墙宽 34 厘米、凹槽西部墙宽 44 厘米。墓底为砖铺地，先横排错缝平铺一层，再在其上用横立砖"人"字形铺一层，底共厚 20 厘米。但在凹槽处的地面只有一层平砖，无立砖。甬道与中前室底相平，低于南前室和北前室底 16 厘米，低于中室底 5 厘米。甬道靠近墓门处的砖壁上涂有石灰、红色颜料，大部分已脱落。三前室：呈长方形。东西长 506 厘米、南北宽 698 厘米、高 200 厘米。现存石料 28 块，包括梁柱八、斗八、垫石六、横梁六（均为素石）。由南北二梁和梁柱把墓室分成北、中、南三室，中室通过梁柱空间与北、南二室相通。南、北墙和南前室东墙宽 45 厘米，南前室西壁、北前室东壁和西壁墙厚 31 厘米。中前室底与甬道相平，低于南前室和北前室底 16 厘米，低于中室底 5 厘米。前室铺地砖分两种，中前室所用砖为长 30 厘米、宽 12 厘米、厚 5 厘米；南前室和北前室所用的铺地砖却大于中前室铺地砖，砖长 32 厘米、宽 16 厘米、厚 5 厘米。中前室铺地砖分为两层，下层为横排错缝平铺，上层为横立砖"人"字形平铺，而南前室和北前室铺地砖与中前室上层铺地砖铺法相同，为横立砖"人"字形平铺。梁柱高 130 厘米、宽 36—40 厘米、厚 34 厘米。每个栌斗石尺寸略有差异，大体上近似，栌斗石宽 40—52 厘米。横梁长 160—168 厘米，宽 48 厘米，厚 34 厘米。垫石长 152—168 厘米，宽 34 厘米，厚 25 厘米。在南前室门处的两根梁柱间的填土中出有方形石板 2 块。方形石块边长 64 厘米、厚 15 厘米。结合中室也出有类似方形石板，但在中室铺地所用的方形石板排列整齐，无一块缺失，故推测方形石块为盖顶石，与盖顶石条、转角处的三角形石块共同构成了墓顶。所以据此推断前室顶也为方形石板盖顶，南前室门处发现的方形石板即为前室盖顶石遭破坏后留下的。中室门：为石结构，现存石料 16 块，其中画像石

2 块，画像 4 幅。由双门柱 4、柱础 4、斗 4、垫石 2、门扉 2 组成。门高
178 厘米、宽 160 厘米。在中室门 2 个立柱下部的柱础石上各雕有一高浮
雕龙。但画面剥落较严重，保存情况较差。门柱石长 130 厘米、宽 40 厘
米、厚 30 厘米；柱础石高 20 厘米、宽 40 厘米、厚 30 厘米；斗高 24 厘
米、上边长 48 厘米、厚 38 厘米；门扉石较薄而宽，长 178 厘米、宽 78
厘米、厚 9 厘米；门楣长 260 厘米、宽 28 厘米、厚 46 厘米。三中室：位
于前室之西。平面呈长方形，长 352 厘米（带门）、宽 1162 厘米、高 266
厘米。由南北梁柱和过梁把墓室分成北、中、南三室，中室通过梁柱空间
与南、北二室相通。现存梁柱六、斗六［其中北中室东梁柱与中室门北
（外侧）门柱上的斗、北中室西梁柱与后室门北门柱上的斗、南中室东梁
柱与中室门南（外侧）门柱上的斗、南中室西梁柱与后室门南门柱上的
斗是用一块石头刻成的连体斗，其外形似一个心形。这种连体斗形状极为
罕见，它的运用巧妙地使四角更加牢固，并增强了支撑盖顶石的能力］、
垫石四、横梁四块、铺地方石板 25、三角形角石 4 块和部分盖顶石（均
为素石）。北中室西墙、北墙和南中室西墙、南墙墙厚 45 厘米，仅在南中
室东墙南部和北中室东墙北部有 140 厘米长墙宽为 30 厘米，其余部分墙
厚为 45 厘米。中室：为纯石结构，平面呈长方形。其北为北中室，西为
后室门，南为南中室，东为中室门。东西长 352 厘米、南北宽 320 厘米、
残高 256 厘米。顶部已毁，仅余部分石条和四角转弯处的三角形石块，因
此中室顶是用石条叠涩而成的顶。该室底是用 25 块方形石板平铺而成
（铺地石保存较好，无一缺失），方石板边长 64 厘米、厚 15 厘米。在铺地
石上还有多块同样的石料，从整个发掘清理情况看，这些石料应是从顶部
塌落下来的。因为墓葬曾被严重扰乱，后室也遭到了严重破坏，所以后室
铺地石才出现在中室铺地石上。南中室和北中室：长 388 厘米、宽 420—
427 厘米。位于中室南北两侧。顶部均已毁。从残存的墙体看，为三顺一
丁砌法，墙厚 46 厘米。砖均为长 30 厘米、宽 15 厘米、厚 5 厘米。两层
铺地砖，先竖排错缝平铺一层，再在其上用横立砖"人"字形平铺一层。
北中室铺地砖均为长 30 厘米、宽 12 厘米、厚 5 厘米；南中室铺地砖长 32
厘米、宽 16 厘米、厚 5 厘米。在北中室北壁上有一壁龛，呈拱形，宽 120
厘米、高 76 厘米、厚 30 厘米。壁龛西壁距北侧室西壁内侧 116 厘米，下
部距铺地砖 50 厘米。壁龛遭破坏严重，原来是用砖砌成的。龛内无一物。
南中室南部被一近现代圆形水井打破，水井直径 340 厘米。水井券所用的

砖均与墓砖相同，应是用拆毁墓室的砖砌成的井壁。南中室南部又打破 M21。北、南两过梁长 160—180 厘米不等，宽 36 厘米左右，厚 48 厘米。梁柱石高 128 厘米，宽 34—46 厘米不等，厚 68 厘米。栌斗石宽 46—60 厘米，高 24 厘米。垫石长 220—244 厘米不等，宽 70 厘米，厚 34 厘米。后室门：由门柱 3、斗 3（其中北中室西梁柱与后室门北门柱上的斗、南中室西梁柱与后室门南门柱上的斗是用一块石头刻成的连体斗）、门楣 2、槛石 2 组成。门宽 330 厘米、高 142 厘米。柱石高 130 厘米、宽 36 厘米、厚 68 厘米；斗高 23 厘米、上宽 84 厘米。后室：位于中室之西。平面近方形。除后室门外，其余部分已全毁。仅在后室上层扰土中出土一些大型石条、三角形石块。据后室的墓圹范围可知后室长 470 厘米、宽 400 厘米。该墓出土画像石 2 块，画像 4 幅。[1]

（12）南阳县高庙汉代画像石墓墓葬形制。该墓为纯石结构。墓室平面为长方形，南北长 4.46 米、东西宽 2.93 米（不含墓道）。坐东向西，方向 300°，由墓道、墓门和南北中三室等五部分组成。其中墓道位于三墓室前，为弧形斜坡墓道。墓门为三座，分别位于三个墓室前。该墓出土石料 61 块，画像 60 余幅。[2]

（二）墓壁装饰的画像石

东汉晚期是南阳地区汉代画像石墓发展的尾声期。通过考古发掘，发现墓内使用汉代画像石的数量逐渐在减少。最为显著的例子是在襄县发现的东汉中期偏后的茨沟汉画像石墓。此墓是个大型墓，由 8 个墓室组成，但令人不可思议的是，仅出土 5 块画像石。由此说明，画像石墓开始走向尾声。在三国墓中发现的许阿瞿墓志画像石，说明东汉末期灵帝"建宁三年"，南阳一带仍流行画像石墓。其他的几座画像石墓，有画像的也不多。此时期虽然也有精品画像石，但精品的数量已经远不如以前，画像中几何图案、二方连续菱形穿环图案、二龙穿壁、二龙交尾画像居多。在此特别值得一提的是，一些大型墓室，在穹窿顶中央的结顶石下方平面上出现了如蟾蜍、莲花或莲子等画像。众所周知，莲花作为佛教的标志性图

① 南阳市文物考古研究所：《南阳牛王庙村八一星旺幼儿园 M20 发掘简报》2014 年 7 月，未刊资料。

② 南阳汉画馆：《南阳县高庙汉代画像石墓》，《南阳汉代画像石墓》，河南美术出版社 1998 年版，第 407 页。

案，在画像石墓中出现，说明了东汉晚期佛教已经在南阳传播，并对丧葬文化产生影响。特别值得一提的是，作为南阳地域特色的天文星象图，在东汉中后期的墓葬中依然大量出现，其中南阳县高庙汉代画像石墓的雷神击鼓图、双首朱雀图、星云图等星象图就别出心裁，说明了星象作为汉代画像石墓中天象的重要部分，在东汉中后期依然流行，并且受到汉代画像石制作工匠的高度关注。

按照通常的思维，画像石墓到晚期，墓葬规模会越来越小。但与之相反的是，东汉中期以后，南阳汉画像石墓的形制更加讲究，规模也更大。而画像石在墓室中的数量在减少，说明此时厚葬依然在流行，雕刻画像已经不是人们那么疯狂追求的一种习俗了。

（三）随葬器物

此期的墓葬，基本上都是大型墓，但墓内遗留极少，残留的几乎是一些陶器，如楼房、耳环、勺、斗、壶、瓮、罐、盘、盒、案、鼎、釜、奁、灶、磨、猪圈、井、瓦当及各种家畜等。鼎在个别墓中仍存在，但形制已有变化。出现侈口、无耳，且铺首装饰。灶为二连灶、三连灶并有灶上的釜与灶体烧结在一起的现象。大量的墓葬仍有陶俑出现，说明依然流行。此时期的另外一个特殊之处是，就是精致陶楼的出现，这种模型陶器，在以前的画像石墓中也有出现，但此时的陶楼更加复杂精致。东汉晚期的画像石墓中出土了具有标志性的钱币——剪边五铢铜钱，这正是东汉晚期流行的一种钱币。

（四）综合特征

东汉中后期画像石墓，有准确纪年的有当阳郑家大坡墓的刻铭"永元六年八月"，即公元94年；襄城茨沟汉画像石墓的刻铭"永建七年正月"，即公元132年；许阿瞿墓志画像石的刻铭建宁三年，即公元170年。另外在新野前高庙村墓所出130枚货币中，发现了大量的东汉剪边五铢，说明该墓已经是东汉晚期。所以，本组画像石墓的年代，只能从总的方面来断定它们大体属于东汉中晚期。

南阳汉代画像石墓，发掘数量之大，分布区域之广，再次向世人证明了南阳在西汉与东汉的经济地位和社会影响力。我们将南阳汉代画像石墓分为四期，一期大约在西汉中后期也就是武帝以后，此时的汉代画像石墓在唐河县与湖北交界的地方开始兴盛，宛城地区针对此种墓葬形式也有响应。不过根据目前的发掘来看，似乎汉画像石墓最早在唐河县湖阳镇（西汉时为湖阳县）和随枣走廊一带流行。二期大约在西汉末到王莽时期，此时南阳汉代画像石墓，唐河县与宛城两地的汉代画像石墓基本上是平分秋色，呈现双峰屹立的现象。三期大约在东汉早期，此时南阳已经成为"帝乡"与"陪都"，无论在经济方面与政治方面，其他地域均无法比拟。所以南阳地区汉代画像石墓以宛城为中心点向周边辐射，而且宛城一带的汉代画像石题材之多、技艺之精湛、艺术水平之高，令人叹为观止。四期为东汉中晚期，创新题材逐渐减少，几乎在原有之路上发展，尤其到东汉晚期，墓葬用石块虽多，但画像已经很少，并且图像也十分单调。三国至魏晋时期，发现了利用原汉墓中的画像石材作建筑材料重新建造画像石墓的现象，从此之后，刻画画像石来建筑墓葬的习俗已经终止。

第二节　南阳汉代画像石墓的地域分布

关于汉代画像石的分区，目前学界基本上根据信立祥的划分方式对其进行五个区域的规划。可是对各个区的汉代画像石，基本上还没有进行再次划分。就目前南阳汉代画像石而言，不仅分布地域广，而且不同地域又有不同的特点，这为南阳汉代画像石的分区提供了必要的条件。本人考察、收集、研究南阳地区汉代画像石二十余年，发现南阳汉代画像石分布的区域之广，数量之多，刻画风格之不同，它们之间既有区别，又有联系，亦可以独自成为一个体系。因此，我们根据目前的考古发掘材料，对该区域的汉代画像石进行进一步的划分。

截至目前，科学考古发掘并正式公开发表的南阳汉代画像石墓，共计119座。在这119座汉代画像石墓中，最南端的分布在湖北省宜昌市当阳县河溶镇高店村郑家大坡；最北边的分布在河南省许昌市襄城县茨沟乡尧城宋庄；最东边的分布在南阳市桐柏县安棚乡杨庙村；最西边的分布在南阳市内乡县赵店乡。

根据各个地域刻画风格的不同和石料采集的不同以及画像题材的差异，我们初步可以把南阳地区汉代画像石墓分为三个区域。

一　一区以唐河县湖阳镇为中心

汉代画像石墓分布于唐河县、桐柏县、新野县以及湖北枣阳县、随州市、当阳县。此区也是南阳汉代画像石墓的发源地，南阳地区早期的汉代画像石墓主要分布在这个区域之内。

笔者多次到南阳汉画馆、唐河博物馆、襄阳博物馆、枣阳博物馆、随州博物馆、当阳博物馆等地考察，此区域出土的汉代画像石，发现与二区南阳市为中心出土的汉代画像石主要有三个方面的区别。

（1）画像题材。该区考古发掘汉代画像石墓共计23座，分别是湖北随县唐镇王家湾汉代画像石墓、湖北随县唐镇聂家湾汉代画像石墓、唐河汉郁平大尹冯君孺久画像石墓、唐河县电厂汉代画像石墓、唐河县石灰窑村汉代画像石墓、唐河县湖阳镇汉代画像石墓、唐河县针织厂二号汉代画像石墓、新野县前高庙村汉代画像石墓、桐柏县安棚汉代画像石墓、唐河县白庄汉代画像石墓、唐河县西冢张村汉代画像石墓、当阳郑家大坡汉代画像石墓等。在这23座墓葬中，题材有一定的独特性，也就是说，有一定的地域特色。这种地域特点由诸多因素造成，其一是该地域的文化积淀，其二是绘画氛围，其三是工匠群体。就文化积淀而言，南阳地区自古以来就是江汉平原与中原地区的交通要冲，长期以来形成了一个文化走廊。而今天的唐河、枣阳、随州一带，是这个文化走廊的核心区域之一。从文化的形态上来讲，此地也可以说是荆楚文化与中原文化的交汇地。所以，文化积淀可想而知。众所周知，汉代是"六国文化遗风的复苏"时期。[①] 而在春秋战国时期楚国的绘画又在六国之首，所以，唐河、枣阳、随州文化走廊无疑有着浓厚的绘画氛围，并聚集着一批优秀工匠群体。正因为如此，棺椁制度在西汉中后期发生变化，具体的地点就在唐河、随州、枣阳一带。在这个文化交汇的地方，工匠们想出了一个可以代替棺椁的方式——画像石墓。在初期的画像石墓中，画像题材比较单调。主要有：

①神话天文类。二龙穿璧（图4-68）、二龙交尾、虎吃女魃、伏羲、女娲造人（图4-69）、白虎、朱雀、玄武、青龙（图4-70）、羽人与白虎（图4-71）、三足乌与白虎（图4-72）、月中蟾蜍、长虹（图4-73）、重明鸟、逐疫升仙。

---

① 俞伟超：《考古学中的汉文化问题》，《古史的考古学探索》，文物出版社2002年版，第180页。

图 4-68　二龙穿璧

图 4-69　女娲造人

图 4-70　青龙

图 4-71　羽人与白虎

图 4-72　三足乌与白虎

图 4-73　长虹

②历史故事类。范雎受袍（图 4-74）、二桃杀三士、晏子见齐景公（图 4-75）、聂政自屠（图 4-76）、蹶张（图 4-77）。

图 4-74　范雎受袍

图 4-75　晏子见齐景公

图 4-76　聂政自屠

图 4-77　蹶张

　　③生活类。车骑出行（图 4-78）、田猎、楼阁（图 4-79）、门吏、武库、拜谒（图 4-80）、铺首衔环、执钺武士、拥彗门吏、执盾门吏、双鸟啄鱼。

图 4-78　车骑出行

图 4-79　楼阁

图 4-80　拜谒

④乐舞游戏类。乐舞（图 4-81）、建鼓（图 4-82）、六博、击剑、戏虎、斗兽、骑象。

图 4-81　乐舞

图 4-82　建鼓

⑤几何图案类。菱形图案（图 4-83）、连弧纹。

图 4-83　菱形图案

（2）画像石雕刻技法。一区的汉代画像石，在南阳汉代画像石发展过程中属于原始阶段，在制作过程中比较粗糙。它的雕刻方式属于平地浅浮雕而且雕像较浅，在雕琢的物象上面稍加打磨，并对物象的五官与服饰等进行阴线刻画。这种技法，在南阳汉代画像石中，仅仅一区采用此种方式。它的流行时段，大致从西汉中期到东汉早中期。

（3）石材来源。如果仔细研究一区的汉代画像石的话，我们会发现主要采用白砂岩石和黄砂岩石材料制作而成，这种白砂岩石的材料，出自桐柏山余脉西部，唐河县湖阳镇和枣阳市太平镇一带。此山名曰唐梓山（图4-84），海拔约400米。北距唐河县城30千米，南距枣阳市区22千米。此山的石质坚硬细腻，有汉白玉的特点。因此，在方圆60千米内，众多汉代画像石墓的材料均来自此山。以此山为圆心，西至新野县前高庙镇（如新野县前高庙汉代画像石墓），北至唐河县张店镇（唐河县白庄汉代画像石墓），南至湖北当阳市郑家大坡（如湖北当阳郑家大坡汉代画像石墓），东至桐柏县安棚乡（如桐柏县安棚汉代画像石墓），石材均出自此山。一区的汉代画像石墓，呈现出以唐河县湖阳镇为集中点，并向周边辐射。换言之，也是以唐梓山为汉代画像石取材基地，向周边辐射。

图4-84　唐梓山

在以前的研究中，误认为唐梓山是一区的汉代画像石制作基地，后来查阅1971年秋河南省博物馆、南阳市博物馆文物工作者在唐河县针织厂汉代画像石墓发掘简报中，描述了关于汉代画像石制作的一些信息，"发掘时，发现填土中有残碎石块，证明墓的画像石是在此墓附近雕凿的。又在墓门前填土中发现铁凿一件，磨成锥状，柄端有捶打卷痕，可能是雕凿画像石实用的工具"①。通过这些材料，说明汉代画像石的制作是先取材，后把石材运至墓地再进行雕凿。

除此之外，一区的汉代画像石，还有一些是黄砂岩石制作而成，而黄砂岩石材来自湖阳镇北边一带的一座小山。但这种数量较少，其画像题材和雕凿技法与一区白砂岩石类画像石的制作方式没有区别。

一区画像石在石材利用、题材刻画以及表现技法等方面均与二区、三区有所区别。从一个方面，我们也可以认定，在西汉中后期，位于南阳郡湖阳县，在经济、文化方面，也有一定的优势。尤其是在西汉中后期，棺椁制度刚刚开始发生变革，作为一种新生的丧葬方式，率先在此地发生，这不是一种偶然现象，必然有着深层次的原因。我们今天推测，无非源于两个方面，一是思想方面的突破，此地新兴的中小型贵族阶层，已经不能满足于现有的丧葬模式，他们急于提升自己的身份，用一种特殊的棺椁方式，来表白自己的身份。二是经济方面的发达，说明在西汉中期以后，湖阳县及其随枣走廊一带经济逐渐发展，社会阶层也开始出现大的分化，作为一部分经济方面富足的家族，已经不满足自己底层人士的身份。

二　二区以南阳市区为中心

以今天的南阳市区为中心，辐射周边 50 千米左右，包含宛城区、卧龙区、邓州市、南召县。北边到今南阳市宛城区石桥镇一带（如南阳石桥汉代画像石墓），东北到方城县赵河镇、广杨镇一带（如方城县桐庄太子岭汉代画像石墓），南到南阳卧龙区英庄镇一带（如南阳英庄汉代画像石墓），西南到邓州市文渠乡一带（如邓县长冢店汉代画像石墓），西到内乡县赵店乡一带（如内乡县赵店乡汉代画像石墓）。通过这些我们可以看出，二区的画像石制作，当时它的市场范围基本上以南阳市为中心方圆约 50 千米。

此区是汉代画像石出土最多的地区，同时也是题材最为丰富、艺术水平最为精湛的地区。

---

① 河南省博物馆、南阳市博物馆：《唐河针织厂汉画像石墓的发掘》，《文物》1973 年第 6 期。

（1）画像题材

截至目前，宛城一带，共计发掘 81 座汉代画像石墓，再加上与宛城风格一致的邓州发掘的 3 座、南召县 1 座、镇平县 1 座、内乡县 1 座，共计 87 座汉代画像石墓。在迄今南阳郡及其周边总共发掘的 119 座汉代画像石墓中，宛城一带出土的汉代画像石墓将占到总数的三分之二。我们对发掘的 87 座汉代画像石墓进行仔细的梳理和分析，发现此地的汉代画像石题材与一区相比更加丰富，在技法方面也更加成熟。另外，宛城一带的汉代画像石墓，有着一条清晰的汉代画像石发展脉络，顺着这条脉络我们可以看出它的演变过程。同时我们也可以看到，中原丧葬习俗从西汉中后期到东汉晚期的变化历程。这也是作为中国一个特殊考古区域的一种墓葬文化的特征。在画像题材方面，我们会发现，题材之多，令人目不暇接。

①生产生活类。此类画像有牛耕（图 4-85）、捕鱼（图 4-86）、狩猎（图 4-87）、兵器、建筑、门吏、宴飨、乐舞百戏（图 4-88）、讲经、出行等。

图 4-85　牛耕

图 4-86　捕鱼

图 4-87 狩猎

图 4-88 乐舞百戏

②历史故事类。此类画像有晏子见齐景公、二桃杀三士（图 4-89）、
鸿门宴（图 4-90）、西门豹治邺、獒咬赵盾等。

图 4-89 二桃杀三士

图4-90 鸿门宴

③远古神话类。此类画像主要有伏羲、女娲（图4-91）、高禖（图4-92）、西王公东王母、羲和与常羲、羿射九日、牛郎织女（图4-93）、嫦娥奔月（图4-94）、雷公（图4-95）、郁垒（图4-96）、四神等。

图4-91 女娲   图4-92 高禖

图 4-93　牛郎织女

图 4-94　嫦娥奔月

图 4-95　雷公

图 4-96　郁垒

　　④天文星象类。日月合璧（图 4-97）、三足乌、五星连珠、日月同辉（图 4-98）、苍龙星座（图 4-99）、北斗七星等。

图 4-97　日月合璧

图 4-98　日月同辉

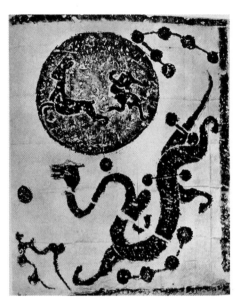

图 4-99　苍龙星座

⑤装饰图案类。菱形图案、三角形图案、穿环图案等。

（2）雕刻技法

二区汉代画像石的制作，与一区相比，虽然相距仅约 60 千米，但我们会发现有一定的差异。在雕刻方面，手法更成熟一些，基本上采用剔地浅浮雕，画面没有细打磨，并对画面进行阴线刻画，在刻画完成之后，对画面之外的部分进行底纹处理，几乎均是横幅竖纹、竖幅横纹，以这种方式来装饰画面。

（3）石料来源

二区的汉代画像石，石料来源与一区一样比较集中。根据作者多年的研究与考察，发现二区的汉代画像石石材几乎全部来自南阳市宛城区蒲山镇蒲山。目前南阳市区周边发现的汉代画像石均为青灰色石灰岩，此种石质在南阳方圆几百里之内只有蒲山盛产此种石材，其他地方没有发现。根据考古材料可知，蒲山石料的开采自秦汉至今，一直是南阳周围石刻的采石基地。此地的石料与中国四大名玉矿藏——独山紧紧相连，而且蒲山石材与独山的玉料在色泽方面有接近的地方，不仅密度高，而且石质细腻油亮，是制作石雕的理想材质。现今南阳汉画馆收藏的东汉宗资墓前的天禄、宗均墓前的辟邪，一直被视为东汉圆雕的经典之作，近年学界经过研究，发现这两件石雕的石材均采于南阳北郊蒲山。在南阳市区一带，之所以有这么多的精美汉代画像石，应该与此地的雕刻水平密不可分。在考古发掘中，多次发现南阳独山玉制作的器物在中原以及长江流域诸多墓葬中发掘出来，从时间上可以看出，早在新石器时代独山玉器已经出现在当时的墓葬中，后来在二里头夏代宫殿遗址、安阳殷墟的墓葬中均发现了大量的独山玉器。这些事例说明南阳的玉器雕刻，历史悠久、手法娴熟，而且制作群体庞大，已经在汉代以前就受到贵族的认可。也正因为如此，南阳的雕刻技艺经过长期的积淀，为后来的汉代画像石制作奠定了一定的基础。

南阳市区周边的汉代画像石墓，与一区唐河县以及桐柏、随州、枣阳、当阳的汉代画像石还有一定的区别。首要因素是文化氛围的差异，汉代湖阳县一带虽然也处于南襄隘道之中，但处于中原文化与荆楚文化以及巴蜀文化汇聚地的边缘，并不是核心地带。而两汉的宛城，也就是今天的南阳市区，是中国夏朝至东汉时期华夏文明的策源地，黄河流域与长江流域文化交流的一个中转站，同时也是一个交汇地，属于南襄隘道的核心地带。基于此，宛城作为南阳郡的郡治所在地，其贵族和豪强的数量不计其数。我们也可以想象，这样一个特殊的城市，在楚国灭亡之后，楚国的大批贵族和大批艺术工匠聚集宛城是有着极大可能的。正因为如此，南阳郡宛城一带的汉代画像石犹如百花园中的一朵奇葩，格外鲜艳和别致。所以，在前人研究宛城一带的汉代画像石时，曾经提出过宛城一带的汉代画像石是楚国美术的翻版，此类语言虽然有些不是特别贴切，但也有着一定的道理。毕竟在目前发掘出土的所有汉代画像石中，唯独汉代南阳郡宛城一带的汉代画像石，在继承楚国美术模式与题材方面最为突出，尤其是美术模式，那种大气磅礴的造型，洒脱不羁的线条，让人叹为观止。

三　三区以方城县城关镇为中心

以前研究南阳汉代画像石，往往把视野放在今天的南阳范围之内，如果我们用考古类型学的概念来审视这个问题，会发现南阳汉代画像石的发展范围，已经远远超越了今天的南阳市，也超越了西汉和东汉的南阳郡。因为在南阳区域之外，存在着大量汉代画像石，而这些汉代画像石，恰恰与南阳汉代画像石一脉相承，属于一个类型。因此，我们在讨论三区和一区汉代画像石的时候，已经超越了汉代南阳郡和今天南阳市的范围。三区的汉代画像石，基本处于南阳地区北部和平顶山一带和许昌南部，包括南阳地区的方城县、平顶山的郏县、宝丰县以及许昌的襄城县。三区的汉代画像石，如果我们翻开汉代历史地图会发现，这些汉代画像石墓基本上处于南阳郡至颍川郡的南北通道上，越离南阳近，汉代画像石墓就越密集，反之越少。通过这些，我们也可以看出，离南阳宛城越远，营建汉代画像石墓的习俗观念就越淡。因此，平顶山的郏县、宝丰县以及许昌襄城县的汉代画像石墓，可以看作是南阳汉代画像石发展过程中的边沿地带。

（1）画像题材。该地区虽然处于南阳汉代画像石的边沿地带，画像题材不及二区的题材丰富，但也有一定的特色。

①生产生活类。此类画像有搏虎（图4-100）、门吏（图4-101）、蹶张（图4-102）等。

图4-100 搏虎

图4-101 门吏   图4-102 蹶张

②远古神话类。此类画像主要有二龙交尾（图 4-103）、二龙穿璧等。

图 4-103　二龙交尾

③天文星象类。此类画像主要有蟾蜍。

④装饰图案类。此类画像主要有穿环图案。

（2）雕刻技法

三区汉代画像石的雕刻有着独特的地方，刻画图像采用剔地浅浮雕的方式，并用阴线刻画细部，大部分图像没有进行细打磨，只有方城县城关镇汉代画像石墓和方城县东关汉代画像石墓出土的画像石，画面有山东武梁祠画像石的特点，画面有打磨的特征，但该区画像石底纹均采用交叉斜线排列的方式进行装饰。

（3）石料来源

三区的汉代画像石，至今考古发掘仅 9 座墓葬，笔者在调查过程中发现，民间流散的汉代画像石为数不少。这些汉代画像石石材来源不是很明显，因为在方城县与叶县一带的山脉，石材均为红色砂岩石，质地较粗。所以无法确定具体的山脉，但据田野考察的经验，大约石料的来源应该在方城县与叶县之间的一座山峰。

南阳汉代画像石分布区域，南北跨度 400 余千米，东西跨度 100 余千米。这种分布，犹如河西走廊一样，呈现出一种狭长形。它的北边起点在平顶山郏县一带，南边的起点在荆州当阳一带，核心点在南阳市区。所以，南阳汉代画像石的分区，与南阳在先秦两汉时期的地理位置密不可分。也正因为如此，造成了南阳地区汉代画像石墓南北少、中间多的分布局面。

小　结

南阳汉代画像石在中国美术史上，是一个较为独立的文化现象，针对它的研究，应该给予深入剖析。在以往的研究中，关于南阳汉代画像石分期的文章早已见诸学术期刊。但作为一项学术问题，不是一两篇文章就可以说明白的。因此，结合以前学人的研究，有必要对南阳汉代画像石时间序列进行进一步探究。所以，我们提出了南阳一带的汉代画像石墓可以分为四个时期，一期西汉中后期，二期西汉末到王莽时期，三期东汉早期，四期东汉中晚期。这次把南阳汉代画像石墓的出现界定在西汉中后期，基于两方面的原因，一是从社会环境来看，在汉武帝时期，社会经济得到了空前的发展，当经济发展到一定程度的时候，人们的思想也随之改变。表现在丧葬习俗方面，有一部分人想提升自己的身份，但又不敢僭越贵族的丧葬规定，所以采用的是一种特殊的棺椁墓葬方式即"回廊形画像石墓和间切形画像石墓"。这种回廊和间切方式与棺椁墓的格局极其相似。因此，这种情况只有发生在经济高速发展时期才会出现。另外从墓葬形制和随葬器物来看，这些墓葬已经与武帝时期的墓葬相当接近，我们为了严谨起见，把南阳汉代画像石的发展期界定在西汉中后期。关于南阳汉代画像石的结束时期，这和当时的社会经济和政治动荡有密切的关系。至于在第二部分，针对南阳地区汉代画像石的三个区域划分，考虑到南阳作为长江流域文化与黄河流域文化的一个极其重要的汇聚地，并经过长时间的积淀，在西汉东汉时期形成了一个文化走廊即南襄隘道，这个走廊其实也是一个经济长廊，当中汇聚众多非富即贵的家族。这个区域之内南北较长，有近 400 千米。在这么长的距离中，画像石也有着诸多差异，诸如题材的差异、石料的差异、技法的差异、绘画风格的差异。正因为如此，提出了一区以唐河县湖阳为中心、二区以南阳宛城为中心、三区以方城县城关镇为中心这样的空间序列划分。

表 4-1　　南阳汉代画像石墓分期一览（按考古发掘时间顺序排列）

序号	分期	墓葬名称	发掘时间	资料来源
1	第一期 西汉中后期（约昭帝至元帝时期）	南阳杨官寺汉代画像石墓	1962 年春	《考古学报》1963 年第 1 期
2	第一期 西汉中后期（约宣帝至元帝时期）	湖北随县聂家湾汉代画像石墓	1965 年 3 月	《考古》1966 年第 2 期
3	第一期 西汉中后期（约宣帝至元帝时期）	湖北随县唐镇王家湾汉代画像石墓	1965 年 3 月	《考古》1966 年第 2 期

续表

序号	分期	墓葬名称	发掘时间	资料来源
4	第一期 西汉中后期（约宣帝至元帝时期）	南阳赵寨砖瓦厂汉代画像石墓	1976年2月	《中原文物》1982年第1期
5	第一期 西汉中后期（约宣帝至元帝时期）	唐河县石灰窑村汉代画像石墓	1980年5月	《文物》1982年第5期
6	第一期 西汉中后期（约宣帝至元帝时期）	唐河县湖阳镇汉代画像石墓	1983年6月	《中原文物》1985年第3期
7	第一期 西汉中后期（约宣帝至元帝时期）	南阳市万家园汉代画像石墓	2006年	《中原文物》2010年第5期
8	第二期 西汉末到新莽（成帝至王莽）	唐河针织厂汉代画像石墓	1972年6月	《文物》1973年第6期
9	第二期 西汉末到新莽（成帝至王莽）	唐河县电厂汉代画像石墓	1973年6月	《中原文物》1982年第1期
10	第二期 西汉末到新莽（成帝至王莽）	唐河汉郁平大尹冯君孺久画像石墓	1978年3月	《考古学报》1980年第2期
11	第二期 西汉末到新莽（成帝至王莽）	唐河县西冢张村汉代画像石M1	1980年10月	未刊资料
	第二期 西汉末到新莽（成帝至王莽）	唐河县针织厂二号汉代画像石墓	1983年3月	《中原文物》1985年第3期
12	第二期 西汉末到新莽（成帝至王莽）	唐河县湖阳罐山汉代画像M3	1989年冬	未刊资料
13	第二期 西汉末到新莽（成帝至王莽）	唐河县湖阳罐山汉代画像石M4	1989年冬	未刊资料
14	第二期 西汉末到新莽（成帝至王莽）	唐河县湖阳罐山汉代画像石M5	1989年冬	未刊资料
15	第二期 西汉末到新莽（成帝至王莽）	唐河县湖阳罐山汉代画像M6	1989年冬	未刊资料
16	第二期 西汉末到新莽（成帝至王莽）	唐河县湖阳罐山汉代画像M10	1989年冬	未刊资料

序号	分期	墓葬名称	发掘时间	资料来源
17	第二期 西汉末到新莽（成帝至王莽）	南阳市常庄汉代画像石墓	1989 年 11 月	未刊资料
18	第二期 西汉末到新莽（成帝至王莽）	南阳中建七局机械厂汉代画像石墓	1995 年 3 月	《中原文物》1997 年第 4 期
19	第二期 西汉末到新莽（成帝至王莽）	唐河白庄汉代画像石墓	1996 年 1 月	《中原文物》1997 年第 4 期
20	第二期 西汉末到新莽（成帝至王莽）	南阳市安居新村汉代画像石墓	1999 年 4 月	《考古》2005 年第 8 期
21	第二期 西汉末到新莽（成帝至王莽）	南阳市永泰小区汉代画像石墓	2000 年	《华夏考古》2010 年第 3 期
	第二期 西汉末到新莽（成帝至王莽）	河南南阳市永泰小区汉代画像石墓（M35）发掘简报	2000 年 2 月	《中原文物》2014 年 6 月
22	第二期 西汉末到新莽（成帝至王莽）	南阳市东风机械厂生活区汉代画像石 M17	2001 年 5 月	《中国汉画研究》第五卷，2018 年
23	第二期 西汉末到新莽（成帝至王莽）	南阳市新店熊营汉代画像石墓	2001 年 9 月	《考古》2008 年第 2 期
24	第二期 西汉末到新莽（成帝至王莽）	南阳陈棚汉代彩绘画像石墓	2001 年 11 月	《考古学报》2007 年第 2 期
25	第二期 西汉末到新莽（成帝至王莽）	唐河县黑龙镇西刘冲村汉代画像石墓	2002 年 5 月	《华夏考古》2018 年第 1 期
26	第二期 西汉末到新莽（成帝至王莽）	南阳市新店乡熊营汉代画像石 M3	2002 年 8 月	未刊资料
27	第二期 西汉末到新莽（成帝至王莽）	唐河县电业局汉代画像石墓	2003 年 10 月	《华夏文明》2016 年第 12 期
28	第二期 西汉末到新莽（成帝至王莽）	南阳市经济适用房中心汉墓 M2	2005 年 4 月	《中原文物》2017 年第 5 期
29	第二期 西汉末到新莽（成帝至王莽）	南阳市四幅井建材市场汉代画像石 M2	2006 年 1 月	未刊资料

序号	分期	墓葬名称	发掘时间	资料来源
30	第二期 西汉末到新莽（成帝至王莽）	南阳市四幅井建材市场汉代画像石 M3	2006 年 1 月	未刊资料
31	第二期 西汉末到新莽（成帝至王莽）	南阳市八一路汉代画像石墓	2008 年 6 月	《考古》2012 年第 6 期
32	第二期 西汉末到新莽（成帝至王莽）	南阳市体育中心游泳馆汉代画像石 M18	2009 年 12 月	《华夏文明》2019 年第 4 期
33	第二期 西汉末到新莽（成帝至王莽）	南阳市张衡路汉代画像石墓	2010 年 7 月	《中原文物》2017 年第 2 期
34	第二期 西汉末到新莽（成帝至王莽）	南阳市潦河镇王营汉代画像石 M16	2011 年 6 月	《华夏文明》2018 年第 4 期
35	第二期 西汉末到新莽（成帝至王莽）	南阳市赵寨汉代画像石墓	2011 年 8 月	未刊资料
36	第二期 西汉末到新莽（成帝至王莽）	南阳市宛城区达士营汉代画像石墓	2012 年	《华夏考古》2017 年第 1 期
37	第二期 西汉末到新莽（成帝至王莽）	南阳市老庄汉代画像石 M3	2012 年 12 月	未刊资料
38	第三期 东汉早期（光武帝至章帝）	南阳草店汉代画像石墓	1932 年	雨湘图书馆，1944 年
39	第三期 东汉早期（光武帝至章帝）	南阳市七里园汉代画像石墓	1956 年 10 月	《文物》1958 年第 10 期
40	第三期 东汉早期（光武帝至章帝）	南阳军帐营汉代画像石墓	1966 年 3 月	《考古与文物》1982 年第 1 期
41	第三期 东汉早期（光武帝至章帝）	南阳英庄汉代画像石墓	1966 年 11 月	《中原文物》1983 年第 3 期
42	第三期 东汉早期（光武帝至章帝）	南阳石桥汉代画像石墓	1972 年 3 月	《考古与文物》1982 年第 1 期
43	第三期 东汉早期（光武帝至章帝）	南阳县王寨汉代画像石墓	1973 年 3 月	《中原文物》1982 年第 1 期

续表

序号	分期	墓葬名称	发掘时间	资料来源
44	第三期 东汉早期（光武帝至章帝）	邓县长冢店汉代画像石墓	1973 年 5 月	《中原文物》1982 年第 1 期
45	第三期 东汉早期（光武帝至章帝）	方城东关汉代画像石墓	1977 年 10 月	《文物》1980 年第 3 期
46	第三期 东汉早期（光武帝至章帝）	方城县城关镇汉代画像石墓	1982 年 5 月	《文物》1984 年第 3 期
47	第三期 东汉早期（光武帝至章帝）	南阳县英庄汉代画像石墓	1983 年 4 月	《文物》1984 年第 3 期
48	第三期 东汉早期（光武帝至章帝）	南阳蒲山一号汉代画像石墓	1986 年 6 月	《华夏考古》1991 年第 4 期
49	第三期 东汉早期（光武帝至章帝）	南阳市刘洼村汉代画像石墓	1986 年 7 月	《中原文物》1991 年第 3 期
50	第三期 东汉早期（光武帝至章帝）	南阳市麒麟岗汉代画像石墓	1988 年 9 月	南阳汉画馆《南阳汉代画像石墓发掘报告集》中州古籍出版社，2012 年
51	第三期 东汉早期（光武帝至章帝）	南阳县熊营汉代画像石墓	1988 年 9 月	《中原文物》1996 年第 3 期
52	第三期 东汉早期（光武帝至章帝）	南阳市第二化工厂三十号汉代画像石墓	1991 年 10 月	南阳汉画馆《南阳汉代画像石考古发掘报告集》中州古籍出版社，2012 年
53	第三期 东汉早期（光武帝至章帝）	南阳蒲山二号汉代画像石墓	1992 年 12 月	《中原文物》1997 年第 4 期
54	第三期 东汉早期（光武帝至章帝）	南阳桑园路东汉画像石墓	1994 年	《文物》2003 年第 4 期
55	第三期 东汉早期（光武帝至章帝）	南阳市邢营二号汉代画像石墓	1994 年 2 月	《中原文物》1996 年第 1 期
56	第三期 东汉早期（光武帝至章帝）	南阳高新区标准厂房汉代画像石墓	1998 年 6 月	《南都学坛》2015 年第 4 期

序号	分期	墓葬名称	发掘时间	资料来源
57	第三期 东汉早期（光武帝至章帝）	南阳市汉景小区汉代画像石 M11	2009 年 1 月	未刊资料
58	第三期 东汉早期（光武帝至章帝）	唐河县古城乡井楼汉代画像石墓	2009 年 3 月	未刊资料
59	第三期 东汉早期（光武帝至章帝）	郏县黑庙汉代画像石墓	2010 年 4 月	《华夏考古》2013 年第 1 期
60	第三期 东汉早期（光武帝至章帝）	南阳市兵工新城汉代画像石 M5	2010 年 4 月	未刊资料
61	第三期 东汉早期（光武帝至章帝）	南阳市兵工新城汉代画像 M6	2010 年 4 月	未刊资料
62	第三期 东汉早期（光武帝至章帝）	方城县南兰高速公路汉代画像石 M1	2012 年 3 月	未刊资料
63	第三期 东汉早期（光武帝至章帝）	南阳市万盛地产汉代画像石 M8	2014 年 3 月	未刊资料
64	第三期 东汉早期（光武帝至章帝）	南阳城区大屯教师公寓汉代画像石 M3	2016 年 5 月	未刊资料
65	第四期 东汉中晚期（和帝至献帝）	襄城茨沟汉代画像石墓	1963 年 4 月	《考古学报》1964 年第 1 期
66	第四期 东汉中晚期（和帝至献帝）	南阳西关汉代画像石墓	1963 年 10 月	《考古》1966 年第 2 期
67	第四期 东汉中晚期（和帝至献帝）	南阳市中原技校汉代画像石墓	1971 年 8 月	《南阳汉代画像石》，1985 年
68	第四期 东汉中晚期（和帝至献帝）	湖北当阳刘家冢子东汉画像石墓	1972 年 3 月	《文物资料丛刊》1977 年第 1 期
69	第四期 东汉中晚期（和帝至献帝）	唐河县西冢张村汉代画像石 M2	1980 年 10 月	未刊资料
70	第四期 东汉中晚期（和帝至献帝）	新野县前高庙村汉代画像石墓	1983 年 5 月	《中原文物》1985 年第 3 期

序号	分期	墓葬名称	发掘时间	资料来源
71	第四期 东汉中晚期（和帝至献帝）	方城党庄汉代画像石墓	1984 年 4 月	《中原文物》1986 年第 2 期
72	第四期 东汉中晚期（和帝至献帝）	邓州市梁寨汉代画像石墓	1989 年 7 月	《中原文物》1996 年第 3 期
73	第四期 东汉中晚期（和帝至献帝）	邓州市八里岗汉代画像石墓	1993 年 3 月	未刊资料
74	第四期 东汉中晚期（和帝至献帝）	桐柏县安棚汉代画像石墓	1993 年 3 月	《中原文物》1996 年第 3 期
75	第四期 东汉中晚期（和帝至献帝）	湖北当阳郑家大坡东汉代画像石墓	1994 年 3 月	《考古》1999 年第 1 期
76	第四期 东汉中晚期（和帝至献帝）	南阳县高庙汉代画像石墓	1994 年 4 月	未刊资料
77	第四期 东汉中晚期（和帝至献帝）	宝丰县廖旗营墓地东汉画像石墓 M9	2010 年 5	《考古》2016 年第 3 期
78	第四期 东汉中晚期（和帝至献帝）	宝丰县廖旗营墓地东汉画像石墓 M10	2010 年 5	《考古》2016 年第 3 期
79	第四期 东汉中晚期（和帝至献帝）	南阳市仲景门国贸小区汉代画像石墓	2012 年 6 月	未刊资料
80	第四期 东汉中晚期（和帝至献帝）	南阳市泥营汉代画像石墓	2012 年 8 月	未刊资料
81	第四期 东汉中晚期（和帝至献帝）	南阳市牛王庙村八一星旺幼儿园 M20	2014 年 7 月	未刊资料
82	第四期 东汉中晚期（和帝至献帝）	南阳市四季花城汉代画像石墓	2016 年 6 月	未刊资料
83	再葬墓	南阳东关汉画像石墓	1962 年 3 月	《考古》1963 年第 1 期
84	再葬墓	南阳市西关汉画像石墓	1964 年 3 月	《考古》1964 年第 8 期
85	再葬墓	南阳市许阿瞿汉画像石墓	1973 年 3 月	《文物》1974 年第 8 期

序号	分期	墓葬名称	发掘时间	资料来源
86	再葬墓	南阳县十里铺汉画像石墓	1982 年 4 月	《文物》1986 年第 4 期
87	再葬墓	南阳市王庄汉画像石墓	1983 年 4 月	《中原文物》1985 年第 3 期
88	再葬墓	南阳市独山西坡汉画像石墓	1983 年 12 月	《中原文物》1985 年第 3 期
89	再葬墓	南阳市建材试验厂汉画像石墓	1984 年 12 月	《中原文物》1985 年第 3 期
90	再葬墓	南阳市第二化工厂二十一号汉画像石墓	1991 年 10 月	《中原文物》1993 年第 1 期
91	再葬墓	南阳市药材市场汉画像石墓	1992 年 10 月	《中原文物》1994 年第 1 期
92	再葬墓	南阳市邢营一号汉画像石墓	1994 年 2 月	《中原文物》1996 年第 1 期
93	再葬墓	南阳市十里铺二号汉画像石墓	1995 年 11 月	《中原文物》1996 年第 3 期
94	再葬墓	南阳市妇幼保健院汉代画像石墓	1996 年 5 月	《中原文物》1997 年第 4 期
95	再葬墓	南阳市汽车运输公司住宅小区 M18	1999 年 8 月	未刊资料
96	再葬墓	南阳景庄东汉画像石墓	2000 年 12 月	《文物》2012 年第 4 期
97	再葬墓	河南南阳市东关晋画像石墓	2001 年 4 月	未刊资料
98	再葬墓	河南省南阳市凯旋广场西晋画像石墓	2013 年 8 月	未刊资料
99	再葬墓	南阳市万盛房地产明代画像石墓 M9	2014 年 3 月	未刊资料

说明：第一期西汉中后期（约昭帝至元帝时期）汉代画像石墓葬 7 座，第二期西汉末到新莽（成帝至王莽）汉代画像石墓葬 30 座，第三期东汉早期（光武帝至章帝）汉代画像石墓葬 27 座，第四期东汉中晚期（和帝至献帝）汉代画像石墓葬 18 座，汉代画像石被汉代以后墓葬再次使用的 17 座，其中东汉末年至魏晋时期 16 座，明代 1 座。

表 4-2　　南阳汉代画像石墓分区一览（按考古发掘时间顺序）

1	第一区唐河县及湖北北部（含唐河县、桐柏县、新野县、湖北随州、当阳）	湖北随县聂家湾汉代画像石墓	1965 年 3 月	《考古》1966 年第 2 期

续表

2	第一区唐河县及湖北北部（含唐河县、桐柏县、新野县、湖北随州、当阳）	湖北随县唐镇王家湾汉代画像石墓	1965 年 3 月	《考古》1966 年第 2 期
3	第一区唐河县及湖北北部（含唐河县、桐柏县、新野县、湖北随州、当阳）	湖北当阳刘家冢子东汉画像石墓	1972 年 3 月	《文物资料丛刊》1977 年第 1 期
4	第一区唐河县及湖北北部（含唐河县、桐柏县、新野县、湖北随州、当阳）	唐河针织厂汉代画像石墓	1972 年 6 月	《文物》1973 年第 6 期
5	第一区唐河县及湖北北部（含唐河县、桐柏县、新野县、湖北随州、当阳）	唐河县电厂汉代画像石墓	1973 年 6 月	《中原文物》1982 年第 1 期
6	第一区唐河县及湖北北部（含唐河县、桐柏县、新野县、湖北随州、当阳）	唐河汉郁平大尹冯君孺久画像石墓	1978 年 3 月	《考古学报》1980 年第 2 期
7	第一区唐河县及湖北北部（含唐河县、桐柏县、新野县、湖北随州、当阳）	唐河县石灰窑村汉代画像石墓	1980 年 5 月	《文物》1982 年第 5 期
8	第一区唐河县及湖北北部（含唐河县、桐柏县、新野县、湖北随州、当阳）	唐河县西冢张村汉代画像石 M1	1980 年 10 月	《洛阳考古》2018 年第 3 期
9	第一区唐河县及湖北北部（含唐河县、桐柏县、新野县、湖北随州、当阳）	唐河县西冢张村汉代画像石 M2	1980 年 10 月	未刊资料
10	第一区唐河县及湖北北部（含唐河县、桐柏县、新野县、湖北随州、当阳）	唐河县针织厂二号汉代画像石墓	1983 年 3 月	《中原文物》1985 年第 3 期
11	第一区唐河县及湖北北部（含唐河县、桐柏县、新野县、湖北随州、当阳）	新野县前高庙村汉代画像石墓	1983 年 5 月	《中原文物》1985 年第 3 期
12	第一区唐河县及湖北北部（含唐河县、桐柏县、新野县、湖北随州、当阳）	唐河县湖阳镇汉代画像石墓	1983 年 6 月	《中原文物》1985 年第 3 期

续表

13	第一区唐河县及湖北北部（含唐河县、桐柏县、新野县、湖北随州、当阳）	唐河县湖阳罐山汉代画像 M3	1989 年冬	未刊资料
14	第一区唐河县及湖北北部（含唐河县、桐柏县、新野县、湖北随州、当阳）	唐河县湖阳罐山汉代画像石 M4	1989 年冬	未刊资料
15	第一区唐河县及湖北北部（含唐河县、桐柏县、新野县、湖北随州、当阳）	唐河县湖阳罐山汉代画像 M5	1989 年冬	未刊资料
16	第一区唐河县及湖北北部（含唐河县、桐柏县、新野县、湖北随州、当阳）	唐河县湖阳罐山汉代画像石 M6	1989 年冬	未刊资料
17	第一区唐河县及湖北北部（含唐河县、桐柏县、新野县、湖北随州、当阳）	唐河县湖阳罐山汉代画像 M10	1989 年冬	未刊资料
18	第一区唐河县及湖北北部（含唐河县、桐柏县、新野县、湖北随州、当阳）	桐柏县安棚汉代画像石墓	1993 年 3 月	《中原文物》1996 年第 3 期
19	第一区唐河县及湖北北部（含唐河县、桐柏县、新野县、湖北随州、当阳）	湖北当阳郑家大坡东汉画像石墓	1994 年 3 月	《考古》1999 年第 1 期
20	第一区唐河县及湖北北部（含唐河县、桐柏县、新野县、湖北随州、当阳）	唐河白庄汉代画像石墓	1996 年 1 月	《中原文物》1997 年第 4 期
21	第一区唐河县及湖北北部（含唐河县、桐柏县、新野县、湖北随州、当阳）	唐河县黑龙镇西刘冲村汉代画像石墓	2002 年 5 月	《华夏考古》2018 年第 1 期
22	第一区唐河县及湖北北部（含唐河县、桐柏县、新野县、湖北随州、当阳）	唐河县电业局汉代画像石墓	2003 年 10 月	《华夏文明》2016 年第 12 期
23	第一区唐河县及湖北北部（含唐河县、桐柏县、新野县、湖北随州、当阳）	唐河县古城乡井楼汉代画像石墓	2009 年 3 月	未刊资料

24	第二区南阳市区以及邓州市（含宛城区、卧龙区、邓州市、内乡县、镇平县）	南阳草店汉代画像石墓	1932 年	雨湘图书馆，1944 年
25	第二区南阳市区以及邓州市（含宛城区、卧龙区、邓州市、内乡县、镇平县）	南阳市七里园汉代画像石墓	1956 年 10 月	《文物考古资料》1956 年第 12 期
26	第二区南阳市区以及邓州市（含宛城区、卧龙区、邓州市、内乡县、镇平县）	南阳杨官寺汉代画像石墓	1962 年春	《考古学报》1963 年第 1 期
27	第二区南阳市区以及邓州市（含宛城区、卧龙区、邓州市、内乡县、镇平县）	南阳东关汉画像石墓	1962 年 3 月	《考古》1963 年第 1 期
28	第二区南阳市区以及邓州市（含宛城区、卧龙区、邓州市、内乡县、镇平县）	河南南阳西关汉代画像石墓	1963 年 10 月	《考古》1966 年第 2 期
29	第二区南阳市区以及邓州市（含宛城区、卧龙区、邓州市、内乡县、镇平县）	南阳麒麟岗汉代画像石墓 M1（暂定名）	1964 年	《南阳麒麟岗汉画像石墓发掘报告》《南阳汉代画像石墓发掘报告集》中州古籍出版社，2012 年
30	第二区南阳市区以及邓州市（含宛城区、卧龙区、邓州市、内乡县、镇平县）	南阳市西关汉代画像石墓	1964 年 3 月	《考古》1964 年第 8 期
31	第二区南阳市区以及邓州市（含宛城区、卧龙区、邓州市、内乡县、镇平县）	南阳军帐营汉代画像石墓	1966 年 3 月	《考古与文物》1982 年第 1 期
32	第二区南阳市区以及邓州市（含宛城区、卧龙区、邓州市、内乡县、镇平县）	南阳英庄汉代画像石墓	1966 年 11 月	《中原文物》1983 年第 3 期
33	第二区南阳市区以及邓州市（含宛城区、卧龙区、邓州市、内乡县、镇平县）	南阳市中原技校汉代画像石基	1971 年 8 月	《南阳汉代画像石》1985 年
34	第二区南阳市区以及邓州市（含宛城区、卧龙区、邓州市、内乡县、镇平县）	南阳石桥汉代画像石墓	1972 年 3 月	《考古与文物》1982 年第 1 期

续表

35	第二区南阳市区以及邓州市（含宛城区、卧龙区、邓州市、内乡县、镇平县）	南阳县王寨汉代画像石墓	1973 年 3 月	《中原文物》1982 年第 1 期
36	第二区南阳市区以及邓州市（含宛城区、卧龙区、邓州市、内乡县、镇平县）	南阳市许阿瞿汉代画像石墓	1973 年 3 月	《文物》1974 年第 8 期
37	第二区南阳市区以及邓州市（含宛城区、卧龙区、邓州市、内乡县、镇平县）	邓县长冢店汉代画像石墓	1973 年 5 月	《中原文物》1982 年第 1 期
38	第二区南阳市区以及邓州市（含宛城区、卧龙区、邓州市、内乡县、镇平县）	南阳赵寨砖瓦厂汉代画像石墓	1976 年 2 月	《中原文物》1982 年第 1 期
39	第二区南阳市区以及邓州市（含宛城区、卧龙区、邓州市、内乡县、镇平县）	南阳县英庄汉代画像石墓 M1（暂定名）	1982 年以前	《文物》1984 年第 3 期
40	第二区南阳市区以及邓州市（含宛城区、卧龙区、邓州市、内乡县、镇平县）	南阳县英庄汉代画像石墓 M2（暂定名）	1982 年以前	《文物》1984 年第 3 期
41	第二区南阳市区以及邓州市（含宛城区、卧龙区、邓州市、内乡县、镇平县）	南阳县英庄汉代画像石墓 M3（暂定名）	1982 年以前	《文物》1984 年第 3 期
42	第二区南阳市区以及邓州市（含宛城区、卧龙区、邓州市、内乡县、镇平县）	南阳县英庄汉代画像石墓 M4（暂定名）	1982 年以前	《文物》1984 年第 3 期
43	第二区南阳市区以及邓州市（含宛城区、卧龙区、邓州市、内乡县、镇平县）	南阳县英庄汉代画像石墓 M5（暂定名）	1982 年以前	《文物》1984 年第 3 期
44	第二区南阳市区以及邓州市（含宛城区、卧龙区、邓州市、内乡县、镇平县）	南阳县英庄汉代画像石墓 M6（暂定名）	1982 年以前	《文物》1984 年第 3 期
45	第二区南阳市区以及邓州市（含宛城区、卧龙区、邓州市、内乡县、镇平县）	南阳县英庄汉代画像石墓 M7（暂定名）	1982 年以前	《文物》1984 年第 3 期

46	第二区南阳市区以及邓州市（含宛城区、卧龙区、邓州市、内乡县、镇平县）	南阳县十里铺汉代画像石墓	1982 年 4 月	《文物》1986 年第 4 期
47	第二区南阳市区以及邓州市（含宛城区、卧龙区、邓州市、内乡县、镇平县）	南阳市王庄汉代画像石墓	1983 年 4 月	《中原文物》1985 年第 3 期
48	第二区南阳市区以及邓州市（含宛城区、卧龙区、邓州市、内乡县、镇平县）	南阳县英庄汉代画像石墓	1983 年 4 月	《文物》1984 年第 3 期
49	第二区南阳市区以及邓州市（含宛城区、卧龙区、邓州市、内乡县、镇平县）	南阳市独山西坡汉代画像石基	1983 年 12 月	《中原文物》1985 年第 3 期
50	第二区南阳市区以及邓州市（含宛城区、卧龙区、邓州市、内乡县、镇平县）	南阳市建材试验厂汉代画像石墓	1984 年 12 月	《中原文物》1985 年第 3 期
51	第二区南阳市区以及邓州市（含宛城区、卧龙区、邓州市、内乡县、镇平县）	南阳蒲山一号汉代画像石墓	1986 年 6 月	《华夏考古》1991 年第 4 期
52	第二区南阳市区以及邓州市（含宛城区、卧龙区、邓州市、内乡县、镇平县）	南阳市刘洼村汉代画像石墓	1986 年 7 月	《中原文物》1991 年第 3 期
53	第二区南阳市区以及邓州市（含宛城区、卧龙区、邓州市、内乡县、镇平县）	南阳市麒麟岗汉代画像石墓	1988 年 5 月	南阳汉画馆《南阳汉代画像石墓考古发掘报告集》，2012 年
54	第二区南阳市区以及邓州市（含宛城区、卧龙区、邓州市、内乡县、镇平县）	南阳县熊营汉代画像石墓	1988 年 9 月	《中原文物》1996 年第 3 期
55	第二区南阳市区以及邓州市（含宛城区、卧龙区、邓州市、内乡县、镇平县）	邓州市梁寨汉代画像石墓	1989 年 7 月	《中原文物》1996 年第 3 期
56	第二区南阳市区以及邓州市（含宛城区、卧龙区、邓州市、内乡县、镇平县）	南阳市常庄汉代画像石墓	1989 年 11 月	未刊资料

续表

57	第二区南阳市区以及邓州市（含宛城区、卧龙区、邓州市、内乡县、镇平县）	南阳市第二化工厂二十一号汉代画像石墓	1991 年 10 月	《中原文物》1993 年第 1 期
58	第二区南阳市区以及邓州市（含宛城区、卧龙区、邓州市、内乡县、镇平县）	南阳市第二化工厂三十号汉代画像石墓	1991 年 10 月	未刊资料
59	第二区南阳市区以及邓州市（含宛城区、卧龙区、邓州市、内乡县、镇平县）	南阳市药材市场汉代画像石墓	1992 年 10 月	《中原文物》1994 年第 1 期
60	第二区南阳市区以及邓州市（含宛城区、卧龙区、邓州市、内乡县、镇平县）	南阳蒲山二号汉代画像石幕	1992 年 12 月	《中原文物》1997 年第 4 期
61	第二区南阳市区以及邓州市（含宛城区、卧龙区、邓州市、内乡县、镇平县）	邓县元庄汉代画像石墓（暂定名）	1993 年	未刊资料
62	第二区南阳市区以及邓州市（含宛城区、卧龙区、邓州市、内乡县、镇平县）	邓州市八里岗汉代画像石墓	1993 年 3 月	未刊资料
63	第二区南阳市区以及邓州市（含宛城区、卧龙区、邓州市、内乡县、镇平县）	南阳市邢营一号汉代画像石墓	1994 年 2 月	《中原文物》1996 年第 1 期
64	第二区南阳市区以及邓州市（含宛城区、卧龙区、邓州市、内乡县、镇平县）	南阳市邢营二号汉代画像石墓	1994 年 2 月	《中原文物》1996 年第 1 期
65	第二区南阳市区以及邓州市（含宛城区、卧龙区、邓州市、内乡县、镇平县）	南阳县高庙汉代画像石墓	1994 年 4 月	未刊资料
66	第二区南阳市区以及邓州市（含宛城区、卧龙区、邓州市、内乡县、镇平县）	南阳桑园路东汉画像石墓	1994 年夏	《文物》2003 年第 4 期
67	第二区南阳市区以及邓州市（含宛城区、卧龙区、邓州市、内乡县、镇平县）	南阳中建七局机械厂汉代画像石墓	1995 年 3 月	《中原文物》1997 年第 4 期

68	第二区南阳市区以及邓州市（含宛城区、卧龙区、邓州市、内乡县、镇平县）	南阳市十里铺二号汉代画像石墓	1995 年 11 月	《中原文物》1996 年第 3 期
69	第二区南阳市区以及邓州市（含宛城区、卧龙区、邓州市、内乡县、镇平县）	南阳市妇幼保健院汉代画像石墓	1996 年 5 月	《中原文物》1997 年第 4 期
70	第二区南阳市区以及邓州市（含宛城区、卧龙区、邓州市、内乡县、镇平县）	南阳高新区标准厂房汉代画像石墓	1998 年 6 月	《南都学坛》2015 年第 4 期
71	第二区南阳市区以及邓州市（含宛城区、卧龙区、邓州市、内乡县、镇平县）	南阳市粮食学校汉代画像石墓	1998 年 10 月	未刊资料
72	第二区南阳市区以及邓州市（含宛城区、卧龙区、邓州市、内乡县、镇平县）	南阳市安居新村汉代画像石墓	1999 年 4 月	《考古》2005 年第 8 期
73	第二区南阳市区以及邓州市（含宛城区、卧龙区、邓州市、内乡县）	南阳市柴油机厂汉代画像石墓	1999 年 5 月	未刊资料
74	第二区南阳市区以及邓州市（含宛城区、卧龙区、邓州市、内乡县、镇平县）	南阳市汽车运输公司住宅小区 M18	1999 年 8 月	未刊资料
75	第二区南阳市区以及邓州市（含宛城区、卧龙区、邓州市、内乡县、镇平县）	南阳市永泰小区汉代画像石墓	2000 年	《华夏考古》2010 年第 3 期
76	第二区南阳市区以及邓州市（含宛城区、卧龙区、邓州市、内乡县、镇平县）	河南南阳市永泰小区汉画像石墓（M35）	2000 年 2 月	《中原文物》2014 年第 6 期
77	第二区南阳市区以及邓州市（含宛城区、卧龙区、邓州市、内乡县、镇平县）	南阳景庄东汉画像石墓	2000 年 12 月	《文物》2012 年第 4 期
78	第二区南阳市区以及邓州市（含宛城区、卧龙区、邓州市、内乡县、镇平县）	河南南阳市东关晋画像石墓	2001 年 4 月	未刊资料

79	第二区南阳市区以及邓州市（含宛城区、卧龙区、邓州市、内乡县、镇平县）	南阳市东方机械厂生活区汉代画像石 M17	2001 年 5 月	《中国汉画研究》第五卷，2018 年
80	第二区南阳市区以及邓州市（含宛城区、卧龙区、邓州市、内乡县、镇平县）	南阳县熊营汉代画像石墓	2001 年 9 月	《考古》2008 年第 2 期
81	第二区南阳市区以及邓州市（含宛城区、卧龙区、邓州市、内乡县、镇平县）	南阳陈棚汉代彩绘画像石墓	2001 年 11 月	《考古学报》2007 年第 2 期
82	第二区南阳市区以及邓州市（含宛城区、卧龙区、邓州市、内乡县、镇平县）	南阳市新店乡熊营汉代画像石 M3	2002 年 8 月	未刊资料
83	第二区南阳市区以及邓州市（含宛城区、卧龙区、邓州市、内乡县、镇平县）	南阳市经济适用房中心汉墓 M2	2005 年 4 月	《中原文物》2017 年第 5 期
84	第二区南阳市区以及邓州市（含宛城区、卧龙区、邓州市、内乡县、镇平县）	南阳市万家园汉代画像石墓	2006 年	《中原文物》2010 年第 5 期
85	第二区南阳市区以及邓州市（含宛城区、卧龙区、邓州市、内乡县、镇平县）	南阳市四幅井建材市场汉代画像石 M2	2006 年 1 月	未刊资料
86	第二区南阳市区以及邓州市（含宛城区、卧龙区、邓州市、内乡县、镇平县）	南阳市四幅井建材市场汉代画像石 M3	2006 年 1 月	未刊资料
87	第二区南阳市区以及邓州市（含宛城区、卧龙区、邓州市、内乡县、镇平县）	南阳市八一路汉代画像石墓	2008 年 6 月	《考古》2012 年第 6 期
88	第二区南阳市区以及邓州市（含宛城区、卧龙区、邓州市、内乡县、镇平县）	南阳市汉景小区汉代画像石 M11	2009 年 1 月	未刊资料
89	第二区南阳市区以及邓州市（含宛城区、卧龙区、邓州市、内乡县、镇平县）	南阳市体育中心游泳馆汉代画像石 M18	2009 年 12 月	《华夏文明》2019 年第 4 期

90	第二区南阳市区以及邓州市（含宛城区、卧龙区、邓州市、内乡县、镇平县）	南阳市兵工新城汉代画像石 M5	2010 年 4 月	未刊资料
91	第二区南阳市区以及邓州市（含宛城区、卧龙区、邓州市、内乡县、镇平县）	南阳市兵工新城汉代画像 M6	2010 年 4 月	未刊资料
92	第二区南阳市区以及邓州市（含宛城区、卧龙区、邓州市、内乡县、镇平县）	南阳市张衡路汉代画像石墓	2010 年 7 月	《中原文物》2017 年第 2 期
93	第二区南阳市区以及邓州市（含宛城区、卧龙区、邓州市、内乡县、镇平县）	南阳市潦河镇王营汉代画像石 M16	2011 年 6 月	《华夏文明》2018 年第 4 期
94	第二区南阳市区以及邓州市（含宛城区、卧龙区、邓州市、内乡县、镇平县）	南阳市赵寨汉代画像石墓	2011 年 8 月	未刊资料
95	第二区南阳市区以及邓州市（含宛城区、卧龙区、邓州市、内乡县、镇平县）	南阳市车站路汉代画像石墓	2012 年	未刊资料
96	第二区南阳市区以及邓州市（含宛城区、卧龙区、邓州市、内乡县、镇平县）	南阳市宛城区达士营汉代画像石墓	2012 年	《华夏考古》2017 年第 1 期
97	第二区南阳市区以及邓州市（含宛城区、卧龙区、邓州市、内乡县、镇平县）	南阳市仲景门国贸小区汉代画像石墓	2012 年 6 月	未刊资料
98	第二区南阳市区以及邓州市（含宛城区、卧龙区、邓州市、内乡县、镇平县）	南阳市泥营汉代画像石墓	2012 年 8 月	未刊资料
99	第二区南阳市区以及邓州市（含宛城区、卧龙区、邓州市、内乡县、镇平县）	南阳市老庄汉代画像石 M3	2012 年 12 月	未刊资料
100	第二区南阳市区以及邓州市（含宛城区、卧龙区、邓州市、内乡县、镇平县）	河南省南阳市凯旋广场西晋画像石墓	2013 年 8 月	未刊资料

续表

101	第二区南阳市区以及邓州市（含宛城区、卧龙区、邓州市、内乡县、镇平县）	南阳市万盛地产汉代画像石 M8	2014 年 3 月	未刊资料
102	第二区南阳市区以及邓州市（含宛城区、卧龙区、邓州市、内乡县、镇平县）	南阳市万盛房地产明代画像石墓 M9	2014 年 3 月	未刊资料
103	第二区南阳市区以及邓州市（含宛城区、卧龙区、邓州市、内乡县、镇平县）	南阳市牛王庙村八一星旺幼儿园 M20	2014 年 7 月	未刊资料
104	第二区南阳市区以及邓州市（含宛城区、卧龙区、邓州市、内乡县、镇平县）	南阳城区大屯教师公寓汉代画像石 M3	2016 年 5 月	未刊资料
105	第二区南阳市区以及邓州市（含宛城区、卧龙区、邓州市、内乡县、镇平县）	南阳市四季花城汉代画像石墓	2016 年 6 月	未刊资料
106	第二区南阳市区以及邓州市（含宛城区、卧龙区、邓州市、内乡县、镇平县）	南阳市赵寨汉代画像石 M2	不详	王建中《汉代画像石通论》，紫禁城出版社，2001 年
107	第二区南阳市区以及邓州市（含宛城区、卧龙区、邓州市、内乡县、镇平县）	内乡县赵店汉代画像石墓	不详	王建中《汉代画像石通论》，紫禁城出版社，2001 年
108	第二区南阳市区以及邓州市（含宛城区、卧龙区、邓州市、内乡县、镇平县）	南阳县石桥镇东关汉画像石墓	不详	《南阳汉代画像石》，文物出版社，1985 年
109	第二区南阳市区以及邓州市（含宛城区、卧龙区、邓州市、内乡县、镇平县）	镇平县柳泉铺汉代画像石墓	不详	王建中《汉代画像石通论》，紫禁城出版社，2001 年
110	第三区方城县以及平顶山一带（含方城县、南召县、郏县、襄城县、宝丰县）	襄城茨沟汉代画像石墓	1963 年 4 月	《考古学报》1964 年第 1 期
111	第三区方城县以及平顶山一带（含方城县、南召县、郏县、襄城县、宝丰县）	方城东关汉代画像石墓	1977 年 10 月	《文物》1980 年第 3 期

112	第三区方城县以及平顶山一带（含方城县、南召县、郏县、襄城县、宝丰县）	方城县城关镇汉代画像石墓	1982 年 5 月	《文物》1984 年第 3 朋
113	第三区方城县以及平顶山一带（含方城县、南召县、郏县、襄城县、宝丰县）	方城党庄汉代画像石墓	1984 年 4 月	《中原文物》1986 年第 2 期
114	第三区方城县以及平顶山一带（含方城县、南召县、郏县、襄城县、宝丰县）	郏县黑庙汉代画像石墓	2010 年 4 月	《华夏考古》2013 年第 1 期
115	第三区方城县以及平顶山一带（含方城县、南召县、郏县、襄城县、宝丰县）	宝丰县廖旗营墓地东汉画像石墓 M9	2010 年 5	《考古》2016 年第 3 期
116	第三区方城县以及平顶山一带（含方城县、南召县、郏县、襄城县、宝丰县）	宝丰县廖旗营墓地东汉画像石墓 M10	2010 年 5	《考古》2016 年第 3 期
117	第三区方城县以及平顶山一带（含方城县、南召县、郏县、襄城县、宝丰县）	方城县南兰高速公路汉代画像石 M1	2012 年 3 月	未刊资料
118	第三区方城县以及平顶山一带（含方城县、南召县、郏县、襄城县、宝丰县）	南召县留山汉代画像石墓	不详	王建中《汉代画像石通论》，紫禁城出版社，2001 年
119	第三区方城县以及平顶山一带（含方城县、南召县、郏县、襄城县、宝丰县）	方城县广阳镇桐庄太子岭汉代画像石墓	不详	《南阳汉代画像石》，文物出版社，1985 年

　　说明：截至 2019 年 12 月，南阳汉代画像石墓共计发掘 119 座墓葬，其中一区唐河县及湖北北部（含唐河县、桐柏县、新野县、湖北北部随州、当阳）23 座，二区南阳市区以及邓州市（含宛城区、卧龙区、邓州市、内乡县、镇平县）86 座，三区方城县以及平顶山一带（含方城县、南召县、郏县、襄城县、宝丰县）10 座。

附图1：南阳汉代画像石墓一区分布示意图

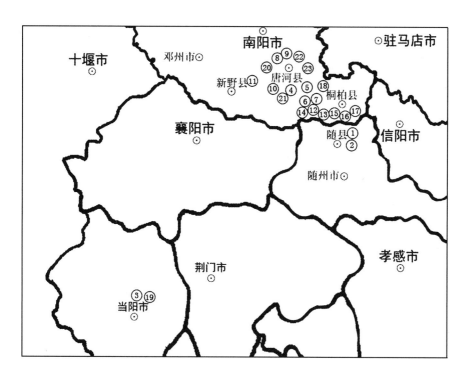

作者绘图

①湖北随县聂家湾汉代画像石墓；②湖北随县唐镇王家湾汉代画像石墓；③湖北当阳刘家冢子东汉画像石墓；④唐河针织厂汉代画像石墓；⑤唐河县电厂汉代画像石墓；⑥唐河汉郁平大尹冯君孺久画像石墓；⑦唐河县石灰窑村汉代画像石墓；⑧唐河县西冢张村汉代画像石M1；⑨唐河县西冢张村汉代画像石M2；⑩唐河县针织厂二号汉代画像石墓；⑪新野县前高庙村汉代画像石墓⑫唐河县湖阳镇汉代画像石墓；⑬唐河县湖阳罐山汉代画像M3；⑭唐河县湖阳罐山汉代画像石M4；⑮唐河县湖阳罐山汉代画像石M5；⑯唐河县湖阳罐山汉代画像石M6；⑰唐河县湖阳罐山汉代画像M10；⑱桐柏县安棚汉代画像石墓；⑲湖北当阳郑家大坡东汉画像石墓；⑳唐河白庄汉代画像石墓；㉑唐河县黑龙镇西刘冲村汉代画像石墓；㉒唐河县电业局汉代画像石墓；㉓唐河县古城乡井楼汉代画像石墓。

附图 2：南阳汉代画像石墓二区分布示意图

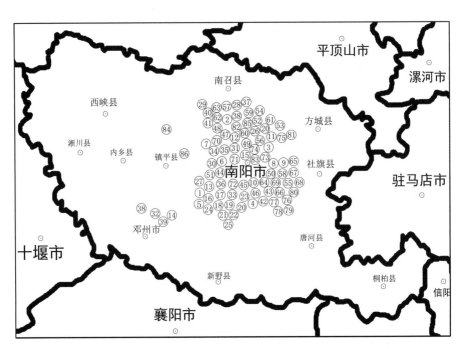

（作者绘图）

①南阳草店汉代画像石墓；②南阳市七里园汉代画像石墓；③南阳杨官寺汉代画像石墓；④南阳东关汉画像石墓；⑤河南南阳西关汉代画像石墓；⑥南阳麒麟岗汉代画像石墓 M1（暂定名）；⑦南阳市西关汉代画像石墓；⑧南阳军帐营汉代画像石墓；⑨南阳英庄汉代画像石墓；⑩南阳市中原技校汉代画像石墓；⑪南阳石桥汉代画像石墓；⑫南阳县王寨汉代画像石墓；⑬南阳市许阿瞿汉代画像石墓；⑭邓县长冢店汉代画像石墓；⑮南阳赵寨砖瓦厂汉代画像石墓；⑯南阳县英庄汉代画像石墓 M1（暂定名）；⑰南阳县英庄汉代画像石墓 M2（暂定名）；⑱南阳县英庄汉代画像石墓 M3（暂定名）；⑲南阳县英庄汉代画像石墓 M4（暂定名）；⑳南阳县英庄汉代画像石墓 M5（暂定名）；㉑南阳县英庄汉代画像石墓 M6（暂定名）；㉒南阳县英庄汉代画像石墓 M7（暂定名）；㉓南阳县十里铺汉代画像石墓；㉔南阳市王庄汉代画像石墓；㉕南阳县英庄汉代画像石墓；㉖南阳市独山西坡汉代画像石墓；㉗南阳市建材试验厂汉代画像石墓；㉘南阳蒲山一号汉代画像石墓；㉙南阳市刘洼村汉代画像石墓；㉚南阳市麒麟岗汉代画像石墓；㉛南阳县熊营汉代画像石墓；㉜邓州市梁寨汉代画像石墓；㉝南阳市常庄汉代画像石墓；㉞南阳市第二化工厂二十一号汉代画像石墓；㉟南阳市第二化工厂三十号汉代画像石墓；㊱南阳市药材市场汉代画像石墓；㊲南阳蒲山二号汉代画像石墓；㊳邓县元庄汉代画像石墓（暂定名）；㊴邓州市八里岗汉代画像石墓；㊵南阳市邢营一号汉代画像石墓；㊶南阳市邢营二号汉代画像石墓；㊷南阳县高庙汉代画像石墓；㊸南（转下页）

（接上页）阳桑园路东汉画像石墓；㊹南阳中建七局机械厂汉代画像石墓；㊺南阳市十里铺二号汉代画像石墓；㊻南阳市妇幼保健院汉代画像石墓；㊼南阳高新区标准厂房汉代画像石墓；㊽南阳市粮食学校汉代画像石墓；㊾南阳市安居新村汉代画像石墓；㊿南阳市柴油机厂汉代画像石墓；(51)南阳市汽车运输公司住宅小区 M18；(52)南阳市永泰小区汉代画像石墓；(53)河南南阳市永泰小区汉画像石墓（M35）发掘简报；(54)南阳景庄东汉画像石墓；(55)河南南阳市东关晋画像石墓；(56)南阳市东方机械厂生活区汉代画像石 M17；(57)南阳县熊营汉代画像石墓；(58)南阳陈棚汉代彩绘画像石墓；(59)南阳市新店乡熊营汉代画像石 M3；(60)南阳市经济适用房中心汉墓 M2；(61)南阳市万家园汉代画像石墓；(62)南阳市四幅井建材市场汉代画像石 M2；(63)南阳市四幅井建材市场汉代画像石 M3；(64)南阳市八一路汉代画像石墓；(65)南阳市汉景小区汉代画像石 M11；(66)南阳市体育中心游泳馆汉代画像石 M18；(67)南阳市兵工新城汉代画像石 M5；(68)南阳市兵工新城汉代画像石 M6；(69)南阳市张衡路汉代画像石墓；(70)南阳市潦河镇王营汉代画像石 M16；(71)南阳市赵寨汉代画像石墓；(72)南阳市车站路汉代画像石墓；(73)南阳市宛城区达士营汉代画像石墓；(74)南阳市仲景门国贸小区汉代画像石墓；(75)南阳市泥营汉代画像石墓；(76)南阳市老庄汉代画像石 M3；(77)河南省南阳市凯旋广场西晋画像石墓；(78)南阳市万盛地产汉代画像石 M8；(79)南阳市万盛房地产明代画像石墓 M9；(80)南阳市牛王庙村八一星旺幼儿园 M20；(81)南阳城区大屯教师公寓汉代画像石 M3；(82)南阳市四季花城汉代画像石墓；(83)南阳市赵寨汉代画像石 M2；(84)内乡县赵店汉代画像石墓；(85)南阳县石桥镇东关汉画像石墓；(86)镇平县柳泉铺汉代画像石墓。

附图 3：南阳汉代画像石墓三区分布示意图

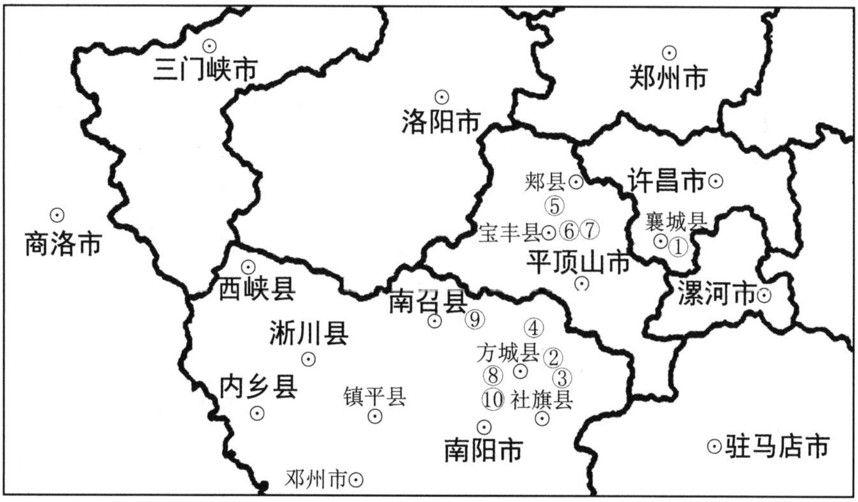

（作者绘图）

①襄城茨沟汉代画像石墓；②方城东关汉代画像石墓；③方城县城关镇汉代画像石墓；④方城党庄汉代画像石墓；⑤郏县黑庙汉代画像石墓；⑥宝丰县廖旗营墓地东汉画像石墓 M9；⑦宝丰县廖旗营墓地东汉画像石墓 M10；⑧方城县南兰高速公路汉代画像石 M1；⑨南召县留山汉代画像石墓；⑩方城县广阳镇桐庄太子岭汉代画像石墓。

第五章

南阳汉代画像石在墓葬中的视觉构建

研究南阳汉代画像石在墓葬中的视觉构建之前，我们必须明白中国墓葬空间的变革过程，尤其是从竖穴墓到横穴墓的发展变化，也就是说从间切形椁墓到室墓的发展过程。在前面讨论南阳汉代画像石墓的起源时，已经进行了梳理，厘清了基本的发展转变过程。也就是在这种转变中，墓葬被赋予的职能也在变化，随之而来的是，围绕这些职能，放置的随葬品以及所绘制的画像也有所改变，隐含着丧葬观念也在不断发生变化。这种空间结构的变化，最终导致室墓画像的视觉构建不断地成熟。南阳汉代画像石墓的空间结构，是汉代人为亡灵修筑的一种地下宅邸，把人世间所谓的"宇宙"浓缩到墓室这个非常有限的空间里面，从而成为一个地下的"小宇宙"。解读南阳汉代画像石墓的视觉构建体系，我们有必要厘清汉代人的这种基本理念，才能使我们更加深刻地理解每一幅画像的基本意涵。

第一节　汉代画像石墓的"宅邸"化

一　"宅邸"的基本特征

中国早期的墓葬建筑观念，到西汉中期，也就是西汉武帝时期（前140—前87），为之一变，这个时期是中国墓葬史上的一个分水岭，改变了以前的丧葬礼制。俞伟超先生对此有过较为客观的论述，认为墓葬的变革，从汉武帝前后为界线，分为两大阶段，前一阶段的成熟形态即通常所谓的"周制"，"汉制"是后一阶段的典型形态。①

---

① 俞伟超：《汉代诸侯王与列侯墓葬的形制分析——兼论"周制""汉制"与"晋制"的三阶段性》，《中国考古学会第一次年会论文集》，文物出版社1980年版，第332页。

　　导致这种局面的原因有二。其一是经济方面的原因。西汉经济经过建国70余年的"休养、生息"，社会经济不断复苏，尤其是到了武帝时期，社会经济得到了全面恢复，而且还出现了前所未有的繁荣景象。《汉书·食货志》中记载："至武帝之初七十年间，国家亡事，非遇水旱，则民人给家足。都鄙廪庾尽满，而府库余财；京师之钱累百钜万，贯朽而不可校。太仓之粟陈陈相因，充溢露积于外，腐败不可食。众庶街巷有马，阡陌之间成群，乘牸牝者摈而不得聚会。守闾阎者食粱肉；为吏者长孙；居官者以为姓号。"①根据这些记载，足见当时的物质财富发达的情景。正因为如此，为厚葬奠定了物质基础。物质基础达到一定程度之后，出现一些移风易俗的现象，导致了武帝后期，以石代木的画像石墓，开始在南阳一带犹如春笋一般涌现。在墓葬形制结构方面，也与以前的结构不同。在汉武帝以前，盛行的是棺椁制度，表现在墓室中一个或多个方形空间。可是从武帝之后，墓葬的建筑结构开始发生巨大的变化，一个主要特点则是愈加仿效生活居住宅第建筑。通常把地下的画像石墓葬建筑也称作"宅""室""室宅"等。在今天的考古发掘中，曾经有汉画像石墓的题铭中明确记载，如陕西米脂东汉牛文明画像石墓有"永初元年九月十六日牛文明千万岁室"、绥德王得元墓有"永元十二年四月八日王得元室宅"的题铭②。其二，我们会发现，在当时的墓葬内部，随葬品的种类也发生了变化，与以前注重礼器的观念相比，由成组的陶、铜器等固定组合模式变成了象征生前生活的各种楼阁、仓房、灶、井、磨、厕圈以及各种家畜等模型器物。尤其是到东汉以后，此种现象逐渐蔓延到全国各地，只要生前使用过的各类物品，均可以作为随葬品置于墓葬之中。也正是如此，改变了一贯的墓葬形制和随葬器物，从而使墓葬的营建更加仿效或贴近现实人生，也更加具有"宅""室""室宅"的氛围，把生命的终结不看作是一种死亡，而是看作是一种另外的生活方式，只不过这种生活从地上转变到地下而已。这种观念的出现，在某种程度上，也与当时盛行的道教神仙思想密不可分。另外，墓葬制度礼俗变化的趋向，以及推动这种变化发展的社会厚葬意识和风气，都和人本思想的发展有关，说明人们的视线逐步转向了现实的生活和自身。汉代人们所谓"事死如生""事亡如存"的厚葬

---

① 蒋英炬、杨爱国：《汉代画像石与画像砖》，文物出版社2001年版，第25页。

② 蒋英炬、杨爱国：《汉代画像石与画像砖》，文物出版社2001年版，第24页。

观念和行为，反映了对人生的重视和企图对人生的仿效再现。这从汉代画像石内容和艺术形式的整体面貌特征上也体现出来。汉代画像石所刻画的不再是那种神秘、恐怖的图像，而是充满人间生活趣味和主观愿望的生动活泼的艺术形象①。

二　"宅邸"内画像的性质

在这种大趋势之下，汉代画像石墓顺应了这种潮流，在某种程度上，汉代画像石墓把这种思潮推向了一个新的高度。无论是今天发现的山东汉代画像石还是南阳汉代画像石，在画像内容表现方面，非常生动活泼地表现一些当时人们的日常生活场景，例如乐舞百戏、门吏、车马出行、厅堂、庖厨、拜谒、迎宾等，这些图像有的虽然简单一些，但从图像的性质来讲，主要还是反映死者在冥界生活的点点滴滴。这种早期汉代画像石图像发展演变的轨迹，与当时墓葬习俗的变化趋势是一种同步的发展。如果仔细审视汉代画像石的图像，会发现这么多画像的作用和意义，几乎是墓葬随葬品的延续或扩展，有的是一种代替，可以说汉代画像石的图像，它的性质与随葬品一样，满足死者在阴间的生活和理想追求。汉代画像石产生以后，独特的墓葬形式和其本身"寿如金石"的优势，决定了这种丧葬风俗，有着独到或不可替代的作用。其影响不断扩大，并为一定级别的社会阶层所采用，由此更加推动了它的发展，使之内容和形式在原来的基础上更加丰富多彩。

汉代画像石不仅在初期是仿效"宅""室""室宅"，到汉代画像石墓葬发展的后期，同样也可以看出其墓葬形制结构复杂多样，把一种新的墓葬形式不断发展，从而使汉代画像石墓更加宅邸化，使墓葬建筑布局和功能更加模仿生前的居室房屋。在考古发掘中，我们往往会发现这些汉代画像石墓，在布局上几乎都是沿中轴线而设的墓门、前室、中室和后室，而这种与当时汉代居宅的大门、前堂、中堂和后寝一样，而汉代画像石墓两侧的耳室或回廊则相当于两边厢房或阁室。

---

① 信立祥：《汉代画像石综合研究》，文物出版社 2000 年版，第 240 页。

第二节　南阳汉代画像石在墓葬中的视觉构建规律

一　汉代铭文记述的画像视觉构建规律

关于汉代画像石的视觉构建，可以参照的文献资料犹如凤毛麟角，值得庆幸的是1973年5月发现的山东苍山城前村元嘉元年汉代画像石墓，其墓西侧墙壁上铭文为我们提供了汉代人在画像石墓葬营建方面配置的基本规律，这些规律与南阳汉代画像石墓相比，也有诸多相似之处，其基本的观念是一致的。

在山东苍山元嘉元年画像石墓的西侧室立柱上，发现了长达328字的题记铭文。在释读这篇题记铭文时，发现是记述墓室中所有石刻画像的内容以及每幅画像在墓室内相应的位置。可以说，这篇铭文是汉代画像石发现史上，唯一记述汉代画像石视觉构建的文献。通过这些文献，为我们更加清楚地认识成熟期画像石墓图像构建的基本规律，同时也为全国其他地区汉代画像石墓的图像构建规律提供借鉴。下面我们可以看一些信立祥先生对该墓的资料梳理。

（1）主室画像。主室中共有两幅画像，都配置在西主室内，可依次编为第一幅和第二幅画像。

第一幅画像：配置在西主室天井上，内容为互相嬉戏的龙虎形象。铭文：没有记述。

第二幅画像：配置在西主室后壁。遗憾的是，原画像因石面剥落过甚而模糊不清，简报没有发表画像拓本。发掘简报称，画像分为上下两层，上层左侧是由青龙、白虎、朱雀、玄武组成的四神图，右侧为仙人神兽图；下层为穿璧纹图案。铭文："薄踪郭（椁）内，画观后当，朱爵（雀）对游戏仙人，中行白虎后凤凰"①。

（2）前室画像。前室共有六幅画像，按顺序分别编为第三幅到第八幅，这六幅画像与铭文的对应关系如下。

第三幅画像：配置在北壁中柱即后室门的中门柱正面，内容为两条互

---

① 信立祥：《汉代画像石综合研究》，文物出版社2000年版，第240页。

相缠绕的巨龙形象。铭文："中直柱，双结龙，主守中雷辟邪殃"①。

第四幅画像：配置在西壁的横梁上，内容为墓主车马出行图。一座很大的木桥横贯整个画面，桥上，由三名骑吏和三辆四维辎车组成的墓主车马出行行列正自右向左行进，在木桥左侧，一名胡骑一边纵马向左奔逃，一边回首向车骑行列弯弓射箭。木桥下的河水中，两名船工操桨驾着一条木船正向左岸驶去，船上坐着两名妇女，木船周围，三名渔夫正在捕鱼。铭文："上卫桥，尉车马，前者功曹后主簿，亭长骑佐胡使弩，下有流水多鱼者，从儿刺舟渡诸母。"从铭文可知，三辆辎车中，前面的是功曹之车，后面的是主簿之车，中间的是墓主的主车，墓主生前的最高官职是"尉"②。

第五幅画像：配置在东壁的横梁石上。横长的画面上，左边是一座单层屋顶的大门，大门右侧附设一有屋顶的侧门，大门和侧门都只开启左门扉，门内露出手执便面和手杖的人物。大门之前，双手捧盾的游徼躬身面右而立，正在迎接自对面驰来的车骑行列。画面右边的车骑行列由一名导骑、一辆马拉的轿车和一辆羊拉的轿车组成，车骑行列上方，飘浮着卷成涡状的云层，云头均作鸟头状。铭文："使坐上，小车轿，驱驰相随到都亭，游徼候见谢自便，后有羊车像其口，上即圣鸟乘浮云。"③ 铭文中的"游徼"，是汉代基层治安机构"亭"的官吏，其地位低于亭长。

第六幅画像：配置在东壁横梁下的壁石上。由垂幛纹花纹带围起的大画框内，又由两条垂幛纹带分为上、中、下三层小画面。下层画的是车马出行图，左侧的先导是一名执矛的骑吏，其后是一辆耕车，轿车后即画面右端只画出一匹马的前半部，表明后面还有随行的车马。中层的画像内容为宴饮乐舞场面，画面中央一名老年妇女在几案后正襟危坐，几案上摆满食物，几案后摆放着酒樽和耳杯，老年妇女左侧跪坐着手持便面的男女人物各一，右侧一名妇女正翩翩起舞，另一名男子在抚琴伴奏。上层画像为龙凤相戏图。铭文："其中画，像家亲，玉女执樽杯案桦（盘），局□□□好弱（搦）完（玩）。"尽管铭文中的一些文字已经无法辨识，但文辞大意还是清楚的。其意是，画像中的主人公是母亲，玉女手执樽、

① 信立祥：《汉代画像石综合研究》，文物出版社 2000 年版，第 240 页。
② 信立祥：《汉代画像石综合研究》，文物出版社 2000 年版，第 240 页。
③ 信立祥：《汉代画像石综合研究》，文物出版社 2000 年版，第 240 页。

杯、案、桦（盘），正陪侍着母亲尽情享乐[1]。

第七幅画像：配置在南壁的横梁即墓门横额石的背面。横长的画面由一条横线分为上下两层，上层画像为仙禽神兽图，图中自左向右依次为朱雀、嬉戏的双龙、白虎、啄鱼的双鹤，仙禽神兽间飘荡着流云；下层为乐舞图，画面左侧是三人的乐队，分别吹奏着笙和笛，其右方两名舞女长袖轻拂，翩然曼舞，一人口衔一壶在作双手倒立，另一人作双手跳丸表演，画面右侧，四名妇女面左而坐正在观看演出。铭文："其碘（墙）内，有倡家，生（笙）汗（舞）相和仳（比）吹芦，龙爵（雀）除央（殃）螭（鹤）咽（啄）鱼。"其意为，画像描绘了娼优的乐舞场面，龙雀图像有辟除不祥的作用，双鹤啄鱼象征着吉祥大利。铭文中的"鹤"与"贺"谐音，"鱼"与"裕""余"谐音，无疑有大吉大利的意思[2]。

第八幅画像：配置在南壁的中柱即墓门中柱石的背面，内容为白虎图。铭文：无记述。这里需要特别指出的是，尽管前室顶部并没有发现石刻画像，但是铭文中不仅明确记载前室顶部有画像，而且对画像内容进行了描述。对顶部画像的内容，铭文描绘说："室上殃（墙），五子舆，僮女随后驾鲤鱼，前有白虎青龙车，后即被轮雷公君，从者推车，平理冤厨（狱）。"从铭文描述可以推知，前室顶部原来配置有雷公天罚图，大概原图是彩色壁画，因石质墓顶对壁画颜料附着作用太小，在漫长岁月的墓室水汽浸蚀下，壁画色彩已经消褪殆尽，以致出现了墓室画像内容与铭文记载不符的矛盾现象[3]。

（3）墓门画像。墓门上共刻有四幅画像，门额石和三块门柱石上各配置一幅，四幅画像按顺序分别编号为第九幅到第十二幅。

第九幅画像：刻在门额石上。横长的画面分为上下两层，上层为仙禽神兽图，画面中央是两只相对蹲坐的玉兔，其两侧刻有四龙二虎，神兽间配以各类仙禽；下层为墓主车马出行图，由三名骑吏、两辆辎车、一辆耕车和一辆斧车组成的墓主车骑行列正自左向右行进，画面右端，是双手捧盾、面左躬身而立迎接车骑行列的亭长[4]。铭文："堂硖（墙）外，君出

① 信立祥：《汉代画像石综合研究》，文物出版社 2000 年版，第 240 页。

② 信立祥：《汉代画像石综合研究》，文物出版社 2000 年版，第 240 页。

③ 信立祥：《汉代画像石综合研究》，文物出版社 2000 年版，第 240 页。

④ 信立祥：《汉代画像石综合研究》，文物出版社 2000 年版，第 240 页。

游，车马道（导）从骑吏留，都督在前后贼曹，上有虎龙衔利来，百鸟
共侍至钱财。"从铭文叙述可知，画像的四辆马车中，第一辆辎车为都督
车，第二辆辎车为墓主乘坐的主车，第三辆为贼曹乘坐的斧车，轿车当为
女墓主所乘之车；上层的仙禽神兽图象征着吉祥大利。

第十幅画像：配置在中柱石上，刻画四条身躯互相缠绕的巨龙。铭
文："堂三柱，中央柱，龙非详（飞翔）。"

第十一幅画像：配置在东门柱石上，有上下两层图像。上层为西王母
图，图中西王母端坐在蘑菇状的昆仑山顶部，身前有一株羽状的仙草，昆
仑山麓两侧有人立状的九尾狐和一只人首神兽。下层为仙人图，一位有翼
仙人站在仙山之上，双手举托着另一位披发有翼仙人①。铭文："左有玉
女与仙人"。

第十二幅画像：配置在西门柱石上，纵长的画面分为上、中、下三
层，每层各画一个人物。上、中层所画的人物均为头戴进贤冠、双手执板
的官吏形象，下层的人物是一位双手捧物的妇女。铭文："右柱□□请丞
卿，新妇主侍给水浆。"铭文中虽有两个字已不能辨识，但对图像的解释
还是大体可知的。即上、中层的两个人物为墓主生前的属吏丞、卿，下层
的妇女是墓主的子妇，这位进门不久的子妇正用酒浆招待丞、卿②。

该墓呈"十"字形，共计画像石 12 幅，在这 12 幅中，除第一幅和
第八幅没有说明以及雷公天罚图铭文中虽有记载而实际上并无画像外，
其他所在的位置均有明确的记载并一一吻合。纵观这 12 幅画像石，我
们可以为其进行归类。大致可以归为四类，第一类是表现亡灵赴祠堂接
受后人祭祀的场景，第二类是象征吉祥的仙禽神兽，第三类是表现天空
各类神祇的画像，第四类是描绘修仙的终极目标——西王母昆仑山圣地
的画像③。

仔细观察该墓画像石的配置，会发现汉代在阴阳五行理念的影响下，
配置得井然有序，在有限的空间中营造出一个汉代人心目中的宇宙空间，
这也是汉代特有的一种时代特征。在苍山元嘉元年汉代画像石墓中，第一
类内容的画像主要配置在中室通往后室的门额、横梁、左右侧壁的壁面和

---

① 信立祥：《汉代画像石综合研究》，文物出版社 2000 年版，第 240 页。
② 信立祥：《汉代画像石综合研究》，文物出版社 2000 年版，第 240 页。
③ 信立祥：《汉代画像石综合研究》，文物出版社 2000 年版，第 240 页。

墓门的门额石上，无论在画像数量上还是在画像面积上，这类画像都居于首位，表明这是图像学意义最为重要的墓室画像内容①。象征吉祥大利、具有保护墓主灵魂的安宁、防止墓主尸体遭受侵害的第二类画像，则配置在放置墓主棺椁的后室、中室和墓门的横梁及门柱上。第三类画像配置在象征天穹的前室顶部。第四类画像主要配置在墓门的门柱上。可以说，这座墓的画像配置，在某种程度上反映了成熟期画像石墓的画像构建规律②。

因此，可以把该墓作为汉代画像石墓画像构建规律来进行参考，从而找出南阳汉代画像石墓画像构建的基本规律，这对深入研究图像有积极意义。

既然苍山元嘉元年画像石墓为汉代画像石墓的配置提供了一个参照，那么南阳作为汉代画像石的发源地，它的图像构建又有哪些特点呢？其实根据目前发现的汉代画像石墓，从总体上来审视，我们会发现主要有两个体系，一个是以山东为主的体系，另外一个是以南阳为主的体系。这两个体系由于地域相距较远，文化传统相差较大。所以给这两个地区的画像石风格以及题材和构建均带来了一定的差异。

二　南阳汉代画像石在墓葬中的视觉构建规律

南阳汉代画像石墓，目前根据考古发掘的报告可以看出，共计119座，这些画像石墓的大小规模、画像石数量也均有着一定的差异。在此我们主要列举三座汉代画像石墓进行分析，分别是西汉晚期的唐河县针织厂画像石墓、新莽时期冯君孺久画像石墓、东汉后期的南阳麒麟岗汉代画像石墓。

（一）唐河县针织厂汉代画像石墓视觉构建规律

墓门：由两侧柱、一中柱和两块门楣筑成两个南北并列的墓门，门高1.32米、宽1.16米。门框和门楣上均凿有门臼，用以安装门扇。南门上部被盗掘人打破一洞。门外用方砖、板瓦、石板混合封堵。门楣上所刻骑马图，涂朱色。两门楣各刻虎吃女魅画像。门楣正面北边刻带剑门吏，南边刻执盾门吏。中间框两面均刻二方连续菱格套环图案。两扇北门刻朱

---

① 信立祥：《汉代画像石综合研究》，文物出版社2000年版，第240页。
② 信立祥：《汉代画像石综合研究》，文物出版社2000年版，第240页。

雀、铺首衔环；南门两扇刻白虎、铺首衔环。前室：南北长方形，长4.56 米、宽 1.2 米、高 1.80 米，地平比主、侧室低 0.22 米。顶部用方柱形石条横盖，东壁即墓门内壁，南北两壁用两块方形石板垒筑，两壁即两主室和两侧室门外壁，上有四块门楣，下有三柱分成两主室和两侧室门，门高 1.14 米、宽 0.40 米、厚 0.30 米。顶部刻有四方连续菱格套环图案。东壁墓门、门楣内面刻车骑出行图两幅；中侧三门框内面刻二方连续菱格套环图案，墓门内壁两侧壁面各刻有武库画像。南壁，上部刻人物、楼阁画像，下部刻田猎画像。北壁，上部刻二桃杀三士画像，下部刻楼阁、乐舞画像。西壁，两主室和两侧门外门相均刻二方连续菱格套环图案。北侧门框刻伏羲画像，南侧门框刻女娲画像，中间门框刻"拔剑武士"画像。主室：长 3.08 米、宽 3.102 米、高 1.58 米，正中筑一道留门隔墙，分成南北两主室。主室门框的四角凿有门臼。门外封门石板被盗墓者推倒，门内倒放有两根顶门柱。北主室顶门柱一端有"下男（？）三"三字，其意不解。主室内南北壁用四块石块砌成。两主室之间用两块门楣和三根石柱筑成了门道，门高 1.14 米、宽 0.74 米、无门扇。墓底铺有石板。南主室，顶部刻月宫蟾蜍和星宿，门框刻二方连续菱格套环图案；北壁刻双虎、晏子见齐景公、武士、斧、剑、龙虎、校猎和伏羲、女娲等图像，西壁刻校猎和聂政自屠、击剑等图像。两主室之间隔壁三门柱均刻二方连续菱格图案。侧室和后室：两侧室门与前室通，仅设有门楣，无门扇，门高1.12 米、宽 1.58 米。后室两端与两侧室相通，没有设门，长 4.56 米、宽 0.72 米、高 1.58 米。除北侧室门口北壁刻有执笏小吏画像一幅外，均未刻画像①。

该墓出土画像石 74 幅，其中除了图案花纹之类外，有人物、动物形象和一定思想内容的画像计 50 幅。可以分为四大类。一是历史故事类，主要有范雎受袍、二桃杀三士、聂政自屠、晏子见齐景公等。二是生活类，主要有车马出行、田猎、楼阁（图 5-1）、门吏、武库等。三是娱乐类主要有鼓舞、乐舞与六博、斗兽等。四是神话天文类，主要有虎食女魃、伏羲与女娲、白虎苍龙羽人、四神、三足乌、蟾蜍、长虹等。

该墓画像视觉构建比较有规律，可以算作一个典型。通过上文对唐河县针织厂画像石墓的分析，我们基本上厘清了该墓的配置规律，一是在墓

---

① 周到、李京华：《唐河针织厂汉画像石墓的发掘》，《中原文物》1973 年第 2 期。

图 5-1　楼阁

门及其周围，有守卫墓室安全的白虎、朱雀、铺首、执剑小吏、执盾小吏以及象征驱除邪恶的斗兽图。二是在墓门的门楣上，配置象征墓主赴祠庙接受子孙家人祭祀的画像如车马出行画像石。三是表现墓主日常生活场景的画像一般配置在主室的壁面上，如乐舞、六博、鼓舞、击剑、武士斧剑。四是表现墓主升仙图、历史故事图以及与祭祀活动有关的狩猎图均配置在主室的两侧，如田猎、二桃杀三士、聂政自屠、晏子见齐景公、范雎受袍等。五是表现保护墓主灵魂安宁和尸体安全，象征吉祥大利的仙禽神兽散布于主室之内，如虎吃女魃、苍龙羽人、伏羲女娲等。六是表现天上诸神和天象配置在主室顶部，如长虹、四神、七鲤（图 5-2）、白虎金乌、星宿蟾蜍等。七是前室左右的壁面上刻画武库，根据冯君孺久墓的刻铭，前室左右两室分别是库房和车库，而根据该墓的画像配置，应该属于库房的性质，属于墓主人放置武器的地方。该墓的画像配置，在以往的考古发掘中，较少出现这么多的历史故事画像。从这么多的历史故事画像中我们也可以大致推断出，墓主人应该属于有一定官职的而且还是一位儒士。如果把该墓的形制大小与冯君孺久墓相比，应该属于一个类型，所以，该墓的墓主人不会低于太守一级的官员。

图 5-2　七鲤

（二）新莽时期冯君孺久画像石墓视觉构建规律

大门门楣正面画像：二龙穿璧，二龙尾部相交于一环中，二龙首回转180度的大弯，张口，反顾对视。大门南柱正面刻画像为执笏门吏和榜题文字，门吏头戴前低后高冠，双手捧笏，作恭候侧立状。大门南扉正面刻白虎、铺首衔环画像，虎作倒立状。大门北扉正面刻朱雀、铺首衔环画像，朱雀倒立、翘尾、展翅。大门北柱正面亦刻执笏门吏。南车库门楣正面刻羽人、二龙交尾、人物，画中刻二龙背向，尾部交叉缠绕在一起。龙皆生双角，独爪。画左龙首处有一羽人，长发双翼，踞坐，右手持杖戏龙口。画右龙首处，刻一官吏，戴前低后高冠，右手执笏，着襦端坐。此画像很可能是表现墓主人的"升仙"图。北库西柱刻执笏画像。北库东柱刻执盾画像，门吏头部漫漶残缺，仅能看出身着长襦，手执盾牌。中大门门楣刻二龙穿璧画像，画像与大门门楣画像略同。南主室南扉刻朱雀、铺首衔环画像，朱雀单腿独立于铺首额顶，昂首、翘尾。南主室北扉亦刻朱雀、铺首衔环画像。朱雀华冠高耸，尾羽上翘，作展翅欲飞状。南主室西壁刻蹶张画像，蹶张头戴武冠，高耸双肩，瞪目衔矢，双足踏在弩背上，两手用力拉弦，形象凶猛强悍，是此墓唯一的阴刻画像。南主室北壁刻四首人面虎身兽画像，人首戴前低后高冠，面侧向后，与虎尾三首相顾，尾部三首亦戴前低后高冠，此画像在南阳画像石中独此一石。北主室南扉刻朱雀、铺首衔环画像。北主室北扉亦刻朱雀、铺首衔环画像。北主室南壁刻应龙、游鱼画像，龙生双角，张口吐舌，舞爪展翼，作奔驰状，龙尾下卷；龙尾上方刻一游鱼。中室南门东扉刻白虎、铺首衔环画像。中室南门西扉刻朱雀、铺首衔环画像。朱雀口衔长彩带，朱雀头顶又刻一神虎，虎身人首，戴前低后高冠。中室南门西柱刻执笏门吏。中室北门西扉刻白虎、铺首衔环画像。中室北门东扉正面刻白虎铺首衔环画像①。

南阁室南壁由八块石料筑成。其中七块石料上刻有六组画像，分别是东下部的拜谒画像，画中三人，右二人执笏对拜，身着长襦，头戴前低后高冠，左一人为侍卫，头戴平顶冠，身着短衣短裤，两腿叉开站立，左手握剑，右手执盾，形象彪悍。中下部的鼓舞和蹶张、熊画像；画左二人击建鼓而舞，画右一熊、一蹶张，图中蹶张头戴武冠，背插矢，两手拉弦，双足踏弓，着短襦短裤，左边又有一熊，竖耳直立瞠目张口，扭头舞爪作惊恐状。西下部的兽斗画像，画中五兽，自左而右依次为一虎、一熊，熊胯前卧一小鹿、一牛，牛下部为一长尾兽，虎张牙舞爪，熊竖耳直立，张口低首，牛低首竖角作角抵状。长尾兽回首环视，作张望状。中上部的拜谒画像，整个画面共刻八人，左起为主人戴前低后高冠，右手执笏，面右踞坐受拜；面前跪一人，双手捧笏作揖，次后刻六人，下部三人前后依序成行，皆双手执笏弯腰施礼，上部一人执笏跪拜，另二人执笏俯身投地作稽首拜。西上部的舞乐百戏画像：画左置一长榻，榻旁坐乐伎四人，左起第一人戴前低后高冠，面向右侧，双手捧竽，竽身上翘。竽头上有羽葆、流苏类的装饰。中间二乐人正面端坐，左手执排箫吹奏，右手摇鼗鼓，右边一人捧竖管演奏，榻右又有两舞伎，皆高髻、细腰，并列弯腰甩袖作燕飞状舞蹈，下部舞伎脚下置四个圆形物，此四圆形物当是四个小扁鼓，此二舞伎正踏鼓而舞。画右又有一伎席地双手支撑倒立。倒立者身后站一大汉，头戴尖顶冠，赤上身倒背双手，注视倒立者，似为滑稽演员②。

南阁室北壁的三块石头上刻有三组画像，东部刻一佩剑执盾官吏；中下部刻门阙、厅堂、人物；画中间为一厅堂建筑，两侧各有一对称的双层楼阁式门阙，厅堂左右两侧，各站一执笏侍吏。厅内上挂帷幔，下设一几，向后端坐二贵夫人，均头梳高髻，束腰着长裙，拱手胸前。几旁站一侍女，束腰长袖，双手捧奁盒。厅堂建筑为单檐歇山式。二柱上端皆有斗拱，柱下有覆斗形柱础。西部下端刻执笏对拜画像，画中为两官吏，皆戴前低后高冠，着长襦捧笏倾身对揖。左边官吏身后立一侍卫，头戴平顶

① 韩玉祥、李陈广主编：《南阳汉代画像石墓》，河南美术出版社 1998 年版，第 72 页。
② 韩玉祥、李陈广主编：《南阳汉代画像石墓》，河南美术出版社 1998 年版，第 72 页。

冠，手执长戟①。

北阁室北壁的六块石头上刻有五组画像，西端上部刻画乐舞百戏图，画中左起一乐人踞坐，右手握一竖管吹奏；另一乐人盘坐，左手执排箫吹奏，右手摇鼗鼓；中间有一女伎，挥长袖作盘鼓舞。足下置一鼓四盘，舞伎一足踏一盘，一足踏一鼓，图右一赤裸上身的大汉，左手托一壶，右手掷弄两丸，右坐一伎，在尊上做单手倒立表演。中上部刻拜谒图，画中主人形象高大肥胖，戴前低后高冠，修八字胡，左手扶剑，右手掌向上平伸。主人右侧有两官吏，一吏下跪执笏，一吏站立执笏，皆弯腰九十度作拜状，主人左侧立一吏，佩剑执笏，拱手相迎。佩剑吏身后，又各跪、站一吏执笏鞠躬。其后有一吏，头戴平顶冠，双手拥彗，低首恭迎。画面的最后部分置一鼓，鼓身侧置，以柱贯之，柱下安装一卧虎形鼓座。鼓旁立一鼓员，双手执桴击鼓。中下部刻鼓舞画像，画中置一建鼓，两鼓面下端各悬一小鼓（或小云锣），两鼓员头戴前低后高冠，执桴击鼓。东下部刻系虎图，画中间刻一虎，虎颈拴索。虎前有一戏虎者，侧转身跨步牵索拉虎。虎昂首翘尾，虎后有一似猴的灵长类动物，右前肢拉虎尾，左前肢按虎后足。画右下角还刻画一只静卧的小老虎。其后骑象图，象缺后尾部，象体高大，象背有鞍具，鞍具上有二人，前一人端坐，上身残缺；后一人躺卧，戴平顶冠，鼻高大，左臂架起，手掌托头，右臂平放在腿上。西阁室西壁的北端刻一幅蹶张、人物画像，画中蹶张头戴武冠，身着短衣短裤，竖眉瞪目，口衔利矢，两手拉弦，两足踏弓；旁有一武士左手提卣，右手扬斧，头部后倾，赤裸上身，着短裤、赤脚，奔向蹶张。北阁室东扉北面刻执笏画像②。

唐河汉郁平大尹冯君孺久画像石墓共出土画像石 35 块。而且大都施有彩绘。这部分画像石，我们可以大致分为四类。（1）神话与异兽类，主要有二龙穿璧、应龙与游鱼（图5-3）、四首人面虎（图5-4）、白虎铺首衔环门扉、朱雀铺首衔环门扉。（2）人物、建筑类，主要有门阙厅堂人物（图5-5）、拜谒、执笏门吏、执盾门吏、材官蹶张。（3）乐舞百戏类，主要有乐舞百戏（图5-6）。（4）斗兽戏兽类，主要有戏虎、骑象、斗兽（图5-7）。

在这些画像石分布中，我们会发现，此时的画像石墓配置有着一定

---

① 韩玉祥、李陈广主编：《南阳汉代画像石墓》，河南美术出版社 1998 年版，第 72 页。
② 韩玉祥、李陈广主编：《南阳汉代画像石墓》，河南美术出版社 1998 年版，第 72 页。

图5-3　应龙与游鱼

图5-4　四首人面虎

图5-5　门阙厅堂人物

图 5-6　乐舞百戏

图 5-7　斗兽

的规律。该墓由前室、中室、后室三部分组成。在墓室的门面部分，我们可以看出，白虎铺首衔环、朱雀铺首衔环主要饰于门扉，门扉两侧的立柱基本刻画门吏执笏或门吏执盾，在门扉的上面的门楣上刻画二龙穿璧。这是门面的画像组合，这个组合象征吉祥、起到保护墓室安全的仙禽神兽，这也可以说是第一道安全防范线。

墓室的第二道安全防线在主室之内，主室是放棺椁的地方，也是所谓亡灵的主要安居之地。所以在此，我们会发现中室的画像布局在思想意识上更加注重防范，主要表现在画像配置方面，南主室西壁刻蹶张画像，南主室南壁刻四兽人面虎画像，在北主室南壁应龙、游鱼画像。这些画像的布局，可以说是该墓室最核心的地方，刻画着保护墓主人的一些神兽和应龙以及蹶张。

在墓室的南阁室、北阁室中主要刻画的有拜谒画像、乐舞百戏画像、戏虎画像、骑象画像，在西阁室中有蹶张画像。这些画像，尤其是如娱乐类、交友类表现了墓主人日常生活的场景。作为一位二千石的官员，在阴间的生活，与生前一样，门庭若市、高朋满座。或与朋友一起欣赏歌舞，或与朋友一起观看斗兽，或迎接远方来宾，一起高谈阔论。这种把日常生活刻画在南北阁室的方式，与山东沂南北寨村墓的画像石配置规律并不一致，山东沂南北寨村墓的日常生活画像主要刻画在墓室的主室左右两侧的石壁上①。

　　同时与山东苍山元嘉元年的画像石墓的视觉构建规律也有一定的差异，在山东苍山元嘉元年的画像石墓中，我们发现该墓的画像主要为四类，除了在墓室门面上面表现墓主人赴祠庙接受子孙家人的祭祀的画像之外，其他的主要是象征吉祥的神兽以及象征天穹天界的诸神。墓主人的日常生活在该墓表现较少。而新莽郁平大尹冯君孺久墓日常生活的题材比较丰富外，表现墓主人赴祠庙接受子孙家人的祭祀的画像在该墓中没有出现。

　　（三）南阳麒麟岗汉代画像石墓视觉构建规律

　　墓门：该墓由两大门组成，共计四扇门扉。大门门扉正面刻画白虎铺首，背面刻画神荼图，另一大门正面刻画白虎铺首图，背面刻画郁垒图。另一对大门，一门扉正面刻画朱雀铺首图，背面刻画执笏人物图，另一门扉刻画朱雀铺首图，背面刻画执笏人物图。在二门扉上面的门楣正面刻画东王公西王母与驱魔画像（图5-8）。南大门门楣下面有一羲和捧日画像（图5-9），北大门门楣下面有一常羲捧月画像（图5-10），墓大门南立柱正面刻画执棨戟门吏画像，墓大门南立柱北侧面执钺门吏画像，墓大门中立柱正面刻画执盾门吏画像，墓南大门中立柱南侧面刻执金吾门吏画像，墓大门北立柱正面刻执戟门吏画像。大门南立柱背面刻画执彗门吏图，大门中柱背面刻画侍婢图，大门中立柱北侧面刻画执笏门吏图，大门

图5-8　东王公西王母与驱魔

---

① 信立祥：《汉代画像石综合研究》，文物出版社2000年版，第241页。

北立柱背面刻画门吏图。

　　图5-9　羲和捧日　　　　　图5-10　常羲捧月

　　前室：前室西壁南端假门门楣刻画白虎画像，前室北壁假门东立柱正面刻画护墓人物图，前室北壁假门二门楣刻画驱魔画（图5-11），前室北壁假门西立柱正面刻方相氏、东侧面刻画菱形图案；前室北壁假门中立柱正面刻画虹龙，前室北壁西假门后壁下端刻画捧盒女子，前室北壁东假门后壁上端刻画灵星（龙）图，前室北壁东假门后壁下端刻画贵妇图；前室南壁西立柱正面刻画伏羲，前室南壁二假门门楣正面刻画驱魔（图5-

12）；前室南壁西假门后壁上端刻画灵星（龙），前室南壁西假门后壁下端刻画捧衣侍女，前室南壁东假门后壁上端刻画拜谒图，前室南壁东假门后壁下端刻画二婢图，前室盖顶石下面太一暨日月神图。前室北西假门后壁上端刻画白虎图，前室南壁中立柱正面刻画虬龙图，南主室门北立柱南侧面妇人图。

图 5-11　驱魔

图 5-12　驱魔

主室：三主室门楣正面刻画乐舞百戏（图 5-13）。南主室门北立柱东侧面刻画三连灯图。北主室门北立柱东侧面刻画羽人图，中主室门北立柱东侧面刻画龙鱼图，南主室门南立柱正面刻画执笏门吏，南主室门南立柱北侧面刻画执金吾门吏，南主室门北立柱正面刻画捧熏炉侍者，南主室门北立柱北侧面刻画伏羲。中主室北门立柱正面刻画侍女，北主室门北立柱正面刻画侍女，北主室门北立柱南侧面刻画女娲图。南主室门门下槛正面

图 5-13　乐舞百戏

刻画一兕。北主室北壁东假门门楣下面刻画大雀图，北主室北壁中假门西
立柱东侧面刻画怪兽图，北主室北壁西假门门楣刻画应龙，北主室北壁西
假门门楣下面刻画云气图，北主室北壁中假门门楣正面刻画高禖神图（图
5-14），北主室北壁东假门门楣正面刻画风神飞廉图（图5-15），北主室
北壁东假门东立柱西侧面刻画朱雀图，北主室北壁东假门后壁刻画白虎
图，北主室北壁中假门东立柱正面刻画大象图（图5-16），北主室北壁中
假门东立柱东侧面刻画羽人图（图5-17），北主室北壁中假门东立柱西侧

图5-14　高禖神

图5-15　风神飞廉

面刻画麒麟图，北主室北壁中假门后壁刻画赤罴图，北主室北壁中假门西
立柱正面刻画白鹿图，北主室北壁中假门西立柱西侧面刻画玄武图，北主
室北壁西假门后壁刻画青龙图，北主室北壁东假门门楣下面刻画大雀图，
北主室北壁中假门西立柱东侧面，北主室东壁正面刻墓女主人图（图5-
18），北主室南壁东假门东立柱正面刻画跪拜图，北主室南壁东假门东立
柱西侧面刻画跽坐捧物图，北主室南壁西假门门楣正面刻画应龙图，北主

图 5-16 大象

图 5-17 羽人

室南壁西假门东立柱西侧面刻画捧盒侍者图，北主室南壁西假门东立柱正面刻画跪拜图，北主室南壁西假门东立柱东侧面刻画朱雀图，北主室南壁中假门门楣正面刻画神兽图（图 5-19），北主室南壁中假门门楣下面刻画怪兽图，北主室南壁中假门东立柱正面刻画跪拜图，北主室南壁中假门东立柱西侧面刻画跪拜图，北主室南壁中假门东立柱东侧面刻画跪拜图，北主室南壁东假门门楣正面刻画神兽（句芒）（图 5-20），北主室南壁东假门东立柱正面刻画跪拜图，北主室南壁东假门东立柱西侧面刻画踞坐捧物图，北主室南壁东假门门楣下面刻画云气图，北主室盖顶石下面刻画伏羲、女娲、高禖图。中主室北壁西假门门楣正面刻画应龙图，中主室北壁西假门东立柱正面刻画捧熏炉侍者，中主室北壁中假门东立柱正面刻画捧物人物图，中主室北壁中假门西立柱东侧面刻画怪兽图，中主室北壁东假

图 5-18　墓女主人

图 5-19　神兽

门门楣正面刻画羽人图，中主室北壁东假门门楣下面刻画大雀图，中主室
北壁东假门东立柱正面刻画人物图，中主室东壁正面墓主人图（图 5-
21），中主室南壁西假门门楣正面刻画应龙图，中主室南壁西假门门楣下
面刻画云气图，中主室南壁西假门东立柱正面刻画高禖神图，中主室南壁
西假门东立柱西侧面刻画螭龙图，中主室南壁西假门后壁刻画玄狐图（图
5-22），中主室南壁中假门西立柱东侧面刻画怪兽图，中主室南壁中假门

图 5-20　神兽（句芒）

图 5-21　墓主人

门楣正面刻画仙人飞廉图（图 5-23），中主室南壁中假门门楣下面刻画女
娲图，中主室南壁中假门后壁仙人乘龟图（图 5-24），中主室南壁中假门
东立柱正面刻画神兽（雷神）图，中主室南壁中假门东立柱西侧面刻画
三头鸟，中主室南壁中假门东立柱东侧面刻画怪兽图，中主室南壁东假门
门楣正面刻画神兽穷奇图（图 5-25），中主室南壁东假门门楣下面刻画云
气纹，中主室南壁东假门东立柱正面刻画神人乘搓图（图 5-26），中主室
南壁东假门东立柱西侧面刻画神兽强良图，中主室南壁东假门后壁刻画仙

图 5-22　玄狐

图 5-23　仙人飞廉

搓人物图，中主室盖顶石下面刻画伏羲、女娲、高禖图。南主室北壁西假
门门楣正面刻画应龙图，南主室北壁西假门后壁刻画宗布神图，南主室北
壁西假门东立柱正面神兽飞鼠图（图 5-27），南主室北壁中假门门楣正面

刻画神兽（孟槐）（图5-28），南主室北壁中假门东立柱正面刻画仙人不
死草图（图5-29），南主室北壁中假门后壁刻画执搓人物图，南主室北壁
东假门门楣正面刻画神兽（辟邪）图（图5-30），南主室北壁东假门东
立柱正面腾蛟图，南主室北壁东假门后壁正面刻画跪拜图，南主室南壁西
假门东立柱正面刻画侍者图，南主室南壁中假门门楣正面刻画猛兕图（图
5-31），南主室南壁中假门东立柱正面刻画跪拜图，南主室南壁东假门门
楣正面刻画猛兕图，南主室南壁东假门东立柱正面刻画侍者图。

图 5-24　仙人乘龟

　　南阳麒麟岗汉代画像石墓，古代文献不断有记载，根据《光绪南阳县
志》记载，南阳城西有"七星塚"；北宋欧阳修《集古录》曰南阳宛城西
有石兽，其形状与天禄、辟邪相类，当地人称之为麒麟，村庄因此而得
名，唐宋时期有不少名家歌吟"七星塚"和"麒麟岗"的诗词。民国时
期相关文献记载，该墓依然放置天禄、辟邪石雕，其体量与今存宗资墓前

图 5-25　神兽穷奇

图 5-26　神人乘搓

图 5-27 神兽飞鼠

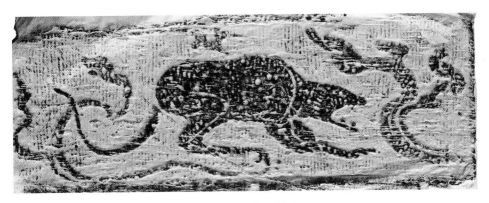

图 5-28 神兽（孟槐）

图 5-29 仙人不死草

图 5-30 神兽（辟邪）

图 5-31　猛兕

的天禄略同。因宗资生前曾经担任过太守，其墓前放置天禄、辟邪石雕，那么南阳麒麟岗汉代画像石墓墓主人的身份是否与宗资属于相似或略高呢？经过近年的考古发掘，尤其是以新莽冯孺久墓为参照，南阳麒麟岗汉代画像石墓的主人极有可能等同于太守一级或略高于太守。

　　南阳麒麟岗汉代画像石墓是目前南阳及其周边出土汉代画像石数量最多的一座墓葬，同时也是画像石刻画极有特点的一座墓葬。因为在该墓中发现众多在其他墓葬中没有发现的图像，其刻画风格与其他画像石墓相比，手法也更加细腻。这些画像石，总的来讲，可以划分为四大类型。第一类是表现墓主人的日常生活以及为他服务的侍女用人。第二类是象征吉祥、起到保护墓室作用的仙禽神兽画像。第三类是表现天界诸神的画像。第四类是表现西王母昆仑仙界的画像。在该墓中，我们会发现，这些画像均是按照汉代时期人们的宇宙方位观念进行配置的。第一类内容的画像主要配置在墓门两侧立柱、前室壁面下端、三主室门楣正面、主室立柱等。这类画像在该墓中数量较多，占据主要位置。第二类画像与第一类画像相比，在本质上有着较大区别，第一类表现墓主的现实生活，而第二类相比第一类而言，具有象征意义，这些仙禽异兽大多都表现大吉大利、守卫墓主灵魂安宁、防止墓主尸体遭遇侵害。这类画像的配置也非常具有特色，从整个墓室来看，会发现汉代人在这个问题上格外谨慎，在防御体系的建设方面进行了三道防线，第一道防线在墓门、门楣方面。第二道防线布局在前室的墓门、横梁、壁面的上端。第三道防线在墓室之内，这里是放置棺椁的地方，也是墓室的最核心之地，所以在墓主的灵魂护卫方面显得更加严密，在主室四周，尤其是墓壁上方或横梁刻画一些仙禽异兽，而且这些仙禽异兽显得更加恪尽职守。在这方面，异兽的形象刻画得更加凶猛，相貌更加狰狞，有一种蓄势待发之感。现代观众面对这类图像，也深感毛骨悚然，其凶悍之形象，不言而喻。第三类画像在该墓中也十分耀眼，也是南阳汉代画像石墓发掘过程中所发现的图像内容最丰富、艺术造型最经典，就是放在全国范围来看也是罕见的。根据当时人们的宇宙方位，墓室的顶部象征苍穹，所以墓室的盖顶石上刻画伏羲女娲、四神、太一等天界诸神。第四类在该墓的表现也非常明显，但图像的内容不是很多，但是它的刻画位置也十分明了，在该墓中，刻画西王母的图像仅仅一幅，刻画在墓室的二大门门楣正面。

南阳汉代画像石墓的视觉构建规律，与山东汉代画像石墓的视觉构建相比，有很多共同之处。这说明汉代人在画像石墓葬的营建和图像性质方面，观念基本一致。但是，如果我们仔细梳理图像会发现，各类画像在不同的墓室其数量也不一样，有的种类图像较多，有的种类图像较少，存在一种不平衡。而且在有的墓中，还有一定的侧重，或侧重地下生活，或侧重仙禽异兽的辟邪，或侧重天界神话。无论如何，汉代人的宇宙观念在华夏大地的各个角落都有一定程度的一致性。

第三节　南阳汉代画像石墓视觉构建所表现的意涵

南阳汉代画像石的视觉构建既然有着较为严格的规律，在较为严格的构建过程中深深隐含着汉代人们的思想观念，对这些观念的深入挖掘和分析，对我们更加深刻理解每幅画像所在的位置以及在墓室中所担当的作用有着积极的意义。

在南阳汉代画像石墓中，有的属于砖石混合墓，有的属于纯石墓。在画像的使用上，也有着较大差异，尤其是纯石结构的画像石墓，画像数量就比砖石混合墓多。在视觉构建方面也比较更加认真，基本上是按照汉代人的宇宙观念来进行画像配置，并对不同功用的画像放置在不同的地方，实现墓葬营建者的目的，以其达到墓主人的需求。而在一些砖石混合墓中，画像的配置有的就不那么严格，不像纯石结构的画像石墓设计得那么复杂，画像构建那么考究，这应该与画像石的材料属性有密切关系。因此，我们讨论画像石墓的画像配置意义，不得不结合不同类型的画像石墓和不同题材的画像石进行分析。

一　祭祀墓主类画像石

在南阳汉代画像石墓中，直接刻铭定名为墓主的图像还没有发现，不过在考古发掘以及后来的研究中，我们发现墓主的画像在墓室之中不断出现，但每次出现往往是在墓室的不同位置以及不同场景的画像。就以唐河县电厂汉代画像石墓的车马出行画像石为例（图5-32），这类画像石通常都配置在画像石墓的门额上面，在普通人的眼中，就是表现墓主人出行的一幅图像。按照信立祥先生的研究，他认为在门额之上的车马出行画像石表现的是一幅墓主人在一行导骑的引领之下，从墓室到达祠庙接受家人的祭祀。在刻画的过程中，往往会把墓主人放置在画像的中间，前有导骑，后有随从，墓主人坐在辂车之中，在浩浩荡荡的队伍护卫下，缓缓向祠庙进发，接受家人的祭奠。

图5-32　车马出行

与墓主人浩浩荡荡的车马行列相关的画像，在墓室之中出现的也不少，例如乐舞百戏（图5-33）、斗兽（图5-34）、狩猎（图5-35）等，这些图像，在以前的考证中，往往视之为是生前生活的一种表现，现在看来并不尽然。这些图像表现的是当时生活中的一个场景并不错，但是在墓葬之中，它的图像学意义就会随着语境的不同而发生变化，究竟这些图像与墓主人的关联如何界定。在此问题上，也有着诸多不同的解释。通过考察大量文献，并结合众多墓室配置的规律以及一些画像石刻铭，我们会发现，乐舞百戏其实是表现家人在祭祀过程中为墓主人准备的一项娱乐节目而已，与此一样的还有斗兽画像，这些均是取悦亡灵的一种手段。与此关联的狩猎画像，其实与祭祀墓主人也有着密切关系，如果说乐舞百戏和斗兽画像是满足墓主人精神需求的话，那么狩猎画像就是满足墓主人物质需求的画像。根据目前的考察，狩猎画像是表现家人为墓主人准备血食牺牲的场面。所以，从图像学的角度来看，墓主人车马出行队伍，与之相关的乐舞百戏、狩猎画像均是一组图像体系，其间有着密切的关联。如果把这些画像拆开进行单独的解读，或者是与其他画像割裂开来，均会对图像的释读发生误读。

图 5-33　乐舞百戏

图 5-34　斗兽

图 5-35　狩猎

二　保护墓主灵魂或尸体类画像石

在汉代时期，普遍流行着灵魂不灭的观念。人们通常在生前要避鬼和邪，死了之后也要在墓室之中驱鬼辟邪。汉代人驱鬼辟邪不像元代以后那样，只请巫师念念咒、画画符，汉代人驱鬼辟邪由领队方相氏率领，好像活见鬼似的驱打，这种仪式叫"傩"。汉代大傩是普遍流行的一种仪式，无论宫廷、官署、民间都有傩仪。《后汉·礼仪志》曰："季冬之月，……首一日，大难谓之逐疫，其议，选中黄门子弟年十岁以上，十二以下，百二十人为辰子，皆赤帻，执大鼗，方相氏黄金四目，蒙熊皮，玄衣朱裳，执戈扬盾，十二兽皆衣毛角，中黄门行之，见从仆射将之，以逐恶鬼於禁中。"[1]"夜漏上水，朝臣会侍中、尚书、御史、谒者、虎贲、羽林、朗将执事，皆赤帻陛卫；乘舆御前殿。黄门令奏曰：'辰子备，请逐疫！'于是中黄门倡，辰子和曰：'甲作食殃！胇胃食虎！雄伯食魅！腾简食不祥！揽诸食咎！伯奇食梦！强梁、祖明共食磔死、寄生！委随食观！错断食巨！穷奇、腾根共食蛊！凡使十二神追恶凶！赫女躯，拉女幹，节解女肉，抽女肺肠！女不急去，后者为粮！'""因作方相氏与十二兽舞，欢呼周遍，前后省三过，持炬火，送疫出端门；门外驺骑传炬出宫司马阙门，门外五营骑士传火弃洛水中。""百官官府各以木面兽熊为傩人。师讫，设桃梗，郁垒，韦荙。"[2]

关于逐疫画像，在南阳麒麟岗汉画像石墓发现一块画幅较大的逐疫画像石，画面右一人，头上刻饰发髻，赤裸上体，下着短裤，身体强健彪悍，他左手按住怪兽的头，抬起右臂作打击之状。怪兽牛身，头似狗头，被按住捶打，前体已趴伏在地。画面左一人着长衣，无冠，左手持弓，骑马奔驰，转身射击右边怪兽，怪兽似猪而头生直立的双角，昂扬作奔驰之状。这幅画像就是傩的一种形式，通过这些形式，驱赶妖魔鬼怪，从而使灵魂得到安宁。逐疫画像在有的画像石墓中表现得很系统，而在有的画像石墓葬中，并不是以一种横幅长卷的形式表现，而是以一个个图像来表现，比如在有的画像石墓葬中刻画神荼（图5-36）、郁垒（图5-37）画像，其实这些画像也是汉代逐疫活动中的一类神人，可以驱鬼辟邪。所以，画像石墓中它并不是严格按照逐疫的活动模式进行的，在具体实施过程中有整合与分解，也有添加。把汉代人认为能驱鬼的画像尤其是魔力大的均刻画在墓室的特定位置，尤其是在墓门周围和椁室的墓壁上方，刻画

---

① 范晔：《后汉书·礼仪志》，中华书局1965年版，第3101页。

② 范晔：《后汉书·礼仪志》，中华书局1965年版，第3101页。

得较多一些。这也充分表现了汉代人们信仰的鬼神思想。

　　除了刻画一些驱鬼保护灵魂的画像外，还刻画一些保护尸体的一些画像。例如在《唐河针织厂汉画像石墓的发掘》一文中，就报告了在该墓主室的南壁刻画了一幅虎吃鬼魅画像石，鬼魅赤上体，着裳，赤下体，有圆发髻，伏于地，作挣扎状。上有二虎一熊，右虎生有双翼，欲吃女魅；左虎张口前扑，一前爪踏住鬼魅右手，二虎之间有一熊作舞。鬼魅是阴间专吃体魄的恶鬼，所以刻画虎吃鬼魅画像表现了汉代人所谓的保护尸体的重要性①。

图 5-36　神荼　　　　　　　　图 5-37　郁垒

---

　　①　河南省博物馆、南阳博物馆：《唐河针织厂汉画像石墓的发掘》，《文物》1973 年第 6 期。

在汉代人的观念中，升仙是人们的一个终极目标，生前这个目标没有实现的话，死后还要继续进行。那么在死后灵魂和体魄要分离，灵魂是可以自由走动的，遇到机会还可以升仙。如果体魄被鬼魅所食，体魄不存灵魂就会散灭，升仙就会成为泡影。因此，汉代人在画像的刻画与构建方面，可谓煞费苦心，生怕影响自己的终生目标，他们在灵魂和尸体的保护方面均展现出了他们的无穷智慧。

三　墓主升仙类画像石

我们在上一节谈了驱鬼辟邪的一些画像，这些画像，只是汉代画像石墓内容的一部分，也可以说是一个主要类型，驱鬼辟邪的目的，主要是保护墓主人的灵魂或者尸体的安全，这些是画像石墓营建工作的第一个初衷，并不是终极目标。在当时的社会，无论是贵族，或是庶民，均渴望升仙。有的人在生前修炼一生，也无济于事，在他死后，他的家人把他的墓室营造成修仙的一个理想的空间。

简言之，如果把汉代墓葬空间作为另一个宇宙世界，把墓葬画像石作为汉代宗教信仰实践化的真实写照，那么汉代时期墓葬画像石的营造，就有明确的宗教信仰指向①，其实这个信仰指向就是升仙。关于升仙的信仰，根据目前的研究，产生于战国之时，秦皇汉武多次到东夷求神寻仙，祈求能够长生不老，羽化登仙。这种美好的愿望是这个时代人们共同的追求，无论是皇家贵族，或是下层庶民，均希望自己能在有生之年羽化升仙，作为当时众多人不知的一种"非科学"活动，无论如何也是没有结果的。那么，作为当时人们的一种理想追求，生前没有达到的理想，在阴间要继续进行修炼。于是，后人为其营建的画像石墓室，已经成为灵魂到仙界的一个中转站。所以，在这个中转站里，修炼成仙是灵魂在另外一个宇宙世界中的中心任务，也是唯一目标。正以为如此，升仙类画像石布置在墓室之中，为墓主人修炼成仙营造一种氛围，这是布置此类画像的目的之一。其二是，升仙类画像在墓主人的主室之内，能够给予墓主人一种精神力量，从而使墓主人仿佛置身于仙界的一种幻想，为实现目标增加精神动力。其三是，升仙类画像石刻画在主室之中，起到一种护佑作用。在汉代人的精神世界中，仙人有着常人无法达到的特异功能，这种特异功能也

---

①　汪小洋：《汉赋与汉画的本体关系及比较意义》，《文艺理论研究》2016年第2期。

就是一种超自然的一种功能，布置这些众多的仙界人物，比如西王母、东王公以及其他的仙人仙禽，系汉代人们所信奉的仙界，不是在天上，而是在人间的某个特殊地域，也可以说是位于天地之间的山上或海上，能为墓主人修炼成仙给予一种助力，有了这种助力，修炼成仙的步伐会更加快一些，阻力会更少一些，路也会更顺一些。

这些仙界诸仙，如东王公、西王母（图5-38）、王子乔等等，他们具有超自然的能力，可以乘风飞翔到高山仙境之中。《太平御览》卷一八七引《神异经》云："昆仑山有铜柱，其高入天，所谓天柱也，围三千里。周回如削，下有仙人府。"《列子·汤问》中记载："渤海之东，不知几亿万里，有大壑焉，实为无底深谷。……其中有五山焉：一曰岱舆，二曰员峤，三曰方壶，四曰瀛州，五曰蓬莱。其山高下周旋三万里，其顶平处九

图5-38　东王公西王母

千里。……所居之人皆仙圣之种。一日一夕飞相往来者，不可数焉。"这是古人所谓的仙人世界。

在汉代画像石墓葬中，我们会发现这种例子举不胜举，例如南阳麒麟岗汉代画像石墓，升仙画像石的配置就尤为考究。在该墓的发掘报告中，我们可以看出，这类画像的分布极其有规律，东王母、西王公画像刻画在大门门楣正面；朱雀刻画在北主室北壁东假门东立柱西侧面；白虎刻画在北主室北壁东假门后壁；羽人刻画在北主室北壁中假门东立柱东侧面以及中主室北壁东假门门楣正面；应龙刻画在北主室北壁西假门门楣正面、北主室南壁西假门门楣正面、中主室北壁西假门门楣正面、中主室南壁西假门门楣正面；仙人飞廉画像刻画在中主室南壁中假门门楣正面；穷奇画像刻画在中主室南壁东假门门楣正面；仙人乘龟画像刻画在中主室南壁中假门后壁。类似的例子还有很多，根据梳理我们可以初步判断，墓主人升仙类画像较多，种类也各种各样。之所以刻画这么多种类，因为在汉代人的观念中，从人到仙是一个极其复杂的过程。到西方圣地昆仑山要历经众多艰难，要想安全渡过，需要众多仙禽异兽的帮助。所以，在修仙类画像的布局上，西王母与东王公刻画在墓葬的第一视觉中心——大门门楣，这种画像在墓主人的心目中是决定修仙是否成功的关键，是掌控着修炼者是否能成为仙的决定性人物，刻画在这么一个主要位置显现了墓室画像配置的最终目的。

在墓室的中主室、北主室、南主室，我们还发现了一个规律，仙禽异兽类画像也较多，环绕着椁室的四周，尤其是在主室南北两侧的壁面上端，以假门方式营建的壁面门楣上面，往往刻画着朱雀、白虎、羽人、应龙、穷奇、飞廉等仙界画像。这类画像往往刻画在墓室壁面的上端，也有着一定的深意，代表着在天界与地界之间的仙界。

四　天界诸神类画像石

上文已经提及，在汉代人们的精神世界中，墓室也是一个"宇宙"，在他们的观念中，其实与人间有着诸多相似之处，这种墓室的营建理念在汉代其实有着一定的历史传统，根据司马迁《史记》的记述，秦始皇的墓室中就营建着一个"宇宙"的空间。《史记·秦始皇本纪》记载："始皇初即位，穿治骊山，及并天下，天下徒送诣七十余万人，穿三泉，下铜而致椁，官观百官奇器珍怪徙臧满之。……以水银为百川江河大海，机相灌输，上具天文，下具地理。"① 这是文献记载的一项重现墓室中宇宙观念的墓葬建筑。根据近年来对始皇陵区的地质勘测，始皇陵地下含有大量的汞成分。证实《史记》的记载是可靠的。但这还仅限于至尊的帝王陵墓，将这样重现宇宙的做法普及民间墓葬，可能还是在汉代以后形成风气的。在上古时期，人们通过亲身感受得出的宇宙"盖天说"，在汉代依然流行这种观念。流行于汉代的式盘就反映了这种观点②。《晋书·天文志》记载："蔡邕所谓周髀者，即盖天之说也。其本庖牺氏立周天历度，其所传则周公受于殷高，周人志之，故曰周髀。………其言天似盖笠，地法复盘………日丽天而平转。"③ 在这些文献记载中，会发现在当时人们的认知世界里，天空似一个巨型的斗笠，而大地似在斗笠的覆盖之下的平面，日月星辰依附于苍天之上。这些均是汉代人们最为直观的宇宙模式。

汉代人们的宇宙观里，还隐含着天界诸神的理念。在文献记述的祭祀天神的活动中，列举着众多天神的名称。《汉书·郊祀志》云："中央帝黄灵后土畤，及日庙、北辰、北斗、填星、中宿、中宫，于长安城之未地兆。东方帝太昊青灵勾芒畤，及雷公、风伯庙、岁星、东宿、东宫，于东郊兆。南方炎帝赤灵祝融畤，及荧惑星、南宿、南宫，于南郊兆。西方帝少昊白灵蓐收畤，及太白星、西宿、西宫，于西郊兆。北方帝颛顼黑灵玄冥畤，及月庙、雨师庙，辰星、北宿、北宫，于北郊兆。"④ 由此可见，太昊、炎帝、少昊、颛顼等均是中国上古的帝王，其实在汉代画像石墓葬中，天界的诸神除此之外还有其他，比如创造人类的盘古、伏羲、女娲等。在汉代及其以前，中国远古社会认为天神是天地万物的创造者和主宰者，《说文》曰："神，天神引出万物者也"，神又分之为先天神与后天神，汉代尊奉的太一神应为先天神，而伏羲、女娲、盘古应为后天神。天穹的布局除了日月星辰之外，又布置了天界诸神，表现了汉代人们对宇宙的一种特有的认识。在有的汉代画像石墓中，后室还特别表现了"天似盖笠"的穹顶形状。

南阳汉代画像石墓中，有两座墓葬在表现天界时特点最为突出，一个

① 司马迁：《史记·秦始皇本纪》，中华书局 1973 年版，第 223 页。

② 赵超：《汉代画像石中的画像布局及其意义》，《中原文物》1991 年第 3 期。

③ 房玄龄等：《晋书·天文志》，中华书局 1974 年版，第 2088 页。

④ 班固撰、颜师古注：《汉书·郊祀志》，中华书局 1998 年版，第 1189 页。

是唐河针织厂汉代画像石墓，另一个是南阳麒麟岗汉代画像石墓。

　　唐河针织厂汉代画像石墓在南主室天界部分刻画月宫蟾蜍（图5-39）和星宿（图5-40）；北主室天界部分刻画日中三足乌与白虎（图5-41）、七鲤（应为河伯出行）、长虹（图5-42）、四神（图5-43）、穿璧纹（图5-44）；南主室天界部分刻画五幅星宿图、一幅蟾蜍星宿图；后室天界部分刻画穿璧纹。总的来看，唐河针织厂汉代画像石墓天界部分的表现以自然天象为主，同时辅助一些神话色彩的图像。在该墓的天象表现，值得关注的还有一类图像就是穿璧纹，根据现有的研究，一般认为，玉璧纹或穿璧纹，是天门的象征，把天门刻画在所谓的天界部分，这也与汉代人的宇宙观完全吻合。

图5-39　月宫蟾蜍

图5-40　星宿

　　与唐河针织厂汉代画像石墓天界呈现所不一样的是，南阳麒麟岗汉代画像石墓的天界画像主要以神人为主。在南阳麒麟岗汉代画像石墓的发掘报告中，天界部分刻画得尤为丰富。在前室的天界部分刻画太一暨日月神

图 5-41　日中三足乌与白虎

图 5-42　长虹

图 5-43　四神

与四神（图 5-45），此图用六块画像石组成；北室的天界部分，刻画伏
羲、女娲、高禖图，此图用六块画像石组成；中主室的天界部分刻画与北
室的天界部分不尽相同的伏羲、女娲、高禖图。在该墓中，我们发现，以
神为主，较少有所谓的自然星宿。虽然也表达了汉代人的宇宙理念，但与
唐河针织厂汉代画像石墓天界所展示的画像已经有着明显的区别，有什么

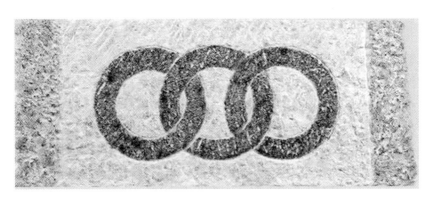

图 5-44　穿璧纹

理念上的差异，还有待于继续深入研究。

图 5-45　太一暨日月神与四神

综上可知，南阳汉代画像石墓在图像构建过程中比较严谨，虽然与山东汉代画像石墓的图像配置有所差异，没有山东汉代画像石墓那么多种类。但综合南阳汉代画像石墓的画像构建来看，不同的墓葬均有所差异，有的在天界部分星象丰富，有的在天界部分神人丰富。有的生活部分突出历史故事画像，有的生活部分突出日常起居。让人更为不解的是，有的汉代画像石墓有表现墓主人接受后代祭祀的场景，例如有车马出行画像，以及射猎画像，但有的画像石墓中完全没有一幅表现祭祀的画像。不过我们可以肯定的是，天界、仙界以及日常生活的画像配置方面，始终遵循着一定的规律，但这个规律并不是一成不变的，比如天界的神人，有时也未必刻画在天界部分，在南阳麒麟岗汉代画像石墓中，常羲捧月画像石与羲和捧日画像石就配置在墓室大门门楣下面，把这样具有神性的画像配置在墓室之外，估计是出于神灵护佑的需要。

小　　结

　　南阳汉代画像石墓视觉构建，反映了汉代人"事死如事生"的理念。人的死亡只是灵魂与体魄的分离，灵魂到另外一个世界还要继续生活。在另外的世界依然还有生前享有的一切。江陵凤凰山 168 号西汉墓出土告地状，模仿汉代文书，给予阴间的"地下承""地下主"等官吏开具文书，这种文书可以比喻为通行证，向阴间移交死者所用的器物。其告地状云："十三年三月庚辰江陵巫敢告地下承市阳五大夫（队火）之言，与大奴良等廿八人，大婢益等十八人，招车二乘，牛车一辆，骊马四匹，（马卯）马二匹，骑马四匹。可令吏以合事。敢告主。"① 这即是一个典型的例子。陪葬物品与画像石墓的图像刻画其性质是一样的，同样具有陪葬品意义。而汉代画像石墓的图像刻画，在构建画像时更能反映出汉代人的宇宙观念。无论壁画墓还是画像石墓，都在努力营造一个完整的反映墓主生前所处宇宙与社会文化的时空范围。当然，由于各种条件限制，这种再现的时空范围远远不能纤毫毕现、面面俱到，而只能采用高度概括抽象的形式，选择社会生活中最有代表性、最为人企羡的典型场面作为各方面的反映。因此，除辟邪与单纯装饰的画面外，画像石墓以及壁画墓中每一块画像都代表了一个特定的宇宙空间或社会范畴，具有高度的象征意义②。而天界与仙界的营造，象征着汉代人对未知的宇宙部分，所以在顶部刻画诸神，在墓室四周的上部刻画诸仙。其实在各地的汉代画像石墓中的画像构建均有一定的基本规律，同时与汉代祠堂画像石的图形构建也有一定的相似性。在蒋英炬与吴文祺对武梁祠的研究中，他们也发现了"刻着神仙灵异、祥瑞的画像，都到屋顶上去了，这才是'天降祥瑞'。围绕西王母、东王公为主的神话，都刻在两山墙的山尖部分，方位布局非常明确。儒家门人的高贵形象，突出在后壁最高处和两山墙上部。主人显赫的车骑行列，布置在一眼就看到的后壁小龛上的横额长石并通连山墙。西壁下刻攻战图，也和古代实际的战争方位有关，按照五行思想，西方属金也是主杀的。表现主人养尊处优的楼阁、宴饮画像，都刻在祠堂的中心后壁中央位

---

① 舒之梅：《从江陵凤凰山 168 号汉墓看汉代法家路线》，《考古》1976 年第 1 期。

② 赵超：《汉代画像石墓中的画像布局及其意义》，《中原文物》1991 年第 3 期。

置，在整个祠堂建筑内确立了主人的地位"①。

表 5-1　　　一期墓葬——唐河针织厂汉代画像石墓视觉构建一览

序号	画像名称	尺寸（厘米）	位置	备注
1	车马出行	39×55	墓门外上层	
2	虎吃女魃	41×186	墓门门楣	
3	执盾门吏	133×30	墓门外北门框	
4	菱格套环图案	130×24	墓门中柱正面	
5	带剑门吏	130×31	墓门外南门框	
6	白虎铺首衔环	133×62	墓门南门门扇	
7	朱雀铺首衔环	133×62	墓门北门门扇	
8	车马出行	40×200	墓门内门楣	
9	鼓车	40×133	墓门内门楣	
10	武库之一	170×49	墓前东壁北端	
11	武库之二	182×53	墓前东壁南端	
12	人物、楼阁	85×103	前室南壁上部	
13	田猎	85×103	前室南壁下部	
14	二桃杀三士	87×112	前室北壁上部	
15	菱格套环图案	50×106	前室顶部	
16	菱格套环图案	122×39	前室东壁墓门内门框	
17	菱格套环图案	139×37	主、侧室门外框	
18	女娲	104×32	主室门外南柱	
19	拔剑武士	106×34	主室门外中柱	
20	伏羲	106×31	主室门外北柱	
21	车马出行	73×127	南主室南壁东端上部	
22	校猎	73×127	南主室南壁东端下部	
23	虎吃女魃	62×137	南主室南壁西端上部	
24	乐舞六博	86×133	南主室南壁西端下部	
25	聂政自屠	64×105	南主室西壁上部	
26	鼓舞	87×94	南主室西壁下部	
27	白虎、羽人	40×113	南主室北壁门楣左	
28	苍龙、羽人	40×143	南主室北壁门楣右	

---

① 蒋英炬、吴文祺：《武氏祠画像石建筑配置考》，《考古学报》1981 年第 2 期。

续表

序号	画像名称	尺寸（厘米）	位置	备注
29	菱格套环图案	48×104	南主室北壁门框	
30	天象图	44×121	南主室顶部	
31	星宿图	44×97	南主室顶部	
32	晏子见齐景公	37×135	北主室南壁门楣东端	
33	范睢受袍	39×115	北主室南壁门楣西端	
34	菱格套环图案	106×42	北主室南壁门楣三柱	
35	上校猎、下聂政自屠	97×103	北主室南壁上部	
36	击剑图	57×106	北主室南壁下部	
37	菱格套环图案	32×106	两主室间西门框	
38	双虎	58×145	北主室北壁西端上部	
39	伏羲、女娲、校猎	42×155	北主室北壁西端下部	
40	晏子见齐景公	75×126	北主室北壁东端上部	
41	武士斧剑	73×111	北主室北壁东端下部	
42	菱格套环图案	31×105	北主室南壁门框侧面	
43	菱格套环图案	30×96	北主室顶部	
44	白虎、金乌	45×96	北主室顶部	
45	菱格套环图案	53×96	北主室顶部	
46	七鲤	45×108	北主室顶部	应为河伯出行
47	四神	46×94	北主室顶部	四灵
48	长虹	46×124	北主室顶部	
49	执笏小吏	65×68	北侧室门口北壁	

资料来源：此表参照河南省博物馆、南阳博物馆《唐河针织厂汉画像石墓的发掘》，《文物》1973年第6期。

表 5-2　二期墓葬——唐河汉郁平大尹冯君孺久画像石墓视觉构建一览

序号	画像名称	尺寸（厘米）	位置	备注
1	二龙穿璧	212×45	大门门楣	
2	执笏"郁平大尹□□□□冯孺□□无□□□"	133×41	大门南柱	9字无法辨识
3	白虎、铺首衔环	138×73	大门南扉	
4	朱雀、铺首衔环	138×68	大门北扉	

序号	画像名称	尺寸（厘米）	位置	备注
5	执笏	133×34	大门北柱	
6	羽人、二龙交尾、人物	186×37	南车库门楣	
7	"郁平大尹冯君孺久车"	96×24	南车库东柱	篆书9字
8	执盾	114×25	北车库东柱	
9	执笏	114×30	北库西柱	
10	二龙穿璧	224×46	中大门门楣	
11	"郁平大尹冯君孺久中大门"	135×24	中大门南柱	篆书11字
12	西方内门	130×50	南主室门楣	
13	朱雀、铺首衔环	123×53	南主室南扉	
14	朱雀、铺首衔环	123×62	南主室北扉	
15	蹶张	134×108	南主室西壁	
16	四兽人面虎身兽	112×40	南主室北壁	
17	"郁平大尹冯君孺久始建国天凤五年十月十柒日癸巳葬千岁不发"	124×24	主室中柱	篆书27字
18	朱雀、铺首衔环	123×52	北主室南扉	
19	朱雀、铺首衔环	123×60	北主室北扉	
20	应龙、游鱼	112×40	北主室南壁	
21	"南方""郁平大尹冯君孺久藏阁"	182×42	中室南门门楣	篆书12字
22	白虎、铺首衔环	90×50	中室南门东扉	
23	朱雀、铺首衔环	90×56	中室南门西扉	
24	执笏	90×40	中室南门西柱	
25	拜谒	127×93	南阁室南壁	
26	击鼓	123×93	南阁室南壁	
27	拜谒	110×66	南阁室南壁	
28	乐舞百戏	110×66	南阁室南壁	
29	熊、蹶张	116×67	南阁室南壁	
30	斗兽	129×66	南阁室南壁	
31	执盾佩剑吏	214×66	南阁室南壁	
32	门阙、厅堂、人物	49×124	南阁室北壁	
33	拜谒	142×87	南阁室北壁	

续表

序号	画像名称	尺寸（厘米）	位置	备注
34	蹶张、人物	119×87	南阁室北壁	
35	乐舞百戏	117×87	西阁室西壁	
36	拜谒	153×56	北阁室北壁	
37	拜谒	128×66	北阁室北壁	
38	鼓舞	150×66	北阁室北壁	
39	训虎	128×68	北阁室北壁	
40	骑象	128×68	北阁室北壁	
41	执笏	67×68	北阁室北壁	
42	"北方"	89×53	北阁室东扉北面	篆书2字
43	"东方"	183×45	中室北门门楣	篆书2字
44	白虎铺首衔环	89×53	中室东门（即中大门门楣后面）门楣中室北门西扉	
45	白虎铺首衔环	89×54	中室北门东扉南面	

资料来源：参照南阳地区文物队、南阳博物馆《郁平大尹冯君孺人画像石墓》(《考古学报》1980年第2期）制成。

表5-3　　三期墓葬——南阳麒麟岗汉代画像石墓视觉构建一览

序号	画像名称	尺寸（厘米）	位置	备注
1	东王公西王母	144×40	大门二门楣正面	两块组成
2	驱魔	144×40	前室西壁二门楣	两块组成
3	羲和捧日	29×128×42	南大门门楣下面	
4	常羲捧月	29×128×42	北大门门楣下面	
5	执棨戟门吏	117×32	大门南立柱正面	
6	执钺门吏	117×30	大门南立柱北侧面	
7	执盾门吏	120×32	大门中立柱正面	
8	执金吾门吏	120×30	大门中立柱正面	
9	执戟门吏	132×32	大门北立柱正面	部分漫漶
10	白虎	83×36	前室西壁南端假门门楣	
11	驱魔	136×40	前室北壁假门二门楣	
12	护墓方相氏	132×23	前室北壁假门西立柱正面	

续表

序号	画像名称	尺寸（厘米）	位置	备注
13	菱形图案	132×17	前室北壁假门西立柱东侧面	
14	虬龙	132×23	前室北壁假门中立柱正面	
15	捧盒女子	109×33	前室北壁西假门后壁下端	
16	灵星（龙）	50×35	前室北壁东假门后壁上端	
17	贵妇	83×35	前室北壁东假门后壁下端	
18	伏羲	132×24	前室南壁西立柱正面	
19	驱魔	56×41	前室南壁二假门门楣正面	
20	灵星（龙）	45×33	前室南壁西假门后壁上端	
21	捧衣女子	88×33	前室南壁西假门后壁下端	
22	拜谒	48×52	前室南壁东假门后壁上端	
23	二婢	82×52	前室南壁东假门后壁下端	
24	黄帝暨日月神	368×137	前室顶盖石下面	由9块石板组成
25	乐舞百戏	368×55	三主室门楣正面	
26	执笏门吏	96×29	南主室门南立柱正面	
27	执金吾门吏	96×23	南主室门南立柱北侧面	
28	捧熏炉侍者	84×27	南主室门北立柱正面	
29	伏羲	84×20	南主室门北立柱北侧面	
30	贵妇	82×25	中主室门北立柱正面	
31	妇人	86×27	北主室门北立柱正面	
32	女娲	86×18	北主室门北立柱南侧面	
33	猛兕	92×15	中主室门门下槛正面	
34	应龙	111×31	北主室北壁西假门门楣	
35	云气	50×30	北主室北壁西假门门楣下面	
36	高禖神	82×32	北主室北壁中假门门楣下面	

序号	画像名称	尺寸（厘米）	位置	备注
37	风神飞廉	92×32	北主室北壁东假门门楣下面	
38	朱雀	59×29	北主室北壁东假门东立柱西侧面	
39	白虎	60×47	北主室北壁东假门后壁	
40	大象	59×33	北主室北壁中假门东立柱正面	
41	羽人	59×30	北主室北壁中假门东立柱东侧面	
42	麒麟	59×30	北主室北壁中假门东立柱西侧面	
43	赤罴	60×52	北主室北壁中假门后壁	
44	白鹿	59×32	北主室北壁中假门西立柱正面	
45	玄武	59×30	北主室北壁中假门西立柱西侧面	漫漶严重
46	青龙	60×49	北主室北壁西假门后壁	
47	女墓主人	110×95	北主室东壁正面	
48	应龙	110×32	北主室南壁西假门门楣正面	
49	捧盒侍者	64×31	北主室南壁西假门东立柱西侧面	
50	跪拜	64×32	北主室南壁西假门东立柱正面	
51	凤凰	64×32	北主室南壁西假门东立柱东侧面	
52	神兽	56×32	北主室南壁中假门门楣正面	
53	怪兽	87×32	北主室南壁中假门门楣下面	此处疑有误
54	跪拜	64×32	北主室南壁中假门东立柱正面	部分残
55	跪拜	64×32	北主室南壁中假门东立柱西侧面	部分残
56	跪拜	64×32	北主室南壁中假门东立柱西侧面	
57	神兽（句芒）	87×32	北主室南壁东假门门楣正面	

续表

序号	画像名称	尺寸（厘米）	位置	备注
58	云气	45×32	北主室南壁东假门门楣正面	
59	伏羲、女娲、高禖	257×98	北主室盖顶石下面	6块石组成
60	应龙	110×32	中主室北壁西假门门楣正面	
61	捧熏炉侍者	65×32	中主室北壁西假门东立柱正面	
62	捧物人物	64×31	中主室北壁中假门东立柱正面	
63	羽人	88×32	中主室北壁东假门门楣正面	
64	人物	64×29	中主室北壁东假门东立柱正面	
65	墓主人	110×91	中主室东壁正面	3块石组成
66	应龙	108×31	中主室南壁西假门门楣正面	
67	云气	49×30	中主室南壁西假门门楣下面	
68	高禖神	60×32	中主室南壁西假门东立柱正面	
69	螭龙	60×30	中主室南壁西假门东立柱西侧面	
70	玄狐	60×49	中主室南壁西假门后壁	
71	怪兽	60×30	中主室南壁中假门西立柱东侧面	
72	仙人飞廉	81×31	中主室南壁中假门门楣正面	
73	女娲	53×29	中主室南壁中假门门楣下面	
74	仙人乘龟	60×51	中主室南壁中假门后壁	
75	神兽（雷神）	60×30	中主室南壁中假门东立柱正面	
76	三头鸟	60×31	中主室南壁中假门东立柱西侧面	
77	怪兽	60×31	中主室南壁中假门东立柱侧面	残缺漫漶
78	神兽穷奇	92×31	中主室南壁东假门门楣正面	

序号	画像名称	尺寸（厘米）	位置	备注
79	云气	51×31	中主室南壁东假门门楣下面	
80	神长乘	60×29	中主室南壁东假门东立柱正面	
81	神兽强良	60×31	中主室南壁东假门东立柱西	
82	仙槎人物	60×51	中主室南端东壁门后壁	
83	伏羲、女娲、高禖	260×92	中主室盖顶石下面	
84	应龙	107×32	南主室北壁西假门门楣正面	
85	宗布神	60×46	南主室北壁西假门后壁	
86	神兽飞鼠	60×23	南主室北壁西假门东立柱正面	
87	神兽	82×31	南主室北壁中假门门楣正面	
88	仙人不死草	60×31	南主室北壁中假门东立柱正面	
89	执槎人物	60×49	南主室北壁中假门后壁	
90	神兽	93×29	南主室北壁东假门门楣正面	
91	腾蛟	61×30	南主室北壁东假门东立柱正面	
92	跪拜	64×46	南主室北壁东假门后壁正面	
93	侍者	81×28	南主室南壁西假门东立柱正面	
94	猛兕	103×24	南主室南壁东假门门楣正面	
95	跪拜	80×31	南主室南壁中假门东立柱正面	
96	猛兕	103×24	南主室南壁东假门门楣正面	
97	侍者	78×19	南主室南壁东假门东立柱正面	
98	白虎、铺首衔环	120×46	大门门扉背面	墓门门扉
99	白虎、铺首衔环	120×46	大门门扉背面	墓门门扉
100	神荼	120×46	大门门扉背面	墓门门扉

序号	画像名称	尺寸（厘米）	位置	备注
101	郁垒	120×46	大门门扉背面	墓门门扉
102	执笏人物	120×50	大门门扉背面	墓门门扉
103	执笏人物	120×46	大门门扉背面	墓门门扉
104	朱雀、铺首衔环	120×46	大门门扉正面	墓门门扉
105	朱雀、铺首衔环	120×46	大门门扉正面	墓门门扉
106	三连灯	87×30	南主室门北立柱东侧面	
107	羽人	60×31	北主室门北立柱东侧面	
108	龙鱼	82×32	中主室门北立柱东侧面	
109	执彗门吏	117×32	大门南立柱背面	漫漶
110	侍婢	120×32	大门中立柱背面	
111	执笏门吏	120×32	大门中立柱北侧面	
112	门吏	132×32	大门北立柱背面	漫漶
113	白虎	32×32	前室北壁西假门后壁上端	
114	虬龙	132×22	前室南壁中立柱正面	
115	贵妇	84×31	南主室门北立柱南侧面	
116	朱雀	47×30	北主室北壁东假门门楣下面	
117	怪兽	59×30	北主室北壁中假门西立柱东侧面	漫漶严重
118	跪拜	64×28	北主室南壁东假门东立柱正面	
119	踞坐捧物图	64×32	北主室南壁东假门东立柱西侧面	漫漶严重
120	神荼	132×23	前室北壁假门东立柱正面	
121	门吏	132×29	大门北立柱南侧面	漫漶
122	菱形图案	132×17	前室北壁假门中立柱西侧面	
123	菱形图案	132×17	前室北壁假门中立柱东侧面	
124	菱形图案	132×16	前室北壁假门东立柱西侧面	
125	菱形图案	132×16	前室南壁西立柱东侧面	
126	菱形图案	132×16	前室南壁中立柱西侧面	

续表

序号	画像名称	尺寸（厘米）	位置	备注
127	菱形图案	132×16	前室南壁中立柱东侧面	
128	驱魔	72×30	前室南壁西假门门楣	与图58为一幅画
129	三角图案	63×15	前室北壁东假门门下槛	
130	三角图案	70×15	前室北壁西假门门下槛	
131	三角图案	66×15	前室南壁东假门下槛	
132	三角图案	52×15	前室南壁西假门下槛	
133	菱形图案	82×20	中主室门北立柱南侧面	
134	菱形图案	82×19	中主室门北立柱北侧面	
135	猛兕	92×15	北主室门门下槛正面	
136	猛兕	92×15	南主室门门下槛正面	
137	云气	52×30	北主室北壁中假门门楣下面	漫漶严重
138	怪兽	59×29	北主室北壁东假门东立柱正面	漫漶严重
139	三角图案	72×16	北主室北壁西假门门槛正面	
140	三角图案	84×16	北主室北壁中假门门槛正面	
141	三角图案	92×16	北主室北壁东假门门下槛正面	
142	图案	58×32	北主室南壁西假门门楣下面	
143	三角图案	90×16	北主室南壁东假门门下槛正面	
144	三角图案	84×16	北主室南壁中假门门下槛正面	
145	三角图案	69×16	北主室南壁西假门门下槛正面	
146	云气	87×31	中主室北壁中假门门楣正面	
147	三角图案	91×17	中主室南壁东假门门下槛正面	
148	三角图案	84×17	中主室南壁中假门门下槛正面	
149	三角图案	73×17	中主室南壁西假门门下槛正面	

续表

序号	画像名称	尺寸（厘米）	位置	备注
150	三角图案	60×16	南主室北壁东假门门下槛正面	
151	三角图案	81×16	南主室北壁中假门门下槛正面	
152	三角图案	71×16	南主室北壁西假门门下槛正面	
153	应龙	107×24	南主室南壁西假门门楣正面	

资料来源：南阳汉画馆编《南阳麒麟岗汉画像石墓发掘报告》，《南阳汉代画像石墓发掘报告集》，中州古籍出版社2012年版。

表 5-4　　四期墓葬——襄城茨沟汉代画像石墓视觉构建一览

序号	画像名称	尺寸（厘米）	位置	备注
1	二龙穿璧	1.8×0.42	墓门门楣	
2	龙、虎、熊	1.62×0.4	左前室门楣	石残
3	二龙交尾	2.4×0.4	中室门楣	石残
4	斗兽	2.4×0.4	中室门楣（背面）	石残
5	蟾蜍	0.38×0.22	后室藻井	彩绘

资料来源：南阳汉画馆编《河南襄城茨沟汉画像石墓》，《南阳汉代画像石墓发掘报告集》，中州古籍出版社2012年版。

第六章

南阳汉代画像石的五大图像体系

关于汉代画像石，翦伯赞曾经比喻为"一部汉代的绣像史"。按此逻辑，汉代画像石的题材也应该是与现实生活一样丰富多彩，呈现出生活的各个领域。因此，在研究南阳汉代画像石过程中，也出现了众多学者对其各种分类。但是，这些分类，我们会发现均是直观地对汉代画像石的题材进行分类。其中王建中、闪修山《南阳两汉画像石》一书中把南阳汉代画像石内容分为七类，即生产、生活、历史故事、远古神话、吉礼祥瑞、天文星象、装饰图案等①。韩玉祥、李陈广《南阳汉代画像石墓》一书中，把南阳汉代画像石的内容分为十类，即天文星象、乐舞百戏、角抵、社会生活、历史故事、神话传说、祥瑞升仙辟邪、建筑、图案、榜题。② 南阳汉代画像石编辑委员会编《南阳汉代画像石》一书将南阳汉代画像石分为五大类：第一类为豪家世族生活，第二类为远古神话、历史故事，第三类为神仙、祥瑞、辟邪，第四类为舞乐百戏，第五类为天文图象。③ 俞伟超、信立祥先生将其概括为八类：第一类生产活动类，第二类墓主仕宦经历和身份类，第四类历史故事类，第五类神话故事类，第六类祥瑞类，第七类天象类，第八类图案花纹类④。李发林在《汉代画像石考释与研究》一书中汉代画像石内容分为四类。虽然没有限定于南阳画像石，但他所提及的内容南阳汉代画像石均已包含。第一类反映社会现实生活的图像，第二类描绘历史人物故事的图像，第三类表现祥瑞和神话故事

---

① 王建中、闪修山：《南阳两汉画像石》，文物出版社1990年版，第5页。

② 韩玉祥、李陈广：《南阳汉代画像石墓》，河南美术出版社1998年版，第19页。

③ 南阳汉代画像石编辑委员会编：《南阳汉代画像石》，文物出版社1985年版，第37页。

④ 俞伟超、信立祥：《汉画像石墓》，《中国大百科全书·考古学》，中国大百科全书出版社1986年版，第421页。

的图像，第四类刻画自然风景的图像①。日本学者土居淑子则将其分为七类，第一类具有故事情节的画像，第二类关于祭祀礼仪的画像，第三类有关天象及自然现象的画像，第四类关于仙人及神怪的画像，第五类关于日常生活和社会生活的画像，第六类描绘怪兽等空想动物的画像，第七类各种装饰图案等七大类②。上述这些对南阳汉代画像石内容的划分，也是比较科学的一种划分方式，每一位学者的分类，各自有他们的道理，这是值得肯定的。但是，汉代画像石是汉代墓葬的建筑材料，而墓葬建筑不仅仅是建筑的躯壳，而是建筑、画像、雕塑、陪葬品等多种艺术和视觉形式的综合体。众多墓葬发掘的信息告诉我们，建墓者心中所谓的"作品"，不是一件件壁画和器物，而是完整的、并具有内在逻辑的墓葬本身。因此，在前面的章节中我们提到了研究或梳理墓葬画像，不能把墓葬作为"重要文物"的地下仓库，而是要有一个整体的"墓葬观念"，注重它们之间的视觉逻辑和叙事程序。利用此种理念，建立一个较为整体的墓葬绘画体系，使这个体系紧密联系在一起，环环相扣。如果把它切割或无视它从属的特殊性，而是以今人的眼光去审视，那就会出现大的问题。毕竟这些画像是为亡灵所服务，不是给活人看的，如果不变换角色，汉代画像石的图像内容就无法真正明白。因此，要想理解画像石的内容，必须理解画像石的本意，也就是本来的意义。汉代画像石从性质上来看，它属于一种丧葬艺术，而汉代的丧葬艺术，蕴含着汉代人的生死观和宇宙观。而这里所谓的宇宙观，并非哲学意义上的人对物质与精神相互关系的认识，而是中华民族原始信仰过程中长期形成的对待万物以及天地的一种理解，也可以说成是一种朴素的宇宙观。这种宇宙观在汉代的丧葬艺术中，屡次出现，也屡次向今人展示。著名的马王堆汉墓出土的T形帛画，就将画面分为三个部分，从上而下分别为天上、人间（地上）、冥界（地下）。最上边的部分是天界，顶端正中刻画了一人首蛇身像，经考证应为太一，鹤立其左右；画的右上部绘制内立金乌的太阳，下方是翼龙、扶桑和8个较小的红色圆球；相对的左上部绘制了一女子飞翔仰身擎托一弯新月，月牙拱围着蟾蜍和玉兔；人首蛇身像下方有两豹攀腾其上，两人拱手对坐，描绘的天门之景。人间部分，属于中段，在华盖与翼鸟之下，是一位拄杖缓行的墓

---

① 李发林：《汉代画像石考释与研究》，中国文联出版社 2000 年版，第 133 页。
② ［日］长广敏雄：《南阳汉代画像石》，京都大学人文科学研究所研究报告，1974 年。

主人侧面像，其前有两人跪迎，后有三个侍女随从。冥界（地下）在下段，有两条穿璧相环的长龙，玉璧上下有对称的豹与人首鸟身像，玉璧系着张扬的帷幔和大块玉璜；玉璜之下是摆着鼎、壶和成叠耳杯的场面，两侧共有七人伫立，是为祭祀墓主而设的供筵；这个场面由站在互绕的两条巨鲸上的裸身力士擎托着，长蛇、大龟、鸱、羊状怪兽分布周围①。由此可见，在西汉早期，长沙一带的民众，从他们的宇宙观里主要表现出整个宇宙可以划分为天界、地上（人间）、地下（冥界）三个部分。而在南阳汉代画像石墓中，与西汉初年的帛画相比，又多出了一个层面，也就是仙界。在墓室之中的具体表现过程中，次序非常显著，从上往下依次排列。最高的墓顶是天界部分，也称天象部分，在天象部分中，基本上由宇宙最高的主宰者天帝以及诸多人格化的自然神组成。从墓室顶部往下，进入第二个阶层，是由西王母为代表的昆仑山仙人世界。第三个宇宙层次是现实的人间的生活。第四个跨越人间与冥界，所以我们称之为冥界与人间交叉类。第五个宇宙层次是冥界。因此，我们可以把汉代画像石墓的图像体系划分为为天界类、仙界类、人间类、冥界与人间交叉类、冥界类。

第一节　天界类

在南阳汉代画像石中，关于天像的图像始终是一大特色。这种情况，毋庸置疑应与南阳汉代画像石的文化艺术渊源有着密切的关系。在第二章已经提及，南阳在地域上长期属于先秦时期的楚国，楚国在春秋战国时代，文化方面表现最为突出的是俗好巫鬼，而巫与天神密不可分。所以，在楚文化中，对天的关注始终是楚国士大夫阶层和巫术术士的永恒话题。这种文化基因，在南阳汉代画像石中得到了很好的继承和发扬，导致南阳汉代画像石中天象类的画像内容异常丰富，也成为全国五大汉代画像石区域中的一大特色。迄今发掘119座南阳汉代画像石墓，天象类画像也占据不少，种类也各具特色，针对这些种类，我们进行了系统的梳理。

---

① 陈锽：《古代帛画》，文物出版社2005年版，第22页。

一　南阳早期汉代画像石墓中的天界画像

在早期南阳汉代画像石中，天界部分的画像种类不是很多，主要有星宿、白虎与金乌、菱格套环图案、七鲤、四神、长虹、蟾蜍、三足乌等。有的汉代画像石墓，并无天界部分，如唐河县冯君孺久墓，有盖顶石，但无画像，南阳杨官寺汉代画像石墓和南阳赵寨砖瓦厂汉代画像石墓画像石均使用在墓门部分，墓室顶部没有画像。而在墓室之中最早开始刻画天象的要数唐河县针织厂汉代画像石墓，该墓的年代属西汉晚期。至南阳汉代画像石鼎盛时期以及后来的衰落期，天界部分已经非常丰富多彩了，配置也更加讲究。从早期到盛期的墓葬中，出土天象较多而且又精彩的首先要数南阳英庄汉画像石墓，该墓出土了四块盖顶石，分别刻画了天界的图像，有阳乌画像石（图6-1）、应龙画像石（图6-2）、雷公画像石（图6-3）、嫦娥奔月画像石（图6-4）。其次是河南南阳县蒲山汉代画像石墓，该墓出土的盖顶石四块，均刻画着天象图，分别是嫦娥奔月画像石（图6-5）、白虎星座画像石（图6-6）、苍龙星座画像石（图6-7）、羽人戏苍龙画像石（图6-8）。东汉早期具有天象图的画像石墓，还有一个墓极其经典，就是南阳麒麟岗汉代画像石墓，该墓的天象图分为三组系列，也就是三幅巨作，前室盖顶石由九块组成的太一暨日月画像石、北主室盖顶由六块组成的伏羲女娲高禖画像石、中主室盖顶由五块组成伏羲女

图6-1　阳乌

娲高禖画像石，是南阳汉代画像石墓天象画类的代表作品。

图 6-2　应龙

图 6-3　雷公

图 6-4　嫦娥奔月

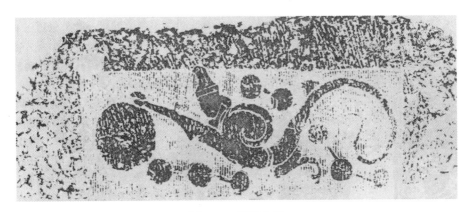

图 6-5　嫦娥奔月

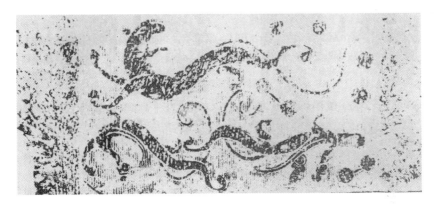

图 6-6　白虎星座

图 6-7　苍龙星座

图 6-8 羽人戏苍龙

二 南阳东汉中晚期画像石墓中的天界画像

南阳东汉中晚期具有天象的画像石墓，首先要数南阳县高庙汉画像石墓，刻画九块天象画像石，分别是双首朱雀星象画像石（图 6-9）、雷神击鼓画像石（图 6-9）、星云画像石（图 6-11）、二方菱形套连画像石（图 6-12）、穿璧纹画像石（图 6-13）等。在东汉晚期或稍后，南阳出现了汉代画像石再次利用的现象，这里主要叙述两座。南阳市王庄汉画像石墓出土的五块盖顶石，分别刻画五种天界画像，有常羲捧月画像石（图 6-14）、河伯出行画像石（图 6-15）、天帝出行画像石（图 6-16）、五鹊画像石（图 6-17）、青龙画像石（图 6-18）。这两种画像石墓虽然不是汉

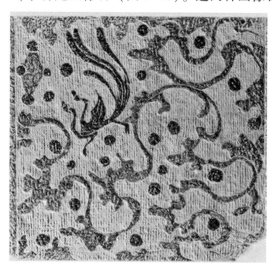

图 6-9 双首朱雀星象

代的原生画像石，但从配置规律上也参照了汉代画像石墓的配置规律。

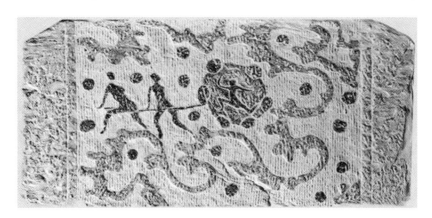

图 6-10　雷神击鼓

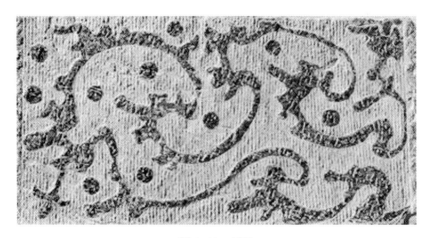

图 6-11　星云

图 6-12　二方菱形套连

图 6-13　穿璧纹

图 6-14　常羲捧月

图 6-15　河伯出行

图 6-16　天帝出行

图 6-17　五鹊

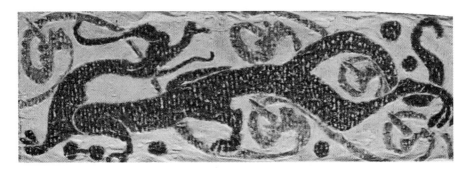

图 6-18　青龙

通过简单列举南阳汉代画像石墓的天象图，会发现早期的南阳汉代画像石墓，主要以天界的神兽为主，神人为辅。而在东汉以后，南阳汉代画像石墓的天象部分主要以神人为主，神兽为辅，而且刻画也更加生动活泼，线条也更加流畅自然，达到了前所未有的艺术境界，令人叹为观止。此外，有的汉代画像石墓虽然没有盖顶石，或者说没有天象画像石，但他们在营建的过程中有时会以横梁的画像来展现天象，这种情况在南阳汉代画像石墓中也不是特例，有时会在横梁上刻画星象或神兽，以此说明天界的情况。这种配置方式，也体现出一些规律，说明了南阳人们在宇宙观念方面的变化，也可以说是对待宇宙的一种认识变化。从早期的唐河县针织厂汉代画像石墓的以神兽为主，到盛期南阳麒麟岗汉画像石墓神人与神兽共存的局面，再到南阳高庙汉画像石墓中重星宿而轻神人神兽的现象，体现了南阳汉代画像石天象图在墓葬中的变化规律。

三　南阳汉代天界画像石的图像意涵

截至 2019 年，南阳共计发现天文类画像石 79 块。而这些天象图，有的有星宿，有的是天界神话。就星宿而言，从天文学的角度来审视，大多是零散的、或不准确的，但这些图像，与唐宋时期墓葬中的天象图有着较大的区别，唐宋时期墓葬中的天象图比较直观而真实地再现了苍天上的各种星宿，而南阳汉代画像石中的天象图，均存在明显的指向性，这些天象图的意涵，我们大致可以归纳为四类。

（一）天人感应的星宿观

董仲舒在答汉武帝策问时，对天人感应有过较为全面的阐述，其实天人感应的思想早在《尚书》中已有记载。作为一个术语概念，天人感应说是把阴阳五行说纳入儒学的轨道，把自然界的一切现象看成上天的有意识、有目的的安排，把自然现象拟人化，赋予道德的属性。把自然界的自然变更视为天意的表现，且封建社会的各种等级名分和隶属关系也是天意的安排，一切自然现象都是上天对人类和君王的暗示："此皆阴阳之精，其正在地，而上发于天下也。""政失于此，则变见于彼……是以明君睹之而寤，饰身正事，思其咎谢，则祸除而福至，自然之符也。"由此可见，天上的神权、地上的皇权密切地联系融通为一。"事应顺于名，名应顺于天，天人之际合而为一。"① 因此，天上的星宿出

---

① 班固：《汉书·艺文志》，中华书局 2007 年版，第 1701 页。

现或变化与人间的灾疫与祸福、太平与战乱、除旧与布新等相连。在置于
墓内的天文图像上，也和人间一样崇奉"吉星"，极力阻止"灾星"所带
来的灾祸①。

而彗星，在我国古代传统文化中，有"妖星""扫帚星""蚩尤旗"
的称谓。"蚩尤之旗，类彗而后曲，像旗。见则王者征伐四方。""荧惑散
为蚩尤旗，主惑乱。""彗星世所谓扫星，本类星，末类彗，小者数寸，
长或竟天，见则兵起，大水。主扫除，除旧布新。"②

"（建武）十五年正月丁未，彗星见昴，稍西北行，入营室，犯离宫，
三月乙未，至东壁灭，见四十九日。彗星为兵入除秽，昴为边兵，彗星出
之为有兵至。十一月，定襄都尉阴承反，太守随诛之。卢芳从匈奴入居高
柳，至十六年十月降，上玺绶。一曰，昴星为狱事。是时，大司徒欧阳歙
以事系狱，逾岁死。营室，天子之常宫；离宫，妃后之所居。彗星入营
室，犯离宫，是除宫室也。是时郭皇后已疏，至十七年十月，遂废为中山
太后，立阴贵人为皇后，除宫之象也。"③此次彗星的出现，是光武帝废
掉郭皇后的直接理由。

南阳汉画馆收藏一块汉代彗星画像石（图6-19），此石发掘于1973
年南阳县王寨汉墓，它刻绘在墓葬前室石梁下面。其内容为图左刻背负日
轮的阳乌，中部刻内有蟾蜍的满月和天庙星图，右刻东欧星，东欧星上下
各刻一彗星，两彗星皆彗尾向东，彗头向西④。把彗星和日月同辉刻在一

图6-19 彗星

① 李真玉：《浅谈汉画中天文图像的人文特色》，《南阳汉代天文画像石研究》，民族出版社
1995年版，第103页。

② 司马迁：《史记》，中华书局1957年版，第1289页。

③ 范晔：《后汉书·天文志》，中华书局1965年版，第3213页。

④ 王建中、闪修山：《南阳两汉画像石》，文物出版社1990年版，第272图。

幅画像中，不是简单的天象反映，日月同辉是祥瑞太平的吉兆，以此来遏制可能降临的灾疫祸患，保证墓主人的平安快乐。在唐河县罐山汉墓出土画像砖中的西宫白虎彗星图中，画面一白虎面右昂首张口，在白虎七宿星的上部，有一颗很大星宿，头部较大，拖一条很长的尾巴向左上方延伸，这显然是彗星。这颗"灾星"出现在白虎星座中使我们不难理解制作者的用意。青龙、白虎、朱雀、玄武在汉代为天之四灵，即四方之神，汉代人们四季耕种、建造房舍等都按它们所定的方位进行设置。白虎作为天之四灵之一，在汉代人的心目中是驱除邪恶的神兽，在画像石墓中也往往被刻于墓中作为镇墓之兽。而在此砖上将其和彗星刻在一起，无疑是为了借助白虎神兽的力量来战胜彗星所带来的灾难，保证亡灵安享平安。① 其实如此刻画，也是建造墓室时的一种防御，换句话说，假如在冥界有彗星出现，就利用白虎的力量来进行震慑，以此达到冥界安全的初衷。

所以，天人感应的星象观在汉代流行甚广，天界的星宿变化与人间密切相关，彗星与人间的事情，只不过是具有代表性的一种星宿观念。诸如此类的还有很多，只不过各自所指代的事项不同而已。

(二) 阴阳和谐的天象观

顾颉刚先生曾经指出，汉代人的思想的骨干，是阴阳五行。无论宗教、政治、学术，没有不用这套方式的。推究这种思想的原始，由于古人对宇宙间的事物发生了分类的要求。他们看见林林总总的东西，很想把繁复的现象化作简单，而得到它们的主要原理与主要成分，于是要分类。但他们的分类法与今日不同，今日是用归纳法，把逐件个别的事物即异求同；他们用的是演绎法，先定了一种公式而支配一切个别的事物。其结果，有阴阳之说以统辖天地、昼夜、男女等自然现象，以及尊卑、动静、刚柔等抽象观念……以至于帝王的系统和国家的制度。②

正因为如此，阴阳理论在汉代进一步向各个领域扩展，并逐渐主导着整个社会和宇宙，具体在现实生活中，人们习惯性地把日暖月寒、昼热夜凉的自然现象和男刚女柔的人类特点与阴阳观念联系起来，并由此无限地进行着"类推"。长此以往，阴阳思想把自然界和人类社会无一遗漏地笼

---

① 李真玉：《浅谈汉画中天文图像的人文特色》，《南阳汉代天文画像石研究》，民族出版社1995年版，第104页。

② 顾颉刚：《秦汉的方士与儒生》，上海古籍出版社1998年版，第1页。

罩在它的范围之内，用阴阳和谐的统一价值观来度量一切，阴阳和谐则万物兴旺，阴阳相斥则万物衰落。这种阴阳思想主导的社会，不仅在人类社会中蔓延，而且在墓葬的营建过程中也不例外，并且处理得相当严谨，完全是把现实生活中的阴阳理念丝毫不差地运用在里面。就以南阳汉代画像石墓为例，在墓葬中阴阳理念得到充分的反映，因为在汉代人的理念中，墓室也是一个宇宙，只不过是一个浓缩的小宇宙，阴阳的体现，最主要是在墓葬的天界得以展现，尤其是天象图的刻画，将汉代的阴阳思想贯彻得非常彻底。在唐河县针织厂汉代画像石墓的顶部，也就是墓葬所谓的天界部分，体现了阴阳必须对应和谐，具体在男女主人的墓室中，天象截然不同。北主室即男主人墓室，墓顶刻以太阳、白虎、长虹等，为白昼天象，寓意为阳性；南主室即女主人墓室则刻月亮、星辰，为夜间天象，寓意为阴性，《礼记》有云："大明生于东，月生于西，此阴阳之分，夫妇之位也。"大明即通常所指的太阳，太阳生于东，东属木主阳，月生于西，西属金主阴。

在南阳汉代画像石墓中，天象部分不仅饰以日月来区分阴阳，这是一种较为直接的区分方式。此外还有以卿云来示意阴阳。在南阳汉代天文画像石中，刻画大量的卿云，古人所谓的"卿云，喜气也"，是阴阳聚合所产生的瑞应，是汉代人追求阴阳和谐思想的体现，具体在汉代白虎星座画像石、汉代嫦娥奔月画像石、汉代日月合璧画像石中，围绕主题画面刻画一些翻卷的云气，这种云气就古文献中所谓的卿云。

如果说日月图、卿云是阴阳思想的体现，那么，在南阳汉代画像石中，日月合璧则是又一种阴阳思想的体现。所谓的日月合璧，科学的解释是古人观测到的日月交食的现象，就是今天通常所称的日环食。日环食是一种自然现象，是月球运行到黄道、黑道交叉点附近与太阳重叠所造成的，重叠后的日环食，形若璧状，古人便把此种现象称为日月合璧。但在南阳汉代画像石中，汉代人便更加生动地来表现，他们通常把一只飞翔的金乌背负的日轮中刻画一只象征月亮的蟾蜍。汉代人认为日月合璧是一种祥瑞之兆。《淮南子·天文训》云："日者阳之主也。""月者阴之宗也。""阴阳合和而万物生。""三皇迈化，协神醇朴，谓五星连珠，日月若合璧。"[1]"圣人在上，与天地广，玄德彰于日月，洪休备乎瞻仰合璧之为状

---

① 刘安等：《淮南子·精神训》，岳麓书社 2015 年版，第 55 页。

也……和阴阳而二仪交泰，辨分至而九服融朗。"（卢士开《日月合璧赋》，见《全唐文》。）在南阳汉代画像石墓中，刻画日月合璧图，无疑是愿望墓主人在冥界能阴阳和谐、夫妻和睦，这种表现形式，只不过以简单的日月来表现更为复杂的阴阳理念。

此外，在南阳汉代画像石墓中，还有一种方式来表现阴阳和谐，就是日月同辉图。此图是一端刻着背负日轮的阳乌，另一端则刻满月，月中画蟾蜍，在月两侧各刻相连五星①。另外一幅左侧日轮内刻三足乌，右刻月轮，内刻蟾蜍，日月之间有卿云缭绕，月之右又刻心宿三星，表示日月出没朔望更替、昼夜更替的现象②。《艺文类聚》有云："朔，苏也，月死复苏生也。弦，月半之名也。其形一旁曲，一旁直，若张弓弦也。望，月满之名也。日在东，月在西，遥相望也。"③ 上文已经提及，日月代表阴阳，如果和心宿三星相伴出现，其义就更加清晰。《史记·天官书》有云："心为明堂，大星天王，前后星子属，直则天壬失计。"④ 说明心宿星有"子属"的象征意义，这两种天象联合刻于墓内表示墓主人阴阳和谐，夫妻和睦，子孙昌盛⑤。

（三）神话传说的日月观

汉代虽然在天文学方面获得了巨大成就，发现了许多以前未知的天文秘密，但对日月的理解，还存在幼稚的认识，依然把远古社会流传下来的日月观表现到汉代画像石上。《淮南子·精神训》云："日中有踆乌。"⑥《山海经·大荒南经》云："羲和者，帝之妻，生十日。"⑦《山海经·大荒西经》云："有女子方浴月。帝俊之妻常羲，生月十有二，此始浴之"⑧。古文献中的这些描述，在南阳地区考古发掘中，尤其是在汉代画像石墓葬中得到了印证，我们仔细审视关于日月的画像石，会发现日的

① 王建中、闪修山：《南阳两汉画像石》，文物出版社1990年版，第280图。
② 王建中、闪修山：《南阳两汉画像石》，文物出版社1990年版，第269图。
③ 欧阳修：《艺文类聚》，上海古籍出版社1965年版，第1页。
④ 司马迁：《史记》，中华书局1957年版，第1289页。
⑤ 李真玉：《浅谈汉画中天文图像的人文特色》，《南阳汉代天文画像石研究》，民族出版社1995年版，第103页。
⑥ 刘安等：《淮南子·精神训》，岳麓书社2014年版，第55页。
⑦ 郭璞注：《山海经·大荒南经》，上海古籍出版社2015年版，第431页。
⑧ 郭璞注：《山海经·大荒西经》，上海古籍出版社2015年版，第432页。

造型有两种：一种是以金乌的现象展现，其腹部为圆形的日轮，首、尾、翼皆像鸟，整体形象像是背负日轮的阳乌在天空中遨游；第二种形象是在象征太阳的圆形轮中刻一三足乌。而月则是一种形象出现的，在圆形的月轮中，汉代人刻以玉兔、蟾蜍等神话传说中的动物来展现。日月的这种形象，不仅在南阳汉代画像石中是这样展现的，在其他地方发掘的汉代文物中，也是这样展现的。长沙马王堆汉墓出土的"非衣"帛画中的日月，四川、山东等地发掘的汉代画像石中的日月，均是以此种面貌呈现的，说明这种认识不是区域性的问题，而是当时汉代文化普及的地方均流行此种观念。因此，我们发现，无论是汉代画像石、汉代帛画，汉代的日月均按照上古的日月神话中所描绘的形象表现出来。对于一些观察到的天文现象，汉代人也用神话加以解释。他们认为太阳和月亮的东升西落、昼夜更替是因为日月都由神鸟负载；对太阳黑子和月亮中的高山枯海的阴影已观察到："元帝永元元年四月……日黑居仄，大如弹丸。""河平元年……三月乙未，日出黄，有黑气，大如钱，居日中央。"这种黑子出没的现象被附会成载日的阳乌，月球上的阴影则被认为是传说中的玉兔或蟾蜍。①

（四）星辰崇拜的民俗观

南阳汉代天文画像石中，有的星宿在当时受到人们的普遍崇拜，这些崇拜，有的关乎灵魂升仙，有的象征天门，有的关乎子孙繁衍。因为根据司马迁对星宿的理解，天界的星宿有各自的象征，而且还有各自的职能。正因为如此，在汉代人们的内心世界中，久而久之就产生了诸多种类的星宿崇拜。

南阳汉代画像石中有北斗七星的图像，北斗七星俗称"杓星"，此星也是人类活动中较早认识的一种星宿，它由天枢、天旋、天玑、天权、玉衡、开阳、瑶光七星组成，因居北方天空成斗状而得名。在汉代画像石中，这种北斗七星大都用连线将七颗小圆点连接成斗状。南阳县丁凤店出土汉代阳乌星宿画像石（图6-20），在图像的右侧，刻画了一幅北斗七星，斗柄向右偏下，斗口向上。北斗七星的前四星又叫"魁"，俗称"杓"，在魁之上方又刻一星，当为北极星。另外，斗柄上方有三星，柄下又有一星，应是开阳附近的辅星。画像中部又刻竖三星相连及四星环

---

① 李真玉：《浅谈汉画中天文图像的人文特色》，《南阳汉代天文画像石研究》，民族出版社1995年版，第102页。

连。画左端有一阳乌，表示太阳①。在南阳麒麟岗汉代画像石墓顶部，出土一组画像石，组成一幅大型的天象图，画像中部刻象征二十八宿的"四象"——青龙、白虎、朱雀、玄武。其左刻画女娲捧月及南斗六星，其右边是伏羲捧日及北斗七星②。

图 6-20　阳乌星宿

在"观象授时"的时代，北斗七星具有以斗柄来确定季节的功能。《夏小正》有云："正月，初昏斗柄县（悬）在下"，"六月，斗柄正在上"，"七月，斗柄县在下则旦"。《鹖冠子·环流第五》亦云："斗柄东指，天下皆春；斗柄南指，天下皆夏；斗柄西指，天下皆秋；斗柄北指，天下皆冬。"《史记·天官书》又云："斗为帝车，运于中央，临制四乡，分阴阳，建四时，皆系于斗。"其《正义》又说：张衡云："……居中央，谓之北斗，四布于方各七，为二十八舍……"③ 据此可知，北斗在汉代以及汉代以前，预报季节时令所观测到的重要星宿，对农业社会的生产起到了重要的作用。在南阳汉代天文画像石中，北斗也频繁出现，但这种出现，已经超越了科学的范畴，赋予了诸多人文因素，演绎着人与星的神秘色彩。

汉代统治阶级有庙祭北斗的习惯，《汉书·郊祀志》云："后莽又奏言：'……分群神以类相从为五部，兆天坠之别神：中央帝黄灵后土畤及日庙，北辰，北斗，填星，中宿中宫于长安城之未坠兆；……'奏可，于是长安旁诸庙兆畤甚盛矣。"《后汉书·祭祀上》亦云："二年正月，初制郊兆于雒阳城南七里，依鄗。采元始中故事。为圆坛八陛，中又为重坛，天地位其上，皆南乡，西上。其外坛上为五帝位。青帝位在甲寅之地，赤

① 王建中、闪修山：《南阳两汉画像石》，文物出版社 1990 年版，第 278 图。

② 牛天伟：《试论汉画中的北斗星画像》，《汉画学术文集》，河南美术出版社 1996 年版，第 128 页。

③ 司马迁：《史记》，中华书局 1957 年版，第 1289 页。

帝位在丙巳之地，黄帝位在丁未之地，白帝位在庚申之地，黑帝位在壬亥之地。其外为遗，重营皆紫，以像紫宫；有四通道以为门。日月在中营内南道，日在东，月在西，北斗在北道之西，皆别位，不在群神列中。"
"陇、蜀平后，乃增广郊祀，高帝配食，位在中坛上，西面北上。天、地、高帝、黄帝各用犊一头，青帝、赤帝共用犊一头，白帝、黑帝共用犊一头，凡用犊六头。日、月、北斗共用牛一头，四营群神共用牛四头，凡用牛五头。"[①]

　　南阳汉代天文画像石中的北斗七星，是汉代民间崇拜和祭祀北斗的一种民俗现象。汉代画像石墓是汉代人为死者营造的一个地下宇宙，汉代人将北斗刻于墓顶，除了说明汉代葬俗将墓顶视为天空，北斗是天空中重要的星象之外，更重要的是汉代人将北斗视为星神加以崇拜。因为墓葬系古人崇拜祖先亡灵及天地鬼神之场所，所以墓葬中刻画北斗星神的形象，实属墓主人祭祀的对象之一。其实对于这种崇拜，山东汉代武氏祠画像石中就有一幅画像石，十分明显地刻画了这一场景。在图中有墓主人跪拜北斗的形象。画中刻北斗七星相连，其中的"魁"四星组成车舆，斗柄三星组成车辕，北斗车中乘坐一神人，在北斗车前有四人，二跪二立，画右又有一人骑马，一马拉车，均面向北斗行驶。显然是墓主人跪拜北斗的景象[②]。

　　汉代人视北斗为"主寿夭"之神，人死之后，要想亡灵升仙，祈拜北斗也是一种方式之一。《汉书·天文志》云："绥和元年正月辛未，有流星从东南入北斗，长数十丈，二刻所息。占曰：'大臣有系者。'其年十一月庚子，定陵侯淳于长坐执左道下狱死。"因此，汉代人把北斗刻画于墓室之中就不难理解了，北斗主寿夭，属杀伐之神。此后，中国道教在此理论的基础上演绎出了"南斗主生，北斗主死"的理念。

　　南阳汉代画像石中不仅有祭拜北斗的习俗，还有祭拜苍龙星座的习俗。南阳县蒲山阮堂出土的汉代苍龙星座画像石（图6-21），含角、亢、氐、房、心、尾、箕七个主要星宿。画像以苍龙为主，以表示东宫整体。苍龙星座中的角宿二星对称于龙角两侧，在古人的心目中是"天门"的

---

　　① 范晔：《后汉书·祭祀上》，中华书局1965年版，第3159页。
　　② 牛天伟：《试论汉画中的北斗星画像》，《汉画学术文集》，河南美术出版社1996年版，第130页。

象征。《晋书·天文志》有云："东方，二星为天关，其间天门也，其内
天庭也。故黄道经其中，七耀之所行也。左角为天田，为理，主刑；其南
为太阳道右角为将，主兵；其北为太阴道。盖天之三门，犹房之四表。"
《史记·天官书》亦云："苍帝行德，天门为之开。"《索隐》注释"天
门"一词时指出："天门，即左右角间也。"南阳汉画中的"苍龙星座"
突出角宿，意在表现"天门"，这就迎合了墓主人灵魂升仙的观念，因为
升仙必定要经过天门。①

图 6-21　苍龙星座

　　"苍龙星座"中的尾宿，有专家已对此有详尽的研究：汉代妇女有崇
拜尾宿的习俗，尾宿进而成为女性与子孙繁衍的象征。《史记·天官书》
"尾为九子"条下《索隐》引宋均注云："属后宫场，故得兼子。"②《白
虎通义》在记述妇女崇拜尾宿时说："子孙繁息，于尾，明后当盛也。"
则又有点女性保护神的味道了。因此，汉代以降，如果在尾宿所在的天区
发生了月食，则反映"阴失明"，必须"夫人击镜，孺子击杖，庶人之妻

---

　　① 孙怡村：《浅析南阳汉画像石天文图像之功能》，《汉画研究：中国汉画学会第十届年会
论文集》，湖北人民出版社 2006 年版，第 263 页。

　　② 司马迁：《史记》，中华书局 1957 年版，第 1289 页。

楔搔以救之"（班固《白虎通义》卷二《灾变》）。这些民俗材料均说明尾宿系代表女性的星宿。它在天为女性保护神，在朝喻后妃，在野指主妇。正因为如此，在反映汉代丧葬制度的汉墓中，画像石上的尾宿才一再与表示阴性的月亮同时出现[1]。

南阳汉代天文画像石主要是以反映汉代较为流行的社会意识为主要内容的人文科学性质的历史文化遗存，这种思想在全国其他汉文化区域也有所体现，但没有南阳一带盛行，也许是受楚国遗留的民俗文化的影响。今细观这些天象图，与真实天象资料有差异的地方，所以画像石中的这些天象图，非科学意义的天文星宿。在南阳汉代画像石墓葬中，往往会选取一些局部，而这些局部又是与人们信仰相关的、或有一定"实用价值"天文星象图。这些零散的、不够准确的星宿图，其示意性刻画着时代的烙印。

太史公曰："为天数者，必通三五。终始古今，深观时变，察其精粗，则天官备矣。"[2] 由此可见，身处当时的社会背景，在谶纬神学和升仙思想笼罩下的人们不可能以一种理性和纯粹的科学精神来研究天象，他们观测天象的首要目的是要洞察充满宇宙天地间的那些神秘力量的活动和本性，以便预见并指导自己的政治与社会生活。因此，南阳汉画像石天象图是汉代人利用神秘的宇宙力量来实现自己长生不死、羽化升仙、到达另一个理想王国的重要阶梯，是为墓葬服务的具有功利性的天象图，只是在其中不可避免地包含着一些汉代人基本的天文观念和珍贵的天象观测实录。[3]

第二节　仙界类

通过考古发掘，尤其对汉代壁画墓、汉代画像石墓、汉代画像砖墓的发掘会发现，汉代人对待宇宙是十分理性的，也是十分严谨的，考察汉代墓葬的画像构建就完全可以明了这一点。我们在上述部分梳理了南阳汉代

---

① 陈江风：《天文与人文》，国际文化出版公司1988年版，第102页。

② 司马迁：《史记》，中华书局1957年版，第1289页。

③ 孙怡村：《浅析南阳汉画像石天文图像之功能》，《汉画研究：中国汉画学会第十届年会论文集》，湖北人民出版社2006年版，第266页。

画像石墓的第一类画像——天象类，在一些大型而又完整的汉代画像石墓中，仙界画像石的配置也十分认真，这种情况无论是南阳地区，或是山东地区以及山西地区，均是把仙界画像石配置在一个比较固定的墓葬位置之中。针对这样的一个特殊群体，在文献中有过清晰的说明，《说文解字》"仙"字有"仚"和"僲"两种写法，"仚，人在山上"，"僲，长生櫻去"。《释名·释长幼》解释说："老而不死谓之仙，仙，迁也，迁人山也。"根据汉代人的解释，所谓的仙人，与世间的人有着本质区别，具有不死不老的神性和人的肉体的永恒存在，可以不吃不喝，能飞天入地，其住处是在高高耸立的仙山之上。对"神"和"仙"的区别，北宋初期编辑的类书《太平广记》中，仍将"神"和"仙"各分为一类。神在天上，仙在山上。在汉代人的观念中，人们死后升仙而不升天，升天是一般人不可能达到的。天上虽然让汉代人感觉神秘莫测，但并不向往，在他们看来，天上是最可怕的地方，上帝与诸神居住的地方并不适合他们。《楚辞·招魂》中有过非常生动的描述，其文曰："魂兮归来！君无上天些。虎豹九关，啄害下人些。一夫九首，拔木九千些。豺狼从目，往来侁侁些。悬人以娭，投之深渊些。致命于帝，然后得瞑些。归来归来！往恐危身些。"这是何等的恐怖，又怎么能居住呢。天上居住着"太一"与诸神，他们永远高高在上，统治着这个宇宙，始终以一种冷酷的面孔呈现，也从来没有统一的规范的治理宇宙的各种制度，而是以灾异给予暗示，或以风调雨顺赐予民众。在人民的眼中，永远都是被动的，都是战战兢兢、诚惶诚恐地双膝跪地的姿态出现的，丝毫没有反抗的能力和动机。鉴于此，迄今考古发掘几百座有画像的汉代墓葬，也始终没有发现一幅表现的是升天的画像，这也是我们研究汉代美术考古必须注意的一个问题，从而说明了汉代人们对升天始终是一种畏惧心理。

一 南阳一、二期汉代画像石墓中的升仙画像

在南阳迄今发掘的119座汉代画像石墓中，审视仙界画像石的视觉构建规律，会发现在一期的唐河县湖阳镇汉代画像石墓、唐河县石灰窑村汉代画像石墓、南阳杨官寺汉代画像石墓、南阳赵寨砖瓦厂汉代画像石墓等墓葬中，由于画像石墓属于初创期，画像石多使用在墓门一带，并没有明显的仙界图像出现。二期的主要有唐河汉郁平大尹冯君孺久汉代画像石墓、唐河针织厂汉代画像石墓、唐河县电厂汉代画像石墓等。此时期的画

像石墓逐渐成熟，在唐河汉郁平大尹冯君孺久汉代画像石墓的南车库门楣上，刻画着羽人、二龙穿璧与一位踞坐手持短刀的男士（图6-22）。这幅画像其实就是表现了墓主人灵魂通过龙的帮助，已经由冥界进入仙界的过程。在画面的左侧有一个羽人手持灵芝在饲应龙，说明这是仙界的范围，已经不属于人间的范围。画面的右侧应该是墓主人。另外在该墓的南主室北壁，刻画了一幅四首人面虎画像，在北主室南壁刻画一应龙和鱼（图6-23）的画像，这种神兽，在汉代人的视野中，均是与升仙有着密切关系的神灵，有了它们的帮助，升仙已经是一件轻松自如的事情。所以，我们在图像归类时，依然把这些画像归之为升仙类画像，因为在灵魂的视野中，这些均是仙界的景象了。这种图像，可以说是南阳汉代画像石墓中仙界画像的开始。

图6-22 踞坐手持短刀的男士

图6-23 应龙和鱼

二 南阳三期汉代画像石墓中的升仙画像

三期主要有南阳英庄汉代画像石墓、邓县长冢店汉代画像石墓、南阳军帐营汉代画像石墓、唐河针织厂二号汉代画像石墓、方城城关镇汉代画像石墓、南阳县王寨汉代画像石墓、南阳麒麟岗汉代画像石墓。除了南阳英庄汉代画像石墓、邓县长冢店汉代画像石墓没有发现仙界画像以外，我们在南阳军帐营汉代画像石墓发现了仙人戏虎戏飞廉画像石（图6-24）、乘龙升仙画像石（图6-25）两块有关升仙的图像。在该墓门楣正面左方刻仙人戏虎戏飞廉画像石中，前有方相氏开路，后有一仙人执灵芝戏神虎，其后又一仙人执灵芝戏飞廉，最后一牛与虎斗，空间并饰云气纹。① 在门楣背面，左刻乘龙升仙画像石，一仙人乘于龙背，前有一仙人执灵芝面向龙，前头有二虎一牛，空间云气缭绕。右刻乘飞廉升仙画像石，前有方相氏开路，后有一羽人乘飞廉，一仙人执灵芝戏龙，后有一虎和似牛怪兽。这两幅画像虽然没有发现墓主人的图像，似乎是一种祥瑞画像，但是仔细观察，会发现其中的奥妙，虎与牛已经辟除不祥，仙人和羽人骑龙缓步而来，亡灵在仙人和羽人的迎接之下，即将升仙的一种场景②。与南阳军帐营汉代画像石墓的两块升仙画像石相似的是，在唐河县针织厂二号汉画像石墓中，我们发现了四块升仙画像石，在墓门门楣上面，

图 6-24　仙人戏虎戏飞廉

图 6-25　乘龙升仙

---

① 南阳博物馆：《河南南阳军帐营汉画像石墓》，《考古与文物》1982年第1期。

② 南阳博物馆：《河南南阳军帐营汉画像石墓》，《考古与文物》1982年第1期。

由一块长石凿成，画面分为两部分。东半部分为逐疫辟邪（图6-26），左刻一曲颈低首向右猛抵的怒牛，右刻一兽昂首奋蹄，作向左奔走状，中刻一兽，漫步低首，口稍张似哀鸣，显出一副气泄威丧之状。西半部为升仙图，左刻一肩生双翼的羽人，双膝跪地，双手执一物作饲喂之状，右刻一有翼的飞龙，张口作奔走状①。在该墓前的东西二大梁西侧，图中各刻一张口露舌，头后长一角，身有翼的飞龙，并刻一羽人（图6-27）②。这四幅画像，位置均在墓门门楣和前室横梁上，此处也是经常刻画升仙画像的地方。在方城城关镇汉画像石墓中，升仙画像的刻画，似乎会让我们对升仙有进一步的认识。因为在该墓的升仙画像刻画中，我们明显发现在墓门门楣上刻画了一幅驱魔逐疫画像石（图6-28），一幅斗兽画像石（图6-29）。这两幅的性质基本一样，均是驱鬼辟邪，为升仙做准备③。也就是在同样的位置，门楣上边，刻画了两幅升仙的画像，在门楣的左上部，

图6-26　逐疫辟邪

图6-27　有翼龙、羽人

---

① 南阳地区文物工作队、唐河县文化馆：《唐河县针织厂二号汉画像石墓》，《中原文物》1985年第3期。

② 南阳地区文物工作队、唐河县文化馆：《唐河县针织厂二号汉画像石墓》，《中原文物》1985年第3期。

③ 南阳地区文物工作队、方城县文化馆：《河南方城县城关镇汉画像石墓》，《文物》1984年第3期。

刻画一巨口、大耳、双翼的飞龙；飞龙前刻二鲤鱼①，后刻一羽人，一手
握龙尾飞奔。在门楣右上方，刻画了两只鹤，这两只鹤昂首相对。仙鹤与
凤凰一样，认为是瑞禽，而且还是仙人的乘骑。所以，这两幅的内容我们
均认为是亡灵升仙的图像。②升仙画像石最为直白的刻画呈现，要数南阳
麒麟岗汉画像石墓了，在该墓的二大门门楣正面，刻画了一幅东王公、西
王母画像石，画面中刻画一龙作飞奔状，龙的周围云气缭绕，其右一人，
肩生毛羽，手执灵芝。龙尾与羽人之间刻三珠树一株。右刻东王公，戴
冠，着长襦，肩生毛羽，正襟危坐云端，作观望之状。羽人与东王公皆未
刻下身。龙之左有一女，头梳丫髻，人首蛇身而生双足，左手高擎珠树，
升腾云端，应为西王母。左刻一蟾蜍，手托西王母蛇尾作嬉戏状。其左有
一怪兽，赤身有尾，身生毛羽，双手反缚，此人应为犬封国贰负的臣子，
名字叫危的神人③。南阳麒麟岗汉画像石墓是南阳地区汉代画像石墓发展

图 6-28　驱魔逐疫

图 6-29　斗兽

---

① 《山海经·海外西经》："龙鱼陵居在其北，状如狸。一曰鰕。即有神圣乘此以行九野。
一曰鳖鱼在夭野北，其为鱼也如鲤。"

② 南阳地区文物工作队、方城县文化馆：《河南方城县城关镇汉画像石墓》，《文物》1984
年第3期。

③ 南阳市博物馆：《南阳麒麟岗汉代画像石墓》，《南阳汉画像石墓考古发掘报告集》，中
州古籍出版社2012年版，第492页。

过程中的一个高峰，画像也更加凸显升仙色彩，除了门楣上的升仙画像之外，墓室之内的立柱也不乏仙界的画像，这也是南阳地区汉代画像石墓发展过程中不多见的。

三　南阳四期汉代画像石墓中的升仙画像

晚期的主要有襄城茨沟汉代画像石墓、新野县前高庙村汉代画像石墓、桐柏县安棚汉代画像石墓、南阳市中原技校汉代画像石墓等。在南阳晚期的这些墓葬中，会发现升仙画像的配置明显减少，大多墓室只是在墓门周边有画像，其他地方没有画像石。所以，我们在梳理升仙类画像石内容的时候，发现晚期的画像石墓，升仙的内容如果出现，也是以二龙穿璧（图6-30）的形式出现，再没有其他的形式了。

图6-30　二龙穿璧

第三节　人间类

南阳汉代画像石墓，我们发现的天界部分、仙界部分均丰富多彩，令人目不暇接，勾勒出一个完全虚拟的想象空间。从墓葬考古的角度而言是正常的一种表现方式。如果我们以亡灵的身份审视，哪些属于人间的部分，这是一个非常有趣的话题。毕竟在墓葬中，除了天界、仙界，那应该就是冥界了，怎么还会有人间。其实我们认真地观察，会发现有的画像还是属于人间部分的。首先，我们先说一下汉代画像石墓的构造，一般情况下，画像石分为墓门、前室、后室组成。墓门是从冥界出来到人间的一个出口，前室是祭祀亡灵的地方，这个地方，往往也是亡灵接受人间的后嗣悼念亡灵、奉献祭品的地方。而祭祀活动包括车马出行、狩猎、乐舞百戏、庖厨等。此外，人间部分的画像，还包括历史故事画像。

一　祭祀类

中国古代，国之大事，在祀与戎。祭祀不仅是一个国家的大事，同样也是一个家庭的大事。在汉代祠堂或汉代画像石墓中，祭祀的图像也显得非常突出，它是汉代墓葬宇宙体系中人间类的一个重要组成部分。而汉代的祭祀又程序复杂、形式多样，表现在汉代画像石墓中，主要发现有车骑出行、畋猎、乐舞百戏、庖厨等。

关于畋猎，在南阳汉代画像石墓中的人间部分，有一些关于畋猎的画像石。按照本书的理念，畋猎并非以前学者所谓的墓主人畋猎活动，而是把此类画像列为人间类画像。在汉代画像石墓中，表现畋猎的画像为数不少，但位置也比较固定。在此，我们通过多年来南阳地区的考古发掘，梳理一下畋猎画像石的配置规律。在南阳地区发掘的 119 座汉代画像石墓中，也发现了一些畋猎画像石。唐河针织厂汉画像石墓的前室南壁下部，刻画有一幅畋猎画像石（图6-31），下部漫漶，上部尚可以看出是围猎场面。右边有一骑者手执短棒，纵马飞跃，旁有一人不知持何物，左有一人持大毕；中间有一猎犬穷追一兔，下有一人一手提一兔，一手执锤堵截。画面气氛紧张①。南主室南壁东端下部，刻画一幅畋猎画像石，图中二虎

图 6-31　畋猎

① 河南省博物馆、南阳市博物馆：《唐河针织厂汉画像石墓的发掘》，《文物》1973 年第6 期。

皆张口翘尾向勇士扑来，一勇士面无惧色，招前顾后与二虎搏斗；一勇士持矛向猛虎冲去，另外一人在后面招呼①。

　　唐河县电厂汉代画像石墓的前室南壁东门楣，刻画一幅畋猎画像石（图6-32）。画面分为两部分，右为二龙，昂首鼓腹，尾相交成菱形图案。左有二人，一人弯弓射虎，虎头中一矢，一人持长矛向猛虎刺去。②

图6-32　畋猪

　　南阳县英庄汉代画像石墓的前室上方西段，刻画一幅渔猎画像石（图6-33），画面中层峦叠嶂，野兽出没；溪水之上架设长虹似的拱桥；二人泛舟中流，一人荡桨，一人弯腰摆弄鱼罩；桥上两人各持一杆，两杆端有相连的长索，似象征大网③。在该墓的东壁上方北、南段，刻画一幅田猎画像石（图6-34），画中山右一人扬鞭催马驰逐，前有二犬，张口延颈追捕鹿群，一人举毕网兽。山左一人荷载，旁边有轻便小车，或为载猎物所用④。

图6-33　渔猎

　　① 河南省博物馆、南阳市博物馆：《唐河针织厂汉画像石墓的发掘》，《文物》1973年第6期。

　　② 吕品、周到：《唐河县电厂汉画像石墓》，《中原文物》1982年第1期。

　　③ 南阳地区文物工作队、南阳县文化馆：《河南南阳县英庄汉画像石墓》，《文物》1984年第3期。

　　④ 南阳地区文物工作队、南阳县文化馆：《河南南阳县英庄汉画像石墓》，《文物》1984年第3期。

图 6-34　田猎

　　除此之外，其他汉代画像石墓中也发现了畋猎画像石，在南阳草店汉画像石墓中，位于墓门门楣正面，刻画了一幅骑射畋猎画像石，画右一人骑马向左，马奋蹄张口曳尾作奔驰状，其前一虎，被骑者追赶而逃，逃跑之中又回首张口惊视，画左有一人双手持长矛拦截虎的逃路。画的最左边又有二猎犬两边夹击追赶一狂奔而逃的小鹿。画面空间饰有流畅的云气[1]。在南阳陈棚汉代彩绘画像石墓室之中的后室北过梁南面，刻画一幅猎虎画像石（图 6-35），画面下刻山峰，左刻一人，头梳高髻，身着襦服，双手执长矛向虎猛刺，虎回首张口，作惊恐欲逃状，山峰上有柏树，林中飞翔着小鸟[2]。该墓的后室南过梁南面，也刻画了一幅畋猎画像石（图 6-36），画面山岭叠嶂，左刻二猎犬，犬体腾空拉成一线，猛扑一兔。右边刻一兔，在山林中奔跑[3]。

图 6-35　猎虎

　　考古发掘的南阳汉代画像石墓，畋猎画像石大致如此。配置位置也有变化，但仔细分析，主要处于墓门门楣，以及前室横梁或侧壁，但也有的

---

①　南阳汉画馆：《南阳草店汉画像石墓》，《南阳汉代画像石墓发掘报告集》，中州古籍出版社 2012 年版，第 393 页。

②　南阳文物考古研究所：《河南南阳陈棚汉代彩绘画像石墓》，《考古学报》2007 年第 2 期。

③　南阳文物考古研究所：《河南南阳陈棚汉代彩绘画像石墓》，《考古学报》2007 年第 2 期。

图 6-36 畋猎

处于墓室的过梁之中。关于畋猎画像石的图像学意义，学界专家研究较多，普遍认为，畋猎图像和乐舞图像一样，系墓主人的一项娱乐活动，属于日常生活的一种，再现了墓主人在冥界的精神世界。对于汉代画像石墓中的畋猎画像石的理解，必须与汉代乃至汉代以前的文化结构紧密结合起来，才能解开其中的内涵。在先秦时期，畋猎并非属于游乐消闲，尤其是对于贵族和国君来讲，而是一种与军事和祭祀相关的礼制活动，畋猎不仅是军事训练，也是为祭祀所准备的牺牲用品。《左传·隐公五年》曰："春，公将如棠观渔者。臧僖伯谏曰：'凡物不足以讲大事，其材不足以备器用，则君不举焉。君将纳民于轨物者，故讲事以度轨。量谓之轨，取材以章物。采谓之物。不轨不物，谓之乱政。乱政亟行，所以败也。故春蒐、夏苗、秋狝、冬狩，皆于农隙，以讲事也。三年而治兵，入而振旅，归而饮至，以数军实，昭文章，明贵贱，辨等列，顺少长，习威仪也。鸟兽之肉，不登于俎，皮革齿牙骨角毛羽，不登于器，则公不射，古之制也。'"臧僖伯所说的"大事"，指的就是《左传·成公十三年》提到的"国之大事，在祀与戎"；"器用"就是祭祀用品。[1]

由此可见，早期的祭祀活动和军事活动是当时最重要的国之大事，国家每年按时举行的畋猎活动都与这两件大事密切相关。先秦时期，祭祖等最重要的祭祀典礼和宣战、告捷、献俘等重要军事典礼都必须在宗庙中举行。从臧僖伯的谏言可以看出，当时国家按时举行的狩猎并不是一种所谓的娱乐，而是一种军事训练，是一种与祭祀和军事紧密相关的国家礼制。因此，每次狩猎活动后，特别是每三年一度举行的以检阅军事力量为目的的狩猎活动后，狩猎者都必须回到宗庙，将猎取的鸟兽作为牺牲，举行隆重的祭祖典礼。正因为狩猎是与宗庙祭祖典礼密切相关的礼制活动，可以想象，在宗庙

---

① 信立祥：《汉代画像石综合研究》，文物出版社 2000 年版，第 139 页。

内的装饰性壁画中，当然应该有表现这种狩猎活动的图像。①

汉代的墓地祠堂既然来源于宗庙，在早期石结构祠堂中，蹈袭宗庙中的狩猎题材图像，将其配置在祠堂西侧壁上，也就毫不奇怪了。根据先秦时期的礼制，蒐、苗、狝、狩等狩猎活动，都必须以不误农事为原则，在农闲时进行，其狩猎方法和猎取对象也不尽相同。蒐在春天进行，而春季是万物荫生繁育的季节，为防止竭泽而渔、一网打尽，保持生态平衡，猎取的对象都是那些没有怀孕的鸟兽。蒐字本身就有搜寻、挑选的意思，因此春蒐是一种有选择的慎重狩猎活动。苗在夏季进行，夏季是作物生长的季节，为了保护青苗，只猎取那些损害农作物的鸟兽。狝在秋季进行，秋季是万物成熟收获的季节，果实累累，鸟兽肥美，霜天万里，可以尽情捕猎。狩在冬季进行，时当农闲，鸟兽皮毛绵密厚软，草木枯萎，便于围猎尽捕鸟兽。在四种狩猎活动中，秋狝和冬狩最为重要。②

二　乐舞类

在南阳汉代画像石墓中，乐舞类画像也比较普遍，有乐舞百戏的，有建鼓的，有杂耍的等。这些图像在以前的研究中，并没有特别注重它的特殊意义，通常情况下，把它视为墓主人的一种娱乐活动。下面我们先把乐舞类画像石在南阳汉代画像石墓中的具体配置情况梳理一下，将会对这类图像有更深的理解。

唐河针织厂汉代画像石墓的南主室西壁下部，刻画一幅鼓舞画像石（图6-37），画面分上下两部分，下部漫漶，尚可以看出一虎前躯和一虎后躯；上部中间置一鼓，上有羽葆，二人击鼓作舞，鼓两侧露出二虎前躯，左虎张口前扑，右虎低首吃地上之物。③ 在该墓的前室北壁下部，刻画一幅楼阁乐舞画像石，画面中刻画一建筑，唯屋檐及望亭西侧饰有朱雀，门内有二主人踞坐，前有一人作踏拊舞；左柱外有一人，右柱外有二人，鼓瑟，摇鼗。④ 在南主室南壁西端下部，刻画一幅乐舞、六博图（图

---

① 信立祥：《汉代画像石综合研究》，文物出版社 2000 年版，第 139 页。

② 信立祥：《汉代画像石综合研究》，文物出版社 2000 年版，第 139 页。

③ 河南省博物馆、南阳市博物馆：《唐河针织厂汉画像石墓的发掘》，《文物》1973 年第 6 期。

④ 河南省博物馆、南阳市博物馆：《唐河针织厂汉画像石墓的发掘》，《文物》1973 年第 6 期。

6-38），图中 14 人分为三组，上层一排四人：左角一人，头戴进贤冠，扶几而坐，前跪一人，手持笏板；右上角一人席地而坐，前放长方形物，可能是在击筑。对面坐一人仰面，左手上举，二人之间有一壶，中层一排五人；左三人中一人击筑，左右二人不知执何物；右二人中一女伎作翘袖折腰舞，一人坐奏乐，女伎左有一樽。下层五人：左三人中二人对坐，中置博局，其上方有一樽，在左者手执三箸，在右者右手高举，旁有一人站

图 6-37　鼓舞

图 6-38　乐舞、六博

立观看。右二人对坐，应为六博。①

　　唐河汉郁平大尹冯君孺久画像石墓中，位于南阁室南壁刻画一幅击鼓画像石（图6-39），画中建鼓侧置，上饰羽葆，鼓手戴前低后高冠，击鼓起舞②。在该墓的南阁室南壁刻画一幅乐舞百戏画像石（图6-40），画中左侧置一长榻，榻旁坐乐队四人，左起第一人带前低后高冠，面侧向右，

图6-39　击鼓

图6-40　乐舞百戏

① 河南省博物馆、南阳市博物馆：《唐河针织厂汉画像石墓的发掘》，《文物》1973年第6期。

② 南阳地区文物工作队、南阳市博物馆：《唐河汉郁平大尹冯君孺人画像石墓》，《考古学报》1980年第2期。

双手捧芋，芋身上翘，芋头上并有羽葆、流苏类的装饰；中间二乐人正面端坐，左手执排箫吹奏，右手摇鼗鼓，右边一人捧竖管演奏；榻右边有两女伎，皆高髻、细腰，并列弯腰甩袖作燕飞状舞蹈，下部一女伎两脚各踏一圆球，画中实刻圆球为四个，似为蹴鞠双人长袖舞；另外一伎席地双手执掌倒立；倒立者身后站一大汉，头戴尖顶冠，赤上身倒背双手，注视倒立者，似应为诙谐戏。① 在该墓的西阁室西壁刻画一幅乐舞百戏画像石（图6-41），图中左起一乐人跪坐，右手握一竖管（疑是洞箫）吹奏；另一乐人盘坐，左手执排箫吹奏，右手摇鼗鼓；中间有一女伎，挥舞长袖，作盘舞，图右侧刻一赤裸上身的大汉，左手托双系壶，右手掷弄两丸，右端还有一伎，在樽上作单手倒立表演。盘舞是宫廷舞蹈，汉代已相当流行。张衡曾作《七盘舞赋》，但此图只刻五盘，南阳东汉建宁三年许阿瞿墓志画像石中的盘舞也只有六盘，看来盘舞并非都是七盘。② 在该墓的北阁室北壁刻画一幅鼓舞画像石，图中间置一建鼓，鼓面侧置，柱头饰羽葆，两鼓面下端各悬一小云锣；两鼓手头戴前低后高冠，执园头桴，击鼓敲锣，翩翩起舞。③

图6-41　乐舞百戏

南阳方城东关汉代画像石墓中，同样发掘了乐舞画像石（图6-42），

① 南阳地区文物工作队、南阳市博物馆：《唐河汉郁平大尹冯君孺久画像石墓》，《考古学报》1980年第2期。

② 南阳地区文物工作队、南阳市博物馆：《唐河汉郁平大尹冯君孺人画像石墓》，《考古学报》1980年第2期。

③ 南阳地区文物工作队、南阳市博物馆：《唐河汉郁平大尹冯君孺人画像石墓》，《考古学报》1980年第2期。

此石位于南门北扉背面，画面以两条横线分为三部分，上部分三人奏乐：
中间一人吹埙，右面一人左手拿排箫，右手摇鼗；左面一人右手执桴击
鼓，左手拿排箫，边吹边奏。中间画面最大，刻绘蹴鞠起舞，下刻一球状
物和一鼎形器。一人甩袖叉腰，脚尖踢球；一人长袖轻舒，箭步向前，作
防御姿势，可能怕球落入鼎形器内①。在该墓的南门南扉背面，刻画一幅
鼓舞图（图6-43）。画面分上下两组。上组画面占四分之三，中置一建
鼓，下有方形鼓虞，内系两大锣，上竖一建鼓，鼓下垂双铃。鼓上为籉，
籉的两端悬挂二籉锣，最上端为羽葆。鼓两旁二皮人束腰紧身，皆双手执
桴，且鼓且舞。按："鼓舞"在汉代舞、乐、百戏中是很受欢迎的节目。
其表演情形，傅毅的《舞赋》中说："蹑节鼓陈，舒意自广"，"浮腾累
跪，附蹋摩跌"，"体如游龙，袖如素鲵"，"观者称丽，莫不怡悦"。和该

图6-42　乐舞

---

① 南阳市博物馆、方城县文化馆：《河南方城东关汉画像石墓》，《文物》1980年第3期。

画面非常相似。①

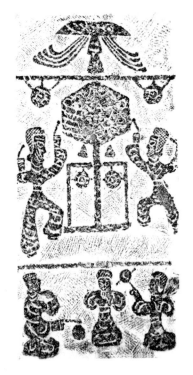

图 6-43　鼓舞

　　南阳军帐营汉代画像石墓中的石梁两侧，发现两块乐舞画像石，西侧刻伎乐图，图中右两人不知持何乐器，第三人吹竽，第四人鼓瑟，其后四人皆吹排箫。左边三女伎站立，可能是讴者；图上有帷幔。东侧刻乐舞百戏（图 6-44），图中左起第一人作翘袖折腰舞，第二人在大型樽上作单手倒立杂技，第三人赤膊跳跃，第四人击鞞鼓，其后三人吹排箫，右边二人站立，可能是讴者②。

　　南阳石桥汉代画像石墓中，位于南耳室门楣正面，发现了舞乐百戏画像石，左边刻一兽座建鼓，两侧各有一人，且鼓且舞，右侧刻三人，前二人吹排箫，后一人持乐器不清。③

①　南阳市博物馆、方城县文化馆：《河南方城东关汉画像石墓》，《文物》1980 年第 3 期。

②　南阳市博物馆：《河南南阳军帐营汉画像石墓》，《考古与文物》1982 年第 1 期。

③　南阳市博物馆：《南阳石桥汉代画像石墓》，《考古与文物》1982 年第 1 期。

图 6-44　乐舞百戏

　　南阳县王寨汉画像石墓中，在墓门北门门楣背面，刻画一幅乐舞百戏画像石，画像上部有垂幔，下有六人，右边一人面左踞坐，手拿一竖管吹奏；中间四人，一人击鼓，一人鼓瑟，二人伴唱；左边一人面前置几案，手拿袋装物。① 在该墓的二主室门楣之上，刻画了一幅舞乐百戏画像石，画面上方横垂帷幔，中置一镈钟，一建鼓。镈钟两侧各有一人，皆一手扶架，一手执棒撞击。建鼓两侧亦各有一人，手执枹，举臂跃足，且鼓且舞。左边四人在做杂技表演。一男子大步疾走，一女伎一手按樽、一手托物，作倒立之姿，一男子口吐火焰，另一男子右手摇鼗、左手抛十二丸。右边三人，一女伎甩动长袖，翩翩起舞，男子二人，一人手摇鼗，口吹排箫，一人吹埙。两端各有一人，似伴唱女伎。这是一个大型的舞乐百戏场面，演员有 13 人之多②。

　　邓县长冢店汉代画像石墓的北二侧室门楣发现了乐舞百戏画像石，左边一石刻乐队，自左至右，踞坐鼓瑟者一人，手摇鼗，口吹排箫者二人，踞坐吹埙者一人，其右刻建鼓一面，鼓上刻饰羽葆，鼓侧悬挂四个钲之类的打击乐器。建鼓两端各踞坐一人，双手各执枹击鼓。右边一石刻百戏，自左至右，一女伎戴冠着长衣，腰如束素，挥长袖翩翩作舞，一男子赤裸长身，左手卡腰，右臂平伸，在表演弄壶，另一女伎，双手撑地倒立，身前一物似鼓；画右踞坐三人，皆右手执枹作击鼓。《盐铁论》载："富者钟鼓五乐，歌儿数曹。中者鸣竽调瑟，郑儛赵讴。"③ 在该墓的南二侧室门楣之上，刻画一幅乐舞百戏画像石，左边一石刻乐队，自左至右，踞坐执槌击铙者一人，手摇鼗、口吹排箫者二人，踞坐吹埙者一人，其右刻建

　　① 南阳市博物馆：《南阳县王寨汉画像石墓》，《中原文物》1982 年第 1 期。

　　② 南阳市博物馆：《南阳县王寨汉画像石墓》，《中原文物》1982 年第 1 期。

　　③ 《南阳汉画像石》编委会：《邓县长冢店汉画像石墓》，《中原文物》1982 年第 1 期。

鼓一面，鼓上刻饰羽葆，鼓侧悬挂四个钲之类的打击乐器，建鼓两侧各有一人，双手各执一桴击鼓。右边一石刻百戏，自左至右，一女伎戴冠，着长衣，挥长袖而舞，侧身作顾盼之姿；另一男子徘优，左手扶臀，右手弄口一，另一女伎双手撑地倒立，身前放置一球状物；旁边一人右手执桴击鞞鼓；其余二人皆右手执桴作敲击状。该墓南北侧室四块门楣石组合成的二幅舞乐百戏图，与沂南画像石墓的百戏图有相似之处。[1]

唐河县电厂汉代画像石墓两主室、两侧室的门楣上刻画一幅乐舞百戏画像石，四幅画像连在一起，组成一幅宾主观看舞乐百戏的画面。右起二人戴冠着长衣，额下有须，扶几跽坐，当是主人和嘉宾，面前二人双手执笏，恭伏跪拜，当是进谒者；另一人跽坐，前有一酒樽，樽内有勺，当是司酒者。四乐伎，皆戴冠着长衣、踞坐，三人摇鼗吹排箫，一人双手握埙吹奏。三人表演百戏：一人高髻穿贴身衣裤单臂倒立在酒樽上，一手执物半举，一人高髻，挥长袖踏柎，翩翩起舞；一人戴冠着长衣跽坐，双手跳丸[2]。另有乐伎二人皆戴冠跽坐，一人执桴击鞞鼓，一人双手于口边吹埙。左有六人皆戴冠着长衣，拱手跽坐，在观看精彩的百戏表演。柎，形如鼓，是表演舞蹈的道具，《周礼·春官·大师》"另奏节柎"注曰："柎，形如鼓，以韦为之，著之以糠。"傅毅《舞赋》中有"摄节鼓陈，舒意自广""浮腾累跪，跗踢摩跌"的句子，就是在描写这种舞蹈[3]。

南阳英庄汉画像石墓墓门北门楣背面，刻百戏图画像上部刻有垂幔，左起第一人为戴有面具的徘优，左腿弓曲，右手叉腰，动作滑稽；第二人为梳高髻的女伎，在樽上作单手倒立之技；中一人亦为女伎，头梳"山"形髻，长袖，踏柎而舞。第四人跽坐，面前置鞞鼓，左手持桴敲击，右手执篪吹奏，第五人跽坐，两手置胸前，回首观望，似为讴歌者。西汉晚期之后的南阳地区汉代画像石墓葬，几乎每座墓中都有舞乐百戏画幅。桓宽《盐铁论·散不足》云："往者，民间酒会，各以党俗，弹筝鼓缶而已，无要妙之音，变羽之转。今富者钟奖五乐，歌儿数曹。中者鸣竽调瑟，郑儛赵讴。"[4] 在该墓的墓门南门楣背面画像左刻三人，一人手执管状乐器，

① 《南阳汉画像石》编委会：《邓县长冢店汉画像石墓》，《中原文物》1982 年第 1 期。

② 吕品、周到：《唐河县电厂汉画像石墓》，《中原文物》1982 年第 1 期。

③ 吕品、周到：《唐河县电厂汉画像石墓》，《中原文物》1982 年第 1 期。

④ 南阳市博物馆：《河南南阳英庄汉画像石墓》，《中原文物》1983 年第 3 期。

躬身用力吹奏，一人左手执排箫吹奏，右手执鼗摇之，另一人持铙击奏。画右刻一建鼓，鼓两端悬挂钲之类乐器，鼓上饰有羽葆。鼓左一人，面向鼓侧，舒长袖翩翩起舞，鼓右一人，两手各执一桴，且鼓且舞。根据鼓乐图在墓中的位置及与百戏图衔接情况观察，"鼓乐""百戏"两块画像石连接起来是完整的画幅。它和沂南画像石墓的乐舞百戏场面非常相似。①

南阳县英庄汉代画像石墓，是继上次在此村挖掘一座汉代画像石墓之后，1982 年又发现了一座。该墓的门楣上面，刻画鼓舞、百戏。图中刻建鼓，兽形鼓跗，鼓上饰羽葆，二人双手执桴，且鼓且舞。左方二乐人，一人吹排箫，一人双手摇鼗，右方一人作跪姿，手掷三丸，一人身体前倾，仰面作戏。②

南阳市王庄汉代画像石墓的主室西壁南假门门楣正面，刻画一幅鼓舞画像石，右刻建鼓，上饰羽葆，两侧各有一人，双手各执一桴，边鼓边舞。鼓右一人下部漫漶。图画中其余五人皆踞坐于地。自右至左，第一人左手执排箫吹奏，右手摇鼓，第二人吹埙，第三人亦为摇鼓吹箫者，第四人作扮手讴歌之状，第五人不知操何乐器。《淮南子·精神训》曰："击建鼓，撞巨钟。""鼓之以雷霆，圣人则之。不知谁所作也。鼓者郭也，春分之音也，万物郭皮甲而出，故谓之鼓。"③ 在该墓室西壁北假门楣之上，刻画一幅舞乐百戏画像石，画上部刻饰帷幕，左边一舞伎舒长袖翩翩作舞。其右一人，头戴面具，大腹便便作滑稽表演。滑稽者背后有一女子，头梳丫髻，腰如束丝，双手撑地做倒立之技。图画右边五人为奏乐者，其中一人踞坐鼓瑟；其余四人皆一手执桴，一手扶颊，踞坐作击鼓之状。桓宽《盐铁论·散不足》说："今俗，……幸与小坐而责办歌舞诽优，连笑技戏。万百戏用鼓乐伴奏，表演者以技艺娱众。"在已发掘的南阳画像石墓葬中，几乎都出土有舞乐百戏图，可见百戏在汉代非常盛行。④

南阳县蒲山汉墓门楣之上，刻画一幅舞乐百戏画像石，由两幅画像组成，门楣西边为一幅百戏图；左边一女伎舒长袖翩翩起舞，中间之人在表

---

① 南阳市博物馆：《河南南阳英庄汉画像石墓》，《中原文物》1983 年第 3 期。

② 南阳地区文物工作队、南阳县文化馆：《河南南阳县英庄汉画像石墓》，《文物》1984 年第 3 期。

③ 南阳市博物馆：《南阳市王庄汉画像石墓》，《中原文物》1985 年第 3 期。

④ 南阳市博物馆：《南阳市王庄汉画像石墓》，《中原文物》1985 年第 3 期。

演飞丸跳剑，两把剑在手上，四个丸抛入空中，右边一人作单手倒立，另一手托物，图中有两幅画面模糊不清。门楣的东边为一幅鼓舞图，左边刻建鼓，两侧各有一人，且鼓且舞，右边三人，其中二人似在吹排箫，另外一人图像漫漶，两幅的下面均饰有菱形图案。①

南阳市第二化工厂二十一号汉代画像石墓的东壁南横梁西面，刻画一幅舞乐百戏画像石，画面右第一人一腿前曲，一腿半跪，右臂前伸，手中持一物。腕间立一火炬状物，肘间放一小壶作杂技表演；第二人一手摇鼗鼓，一手吹排箫；第三人吹埙，第四人一手擎一火炬状物，一手吹排箫，画面左刻两人，一人长袖飘逸，侧身作舞蹈状，一人跨步张臂，边鼓边舞，中间置一建鼓。画面上部帷幔高垂以象征厅堂。②

南阳市药材市场汉代画像石墓中室门楣上，刻画一幅建鼓舞画像石，画面中间置一建鼓，上饰羽葆，二艺伎执桴击鼓，且鼓且舞。左侧二乐人，右手执箫，左手摇鼗，正在吹奏。据《礼记·大射仪》注："鼗如鼓而小，有柄，宾至摇之以奏乐也。"③

南阳市邢营汉代画像石墓东主室门楣石下面，刻画一幅舞乐百戏画像石，上置帷幔，下为舞台刻九人乐舞场面。右有二乐伎，手执桴鼓舞，中置建鼓，上饰羽葆。第三人踞坐钟架之旁，撞击镈钟，诚为《淮南子·精神训》"击建鼓，撞巨钟"场面再现。第四人盘坐摇鼗吹排箫，第五人踞坐，双手握管状物竖吹乐器，可能是管乐中的篪。正如《毛诗》中所描写的："左手执籥，右手秉翟。"第六人盘坐，双手捧吹陶埙。第七人盘坐摇鼗吹排箫。左有二艺伎盘坐，以手抚颊，作拊手说唱状。④

南阳县辛店乡熊营汉代画像石墓的前室过梁东侧，刻画一幅建鼓乐舞画像石，中部刻建鼓，鼓上饰羽葆，二人双手执桴，且鼓且舞。鼓舞两边各一人，双手捧一物，侧立面向鼓舞。左右两侧各两人，正在吹奏排箫伴奏。⑤

河南省邓州市梁寨汉代画像石墓的过梁西段北面，刻画一幅乐舞百戏

---

①　南阳地区文物研究所：《河南南阳县蒲山汉墓的发掘》，《华夏考古》1991年第4期。

②　南阳市文物工作队：《南阳市第二化工厂二十一号画像石墓发掘简报》，《中原文物》1993年第1期。

③　南阳市文物工作队：《南阳市药材市场画像石墓简报》，《中原文物》1994年第1期。

④　南阳市文物工作队：《南阳市邢营画像石墓发掘报告》，《中原文物》1996年第1期。

⑤　南阳市文物考古研究所：《河南省南阳县辛店乡熊营画像石墓》，《中原文物》1996年第3期。

画像石，画面中共刻四人，左一人挥袖作舞，中间二人正在表演盘舞，其前有二盘，其中一人边蹴鞠边舞，两人后面有一勺一樽。右边一人躬身侧立观看。盘舞是宫廷舞蹈，汉代已经相当流行。蹴鞠，又叫踢球戏，原属军事体育，至汉代被百戏艺术所吸收。① 在该墓的过梁中段背面，刻画一幅鼓舞画像石，画面中间有一建鼓侧置于鼓架上，两舞伎正一手舒袖一手击鼓而舞。左侧一人侧人而立，正在击铙。建鼓源于商代。《事物纪原》云："建鼓，商人柱贯之，谓之楹鼓。近代相承，植而贯之，谓之建鼓。"在汉代，建鼓舞是盛行于宫廷和民间的双重舞蹈②。

南阳蒲山二号汉画像石墓的前室过梁东面刻画一幅建鼓画像石，画面南部刻一建鼓竖于架上，鼓左一人，挥动双袖，一边蹴鞠，一边击鼓。鼓右一人亦舒袖击鼓而舞。北部刻画二人正面端坐，似在观看③。

南阳草店汉代画像石墓的主室门楣中部，刻画一幅乐舞画像石，画中共有七人，自左而右，依次为第一、二人坐，第三人执桴击鞞鼓，第四、五人击建鼓而舞，第六人执棒撞钟，其前一巨钟悬挂在钟架上，第七人端坐。④ 该墓的主室门楣南部，刻画一幅乐舞百戏画像石，画面中共刻九人，自由而右，第一人执棒而立，第二人伏案而坐，第三人弹琴，第四、第五、第六人坐，第七人表演滑稽戏，第八人樽上倒立，第九人舒长袖而舞。⑤

南阳县高庙汉代画像石墓的门楣上，刻画一幅建鼓画像石，画面中置一建鼓，上饰羽葆，鼓两边一人正在且鼓且舞。画左边一人踞坐吹竽，右边二人一人吹排箫，一人吹埙，画中饰云气。⑥

南阳陈棚汉彩绘画像石墓的中后室门楣正面，刻画一幅建鼓舞画像石，画面中间刻一建鼓，上饰羽葆，二击鼓人每人各执一桴，身着短衣，

① 南阳市文物考古研究所：《河南省邓州市梁寨汉画像石墓》，《中原文物》1996年第3期。
② 南阳市文物考古研究所：《河南省邓州市梁寨汉画像石墓》，《中原文物》1996年第3期。
③ 南阳市文物考古研究所：《河南南阳蒲山二号汉画像石墓》，《中原文物》1997年第4期。
④ 南阳市汉画馆：《南阳草店汉画像石墓》，《南阳汉代画像石墓发掘报告集》，中州古籍出版社2012年版，第393页。
⑤ 南阳市汉画馆：《南阳草店汉画像石墓》，《南阳汉代画像石墓发掘报告集》，中州古籍出版社2012年版，第393页。
⑥ 南阳市汉画馆：《南阳县高庙汉代画像石墓》，《南阳汉代画像石墓》，河南美术出版社1998年版，第407页。

婉转于鼓侧，且鼓且舞，左下角置卣，短衣下部涂红色，右边刻乐伎，身着红色长襦，右手执排箫吹奏，左手上举，上边饰三角锯齿纹，每隔一个倒置三角涂一红色三角。①

南阳麒麟岗汉代画像石墓的三主室门楣正面，刻画了一幅乐舞百戏画像石，画中刻一女子，头饰高髻，张臂舒长袖，跳盘鼓舞，身下刻三盘一鼓。左边一人蹲坐于地，双手上举，表演弄丸，其上刻饰圆球三枚。再左一人，漫漶而不可辨。右上刻物似樽或鼓。最左边刻三人，为跽坐观舞者，有一人趴伏于地观看。三人之前放置两套杯盘。盘鼓舞女子右边有一男子，赤裸上体，大腹，表演滑稽，身后刻一盘状物。右边一人蹲坐，双手不知操何物，仰面作表演状，其人裤角部画像断脱，其面前刻盘樽二物。画右另有五人，一人抚琴演奏。琴右一人跽坐于地，右手竖起作拍节状，头微微侧向右边一妇人。妇人头梳高髻，雍容端坐，头微侧于左边，有倾听诉说之态。右边一人，头戴高冠，侧面跽坐，仰面观舞，两手举起，有舒心拊掌之形，其后一人，身体倾侧，右手按地，有醉酒之状。五人之前刻饰三樽二盘。按：画中戴高冠者所戴之冠似为皮弁，刻画内容应是墓主人跽坐观舞的场面。桓宽在《盐铁论》中批评有权势的人家"隆豺鼎力，蹋鞠斗鸡"。又说："今俗，因之丧以求酒肉……歌舞俳优，连笑伎戏。"②

以上是迄今南阳地区及其周边地区发掘的119座汉代画像石墓中关于乐舞的梳理资料，除7座属于再葬汉代画像石墓外，其他墓葬中有关乐舞的图像我们均做了资料摘录。在这些资料整理过程中，乐舞画像石的配置规律也逐步清晰起来，主要刻画在主室西壁下部、北阁室北壁、南阁室南壁、北二侧室门楣、两主室两侧室的门楣、两主室两侧室的门楣、墓门北门楣背面、西壁北假门楣、主室西壁南假门门楣、墓室门楣、东壁南横梁西面、中室门楣、东主室门楣石下面、前室过梁东侧、过梁西段北面、前室过梁东面、主室门楣中部、后室门楣正面、主室门楣正面等。虽然乐舞画像石的图像在南阳汉代画像石墓中的位置不是固定不变的，但从总体来看，主要处在墓门门楣上面和前室门楣上面。可见当时人们认为墓门是亡灵出入人间以及出入冥界的必经之门，而前室门楣也正是祭祀亡灵的场

①　南阳市文物考古研究所：《河南南阳陈棚汉代彩绘画像石墓》，《考古学报》2007年第2期。
②　南阳市文物考古研究所：《南阳麒麟岗汉代画像石墓发掘报告》，《南阳麒麟岗汉代画像石墓》，三秦出版社2008年版，第489页。

所。这两个地方在汉代画像石墓的空间规划中意义非凡。画像处于这些位置，显示出它应有的祭祀性质。为了深入理解，我们考察一下中国早期舞与巫的字面关系。据古文献记载，尤其是在甲骨文的文辞之中，有巫与舞是一回事之说，甚至有的学者认为，巫字就是两个翩翩起舞的人组成的。所以巫与舞应该有着密切的关联，这种关联在中国历史上相当悠久，演绎着中国早期文化的独特魅力。与此相近的，还有着借丧祭之机歌舞娱乐的陋习，《盐铁论·散不足》曰："今俗因人之丧以求酒肉，幸与小坐，而责办歌舞俳优，连笑技戏。"在先秦时期，祭祀分为"雅乐"和"淫乐"或"俗乐"。作为国君、天子以及贵族，在祭祀活动中，祭祀乐舞的演出者不是巫女，而是经过严格训练的专业人员。因此，这种在宗庙祭祀的乐舞称之为"雅乐"，而相对的宗庙被称之为"庙堂"或"大雅之堂"。这种乐舞有着自身的特点，"雅乐"的歌词来自《诗经》的雅、颂之诗，此种诗的文辞典雅庄重，音乐和谐，大气磅礴，富丽堂皇，乐舞之中尽显皇家气派，缺乏婉转悠扬的音调起伏。此外，"雅乐"的使用也有着严格的规定，否则就是僭越。《左传·隐公五年》对当时的宗庙"雅乐"制度有明确的论述：九月，考仲子之宫将万焉。公问羽数於众仲，对曰："天子用八（佾），诸侯用六（佾），大夫四（佾），士二（佾）。夫舞，所以节八音而行八风，故自八（佾）以下。公从之。"与"雅乐"相反的是"淫乐"或"俗乐"，"淫乐"是巫觋在巫术实施过程中所使用的乐舞，不能登大雅之堂，主要是在民间流行与使用。这是"雅乐"与"淫乐"或"俗乐"的最大区别。此种乐舞的一大特点是缺乏典雅庄重，大气磅礴，富丽堂皇，反而是靡靡之音，又略有民间小调的味道。所以，在先秦时期，各个诸侯国的民间祭祀均是使用巫觋的乐舞。南阳汉代画像石墓中的这些乐舞画像石，也是在先秦时期民间祭祀时巫觋所使用的乐舞基础上传承下来的。此种传承，只不过是在先秦的基础上，又添加了汉代时期流行的一些娱乐项目，随着时代的演进，添加的项目也越来越多，直至到东汉时期，这种活动，被称为乐舞百戏。

从汉代开始，祭祀活动由庙祭到墓祭转变，而墓祭有祠堂的就在祠堂里进行，并在祠堂里刻画一些乐舞的画像，如果没有祠堂，乐舞的画像就配置在了墓室里面，在大量的汉代画像石墓中，会发现有一些墓室的前室所具有的功能就是用来祭祀的，所以，在梳理南阳汉代画像石墓中的乐舞类画像时，发现大部分乐舞图像是处于门楣和前室之中。

三　庖厨类

如果说乐舞画像石的刻画目的是取悦亡灵，属于精神方面的一种需求，是精神食粮；那么，庖厨画像的刻画，目的就是满足亡灵物质方面的需求，是一种物质方面的食粮。在南阳汉代画像石墓中，配置庖厨画像石的也为数不少。我们在此梳理一下南阳汉代画像石墓葬之中庖厨画像石的配置规律及其内容表现。

南阳县英庄汉代画像石墓主室中柱东侧刻画一幅庖厨画像石（图6-45），其一主体为一橱，其顶部似仿屋顶建筑。在第一格左边放五盘，右边六个耳杯中格放两个提梁壶和一搏，底格左边放一搏，中间二食奋，右边三碗。橱下卧一犬。西主室中柱西侧，上部画一案，案上下各有二钵，案上二钵有罩，下部一人，手端一器。主室隔墙中柱北侧上方挂有食物，下有两人劳作（图6-46）[1]。

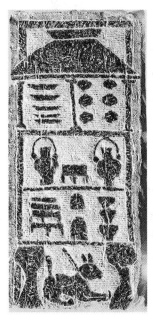

图6-45　庖厨

图6-46　庖厨

---

[1]　南阳地区文物工作队、南阳县文化馆：《河南南阳县英庄汉画像石墓》，《文物》1984年第3期。

迄今南阳发掘的 119 座汉代画像石墓中,刻画有庖厨画像石的仅南阳县英庄汉画像石墓中发现的这三块,主要配置在主室的柱侧面上。这种配置方式与上边所提到的畋猎画像石、乐舞画像石的配置有着较大的区别。这两类画像石的配置基本上围绕着祭祀的中心区域——前室展开,位置有时会发生一些变动,但总的来讲,变动不大。而庖厨图的配置,明显没有出现在前室或前室的门楣之上,而是在主室,但这并不妨碍它所包含的真实的图像学意义。按照当时的规矩,向墓主人奉献牺牲和祭食,是祭祀活动中重要的仪式之一。在先秦时期的宗庙中,奉献牺牲和祭食也是极其重要的仪式之一,尤其是国君或贵族祭祀,有专门负责祭祀用贡品的官员。战国以后,寝、庙移建到国君和皇帝的陵墓近旁,但这种专门掌管祭祀用供品的官员设置却没有丝毫变化。1972 年以来,在秦始皇陵园西侧,发现了很多有铭文的陶器和陶片。其中,两件陶壶盖上分别刻有"丽山飤官左"和"丽山飤官右"的铭文①。"飤"字的读音和释义与"饲"同,"丽山飤官"就是秦始皇陵园寝庙中掌管祭祀用牺牲供品的官吏。由此可知,当时在秦始皇陵园中,设有叫作"飤官"的专司祭祀用牺牲供品的官吏。此外,罗福颐的《汉印文字徵》卷五收录了一枚"杜陵飤官□丞"汉印印文。杜陵是西汉宣帝的陵墓,这枚汉印证明了宣帝的杜陵乃至两汉时期所有皇帝陵园,沿袭了秦始皇陵园的官员设置,由"官"专司陵寝祭祀用的牺牲供品。从现有资料看,两汉时期,高级贵族和官吏的墓地除个别经皇帝特许设置管理官员和守冢户外,一般不设管理墓祭用牺牲供品的专职人员,但都置有制作祭祀用供食的庖厨和守冢人。②

南阳汉代画像石墓中的庖厨画像石,从图像学的意义来看,属于祭祀的一个环节,是为亡灵准备制作的祭食的一个场面。因为此时的汉代画像石墓,在当时人们的观念中具有双重性质,一是墓室,一是宗庙,所以配置的祭祀图像也建筑在汉代画像石墓室之中,就不难理解了。

四　历史故事类

这类画像在齐鲁故地出现的比较多,因为齐鲁故地是儒家文化的发源地,儒家文化不仅在此地流传时间长,而且影响也较深,在某种程度

---

① 赵康民:《秦始皇陵原名丽山》,《考古与文物》1980 年第 3 期。
② 信立祥:《汉代画像石综合研究》,文物出版社 2000 年版,第 143 页。

上，人们早已经按照儒家文化的思想来规范自己的行为，并且他们按照儒家的观念来对照历史人物并对号入座，进行划分。在汉代画像石墓葬中，配置历史故事类画像，目的非常明确，正如《鲁灵光殿赋》所言："恶以诫世，善以示后。"这种极具教育功能的历史故事画像，可以看出儒家的道德评价体系是以"仁"为核心，"忠、孝、节、义"为主要内容的道德观念。在这个评价体系中，"仁"是用以评价帝王的道德标准，"忠、孝、节、义"是评价其他历史人物的道德标准。鉴于此，历史人物分为善、恶两类，善类人物是行圣贤之道的正面人物，恶类人物是逆圣贤之道的反面人物。通过绘制和宣扬这种人物，从而使正面人物受到世人的景仰和认可，反面人物受到唾弃和否定。因此，历史故事类画像，是根据汉代人的宇宙观由上而下的排列方式，在一些大型而又宇宙序列完整的汉代画像石墓葬中，历史故事的画像往往会配置在仙界之下的一层，这也是对历史上圣贤人物的一种推崇，处于一种高高在上的位置，令人顶礼膜拜。

在南阳汉代画像石墓葬中，历史故事画像不算很多，但配置十分讲究。唐河县针织厂汉代画像石墓发掘了几块历史人物故事的画像石，砌在前室北壁上部的二桃杀三士也非常抢眼，这个故事发生在春秋晚期的齐国。据《晏子春秋·谏》等书均有记载，其文曰："公孙接、田开疆、古冶子事景公，以勇力搏虎闻。晏子过而趋，三子者不起。晏子入见公曰：'臣闻明君之蓄勇力之士也，上有君臣之义，下有长率之伦，内可以禁暴，外可以威敌，上利其功，下服其勇，故尊其位，重其禄。今君之蓄勇力之士也，上无君臣之义，下无长率之伦，内不以禁暴，外不可威敌，此危国之器也，不若去之。'公曰：'三子者，搏之恐不得，刺之恐不中也。'晏子曰：'此皆力攻勍敌之人也，无长幼之礼。'因请公使人少馈之桃，曰：'三子何不计功而食桃。'公孙接仰天而叹曰：'晏子，智人也。夫使公之计吾功者，不受桃，是无勇也。士众而桃寡，何不计功而食桃矣。接一搏猏而再搏乳虎，若接之功，可以食桃，而无与人同矣。'援桃而起。田开疆曰：'吾仗兵而却三军者再，若开疆之功，亦可以食桃，而无与人同矣。'援桃而起。古冶子曰：'吾尝从君济于河，鼋衔左骖，以入砥柱之流。当是时也，冶少不能游，潜行，逆流百步，顺流九里，得鼋而杀之，左操骖尾，右挈鼋头，鹤跃而出。津人皆曰：河伯也！若冶视之，则大鼋之首。若冶之功，亦可以食桃，而无与人同矣。二人何不反桃！'抽剑而起。公孙接、田开疆曰：'吾勇不子若，功不子逮，取桃不让，是贪也，然而不死，无勇也。'皆反其桃，挈领而死。古冶子曰：'二子死之，冶独生之，不仁；耻人以言，而夸其声，不义；恨乎所行，不死，无勇。虽然，二子同桃而节，冶专桃而宜？'亦反其桃挈领而死。使者复曰：'已死矣。'公殓之以服，葬之以士礼焉。"[1] 画面分上中下三部分，下面部分是二桃杀三士的故事，画面中置一豆，一勇士伸手于豆中，另一勇士卷袖仰面，持剑作自杀状，一人跪于地；左边一人静立，戴进贤冠，右边一人抱长剑。这两人应是国君派来送桃的官吏。[2] 另外三位具体谁是三士中的公孙接、田开疆、古冶子，难以辨清，但画面主题鲜明。二桃杀三士画像石在南阳发现四块，其他三块属于流散文物，没有具体墓葬位置信息。除此之外，该墓还在北主室南壁门楣东端刻画一幅晏子见齐景公画像石（图6-47）。

图6-47　晏子见齐景公

据《晏子春秋》载："景公之时，雨雪三日而不霁。公被狐白之裘坐堂陛侧陛。晏子入见，立有间，公曰：'怪哉！雨雪三日而天不寒。'晏子对曰：'天不寒乎？'公笑。晏子曰：'婴闻古之贤君，饱而知人之饥，

① 廖名春：《晏子春秋》，辽宁教育出版社1998年版，第26页。

② 河南省博物馆、南阳市博物馆：《唐河针织厂汉画像石墓的发掘》，《文物》1973年第6期。

温而知人之寒，逸而知人之劳，今君不知也。'公曰：'善！寡人闻命矣。'乃令出裘发粟，与饥寒者。令所睹于涂者，无问其乡；所睹于里者，无问其家；循国计数，无言其名。士既事者兼月，疾者兼岁。孔子闻之曰：'晏子能明其所欲，景公能行其所善也。'"① 画面中清晰地再现了这一历史场景，位于中间的一尊者戴冠，着长袍，仰面鼓目，侧身而立，应为齐景公；前一人跪于地上，拱手拜谒，应为晏婴。左起一人戴进贤冠，着宽袖大衣，面左而立，应为侍者。右起二人戴冠而侍，亦应该是侍者②。该墓北主室南壁门楣西侧，刻画一幅范雎受袍的故事（图6-48）。据《史记·范雎蔡泽列传》载：

图6-48　范雎受袍

"范雎者，魏人也，字叔。游说诸侯，欲事魏王，家贫无以自资，乃先事魏中大夫须贾。须贾为魏昭王使于齐，范雎从。留数月，未得报。齐襄王闻雎辩口，乃使人赐雎金十斤及牛酒。雎辞谢不敢受。须贾知之，大怒，以为雎持魏国阴事告齐，故得此馈，令雎受其牛酒，还其金。既归，心怒雎，以告魏相。魏相，魏之诸公子，曰魏齐。魏齐大怒，使舍人笞击雎，折胁摺齿。雎详死，即卷以箦，置厕中。宾客饮者醉，更溺雎，故僇辱以惩后，令无妄言者。雎从箦中谓守者曰：'公能出我，我必厚谢公。'守者乃请出弃箦中死人。魏齐醉。曰：'可矣。'范雎得出。后魏齐悔。复召求之。魏人郑安平闻之，乃遂操范雎亡，伏匿，更名姓曰张禄。……范雎既相秦，秦号曰张禄，而魏不知，以为范雎已死久矣。魏闻秦且东伐

---

① 廖名春：《晏子春秋》，辽宁教育出版社1998年版，第11页。

② 河南省博物馆、南阳市博物馆：《唐河针织厂汉画像石墓的发掘》，《文物》1973年第6期。

韩、魏，魏使须贾于秦。范雎闻之，为微行，敝衣闲步之邸，见须贾。须贾见之而惊曰：'范叔固无恙乎！'范雎曰：'然。'须贾笑曰：'范叔有说于秦邪？'曰：'不也。雎前日得过于魏相，故亡逃至此，安敢说乎！'须贾曰：'今叔何事？'范雎曰：'臣为人庸赁。'须贾意哀之，留与坐饮食，曰：'范叔一寒如此哉！'乃取其一绨袍以赐之。须贾因问曰：'秦相张君，公知之乎？吾闻幸于王，天下之事皆决于相君。今吾事之去留在张君。孺子岂有客习于相君者哉？'范雎曰：'主人翁习知之。唯雎亦得谒，雎请为见君于张君。'须贾曰：'吾马病，车轴折，非大车驷马，吾固不出。'范雎曰：'愿为君借大车驷马于主人翁。'范雎归取大车驷马，为须贾御之，入秦相府。府中望见，有识者皆避匿，须贾怪之。至相舍门，谓须贾曰：'待我，我为君先入通于相君。'须贾待门下，持车良久，问门下曰：'范叔不出，何也？'门下曰：'无范叔。'须贾曰：'向者与我载而入者。'门下曰：'乃吾相张君也。'须贾大惊，自知见卖，乃肉袒膝行，因门下人谢罪。于是范雎盛帷帐，待者甚众，见之。须贾顿首言死罪，曰：'贾不意君能自致于青云之上，贾不敢复读天下之书，不敢复与天下之事。贾有汤镬之罪，请自屏于胡貉之地，唯君死生之！'范雎曰：'汝罪有几？'曰：'擢贾之发以续贾之罪，尚未足。'范雎曰：'汝罪有三耳。昔者楚昭王时而申包胥为楚却吴军，楚王封之以荆五千户，包胥辞不受，为丘墓之寄于荆也。今雎之先人丘墓亦在魏，公前以雎为有外心于齐而恶雎于魏齐，公之罪一也。当魏齐辱我于厕中，公不止，罪二也。更醉而溺我，公其何忍乎？罪三矣。然公之所以得无死者，以绨袍恋恋，有故人之意，故释公。'乃谢罢。入言之昭王，罢归须贾。须贾辞于范雎，范雎大供具，尽请诸侯使，与坐堂上，食饮甚设。而坐须贾于堂下，置莝豆其前，令两黥徒夹而马食之。数曰：'为我告魏王，急持魏齐头来！不然者，我且屠大梁。'须贾归，以告魏齐。魏齐恐，亡走赵，匿平原君所。"[1] 在画面中，刻画了四个人，左侧一人躬身，手指地面半开的圆盒，此人应是范雎，对面一人捧物端立，应为须贾，身后两名侍者分别捧奁抱袍。故事说明了范雎不念旧恶、宽容须贾的美德，同时也告诫人们，不要

---

① 司马迁：《史记·范雎蔡泽列传》，中华书局 1973 年版。

太势利①。在该墓南主室西壁下部，刻画一幅聂政自屠的画像石（图6-49），据《史记·刺客列传》载："聂政者轵深井里人也。杀人避仇，与母姊如齐，以屠为事。久之，濮阳严仲子事韩哀侯，与韩相侠累有郤。严仲子恐诛，亡去游求人可以报侠累者。至齐，齐人或言聂政勇敢士也，避仇隐于屠者之间。严仲子至门请，数反，然后具酒自畅聂政母前。酒酣，严仲子奉黄金百镒，前为聂政母寿。聂政惊怪其厚，固谢严仲子。严仲子固进，而聂政谢曰：'臣幸有老母，家贫，客游以为狗屠，可以旦夕得甘毳以养亲。亲供养备，不敢当仲子之赐。'严仲子辟人，因为聂政言曰：'臣有仇，而行游诸侯众矣；然至齐，窃闻足下义甚高，故进百金者将用为大人粗粝之费，得以交足下之欢，岂敢以有求望邪！'聂政曰：'臣所以降志辱身居市井屠者，徒幸以养老母；老母在，政身未敢以许人也。'严仲子固让，聂政竟不肯受也。然严仲子卒备宾主之礼而去久之，聂政母死。既已葬除服，聂政曰：'嗟乎！政乃市井之人鼓刀以屠；而严仲子乃诸侯之卿相也，不远千里枉车骑而交臣。臣之所以待之，至浅鲜矣，未有大功可以称者，而严仲子奉百金为亲寿，我虽不受，然是者徒深知政也。

图6-49　聂政自屠

---

① 河南省博物馆、南阳市博物馆：《唐河针织厂汉画像石墓的发掘》，《文物》1973年第6期。

夫贤者以感忿睚眦之意而亲信穷僻之人，而政独安得默然而已乎！且前日要政，政徒以老母；老母今以天年终，政将为知己者用。'乃遂西至濮阳，见严仲子曰：'前日所以不许仲子者，徒以亲在，今不幸而母以天年终。仲子所欲报仇者为谁？请得从事焉！'严仲子具告曰：'臣之仇韩相侠累，侠累又韩君之季父也，宗族盛多，居处兵卫甚设，臣欲使人刺之，终莫能就。今足下幸而不弃，请益其车骑壮士可为足下辅翼者。'聂政曰：'韩之与卫，相去中间不甚远，今杀人之相，相又国君之亲，此其势不可以多人，多人不能无生得失，生得失则语泄，语泄是韩举国而与仲子为仇，岂不殆哉！'遂谢车骑人徒，聂政乃辞独行。杖剑至韩，韩相侠累方坐府上持兵戟而卫侍者甚众。聂政直入，上阶刺杀侠累，左右大乱。聂政大呼，所击杀者数十人，因自皮面决眼，自屠出肠，遂以死。"[1] 在画面中，生动地再现了当年的历史画面，画中一人袒露右臂，左手掀衣，右手持剑，仰首斩腰作自杀状，此人应是聂政；右边一人头戴高冠，身着蝉衣倒于榻上，似将仰倒，此人应是侠累。另一人站立，神情惊骇，应是前来保护侠累的卫士[2]。故事表现了聂政报严仲子知遇之恩，并立志为民除害，持刀刺死侠累的英雄气概。从一个侧面反映了历史上英雄人物对世人的影响。

历史故事是汉代画像石墓人间部分的一类图像，表现了一些受世人景仰或唾弃的历史人物，也从一个侧面再现了墓葬营建者以及墓主人的道德观念。

第四节　冥界与人间交叉类

在南阳汉代画像石墓中，还有一类画像跨越两个类型，既与人间有关，又与冥界有关，这类画像石，就是浩浩荡荡的车马出行画像石。在迄今南阳考古发掘的119座汉代画像石墓，出现了不少车马出行画像石，这些车马出行画像石的配置位置大多在墓门的门楣上，也有出现在其他地方的。但是并不是所有的车马出行均表现两界的性质。为深入理解车马出行

① 司马迁：《史记·刺客列传》，中华书局1973年版，第2515页。
② 河南省博物馆、南阳市博物馆：《唐河针织厂汉画像石墓的发掘》，《文物》1973年第6期。

画像石的图像学意义，我们先对南阳汉代画像石墓中车马出行画像石的资料进行一下梳理，查看它的图像学属性。

唐河针织厂汉代画像石墓的南主室南壁东端上部，刻画一幅车马出行画像石（图6-50），分两层连续，首尾相接。下层有二导骑，后有辎车两乘，由左向右驰骋。前车仅乘驭夫，后车乘驭夫和主人。上层有辎车一乘，乘驭夫和主人，后有一从骑。辎车前有一人，拦驾恭谒，后有一男子手拉小孩和女人。女人头向后扭，神态沮丧。从所画人物神态看，可能是墓主人生前故事，或者是为墓主人歌功颂德的题材①。在该墓的墓门内门楣，也刻画一幅车骑出行画像石（图6-51），但内容与上述略有不同，画中前有二导骑，骑者手执弩或负弩。后有辎车两乘，车上有伞盖，车舆内

图6-50 车马出行

图6-51 车马出行

① 河南省博物馆、南阳市博物馆：《唐河针织厂汉画像石墓的发掘》，《文物》1973年第6期。

乘有驭夫和主人，主人戴前低后高冠，车辖马啸，喧赫过市①。在该墓的墓门内门楣，刻画了一幅车骑出行画像石，画面有两导骑，骑者手执弩，后有两辆轺车，前车树建鼓，鼓上有羽葆，二人击鼓；后车撑伞盖，乘有驭夫和主人，主人戴进贤冠；车后一人持长矛护卫，已漫漶不清②。

　　唐河县电厂汉代画像石墓并列两个墓门的门楣上刻一幅浩浩荡荡的车骑出行画像石（图6-52），画面中，右起一人戴帻着禅衣，双手执一锸，旁有一柏树；一人骑马，戴冠，肩一铭旌向后飘动，驱马奔驰；其后有六辆轺车，每辆车上都有伞形华盖，舆内坐二人，驭手引辔执鞭，乘者正襟端坐；最后一辆车仅刻出一马和驭手，以示车队无穷，络绎于途，马身皆涂有朱砂。下部和门相对的地方刻有垂幔。这是一幅向墓地行进的出丧行列，右边执锸之人及柏树表示墓地，执锸表示掘土封墓。③

图6-52　车马出行

　　在该墓的前室南壁西门楣，刻画一幅车马出行画像石，右起一人高髻，一人戴胜杖，皆长衣曳地，拱手站立；一人戴冠着长衣，双手持旌节，一人戴帻，双手执一剑；其前二人戴冠着长衣，骑马捎棨戟，马前二人，一人捎矛，一人捎弩机前导。节，为古代出行之信物，《周礼·秋官·小行人》："达天下之六节，山国用虎节，土国用人节，泽国用龙节，皆以金为之；道路用旌节，门关用符节，都鄙用管节，皆以竹为之。"注："此谓邦国之节也，达之者使之四方，以为行道之信。"此幅画像所持之节当为旌节，《周礼·地官·掌节》："道路用旌节。"注："旌节今使者所拥节是也。"孙诒让《正义》引《后汉书·光武帝纪》李注云："节所以为信也，柄长八尺，以放牛尾为其眊三重。"《苏鹗演义》引《三礼

　　① 河南省博物馆、南阳市博物馆：《唐河针织厂汉画像石墓的发掘》，《文物》1973年第6期。

　　② 河南省博物馆、南阳市博物馆：《唐河针织厂汉画像石墓的发掘》，《文物》1973年第6期。

　　③ 吕品、周到：《唐河县电厂汉画像石墓》，《中原文物》1982年第1期。

义宗》云："节长一尺二寸，秦汉以还易之，旌幢之形，其制渐长数尺馀。"①

　　南阳市王庄汉代画像石墓主室门楣正面，刻画一幅车马出行画像石（图6-53）。车骑出行图中，三马挽一车，上有车盖。一驭者双手挽缰，另一人端坐车上。前有三骑吏导从，后有护卫八骑分作前后两排。后排骑吏作两排，均作侧身挽射状。图画右下角一人，回首惊顾，双臂前伸作攀援之态。桓宽《盐铁论》说："今富者连车列骑，骖贰辎軿。中者微舆短毂，烦尾掌蹄。"②

图6-53　车马出行

　　根据南阳文物考古部门发掘的119座汉代画像石墓，能够梳理出来的车马出行画像5幅，其位置分别处于墓葬的南主室南壁东端上部、墓门内门楣、并列两个墓门的门楣、前室南壁西门楣、墓主室门楣正面。根据现有的考古发掘资料，可以看出，车马出行画像石的位置主要分布在门楣，但也有与其他图像结合在一起的车马出行画像石配置在主室，这种只是个别现象。有了车马出行画像石配置的基本规律，也会为我们更加深入理解车马出行画像石的图像学意义增加理论上的砝码。在这些报告中，每一位考古发掘报告的作者均对这些图像进行了阐释，提出了他们对图像的认识，如在唐河针织厂汉画像石墓中，对南主室南壁东端上部的车马出行画像石的图像学意义进行了研究，提出"可能是墓主人生前故事，或者是为墓主人歌功颂德的题材"。在该墓的门楣上，同样刻画着一幅车马出行画像石，对其图像学意义，报告作者提出了属于墓主人生前的生活画面，并断定该墓的"主人应属于四百石以下的下级官吏"。在唐河县电厂汉代画像石墓并列两个墓门的门楣上同样也刻画了

① 吕品、周到：《唐河县电厂汉画像石墓》，《中原文物》1982年第1期。
② 南阳市博物馆：《南阳市王庄汉画像石墓》，《中原文物》1985年第3期。

一幅浩浩荡荡的车骑出行画像石，报告的作者在考证该图像的时候认为，在此图像中出现了铭旌，以此断定此图属于丧葬出行的队伍。关于南阳汉代画像石墓中车马出行图像的考证，大致有这些观点，几乎都是一种看图说话的解释，并没有把此类画像放置在汉代画像石墓的整个图像体系中考察，也没有梳理出汉代画像石墓的图像体系类别，更没有根据不同墓室配置的不同画像，考证出营建者的意图。因此，这类画像的背后意义，让世人就像雾里看花朦朦胧胧。其实，此类画像分为两种情况，一种是表现墓主人生前的生活，如在唐河针织厂汉代画像石墓中南主室南壁东端上部的车马出行画像石，其图像学意义与内蒙古和林格尔东汉晚期壁画墓中的车马出行图性质一样，表现了墓主人生前的生活。该幅画像布局在墓的前室四壁和中室东壁和南壁，有多幅表现墓主人从"举孝廉""郎""西河长史""行上郡属国都尉时""繁阳令"到"使持节护乌桓校尉"的仕途升迁经历。①

另外一种情况就是配置在汉代画像石墓门楣部分，这类画像的图像学意义更加复杂，隐含着一个深层次的问题，旨在表现汉代人极为重视的祭祀问题，是表现墓主人从冥界向祠堂的行进过程。要说明这个问题，我们首先要了解汉代画像石墓的墓室构造及其功能，以及墓室与祠堂的关联。

在汉代画像石墓中，其墓室构造基本上都有前室、中室、后室，有时有前室和后室而无中室。前室与后室的功能，在汉代人的眼中，与生前的住宅格局几乎一致。他们的这种观念，源自古代人"以生事死"的丧葬礼制原则。在考古发掘报告中，我们也发现了一些墓葬的题铭中明确记载，把墓室称为"宅""室""室宅"等，如陕西米脂东汉牛文明画像石墓有"永初元年九月十六日牛文明千万岁室"②，绥德王得元墓有"永元十二年四月八日王得元室宅"的题铭③。荀子在《荀子·礼论》中也有过相应论述："丧礼者，以生者饰死者也，大象其生以送其死也。……故圹垄，其貌像室屋也。"尊重这一原则，地下墓室的构造布局必须与生前居室的构造来建造，汉代贵族的住宅几乎都是划分为"前朝""后寝"的建

---

① 内蒙古自治区博物馆文物工作队：《和林格尔汉墓壁画》，文物出版社 1978 年版，第 7 页。

② 吴兰、学勇：《陕西米脂县官庄东汉画像石墓》，《考古》1987 年第 11 期。

③ 蒋英炬、杨爱国：《汉代画像石与画像砖》，文物出版社 2001 年，第 125 页。

筑格局，"朝"又称为堂，"寝"又称为"室"。"朝"或"堂"是主人接待客人或处理公务的地方，而"寝"或"室"是主人休息和生活的地方。所以，墓主的棺椁放置在墓室的后室，后室是墓主人燕居之地，相当于"后寝"或"室"，墓的中室或前室，相当于生人的"朝"或"堂"，是墓主人接待客人和处理各类公务的地方。

因此，汉代画像石墓中的车马出行画像石配置在前室是有原因的，前室既是会客的场地，又是重大礼仪活动的实施地，同时又是重大礼仪活动的出发地。作为接受后嗣祭祀的礼仪活动来讲，毋庸置疑属于一项非常隆重而荣耀的事情。这些车马出行画像石几乎都在墓室门楣或门楣周边，即处于墓室的最外边，又处于墓室的最上边，距离墓室的外面，也就是墓室外面的坟丘最近，灵魂随时都能走出墓室，来到后人给予其墓前面营建的祠堂，接受后世子孙的祭奠。因此，汉代画像石墓中刻画在门楣上的这些车马出行画像石，其图像学意义十分明了，不属于炫耀生前的光辉历程，而大部分是墓主人的灵魂在众多人的陪同下，去祠堂接受后世子孙的祭奠。除门楣上车马出行画像石的图像学意义之外，也会出现一些其他的含义，这说明汉代人的墓室丧葬理念不是整齐划一的。比如在唐河县电厂汉代画像石墓的门楣之上的车马出行画像石，其图像学意义与其他门楣之上的车马出行画像石的图像学意义迥然不同，这幅车马出行画像石最为特别的地方是在该图像的最右边，刻画了一个前导，该前导肩扛一铭旌，铭旌随风飘扬，十分显眼，也就是这幅铭旌，点明了这支队伍的性质。所谓铭旌，马王堆一号汉墓称为"非衣"，文献记载多作"铭旌"，或谓之"旐"，或谓之"柩"，稍晚则谓之"幡"。铭旌的作用有二，一是招魂，从《楚辞·招魂》中可知战国时荆楚地区相当盛行。宛属楚，当亦有此习俗。铭旌是为死者魂魄引路用的，《礼记·檀弓》云："铭，明旌也。以死者为不可别已，故以其旗识之。"郑玄注"明旌"为"神明之旌"。《仪礼·土丧礼》云："祝取铭置于重。"下孔疏云："必且置于重者，重与主皆是录神之物故也。"很明显，此处的"神明"或"神"皆是指死者的"灵魂"。二是标明死者名氏及棺柩的旗帜，《仪礼·士丧礼》云："为铭各以其物，亡，则以缁，长半幅；赪涟末，长终幅，广三寸。书铭于末，曰'某氏某之柩'，竹杠，长三尺，置于宇西阶上。""各以其物"之"物"为"旗物"之省称，指死者生前所用旌旗上的徽志，代表死者的爵级。长沙马王堆一号汉墓的非衣置于棺上，此画说明出丧时用竹杆挑着铭旐为先导，至墓地时再置于棺上无疑①。此外，在这幅画像的右起一人戴帻着禅衣，双手执一锸，旁有一柏树，右边执锸之人及柏树表示墓地，执锸表示掘土封墓。墓前栽柏见《太平御览》引《风俗通》云："墓上树柏，路头石虎，《周礼》方相氏入圹殴魍象，好食之者肝脑，人家不能常令方相立于墓侧以禁御之，而魍象畏虎与柏。"② 根据这些考证，说明这支队伍与其他的门楣车马出行画像石有别，它的图像学意义表明这支队伍正在向墓地进发，前面导骑扛铭旐是在招魂，把灵魂带到墓地去，从而不使灵魂到处游荡，也只有把灵魂平安地带到墓地，使他回到新的居住地，才算安稳地生活在安逸舒适的冥界。

第五节　冥界类

在南阳汉代画像石墓中，其图像体系的划分是根据汉代人的宇宙观念来进行的。如果把汉代画像石墓的图像体系比喻成金字塔形状的话，那么天界处于金字塔的最顶端，仙界处于紧接近天界部分的位置，而人间处于天界与冥界之间，是金字塔的第三阶层，冥界属于最底阶层。据汉代人的宇宙观念，冥界属于一个极其不安全的地方，存在各类鬼怪，威胁着亡灵的安全，只有驱除各类鬼怪，营造安全的墓室空间，才能为墓主修炼成仙提供前提条件。所以，在南阳汉代画像石墓中，围绕驱除鬼怪，出现了一系列的图像。下面我们通过文物部门的考古发掘报告，来一一梳理，厘清冥界画像的种类及其功能。

据目前南阳文物考古发掘的资料，经过归类，大致可以分为服务亡灵类、守卫亡灵类、辟除鬼邪类。

一　服务亡灵类

在南阳汉代画像石墓中，存在着一部分服务亡灵的画像，如各类侍女，她们的职责就如墓主人生前一样，为主人提供更加舒适愉悦的生活环境，提升主人的生活质量，让主人过着无忧无虑的惬意生活。汉代人事死如事生，在冥界，后人仍然希望他有着一帮美女侍奉。这类画像在南阳汉

---

① 吕品、周到：《唐河县电厂汉画像石墓》，《中原文物》1982年第1期。
② 吕品、周到：《唐河县电厂汉画像石墓》，《中原文物》1982年第1期。

代画像石墓中司空见惯，种类也五花八门。

南阳城北七里园汉代画像石墓中，出土 29 幅画像，在东壁的一石柱上，刻画三幅服务亡灵的画像，正面侍女像，两侧鬓发下垂于耳边，身着宽袖细腰大裙，左右两侧各为拥彗侍立①。在该墓东壁另一柱，刻画三人，执笏作迎人状，侧面刻画一端灯侍女②。在该墓的西壁另一柱，正面刻画一女侍者，头梳高髻，双手捧一物，左右两侧各雕一人拥彗，端立守门③。此类画像在西壁还有三幅。

唐河县湖阳公社新店村发掘的新莽郁平大尹冯君孺久画像石墓，在位于墓室的南阁室北壁，刻两官吏，皆戴前低后高冠，身着长襦，各执笏倾身对揖。图左侧站一执戟小吏，小吏面部臃肿，戴平顶冠，身高低于执笏官吏。在南阁室南壁，刻两官吏，皆戴前低后高冠，着长襦客服，捧笏互拜。左侧官吏身后，站立一侍卫，头戴平顶冠，竖眉瞪目，着短衣短裤，两腿又开成八字状，左手握剑，右手执盾，形象彪悍。执笏门吏有五幅分别刻于大门南柱、大门北柱、北库西柱等位置，形象基本相同，皆戴前低后高冠，双手捧笏，作恭候状。④

南阳军帐营汉代画像石墓中，位于前室后中柱正面刻二门吏，头戴锐顶冠，着长衣，二人对立，左执节，右执笏⑤。

南阳石桥汉代画像石墓中，位于南主室门南侧柱正面，刻画一侍女，身着长衣，头梳高髻，双手捧樽而立。主室门中柱正面，刻画一侍女身着长衣，头梳高髻，长袖交叉而立。北主室门北侧柱正面，刻画执彗门吏，头戴前高后低冠，身着长衣，执彗而立。⑥

邓县长冢店汉代画像石墓中，前室东壁门框外刻画拥彗小吏图，前室东壁门框外二石，各刻一役隶，拥彗相向而立。前室东壁门扉画像执笏门吏，东壁二扉刻门吏，双手执笏相向而立。二主室门中立柱画像执扇奴仆，二主室和四侧室中，共有立柱九根，每根立柱朝向中室的石面上均刻

① 河南省文化局文物工作队：《南阳汉代石刻墓》，《文物》1958 年第 10 期。
② 河南省文化局文物工作队：《南阳汉代石刻墓》，《文物》1958 年第 10 期。
③ 河南省文化局文物工作队：《南阳汉代石刻墓》，《文物》1958 年第 10 期。
④ 南阳地区文物工作队、南阳博物馆：《唐河汉郁平大尹冯君孺人画像石墓》，《考古学报》1980 年第 2 期。
⑤ 南阳博物馆：《河南南阳军帐营汉画像石墓》，《考古与文物》1982 年第 1 期。
⑥ 南阳博物馆：《南阳石桥汉代画像石墓》，《考古与文物》1982 年第 1 期。

执扇奴仆。头戴前低后高冠，身着长衣，手执金吾与扇侧身而立。二主室北门南扉内侧画像捧食侍者图，侍者右手托食，左手提壶。南二侧室东门扉内侧画像捧烛侍者图，侍者头戴尖顶冠，身着长襦，双手捧烛而立。《西京杂记》："晋灵公家（内）……，四角皆以石为攫犬，捧烛石人男女四十余，皆立侍。"①

唐河县电厂汉代画像石墓中，位于墓门东侧刻画柱拥彗门吏，一人戴冠着长衣，束腰，双手拥彗而立。拥彗，是汉代迎宾礼仪之一。《史记·高祖本纪》："高祖朝，太公拥彗迎门却行。高祖大惊，下扶太公。"在东侧身东柱、东主室东柱、西主室西柱、西侧身西柱刻画执笏门吏，四幅皆在柱上，基本相同，戴冠着宽袖长衣，双手执笏，躬腰站立。②

南阳英庄汉代画像石墓中，墓门中柱背面，刻执金吾门吏图，门吏戴冠着长衣，深目高鼻，下额前凸，双手执金吾，侧身而立。金吾，又叫车辐。崔豹《古今注》云："车辐，棒也。"汉朝执金吾。金吾，亦棒也，以铜为主，黄金涂两末，谓为金吾。御史大夫、司隶校尉亦得执焉。御史、郡守、都尉、县长之类，皆以木为吾焉。用以夹车，故谓之车辐。一曰形似辐，故谓之车辐也。"墓南门两扉背面，各刻执笏门吏图，门吏戴前低后高冠，身着宽袖长衣，双手执笏，弓身相向而立。《释名》曰："笏，勿也。君有教命及所启白则书其上，备忽忘也。"执笏为温文儒雅的象征。昔武王伐纣，破之牧野，于是"解剑带笏，以示无仇"③。

方城县城关镇汉画像石墓中，位于墓门中柱刻画拥彗门吏。戴冠、着长衣、束腰、拥彗侧身而立。④

南阳县英庄汉代画像石墓中，位于前室中立柱刻画执炉侍女（图6-54），高髻侍女，着长袍，束腰，手持博山炉等物端立。位于主室中门柱正面，一侍女持镜，镜下垂有流苏。位于主室隔墙北柱南侧刻画侍女捧盒，一奴婢双手捧盒而立。⑤

---

① 《南阳汉画像石》编委会：《邓县长冢店汉画像石墓》，《中原文物》1982年第1期。

② 吕品、周到：《唐河县电厂汉画像石墓》，《中原文物》1982年第1期。

③ 南阳市博物馆：《河南南阳英庄汉画像石墓》，《中原文物》1983年第3期。

④ 南阳地区文物工作队、方城县文化馆：《河南方城县城关镇汉画像石墓》，《文物》1984年第3期。

⑤ 南阳地区文物工作队、南阳县文化馆：《河南南阳县英庄汉画像石墓》，《文物》1984年第3期。

图 6-54　执炉侍女

　　唐河县针织厂二号汉画像石墓中，位于东、西两主室中柱刻画捧盒持吏。上刻一熊，下刻一戴冠，着深袖长衣，双手捧盒端立的侍吏。[①]

　　南阳市建材试验厂汉代画像石墓中，位于墓门两门扉背面各刻一执笏门吏。门吏头戴前低后高冠，身着宽袖长衣，双手执笏，相向躬身而立。[②]

　　南阳市独山西坡汉画像石墓中，位于中室西门柱西侧，刻画一人戴冠、着衣、手持笏。[③]

　　南阳市刘洼村汉代画像石墓中，位于墓门北立柱南侧面刻画执彗门吏（图 6-55）。画面上刻一熊，侧身奋臂，弓步回首。下刻门吏身着长袍头戴前低后高冠。位于墓门中立柱正面刻画执金吾门吏。头戴高冠，着宽袖长袍，双手捧金音而立双手执彗肃立。墓门中立柱北侧面刻画捧奁侍者。侍者头戴高冠，长袍细腰，双手捧奁而立。墓主室门北立柱正面刻画执节门吏（图 6-56），头戴尖顶冠，身着长袍，执节肃然而立。位于墓主室中

　　① 南阳地区文物工作队、唐河县文化馆：《唐河县针织厂二号汉画像石墓》，《中原文物》1985 年第 3 期。

　　② 南阳市博物馆：《南阳市建材试验厂汉画像石墓》，《中原文物》1985 年第 3 期。

　　③ 南阳市博物馆：《南阳市独山西坡汉画像石墓》，《中原文物》1985 年第 3 期。

图 6-55　执彗小吏　　　图 6-56　执节门吏

立柱南侧面刻画捧奁侍者（图 6-64）。头梳高髻宽袖长袍，捧奁而立。[①]

　　南阳县蒲山汉代画像石墓中，位于墓门中柱背面刻画一执彗小吏，戴冠着长袍，双手拥彗，侧身躬立。位于西墓门右门扉背面刻画执金吾门吏图。画面为一戴冠着长袍之吏，双手执一金吾，侧身而立。位于东墓门右门扉背面刻画执笏门吏图。画中一人，戴冠着长袍，双手执笏，侧身而立。位于主室大梁下北柱南侧刻画一端灯仆人。画中刻一仆人，戴冠着长袍，双手端灯，侧身而立。位于主室大梁下中柱东西两侧刻画执笏图。画面刻一人，戴冠着袍，双手执笏，侧身而立。位于主室大梁下南柱东西两侧刻画执棒图。画面依旧是戴冠着袍一人，双手执一棒，侧身而立。棒者，金吾也。主室大梁下中柱南侧，也为执棒图。[②]

① 南阳市文物工作队：《南阳市刘洼村汉画像石墓》，《中原文物》1991 年第 3 期。
② 南阳市文物考古研究所：《河南南阳县蒲山汉墓的发掘》，《华夏考古》1991 年第 4 期。

南阳市第二化工厂 21 号画像石墓中，位于墓室南壁中立柱北面刻画持蕣奴婢图，画面刻一人戴三山冠着长袍，双手持一朵硕大的花朵。据宋本《重修政和经史证类备用本草》所述，此花应为木槿花。《说文》曰："蕣，木槿。木槿，朝花暮落者。"蕣花刻于墓室象征着生命的复苏，是对当时社会生死轮回意识的反映。位于墓室北壁中立柱南面刻画捧奁奴牌图。画面刻一人戴三山冠着长袍，双手捧奁而立。位于墓室北壁东立柱南面刻画持笏小吏图。画面上刻一朱雀，下刻一人戴冠着长袍，双手持笏而立。位于墓室门南门扉东面刻画拥彗门吏图。门吏戴着冠长袍拥彗侧身而立。位于墓室门北门扉东面刻画持笏门吏图。门吏戴冠着长袍持笏侧身而立。[1]

南阳县辛店乡熊营汉代画像石墓中，位于墓门中柱刻画拥彗门吏图。上刻两个套连圆环，下刻一门吏，头戴冠，着长袍，双手拥彗，侧身站立。[2]

邓州市梁寨汉代画像石墓中，位于南北两室墓门中间的立柱正面刻画侍女、玉璧图。画面上刻一玉璧，由一绳系于其上；下部刻一侍女，头带冠，身着长袍，束腰，侧身端立。位于过梁下西起第二立柱西面刻画捧奁侍女、鹳鱼图。画面上部刻一鹳，嘴中衔一尾鱼，鱼头朝下。其形象同河南临汝仰韶墓地中所出彩陶画"鹳鱼斧图"中鹳鱼非常相似。在南阳汉代画像石中比较罕见。画面下部刻一侍女，头梳高髻，身着长袍，双手捧一奁盒，躬身侧立。位于过梁下西起第二柱北面刻画执金吾小吏图。画中上部刻一动物，短尾，大耳，正在行走中。下部刻一小吏，头梳发髻，身着长袍，双手执一棒，躬身侧立。位于过梁下西起第二立柱南面刻画执便面奴婢、十字穿环图。画面上部刻一十字穿环图案。下部刻一人，头梳髻发，身着长袍，手执一便面，侧身而立。位于过梁下西起第三立柱西刻画面人物图。画面靠立柱下部刻一人，头戴冠着长袍，双手躬于胸前，正面端立。位于过梁下西起第三立柱东面刻画捧奁奴婢。画面中下部刻一奴婢，头戴帻，着长袍，束腰，双手捧一奁盒，正面端立。位于过梁下西起第三立柱南面刻画执棒小吏图。画面刻一小吏，头戴帻，身着长袍，双手

① 南阳市文物工作队：《南阳市第二化工厂二十一号画像石墓发掘简报》，《中原文物》1993 年第 1 期。

② 南阳市文物考古研究所：《河南省南阳县辛店乡熊营画像石墓》，《中原文物》1996 年第 3 期。

执一棒，侧身直立。其棒上部较细，下部较粗，末端立于地下。位于过梁下西起第三立柱南面刻画执棒小吏图与上述大同小异。①

南阳蒲山二号汉代画像石墓中，位于中门柱背面刻捧奁侍女，上刻一侍女，头梳高髻，身着长衣，双手捧仓，宽袖下垂，正面而立。位于墓西门二门扉背面刻执笏人物，各刻一人，戴冠，着长袍，双手执笏，相向弓身而立。位于主室过梁下南立柱东面刻执棒图。上刻一人，戴冠，着长袍，双手执一棒。位于主室过梁下南立柱南面刻画执棒小吏，头戴尖冠，双手执棒而立。位于主室过梁下中立柱南面刻画侍女图，头梳高髻，身着长袍，束腰，左手提一物，正面站立。位于主室过梁下中立柱西面刻画执笏图，上刻一小吏，戴冠，着长袍，双手执笏，侧身恭立。②

南阳中建七局机械厂汉代画像石墓中，位于中门南柱北面刻画执捧门吏。画中刻一人，头梳发髻，着长袍，双手执棒，躬身而立。位于中门北柱南面执笏吏，戴冠着长袍，双手执笏，躬身而立。位于南过梁西柱东面和北过梁西柱东面刻画执奁侍女，头梳高髻，身着长袍，束腰，双手捧奁，正面端立。位于中门南柱西面刻画执灯侍女，头梳高髻，身着长袍，束腰，右手执灯，左手提香囊，侧身侍立。位于中门南柱南面和中门北柱北面刻画执彗侍女。画中刻一人，头梳双髻，身着长袍，双手执彗，侧身侍立。位于中门北柱西面刻画执棒门吏。画中刻一人，头梳髻发，身着长袍，双手执棒，侧身而立。③

唐河白庄汉代画像石墓中，位于墓门北门柱正面刻画一门吏，戴冠着长袍，执笏，侧身而立，作恭迎状。位于主室北门门柱正面，主室中门北门柱正面刻画一执笏门吏。位于主室中门南门柱正面刻画一拥彗门吏，画面刻一门吏，戴三角帽，着长袍，腰带系有一小囊，高鼻，赤足，拥彗侧立。④

南阳草店汉代画像石墓中，位于北门柱背面刻画拥彗门吏；位于南门柱背面刻画拥彗门吏；位于南中柱背面刻画拥彗门吏；位于中门南扇背面刻画执节吏；位于中门扇背面刻画执节吏；位于南门扇背面刻画执笏

① 南阳市文物考古研究所：《河南省邓州市梁寨汉画像石墓》，《中原文物》1996年第3期。
② 南阳市文物考古研究所：《河南南阳蒲山二号汉画像石墓》，《中原文物》1997年第4期。
③ 南阳市文物考古研究所：《南阳中建七局机械厂汉画像石墓》，《中原文物》1997年第4期。
④ 南阳市文物考古研究所：《河南唐河白庄画像石墓》，《中原文物》1997年第4期。

门吏；位于南门北扇背面刻画执笏门吏；位于北门南扇背面刻画执笏门吏；位于北门北扇背面刻画执笏门吏。①

南阳县高庙汉代画像石墓中，位于门扉背面刻画一执笏门吏，戴冠着长袍，双手执笏，躬身而立。位于门柱刻画一捧奁侍女。画中一侍女着长袍，双手捧奁正面端立。墓门的另一侧门柱，刻画捧盒侍女。画中一侍女，戴冠着长袍，双手捧三足圆盒侧身而立。位于梁柱刻画端炉侍女。画中一侍女高髻长袍，右手端一熏炉，左手持拂面，侧身侍立。另外位于梁柱的还刻画端灯侍女、执笏吏、门吏、执捧吏、拥彗小吏、捧奁小吏。②

南阳桑园路东汉画像石墓中，位于前室南立柱东侧刻一侍女侧身而立。束发高髻，着长裙，细腰广袖，右手执熏炉，左手捧盒。前室南立柱北侧刻一捧奁侍女。前室北立柱南侧，横地纹浅浮雕，刻一侍女。束发高髻，着长裙，广袖细腰，双手捧奁，正面恭立。③

南阳市安居新村汉代画像石墓中，位于墓门斗形梁柱东侧刻画捧盒小吏一人，戴冠，着长袍，双手捧盒正面而立。位于墓门斗形梁柱北侧刻画拥慧门吏，画面刻一人，头梳椎髻，身着长袍，双手拥彗低头侧立。位于前室梁柱侍吏东侧，画面刻一人，戴帻，着长袍，束腰，正面而立。位于前室梁柱西侧刻画一执金吾吏，画面上的人头梳高髻，身着长袍，束腰，双手执一金吾，正面端立。位于后室梁柱东侧捧奁侍女，画面刻一人，身着长袍，束腰，双手捧奁盒，正面端立。④

南阳陈棚汉代彩绘画像石墓中，位于北前室北门柱南面刻画拥彗门吏，头戴红色冠，身着长袍，双手拥彗，侧身而立。门吏面部涂土黄色，唇部涂红色，脚部涂白色。位于北前室南门柱正面刻画拥彗门吏，头戴红色帻，身着白袖口、黑色长袍，双手拥彗，侧身而立。门吏面部涂土黄色，唇部涂红色，脖子涂白色。位于北前室南门柱北面刻画执笏门吏，头戴进贤冠，下部饰红带，身着白袖口黑色长袍，双手执笏，侧身而立，上饰帷幔。门吏脸部涂粉红色，唇部涂红色。位于北前室南门柱东面刻画拥

① 南阳市汉画馆：《南阳草店汉画像石墓》，《南阳汉代画像石墓发掘报告集》，中州古籍出版社2012年版，第393页。
② 南阳市汉画馆：《南阳县高庙汉代画像石墓》，《南阳汉代画像石墓》，河南美术出版社1998年版，第407页。
③ 南阳市古代建筑保护研究所：《河南南阳桑园路东汉画像石墓》，《文物》2003年第4期。
④ 南阳市文物考古研究所：《河南南阳市安居新村汉画像石墓》，《考古》2005年第8期。

彗门吏，戴冠，身着长袍，双手拥彗，侧身而立。位于北前室南梁柱正面执金吾、拥盾小吏，头戴红色帻，身着红领长袍，右手执红盾，左手执金吾，正面端立。唇部涂红色。位于北前室南梁柱东面刻画端灯侍女，头梳高髻，身着长袍、束腰，双手端灯，侧身而立。位于北后室北门柱南面刻画拥彗门吏，戴冠，身着长袍，双手拥彗，侧身而立。位于北后室南门柱正面刻画鸟、捧奁侍女。画面上刻一鸟，口衔一丸，眼部涂红色。下刻一侍女，头梳高髻，身着红领长袍、束腰，双手捧一奁盒，正面端立。侍女脸部涂土黄色，唇部涂红色，长袍下部和脚部涂白色。位于北后室南门柱北面刻画执盾门吏，戴帻，身着长袍，双手执盾，正面端立。位于北后室北门扉背面刻画持节使者，戴冠，身着长袍，双手持节，节上饰目眺重，呈半月形，躬身而立。位于北后室南门扉背面刻画门吏戴冠，身着长袍，双手执一物（上部漫漶）。侧身而立。位于北后室南梁柱正面刻画端灯侍女，头梳高髻，身着长袍，束腰，双手端灯，侧身而立。位于北后室南梁柱北面执笏小吏，戴冠，身着长袍，双手执笏，侧身而立。位于北后室南梁柱正面刻画捧奁侍女，头梳高髻，身着长袍，束腰，双手捧奁盒，正面端立。位于北后室南梁柱正面刻画执金吾，戴帻，身着长袍，双手执金吾，正面端立。位于北前室南门柱南面刻画执金吾、拥盾门吏，头戴红色帻，身着红边白领、黑色长袍，左手执金吾、右手执盾，正面端立。门吏面部涂粉红色、脚部涂白色。位于南前室北门柱北面刻画执笏门吏，戴冠、下部饰红带，身着红领、白袖口长袍，双手执笏，侧身而立。门吏脸部涂粉红色，脚部涂白色。位于北后室南门柱南面刻执笏门吏，戴冠，身着长袍，双手执笏，侧身而立。位于南后室北门柱北面刻执笏门吏，戴冠，身着长袍，双手执笏，位于中后室北门扉背面刻画执笏门吏，戴冠，下部饰红带，身着长袍，双手执笏。位于中后室南门扉背面刻执笏门吏，戴冠，下饰红带，身着红领长袍，双手执笏，侧身而立，上饰帷幔。门吏唇部涂红色，脚部涂白色。但此画面却倒置又刻一人，两人头部相互位于对方的长袍下部，应为错刻。位于北后室南梁柱南面刻画拥彗小吏，戴帻，身着长袍，双手拥彗，侧身而立。位于北后室南梁柱南面刻背囊侍女。画面上刻两人，一前一后。均头梳高髻，身着长袍，前者双手执一物，后者肩背一囊，侧身，作行走状。位于北后室南梁柱南面刻画执笏小吏，戴冠，身着长袍，双手执笏，侧身而立。位于南后室北梁柱北刻画执笏小吏，戴冠，身着长袍，双手执笏，侧身而立。位于南后室北梁柱北面刻画拥彗小吏。画面上刻一人，带岐，身着长袍，双手拥彗，侧身跪地，作恭迎状。位于南前室北门柱南面刻执笏门吏，戴冠、下部饰红带。身着红领、白袖口、黑色长袍，双手执笏，侧身而立。门吏脸部涂粉红色，脚部涂白色。位于南前室南门柱北面刻画拥彗门吏，头戴红色冠，身着红领、白袖口、黑色长袍，双手拥白色彗，侧身而立。门吏脸部涂粉红色，唇部涂红色，脚部涂白色。[①] 位于南前室北梁柱正面刻端盘侍女，头梳高髻，身着红领长袍、束腰，双手端红盘而立，盘上放置盒和勺。长袍下部涂白色。位于南前室北梁柱东面刻拥彗小吏，戴冠，身着长袍，双手拥彗，侧身而立。位于南后室北门柱南面刻拥彗门吏，戴冠、身着长袍，双手拥彗，侧身而立。位于南后室南门柱北面刻拥彗门吏，戴帻，身着长袍，双手拥彗，侧身而立。位于南后室北北梁柱正面刻画执金吾，戴冠，身着长袍，双手执金吾，侧身而立。位于南后室北梁柱南面刻执笏小吏，戴冠，身着长袍，双手执笏，侧身而立。位于南后室北梁柱正面刻画端灯侍女，头梳高髻，身着长袍、束腰，双手端灯，侧身而立。位于南后室北梁柱正面刻执金吾，戴帻，身着长袍，双手执金吾，正面端立。位于南后室北梁柱南面拥彗小吏，带帻，身着长袍，双手拥彗，侧身跪地，作恭迎状。位于南后室北梁柱正面刻画执笏小吏，戴冠，身着长袍，双手执笏，侧身而立。[②]

南阳市万家园汉画像石墓中，位于南门柱正面刻画门吏。画面上刻一双相衔的环，下刻一人，戴冠，身着长袍，左手上举，侧身而立。位于北门柱正面刻画一人物。画面上刻一双相衔的环，下刻一人，戴冠，身着长袍，体前倾，侧身而立。[③]

二　守卫亡灵类

在冥界类画像中，除了服务亡灵的画像之外，还有守卫亡灵的画像也十分丰富，这类画像与服务亡灵的画像性质稍有区别，它为墓主人提供的

---

① 南阳市文物考古研究所：《河南南阳陈棚汉代彩绘画像石墓》，《考古学报》2007年第2期。

② 南阳市文物考古研究所：《河南南阳陈棚汉代彩绘画像石墓》，《考古学报》2007年第2期。

③ 南阳市文物考古研究所：《河南省南阳市万家园汉画像石墓》，《中原文物》2010年第5期。

服务不是生活方面的服务，而是安全方面的服务，守卫着墓主人亡灵的安全。所以，我们在面对这些画像时，会发现这些画像一个个都手持各类兵器，面部严肃，体格威武地站立在主室的周边。

南阳七里园汉代画像石墓中，在东壁的一石柱上，正面依然刻着头戴高帽、身着长衣、双手执戟的武士，柱背面亦刻一人，双手握戟侍卫，柱左武士一人，姿态威武。在该墓西壁有一柱，刻画一幅武士画像，双手持一棒。①

唐河县湖阳公社新店村汉郁平大尹冯君孺久画像石墓中，出土执盾门吏有二幅，配置在北库东柱、南阁室南壁。所刻门吏头部漫漶不清，仅能看出身着长襦，手执盾牌。另一幅为执盾佩剑门吏，门吏头戴前低后高冠，执盾佩剑，侍卫装束，因石料短缺一角，左脚未刻出。在该墓的南主室西壁、南阁室北壁、南阁室南壁刻画了三幅蹶张画像。其一蹶张，头戴武冠，高耸双肩，瞪目，衔矢，双足踏在弩背上，两手用力拉弦，形象凶猛强悍，是此墓唯一的阴刻画像。其二蹶张，头戴武冠，着短衣短裤，竖眉瞪目，口衔利矢，两手拉弦，两足踏弓；旁有一武士左手提卣，右手扬斧，头部后倾，赤裸上身，着短裤，赤脚，奔向蹶张。其三蹶张，头戴武冠，背插矢，两手拉弦，双足踏弓，着短襦短裤，旁有一熊，竖耳直立，膛目张口，扭头舞爪作惊恐状。《汉书·申屠嘉传》："申屠嘉，梁人也。以材官蹶张从高祖击项籍。"如淳曰："材官之多力，能脚踏强弩张之，故曰蹶张。""以手张者曰臂张，以足踏者曰蹶张。"此墓蹶张画像位置在墓主人的棺床后侧和紧挨主室四周的藏阁内，无疑是作为近身卫士，以保护墓主人的安全。②

方城县东关汉代画像石墓中，位于北门北扉背面刻执棨戟门吏。头戴冠，身着宽袖长衣，腰挎匕首，并挎长剑双手握棨戟，侧身而立。在该墓的北门南扉背面刻执盾门吏，头戴冠，身着宽袖大衣，腰挎长剑，左手执盾，躬身作拜谒状。③

南阳市军帐营汉代画像石墓中，位于墓门两侧柱的前后两面，分别刻画四个门吏，头戴冠，身着长衣，其中左侧柱正面一人执棨戟，右侧正面

---

① 河南省文化局文物工作队：《南阳汉代石刻墓》，《文物》1958年第10期。

② 南阳地区文物工作队、南阳博物馆：《唐河汉郁平大尹冯君孺久画像石墓》，《考古学报》1980年第2期。

③ 南阳市博物馆、方城县文化馆：《河南方城东关汉画像石墓》，《文物》1980年第3期。

一人执彗。左右侧柱背面，中下部个有一人执棨戟，上部各刻一展翅飞翔的朱雀，象征吉祥。①

南阳县石桥镇汉代画像石墓中，墓门两侧门柱正面，各刻一门吏，头戴前低后高冠，身着长衣，执棨戟面内而立。在墓门中立柱正面，刻画一门吏，头戴朱红冠，身着长衣，双手执盾而立。盾上涂黄色，用黑色绘出两横行鳞纹。墓门北侧柱和中测柱背面，各刻一门吏，头戴前低后高冠，身着长衣，双手持箭而立。北墓门北门扉背面，一人双手执笏而立。北墓门南门扉背面，刻画一脚踏弓，双手控弦，背插二矢的蹶张。上饰云气及龙。②

邓县长冢店汉代画像石墓中，南二侧室前截过梁的西侧刻神荼与虎图，画像左刻一虎，作回首张望状，其后刻神荼，面目狰狞，手如兽爪，赤裸上身，在虎后尾随。③

唐河县电厂汉画像石墓中，位于墓门西侧柱刻画执盾小吏，戴冠着长衣，束腰，执盾而立。位于前室南壁东侧柱刻画执钺小吏，戴冠着短褐，束腰，双手执钺站立。前室南壁西边柱，刻画带剑小吏，头戴冠，身着长衣，拱手执剑站立。东主室西壁中柱刻画材官蹶张，戴冠，口衔一矢，脚踏强弓，双手引弦上弩，应是"材官蹶张"。东主室西壁南柱刻画执钺武士，戴冠着短褐，体半蹲，双手抓钺。④

南阳英庄汉代画像石墓中，位于墓门中柱刻执盾门吏图，画像上部刻禽似鹤，伸颈昂首；下部刻门吏，头戴武冠，身着长衣，双手执盾和笏，守卫墓室。墓门两侧柱皆刻持棨戟门吏图，门吏戴前低后高冠，身着宽袖长衣，双手持棨戟相向而立守卫墓室。墓北门两扉背面皆刻执钺图，执钺者戴冠着长衣，下额前凸，张口露齿，面目狰狞可畏，双手执钺而立。⑤

方城县城关镇汉代画像石墓中，位于东门门扉背面，执棨戟门吏。戴通天冠，着宽袖长衣，腰悬长剑，双手执棨戟侧身而立。⑥ 位于前室南壁

① 南阳市博物馆：《河南南阳军帐营汉画像石墓》，《考古与文物》1982 年第 1 期。

② 南阳市博物馆：《南阳石桥汉代画像石墓》，《考古与文物》1982 年第 1 期。

③ 《南阳汉画像石》编委会：《邓县长冢店汉代画像石墓》，《中原文物》1982 年第 1 期。

④ 吕品、周到：《唐河县电厂汉画像石墓》，《中原文物》1982 年第 1 期。

⑤ 南阳市博物馆：《河南南阳英庄汉画像石墓》，《中原文物》1983 年第 3 期。

⑥ 南阳地区文物工作队、方城县文化馆：《河南方城县城关镇汉画像石墓》，《文物》1984 年第 3 期。

画像材官蹶张，头戴武冠，圆睁双目，斜衔一矢，裸上身，着短裤，双足踏强弩，双手奋力引弦。位于西门门扉背面的执钺门吏，头戴武冠，双目圆睁，张口露齿，裸上身，着短裤，双手执钺。位于西门门扉背面的另外一图执盾门吏，戴通天冠，着宽袖长衣，挎长剑，双手执盾半遮面，侧身而立。①

南阳县英庄汉代画像石墓中，位于墓门西门柱刻画执棨戟门吏一幅，门吏之上刻一鹤。棨戟为汉代官吏出行时前导所执。位于主室隔墙中柱南侧刻画一执刀小吏，位于主室东柱西侧刻画一执棒小吏。②

唐河针织厂汉代画像石墓中，位于墓门中柱背面刻画执金吾门吏图，门吏戴冠着长衣，双手执棒而立。棒即金吾。位于墓门两侧柱刻画执棨戟门吏图。两柱画像基本相同，皆刻执棨戟门吏，东西两柱上部皆刻方相氏，下各刻一戴前低后高冠，着深袖长衣，双手执棨戟侧身相对而立的门吏。③

南阳建材厂汉代画像石墓中，位于墓门门柱背面刻画执棨戟门吏，在二门柱的上邻，各刻一熊（方相氏），奋身张臂，回首互望。下刻门吏，头戴前低后高冠，身着长衣，双手持棨戟，相向而立。棨戟为汉代官吏出行时前导所持。位于北假耳室门的两立柱上刻画执棒侍者，因两立柱石高低不一，高的立柱石未在门相下，被放置在前室的东北角上。二立柱石上皆刻执棒侍者，侍者头戴尖顶冠，身穿宽袖长衣，双手执棒，侧身而立，有护卫墓主人之意。④

南阳市刘洼村汉代画像石墓中，位于墓门北立柱、南立柱正面刻画持棨戟门吏。画像上局刻一朱鸟，展双翼欲飞，下刻一门吏，头戴前低后高冠，身着长袍，执棨戟侧身而立。位于墓门北立柱西侧面刻画执戟门吏。身着武服，头戴武冠，双手执戟而立。墓主室中立柱正面画像刻画蹶张。头戴尖顶冠，挽袖卷裤，鼓目圆睁。口衔一矢，脚踏强弩，双

---

① 南阳地区文物工作队、方城县文化馆：《河南方城县城关镇汉画像石墓》，《文物》1984年第3期。

② 南阳地区文物工作队、南阳县文化馆：《河南南阳县英庄汉画像石墓》，《文物》1984年第3期。

③ 河南省博物馆、南阳市博物馆：《唐河针织厂汉画像石墓的发掘》，《文物》1973年第6期。

④ 南阳市博物馆：《南阳市建材试验厂汉画像石墓》，《中原文物》1985年第3期。

手控弦。①

　　南阳县蒲山汉代画像石墓中，位于墓门东西两侧柱执棨戟小吏，两幅画像基本相同，皆为执棨戟门吏，上刻一朱雀，下刻一门吏。门吏头戴前低后高冠，身着深袖长袍，双手执棨戟相向而立。位于墓门中门柱正面刻画执盾门吏，画面上刻一朱雀，下刻一人，戴冠着长袍，双手执盾，正面端立。此门吏当是象征侍卫，其身份较为低下。位于西墓门左门扉背面刻画执盾门吏。门吏头戴前低后高冠，身着长袍，双手捧盾，侧身而立。②

　　南阳市第二化工厂汉代画像石墓中，位于墓门南立柱西面刻画持盾门吏图。画面上刻一雀鸟，下刻一人戴冠着长袍、双手执盾而立。位于墓室南壁东立柱北面刻画持棨戟小吏图。画面上刻一朱雀，下刻一人戴冠着长袍，双手持棨戟侧身而立。③

　　南阳县熊营汉代画像石墓中，位于墓门东门柱刻画执盾门吏图，西门柱正面；主室门的东门柱西侧，西门柱东侧皆刻执盾门吏，即上刻两套连圆环，下刻一人，戴冠着长袍，双手执盾，侧身而立。位于主室中门柱东侧刻画举钺佩剑门吏，画面上刻一熊，张牙舞爪，作直立状，侧首，目视左侧。下刻一神人，高髻，右手举钺，左手持剑，此牙目真目，形象狰恶。位于主室中门柱西侧刻画持钺门吏图。上刻一熊，张牙舞爪，竖耳。下刻一神人，高髻，左手作举物状，右手持钺，面目狰狞。④

　　邓州市梁寨汉代画像石墓中，位于南室墓门南侧立柱正面刻画执盾门吏图，画面上部刻十字穿环图案，下刻一人，头戴冠，身着长袍，双手执一盾牌，躬身侧立。位于北室墓门北侧立柱正面刻画执盾门吏图。画面上部刻一十字穿环图，下部刻一小吏，戴冠着长袍，双手执盾，躬身侧立，其盾牌上饰有人字形纹。⑤

　　南阳蒲山二号汉代画像石墓中，位于东、西二门柱正面刻执架戟门吏，二石各刻一门吏，头戴冠，身着长袍，双手执架戟，侧身相向恭

---

　　① 南阳市文物工作队：《南阳市刘洼村汉画像石墓》，《中原文物》1991 年第 3 期。

　　② 南阳地区文物考古研究所：《河南南阳市蒲山汉墓的发掘》，《华夏考古》1991 年第 4 期。

　　③ 南阳市文物工作队：《南阳市第二化工厂二十一号画像石墓发掘简报》，《中原文物》1993 年第 1 期。

　　④ 南阳市文物考古研究所：《河南省南阳县辛店乡熊营画像石墓》，《中原文物》1996 年第 3 期。

　　⑤ 南阳市文物考古研究所：《河南省邓州市梁寨汉画像石墓》，《中原文物》1996 年第 3 期。

立。位于中门柱正面刻执盾门吏。上刻一人戴冠着长袍，双手捧盾，正面而立。位于墓东门二门扉背面刻执钺门神。各刻一神人，头梳高髻，身着长袍，执钺，怒目，侧身相向而立。位于主室过梁下南立柱西面刻画武士图，上刻一人，戴冠，着武士服，怒目，左手下垂，右掌向上，作格斗状。位于主室过梁下北立柱南面刻立熊图，画面刻一熊，直立怒目。①

南阳中建七局机械厂汉画像石墓中，位于南门门柱正面刻画执棨戟门吏，画中一人戴冠着长袍，双手执棨戟侧立。位于中门北柱正面和中门南柱正面刻画执盾门吏，画中一人戴冠着长袍，束腰，双手执盾，正面端立。②

唐河白庄汉画像石墓中，位于墓门南柱正面，刻画一执盾门吏。③

南阳草店汉画像石墓中，位于前中门南柱正面刻画执盾门吏，画上一神鸟，正面而立，画下刻一执盾门吏。位于前中门北柱正面，刻画一执盾门吏。位于墓门北柱正面刻画熊、执戟门吏。④

南阳县高庙汉画像石墓中，位于墓壁刻画执盾小吏（图6-57）。画中刻画一小吏，戴冠着长袍，双手执盾，侧身躬立。另一墓壁刻画二侍者（6-58）。画中左一人戴冠着长袍执盾，右一人戴冠着长袍执棒，侧身而立。⑤

南阳桑园路东汉画像石墓中，位于前室南立柱南侧刻一执棒侍卫。身穿长袍，头戴介帻，双手执棒，侧身恭迎。棒体扁圆，下部如桨状。前室北立柱东侧刻一持棒侍卫。头戴介帻，身穿长袍。手捧金吾，躬身侧立。前室北立柱西侧，横地纹浅浮雕，刻一仗剑侍卫。头戴三山冠，大眼，招风耳，身着长袍，双手握剑，正面侍立。⑥

① 南阳市文物考古研究所：《河南南阳蒲山二号汉画像石墓》，《中原文物》1997年第4期。

② 南阳市文物考古研究所：《南阳中建七局机械厂汉画像石墓》，《中原文物》1997年第4期。

③ 南阳市文物考古研究所：《河南唐河白庄画像石墓》，《中原文物》1997年第4期。

④ 南阳市汉画馆：《南阳草店汉画像石墓》，《南阳汉代画像石墓发掘报告集》，中州古籍出版社2012年版，第393页。

⑤ 南阳市汉画馆：《南阳县高庙汉代画像石墓》，《南阳汉代画像石墓》，河南美术出版社1998年版，第407页。

⑥ 南阳市古代建筑保护研究所：《河南南阳桑园路东汉画像石墓》，《文物》2003年第4期。

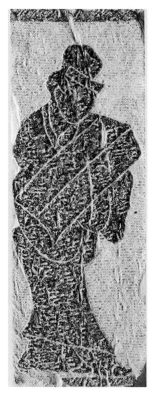

图 6-57　执盾小吏　　　　　　图 6-58　执盾小吏

南阳市安居新村汉代画像石墓中，位于墓门斗形梁柱南侧刻画执钺
吏。吏头梳椎髻，身着长袍，双手执钺侧身而立。位于墓门斗形梁柱西侧
刻画蹶张。画面刻一人，高髻，身着短衣，瞠目，衔矢，双足猛踏弓背，
两手奋力张弦，形象凶猛强悍。①

南阳陈棚汉代彩绘画像石墓中，位于北前室北门柱正面刻画熊、执桨
戟门吏。画面上刻一熊，竖耳直立，瞳目张口，扭头舞爪。眼和口部涂红
色。下刻一人，头戴黑色冠、下部饰红带，身着红边白领、白袖、黑色长
袍，执桨戟，侧身而立。门吏面部涂土黄色，唇部涂红色，脖子涂白色。
位于北后室南门柱北面刻画执盾门吏。画面刻一人，戴帻，身着长袍，双
手执盾，正面端立。位于南前室北门柱正面。拥盾门吏画面上刻一人，戴

① 南阳市文物考古研究所：《河南南阳市安居新村汉画像石墓》，《考古》2005 年第 8 期。

冠、下部饰红带，身着红领、黑色长袍，双手执黑盾，正面端立。门吏脸部涂土黄色，唇部涂红色，脚部涂白色。位于南前室南门柱正面刻画执戟门吏。画面上刻一双相衔的环，下刻一人，头戴黑色冠、下部饰红带，身着红领、白袖、黑色长袍，双手执戟，侧身而立。门吏脸部涂粉红色，脖子和脚部涂白色。位于南后室北门柱正面刻画拥盾门吏。画面上刻"十"字穿环，下刻一人，戴冠，下部饰红带，身着红领长袍，双手执盾，正面端立。位于分别南后室北门扉背面和南门扉背面（部分漫漶）刻画执钺神人，画面上刻一神人，高髻，身着短襦，右手执钺，形象狰狞。位于南后室北梁柱南面刻画执钺神人。画面上刻一赤足神人，头束椎髻，面貌凶悍，双手执钺，侧身而立。①

南阳市万家园汉画像石墓中，位于中门柱正面刻画执棍门吏。画面上刻一双相衔的环，下刻一人，戴帻，身着长袍，双手执棍，侧身而立。②

三　辟除鬼邪类

围绕亡灵为核心的画像，除了服务亡灵类、守卫亡灵类，还有辟除鬼邪类的画像。这类画像，也是冥界画像体系中非常有特色的一类，它们在这个图像体系中，承担着驱除各类恶鬼和妖怪，防止这些恶鬼和妖怪伤害亡灵的安全。它们有着特殊的魔力，是各类侍女和卫士不能完成的任务，几乎主宰着墓室的正常秩序。

南阳城北七里园汉代画像石墓中，东壁一柱石刻画一只相互争斗的怪兽，这类怪兽，就是驱除鬼怪的灵兽。③

南阳杨官寺汉代画像石墓中，位于南主室南扉门正面上部雕一座四层的楼阁式建筑（图6-59），下层有对称的二柱，柱顶各雕一斗拱，两柱之固雕铺首衔环的双门。第二层刻五柱，仅中柱顶端刻斗拱，其他四柱顶端刻替木。第三、四层均刻三柱，均中柱顶端刻斗拱。在楼顶的房脊中央，刻有长尾张翅的飞凤，羽毛清晰，姿态秀丽生动。在楼下层的右柱外侧，刻一身微前俯拱手的人像，头戴帽，身着细腰长衣，手中似持一物。看来

---

① 南阳文物考古研究所：《河南南阳陈棚汉代彩绘画像石墓》，《考古学报》2007年第2期。

② 南阳市文物考古研究所：《河南省南阳市万家园汉画像石墓》，《中原文物》2010年第5期。

③ 河南省文化局文物工作队：《南阳汉代石刻墓》，《文物》1958年第10期。

图 6-59　楼阁式建筑

似为侍卫者。楼阁各层的柱和斗拱上面，皆涂红色。楼阁之下刻一熊和一牛一人相互搏斗像，牛俯首翘角竖尾向熊猛冲，而熊的左前肢挺向牛的头部，右前肢抓住右侧一人的长发，把人拉成匍跌状。这一搏斗场面，刻得生动逼真。这种兽斗画像，是南阳地区汉代画像石刻中此较常见的。兽斗画像以下，刻一方头鹿体的大虎，前肢立而后肢伏坐，尾翘上卷。虎张口瞪目竖耳，斑纹清晰，状极凶猛，实为南阳汉代画像石中所罕见。虎以下还刻有栅栏式的方格。①

————————————

① 河南省文物局文物工作队：《河南南阳杨官寺汉画像石墓发掘报告》，《考古学报》1963年第 1 期。

　　襄城茨沟汉代画像石墓中，也出土了不少辟邪类的画像，墓门门楣上面，上、左、右三边刻出凹线条，在凹线条侧再减地刻出连弧垂帐纹，共内又刻一个凸挂校长方形边框，框内刻两龙相交成如意形的画像，中央刻璧环，把两龙尾相交于璧环之内。两龙仰首相望，并互衔着相对的尾部，皆三足一角，满身刻鳞纹。在该墓左前室门楣石南侧面刻画一组斗兽画像。石的周边刻出凹线、凸线纹和连弧垂帐纹，在凸线纹以内，刻一龙、一虎和一熊。虎居右，似有翼，张口舞爪；龙在左，亦似有翼；熊居中，侧首向虎。另一面虽未刻画像，但有红色彩绘，惜颜色多脱落，难以看出其形象，从残存朱绘笔迹看，上、左、右三边也画有垂帐纹，中间似绘一虎及马等。在该墓的中室门楣画像部分刻画一幅斗兽画像，框内刻虎、鹿、象、龙和人各一，虎前列张口奔跃，鹿、象分别后随，龙列后回首举一后足作抓搔状，人居末，头飘长发，一手前伸欲挽龙尾，一足前蹈而行。[①]

　　南阳市西关汉代画像石墓中，出土了一块双兕斗画像石。该石位于墓室门楣，画面中两只兕头生一角，低首奋力角牴。另一块刻画一兕，造型与双兕斗画像一样。[②]

　　南阳唐河县针织厂汉代画像石墓中，出土了三块虎吃女魃画像石。其一位于南主室南壁西端上部，女魃赤上体，着裳，赤下肢，有圆发髻，伏于地，作挣扎状。上有二虎一熊，右虎生有双翼，欲吃女魃；左虎张口前扑，一前爪踏住女魃右手，二虎之间有一熊作舞。其二位于墓门门楣图中一翼虎将一女子扑于地食之，后有桃拔奔走，前有一野猪与一虎相持欲斗。其三位于墓门门楣，图中雕四虎，一虎有翼，将女魃扑于地食之，其余三虎，皆张巨口向女魃扑来。汉代人把疾病等不祥之事皆归为鬼祟，连旱灾也归为旱魃作怪。于是每年"先腊一日，大傩，谓之逐疫。其仪：选中黄门子弟年十岁以上，十二岁以下，百二十人为侲子。皆赤帻皂制，执大鼗。方相氏黄金四目，蒙熊皮，玄衣朱裳，执戈扬盾。……凡使十二神追恶凶，赫女躯，拉女斡，节解女肉，抽女肺肠"（《后汉书·礼仪志中》）。张衡《东京赋》云："囚耕父于清泠，溺女魃于神潢。"《后汉书·礼仪志》引此文后注曰："耕父、女魃皆旱鬼。恶水，故囚溺于水

　　① 河南省文化局文物工作队：《河南襄城茨沟汉画像石墓》，《考古学报》1964年第1期。

　　② 南阳市文物管理委员会：《河南南阳市发现汉墓》，《考古》1966年第2期。

中，使不能为害。"又注云："虎者阳物，百兽之长。能击鹫牲食鬼魅者也。"这说明汉代人迷信虎是可以吃鬼的。[1]

唐河县湖阳汉郁平大尹冯君孺久画像石墓中，位于墓门墓门和中大门门楣的二龙穿璧的图像基本相同。龙皆双角，二龙尾交叉于璧内，二龙首回转180度的大弯，张口，反顾对视。位于南主室北壁刻画一幅四首人面虎身兽，人首戴前低后高冠，面侧向后，与虎尾三首相顾，尾部三首亦戴前低后高冠。《山海经·中山经》："有兽焉，其名马腹，其状如人面虎身。"《后汉书·礼仪中》注引《风俗通》："虎者阳物，百兽之长，能击鹫牲食魅魅者也。"四首人面虎身画像，南阳地区独此一石。唯虎尾所生三首，不知出自何典。位于墓室南阁室南壁的兽斗图，左起刻一猛虎，张牙舞爪；中间一熊，竖耳直立，张口低首；胯前卧一小鹿；熊后刻一牛，形象强健，前腿拉开，低首竖角作角抵状，牛下部刻一长尾兽，兽回首还视，作张望状。[2]

方城县城关汉代画像石墓中，位于墓门右上门楣上，有一幅斗牛拒龙阉割图。此图中部刻绘一"蒙熊皮"的勇士（象人），奋身张臂，右拒一龙，左拒一牛。牛后刻一阉者，头戴尖顶帽，赤臂挺胸，趁牛全力前挺，抬左后腿扑前之际，用左手托抓牛睾丸，右手紧握利刃待割。《周礼·校人》所说的"颁马攻特"，就是指对马（牛）的"去势术"。这类内容在南阳汉画像中为罕见之作。在该墓的右下门楣上有斗兽图。画面左刻一虎，四足匍地，昂首翘尾。中刻一虎，右刻一武士，右手抓虎尾，左手奋臂握钺。人兽相斗，在汉画像石上常常表示角抵校猎。此外，在画面上似还表现出"巫术禁法"。《后汉书·方术列传》载：赵炳"能为越方"，即善禁咒。注引《抱朴子》云："道士赵炳，以气禁人，人不能起。禁虎，虎伏地，低头闭目，便可执缚。"此图之执钺武士，也可能是用"禁术"伏虎。在该墓的左门楣上有一幅"龙虎斗"。左刻一应龙，全身有麟，肩双翼，曲颈前伸，头部有双耳双角。右刻一虎，通体斑纹，昂首翘尾，四足前匐，龙虎之舌相触。苍龙、白虎、朱雀、玄武为古代人想象中的神

---

① 河南省博物馆、南阳市博物馆：《唐河针织厂汉画像石墓的发掘》，《文物》1973年第6期。

② 南阳地区文物队、南阳博物馆：《唐河汉郁平大尹冯君孺人画像石墓》，《考古学报》1980年第2期。

物，可以守四方、辟不祥，故多刻雕之。张衡《灵宪》载："苍龙连蜷于左，白虎猛据于右。"在该墓的左下门楣有一幅"二龙穿璧"，图中部为一巨璧，左右各刻一龙，交互穿过巨璧，并曲身回首，构图对称。汉画像中多有此题材。①

南阳市军帐营汉代画像石墓中，位于墓门门楣上，正面左方刻仙人戏虎戏飞廉图，前有方相氏开路，后有一仙人执灵芝戏神虎，其后又有仙人执灵芝戏飞廉，最后有一牛与虎斗。空间并饰云气。门楣背面，左刻画辟邪升仙图，一仙人乘于龙背，前有一仙人执灵芝向龙，前有二虎一牛，空间云气缭绕。右刻乘飞廉升仙图，前有方相氏开路，后有羽人乘飞廉，一仙人执灵芝戏龙，后有一虎和似牛怪兽。在该墓的后室门槛正面，右刻两兽相抵图。②

南阳县石桥汉代画像石墓中，在墓室的墓门南门楣正面，刻画一幅斗兽画像石，左边一首长颈直伸，蹲坐于地，右边一兽昂首扬蹄，作奔驰状，两兽通体着土黄色，并用黑色在兽身绘出豹纹。两兽前后各饰以缭绕的云气。右立一人，似戴面具，作斗兽姿态。此人衣涂黄色，领口和襟沿用两条宽1厘米的黑线作装饰。在墓门北门楣正面，刻画角抵戏图。画面中左刻一牛，弓颈作猛抵状，右有一象人，徒手与持矛象人格斗。上衣敷紫红色，领口、衣襟、袖口均用一宽一窄的两条黑线装饰边沿。北主室门楣正面，刻画飞廉追苍龙图，飞廉独角，苍龙双翼，周边刻画云气。前室石梁南面，刻画一虎，首东尾西，形象生动。前室石梁北面，刻画一青龙，张口曲颈，生有两翼。南墓门两扇门扉背面，各刻武士一人，双手持钺怒目相向而立。③

南阳王寨汉代画像石墓中，在墓门南门楣上刻驱魔升仙图，画像下部边沿饰山峰；左边山间曲颈猛抵的怒牛，应是名叫"穷奇"的神兽；中间有一怪兽，作闭目垂首，气泄威丧之状；其右一兽奋爪扬蹄，奔腾向前，张口欲噬食怪兽，此兽可能为逐疫食鬼的神兽"腾根"；画右山巅有臂生双翼的羽人，手持一物飞驰而来。墓门北门楣，刻山神海灵图，画像右边一人，手执形似牛角的一物奔走，其后的飞廉作回首之状，有一人臂

① 南阳市博物馆、方城县文化馆：《河南方城东关汉画像石墓》，《文物》1980年第3期。

② 南阳博物馆：《河南南阳军帐营汉画像石墓》，《考古与文物》1982年第1期。

③ 南阳博物馆：《南阳石桥汉代画像石墓》，《考古与文物》1982年第1期。

生双翼，两手执物，将飞步腾跃在飞廉背上，后有山峰高耸，其上有腾蛇绕一灵龟（玄武），画右刻形体似马的神兽。墓门南门楣背面（图6-60），刻"穷奇"驱夔图，画像下部刻饰群山，画中一熊两臂平伸，回首呼叫，作追逐之状；其后刻画"穷奇"驰逐而来，曲颈奋角作怒触之状；画右刻一夔，仓皇逃遁。两侧室门槛二块，各长，皆刻二兕相斗图。每幅画面刻头生一角、颈生披毛的壮兕两头，两两作抵触状。两主室门槛二块，刻壮兕图，兕俯首弓颈，相向作抵触之状。前室过梁，依石材长短雕刻成立体应龙，龙头伸出墓门相外沿，两角向后，肩生双翼，作升腾状。古时人们常把龙作为建筑装饰，象征吉祥。主室隔壁门楣北面，刻白虎图，画像下刻山峰，左边有一白虎，张口翘尾，正欲吞噬一个怪兽，怪兽人首兽身，深目鹰喙，作蹲坐势。画右山巅有长青树一株，树右一兽似鹿，奔腾于山顶，树左一兽，似虎而头生一角，作上山状。主室隔壁门楣南面，刻应龙图，应龙肩生双翼，双角向后，张口吐舌。主室隔壁门楣刻龙虎，取辟邪之意。[①]

图6-60　驱魔升仙图

邓县长冢店汉代画像石墓中，墓门楣刻画熊斗二兕图，画像左右各刻一兕，作曲颈猛抵状，中间一熊，张臂力排二兕。熊的形态与洛阳卜千秋墓后壁所画的兽怪一样，如"方相氏"。刻方相氏于门户，以御凶邪。二主室门楣刻画驱魔逐疫图，画像由二块门楣石构成，画像中部有一小熊应是方相氏，方相人立，两臂前推作纵虎之状。猛虎正张口扑食一个仰面跌倒的怪兽。前面有一夔龙，头生一角，惊顾回首。后又有一怪兽，勾头夹尾蹲坐于地，旁边有虎，张口欲噬食怪兽。虎右一兽，猫面虎身，头生双角。后又有一兽，形体似马而头生一角，应是可以辟火的神兽。在画像的右上部边沿刻饰有弧形垂幔。南主室门槛刻画二兕斗怪图，画像两端各刻

① 南阳市博物馆：《南阳县王寨汉画像石墓》，《中原文物》1982年第1期。

颈生披毛，头生一角的壮兕一头，曲颈猛抵仰面跌翻的一只怪兽。北主室
门槛画像二兕相斗图，北主室与四侧室门槛，均刻颈生披毛，头生一角的
二兕，作抵触状。北二侧室前截过梁的东侧刻画龙鸡辟邪图，画像左边刻
一龙，头生双角，曲颈回首。画中一人手持龙尾作嬉戏状。画像右边刻一
鸟似鸡，应为重明鸟。南二侧室前截过梁的东侧刻画龙鸡辟邪图，画像左
边刻一龙，头生双角，曲颈回首。画像右边刻鸡状重明鸟一只。画像中部
刻绘云气。二主室前截过梁的北侧刻画虎鸡辟邪图，画像前面一虎，后边
刻一鸡有追随之状。[①]

唐河县电厂汉代画像石墓中，位于西主室东壁北横梁刻画虎、鹿，虎
昂首翘尾，鼓腹站立，后有二鹿，跃起飞奔。位于东主室西壁北横梁刻画
虎、兽斗，一虎昂首而立，后有二兽似熊，人立相斗。[②]

南阳英庄汉代画像石墓中，墓门南门楣刻驱魔辟邪图，画左刻一怪
兽，曲颈垂首；其右有一虎身牛尾的神一兽，昂首扬蹄，奔腾向前，张口
欲吞噬怪兽；画右一人呼喊奔走；这幅画像与南阳县王寨画像石墓门楣及
石桥画像石墓门帽的画像相似。古人认为不仅在生人的住宅中有魔邪，而
且死人的墓圹里也有魔邪。墓门北门楣，中部刻神一兽，神兽肩生双翼，
疾奔回首，画而其余部分漫漶。[③]

方城县城关镇汉代画像石墓中，位于左门楣之上刻画驱魔逐疫图，中
部刻一虎一牛相斗，虎猛扑，牛以角相抵；牛后刻一阉者，戴尖顶帽，左
手抓牛睾丸，右手割之。虎后刻一猿，猿，古时认为是神兽。牛，古时或
认为是精怪。动物去势，可使其性情温驯。这幅画似人、神共制牛精。位
于右门楣上面刻画斗兽图。画面左、右各刻一虎，中间刻一武士戴尖顶
帽，佩长剑，双手撕裂虎口。[④]

南阳建材试验厂汉代画像石墓中，位于墓门门相背面刻画驱魔逐疫
（图 6-61）。画面左刻一牛，俯首鼓目，纵身狂奔，中间刻一人，弓步回
首，似在召唤，右刻一人，两臂甩直，跨步追赶。其间尘土飞扬，气氛异
常紧张。此内容可能是驱魔逐疫的场面。古时认为"千年木精为青牛"，

---

① 《南阳汉代画像石》编委会：《邓县长冢店汉画像石墓》，《中原文物》1982 年第 1 期。

② 吕品、周到：《唐河县电厂汉画像石墓》，《中原文物》1982 年第 1 期。

③ 南阳博物馆：《河南南阳英庄汉画像石墓》，《中原文物》1983 年第 3 期。

④ 南阳地区文物工作队、方城县文化馆：《河南方城县城关镇汉画像石墓》，《文物》1984
年第 3 期。

牛是精怪。位于墓门下充作门槛石的白虎戏兕。画面上垂帷幔下刻一兕，兕头生一角，颈生披毛，作曲颈俯首前抵之姿。右刻一白虎，昂首张口，缓步上前，右前腿抬起，趾爪下垂，欲搔挠兕头，作嬉戏状。位于南假耳室门楣石上刻画神兽食鬼魅。画面两端分垂帷幔，中央刻两兽，左一兽似为精怪，夹尾蹲立，俯首待毙，作气丧威泄之状，右一神兽奔腾向前、奋爪扬毅，欲张口噬食怪兽。在南阳汉代画像石中，屡见这种图像，左边的怪兽可能是狼鬼，《白泽图》云："故废丘墓之精名无，而丘墓之精名狼鬼，无与狼鬼，即是方良。"右边的神兽可能是逐疫食鬼魅的腾根。《汉书·礼仪志》："穷奇腾根共食蛊。"①

图 6-61　驱魔逐疫

　　新野县前高庙汉代画像石墓中，位于墓门门楣的二龙穿璧画像石，背面刻二龙交尾，在中室的门楣上也刻画二龙穿璧。②

　　南阳市独山汉代画像石墓中，位于后室隔梁北横梁的西面刻画一幅驱魔逐疫图一幅。画面自左至右画有虎、熊、虎、怪兽，仙人和龙的形象，并有云气缭绕。这种画面在南阳汉代画像石刻中习见。中间的怪兽是被驱逐的魔邪。猛虎则是"百兽之长，能执搏挫锐噬食鬼魅"。后面的仙人凌空而行，龙回首而顾，应是引导升仙的表示。③

　　南阳蒲山汉代画像石墓中，位于墓门门楣正面西半部刻画虎食鬼魅。左刻一猛虎，右刻一怪兽，牛头虎尾、俯首待毙之状，此兽当为鬼魅。所刻之虎张着巨口，奋爪昂首，直扑怪兽。虎，被人们认为是驱逐邪祟的神物。画中饰云气，虎下饰山峦。位于墓门门楣正面东半部刻画像人斗牛图。左刻一象人（戴面具的艺人），赤手搏状；中刻一牛，弓颈挺角向象

---

　　①　南阳市博物馆：《南阳市建材试验厂汉画像石墓》，《中原文物》1985 年第 3 期。

　　②　南阳地区文物工作队、新野县文化馆：《新野县前高庙村汉画像石墓》，《中原文物》1985 年第 3 期。

　　③　南阳市博物馆：《南阳市独山西坡汉画像石墓》，《中原文物》1985 年第 3 期。

人猛冲。三蹄蹬地，一腿退而运力，两眼圆睁，显得格外勇猛倔强。右刻二人，前边之人徒手，其后之人手持棍棒追逐，画间云气缭绕，运动感比较强。位于墓门门楣背面的东部刻画虎熊相斗图。左刻一猛虎向前疾走状，右刻一熊，奔走回顾，画中饰云气和山峦。位于墓门门楣背面刻画熊兕相斗。左刻一熊，奔走回顾，右刻一兕，长角犀利，直抵前边之熊，画间饰云气和山峦。位于主室中门柱南面刻画立熊。图中刻一直立的熊，张牙舞爪，墓门上刻此图案，意为驱鬼辟邪。①

　　南阳市第二化工厂汉代画像石墓中，位于墓室门门楣西面刻画逐疫升仙图，画面左刻一人张臂逐戏一龙，右刻一虎一牛，牛迎虎垂颈勾首，夹尾蹲坐于地。画面上部空间云气盈荡，下面有小丘象征山峦叠嶂。位于墓室门楣东面刻画驱魔逐疫图。画面左刻一熊一兕，熊一手执兕角，兕弓颈低首奋蹄抵熊。右刻一熊扬臂持物驱二异兽。画面中间云气缭绕。②

　　桐柏县安棚汉代画像石墓中，位于前室门楣正面刻画二龙交尾，画面左右两侧各有一龙，其尾部相对，并缠绕在一起，然后延伸至对方的口内，两龙皆口中含尾，回首相望。二龙交尾图以前发现的不少，但口中含尾则是不多见的。位于前室门楣背面刻画虎、二龙交尾，画面中间为二龙交尾，与该门楣正面表现形式基本相同。左侧雕刻一虎，作回首奔跑状，其尾部与龙的前爪相连。画面右侧为一龙，亦回首张口，尾部与另一龙的前爪相交。③

　　南阳县熊营汉代画像石墓中，位于墓门东门楣刻画武士斗兽，左刻一熊，张牙舞爪，中部为一前扑狮子，昂首扬尾，似与另一异兽作搏斗状。右刻一牛，耸肩，低头翘尾，拼命前冲；右刻一武士，左手伸掌击牛，右手持斧，腿前弓，与牛作搏斗状。整个画面饰有云气纹。位于墓门西门楣刻画格斗、斗兽图，整个画面饰有云气纹，左侧一人腿前弓，双手持矛刺向对方。另一人则赤手空拳与之格斗。右侧一虎张牙舞爪扑向一人，该人持矛与之搏斗。位于主室东门楣刻画珍禽异兽图。整个画像饰有云气纹，右侧刻一鸟头虎身的异兽翘首扬威正在追逐一急速奔跑的羊。左侧一人首

---

①　南阳地区文物考古研究所：《河南南阳县蒲山汉墓的发掘》，《华夏考古》1991年第4期。

②　南阳市文物工作队：《南阳市第二化工厂二十一号画像石墓发掘简报》，《中原文物》1993年第1期。

③　南阳市文物研究所：《桐柏县安棚画像石墓》，《中原文物》1996年第3期。

兽身的动物作半蹲状，侧首。另一人首翼虎身躯，尾分叉的异兽作行走观望状。位于主室西门楣刻画麒麟异兽图。中部刻一头上长角生有双翼的麒麟，张口，振翼，尾部分叉，正向一异兽扑去。右侧一生有双翼似马身的异兽正张开大口向麒麟走来。左侧刻一异兽，龙头，虎身，尾部分叉。整个画面饰有云气纹。①

邓州市梁寨汉代画像石墓中，位于南室门楣正面刻画黄龙图。画中刻一龙，有角有须，昂首卷尾，瞪目张口。龙是古代传说中的一种神物，汉人认为黄龙既能兴云作雨，又可乘之升天。位于北主室门楣正面刻画白虎图，画中刻一猛虎，昂首突胸，张口瞪目，作扑食状。古人认为"虎者阳物，百兽之长也，能搏挫锐，噬食鬼魅"。位于过梁西段南面刻画兽斗图，画面中左边刻一猛虎，瞪目目张口，前爪伏于地上。右侧一牛，弓背低首奋力前抵。位于过梁中段南面刻画像人斗兽图，画面中部刻一人，似戴有面具的斗兽者，其左侧一怪兽，瞪目目张口，正向前猛扑，其口中似噙有一物。左侧一怪兽，刻出身子前半部，也在奋力猛扑。②

南阳蒲山汉代画像石墓中，位于东门楣正面刻牛、角技图。画面左刻一牛，怒目圆睁，弓颈前抵，锐角直指前方。右部漫漶不清，似刻二人角技，争斗方酣。其间云雾缭绕，气氛紧张。位于西门楣正面刻兽斗。画面中部刻一牛，四蹄着地，弓身前抵；左刻一虎，翘首弓背，作前扑状，与牛相斗；右刻一人，正大步向前，作驱牛状。位于主室过梁西面刻虎熊图。画面右刻一虎，首北尾南，身体硕大，张牙舞爪作奔走状。左刻一兽似熊，直立回顾。画间饰山峦和云气。位于主室过梁下南立柱北面刻兕，上刻一兕，体硕，有翼，角弯，四肢劲疾。位于主室过梁下北立柱南面刻立熊，画面刻一熊，直立怒目。③

南阳中建七局机械厂汉代画像石墓中，位于南门楣正面刻画一驱鬼图，画面左刻一神兽，昂头张口，欲食一鬼怪，中间刻一神兽，垂首夹尾。右刻一人，手持一物作驱打状。位于中门楣正面，刻画一格斗图。画左刻怪兽抵树，右刻二人正在格斗。④

① 南阳市文物研究所：《河南省南阳县辛店乡熊营画像石墓》，《中原文物》1996 年第 3 期。
② 南阳市文物考古研究所：《河南省邓州市梁寨汉画像石墓》，《中原文物》1996 年第 3 期。
③ 南阳市文物研究所：《河南南阳蒲山二号汉画像石墓》，《中原文物》1997 年第 4 期。
④ 南阳市文物研究所：《南阳中建七局机械厂汉画像石墓》，《中原文物》1997 年第 4 期。

　　唐河县白庄汉代画像石墓中，位于墓门门楣正面刻画二龙穿璧。画面左右两侧各刻一龙，曲首回望，张牙舞爪，弓颈、卷尾相交于璧。①

　　南阳草店村汉代画像石墓中，位于墓门中门楣正面刻画逐疫图，画右一牛，低首弓背，奋蹄向右狂奔，画中一龙向左奔走，同时又回首张口欲衔羽人手持的仙草，龙后一羽人腾空而起，手持仙草戏龙，画左有一方士，一手前伸，一手持牛角，向左奔走。位于墓门北门楣正面，刻画神兽逐疫辟邪。画右一神兽，虎身而头似狗，向左奔走，头向右回视张口，其后上方有一羽人，手执一物戏神兽，画中一兽张口作奔驰状，其前一怪兽，蹲坐垂首，夹尾而坐。画左一人双手前后平伸，跨步向左奔走。位于墓门门楣背面刻画兕虎相斗。画面刻画一兕低首作猛抵状，画右一虎，只有前半身，向左奔走，张口露牙，二目圆瞪。位于前门门槛刻画双兕画像。②

　　南阳市中原技校汉代画像石墓中，位于二侧室过梁东侧北截画面刻画一幅逐疫辟邪。画右一熊，振肢奋爪，张口瞪目，中间一牛，头生尖角，曲颈前冲，左边一人，跨步亮掌迎斗怒牛。③

　　南阳县高庙汉代画像石墓中，位于门扉背面刻画执钺神人。位于墓门下槛石，刻画一兕，低首躬腰，奋足，作向前刺击状。位于隔梁刻画虎熊斗画像石。画面刻一虎，挺胸昂首，奋勇向前。右刻一熊，弓腰耸背，向前冲刺。另一隔梁刻画应龙神兽画像。画左刻画一龙，曲颈扬眉，振翼腾飞，右刻一神兽，作奔走状。④

　　南阳桑园路汉代画像石墓中，位于前室过梁西侧刻画为象人斗兽，图中刻一怪兽，体似虎，图右下侧有一戴面具斗兽者（象人）。前室过梁南端顶面刻一神人，身材魁梧，口衔羽箭，双手控弦，脚踏强弩而张之。东主室门槛正面刻二兕相斗。兕首生独角，肩部披毛，尾分三叉，正奋力相向角抵。西主室门槛正面刻三兽相斗。画左侧一兽，虎身人面，头戴三山

　　① 南阳市考古研究所：《河南唐河白庄画像石墓》，《中原文物》1997年第4期。

　　② 南阳汉画馆：《南阳草店汉画像石墓》，《南阳汉代画像石墓发掘报告集》，中州古籍出版社2012年版，第393页。

　　③ 南阳汉画馆编：《南阳市中原技校汉画像石墓》，《南阳汉代画像石墓发掘报告集》，中州古籍出版社2012年版，第399页。

　　④ 南阳汉画馆：《南阳县高庙汉代画像石墓》，《南阳汉代画像石墓》，河南美术出版社1998年版，第407页。

冠；画右侧刻一猛虎，正扑向画面中央的熊，熊站立，左右抵挡。①

　　南阳安居新村汉代画像石墓中，位于南前室门楣正面刻画兽、狮、熊图。左边刻一神兽，中间刻一只前扑的狮子，右边刻一熊作逃遁状，三兽周围饰以云气。位于北前室门楣正面刻画熊、应龙图。左刻一熊作逃遁状，后有一应龙，长舌吐伸，振翼作腾飞状，追逐正在逃跑的熊，空间饰云气。位于北后室北门楣正面刻画穷奇、虎斗。左边刻穷奇，背上有翼，右边刻一虎，正张口前扑。位于南后室南门槛正面刻画兽、独角瑞兽、牛图。左边刻一兽，回首，中间刻一独角瑞兽在奔跑，右边刻一牛呈回首张望状。位于北后室北门槛正面刻画异兽图。异兽张日向前奔跑，欲咬一个似鸟的动物。②

　　南阳陈棚汉代画像石墓中，位于北前室门楣正面刻画拳勇、熊。画面山峦叠嶂，云气缭绕。左刻一熊，回首，作惊恐逃遁状，口部涂红色。右刻三人，皆穿短衣，武士装束，徒手搏斗，短衣上部涂红色。画面上边刻三角锯齿纹，每隔一个三角皆涂一红色三角，下边刻双横线，在两线中间绘直径5.5厘米设色相同的三色同心圆10个，圆与圆间隔均为10厘米，排列整齐有序。圆心涂红色，外圆涂白色，中间则涂粉绿色。位于北前室门楣背面刻画二兕相斗（图6-62）。画面刻二兕，独角披毛，弓颈低首，两角交触。位于北后室门槛正面刻画兽斗。画面左刻一兽，回首作奔跑状，右刻一兕，披粉绿色毛，尾端分作三歧，弓颈低首，奋力前抵，空间饰云气和山峦。上边刻一道2厘米宽的横线，每10厘米长涂红色和粉绿色横线，形成了红、绿相间的装饰彩带。位于后室北过梁北面刻画搏虎。画面左刻一虎，翘尾，瞪目张口，作奔扑状。右刻一人，挥动双臂，跨步

图6-62　二兕相斗

①　南阳市古代建筑保护研究所：《河南南阳桑园路东汉画像石墓》，《文物》2003年第4期。
②　南阳市文物考古研究所：《河南南阳市安居新村汉画像石墓》，《考古》2005年第8期。

向前迎斗猛虎，右臂平伸压虎口。画中饰云气和山峦。位于中前室门楣正面刻画牛、狮、兽（图 6-63）。画面左刻一牛，弓颈低首，奋蹄翘尾前献，口部涂红色。中间刻一狮，昂首翘尾，张口扑向右边的红色怪兽。怪兽勾首夹尾，蹲坐于地。狮的口部涂红色。画中饰云气。画面上边刻三角锯齿纹，每隔一个三角皆涂一红色三角。下边刻双横线，在两线中间绘直径 5.5 厘米设色相同的三色同心圆 10 个，圆与圆间隔均为 10 厘米，排列整齐有序，圆心涂红色，外圆涂白色，中间则涂粉绿色。位于二兕相斗刻于中后室门槛正面。画面刻二兕，披粉绿色毛，尾端分作三歧，弓颈低首，奋斗相抵，下饰山峦。在二兕眼部涂红色。画面上边刻一道 2 厘米宽的横线，每 10 厘米长涂红色和粉绿色横线，形成红、绿相间的装饰彩带。位于后室北过梁南面刻画搏虎。画面下刻山峰，左刻一人，头束高髻，身着襦服，双手执长矛向虎猛刺，虎回首张口，作惊恐欲逃状，山巅上有柏树，林中飞翔着小鸟。位于后室南过梁北面刻画兽斗。画面左刻一怪兽，弓颈低首，夹尾。右刻一狮，昂首翘尾，张口舞爪，戏兽。怪兽背部上方饰云纹。位于南后室门槛正面刻画二兕相斗。画面刻二兕，披粉绿色毛，尾端分作三歧，弓颈低首，奋斗相抵，下饰山峦，在二兕眼部涂红色。画面上边刻一道 2 厘米宽的横线，每 10 厘米长涂红色和粉绿色横线，形成红绿相间的装饰彩带。位于后室南过梁南面刻画斗牛，画面左刻一力士，右手举锤，左手推掌，与牛拼搏；右刻一牛，怒目弓首，扬蹄，以角前抵，画中饰山峦和云气。①

图 6-63　牛、狮、兽

　　通过梳理 119 座南阳汉代画像石墓的考古发掘报告，我们对墓葬中冥界图像的类型有了大致的了解。这些图像基本上是围绕墓主人的生活展开

---

① 南阳文物考古研究所：《河南南阳陈棚汉代彩绘画像石墓》，《考古学报》2007 年第 2 期。

的，负责墓主人的日常生活、冥界安全、驱鬼辟邪三个部分。日常生活的图像基本配置墓主室或侧室的墓柱上，有执笏小吏、端灯侍女、捧奁侍女、捧盒侍女、拥彗门吏、端盘侍女、持节吏、执扇侍女等。负责冥界安全的有执盾门吏、执金吾、执棨戟吏、执钺门吏、配剑小吏、蹶张等。驱鬼辟邪的画像主要有斗牛、龙虎相斗、虎食鬼魅、双兕斗、虎与熊斗、兕与熊斗等。驱鬼辟邪的画像几乎都配置在门楣、门槛或横梁上，其意是把一切恶鬼妖怪均排除在墓门之外，让墓主人的灵魂在墓室之内能够安全地生活。

关于南阳汉代画像石墓中辟邪的图像很多，所谓的辟邪方式也为数不少。有的我们已经给予解读，有的还有待学界进一步探究。毕竟是两千年的墓葬壁画，解读既需要时间，又需要一些相关的证据。作为一座墓葬来讲，尤其是在奴隶社会刚刚结束，封建社会刚刚开始，人们的思想还处于人类的童年时期，对待宇宙和死亡还带着一种神秘与恐惧。无论是人与牛斗还是虎与龙斗，或是各类神兽相斗，其含义大都是一种辟邪，只不过表现的图像方式不同而已。文中梳理时没有把墓门的图像梳理进去，其实墓门的白虎、朱雀、铺首等均是辟邪的题材，只不过其图像学意义太过于简单明了，没有梳理罢了。尤其是在墓门的门槛部位，几乎无一例外地刻画一种神兽，这种神兽就是兕，有时是两只相抵的形象出现，有时是一兕与一神兽的组合方式出现。这种凶猛的异兽，据古文献记载，鬼怪见之而退却，刻之门外，其辟邪意义与墓门之白虎、朱雀以及各类斗兽一样。

冥界的图像刻画，有着两个重点，一是先驱鬼辟邪，保护好亡灵，只有亡灵安全了，才会有机会羽化升仙。二是亡灵日常生活。在墓葬中，是追求升仙的最后一线希望，也是修仙之路的最后一站，所以在羽化升仙前还要过正常的生活，和生前一样，需要众多奴仆为之服务。

小 结

南阳汉代画像石墓的图像体系，是根据汉代人的宇宙观来划分的，不能以今天人们的观念审视这些图像，更不能看图说话。这些划分方式，是基于图像学的理论基础，把这些图像统统还原于两千年前汉代人的视野之中，还原于汉代亡灵的视野之中，从而把汉代人对这些图像的认识，毫不保留地展现在今人面前。巫鸿先生在《美术史十议》中指出，画像墓不仅仅是一座建筑的躯壳，而且是建筑、画像、雕塑、器物、铭文等多种艺术和视觉形式的综合体。考古发掘出的不计其数的墓葬更以其丰富的内涵和缜密的设计证明了建墓者心目中的"作品"并不是单独的壁画、明器或墓俑，而是完整的、具有内在逻辑的墓葬本身。也就是说，汉代画像石墓的图像研究或分类，应该有一个整体的"墓葬观念"，作为分析的基础，而所谓的一些专门性的研究在添加某种特殊知识的同时也消除了他们赖以生存的文化、礼仪和视觉环境，不知不觉中把墓葬从一个有机历史存在转化成储存不同种类考古材料或"重要文物"的地下仓库①。基于此，南阳汉代画像石墓的图像体系划分，不能脱离墓葬的特有环境，也更不能把它视为文物的地下仓库，更重要的是深刻理解墓葬的特殊语境。图像分类的划分，牢牢围绕完整的、具有内在逻辑的墓葬理念。此次把南阳汉代画像石墓的图像划分五类，我们也是紧紧围绕这种理念进行的。

表 6-1　　　　　　　　　南阳汉代天文画像石一览

序号	天文图像名称	尺寸	墓葬名称（发现地点）	资料来源
1	羲和主日	120cm×59cm	南阳县	征集
2	常羲主月	91cm×63cm	社旗县西大桥	征集
3	嫦娥奔月	119cm×65cm	南阳西关晋墓	河南省文化局文物工作队、南阳市文物管理委员会《河南南阳西关一座古墓中的汉画像石》，《考古》1964年第8期
4	羲和捧日、常羲捧月	206cm×46cm×20cm	唐河汉郁平大尹冯君孺久画像石墓	南阳地区文物队、南阳博物馆《唐河汉郁平大尹冯君孺久画像石墓》，《考古学报》1980年第2期
5	常羲捧月	149cm×28cm×25cm	南阳县	征集
6	嫦娥奔月	94cm×32cm	南阳县	征集
7	日月同辉	170cm×33cm×34cm	南阳县	征集
8	女娲捧月、苍龙星座	110.5cm×68.6cm	南阳市紫山朱王桥	征集
9	常羲主月	148cm×29cm×33cm	南阳县	征集
10	羿射十日	150cm×31cm	南阳市	征集

① [美] 巫鸿：《美术史十议》生活·读书·新知三联书店2008年版，第78页。

续表

序号	天文图像名称	尺寸	墓葬名称 （发现地点）	资料来源
11	羿射十日	130cm×33cm	南阳县	征集
12	牛郎织女星座	185cm×52cm	南阳市白滩汉墓	考古报告未发布
13	日月同辉	180cm×32cm	南阳县	征集
14	日月同辉	146cm×28cm	南阳市	征集
15	阳乌、 北斗七星	197cm×22cm× 33cm	南阳县十里铺画像 石墓	南阳地区文物工作队、南阳县 文化馆《河南南阳县十里铺画 像石墓》，《文物》1986年第 4期
16	日月同辉	189cm×29cm	南阳市	征集
17	阳乌	117cm×35cm	南阳市第一中学	征集
18	阳乌	145cm×30cm× 38cm	南阳市	征集
19	阳乌星宿	235cm×29cm	南阳县西丁凤店汉 代画像石墓	考古报告未发表
20	阳乌	116cm×32cm× 28cm	南阳市	征集
21	阳乌、月、 钩陈星宿	245cm×25cm	南阳县草店汉代画 像石墓	孙文青《南阳草店汉墓画像 集》，南阳赊店雨湘图书馆， 1944年
22	日月星宿	195cm×26cm	南阳县	征集
23	日月星宿	188cm×48cm	南阳县	征集
24	月、西王母	121cm×31cm	南阳市魏公桥	征集
25	阳乌	163cm×32cm× 35cm	南阳市	征集
26	彗星图	119cm×27cm	南阳市王寨汉代画 像石墓	南阳市博物馆《南阳县王寨汉 画像石墓》，《中原文物》 1982年第1期
27	阳乌	116cm×44cm	南阳县	征集
28	白虎星座	138cm×60cm	南阳县	征集
29	苍龙星座	135cm×95cm	南阳县蒲山阮堂	征集
30	月、卿云	不详	南阳市	征集
31	日月合璧、 阳乌、苍龙 星座、毕宿	276cm×130cm	南阳市东关	征集
32	阳乌	167cm×82cm	南阳英庄汉画像石 墓	南阳博物馆《河南南阳英庄汉 画像石墓》，《中原文物》 1983年第3期

续表

序号	天文图像名称	尺寸	墓葬名称 （发现地点）	资料来源
33	应龙	119cm×68cm	南阳英庄汉画像石墓	南阳博物馆《河南南阳英庄汉画像石墓》，《中原文物》1983年第3期
34	虎车升仙图	167cm×79cm	南阳英庄汉画像石墓	南阳博物馆《河南南阳英庄汉画像石墓》，《中原文物》1983年第3期
35	女娲捧月	164cm×42cm	南阳英庄汉画像石墓	南阳博物馆《河南南阳英庄汉画像石墓》，《中原文物》1983年第3期
36	星宿	130cm×47cm	唐河县针织厂汉画像石墓	河南省博物馆、南阳博物馆《唐河针织厂汉画像石墓的发掘》，《文物》1973年第6期
37	星宿	133cm×43cm	唐河县针织厂汉画像石墓	河南省博物馆、南阳博物馆《唐河针织厂汉画像石墓的发掘》，《文物》1973年第6期
38	月、星宿	46cm×127cm	唐河县针织厂汉画像石墓	河南省博物馆、南阳博物馆《唐河针织厂汉画像石墓的发掘》，《文物》1973年第6期
39	星宿	44cm×133cm	唐河县针织厂汉画像石墓	河南省博物馆、南阳博物馆《唐河针织厂汉画像石墓的发掘》，《文物》1973年第6期
40	星宿	133cm×59cm	唐河县针织厂汉画像石墓	河南省博物馆、南阳博物馆《唐河针织厂汉画像石墓的发掘》，《文物》1973年第6期
41	星宿	130cm×44cm	唐河县针织厂汉画像石墓	河南省博物馆、南阳博物馆《唐河针织厂汉画像石墓的发掘》，《文物》1973年第6期
42	四环套连纹	40cm×127cm	唐河县针织厂汉画像石墓	河南省博物馆、南阳博物馆《唐河针织厂汉画像石墓的发掘》，《文物》1973年第6期
43	白虎、阳乌	130cm×47cm	唐河县针织厂汉画像石墓	河南省博物馆、南阳博物馆《唐河针织厂汉画像石墓的发掘》，《文物》1973年第6期
44	三环套连纹	128cm×54cm	唐河县针织厂汉画像石墓	河南省博物馆、南阳博物馆《唐河针织厂汉画像石墓的发掘》，《文物》1973年第6期
45	河伯出行	139cm×46cm	唐河县针织厂汉画像石墓	河南省博物馆、南阳博物馆《唐河针织厂汉画像石墓的发掘》，《文物》1973年第6期
46	四神	130cm×48cm	唐河县针织厂汉画像石墓	河南省博物馆、南阳博物馆《唐河针织厂汉画像石墓的发掘》，《文物》1973年第6期

序号	天文图像名称	尺寸	墓葬名称 （发现地点）	资料来源
47	长虹	130cm×48cm	唐河县针织厂汉画像石墓	河南省博物馆、南阳博物馆《唐河针织厂汉画像石墓的发掘》，《文物》1973年第6期
48	麒麟岗汉代画像石墓前室顶天象图	380cm×130cm	南阳麒麟岗汉代画像石墓	南阳市博物馆《南阳麒麟岗汉画像石墓发掘报告》，《南阳汉代画像石墓发掘报告集》，中州古籍出版社2012年版
49	女娲捧月	144cm×29cm	南阳麒麟岗汉代画像石墓	南阳市博物馆《南阳麒麟岗汉画像石墓发掘报告》，《南阳汉代画像石墓发掘报告集》，中州古籍出版社2012年版
50	伏羲捧日	122cm×30cm	南阳麒麟岗汉代画像石墓	南阳市博物馆《南阳麒麟岗汉画像石墓发掘报告》，《南阳汉代画像石墓发掘报告集》，中州古籍出版社2012年版
51	异兽、神人	260cm×120cm	南阳麒麟岗汉代画像石墓	南阳市博物馆《南阳麒麟岗汉画像石墓发掘报告》，《南阳汉代画像石墓发掘报告集》，中州古籍出版社2012年版
52	神兽、仙人	260cm×120cm	南阳麒麟岗汉代画像石墓	南阳市博物馆《南阳麒麟岗汉画像石墓发掘报告》，《南阳汉代画像石墓发掘报告集》，中州古籍出版社2012年版
53	双首朱雀星宿图	100cm×100cm	南阳县高庙汉画像石墓	南阳汉画馆《南阳县高庙汉画像石墓》，《南阳汉代画像石墓发掘报告集》，中州古籍出版社2012年版
54	雷神击鼓图	71cm×104cm	南阳县高庙汉画像石墓	南阳市博物馆《南阳县高庙汉画像石墓》，《南阳汉代画像石墓发掘报告集》，中州古籍出版社2012年版
55	星云图	66cm×105cm	南阳县高庙汉画像石墓	南阳市博物馆《南阳县高庙汉画像石墓》，《南阳汉代画像石墓发掘报告集》，中州古籍出版社2012年版
56	星云图	56cm×108cm	南阳县高庙汉画像石墓	南阳市博物馆《南阳县高庙汉画像石墓》，《南阳汉代画像石墓发掘报告集》，中州古籍出版社2012年版
57	星云图	70cm×105cm	南阳县高庙汉画像石墓	南阳市博物馆《南阳县高庙汉画像石墓》，《南阳汉代画像石墓发掘报告集》，中州古籍出版社2012年版

序号	天文图像名称	尺寸	墓葬名称（发现地点）	资料来源
58	星云图	70cm×105cm	南阳县高庙汉画像石墓	南阳市博物馆《南阳县高庙汉画像石墓》，《南阳汉代画像石墓发掘报告集》，中州古籍出版社2012年版
59	连续菱形套环	138cm×53cm	南阳县高庙汉画像石墓	南阳市博物馆《南阳县高庙汉画像石墓》，《南阳汉代画像石墓发掘报告集》，中州古籍出版社2012年版
60	连续菱形套环	135cm×45cm	南阳县高庙汉画像石墓	南阳市博物馆《南阳县高庙汉画像石墓》，《南阳汉代画像石墓发掘报告集》，中州古籍出版社2012年版
61	连续菱形套环	140cm×101cm	南阳县高庙汉画像石墓	南阳市博物馆《南阳县高庙汉画像石墓》，《南阳汉代画像石墓发掘报告集》，中州古籍出版社2012年版
62	常羲捧月	162cm×64cm	南阳市王庄汉画像石墓	南阳市博物馆《南阳市王庄汉画像石墓》，《中原文物》1985年第3期
63	河伯出行图	154cm×46cm	南阳市王庄汉画像石墓	南阳市博物馆《南阳市王庄汉画像石墓》，《中原文物》1985年第3期
64	天帝出行图	170cm×50cm	南阳市王庄汉画像石墓	南阳市博物馆《南阳市王庄汉画像石墓》，《中原文物》1985年第3期
65	五鹊图	170cm×63cm	南阳市王庄汉画像石墓	南阳市博物馆《南阳市王庄汉画像石墓》，《中原文物》1985年第3期
66	青龙图	160cm×42cm	南阳市王庄汉画像石墓	南阳市博物馆《南阳市王庄汉画像石墓》，《中原文物》1985年第3期
67	蟾蜍	78cm×34cm	南阳县英庄汉画像石墓	南阳地区文物工作队、南阳县文化馆《河南南阳英庄汉画像石墓》，《文物》1984年第3期
68	阳乌	不详	南阳县英庄汉画像石墓	南阳地区文物工作队、南阳县文化馆《河南南阳县英庄汉画像石墓》，《文物》1984年第3期
69	嫦娥奔月	109cm×34cm	南阳县英庄汉画像石墓	南阳地区文物工作队、南阳县文化馆《河南南阳县英庄汉画像石墓》，《文物》1984年第3期

续表

序号	天文图像名称	尺寸	墓葬名称 （发现地点）	资料来源
70	月、青龙、白虎、朱雀	145cm×91cm	南阳县十里铺画石墓	南阳地区文物工作队、南阳县文化馆《河南南阳县十里铺画像石墓》，《文物》1986年第4期
71	羽人、玄武、灵怪	87cm×146cm	南阳县十里铺画石墓	南阳地区文物工作队、南阳县文化馆《河南南阳县十里铺画像石墓》，《文物》1986年第4期
72	神灵、阳乌	65cm×146cm	南阳县十里铺画石墓	南阳地区文物工作队、南阳县文化馆《河南南阳县十里铺画像石墓》，《文物》1986年第4期
73	苍龙星座	135cm×89cm	南阳市陇西寨亦祠	征集
74	日月、星宿	103cm×32cm	南阳县	征集
75	日月星宿	198cm×42cm	河南省南阳县辛店乡熊营画像石墓	南阳市文物研究所《河南省南阳县辛店乡熊营画像石墓》，《中原文物》1996年第3期
76	天神、星宿	166cm×54cm	南阳县十里铺景庄村	征集
77	日月合璧、星宿	170cm×28cm	南阳县段庄	征集
78	伏羲主日	158cm×31cm	南阳市第二化工厂三十号汉画像石墓	南阳汉画馆《南阳市第二化工厂三十号汉画像石墓》，《南阳汉代画像石墓发掘报告集》，中州古籍出版社2012年版
79	鹿车升仙	46cm×125cm	南阳县	征集

第七章

南阳汉代画像石的外向型视觉逻辑

墓葬美术的多元化研究，已经是一种趋势。无论是内向型研究，还是外向型研究，均是以不同的视角来看问题。作为墓葬美术来讲，它的一大特点是一种视觉艺术，而视觉艺术有其内在的视觉逻辑和视觉规律。近年来关于南阳汉代画像石视觉呈现方式的研究，主要集中在南阳汉代画像石的构图方式、画面组合、线条运用的研究。但作为一项重要的美术遗产，它的视觉逻辑和视觉规律是一项复杂而严格的艺术表现方式，而且还有着严密的程序，这些程序在某种程度上还隐含着一定的图像学意义。所以，研究南阳汉代画像石，必须围绕南阳汉代画像石的制作过程、雕刻技法、施彩规律、构图方式进行系统的梳理与分析，从而还原南阳汉代画像石制作的每一个环节，总结出制作技艺的特有规律和相应的图像学意义，从而使南阳汉代画像石的艺术表现方式更加清晰化，以及蕴含的图像学意义更加明了。这也是我们这一章研究的目的所在。

第一节　南阳汉代画像石的制作过程

关于南阳汉代画像石的制作问题，文献没有记载，而南阳地区一带出土的汉代画像石只有零星题记记述。但在汉代画像石另外的一个出土集中地山东却发现了一些相关的汉代画像石题记，为我们研究南阳汉代画像石的制作过程提供了一个很好的参照。

金石学家赵明诚在公元 1117 年发现了山东省嘉祥县武氏家族墓地中的"从事武梁碑"，此碑时代约东汉桓帝时期，碑文中也有关于建造墓地祠堂类似的记述："孝子仲章、季章、季立，孝孙子侨，恭修子道，竭家所有，选择名石，南山之阳，擢取妙好，色无斑黄，前设坛圩，后建祠堂。良匠卫改，雕文刻画，罗列成行，撼骋技巧，委蛇有章。垂示后嗣，万世不亡。"①

1934 年在山东省东阿县发现的东汉桓帝永兴二年（154 年）芗他君祠堂画像石，并有关于祠堂建造过程的题记，题记这样写道："无患、奉宗，克念父母之恩，思念忉怛悲楚之情，兄弟暴露在冢，不辟晨昏，负土成墓，列种松柏，起立石祠堂，冀二亲魂零（灵），有所依止。岁腊拜贺，子孙懂喜。堂虽小，经日甚久，取石南山，更逾二年，迄今成已。使师操义，山阳瑕丘荣保，画师高平代盛、邵强生等十余人。价钱二万五千。"②

1980 年，在山东省嘉祥县宋山魏晋墓中出土了一块东汉"永寿三年"（157 年）许安国祠堂盖顶石，内面右刻画像，左刻长篇题记。其中一段较详细地叙述了祠堂建造经过："以其余材，造立此堂，募使名工，高平王叔、王坚、江胡、栾石、连车，采石县西南小山阳山。琢砺磨治，规矩施张，塞帷反月，各有文章。雕文刻画，交龙委蛇，猛虎延视，玄猿登膏，狮熊嗥戏，众禽群聚，万兽云布。台阁参差，大兴舆驾。上有云气与仙人，下有孝友贤人。尊者俨然，从者肃侍。煌煌濡濡，其色若。作治连月，工夫无极，价钱二万七千。"③

这些文字资料，是目前我国考古发现的关于汉代画像石制作最为直接的记载，在这些记述中，特别向我们交代了石料的选择、工匠的施工、画工的刻制等相关程序。虽然是记述山东地区汉代画像石的制作情况，但为我们研究南阳及其他地区汉代画像石的制作提供了有效的资料。因为在审视目前考古发掘的汉代画像石中，有着制作过程中的一致性。因此，我们通过梳理这些记述资料，大致可以把南阳汉代画像石制作分为六道工序。

一　确定工匠人选

汉代画像石墓的设计与制作，有的是在墓主生前进行的，有的是在墓主去世之后进行的。所以，聘请工匠来设计和制作画像石，基本上是墓主人或家属聘请当地或周边优秀的石刻工匠来承担画像石墓的设计和营建。

① 洪适：《隶释》卷六《从事武梁碑》。
② 罗福颐：《芗他君石祠堂题字解释》，《故宫博物院院刊》总二号，1960 年，第 178 页。
③ 济宁地区文物组、嘉祥县文管所：《山东嘉祥宋山 1980 年出土的汉画像石》，《文物》1982 年第 5 期。

武梁祠的建造承担者是卫改，芗他君祠堂的建造承担者是操义、荣保、代盛、邵强生，许安国祠堂的建造承担者王叔、王坚、江胡、栾石、连车等人，这些工匠的名字镌刻在画像石的空隙之地，意在说明这种高超的技艺非他莫属，也是在打造一种品牌。从这个角度看，当时这种新兴的技艺，技术高超者为数不多。从这些文字记述中，我们也可以看出，在这些工匠中，除荣保为山阳人，操义和卫改籍贯不明外，其余的均为高平人。这说明当时在今山东省西南部地区，活跃着一支主要由高平人组成的画像石工匠集团，其中一些人或有亲缘关系。这种同乡关系和亲缘关系，既有利于画像石制作技术的传承和提高，也有利于集中力量承担较大的任务，在流动性很强的施工作业中保持工匠队伍的团结和稳定，容易形成地域范围较大的施工覆盖面。[1]

据考古发掘，我们发现了襄城县茨沟汉代画像石墓中室北壁中部白粉之下的砖墙上，有朱书隶体两行字，右行字体较大，其文曰："永建七年正月十四日造（砖）工张伯和"。左行字迹较小，其文曰："（厂）石工褚置"。在南阳杨官寺汉代画像石墓中，部分盖顶石和墙壁上，刻有"宋文甲""宋威甲""宋威""胡方"等文字。这两座墓室的刻铭，应该是墓葬中画像石刻工和制砖工匠的名字。这说明，汉代时期，南阳汉代画像石制作，与山东汉代画像石制作一样，先要确定工匠。在当时南阳郡一带，应该有着几个大的工匠集团，有的工匠集团工艺精湛、声誉在外，就会引起豪家贵族的关注，大型的画像石墓就成为他们营建的对象，高超的技艺水平得以在此展示。由于南阳汉代画像石墓流行的区域不算很大，主要分布于汉代南阳郡一带，会发现这里的工匠主要集中于三个地区，一是宛城及其周边一带，二是唐河县及其周边一带，三是方城县及其周边一带。在这些地域中，三个地域的画像石刻画风格相对独立，说明在南阳地区，这三个地方的工匠交流不是十分密切。此外，我们会发现，工匠集团的技艺水平，要数宛城的工匠水平最为出色，根据我们今天的推断，宛城及其周边一带的工匠数量应该在整个南阳郡中数量最多，艺术水平整体也最高，也就是在这个区域范围内，存在着著名的工匠集团，这些工匠集团不仅分工明确，而且还个个身怀绝艺，甚至这些工匠集团施工的薪酬要高出一般水平的工匠集团。在这些著名的工匠集团中，他们掌握着核心技术，有了

---

① 信立祥：《汉代画像石综合研究》，文物出版社 2000 年版，第 24 页。

这些核心技术，就是可以根据墓室主人家属的要求，因墓的型制和大小来设计并绘制精彩画像的粉本。根据这些精彩粉本刻画出的画像石在该地区就有了崭新图像，并且也属于他们集团新的创作。他们的这些粉本，有时会随着墓葬的密封永远成为一种唯一性，有时随着使用过程中的不慎或其他原因，会流散出去，并成为该区域广为流传的一种图像。这种情况，我们在南阳发掘的汉代画像石墓中发现很多，有许多汉代画像石墓的画像与该地区其他汉代画像石墓的画像有着十分相像的地方，而有的汉代画像石的画像，在迄今考古发掘的汉代画像石墓中，几乎没有与它一样的画像。

二　选取优质石料

山东省嘉祥县武氏家族墓地的"从事武梁碑"文中，记述了汉代画像石制作时"选择名石，南山之阳，擢取妙好，色无斑黄"。这应该是汉代画像石制作过程中关于选择石料过程及其标准记载。在题记和碑文中还特别提到东阿县的"南山"，嘉祥县的"南山之阳"与"县西南小山阳山"。这些山脉应该是当地出产优质石料的地方。同时我们根据这些信息会发现，在选择过程中，一是选择优质石料，要求必须"擢取妙好，色无斑黄"，这是当时的选石标准。笔者考察南阳汉代画像石两千多块，发现南阳城区的汉代画像石均采用宛城东北方向 10 千米左右的蒲山，此山不仅出产青灰色石灰岩石料，而且距离宛城也最近，取石方便。更为重要的是，蒲山与产玉的独山遥遥相望、一脉相连，蒲山石质虽然无法与独山玉质相比，但硬度和光泽度均属上乘，属于南阳城区周边最好的石质，适宜各类雕刻。而唐河县与枣阳市、随州市周围出土的汉代画像石，从材质上来看属于白色石灰岩。而此地域属于桐柏山余脉，山峦叠嶂，石材丰富，只有一座名曰"唐梓山"的山脉产白色石灰岩。此山在《汉书》《后汉书》《水经注》中称为"唐子山"，现今称为"唐梓山"。笔者在 20 年前曾经实地考察，仰视此山不仅巍峨高大，而且屹立于唐枣交通要道之侧。可以想象，在西汉、东汉时期，唐梓山石料优质，交通又便利，顺理成章地成为今天唐河县、枣阳市、随州市、桐柏县等周边汉代画像石的石料开采地。

三　切割打磨石料

这个工序是把石材从山上运输下来之后，放置在适当地方，根据石料的大小并结合墓室建筑的空间结构，按照建筑设计图切割不同大小形制的石板、石梁、石柱等。许安国祠堂题记中所说的"琢砺磨治，规矩施张"，"琢砺"指的就是将这些石料进行切割加工的过程。"磨治"指的是对打制规整的石材表面进行磨光的施工程序。"规矩施张"指使用圆规和矩尺来丈量石材的尺寸和榫卯结构，从而使画像石刻建筑构件在墓室中营建得更加坚固和规范。在今天的考古发掘中，一些规格较高的大墓，其墓室规划和设计既趋于合理，又豪华气派。

四　谨慎绘制粉本

前三项工作程序一直是石刻工匠的工作，而绘制粉本是由另外行业的工匠来实施，也就是所谓的"画师"。这类"画师"，水平也有高低之分，水平高超的"画师"是自己先在纸上或绢上绘制出适合画像石墓的各类图像，然后再把创作的作品临摹到石面上，而临摹的方式用毛笔蘸墨以准确有力的线条绘出画像的底稿，绘制完之后再由石匠来雕刻。而水平较低的"画师"最初的粉本系临摹其他人的作品，并非自己原创。这道工序是作品成败优劣的关键，画像石艺术水平的高低，几乎取决于"画师"的艺术水平。此外，画像石的绘画，毕竟是一种特殊的艺术作品，不是给活人观看，而是给亡灵观看，画像石墓是汉代人观念中的另一个小宇宙，在这个小宇宙中的画像布局，也是非常讲究的，"画师"必须知道什么样的画配置在墓室的什么位置。从这一方面来讲，画师必须与石匠密切配合。许安国祠堂画像石题记中对这些过程说得非常细致，其文曰"搴帷反月，各有文章"，就是指画师在石面上绘制图画的施工过程。"搴帷反月"，是指图像周围的垂幛纹边饰花纹带，因每个垂幛都呈圆弧向下的半圆形，谓之"反月"。"各有文章"，指的是各类边饰花纹，"文章"应该是图像的意思。

五　凿錾石刻画像

画师完工之后，余下的工作又交给石匠，石匠严格按照画师在石面的绘画，用凿、錾等石刻工具刻出图像，或雕刻出剔地凿纹浅浮雕阴线刻、平面阴线刻等。使其具有凹凸的立体效果。武梁碑文和许安国祠堂画像石题记中所说的"雕文"和"刻"，都是指这种画像的雕造过程。

六 按图逐个施彩

南阳考古发掘的汉代画像石墓119座，其中彩绘画像石墓12座，彩绘画像石180块。这个数据虽然为数不多，但也可以窥见画像石彩绘的基本面貌。根据信立祥先生的研究，当时的画像石均施彩绘，今天在考古发掘中之所以有的不见其彩，是因为时间久远，再加上墓室环境因素，不利于彩绘的保存。所以现今发掘的画像石墓，大部分都已脱落殆尽。那么，画像石在制作过程中的施彩着色，其绘画原理应该与帛画、墓室壁画、漆棺画一样，用毛笔在刻好的画像石的画面进行描绘，其艺术效果与帛画、墓室壁画、漆棺画没有太大区别。信立祥对武梁碑文和许安国祠堂画像石题记中"雕文刻画"的"画"，认为指的就是这种画工的施彩作业①。

对于许安国祠堂画像石题记中所说的"煌煌濡濡，其色若脩"这句话，各家解释颇存异义。李发林将这句话与前一句的"尊者俨然，从者肃侍"结合起来加以解释，认为是形容"从者"恭敬而高兴的表情。但通观整段题记，从"交龙委蛇"到"从者肃侍"，谈的都是各类画像内容，前面的很多画像内容都没有加以特别形容，唯独对"侍者"情有独钟加以铺陈渲染，在文章体例上是说不通的，而且"肃侍"本身就是对"从者"的形容，已有恭敬的意思，再将后两句解释为意义相同的形容句，使文意有叠床架屋、画蛇添足之感。笔者认为，"煌煌"形容的是光彩夺目的热烈色彩，即暖色；"濡濡"描绘的是肃静淡雅的柔和色彩即冷色。"其色如脩"的"脩"字字书所无，其义不明，但从前后文句的语义关系看，这句话显然是赞美画像施彩巧妙，美不可言的，由此可知，题记所述，有被称为"师"的石工和被称为"画师"的画工两种技术工匠，证明当时画像石制作工匠集团内部已经有了明确的专业技术分工②。

也正因为画像石上原来都施有鲜艳的色彩，在汉代人的眼中，不把画像石称为"雕刻"或"石刻"，而视为"画"。在1973年山东省苍山县发现的东汉桓帝元嘉元年（151年）画像石墓的石刻题记中，就用了"薄疏樽内，画观后当"和"其中画，像家亲"的词句来记述墓中的画像内容，把墓室画像石直接称为"画"。

---

① 信立祥：《汉代画像石综合研究》，文物出版社2000年版，第25页。

② 信立祥：《汉代画像石综合研究》，文物出版社2000年版，第25页。

　　南阳发现的汉代彩绘画像石墓，按照发掘时间早晚，依次为杨官寺汉代画像石墓①、河南襄城茨沟汉代画像石墓②、南阳军帐营汉代画像石墓③、南阳石桥汉代画像石墓④、唐河针织厂汉代画像石墓⑤、唐河县电厂汉代画像石墓⑥、赵寨砖瓦厂汉代画像石墓⑦、唐河汉郁平大尹冯君孺久画像石墓⑧、唐河县针织厂二号汉代画像石墓⑨、南阳县辛店乡熊营汉代画像石墓⑩、南阳陈棚汉代彩绘画像石墓⑪、南阳市八一路汉代画像石墓⑫。这些墓葬考古发掘时其表面所绘制的赤、黄、白、绿等矿物质颜料的色彩仍然清晰可见。由于画像石的图像具有凹凸的立体感，本身已经具有一定的视觉效果，画工再根据其雕刻图像进行细致的描绘，使其画像石图像更加清晰，视觉冲击力也更加强烈。由于画像石的石材质地坚硬细腻，它不能对矿物质颜料具有吸附作用，最终导致其色彩极易脱落，色彩能保存至今的实属偶然。就这点来说，神木大保当墓的画像石，实在是考察汉画像石制作工艺不可多得的珍贵资料。从汉代画像石的整体情况看，原来施绘的色彩在发现时都已脱落殆尽，将其作为绘画艺术来考察已不可能。换言之，现在我们能加以考察的，只有汉代画像石的雕刻艺术表现形式了。⑬

第二节　南阳汉代画像石的雕刻技法

　　南阳汉代画像石的雕刻技法问题，从 20 世纪初已经有中外诸多学者

---

① 河南省文化局文物工作队：《河南南阳杨官寺汉代画像石墓发掘报告》，《考古学报》1963 年第 1 期。

② 河南省文化局文物工作队：《河南襄城茨沟汉代画像石墓》，《考古学报》1964 年第 3 期。

③ 南阳博物馆：《河南南阳军帐营汉画像石墓》，《考古与文物》1982 年第 1 期。

④ 南阳博物馆：《河南南阳石桥汉画像石墓》，《考古与文物》1982 年第 1 期。

⑤ 河南省博物馆等：《唐河针织厂汉画像石墓的发掘》，《文物》1973 年第 6 期。

⑥ 《南阳汉画像石》编委会：《唐河县电厂汉画像石墓》，《中原文物》1982 年第 1 期。

⑦ 南阳市博物馆：《南阳县赵寨砖瓦厂汉画像石墓》，《中原文物》1982 年第 1 期。

⑧ 南阳地区文物队等：《唐河汉郁平大尹冯君孺人画像石墓》，《考古学报》1980 年第 2 期。

⑨ 南阳地区文物工作队等：《唐河县针织厂二号汉画像石墓》，《中原文物》1985 年第 3 期。

⑩ 南阳市文物研究所：《河南省南阳县辛店乡熊营画像石墓》，《中原文物》1996 年第 3 期。

⑪ 南阳文物考古研究所：《河南南阳陈棚汉代彩绘画像石墓》，《考古学报》2007 年第 2 期。

⑫ 乔保同等：《河南南阳市八一路汉代画像石墓》，《考古》2012 年第 6 期。

⑬ 信立祥：《汉代画像石综合研究》，文物出版社 2000 年版，第 25 页。

著文研究，其中影响较大的中国学者有孙文青、滕固、李发林、吴增德、蒋英炬和吴文祺、王恺等，日本学者主要有关野贞、长广敏雄、土居淑子等，这些学者都进行过分类和研究。在这些分类和研究中，由于各家所依据的分类原则各异，造成最终的雕刻技法的叫法也各不相同。其中最为显著的例子是滕固在《南阳汉画像石刻之历史的及风格的考察》中，通过对汉代画像石与希腊石刻艺术的比较、分析，精辟指出："浮雕亦有二种不同的体制，其一是拟雕刻的（高浮雕），希腊的浮雕即属于此类，在平面上浮起相当高的形象而令人感觉到有圆意；其二是拟绘画的（浅浮雕），埃及和古代亚细亚的遗品即属于此类在平面上略作浮起，使人视之，但觉将描绘之物像镌刻于其上。中国的石刻画像自然属于后一种，在佛教艺术以前，中国从未有过类似希腊的浮雕。但中国的石刻画像也有好几种，如孝堂山和武梁祠的刻像，因为其底地磨平，阴勒的浅条用得丰富而巧妙，所以尤近于绘画，像南阳石刻都是平浅浮雕而加以粗率劲直的浅条阴勒，和绘画实在有相当的距离。所以我对于中国的石刻画像也想大致为两种，其一是拟浮雕的，南阳石刻属于这一类，其二是拟绘画的，孝堂山武梁祠的产品是属于这一类。"[1] 随着近年来大量的南阳汉代画像石墓被发掘，南阳汉代画像石的雕刻技法也逐渐清晰，大致可以归之为剔地凿纹浅浮雕、剔地平面浅浮雕、凹地阴线刻、平面阴线刻、高浮雕兼透雕五类。

一　剔地凿纹浅浮雕

在南阳汉代画像石中，最为常见的是剔地凿纹浅浮雕，如南阳市区一带的石灰石画像石和方城县一带的砂岩石画像石，均采用的雕刻技法是剔地凿纹浅浮雕。这种雕刻技法在艺术表现过程中往往是把画像浮起较低，使画面薄薄地高于石面，在画像的细部用阴线刻来表现的浮雕技法。此类雕刻技法又有人称之为薄肉雕。这种技法，流行于西汉中期到东汉晚期的200余年间，在南阳市区、唐河县、枣阳市、随州市、方城县、叶县、邓州市等地区广泛流行。不过这种技法在不同的县市，也呈现出了不同的面貌。比如在南阳市区大量的青色石灰岩画像石中，这种石材的画像石几乎采用的是横幅竖纹表现方式，也就是说，在横幅的画面中采用竖立的条纹

---

① 滕固：《滕固文集》，上海人民出版社 2003 年版，第 280 页。

来表现；以及竖幅横纹表现方式，这种方式与横幅竖纹表现方式恰恰相反，在竖幅的画面中采用横平的条纹来表现。南阳市区一带的这种表现艺术方式，尤其是在东汉时期发挥得淋漓尽致。例如，同样是一种方式，唐河县和枣阳市以及随州市的就没有南阳市区的这么精细，相比之下，会显得较为粗糙。在方城县、叶县一带出土的汉代画像石，大量的属于剔地凿纹浅浮雕，但仔细观察，发现与南阳市区的汉代画像石中的剔地凿纹浅浮雕表现方法还有一定的差异，南阳市区一带的汉代画像石多是竖幅横纹或横幅竖纹表现方法，而方城县、叶县一带的在底纹处理时喜欢用錾子剔出并排的粗线纹，但这种表现多是采用斜线相交的方式来表现，从而使画像的动感更为强烈（图7-1）。此种表现方式，在四川考古发掘过程中，我们会发现当地的汉代画像石棺，其雕刻艺术的表现方式与方城县、叶县一带的汉代画像石有着惊人的相似。这种情况，有可能是方城县、叶县一带的汉代画像石雕刻技艺影响了四川一带汉代画像石（图7-2）的制作。

图7-1 汉代画像石墓门

图 7-2　石棺画像石

二　剔地平面浅浮雕

南阳汉代画像石的雕刻技法，除了最为流行的剔地凿纹浅浮雕外，第二种较为流行的雕刻技法就要数剔地平面浅浮雕（图 7-3）。在上文中提到，剔地凿纹浅浮雕流行在南阳市区一带，而剔地平面浅浮雕主要流行在唐河县、枣阳市、随州市一带。其主要方法是在打制的石面上刻出画像，从而使画像浮起较低，属于一种薄肉雕的方式，在画像的细部，采用阴线刻的方式把画像的具体细节刻画出来，在阴线刻完之后，画像的其余部位会使用錾子根据画像的特征进行一定的艺术表现，比如在白虎身体上使用錾子刻画出"S"形横纹，而有时在刻画白虎或动物的身体纹饰时，灵活运用各类斜线来表现，但这种斜线的表现方式也栩栩如生。

在人物的表现过程中，有时也会运用此类方式，但会根据衣服的褶皱来表现。在灵活使用錾子的表现过程中，匠人可谓绞尽脑汁，既要符合画像本身特点，又要彰显出画像石刻的朴拙和深沉。此外，匠人有时并不想

图 7-3　汉代天罚图

利用錾子来丰富画像的细节，反而使用錾子垂直的冲撞，在画像的部位形成一个个排列密集而有序的圆心，此种表现方式与斜线的表现方式一样，均能使画面蕴含浑厚与古拙。这类表现方式在南阳市区的画像石雕刻艺术表现中，较少使用，也算是唐河县、枣阳市、随州市一带汉代画像石雕刻技艺的一种特色。画面之外的处理，此地的画像石也有其自己的特色，南阳市区一带的汉代画像石底纹往往是以横幅竖纹、竖幅横纹的方式出现，而唐河县、枣阳市、随州市一带的画像石几乎没有底纹，均是平面细打磨的表现方式，与南阳市区一带的横幅竖纹、竖幅横纹的表现方式相比，使画像主体更为清晰，也更具有立体感。而南阳市区一带的横幅竖纹、竖幅横纹的画像苍茫中隐现着一种飘忽不定的幽灵般感觉，使人更加觉得诡异。

三　平面凹地阴线刻

在南阳汉代画像石的早期发展过程中，出现过雕刻技法多样化的现象，平面凹地阴线刻就是其中的一类。这类汉代画像石在南阳考古发掘过程中发现得并不是很多，但它也为南阳汉代画像石的雕刻技艺增加了一个种类。所谓平面凹地阴线刻，就是在打平的石面上沿物象的轮廓线将画像削低，从而使画像呈略低于石面，在观看过程中呈现出一种凹面的画像在里面，在画像的细部以阴线来表现，在画像以外，用錾等工具以平行凿纹将石面打制平整。这种技法迄今考古发掘的有南阳县赵寨砖瓦厂汉代画像石墓和南阳杨官寺汉代画像石墓。这两座墓的雕刻技法非常相近，但也有不同之处，南阳杨官寺汉代画像石墓出土的画像石的底纹表现几乎是竖幅横纹、横幅竖纹（图7-4），而南阳赵寨砖瓦厂汉代画像石墓出土的汉代画像石的底纹表现几乎是方向不一的成排的直线（图7-5）。在画像细节表现时，我们会发现造型显得不够灵活，稍有呆板僵硬的艺术味道。不过我们把这种汉代画像石放置在南阳汉代画像石发展脉络中来审视，也会理解这类画像石的制作初衷。这种技法，基本上流行于西汉晚期到东汉早中期，此时的汉代画像石正处于一个探索阶段，工匠们均在尝试着寻找一种最为合理、最为唯美的表现形式，这在当时来讲，也属于一种创新，只不过这种创新在后来的画像石制作过程中又出现了一种更为合理、更为唯美的画像石表现方式，而这类表现方式也就淹没在历史的长河中。

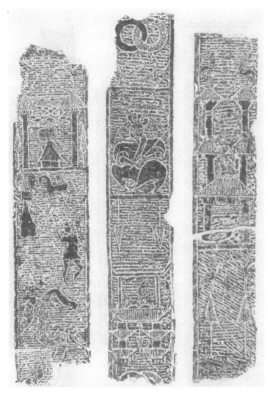

图7-4　左墓门中柱石正面　中墓门南侧柱　　　图7-5　汉代楼阁画像石
石北侧面　右墓门北侧柱石南侧面

四　平面阴线刻

这种技法是先把石料打制磨平成光滑的表面，然后在石面上用阴线条刻出图像。这种画像石的最大特点，是画像表面没有凹凸不平的刻画，所有的画像与余白在一个平面上。因对石面的处理方法不同，这种技法有两种表现形式。（1）平面阴线刻，即在磨制平滑的石面上用阴线刻出图像，唐河新莽郁平大尹墓中的蹶张图，在雕刻过程中就采用了此种方式。（2）剔地纹阴线刻，即余白面留有平行凿纹的阴线刻技法。做法是：先用凿、錾等工具以较细的平行凿纹将石面打制平整，再以较细的线条刻出图像，给人以粗犷朴拙之感，如河南南阳杨官寺汉画像石墓的主室门扉画像（图7-6）。平面阴线刻这类雕刻技法从拓片上看，会发现更加具有绘画的效果，并与中国画中的线描更加一致。

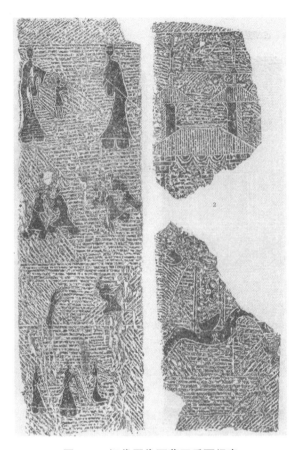

图 7-6 汉代画像石墓正反面门扉

五 高浮雕兼透雕

在以前的南阳汉代画像石研究中，很少提到南阳汉代画像石的高浮雕兼透雕，因为在考古发掘中出土的较少，而且也只是作为画像石的一个局部，全部是墓室横梁的龙首形式出现的。这种雕刻方法是把浅浮雕与透雕两种方式相结合，有的地方依然采用剔地浅浮雕的方式来进行，比如在龙首的左右两侧，采用浅浮雕的方式雕刻出龙的眼睛和面部，而在龙的嘴部采用透雕的方式，从而使龙的嘴部张开，并衔一珠，有很强的立体效果。此类汉代画像石发现于 1932 年孙文青发掘的南阳草店汉代画像石墓①、

---

① 孙文青：《南阳汉画像汇存》（上册），广陵书社 1999 年版，第 1 页。

1986 年发掘的南阳市刘洼村汉画像石墓①、1985 年发掘的河南南阳县蒲
山汉墓②。出土的横梁均是高浮雕兼圆雕的龙首造型。这种类型的画像石
在南阳东汉中后期的大型画像石墓中屡有发现，且有两种造型，一种是龙
身只刻一条后腿，另外一种是龙身显出四条腿（图 7-7），但这两类的龙
首造型几乎一样，刻画出异常凶猛的姿态，使人望而生畏。

图 7-7　汉代应龙

第三节　南阳汉代画像石的施彩方式

南阳汉代画像石的制作程序，根据近年的考古发掘材料，部分汉代画
像石墓有施彩的现象，而且有的墓葬还非常认真和考究，其程度不亚于壁
画墓艺术效果。所以，我们在梳理和研究南阳汉代画像石艺术表现时，施
彩这一工序，是我们绕不开的一个学术问题。

一　考古发掘南阳彩绘汉代画像石墓的资料

汉代画像石的制作过程，是在刻画完成之后，对图像的部分绘制色彩。
这种绘制色彩，与平面彩绘的技法和效果几乎一样。在以前的研究中，由于
考古资料的匮乏，众多学者认为是汉代画像石均没有施彩。但是，随着近年
考古发掘的不断开展，彩绘画像石墓也不断地走进学界的视野。迄今为止，
南阳区域之内共计发掘汉代画像石墓 119 座，有彩绘痕迹的汉代画像石墓
12 座。按照南阳汉代彩绘画像石墓发掘时间顺序，依次梳理。

（1）杨官寺汉代画像石墓

杨官寺汉代画像石墓发掘于 1962 年春，共有各种画像石 14 块，刻有
画面 14 幅；部分画像涂有颜色。其中墓门中柱石正面画像上部刻一房子

---

① 南阳市文物队：《南阳市刘洼村汉画像石墓》，《中原文物》1991 年第 3 期。

② 南阳地区文物研究所：《河南南阳县蒲山汉墓的发掘》，《华夏考古》1991 年第 4 期。

和对称的两个单层阙顶，房柱涂红色。阙中部雕一身着长衣细腰的立人像，人头用墨画成。墓门南侧柱石北侧面画像、墓门南横额石正面画像皆刻两个相套的黑白环。南主室南扇门正面画像上部雕一座四层的楼阁式建筑，楼阁各层的柱和斗栱上面，皆涂红色。①

（2）河南襄城茨沟汉代画像石墓

河南襄城茨沟汉代画像石墓发掘于1963年4月9日。彩绘画像位于左前室门楣画像石。在石的周边刻出凹线、凸线和连弧垂帐纹，并刻一龙、一虎和一熊。虎居右，似有翼，张口舞爪；龙在左，亦似有翼；熊居中，侧首向虎。另一面虽未刻画像，但有红色彩绘，惜颜色多脱落，难以看出其形象，从残存朱绘笔迹看，上、左、右三边也画有垂帐纹，中间似绘一虎及马等。②

（3）南阳军帐营汉代画像石墓

南阳军帐营汉画像石墓发掘于1966年3月。彩绘画像主要集中在前室门楣、墓门侧柱、中柱、石梁和前后室中柱和门槛石上，画像内容为伏羲、女娲、伎乐、人物、辟邪、升仙，部分画像上涂有红白颜色。③

（4）唐河针织厂汉代画像石墓

唐河针织厂汉代画像石墓发掘于1972年7月。该墓出土画像石74幅，其中除了图案花纹之类外，有人物、动物形象和一定思想内容的画像计50幅。墓门门楣上所铺的石料上刻骑马图，涂朱色。④

（5）南阳石桥汉代画像石墓

南阳石桥汉代画像石墓发掘于1972年3月。该墓墓门南门楣正面刻斗兽图，两兽通体着土黄色，并用黑色在兽身绘出豹纹。右立一人，衣涂土黄色，领口和襟沿用两条宽1厘米的黑线作装饰。墓门北门楣正面刻角抵图，其中象人上衣敷紫红色，领口、衣襟、袖口均用一宽一窄的两条黑线装饰边沿。墓门两侧门柱正面各刻一门吏，头戴前低后高朱色冠，身着长衣，执棨戟面内而立。北门门扉的两个铺首上残留有粉红颜色。墓门中柱正面刻一门吏，头戴朱色冠，身着长衣，双手执盾而立。盾上敷土黄

① 河南省文化局文物工作队：《河南南阳杨官寺汉画像石墓发掘报告》，《考古学报》1963年第1期。

② 河南省文化局文物工作队：《河南襄城茨沟汉画像石墓》，《考古学报》1964年第3期。

③ 南阳博物馆：《河南南阳军帐营汉画像石墓》，《考古与文物》1982年第1期。

④ 河南省博物馆、南阳博物馆：《唐河针织厂汉画像石墓的发掘》，《文物》1973年第6期。

色，用黑色绘出两横行鳞纹。北主室的顶部和周壁上，均涂有一层厚约 1 厘米的石灰面，并在高 0.58 米的周壁处，用土黄色颜料绘制了宽 8 厘米的带条，顶部绘有菱形图案。[①]

（6）唐河县电厂汉代画像石墓

唐河县电厂汉代画像石墓发掘于 1973 年 6 月。该墓出土画像石 36 块。彩绘部分位于并列两个墓门的门楣上刻一幅浩浩荡荡的车骑出行图，马身皆涂有朱砂；两个门扉上部刻两只相对昂首巨口、鼓腹翘尾的白虎，虎的耳、目、口、躯体、尾以及铺首均用朱笔勾画边线，色彩鲜艳。[②]

（7）赵寨砖瓦厂汉代画像石墓

赵寨砖瓦厂汉画像石墓发掘于 1967 年 2 月。该墓出土画像石 13 块。该墓画像石较少，仅墓大门门扉和门柱上雕有画像，其余所有石料均为素面，画像皆有彩绘痕迹。内容分楼阁、门阙两种。八扇门扉皆刻楼阁，五个门柱皆刻门阙。[③]

（8）唐河汉郁平大尹冯君孺久画像石墓

唐河汉郁平大尹冯君孺久画像石墓发掘于 1978 年 3 月。该墓出土画像石计 35 幅，大都经过朱彩描绘。墓大门门楣刻二龙穿璧画像，饰朱彩。两门柱刻执笏画像，有朱描痕迹。大门南柱有题记，字皆刻后朱描。[④]

（9）唐河县针织厂二号汉代画像石墓

唐河县针织厂二号汉代画像石墓发掘于 1983 年 3 月。该墓出土画像石 11 幅，彩绘位于墓门门楣，刻逐疫升仙图，画面皆朱涂。[⑤]

（10）南阳县辛店乡熊营汉代画像石墓

南阳县辛店乡熊营汉代画像石墓发掘于 2001 年 9 月。该墓该墓共出土 40 幅画像，画面皆有彩绘。画像位置主要集中在门楣、门柱、门扉、过梁等处。画像内容有人物、白虎铺首、珍禽瑞兽、日月星辰。[⑥]

（11）南阳陈棚汉代彩绘画像石墓

南阳陈棚汉代彩绘画像石墓发掘于 2001 年 11 月。该墓共有画像石 39

---

① 南阳博物馆：《河南南阳石桥汉画像石墓》，《考古与文物》1982 年第 1 期。

② 《南阳汉画像石》编委会：《唐河县电厂汉画像石墓》，《中原文物》1982 年第 1 期。

③ 南阳市博物馆：《南阳县赵寨砖瓦厂汉画像石墓》，《中原文物》1982 年第 1 期。

④ 南阳地区文物队等：《唐河汉郁平大尹冯君孺久画像石墓》，《考古学报》1980 年第 2 期。

⑤ 南阳地区文物工作队：《唐河县针织厂二号汉画像石墓》，《中原文物》1985 年第 3 期。

⑥ 南阳市文物研究所：《河南省南阳县辛店乡熊营画像石墓》，《中原文物》1996 年第 3 期。

块，画像 83 幅，其中彩色画像 36 幅，分别位于门楣、门槛、门柱、门扉（图 7-8）、过梁处，墓室里的局部画像也施有彩绘。彩绘的内容主要为人物、动物及龙首、图案，并有首次发现的应龙羽人射异兽图、俳优耍灯等。该墓为南阳地区迄今科学发掘的规模较大、色彩保存较好的一座彩绘画像石墓。此墓的彩绘设色颜料有朱红、紫红、粉红、土黄、黑色、白色和粉绿等七种之多，是名副其实的彩绘画像石墓。在施彩上既采用了平涂，也使用了勾边或点染的方法，使其形象更为突出。[①]

图 7-8　南阳陈棚汉代彩绘画像石墓门扉

（12）南阳市八一路汉代画像石墓

南阳市八一路汉代画像石墓发掘于 2008 年 6 月。该墓出土画像石 33

---

① 南阳文物考古研究所：《河南南阳陈棚汉代彩绘画像石墓》，《考古学报》2007 年第 2 期。

幅。彩绘部分位于墓门门楣背面建鼓舞的鼓上可以看到红彩。①

二　南阳汉代彩绘画像石墓的基本特征

通过梳理考古发掘资料可知，已经发现的这批彩绘汉代画像石，随着不同的时代，施彩的内容和具体部位也不断地发生变化。从出土的早期彩绘画像石的实物资料来看，西汉中期的画像石墓，彩绘内容为建筑，施饰部位集中在墓门门扉和门柱上；到西汉晚期，这种技艺也得到了不断发展，施彩内容不断增多，施彩面积也不断扩大。彩绘的人物画像多出现在门柱、门扉处，彩绘的动物、图案、升仙、辟邪、天象等内容的画像多出现在门楣、门槛和过梁处，墓室里的局部画像也施有彩绘。东汉早中期彩绘内容又比中期简单，只有人物、动物两类，施饰部位除了墓门门楣及门柱、石梁外，墓室顶部也出现了彩绘。这一时期还出现了彩绘壁画和彩绘画像石同出一墓的现象。从目前南阳发掘的汉代彩绘画像石墓看，平涂、勾描、点染这些绘画的技法在画像石彩绘中已经应用。大面积的色彩渲染用平涂，局部则用勾描或点染的手法。南阳陈棚汉代彩绘画像石墓中，这三种彩绘方法都有用到。如刻于南前室北门柱正面的拥盾门吏，戴冠、下部饰红带，身着红领、黑色长袍，双手执黑盾，正面端立。门吏脸部涂土黄色，唇部涂红色，脚部涂白色。这些色彩，是用平涂的手法获得的。刻于该墓南后室北门扉正面和南门扉正面的白虎铺首衔环画像上，虎口和铺首的眼部涂红色，并用墨笔勾绘铺首眼眶。这里用了勾描和点染的手法。再如唐河电厂汉画像石墓两个门扉上部刻两只相对昂首巨口、鼓腹翘尾的白虎，虎的耳、目、口、躯体、尾以及铺首均用朱笔勾画边线，色彩鲜艳。②

随着考古资料的丰富，南阳汉代彩绘画像石墓的数量也越来越多，这也为我们厘清汉代彩绘画像石的颜料以及配色提供了诸多依据，尤其是南阳汉代陈棚彩绘画像石墓的发掘，为我们提供了更加清晰的学术资料。据现有的考古资料，我们也会发现，西汉中期和东汉早中期画像石墓中的色彩相对单调，种类也为数不多，主要有以朱红、白、黑为主，其中朱红使用较为普遍。到了西汉晚期，颜料的使用就丰富多了，彩绘的艺术效果也

---

① 乔保同等：《河南南阳市八一路汉代画像石墓》，《考古》2012 年第 6 期。

② 徐　颖：《南阳汉代彩绘画像石墓的特点及色彩的象征意义》，《中原文物》2013 年第 5 期。

就更加成熟，视觉冲击力也更为强烈，标志着彩绘画像石墓又上了一个新的台阶，通过梳理这些考古资料，大致有朱红、紫红、粉红、土黄、黑色、白色和粉绿七种之多，而又以朱红居首位。

南阳汉代画像石墓中的施彩颜色，是古代矿物质颜料，种类较少，以主色为主，辅色为辅。这些色彩代表自然界中物象本身的颜色。因此在施彩的过程中，基本上是以写实的方式来实现，并没有太多的夸张成分，通过大量的汉代画像石彩绘的资料分析，许多物象无论从形态和颜色等方面都是一种写实的表现方式。在描绘人物的过程中，发髻用黑色来绘制，袍服一般用黑色或红色来绘制，脸部一般用土黄色或粉色来绘制，嘴唇一般用朱红来绘制。

第四节　南阳汉代画像石的构图

汉画像石的构图方式，也存在着地域的差异。山东、江苏、陕西、山西、安徽一带的画像石，画面特点几乎是以密而著称，在主题明确的基础上，特别注重填充空间，有种密不透风的感觉。而南阳汉代画像石与上述地区恰恰相反，以疏可走马而著称。所以，在研究南阳汉代画像石的构图方式时，我们会发现南阳汉代画像石有许多独特之处。因此我们研究南阳汉代画像石的构图方式，可以从三个方面来理解。

一　图像构成方式

南阳汉代画像石的图像配置方式与山东等地不同，山东很多画像石习惯分层配置，也就是在一块石面上分几个层面，在配置过程中呈现出当时人们严格按照宇宙方位观念和尊卑伦理观念进行排序。比如西王母住在最接近天界、高耸入云的昆仑山上，所以被刻在最上层；墓主住在比现实人间世界低的地下世界，所以其车马出行图刻在最下层；"周公辅成王"和"提弥明杀犬救赵盾"等历史故事，都是发生在现实人间世界的事情，所以刻在中间两层，而在这两幅历史故事图像中，也存在着时间顺序，"周公辅成王"发生于较早的西周时期，故配置在第二层，"提弥明杀犬救赵盾"发生在较晚的春秋时期，故配置在第三层。① 而南阳汉代画像石是一

---

① 信立祥：《汉代画像石综合研究》，文物出版社 2000 年版，第 41 页。

个画面一个主题，比如射猎、斗兽等画像，主体非常鲜明。在个别情况下，也会出现一个主题分三层表现的方式，比如方城县东关出土的汉代乐舞蹴鞠画像石，上层三人跽坐，一人吹埙，二人边吹排箫边摇鼗鼓或击鞞鼓；中层二人对舞蹴鞠，地上置一杯酒尊，下层主人戴冠扶案，正襟危坐。虽然这幅画像也分为三层，但与山东汉代画像石的多层画像相比，有着明显的不同，始终是在围绕一个主题而分为三个层面来表现的。无论是一石一画，或是一石多层一主题，但这并不代表不注重宇宙方位观念和尊卑伦理观念，而是在墓室营建的过程中会把这种观念贯彻进去。

在画像的周边，往往会配置一些装饰性图案，有三角纹、菱形纹、垂幛纹以及斜线排列的銎子纹，这些图案，也有它配置的规律，比如画面上边装饰三角纹，下边一般装饰斜线排列的銎子纹或菱形纹，垂幛纹一般会单独出现，施于画像下面。

二　空间透视方法

南阳汉代画像石的空间透视方法，从总体上来说，可以称之为散点透视构图法。散点透视构图法并没有固定的视点，根据按照视觉在同一方向捕捉到的物象，排列在一定的空间之内。在南阳汉代画像石中，散点透视法的表现不尽相同，也凸显出一些特点，我们暂且把散点透视法分为三种表现形式。

（一）平视构图法

就是在一个横向的平面中，画像有序地左右排开，没有纵深的二维空间。唐河县电厂出土的汉代殡车出行画像石，其构图方法就属于此类。这是南阳汉代画像石最普遍同时也是最重要的空间透视构图法。截至目前，大概有一多半汉代画像石的构图用此种透视法进行构图。这种构图法我们会发现有一个最显著的特征，就是画面中的图像几乎都是从侧面作为视角进行绘制。此种透视方式，成熟于战国时期，其后被广泛使用并日渐成熟。

（二）斜视平列法

这种透视构图法与上一种有相同的地方，也有不同的地方，相同之处仍将画像横向排列在画面之中，但不同之处是已将视点从正侧面移到了斜侧面，在纵深空间里就出现相互重叠或错列的物象。例如，南阳县石桥乡鄂城寺出土的汉代乐舞百戏画像石（图7-9），采用了这种底线斜透视法，画面里的人物头部、衣袖、足部出现了重叠得极为整齐、漂亮的侧面轮廓线。此时，画像空间表现已经不再是二维空间，而是三维空间。

图7-9　乐舞百戏

（三）鸟瞰透视法

鸟瞰基本上是将视点提高，由远而近散布于画面，画面里的上下位置形成一种纵深空间的视觉形象。在河南南阳七孔桥发现的汉代车马出行画像石，就是运用此种方法构图。在这些纵深空间整齐排列的车马出行行列中，距离视线最近的人物被配置在底线上，而距视线较远的人物则被配置在高于底线的位置上，后部和下部被较近处的人物所遮盖，只有左部和上部显露出来。从而可以看出，在此种方法构图的画面中，处于纵深位置上的物象已经和前面的物象不在一个底线上。此外，在唐河县针织厂出土的汉代六博乐舞画像石（图7-10），在构图中采用了鸟瞰透视法，在一个四方形的构图之中，散布

图7-10　汉代六博乐舞

着14个人物，有的正襟危坐，有的侧身踞坐，有的手摇鼗鼓，以及从事鼓琴、伴唱、六博者尽收眼底，从而使画面产生一种纵深的视觉感受。

小　结

南阳汉代画像石的艺术呈现方式，由于包含了汉代画像石发展的四个阶段，历时时间较长。所以它呈现出的信息也就更加丰富，为我们研究提供了翔实的资料。迄今在研究南阳汉代画像石时，雕刻技法、透视方式已经不是研究的重点问题，这些在近年的研究中逐渐清晰。如果说需要进一步深入的话，哪些画像石墓的粉本属于工官或宫廷画师之手，哪些属于地方画师之手，这也是我们继续深入的一个研究方向。因为在西汉梁共王刘买墓中，其壁画属于宫廷画家手笔，尤其四神中应龙的绘画风格与西汉长沙马王堆1号墓出土的漆棺上应龙如出一辙，说明西汉长沙马王堆1号墓出土的漆棺作品也应出自宫廷画家之手。因此，我们相信，关于粉本的一些问题，随着考古发掘新材料的不断出现和学术研究的不断深入，这些问题也会更加清晰。此外，南阳汉代画像石分布也较为广阔，不同区域的艺术影响与交流也是我们进一步研究的一个重点。

表 7-1　　　　　　　　　　　南阳汉代彩绘画像石墓一览

序号	墓葬名称	墓葬年代	施彩部位	发掘时间	资料来源
1	南阳杨官寺汉代画像石墓	西汉中后期（约昭帝至元帝时期）	墓门中柱石正面画像上部刻一房子和对称的两个单层阙顶，房柱涂红色。墓门南侧柱石北侧面画像、墓门南横额石正面画像皆刻两个相套的黑白环。南主室南扇门正面画像上部雕一座四层的楼阁式建筑，楼阁各层的柱和斗栱上面，皆涂红色	1962年春	《考古学报》1963年第1期
2	南阳赵寨砖瓦厂汉代画像石墓	西汉中后期（约昭帝至元帝时期）	墓大门门扉和门柱上雕有画像13幅，皆彩绘，统施朱、黑两色	1976年2月	《中原文物》1982年第1期
3	唐河针织厂汉代画像石墓	西汉末到新莽（成帝至王莽）	墓门门楣上所铺的石料上刻骑马图，涂朱色	1972年6月	《文物》1973年第6期

续表

序号	墓葬名称	墓葬年代	施彩部位	发掘时间	资料来源
4	唐河县电厂汉代画像石墓	西汉末到新莽（成帝至王莽）	并列两个墓门的门楣上刻车骑出行图，马身皆涂有朱砂；两个门扉上部刻两只相对的白虎以及铺首均用朱笔勾画边线	1973年6月	《中原文物》1982年第1期
5	唐河汉郁平大尹冯君孺久画像石墓	西汉末到新莽（成帝至王莽）	此墓出土画像石计35幅，大都经过朱彩描绘	1978年3月	《考古学报》1980年第2期
6	南阳市八一路汉代画像石墓	西汉末到新莽（成帝至王莽）	墓门门楣背面建鼓舞的鼓上可以看到红彩	2008年6月	《考古》2012年第6期
7	南阳陈棚汉代彩绘画像石墓	西汉末到新莽（成帝至王莽）	此墓共有画像石39块，画像83幅，其中彩色画像36幅，分别位于门楣、门槛、门柱、门扉、过梁处，墓室里的局部画像也施有彩绘。彩绘的内容主要为人物、动物及龙首、图案	2001年11月	《考古学报》2007年第2期
8	南阳市熊营汉代画像石墓	西汉末到新莽（成帝至王莽）	该墓共出土40幅画像，画面皆有彩绘。画像位置主要集中在门楣、门柱、门扉、过梁等处。画像内容有人物、白虎铺首、珍禽瑞兽、日月星辰	2001年9月	《考古》2008年第2期
9	唐河县针织厂二号汉代画像石墓	东汉早期（光武帝至章帝）	墓门门楣刻逐疫升仙图，画面皆朱涂	1983年3月	《中原文物》1985年第3期
10	南阳军帐营汉代画像石墓	东汉早期（光武帝至章帝）	该墓画像主要集中在前室门楣、墓门侧柱、中柱、石梁和前后室中柱和门槛石上，画像内容为伏羲、女娲、伎乐、人物、辟邪升仙，部分画像上涂有红白颜色	1966年3月	《考古与文物》1982年第1期

续表

序号	墓葬名称	墓葬年代	施彩部位	发掘时间	资料来源
11	南阳石桥汉代画像石墓	东汉早期（光武帝至章帝）	墓门南门楣正面刻斗兽图，两兽通体着土黄色，右立一人，衣涂土黄色。墓门北门楣正面刻角抵图，其中象人上衣敷紫红色。墓门两侧门柱正面各刻一门吏，头戴前低后高冠，冠涂朱红色。北门门扉的两个铺首上残留有粉红颜色。墓门中柱正面刻一门吏，头戴涂朱色冠，手执盾上敷土黄色	1972 年 3 月	《考古与文物》1982 年第 1 期
12	襄城茨沟汉代画像石墓	东汉中晚期（和帝至献帝）	左前室门楣画像石背面，未刻画像，但有剥落的红色彩绘，从残存朱绘笔迹看，似有纹饰及虎马等动物。后室藻井画像石，圆形，上刻四足张开的蟾蜍一只，眼、身及尾部涂红色	1963 年 4 月	《考古学报》1964 年第 1 期

第八章

汉代工官体制与南阳汉代
画像石的制作

南阳汉代画像石的艺术母题源于春秋战国时期楚国优秀的美术元素，其中画面的线条和造型格外具有视觉冲击力，这一特点影响了其后美术史的发展。可以说，在中国美术史中，南阳汉代画像石已经是无法绕过的一个重要环节，它的诸多造型艺术已经成为中国美术史上无法逾越的高峰。这样卓越的艺术，在汉代时期是如何进一步发展的，是什么力量把南阳汉代画像石推向了一个新的高度？根据史料显示，除了传承楚国优秀艺术因素外，从西汉早期开始，与中央政府在南阳郡治宛设立工官制度有着密切关系。本章对此问题做进一步的探究。

第一节　汉代工官体制设置

一　汉代工官的属性及其职责

在中国美术的历史进程中，通常会提到官造或民造的问题，通常情况下会把官造的作品视之为优良，而民造作品视之为粗糙。那么关于中国的官造历史问题，我们会发现，官造的物品，在中国早期有着它特定的专业术语"工官"。根据记载，"工"一词最早出现是在商朝的甲骨卜辞中，是当时管理工匠的一类官吏的统称。在上古时代关于尧舜的传说中也有相似的记载，如《尸子》中有"古者，倕为规、矩、准、绳，使天下仿焉"① 的记载。殷周又出现了司空、司工等职，春秋时期沿革了同样的官职，据《史记》记载，鲁国、晋国等都设有司空一职。在秦汉时期，据

---

① 尸佼：《尸子》，华东师范大学出版社 2009 年版，第 14 页。

《云梦秦律·徭律》注："司空,官名,掌管工共工程……"①,可知秦统一六国之后在全国范围内设立完备的设计生产管理系统,如在中央设立三公九卿制度,少府位列九卿之一,其名称由来已久,主要负责执掌山海地泽收入和皇室手工业制造,为帝王个人服务。在《史记·平准书》中也记载:"山海之利,广泽之蓄,天地之藏也,皆宜属少府……"②《汉书·百官公卿表》记载,在都城长安"少府属官东织室令丞,西织室令丞"。由此可以看出,丝织服装也属于少府的工作范围,而且对此还有更细的分工。《汉书》卷十九上《百官公卿表》中载:"少府,秦官,掌山海池泽之税,以给共养,有六丞。属官有尚书、符节、太医、太官、汤官、导官、乐府、若卢、考工室、左弋、居室、甘泉居室、左右司空、东织、西织、东园匠十二官令丞,……又中书谒者、黄门、钩盾、尚方、御府、永巷、内者、宦者七官令丞。"③

汉代的工官体制,是在汉代三公九卿的体制下开展的,在九卿中,少府属于九卿之一,是专一负责皇家各类器具和工艺品制作的一个机构。图8-1较为清晰地说明了少府的职责。

二　汉代工官体制下的工艺制作种类

汉代工官管理体制,分布于众多手工艺行业,满足着贵族的各类需要。据文献记载有负责生产铜器、漆器、丝织等手工艺品。

铜器的制作,夏商周是其高峰时期,而青铜器历经夏商周三代之后,到汉代已经属于尾声时期。但汉代在以前的基础上发展了这项技术,使这项技术更加精美绝伦。汉代中央铜器的生产管理以尚方为主。这一点在田自秉先生的《中国工艺美术史》中有论述:"官方的制铜机构有少府属管的尚方令、考工令,有蜀郡、成都、广汉郡的工官。"④ 今在故宫博物院所藏的公元45年鎏金铜斛,其上刻铭记载了"建武廿一年,蜀郡西工造乘舆一斛承旋,雕蹲熊足,青碧闵瑰饰,铜承旋径二尺二寸。铜涂工崇,雕工业,谏工康,造工业。造护工卒史恽,长祀,承萌,掾巡,命史郎

---

① 睡虎地秦墓竹简整理小组编:《睡虎地秦墓竹简》,文物出版社1990年版,第5页。
② 司马迁:《史记》,中华书局1959年版,第1417页。
③ 班固:《汉书·百官公卿表上》,中华书局1965年版,第721页。
④ 田自秉:《中国工艺美术史》,东方出版中心2006年版,第113页。

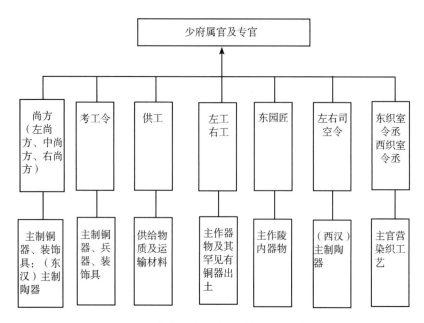

图 8-1　少府属官及主制器物结构示意图

主"。① 刻铭为我们提供了以铜斛为蜀郡西工造的的事实，同时将铜器制作的匠人按照职务的不同进行了划分，如铜涂工、雕工、谏工、造工等，也进一步为我们提供了汉代蜀郡、广汉郡的工官的制作范围并不是主攻一类手工艺，同时还兼造其他手工艺品的工艺制作，所以我们在理解工官体制时不能照本宣科。

　　漆器是汉代时期贵族日常用器，汉代少府也设置了相应的工官，但是漆器由于材料的特殊性，需要在原料的出产地进行生产制作。汉代中央政府因地制宜设立了地方工官进行经营管理，少府对其进行统领。例如擅长漆器的郡县有蜀郡和广汉郡。因此，汉代中央政府在此两地设置了工官。如醇注曰："蜀郡成都、广汉皆有工官，工官主作漆物者也。"如在乐浪古墓出土的"蜀郡西工"于建平四年造的漆盘，其上有针刻"乘舆髹洰蜀画纻黄金涂扣盘，容一升，初始元年，供工服造，守令史臣并，掾臣庆主，右丞臣参，令臣就省"铭文，从中我们可以清楚地看出，制造一件漆盘所需参与其中的工匠门类十分广泛，各司其职，各尽其能。②

---

　　① 方国锦：《鎏金铜斛》，《文物》1958 年第 9 期。

　　② 胡玉康：《战国秦汉漆器艺术》，陕西人民美术出版社 2003 年版，第 86 页。

在丝织工艺的制作中，文献也有清晰的记载，《汉官六种·汉官旧仪》中记载："皇后春桑，……于苑中蚕室，养蚕千薄以上。……置蚕官令、丞，诸天下官下法皆诣蚕室……"① 由此可以看出旗下设令、丞负责蚕丝的管理。生产制作方面主要由织室来负责。在《汉书》卷十九上《百官公卿表》中就有关于其记载："少府……属官有尚书……东织、西织、东园匠十二官令丞……"② 《后汉书》志第二十六《百官志三》提到"御府主管天子的衣服。长官有御府令、丞。内者掌中布张诸衣物，长官有内者令一人，左右丞各一人"。③ 《后汉书》志第二十七《百官志四》记载："中宫私府令一人，六百石。本注曰：宦者。主中藏币帛诸物，裁衣被补浣者皆主之。丞一人，属大长秋。"④

从《盐铁论·散不足》中记载"一杯棬用百人之力，一屏风就万人之功"⑤，可以看出其制作用工之多、工序之繁。这也正是工官体制下的手工艺制作情况。因此，在今天考古发掘出土一些工官匠人的作品时，会让我们叹为观止，这也是他们不计成本、分工协作的结果。

第二节 汉代工官体制与南阳手工艺制作

一 南阳先秦两汉时期手工艺的传统

汉代时期，南阳郡是全国最大的一个郡，不仅人口众多，而且资源丰富，经济发达。在手工艺方面，表现出了与众不同的地域优势。众所周知，南阳属于中国古代四大名玉独山玉的出产地，不仅是原料的输出地，同样也是独山玉的制作地。在新时期的考古发掘中，我们考古工作者得到了众多这方面的考古资料。1959 年 1 月，原河南省文化局文物工作队对南阳市独山南部一处山岗上的遗址北部和西南部进行了试掘，发现该遗址面积 30 万平方米，东西长 600 米，南北宽 500 米，文化层厚 1—3 米。发现 3 处房基和 57 座墓葬，不同时期的房屋 10 间。出土了玉器 5 件，计有

① 孙星衍：《汉官六种·汉官旧仪》，中华书局 1990 年版，第 29 页。

② 班固：《汉书·百官公卿表》，中华书局 1965 年版，第 721 页。

③ 范晔：《后汉书·舆服志》，中华书局 1965 年版，第 3639 页。

④ 范晔：《后汉书·舆服志》，中华书局 1965 年版，第 3639 页。

⑤ 桓宽：《盐铁论·散不足》，中华书局 2015 年版，第 290 页。

铲、凿、璜等，经有关部门鉴定，全部为独山玉制品。依据伴出陶器的特征，该遗址可能是一处仰韶文化遗址①。2018 年南阳市文物考古研究所对该区域进行了大规模的勘探，发现了大量的独山玉器以及玉料和半成品。2019 年 7 月，笔者随南阳市文物考古研究所考察黄山遗址现场，据发掘人员介绍，根据目前的考古收获，可以初步判断这里不仅是一处新石器时代的民众聚集点，同时也是一个独山玉加工的工作坊。这个事实给我们提供了一个基本的信息：出产中国古代四大名玉的南阳独山，不仅是原材料出产地，同时也是早期一个重要的加工地。在南阳一带的考古发掘中，内乡茶庵、社旗潭岗、南召李村、新野凤凰山等遗址，发现了同时期的独山玉铲及其他玉制品，这一情况说明独山玉铲不仅在本聚落农业生产中具有重要的作用，而且在更大范围内具有使用和交换的价值。② 1975 年，偃师二里头遗址出土了一件玉戈，绿白色，通长 30.2 厘米，援宽 6.6—6.9 厘米、厚 0.5—0.7 厘米，质为独山玉。1976 年安阳妇好墓出土的 700 余件玉器中，有 40 余件经初步鉴定，其中多数与现在的辽宁岫岩玉接近，少数与河南南阳玉接近，极个别的与新疆和田玉相似③。1977—1979 年，在淅川下寺春秋楚国贵族墓群发现了 300 多件独山玉器④。另外在桐柏县、南阳市等地也发现了大量春秋战国时期贵族墓葬出土的独山玉器。1989 年，原南阳市文物工作队在麒麟岗邮电四分局基建工地发掘一座西汉早期墓葬，内出土玉剑首 1 件，玉佩 1 件，玉质为独山玉⑤。1993 年，南阳市文物研究所在市铁路工务段百里奚料库发掘一座西汉中期墓葬，内出土铜剑一把，上装有 4 件玉饰，玉质为独山玉⑥。

另据南阳市文物工作者崔庆明、吴湛回忆，南阳市卧龙区王村铺一带曾

① 南阳师范学院独山玉文化研究中心：《南阳黄山遗址独山玉制品调查简报》，《中原文物》2008 年第 5 期。

② 南阳师范学院独山玉文化研究中心：《南阳黄山遗址独山玉制品调查简报》，《中原文物》2008 年第 5 期。

③ 王建中：《南阳古代独玉初探》，《中原文物》2002 年第 2 期。

④ 河南省文物研究所等：《淅川下寺春秋楚墓》，文物出版社 1991 年版，第 38 页。

⑤ 南阳市文物工作队：《河南南阳市麒麟岗 8 号西汉木椁墓》，《考古》1996 年第 3 期。

⑥ 南阳市文物研究所：《河南省南阳市百里奚出土青铜器玉器》，《中原文物》1996 年第 3 期。

出土 1 件独山玉玉片，长方形，四角有 4 个小孔，疑为汉代玉衣遗物。①

以上这些资料给我们研究提供了大量的信息，南阳最迟从新石器时期开始，已经开始开采独山玉料并加工，夏朝以前，它的流通范围主要以南阳周边为主，自夏朝开始，南阳独山玉开始享誉中原，并开始受到各类贵族的青睐，甚至一度垄断王室的用玉。所以，我们也可以推断，南阳的采玉和制玉从新石器时代到汉代时期，从未间断过。从这一角度来看，南阳在先秦两汉时期，它的工艺美术传统不但从未间断，而且也是中原地区极其重要的手工艺制作中心之一。

二　南阳汉代工官的制作范围

正因为如此，汉代中央政府在工官的设置上，鉴于南阳悠久的手工艺制作传统和浓厚的美术创作氛围，在此设置工官，制作一些手工艺制品是顺理成章的事情。

根据史料记载，汉代在全国八个地方设置了工官。这些地方均存在一定的文化传统或资源优势。设置工官，对于中央少府来讲，是一种有益的补充，承担着中央少府额外的一些工作。根据《汉书·地理志》的记载，地方工官主要涵盖河南郡（今河南洛阳）、南阳郡宛县（今河南南阳）、河内郡（今河南武陟）、颍川郡阳翟（今河南禹县）、蜀郡成都（今成都市）、广汉郡及雒县（今四川广汉）、泰山郡及奉高县（今山东泰安）、济南郡东平陵（今山东章丘）八处工官。从地域角度来看，八郡中除去蜀郡和广汉郡在巴蜀地区以外，其余六郡皆位于当时的中原地带，均是经济发达、文化厚重的地方，几乎将整个中原地区手工业繁荣之地囊括其中，这对中央少府来讲，即便中央的管理，又能够充分发挥地方工官职责，汲取地方优秀的工艺特点，保质保量地完成皇室贵族、官府的手工业任务。

上面的图表中已经显示，按照中央少府的规定，各郡工官既要具体负责指定的制作范围，在一定的范围内进行制作，同时也存在多个地方工官制作相同的物品，他们之间也存在交流，彼此互为补充、取长补短。

而南阳郡宛县工官的任务，主要制作兵器。在今天的考古发掘资料

---

① 王建中：《南阳古代独玉初探》，《中原文物》2002 年第 2 期。

中，我们发现了清代陈介祺的《簠斋吉金录》最先著录有"南阳工官"铜弩机。其后陈介祺据《汉书·地理志》南阳郡宛县有工官的记载，定之为汉器。《簠斋吉金录》题记云："南阳工官机二，键有字，字俱渝，南阳，郡名，宛县有工官。"历代著录见此两件"南阳工官"的有铭弩机①。1986—1987年在西汉长安城内未央宫三号建筑遗址中出土了为数不少的"南阳工官"铭铜弩机。这批铜弩机形制大，制造精。其中一件完整弩机，通长10.6厘米、前宽2.4厘米、后宽3.3厘米、高4厘米。铭文格式为"南阳工官第二千一百排""南阳工官第二百一十"等。弩机编号最小"第五十九"，最大的"第二千二百一十四"②。三号建筑遗址内还出土了大量有档案性质的骨签，记录了各地工官向中央政府"供进"的情况，其中一签上有"宛"字字样。三号建筑位于西汉首都皇宫——汉长安未央宫内，报告者认为它属于"中央政府或皇室管辖各地郡国工官的官署"是没有问题的，基本可以采信。该遗址年代下限为王莽末年，这批弩机刻铭简单，字体较为细小，具有西汉时弩机的刻铭特点。这批弩机定为西汉器也没什么疑问。③另据法人沙婉《斯坦因在东土耳其斯坦所获中国文书考释》所记三九号敦煌汉简，其释文为："杜充。口刀一完，鼻缘刀丽，厉石砭（石至），神爵四年缮。盾一完，元康三年，南阳工官造。"这是唯一一条关于南阳工官的纪年材料。"神爵""元康"均为宣帝年号。"元康三年"即公元前63年，"神爵四年"即公元前58年。可知，宣帝年间，南阳工官已开始了兵工生产，其产品不仅有弩机而且还有盾。④1959—1960年，文物工作者先后两次对瓦房庄的汉代手工业作坊遗址进行考古发掘。铸铜遗址则位居该遗址东南部，出土遗物有铜渣、各类车饰范等，表明这是一处铸造车马饰物和日常用器的处所。尽管发掘时只开挖了三条探沟，未能进行全面揭露，但也透出这里作为"南阳工官"所辖

---

① 刘绍明、曾照阁：《"南阳工官"初探》，《南都学坛》（哲学社会科学版）1996年第5期。

② 中国社会科学院考古研究所汉城工作队：《汉长安城未央宫第三号建筑遗址发掘简报》，《考古》1989年第1期。

③ 中国社会科学院考古研究所汉城工作队：《汉长安城未央宫第三号建筑遗址发掘简报》，《考古》1989年第1期。

④ 刘绍明、曾照阁：《"南阳工官"初探》，《南都学坛》（哲学社会科学版）1996年第5期。

作坊遗址的某些信息①。南阳汉代工官在一定时期内生产弩机、盾等兵工产品，但并未否认也生产其他种类产品。《史记·平准书》中有这样一段记载："其明年，元封元年，卜式贬为太子太傅。而桑弘羊为治粟都尉，领大农，尽代（孔）仅榦天下盐铁。弘羊以诸官各自市，相与争，物故腾跃，而天下赋输或不偿其僦费，乃请大农部丞数十人，分部主郡国，各往往县置均输盐铁官，令远方各以物贵时商贾所转贩者为赋，而相灌输。置平准于京师，都受天下委输，召工官治车诸器，皆仰给大农。……天子以为然，许之。"②在这段史料中我们可以看出，"工官"的工作范围，不是一成不变的，有时也会根据中央需要，上级临时添加一些任务。所以，在史料中显示因运输等方面的迫切需求，也可"治车诸器"。这一记载与考古发掘的瓦房庄铸铜遗址所出大量车饰范是相对应的。

南阳工官的设置时间，通过考古发掘可以看出，最迟应该在汉宣帝时期，沙婉《斯坦因在东土耳其斯坦所获中国文书考释》所记三九号敦煌汉简其中所提及"神爵""元康"均为宣帝年号，从而为我们提供了南阳工官产品生产时间的准确纪年，说明此时南阳工官已经处于生产状态，同时也为我们提供了南阳工官生产盾的事实。另外根据西汉长安城内未央宫三号建筑遗址的发掘，又一次为我们提供南阳工官的生产范围属于兵工类的弩机。在南阳当地的考古中，发掘了南阳瓦房庄汉代铸铜遗址，并推测估计是南阳工官的一个作坊遗址。据此，南阳当地考古工作者结合历史文献资料，推测南阳工官不仅生产弩机和盾，还应该生产"治车诸器"。因此，我们也可以进一步对此问题进行推测与思考。西汉中央政府在南阳郡设置工官是有前提条件的，并不是一种随意的安排，除了地理因素外，更为重要的是此地的手工艺文化氛围以及手工艺文化的历史传承。从历史的角度来看，南阳的手工艺传统时间悠久，自从新石器时代黄山制玉开始，到楚国故都淅川县青铜器的失蜡法铸造，均属于手工艺制作的范畴，这些技艺，不仅需要雕刻人员，更需要熟练的绘画技师以及器型设计人员。长此以往，这类人才越来越多，会形成一个群体，并在国内产生一定的影响。汉代南阳工官的设立，我想也会基于这样的一种考虑。

① 河南省文物研究所：《南阳市瓦房庄汉代制陶、铸铜遗址的发掘》，《华夏考古》1994年第1期。

② 司马迁：《史记》，中华书局1959年版，第1417页。

第三节　南阳汉代工官体制与南阳汉代画像石的制作

一　汉代工官体制与墓葬石刻

汉代的石刻制作，与工官有关的作品，在历史文献中没有记载，目前考古发掘中发现的为数不多，能为我们可以作为实物资料的要数西汉骠骑大将军霍去病墓前的雕塑（图8-2）。这批石雕位于霍去病墓地、墓顶和封土斜坡三个地点，共计17件石雕（包括三件文字刻石）①。在这批石雕中，考古工作者发现了几处刻铭，其中有"左司空"的铭文。根据文献记载，汉代少府下设尚方（左尚方、中尚方、右尚方）、考工令、供工、左工右工、东园匠、左右司空、东织室西织室七个部门，左右司空根据记

图8-2　马踏匈奴

---

① 林通雁：《西汉霍去病墓石雕群的三个问题》，《美术观察》2009年第3期。

载是负责制作陶器。而在西汉霍去病墓前的石雕上，刻铭"左司空"，已经向我们说明了承办此次雕刻任务的机构——左司空。在以往的文献中，左右司空的职责主要是制陶，并没有说明制作石雕，霍去病墓前的雕塑，填补了文献记载的不足，说明在当时，这些少府下属部门的任务并不是一成不变的，也会随着时代的推移，朝廷需要什么，他们也会找相关部门来制作什么。至于左司空还制作其他什么产品，我们无从知晓，也只有期待今后的考古发掘给予我们新的材料。

南阳汉代画像石的制作，根据考古资料，有铭文记述的，要数新莽郁平大尹冯君孺久墓，该墓墓主的级别属于太守一级。所以，像这样的墓葬，中央少府几乎不会命令相关部门来负责墓葬画像石的制作。霍去病墓前的石刻之所以出自中央少府左司空工匠之手，是因为霍去病不仅是汉武帝的宠臣，更缘于在朝廷中巨大的影响，所以身后才得到高规格的葬礼。

如果从这个角度来说，南阳汉代画像石不会与汉代中央少府的工官有任何联系，因为这些墓葬主人的身份获得不了中央的殊遇。但是，我们从南阳工官的设置，也可以推测出南阳工官与汉代画像石制作的一些联系。

二 汉代工官体制对南阳汉代画像石制作的影响

前文已经提到，南阳不仅是个资源丰富的地区，同时也是一个手工艺历史悠久的地区，也正因为历史的悠久，造就了一批又一批的优秀工匠，玲珑剔透的青铜器失蜡法就源自南阳，这与南阳地区长期玉器雕刻技术的不断更新密不可分。长期的艺术传统和深厚的文化积淀，使汉代中央少府看到了这一优质的文化资源，决定在此设置工官，制作弩机、盾等兵器。根据目前掌握的资料，在汉代宫廷用的弩机与盾牌，由于使用者的身份特殊，在制作的过程中会增加它的装饰性，以此提升视觉艺术效果。所以，在这些工具的实用性基础上，装饰性就成为工匠们精心设计的一个环节，设计的首要工作是绘制图形，图像几乎都是赏心悦目的吉祥图案，有图必有意，有意必吉祥，从而使观者视觉舒服，心理也得到愉悦。根据这样的设计原则，工匠们会绞尽脑汁，做出一些奇思妙想的图像，他们这些图像极具创新性，在某种程度上会引领这个地区的绘画创作，使民间的画工们清楚什么样的绘画是高格调的，什么样的绘画是大众喜欢的。这种模式，随着时间的推移，会对该地区的绘画创作起到一种巨大的引领。这是一种间接的影响。还有一种是为工官服务的工匠，在闲暇或者退出工官作坊之后，他们为南阳郡豪强或贵族服务，这种可能不是不存在，因为在汉代工官管理体制中，工官体制内的优秀工匠并不是终生为中央少府服务，他们的劳作模式是一种较为松散和自由的工作状态，有工就做、无工就回的工作体制，没有严格和死板的管理制度。

南阳汉代画像石从发现至今，它优美的线条、生动的造型和呼之欲出的故事情节，无不使我们惊叹汉代人的技艺高超，也使我们无数次地追问，这些作品到底出自什么样的工匠之手，这些工匠都是做什么的，他们的高超技艺来自哪里。带着一连串的疑问，让我们去深入汉代的历史文献和出土资料，梳理和分析这里面的各种问题，获取我们所要的答案。这些需求，尤其在今天资料匮乏的情况下，我们对一些问题只能做出一些推理，引领我们的研究队伍继续前行。

如果我们把南阳汉代画像石的艺术进行价值评定分为几个层次的话，估计会出现很多的结果，因为不同的学者，对待这么一大批南阳汉代画像石，会得出不同的答案。但是，在汉代的现实生活中，身份高贵的人，其墓室的规格和各种器物的制作，也会与一般墓室有着较大的差异，就从墓室规格上来讲，墓室主人的身份越高，墓室的规格就会越高。就以南阳麒麟岗汉代画像石墓为例，该墓不仅规模较大，而且出土的汉代画像石也是目前南阳考古发掘的所有汉代画像石墓中数量最多的，更为重要的是该墓出土的画像石很多题材是目前南阳区域甚至全国区域内首次发现，例如，仙人乘龟画像石、穷奇画像石、飞廉画像石、太一暨日月神画像石等。也就是说，我们在其他南阳汉代画像石墓中，往往会发现题材相同或相近的画像内容，而且还存在艺术风格非常相似的艺术表现手法。可是在南阳麒麟岗汉代画像石墓中，我们发现了较多首次发现的题材，而且很多画像的艺术表现也与其他南阳汉代画像石墓的画像有着一定的区别。通过仔细梳理和研究该墓的画像，我们初步认为该墓的画像是聘请专门的工匠绘制的粉本，然后再请画像石制作工匠完成，而并不是采用社会上流传泛滥的粉本制作的画像石。绘制这座墓室画像的画工，我们结合图像内容和艺术风格，初步认为是聘请南阳郡一带优秀的画工绘制的，而这个画工，也不是一般的画工，因为这批作品的艺术格调，与目前发现的中央少府负责绘制的艺术作品的艺术格调有一定的相似性。比如，目前我们可以确定属于中央少府负责绘制的墓室绘画有两处，一是西汉梁共王刘买墓室中彩绘应龙图（图8-3、图8-4）。据史料记载，刘买逝世于建元五年（公元前136

年），该墓的建筑年代应该在其前后。在主室顶部西半部分有大型彩色壁

图 8-3　永城柿园汉墓主室顶部彩色壁画

图 8-4　永城柿园汉墓主室顶部彩色壁画线图

画，面积南北长 5.5、宽 3.5 米，中间是一条头东南、尾东北的巨龙，两边是白虎和朱雀，四周绕以云气纹等装饰图案，由红、白、黑、蓝等多种颜料绘成。① 整幅壁画为中间的龙最为突出，并占据画面的大部分，头北尾南，曲身于整幅画面的中央，龙身长 7.5 米，身宽 0.12 米，龙昂首，睁目，张口露出锋利的牙齿，龙身四肢伸张，或踏云气纹，或踏翼翅，每只足上长有三个尖锐锋利的脚趾，腹部长有两只展开的翼翅。龙头上长着一对分枝的长角，后颈部长出一朵绽开的荷花。龙腹部、尾部和右后腿部各长出一朵含苞欲放的荷花。白虎绘与龙腹部横 "S" 形凹处，与青龙之间绘有一株灵芝。朱雀绘与青龙腹部东侧，两脚站立，尖嘴张开，啄住青龙的一个长角，随青龙腾跃。玄武位于青龙头部北侧，曲身展翅，头部与青龙若即若离，青龙舌头卷住玄武的尾部，体现了神灵世界的谐谑与顽皮。四周边框为装饰性图案，由直线穿璧纹和火焰状云气纹组成。整幅画将飞动劲健的青龙和随风飘舞的云气处理得生动和谐，并把白虎、朱雀、玄武点缀在恰如其分的空间之中，显得恰到好处。② 从整体来看，以青龙为主，其他三神为辅，即主次分明，又浑然一体。此外，在笔法的表现过程中也极其严谨，几乎全部运用游丝线进行描绘，运笔缓急一致，呈现一种流畅舒缓的线条，体现出画家的严谨与认真。在造型的处理过程中，十分注重形体逼真性，同时又注重形体结构的生动性，从而使动感十足，与楚国后期游动飘逸的绘画风格一脉相承。

根据上述绘制方法，我们可以初步推断，柿园汉墓壁画在制作前，先进行了认真细致的构图设计，用笔墨勾画出各个物象的位置和轮廓，然后分别用红、白、黑、绿四种颜色绘出主题图案和边缘装饰图案，最后在空白处填补以红色，由此可见柿园汉墓壁画的制作技艺相当娴熟和讲究，绝非出自一般工匠之手，应为宫廷专职绘画匠师制作。③

根据西汉时期的制度，作为梁共王级别的高级贵族，他的丧葬不是其家属能够决定，墓葬中的冥器和陪葬品也是由中央政府相关部门调配或制作。所以，对待该墓的壁画，我们认定为工官画家绘制而成是没有问题的。

---

① 阎道衡：《永城芒山柿园发现梁国国王壁画墓》，《中原文物》1990 年第 1 期。
② 郑清森：《河南永城柿园汉墓壁画浅析》，《中原文物》2002 年第 6 期。
③ 郑清森：《河南永城柿园汉墓壁画浅析》，《中原文物》2002 年第 6 期。

西汉梁共王墓室顶部壁画中的四灵云气图,尤其是青龙的艺术造型与马王堆 1 号第三重墓朱地漆棺左侧版画面的两龙(图 8-5)以及马王堆 1 号墓 T 形帛画的龙造型十分相似(图 8-6)。马王堆 1 号墓墓主人辛追去世于汉文帝十五年(公元前 165 年),梁共王刘买去世于建元五年(公元前 136 年),两座墓的时代均是西汉初年建造,而辛追系軑侯利仓之妻,其身份不言而喻非寻常百姓,按照西汉时期的丧葬制度,梁共王刘买和軑侯利仓之妻辛追的丧葬规格稍有差别,辛追漆棺上的龙纹以及 T 形帛画上的龙纹,应该也出自王室专职画家或朝廷专职画家之手绘制而成,贺西林先生把梁共王墓顶部的龙纹与辛追漆棺上的龙纹以及 T 形帛画上的龙纹进行过对比与分析,发现它们之间风格和绘画笔法十分接近,是否系一人所做,已经不得而知,但我们可以初步肯定,此种风格和笔法的龙纹属于朝廷或王室中间一种较为普遍的龙纹模式,也可以说是一种较为稳定的艺术风格。

图 8-5　马王堆 1 号墓漆棺双龙

除了西汉梁共王刘买墓的壁画和马王堆西汉辛追漆棺可以作为工官作品的标尺外,近年发掘的东汉末年曹操高陵出土的画像石(图 8-7),也必定出自工官画师之手。该墓出土画像石多块。这批画像石,其蓝本也必定出自宫廷画家,因为按照曹操的身份,虽然是东汉末年的丞相、魏王,但实质上是掌权者,他死后已经是按照皇帝的规格来进行安葬,包括墓里面的随葬品,以及墓室中的建筑材料,均不是民间制作。我们仔细审视这批画像石的艺术风格,会发现无论是构图或是线条,还是画像造型,均表现出高度的严谨性,显得一丝不苟,画面惟妙惟肖、栩栩如生,这也是代表了东汉末年宫廷画家的真实水平。

图 8-6   马王堆 1 号墓漆棺双龙

　　如果把梁共王刘买墓壁画和马王堆西汉辛追漆棺以及曹操墓画像石，认定为工官画师的作品。那么，我们能否可以把这些画作为一个标尺对待，以此来衡量南阳汉代画像石粉本作者的身份呢？但至少有一点是可以肯定的，风格和格调决定了画家的身份。

　　南阳汉代画像石是否有工官画师的直接参与或间接参与，这些均无确凿的文献资料和考古资料。既然有西汉梁共王墓的壁画、马王堆西汉辛追漆棺画、曹操墓的画像石作为标杆，那么我们梳理一些南阳汉代画像石的资料进行一个简单的对比与分析。前文已经提及，在南阳汉代画像石墓考

图 8-7　曹操高陵出土的画像石

古发掘的过程中，迄今为止画像内容较为丰富，绘画风格较为精彩的要数南阳麒麟岗汉代画像石墓出土的画像石。就画像石艺术风格而言，该墓的画像石绘画的成分较多，笔法表现得也最为细致与严谨，与其他南阳汉代画像石艺术相比，在线条处理和造型表现上尤为突出。例如墓室前室顶部的太一暨日月神画像石（图 8-8）、北主室顶部的伏羲女娲高禖画像石（图 8-9）、中主室顶部的伏羲女娲高禖画像石（图 8-10）等。在伏羲、

图 8-8　太一暨日月神

图 8-9　伏羲女娲高禖

图 8-10　伏羲女娲高禖

女娲、高禖、神兽的刻画方面用线准确，运笔流畅，每个造型栩栩如生。在构图的过程中云气和星宿穿插得疏密得当，主次非常突出。这种表现方式与西汉梁共王墓室的四神云气图几乎一致，四神云气图在表现的过程中也是主次分明，云气穿插得当。所以，我们对这两座墓室的绘画艺术进行比较，会发现有许多相近的地方，不仅构图方式相近，笔法的运用也相近。故楚的 S 形线条运用得也十分娴熟。所以，经过多年的观察与研究，我们初步认为，南阳麒麟岗汉代画像石墓的艺术成就，与工官体系的绘画有着间接或直接的联系。这种接近西汉梁共王墓室壁画艺术成就的作品，一般画家不能胜任。根据考古发掘报告，得知该墓是南阳地区迄今发掘出土画像石最多的一座墓葬，其规模接近于新莽郁平大尹冯君孺久画像石墓，而冯君孺久画像石墓的墓主身份系太守级别。参照郁平大尹冯君孺久画像石墓，麒麟岗汉代画像石墓的墓主身份也不会太低，应该也相当于太守级别。这类人的墓葬营建虽然不能与西汉时期的诸侯王相比，但他们不惜物力、人力和财力支撑，对一般的家庭来说也是望尘莫及的。

小　结

与麒麟岗汉代画像石墓艺术成就相当的其他南阳汉代画像石墓也为数不少，使我们今天的研究者始终留恋这些画像艺术的高超魅力，引起我们无限的思索。我们对其背后画家身份的推测，不是一种毫无依据的想象。在中国广大的疆域之中，汉代画像石画像砖以及墓室壁画比较集中的地方，主要有今天的南阳、成都、重庆、洛阳、济宁等地。而这些地方，均是汉代朝廷设置工官的地方，美术资源异常丰富，艺术水平也异常高超，他们的技艺不仅得到了中央少府的认可，而且也引领了该地区的美术创作，说他们直接或间接参与墓室的设计或画像粉本的绘制也未尝不可。在当时工官管理体制相对松散的条件下，营建画像石墓的雇主，他们为提升墓葬画像的艺术水平，往往会出巨资聘请著名画家来绘制粉本，当地工官属下的画师，自然而然地进入他们的视野，被雇用是在所难免的事情。

第九章

南阳汉代画像石墓墓主身份

南阳汉代画像石墓墓主身份问题，是南阳汉代画像石研究的主要问题之一，对此问题的探讨，直接关系到其他问题的研究，换句话说，该问题是南阳汉代画像石研究的一个关键环节。可是对此问题的探讨，目前还不够深入，也许是资料不够充分。截至目前，在南阳汉代画像石墓考古发掘中，我们仅仅发现了一座有题记的墓葬，系唐河郁平大尹冯君孺久墓，这座墓葬的题记透露出了墓主的一些信息。此外，我们只能根据墓葬的形制、规模、画像内容等，并根据文献材料对这些墓葬的墓主身份做一初步的推测。

汉代画像石墓的规模较大，建筑考究，费工费时，耗资巨大。山东嘉祥宋山出土的永寿三年石刻题记中①记载了汉代画像石的制作不仅费工费时而且工钱高昂："幕使名工高平王叔、王坚、江胡、繺石、连车，采石县西南小山阳山。作制连月，功扶无歫，贾钱两万七千。"据此，南阳早期汉代画像石墓，没有一定身份或一定财力的家庭是不能承担起营建墓室的实力的。

第一节　以画像内容映像墓主身份

在这些墓葬中，墓葬结构、陪葬器物、画像内容，从一些侧面可以反映出墓主人生前的一些信息，尤其是一些不同寻常的图像，如持节、车骑出行、执棨戟、执钺、拥彗等。

---

① 济宁地区文物组、嘉祥县文管所：《山东嘉祥宋山 1980 年出土的汉画像石》，《文物》1982 年第 5 期。

一　持节画像

在唐河县电厂汉代画像石墓、草店汉代画像石墓（图9-1）、军帐营汉代画像石墓（9-2）中，我们发现了一块持节画像石。节，在汉代社会属于行使皇帝命令的凭信。《后汉书·光武帝纪》云："十月，持节北度河，镇慰州郡。"李贤注："节，所以为信也，以竹为之，柄长八尺，以旄牛为其眊三重。"《汉书·陈平传》云：陈平、周勃"未至军，为坛，以节召樊哙"。《汉书·申屠嘉传》云："上度丞相已围通，使使持节召通。"《汉书·武帝纪》云："遣中大夫严助持节发会稽兵。"《汉书·昭帝纪》云："遣故廷尉王平等五人持节行郡国。"在和林格尔汉代壁画墓中，我们也发现持节护乌桓校尉出行、幕府等图中反复出现了绘制有三重眊的赤节。[①] 这些情况说明，在汉代画像石墓和汉代壁画中，绘制持节图像，其指向愈加明了，交代了墓主人在生前曾经担任过皇帝的特使，在文献中多次记述，能够担当此任的基本上有两种人，一是皇帝的侍从，一是各级

图9-1　持节　　　　　　　图9-2　持节

① 内蒙古自治区博物馆文物工作队：《和林格尔汉墓壁画》，文物出版社1978年版，第7页。

官吏。能得到皇帝垂爱、受到皇帝信任的官吏，其身份应该在县长以上。草店墓建筑宏伟，并列三个大门、三个内门，二幅持节画像的节为三重旄，与史载相吻合，再结合其他画像，墓主人品秩约相当于千石县令至二千石太守。军帐营墓墓主人约相当县令或县长级官吏。①

二　车骑出行画像

唐河县针织厂汉代画像石墓（图 9-3）、唐河县电厂汉代画像石墓（图 9-4）、南阳王庄汉代画像石墓均有出土。有车骑出行的墓葬均是大型的画像石墓，截至目前，小型画像石墓中还没有出现车骑出行画像石。在唐河县针织厂汉代画像石墓中刻画的三幅车骑出行画像石，均前有二导骑，其中两幅导骑执弩，一幅导骑后有鼓车。《后汉书·舆服志》："古者军出，师旅皆从；秦省其卒，取其师旅之名焉。公以下至二千石，骑吏四人，千石以下至三百石县长，二人，皆带剑，持棨戟为前列。""长安、洛阳令及王国郡县加前后兵车、亭长，设右骈，驾两。璅弩车前伍伯：公

图 9-3　车马出行

图 9-4　车马出行

---

① 南阳汉代画像石学术讨论会办公室编：《汉代画像石研究》，《南阳汉代画像石墓墓主人身份初探》，文物出版社 1987 年版，第 46 页。

八人，中二千石、二千石、六百石皆四人；自四百石以下至二百石，皆二人。"由此可见，唐河县针织厂汉代画像石墓墓主人生前品秩约相当于太守至县长级官吏。浩浩荡荡的车马行列，再现了墓主人生前的奢侈生活。在唐河县电厂汉代画像石墓中也刻在画有二幅车骑出行，一幅车骑出行，一幅导骑出行。在车骑出行图的前端，有一骑执一幡，此应为信幡。《古今注·舆服》："信幡，古之徽号也，所以题表官号以为符信，故谓为信幡也。"此幅画面表现的应是官吏出行。导骑出行前有伍伯二人，一人捎矛，一人捎弩机，伍伯后为二导骑，均捎棨戟，导骑后一人执剑（此也应是伍伯），一人持节。《古今注·舆服》："伍伯，一伍之伯也。五人曰伍，五长为伯，故称伍伯。一曰户伯……汉诸公行，则户伯率其伍以导引也。"此画面伍伯三人，执棨戟骑吏二人，说明电厂墓墓主人的品秩约相当于太守至县长级官吏。①

三　执棨戟画像

执棨戟画像石在南阳汉代画像石墓中也比较普遍，在唐河湖阳新店汉郁平大尹冯君孺久画像石墓、唐河县针织厂汉代画像石墓、唐河县电厂汉代画像石墓、唐河县针织厂二号汉代画像石墓、方城县东关汉代画像石墓（图9-5）、方城县城关汉代画像石墓（图9-6）、南阳军帐营汉代画像石墓、南阳县英庄汉代画像石墓、南阳市英庄汉代画像石墓、南阳王寨汉代画像石墓、南阳草店汉代画像石墓、南阳石桥汉代画像石墓等均发现有执棨戟画像石。《后汉书·舆服志》："公以下至二千石骑吏四人，千石以下至三百石县长二人，皆带剑执棨戟为前列。"南阳汉画像石墓中，执棨戟画像往往刻画在大门两侧门柱正面及背面，少数刻画在大门门扉背面。这些画像的刻画与其他画像略有区别，人均头戴冠着深袖长衣，面部表情恭顺而谦卑，弯膝倾首。与侍卫墓主人的一些武士画像相比，少了勇猛刚健的气概。这类画像，应属于官吏出行仪仗的一种简化表示方法，系导骑一类，也是墓主人身份的标志。

① 南阳汉代画像石学术讨论会办公室编：《汉代画像石研究》，《南阳汉代画像石墓墓主人身份初探》，文物出版社1987年版，第46页。

图 9-5　执棨戟　　　　　　　　　图 9-6　执棨戟

四　执钺画像

执钺画像石在南阳汉代画像石墓中也比较普遍，在唐河县针织厂汉代画像石墓、唐河县电厂汉代画像石墓（图 9-7）、方城县东关汉代画像石墓（图 9-8）、方城县城关汉代画像石墓、南阳军帐营汉代画像石墓、南阳县英庄汉代画像石墓、南阳市英庄汉代画像石墓、南阳王寨汉代画像石墓、南阳石桥汉代画像石墓等均发现有执钺画像石。执钺画像一般刻画在门扉背面，大多画面圆目露齿、面相凶残，给人一种狰狞可畏的感觉。《古今注·舆服》有云："金斧，黄钺也，铁斧，玄钺也，三代通用之以断斩。今以金斧黄钺为乘舆之饰，玄钺诸王公得建之。"据此，钺是有一定身份地位人的标志，是皇帝赐予他特有的生杀大权，有此特权的均是具有一定级别的官吏，而这些官吏的品秩应在县长以上。

图 9-7　执铖

图 9-8　朱雀、执铖

五　拜谒与执笏画像

　　拜谒与执笏在南阳汉代画像石墓中也比较常见，唐河县湖阳新店汉郁平大尹冯君孺久画像石墓（图9-9）、唐河县针织厂汉代画像石墓、唐河县电厂汉代画像石墓、唐河县石灰窑汉代画像石墓、南阳石桥汉代画像石墓、南阳县英庄汉代画像石墓、南阳市英庄汉代画像石墓、南阳军帐营汉代画像石墓、南阳王寨汉代画像石墓等均发现有拜谒与执笏画像石。执笏画像多刻于大门门柱、门扉背面和主室门柱上。这些画像中的人均戴冠、着深袖长袍，倾首躬腰双手执笏，形象谦卑温和。笏，又名手板，是大臣朝见时所执的一种狭长形板，质地多种，有玉质、象牙质、竹质、木质四种，主要用于随时记录各类事情。《礼记·玉藻》："天子搢珽，方正于天下也。诸侯荼，前诎后直，让于天子也。大夫前诎后诎，无所不让也。"因此，笏还表示一定的身份。唐河县湖阳新店汉郁平大尹冯孺久墓和唐河县电厂汉代画像石墓中的谒拜图，官吏均双手执笏跪拜或倾首弯腰拜见墓主人。这些画像表现的应是墓主人的属下官吏向墓主人禀报工作、拜见的情景。因此，根据画面分析可以得知，这些执笏者应多属官吏。墓葬中有些单独执笏画像，它再现了墓主人属下官吏谒见墓主人的情景，而有些则可能是长年生活在墓主人身边的侍从。

图 9-9　拜谒与执笏

六　执金吾画像

南阳石桥汉代画像石墓（图 9-10）、南阳英庄两座汉代画像石墓（图9-11）、唐河县电厂汉代画像石墓、邓县长冢店汉代画像石墓、唐河县石灰窑汉代画像石墓、唐河县针织厂二号汉代画像石墓、南阳草店汉代画像石墓、南阳七里园汉代画像石墓均有发现。这些画像一般刻在大门门柱背面，主、侧室的柱上。蒋英炬认为画像石中的这些执棒的应为执金吾。《后汉书·百官志》云："执金吾一人，中二千石……吾犹御也。"刘昭注："应劭曰：执金革以御非常。"《古今注·舆服》云："车辐，棒也。汉朝执金吾，金吾亦棒也，以铜为之，黄金涂两末，谓为金吾，御史大夫、司隶校尉亦得执焉。御史、校尉、郡守、都尉、县长之类，皆以木为吾焉。用以夹车，故谓之车辐。"由此可见，以铜制成，黄金涂两末的"金吾"，其使用者系"执金吾""御史大夫""司隶校尉"等官吏，而"御史"至"县长"只能用以木制成的"金吾"。目前我们已经无法辨别使用铜或金制成，根据相关学者的研究，使用"金吾"的人一般是县长以上的官吏。

图9-10　执金吾　　　　　　图9-11　执金吾

七　拥彗画像

南阳杨官寺汉代画像石墓、方城东关汉代画像石墓、方城城关镇汉代
画像石墓、南阳军帐营汉代画像石墓（图9-12）、南阳赵寨汉代画像石
墓、南阳县英庄汉代画像石墓、邓县长冢店汉代画像石墓、南阳草店汉代
画像石墓、南阳石桥汉代画像石墓（图9-13）等均发现有拥彗画像石。
在南阳汉代画像石墓中，这类画像出现比较普遍，众多墓葬刻画有拥彗画
像，但现象各异，细观之，多以小吏和奴婢的形象出现。拥彗，是汉代一
种迎宾礼仪。司马贞《史记索隐》有云："彗，帚也，谓之为埽地，以衣
袂拥彗而却行，恐尘埃之及长者，所以为敬也。"李奇曰："为恭也，如
金卒持帚者也。"《史记·高祖本纪》："高祖朝（太公），太公拥彗，迎门
却行，高祖大惊，下扶太公。"诸多文献说明，拥彗之礼古已有之，至汉
一朝多有普及。清扫卫生之后迎接客人，是对客人的尊敬与欢迎；同时也
说明主人宾客络绎不绝。此种礼仪虽然普及，但非平民所为，只有官僚阶
层和巨富大贾之家才会贵客盈门，门前车马川流不息。因此，这也是解读

墓主人的一种信息，再现了墓主人生前高朋满座、迎来送往的一种场景。

图 9-12　拥彗　　　　　　　图 9-13　拥彗

　　诸如此类还有很多，如执钺、佩剑等均与身份有关，此处不再一一解读。这类图像多刻画在大型画像石墓或中型画像石墓中。由此也可以看出，大型或中型画像石墓与图像配置，均是相辅相成，画像内容能反映墓主身份，同样，墓葬形制也能反映墓主身份。

第二节　以墓葬形制与规模映像墓主身份

一　大型汉代画像石墓

　　大型汉代画像石墓首推唐河县新莽郁平大尹冯君孺久画像石墓，该墓东西长 9.5、南北宽 6.15 米。平面呈长方形，有墓道。墓室最高处为 3.14 米。砖室四周及顶部均用土填封，层层夯实，夯层和夯窝清晰可见。中室为覆斗式顶，已倒塌过半。墓室建筑分前室、中室和后室三个部分，结构严密。前室从前大门到中大门，包括前室和南、北两个车库，这一部分除各门的门框、门楣和门扉是石质外，其余皆为砖结构。中室从中大门到后主室，为一近似正方形的"天井"式"院落"建筑，除顶部用砖叠券为覆斗式之外，其余均为石结构。后室包括南、北主室，南、北、西"阁室"，为石结构。墓由大门、前室、南车库、北库房、中大门、中室、南主室、北主室、南阁室、北阁室、西阁室11个单位组成。墓门共八道，除南、北车库门和中大门上有门框、门楣而无门扉外，其他如墓大门、南北主室门、南北阁室门均有门框、门楣和门扉。墓室的后部，围绕南北主室的南、北、西三面，有三个阁室，三阁室相通，形成对称的回廊式建筑。① 画像有门阙、厅堂、拜谒、执笏、执盾、蹶张、乐舞百戏等。②

大型墓葬，除冯君孺久墓外，唐河县电厂汉代画像石墓也算一座。该墓墓道长10米、宽3.76—4.56米。土圹中有砖石堆成的方形墓室，平面呈回字形。墓室四周和顶上填土夯实，夯层厚9—11厘米。原有土冢，早已被雨水冲刷和取土挖平。墓室南北长7米、东西宽6.55米、高2.82米，由前室、东西两主室、东西两侧室和后室组成。两侧室后端与后室两端相通，除前大门安装有门框、门楣、门扉外，主室及侧室前门仅有门框、门楣而无门扉。门楣石6块，门扉石4块，门框（柱）石10块，隔墙柱石3块，隔墙横梁石2块，垫底石11块，共用石36块。除此之外，墓室的墙和各室上部的双层拱券皆用长34厘米、宽18厘米、厚6厘米的素面灰砖砌券。墓室内地面用长37厘米、宽37厘米、厚6厘米的素面方砖平铺。整个墓室建筑坚固、均衡、对称。③ 画像有车马出行、执钺、执笏、蹶张、拜谒、执金吾等。④

二 中型画像石墓

中型画像石墓的代表是南阳市陈棚汉代画像石墓，该墓总长1215厘米，由墓道和三个并列墓室构成，每个墓室均由墓门、前室、后室门、后室组成。三墓室以石柱间隔。墓室略呈"T"字形，东西长480厘米、南北最大宽度495厘米。墓室主体为砖结构，券顶、封门、墙体、铺地均用

---

① 南阳地区文物队、南阳博物馆：《唐河汉郁平大尹冯君孺人画像石墓》，《考古学报》1980年第2期。

② 南阳地区文物队、南阳博物馆：《唐河汉郁平大尹冯君孺人画像石墓》，《考古学报》1980年第2期。

③ 《南阳汉画像石》编委会：《唐河县电厂汉画像石墓》，《中原文物》1982年第1期。

④ 《南阳汉画像石》编委会：《唐河县电厂汉画像石墓》，《中原文物》1982年第1期。

长方形小砖构筑。① 画像内容有执棨戟、拥彗、执笏、执金吾、捧奁、执盾、持节、执戟、执钺等。②

此外，南阳麒麟岗汉代画像石墓也属于中型画像石墓，该墓为砖、石混合砌结构，墓葬的骨架部分为条石、石板构筑，墓道为斜坡形，宽3.2米。该墓由二大门、前室、南主室、中主室和北主室五部分组成，墓室平面呈"而"字形。墓顶：把墓顶封土完全清理后，可以看到墓顶结构是一横三纵的四个拱券的第一层墓顶。一横券下面为前室，三纵券下面分别为南、中、北三主室。③ 画像内容有神话、祥瑞、升仙、辟邪、执钺、执戟、拜谒、乐舞百戏、执笏、执金吾等。④

三　小型画像石墓

小型画像石墓有南阳达士营汉代画像石墓、南阳永泰小区汉代画像石墓M195、南阳永泰小区汉代画像石墓M35、南阳市汉景小区汉代画像石墓等汉代画像石墓，从形制上来看，均与大型和中型汉代画像石墓相比，规模小了很多。画像配置也没有大型和中型墓那么丰富，画像主要配置在墓门门柱、门楣、门槛石上。画像内容主要有乐舞百戏、神话传说、执戟、执盾、角抵等。但这种墓葬截至目前没有出现过车马出行图。⑤

综上可知，大型汉代画像石墓，如唐河县新店冯君孺久墓、唐河县电厂汉代画像石墓，不仅墓葬形制较大，除仿照棺椁墓的形制外，还把墓葬建筑成前室、中室、后室、耳室。随葬品也有众多礼器出现，而这些礼器是仿铜的陶礼器。画像内容不仅有浩浩荡荡的车马出行，也有诸多历史故事。说明墓葬形制与画像配置密切相关，有什么样的墓葬形制，就会有相应的画像内容和陪葬品。所以，大型墓主人身份约为二千石太守以上官吏或地方豪强，至于有没有列侯墓葬，目前没有确切的证据，但从一些大型

① 蒋宏杰等：《河南南阳陈棚汉代彩绘画像石墓》，《考古学报》2007年第2期。

② 蒋宏杰等：《河南南阳陈棚汉代彩绘画像石墓》，《考古学报》2007年第2期。

③ 南阳市博物馆：《南阳麒麟岗汉画像石墓发掘报告》，《南阳汉代画像石墓发掘报告集》，中州古籍出版社2012年版，第489页。

④ 南阳市博物馆：《南阳麒麟岗汉画像石墓发掘报告》，《南阳汉代画像石墓发掘报告集》，中州古籍出版社2012年版，第492页。

⑤ 南阳市文物考古研究所：《南阳汉代画像石墓分期研究》，河南美术出版社2019年版，第229页。

的南阳汉代画像石墓来看，也许会有列侯墓葬。南阳大型墓葬较少，而中型墓葬较多，这些中型墓葬，也发现了诸多仿铜礼器的陶器，画像内容也出现诸多与身份相一致的图像，而且在棺上有鎏金铜饰件等装饰物。这些现象说明，中型墓主人身份约在二千石以下官吏地方豪强。小型汉代画像石墓也为数不少，但这些墓葬的画像较少，内容也比较单调，尤其是大中型墓中的车马出行和持节等在这类墓中没有出现，说明这类墓主或是有一定经济基础的地主、平民或级别较低的官吏。

表 9-1　　　　　　　　南阳部分汉代画像石墓墓主身份一览

序号	墓葬名称	年代	画像内容	墓主身份	报告来源
1	唐河汉郁平大尹冯君孺久画像石墓	天凤五年	执盾、执笏、拜谒、蹶张、门阙	太守	南阳地区文物队、南阳博物馆《唐河汉郁平大尹冯君孺久画像石墓》，《考古学报》1980 年第 2 期
2	南阳陈棚汉代彩绘画像石墓	新莽至东汉初年	执钺、执金吾、拥彗、执戟、执笏、持节、执棨戟	太守或二千石官吏	南阳市文物考古研究所《河南南阳陈棚汉代彩绘画像石墓》，《考古学报》2007 年第 2 期
3	南阳麒麟岗汉代画像石墓	东汉早期至中期	执棨戟、执钺、执盾、执金吾、执戟、拥彗	太守或二千石以上官吏	南阳市博物馆《南阳麒麟岗汉画像石墓》，《南阳汉代画像石墓发掘报告集》，中州古籍出版社 2012 年版
4	唐河县电厂汉代画像石墓	新莽	车马出行、蹶张、执金吾、拜谒、执笏、导骑出现、执盾	太守或县令	吕品、周到《唐河县电厂汉画像石墓》，《中原文物》1982 年第 1 期
5	南阳草店汉代画像石墓	约新莽至东汉早期	执笏、持节、执金吾、执棨戟、拥彗	太守至县令	孙文青《南阳草店汉墓画像集》，南阳赊店雨湘图书馆，1944 年
6	南阳军帐营汉代画像石墓	东汉早期	执笏、执棨戟、持节、拥彗、乐舞百戏	县令或县长	南阳博物馆《河南南阳军帐营汉画像石墓》，《考古与文物》1982 年第 1 期
7	唐河针织厂汉代画像石墓	西汉晚期	车马出行、执笏、带剑、执盾、武库	太守或县令	河南省博物馆、南阳市博物馆《唐河针织厂汉画像石墓的发掘》，《文物》1973 年第 6 期

续表

序号	墓葬名称	年代	画像内容	墓主身份	报告来源
8	南阳县赵寨砖瓦厂汉代画像石墓	西汉中后期	楼阁、门阙	县令或县长	南阳市博物馆《南阳县赵寨砖瓦厂汉画像石墓》,《中原文物》1982年第1期
9	方城东关汉代画像石墓	新莽至东汉	门阙、执盾、执棨戟	县令或县长	南阳市博物馆、方城县文化馆《河南方城东关汉画像石墓》,《文物》1980年第3期
10	南阳县英庄汉代画像石墓	新莽	乐舞百戏、武库、执棨戟、执笏、拥彗、执刀、执金吾、执盾	县令或县长	南阳地区文物工作队、南阳县文化馆《河南南阳县英庄汉画像石墓》,《文物》1984年第3期
11	南阳杨官寺汉代画像石墓	西汉晚期	门阙、执钺	县令或县长	河南省文化局文物工作队《河南南阳杨官寺汉画像石墓发掘报告》,《考古学报》1963年第1期
12	南阳英庄汉代画像石墓	东汉早期	执盾、执金吾、执钺、执棨戟、乐舞百戏	县令或县长	南阳博物馆《河南南阳英庄汉画像石墓》,《中原文物》1983年第3期
13	方城县城关镇汉代画像石墓	新莽至东汉初	拥彗、执棨戟、蹶张、执盾、执钺	县令或县长	南阳地区文物工作队、方城县文化馆《河南方城县城关镇汉画像石墓》,《文物》1984年第3期
14	邓县长冢店汉代画像石墓	东汉中期	拥彗、乐舞百戏、执笏、执金吾、	县令或县长	《南阳汉代画像石》编委会:《邓县长冢店汉画像石墓》,《中原文物》1982年第1期
15	南阳县王寨汉代画像石墓	东汉早期	执盾、乐舞百戏、执笏、拥彗、蹶张	县令或县长	南阳市博物馆《南阳县王寨汉画像石墓》,《中原文物》1982年第1期
16	唐河县石灰窑村汉代画像石墓	西汉中晚期	执棨戟、拜谒、执金吾	县令或县长	赵成甫、张蓬西、平春照《河南唐河县石灰窑村画像石墓》,《文物》1982年第5期
17	唐河县针织厂二号汉代画像石墓	新莽至东汉初	蹶张、执金吾、执棨戟	县令或县长	南阳地区文物工作队、唐河县文化馆《唐河县针织厂二号汉画像石墓》,《中原文物》1985年第3期

续表

序号	墓葬名称	年代	画像内容	墓主身份	报告来源
18	南阳七里圆汉代画像石墓	东汉	执棨戟、拥彗、武士、执笏、执金吾	县令或县长	河南省文化局文物工作队《南阳汉代石刻墓》,《文物》1958年第10期
19	南阳石桥汉代画像石墓	东汉早期	执棨戟、乐舞百戏、执盾、执金吾、执笏、蹶张、执钺、拥彗	县令或县长	南阳博物馆《南阳石桥汉代画像石墓》,《考古与文物》1982年第1期
20	南阳市八一路汉代画像石墓	王莽	执戟、执盾、拥彗、执笏、执钺、执金吾	县令或县长	南阳市文物考古研究所《河南南阳市八一路汉代画像石墓》,《考古》2012年第6期
21	南阳高新区标准厂房汉画像石墓	东汉早期晚段至东汉中期偏早	咒	县令或县长	李长周、柳荫《南阳高新区标准厂房汉画像石墓》,《南都学坛》2015年第4期
22	南阳市宛城区达士营汉画像石墓	新莽至东汉初期	执棨戟	县令或县长	南阳市文物考古研究所《南阳市宛城区达士营汉画像石墓》,《华夏考古》2017年第1期
23	南阳市张衡路汉代画像石墓	王莽时期或略晚	执棨戟、执笏、执金吾	县令或县长	南阳市文物考古研究所、南阳知府衙门博物馆《南阳市张衡路汉代画像石墓》,《考古》2017年第2期
24	南阳市万家园汉画像石墓	西汉晚期偏早	门吏、执棍门吏	县令至县长	南阳市文物考古研究所《河南省南阳市万家园汉画像石墓》,《中原文物》2010年第5期
25	南阳桑园路东汉画像石墓	东汉早期	执金吾、执钺、蹶张、带剑	县令或县长	南阳市古代建筑保护研究所《河南南阳桑园路东汉画像石墓》,《文物》2003年第4期
26	南阳市安居新村汉画像石墓	新莽至东汉初	执戟、执钺、拥彗、执金吾、蹶张	县令或县长	南阳市文物考古研究所《河南南阳市安居新村汉画像石墓》,《考古》2005年第8期
27	郏县黑庙M79	东汉早期	执笏、执盾、蹶张、拥彗	地方武将	河南省文物局南水北调办公室、河南省文物考古研究所、平顶山市文物管理局《河南郏县黑庙M79发掘简报》,《华夏考古》2013年第1期

续表

序号	墓葬名称	年代	画像内容	墓主身份	报告来源
28	襄城茨沟汉画像石墓	东汉永建七年	二龙穿璧、龙虎相斗、兽斗	巨富	河南省文化局文物工作队《河南襄城茨沟画像石墓》,《考古学报》1964年第1期
29	宝丰县廖旗营墓地东汉画像石墓M9	东汉中期偏晚	拥彗、执笏	中、小地主	郑州大学历史学院考古系、河南省文物局南水北调文物保护办公室、宝丰县文物局《河南宝丰县廖旗营墓地东汉画像石墓》,《考古》2016年第3期
30	宝丰县廖旗营墓地东汉画像石墓M10	东汉中期偏晚	执笏	中、小地主	郑州大学历史学院考古系、河南省文物局南水北调文物保护办公室、宝丰县文物局《河南宝丰县廖旗营墓地东汉画像石墓》,《考古》2016年第3期
31	南阳市永泰小区汉画像石墓	西汉晚期	伏羲、女娲	中、小地主	南阳市文物考古研究所《河南南阳市永泰小区汉画像石墓》,《华夏考古》2010年第3期

说明:唐河湖阳汉代画像石墓出土有鎏金铜印、鎏金铜凤等器物,但墓葬规模并不大,鎏金铜印没有印文。对于此墓,有人认为是西汉列侯墓葬,有人认为是大地主墓葬,争议较大,故此表暂不收录。

第十章

南阳汉代画像石的流变与影响

秦朝统一六国之后，其他六国的文化还在继续发展，存在着不同地域的不同文化。到西汉时期，在中央集权统一政权长期强大影响下，尤其是在汉武帝时期，经过西汉六十多年的统治，在继承春秋战国文化的基础上逐渐形成了具有时代特色的汉文化，这种文化普及到西汉的广大地域。因此，包含丧葬礼制在内的各种文化越来越呈现出它的一致性和同一性。画像石的普及以及传播就是一个显著的例子。从考古发掘报告可以看出，西汉中晚期到东汉中期（包含东汉中期）汉代画像石发展的早期阶段，南阳是汉代画像石最发达的地区，雕刻技法和艺术风格影响着多个地区汉代画像石艺术的发展。下面针对东汉中期以前南阳汉代画像石艺术与全国各地的汉代画像石制作之间的关联进行系统的梳理与分析。

第一节　中岳汉三阙画像石中所见南阳汉代画像因素

洛阳一带地处中原核心，又为天下之中，它在汉代画像石分布区域的划分中扮演着一个被动的角色，处于南阳汉代画像石和山东、苏北、皖北、豫东汉代画像石两个中心区域的中间地带。因此，在这样的一种情况下，其汉代画像石的发展就会受到两个地区的影响。就目前已经发掘的汉代画像石资料来看，洛阳一带的汉代画像石资料也为数不少，有的受到南阳汉代画像石艺术的影响，有的受到山东汉代画像石艺术的影响。在此，我们对受到南阳汉代画像石艺术影响的画像石资料进行梳理，以便于分析。

一　中岳汉三阙画像石的考古材料

在洛阳及其周边，受到南阳汉代画像石艺术影响的要数中岳三阙（或嵩山三阙），这三阙位于河南省登封县，分别为太室阙（图10-1）、少室

阙（图10-2）、启母阙（图10-3）。嵩山三阙位于嵩山脚下，因此称为
"中岳汉三阙"。

图 10-1　太室阙

图 10-2　少室阙

　　太室阙是太室山庙前的神道阙，树立在太室山南麓中岳庙门前513米
的中轴线上。太室阙分东西两阙，阙门间距6.75米。东阙通高3.92米，
西阙通高3.96米。两阙营建方式和建筑结构完全相同，均由阙基、阙身、
阙顶三部分组成。每阙又分正阙和子阙，正阙和子阙阙身结合在一体，从
立面看正阙高、子阙低；正阙在内，子阙在外。阙身石面除镌有铭文者
外，其余均以石块为单位雕刻画像。根据阙铭可知系阳城县令吕常于东汉
元初五年（公元118年）建造①。太室阙的画像内容主要有：波浪纹画
像、圆点纹画像、跪坐人物画像、圆球画像、穿龙交璧画像、菱形纹画
像、兽画像、貘画像、朱雀画像（图10-4）、双鸟画像、马画像、羊头画
像、饲鸡图、弧形纹画像、鸟画像、逐兔图、兔画像、虎画像、扑鸮画
像、虎画像（图10-5）、舞剑图、鲧画像、蛟龙画像（图10-6）、龙画像
（图10-7）、长青树画像、玄武画像、斗鸡画像、獐画像、圆点纹画像、

---

　　① 吕品编著：《中岳汉三阙》，文物出版社1990年版，第4页。

图 10-3　启母阙

图 10-4　朱雀

双亭画像、鸟画像、车骑出行画像、铺首衔环画像、鲧画像、马戏画像

（图10-8）、拜谒图画像（图10-9）、人物画像、菱纹穿环画像、鱼画像、铺首衔环画像、骑马出行画像、虎食鬼魅、倒立画像、兽水鸟啄鱼画像、水鸟画像、龙画像、楼阁画像、羽人画像等。

图 10-5　虎

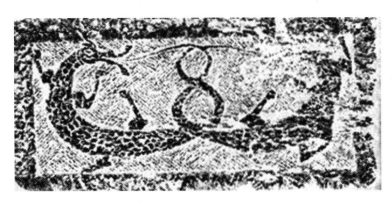

图 10-6　蛟龙

启母阙是启母庙前的神道阙，位于太室山南麓，中岳庙西北3千米的万岁峰下阳坡上。北距启母石190米。启母石是一巨大的椭圆形石块，高约10米，周长43.1米。启母阙在中岳三阙中损坏最为严重。西阙现存高3.17米，东阙现存高3.18米，阙门间距680米。整体结构和太室阙相同。阙身石面除镌有铭文者外，其余均以石块为单位雕刻画像。西阙：阙基为两层长方石板，下层石板较大而薄，长307厘米、宽162厘米、高9

图 10-7　龙

图 10-8　马戏

图 10-9　拜谒

厘米；上层石板稍小而厚，长 259 厘米、宽 113 厘米、高 36 厘米。阙身用长方石块垂直垒砌在阙基上，共七层，总高 275 厘米，每层用石 2—3 块不等。最上层的石块雕作斗形，上部较下部宽 8 厘米。上承托阙顶，下呈斜角与阙身相连。阙顶残毁过甚，残存部分在阙身上部东侧，雕作四阿顶。顶的上部雕瓦垅、垂脊，四周雕柿蒂纹瓦当和板瓦，下部刻仿木椽子。瓦当直径 12—14 厘米；瓦垅间距 21—27 厘米；椽子间距 18—20 厘米。阙顶上部的正脊已毁。从正阙顶现存情况看，显系经过后人移动，不是原来应有的位置。东阙：东阙和西阙的结构基本相同。阙身残损较重，南面第一、二、三层的石块断为三块，第四、五、八层均断为二块。阙顶已残，仅存一石，雕作四阿顶。子阙顶已毁。阙顶经过后人移动。阙身各层石块之间的缝内皆填有洁白的石灰，应是后人移动时新填。所以，有的画面已无法衔接。根据阙铭可以知道启母阙是颍川太守朱宠于东汉安帝延光二年（公元 123 年）建造的。①

启母阙的画像内容主要有：人物画像（图 10-10）、幻术画像（图 10-11）、马画像、骑马出行画像、蛟龙画像、乐伎画像、斗鸡画像（图 10-12）、驯象画像（图 10-13）、双蛇画像、虎画像、人和鸟画像、水鸟

图 10-10　人物

图 10-11　幻术

图 10-12　斗鸡

啄鱼画像、虎和长青树画像、进谒画像、马戏画像、长青树画像、日御牺和画像、猎兔画像、人物画像（左）、杂技画像（右）、蛟龙穿环画像、宴饮图人物画像、执牍人物画像、龙虎画像、象和骆驼画像、双马画像、菱形纹画像、月宫画像、郭巨埋儿画像、狩猎画像、蛟龙画像、执鸠杖人

图10-13 驯象

物（附局部）画像、蹴鞠图（附局部）画像、夏禹化熊画像、龙和长青
树画像（图10-14）、虎扑鹿画像、犬逐兔画像、启母化石画像、鹅鸭画
像、龙画像等。

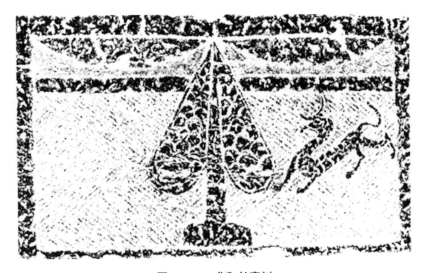

图10-14 龙和长青树

少室阙是少室山庙的神道阙，位于少室山东麓，背临少林河谷，面对
太室山，阙东南1千米即十里铺村。据《汉书·地理志》载，少室山庙
和太室山同建于汉武帝时。汉安帝时少室山庙应建在少室阙中轴线的后
面。少室阙建造的具体年代，因阙铭残缺，仅存"三月三日"四字，已
不知其详。但少室阙题名中有"丞酵政、五官掾阴林、户曹史夏效、长冯
宝、丞冀秘俊、廷掾赵穆、户曹史张诗、将作掾严寿"等，和启母阙题名
中的官职姓名相同，而启母阙和太室阙又都有颍川太守朱宠的题名。因

此，少室阙的建造年代应和太室阙相去未远，都应是在朱宠任颖川太守时所造。另外，太室阙严寿题名前冠有"乡三老"，到延光二年建启母阙时已擢为"将作掾"，而少室阙和启母阙均有"将作掾严寿"的题名，加之少室画像的特点和阙铭的风格，又与启母阙完全相同，似可证明少室阙和启母阙为同时建造，即在汉安帝延光二年前后。[①]

少室阙较完整，东西两阙结构基本相同，东阙通高 3.3 米，西阙通高 3.75 米，两阙间距 7.60 米。西阙的阙基层用长方形石板平铺于坚实的黄土上，下层石板较宽大，上层石板稍高而小。阙身用长方石块垂直垒砌在阙基上，计用石十层，总高 2.99 米。阙身最上层石块雕作斗形，上边较下边宽 8.5 厘米。上部承托阙顶，其下连接阙身。阙顶用三块巨石雕作四阿顶，顶的上面雕瓦垅、垂脊，四边雕柿蒂纹瓦当和板瓦，下面雕椽。瓦垅间距和椽子间距均为 16—27 厘米。正脊单独用一块长石雕成瓦条脊，高 42 米，宽 34 厘米，中间低，两端高。正面雕成瓦垅，两则雕作柿蒂纹瓦当。子阙顶比正阙顶低 104 厘米，一侧与正阙相联，一侧雕出两垂脊和瓦现，下部雕椽。东阙：结构与西阙相同，唯正阙顶残缺，仅存一石，置于阙身上部东侧，正脊已佚。子阙顶较完整，比正阙低 69 厘米东西两阙高低不一，层次有别，西阙用石十层，东阙仅八层，而西阙第四层和第九层石块厚度和雕刻图案完全相同，这在启母、太室二阙中是没有的。西阙第四层和第九层中有一层石块应是东阙上的。阙身每层石缝中还抹有较新的石灰，所以，有可能是后人重修时砌错了位置。[②]

根据中岳三阙的铭文记载，太室阙建造于东汉安帝元初五年（118年），启母阙建造于安帝延光二年（123年）。仅少室阙题刻铭文中虽无纪年，但监造者严寿之名也出现在太室阙题刻铭文中，其官职在营建太室阙时为"乡三老"，到监造少室阙时已经升任为"将作掾"，而颖川太守朱宠之名同时也见于启母阙题刻铭文，因此推断其建造年代略晚于太室阙，大约与启母阙建于同时或稍晚。总之，因为这三处神庙石阙的建造时间只相隔短短的五六年，完全可以将它们看作是同时期的作品。[③]

因为中岳三阙建造时间跨距不大，因此我们可以说这三阙是一个时期

---

① 吕品编著：《中岳汉三阙》，文物出版社 1990 年版，第 44 页。

② 吕品编著：《中岳汉三阙》，文物出版社 1990 年版，第 44 页。

③ 信立祥：《汉代画像石综合研究》，文物出版社 2000 年版，第 353 页。

的作品。通过审视中岳三阙画像石的艺术风格，我们会发现有诸多相同或相似之处。首先我们考察一下中岳三阙画像石的雕刻技法，三阙的画像石雕刻技艺，基本上均采用凿纹地浅浮雕，这种方式就是先把开采的石料打制成一种规则的形状，用墨线描绘出需要刻画的图像，并对图像进行浮起刻画，对细部施以阴线进行雕琢，画像有时会进行细部打磨，有时会保留打制的粗糙痕迹，给人一种古朴沧桑和混沌模糊之感，在画像部分之外，并没有用凿子踢打平整，而是采用凿子刻画成排交织的斜线规整地布置在画面之外作为装饰，这种成排交织的斜线刻画既细密又排列有序，为衬托画像起到了十分有效的作用。在画像的四周，往往会刻画出凸起较高的浮雕粗线作为边框，镶嵌在画面的边沿。

中岳三阙画像石的构图方式，因为营建时间差距不大，因此这些画像石在图像内容、营建方式、刻画风格均没有多大差异。就中岳三阙画像石的构图而言，也几乎是如出一辙。从构图方式来看，几乎均是采用了一石一图，也就是一幅画放置在一块完整的石面里面，并不是像山东地区出土的汉代画像石一块石面隔开成几幅画，几幅题材完全不同的内容处理在不同空间里面，给人一种突兀之感。此种构图方式更显画面主题鲜明，一幅画面一个主题，有种疏朗、轻松、随意的视觉效果。有时一个人物或一个动物一幅画像，有时是几个人物或几个动物组成一幅画像。无论是画面中一个或多个人物或动物，在构图时空间的留白地方也比较多，而且也非常普遍，并没有像山东滕州一些画像石的构图图像填充之多，给人以密不透风之感。这也是中岳三阙的一大特点。在主题构图的外围，也就是边沿地带，中岳三阙画像石会进行一些艺术性的装饰，以此增加画像石的视觉效果。其制作方式基本上是在边框处加施水波纹二方连续、半圆纹二方连续、四面单框、上面双框其余三面单框、小连环纹二方连续、大连环纹二方连续、垂幛纹等。

中岳三阙不仅建筑结构相同，画像的雕刻技法也完全一样，几乎全部画像都是用凿纹地浅浮雕技法刻成。通过大量的画像石拓片可以看出，在画像轮廓线外的空白面部分，有较为统一的细密减地平行凿纹，使画像别有一种质朴单纯的风韵。此外，其构图方式、画像风格、雕刻技法均与南阳汉代画像石有着千丝万缕的联系。

二　方城、宝丰一带的汉代画像石与中岳汉三阙的关联

1976 年南阳市博物馆、方城县文化馆联合发掘的方城东关汉代画像

石墓；1982年6月，南阳地区文物队与县文化馆共同发掘的方城县城关镇汉画像石墓。这两座墓葬出土的汉代画像石，其艺术表现技法与中岳汉三阙几乎一致。

方城东关汉代画像石墓室为砖石结构，石结构用于墓门部分，其余部分全用砖砌。根据墓葬各种信息，报告认为这座画像石墓应为东汉中期墓葬。此外，该墓出土画像石13块。[①] 方城县城关镇汉画像石墓墓室为砖石结构。石结构仅限于墓门和西主室前门，其余部分均为砖砌。除东主室四壁及顶用单砖砌券外，余皆用双层砖砌券。用画像石20块。报告认为该墓的时代为新莽时期或东汉初期。[②]

这两座墓出土的汉代画像石，在雕刻技艺表现方面与南阳市宛城区、卧龙区出土的画像石雕刻技法稍有差异，主要体现在底纹处理方式的不同，南阳市宛城区、卧龙区出土的画像石雕刻技法主要有横纹处理方式和竖纹处理方式，也就是说，一块横幅的画像石，它的底纹是竖立的细密凸起直线来表现的，而竖幅的画像石它的底纹处理方式是横向的细密平行凸起直线来表现的。方城县作为南阳区域汉代画像石的一个分区，有着区别于南阳市宛城区、卧龙区所出汉代画像石的一些特征。主要体现在方城县及其周边一带，其方式均采用凿纹地浅浮雕（图10-15、图10-16），这种方式就是先把开采的石料打制成一种规则的形状，用墨线描绘出需要刻画的图像，并对图像进行浮起刻画，对细部施以阴线进行雕琢，画像有时会进行细部打磨，有时会保留打制的粗糙痕迹，给人一种古朴沧桑和混沌模糊之感，在画像部分之外，并没有用凿子剔打平整，而是采用凿子刻画成排交织的斜线规整地布置在画面之外作为装饰，这种成排交织的斜线刻画的既细密又排列有序，为衬托画像起到了十分有效的作用。在画像的四周，往往会刻画出凸起较高的浮雕粗线作为边框，镶嵌在画面的边沿。这种方式与中岳汉三阙画像石的雕刻技艺比较接近。

此外，在题材与风格运用表现方面，中岳汉三阙画像石中的一些题材与南阳方城周边的一些题材与风格也非常接近。比如2010年5—12月，在河南宝丰县廖旗营发掘的东汉画像石墓中出土的门楣二龙交尾画像石（图10-17）与中岳汉三阙太室阙交龙画像的风格极为接近，该墓的门扉

① 南阳市、方城县文化馆：《河南方城县东关汉画像石墓》，《文物》1980年第3期。

② 南阳市、方城县文化馆：《河南方城县城关镇汉画像石墓》，《文物》1984年第3期。

图 10-15　方城县城关镇汉代
画像石墓左门扉

图 10-16　方城县城关镇汉代
画像石墓右门扉

朱雀画像石（图 10-18）与中岳汉三阙一幅朱雀画像石的造型十分接近。2010 年 4 月至 2011 年 1 月，在河南省郏县黑庙发掘的 M79 画像石墓出土的门楣羊头画像石与中岳汉三阙太室阙羊头画像石的风格十分接近。1976 年春在方城县东关汉代画像石墓中出土的北门北扉下部的白虎与太室阙虎的风格十分接近。诸如此类，举不胜举。

图 10-17　宝丰县廖旗营墓二龙交尾

图 10-18　宝丰县廖旗营墓朱雀铺首衔环

通过几座汉代画像石墓的例证，说明在西汉末年到东汉中期，南阳汉代画像石雕刻技艺已经十分成熟。这种成熟的技艺必将会流向需要此种技艺的洼地。不能完全肯定南阳汉代画像石制作工匠集团直接参与了中岳汉三阙画像石的制作，但可以肯定地说，南阳汉代画像石制作工匠集团中的方城及其以北的工匠技艺影响了中岳汉三阙的画像石制作。因为从最近发掘的宝丰县廖旗营东汉画像石墓、郏县黑庙发掘的 M79 画像石墓其墓地距离中岳汉三阙的直线距离约 100 千米，而该墓地距离南阳市约 150 千米。所以说是方城及其以北的平顶山一带的工匠技艺影响了汉三阙，而不是南阳宛城区或卧龙区的画像石制作工匠技艺影响了汉三阙。因为方城以及平顶山距离中岳汉代三阙更近，而且方城以及平顶山的汉代画像石与中岳汉三阙画像石雕刻技法也最接近。也正因为距离近而且交通又十分通畅，为两地的艺术交流提供了众多的便利。汉代乐府诗《青青陵上柏》曰："驱车策驽马，游戏宛与洛。"可想而知洛阳与南阳的交通及其往来有多么方便。作为一种民间技艺到洛阳以及洛阳一带参与中岳汉三阙的营建是再正常不过了的。

第二节 洛阳汉墓壁画所见南阳汉代画像因素

洛阳汉代墓室壁画，是汉代墓室壁画的集中地，同时也是汉代墓室壁画的源头之一。根据目前考古发掘资料，洛阳汉代壁画墓的数量已经为数不少，主要有洛阳卜千秋壁画墓①、洛阳浅井头壁画墓②、洛阳烧沟 61 号壁画墓③、洛阳"八里台"壁画墓④、洛阳金谷园新莽壁画墓⑤、偃师辛村壁画墓⑥、洛阳北郊石油站壁画墓⑦、洛阳金谷园东汉壁画墓⑧、新安铁塔山壁画墓⑨、洛阳机工厂壁画墓⑩、偃师杏园村壁画墓⑪、洛阳西工壁画墓⑫、洛阳第 3850 号壁画墓⑬、洛阳朱村壁画墓⑭等。

一 洛阳汉墓壁画的考古材料

洛阳汉代壁画墓的空间营建，是按照汉代人特有的宇宙观来进行布局的，他们在墓室中划分出了天界、仙界、人间、冥界四个部分。绘画内容的表现也是严格按照这种理念展开的。在考古发掘的墓葬中，我们发现图像的配置也非常有规律。西汉晚期（公元前 48—公元 8 年）的壁画墓，

---

① 洛阳博物馆：《洛阳西汉卜千秋墓壁画墓发掘简报》，《文物》1977 年第 6 期。

② 洛阳市第二文物工作队：《洛阳浅井头西汉壁画墓发掘简报》，《文物》1993 年第 5 期。

③ 河南省文化局文物工作队：《洛阳西汉壁画墓发掘报告》，《考古学报》1964 年第 2 期。

④ 汤池译：《今藏美国波士顿的洛阳汉墓壁画》，《当代美术家》1986 年第 3 期。

⑤ 洛阳博物馆：《洛阳金谷园新莽时期壁画墓》，《文物参考资料丛刊》九，1985 年，第 54 页。

⑥ 洛阳市第二文物工作队：《洛阳偃师县新莽壁画墓清理简报》，《文物》1992 年第 12 期。

⑦ 洛阳市文物工作队：《河南洛阳北郊东汉壁画墓》，《考古》1991 年第 8 期。

⑧ 洛阳古墓博物馆：《东汉天象神兽壁画墓》，《洛阳古墓博物馆》，朝华出版社 1987 年版，第 65 页。

⑨ 黄明兰、郭引强：《洛阳汉墓壁画》，文物出版社 1996 年 10 月版，第 105 页。

⑩ 洛阳市文物工作队：《洛阳机车工厂东汉壁画墓》，《文物》1992 年第 3 期。

⑪ 中国社会科学院考古研究所河南第二工作队：《河南偃师杏园村东汉壁画墓》，《考古》1985 年第 1 期。

⑫ 洛阳市文物工作队：《洛阳西工东汉壁画墓》，《中原文物》1982 年第 3 期。

⑬ 洛阳市文物工作队：《河南洛阳市第 3850 号东汉墓》，《考古》1997 年第 8 期。

⑭ 洛阳市第二文物工作队：《洛阳市朱村东汉壁画墓发掘简报》，《文物》1992 年第 12 期。

有烧沟61号和"八里台"两座壁画墓。这时期的壁画布局，从总体上看，还与早期几乎一样，由墓顶往下，依次布局画面，主要分布在墓顶前后山墙的上部，所不同的是画面又出现在墓室隔梁的前后额和横梁上，画面较前增多，内容也较前复杂。墓顶以升仙为主题的画面，被日月星辰所代替，升仙、神怪、驱邪打鬼的题材在壁画中还存在，尤其后者更加突出。这仍然是汉代人的迷信思想支配所致，他们认为升仙必须打鬼，打鬼是为升仙清除障碍，是手段，升仙是目的。实际上打鬼和升仙是相互联系的一回事。所不同的是，此时期已把这些内容题材移到墓室的后壁和墓室中间的隔梁上。墓门内上额位置的吉祥神变成了羊头。①

此外历史故事是这一时期新出现的题材，画面开始走向写实，采取横列法构图，将不同人物的神态活灵活现地表现出来。如61号墓的"二桃杀三士"（图10-19）、"孔子师项橐"，"八里台"墓的"上陵图"等。显然在艺术表现手法上也比以前更加灵活和多样化了。②

图10-19　二桃杀三士（局部）

新莽时期（公元9—23年）壁画墓有金谷园和偃师辛村两座壁画墓，金谷园壁画墓规模颇大，建筑结构、形制、布局与以前迥然不同。入墓依

---

①　61号汉墓和"八里台"汉墓此处均为陶塑彩绘羊头。

②　黄明兰、郭引强：《洛阳汉墓壁画》，文物出版社1996年版，第13页。

次要通过墓道、墓门、雨道，方可至前室、后室。更特殊的是墓道不是在墓室之前，而是在墓室的西侧。在甬道和前堂各附一耳室，前室一侧又开一后门，且彩绘梁架、柱子、斗棋、门窗、挑檐等，以象征木构建筑。前堂为穹窿顶，向东为后室，也打破了西汉墓惯用的前堂后室的格局。整个墓均采用内砌预制空心砖、外砌小砖的建筑方法。壁画布满前后室。前室因历久剥蚀，大部分壁画已脱落，尚能辨识者则有穹窿顶部的太阳、月牙图及周围的彩云。后室壁画保存较为完好，共有16幅。墓顶平脊四个方格内，两端绘日、月图（图10-20），中间绘"太一阴阳图"（图10-21）、"后土制四方图"（图10-22）四壁除开门的一面之外，其余三壁在彩绘的柱、枋、斗桃之间，每面绘四幅星宿神祇图，共12幅。[①]

图10-20　日图

图10-21　太一阴阳图

---

① 黄明兰、郭引强：《洛阳汉墓壁画》，文物出版社1996年版，第13页。

图 10-22　后土制四方图

东汉中晚期壁画墓有新安铁塔山壁画墓、偃师杏园村壁画墓、唐宫路玻璃厂壁画墓和东郊机车工厂贵族壁画墓等这四座壁画墓除新安铁塔山壁画墓时代稍早一些之外，其他三座确切说都是东汉晚期墓。从墓形看，铁塔山壁画墓平面为长方形，用小砖弧券，无耳室。墓门两侧绘守门武士。后山墙上部绘墓主人肖像，左绘执金吾，右绘一名女仆作奉酒状。左右两壁线条粗犷，画面漫漶，从残存痕迹看，右壁为车骑出行图，左壁绘彩罐。墓顶绘太阳和月亮，并有北斗七星和彩云，间绘飞奔的鹿和羊。出土器物有陶井、陶灶、石磨、博山炉和绿釉陶壶、陶仓等。[①]

二　洛阳汉墓壁画中的天象图与南阳汉代天象画像石的关联

在这些壁画墓中，有一个部位的图像构成与南阳汉代画像石墓十分接近，就是在墓室顶部绘制的天象图。其实墓葬顶部绘制天象的情况在南阳汉代画像石中出现较早，也最为普遍。唐河县针织厂汉代画像石墓属于西汉晚期，此时墓葬开始出现大量的天象图，此墓的年代与洛阳烧沟 61 号和"八里台"两座壁画墓的年代相近，也就是从这两座墓葬开始，我们会发现洛阳汉墓壁画的天象图开始蔓延开来，琳琅满目，令人目不暇接。

从内容上来看，南阳汉代画像石墓中的天象图主要内容有三足乌、日月同辉、北斗星图、彗星图、苍龙星座、白虎星座、河伯出行、雷公以及各类星座等。这种情况在南阳汉代画像石墓持续的三百余年中，越往后来

---

① 黄明兰、郭引强：《洛阳汉墓壁画》，文物出版社 1996 年版，第 15 页。

发展得越发精妙。到东汉中期的南阳麒麟岗汉代画像石墓中的天象部分，已经把南阳汉代画象石墓天象图的发展推向了顶峰。而在洛阳汉墓壁画墓中，绘有天象星象、日月以及天界神灵的有洛阳浅井头西汉壁画墓、烧沟61号西汉壁画墓、金谷园村新莽壁画墓等。在洛阳浅井头西汉壁画墓的顶部用赭石色涂地，内有一只疾飞的金乌（图10-23），外缘涂朱，绘三角纹和圆点纹象征光芒，位于伏羲蛇躯之上。月亮（图10-24）外圈较粗，内圈较细，内有蟾蜍、玉兔，均作跳跃状，涂绿色（10-26）。烧沟61号西汉壁画墓的顶部第一幅绘制太阳图。此幅在制作空心砖坯时，即留出回形的平面，两侧各印三只飞鸟。圆形平面上绘朱色，象征红日。北部以黑色绘出一只疾飞的"金乌"，头向西飞行。在太阳四周空处，全涂粉色，然后用黑杠二色绘彩云。第二幅全是长方形的脊砖平面，用白粉涂地，墨、朱二色绘画星云（图10-25）。第三幅：画面东部画有环绕成圈的七星。西部的南北两侧各绘一星，共九颗。很像猎户座。第四幅：东北部点着"Y"字形的五颗朱星，东南角点一颗朱星，这七颗星类似"小焉"星。第五幅：从东南角到西北角，斜点着三颗朱星，又在东北角加点一颗朱星，形成三角形，颇似北天星之一的"三角"星。第六幅：东南西北各一颗朱星，南北两颗相距稍远些，形成菱形，稍似"天兔"星座。第七幅：太阴图。用墨线绘出直经0.12米的盈月，内图绿色。月面西部用墨色绘出蟾蜍的轮廓，通体涂蓝绿色，四腿点斑纹。蟾蜍作游泳状，还有蝌蚪尾。此画占全月面的一半。蟾的前面，用同样的颜色，绘奔跑的小玉兔。月的周围亦有黑红二色云纹环绕。月的西边用红色点星两颗，南北各一，似"宝瓶"星。第八幅：从东偏北起到西偏南止，绘三颗距离相等的朱星，形成一条斜直线，疑为"河鼓"星。第九幅：南边绘东西长的四颗菱形朱星，北边绘南北向两颗朱星，连系起来很像"天鹅星"。第十幅：正北、东南、西南各绘一颗朱星，构成"V"形，有点像"天秤"星。第十一幅：南边由东向西画三颗星，西南角往北画两颗星，东南角北偏西画四颗星，中央绘一颗星，共十颗朱星。很近似北天星之一的"大熊"星。第十二幅：由西南向东北，在一线上绘了三颗星，其中间的一颗稍偏西，可能是"白羊"星。①

---

① 洛阳博物馆：《洛阳金谷园新莽时期壁画墓》，《文物参考资料丛刊》九，1985年，第54页。

图 10-23　日中金乌

图 10-24　月中蟾蜍

　　众所周知，汉代是一个大融合的时代，汉代文化博大而辉煌，在文化表现上不是对任何一种文化的全盘因袭和简单继承，而是全方位吸纳和扬弃后的更新和创造，其中包括对秦文化和楚文化的继承和改造。[①]

　　所以，在汉代时期，尤其是南阳一带，在继承楚国文化方面尤为突出。例如南阳唐河县针织厂汉代画像石墓、南阳麒麟岗汉代画像石墓等。唐河县针织厂汉代画像石墓出土的天象图主要分布在南主室顶部刻画一日内有金乌，北主室顶部有布满顶部的星宿，在星宿的中间部分刻画一月，

---

　　① 袁仲一：《从考古资料看秦文化的发展和主要成就》。《秦文化论丛》第 5 辑，西北大学出版社 1990 年版，第 7 页。

图 10-25　星云

内有蟾蜍。尤其是北主室顶部的天象是迄今为止考古发掘所发现最多的汉代画像石墓顶天象星宿。[1]

在南阳麒麟岗汉代画像石墓中，也出现了众多天象图，在位于前室的顶部，刻画了一巨幅太一暨日月神画像，画像中部，上刻朱雀，下刻玄武，东刻青龙，西刻白虎，中央有戴"山"形冠踞坐者，即中央太一。青龙右刻日神羲和，戴冠，上身着衣，下体为蛇躯生二爪，怀抱园物为日，日中刻三足乌。其右刻北斗七星连线。白虎左边刻月神常羲，戴冠，似有披发，下体为蛇躯生二爪。怀抱园物为月，月中刻蟾蜍。其左刻南斗六星连线。整幅画地刻饰云气。[2] 除此之外，墓室顶部刻画天象的南阳汉代画像石墓为数不少，此处不再一一列举。

南阳之所以出现如此众多的天文画像，应该与南阳的地域文化有着密不可分的关系。南阳在夏、商、周时代属豫州，其诸侯国有吕、申、谢、邓、唐等，春秋、战国时归楚国所有。楚文王时期，灭掉申吕、曾、息、应、邓等国，此后南阳一带属楚管辖，并设申县，辖南阳一带。也正因为南阳长期属楚国的地域，楚国的文化侵染着南阳大地，在此后出现的南阳汉画像石，楚文化的因素就深深地烙在这个地域的画像石上。

楚文化是春秋战国时期其他诸侯国难以企及的，不仅百花齐放，而且还

----

① 周到、李京华：《唐河针织厂汉画像石墓的发掘》，《文物》1973 年第 6 期，第 26 页。

② 石红艳、王清建：《南阳汉代画像石墓发掘报告集》，《南阳麒麟岗画像石墓发掘报告》，中州古籍出版社 2012 年版，第 489 页。

极具特色，其中天文学的发展，可谓独树一帜。在楚国还专门设有大史和卜尹的官职，主要负责观察星象、研究天文。司马迁在其《史记·天官书》中，曾列举自远古至战国时期的天文学家一共 14 人，其中有两位是楚国人，他们就是唐眜、甘德。甘德长期观察研究天象，著有《天文星占》《岁星经》等，后与石申撰写的天文学著作合并一起，为《甘石星经》。他曾系统地测定了金、木、水、火、土五个行星的运行规律，认真记录了恒星的具体位置，编著了恒星表，这也是世界上最早的恒星测定表。

楚国的天文学，无论是现实社会中，还是在丧葬文化中，天文知识无所不在。在今天的考古发掘中，我们也在墓葬中发现了为数不少的天文星象，如湖北随州市擂鼓墩曾侯乙墓中的一只漆箱，此箱除一侧素面无纹外，箱顶及其他三侧均以黑漆为地，漆箱正中绘一"斗"字，斗字周围按星空的实际方位写着二十八宿的星名，是目前所见世界上最早有二十八宿全部名称的天文文物。[①] 长沙马王堆一号汉墓出土的《天文气象杂占》帛书，是一种从云、气、星、彗等方面占验吉凶的书，系战国时楚人所著。其中画有彗星 29 幅，是极其珍贵的天文学研究资料。在古文献中，同样也出现过关于丧葬建筑中绘制的天文画像。屈原《天问》中也描述了楚国境内先王宗庙、公卿祠堂顶部的一些天文画像。

也正因为如此，楚国的天文学不仅流传面广，而且也影响较深。在其后的历史演进中，这片土地上依然散播着天文学的文化因子。东汉时期，南阳境内的张衡，后来受到这片土地的滋养，成为一代天文学家。《后汉书·百官志二》明确记载张衡在出任太史令时，专心致力于天文历算之学。其文曰："掌天时、星历。凡岁将终，奏新年历。凡国祭祀、丧、娶之事，掌奏良日及时节禁忌。凡国有瑞应、灾异，掌记之。"其后张衡创制了浑天仪，并通过大量的天文观测和长期的研究，完成了天文学巨著《灵宪》和《浑天仪图注》，记叙他对于浑天学说和历算研究的新成果。[②] 由此可见，汉代南阳地区天文学的发展有着悠久的历史传统，这种历史传统，在中国的历史上持续了上千年之久，并在其后的历史演进过程中，又向全国其他地方蔓延。

南阳和洛阳之间交通便利，政治经济背景相近，文化的交流也十分频

---

① 谭维四：《战国王陵曾侯乙墓》，浙江文艺出版社 2012 年版，第 129 页。

② 范晔：《后汉书·百官志二》，中华书局 1956 年版，第 1571 页。

繁。也正因为如此，在墓葬内部的营建上，也会相互影响。就以洛阳汉墓壁画中的天象图为例，从时间上来看，我们会发现，南阳汉代画像石墓中的天象图早于洛阳汉墓壁画中的天象图。南阳西汉后期的画像石墓葬中已经出现成熟的天文图。从地域文化的角度看，南阳长期受楚国天文文化的影响，它的这种天文学传统远远要比洛阳的天文学传统悠久。任何文化的特性均呈现出一种特殊的交流规律，即往往是某一种文化在其发达的时候流向此种文化较为薄弱的洼地，并在这处洼地停驻，从而再进行流变。洛阳汉墓壁画中的天象图，就是把南阳汉代画像石墓中的天象图进行吸纳并消化，把南阳的以凿刻石的艺术表现，变为以毛笔蘸颜料的描绘方式，改变其原有的艺术表现模式。至于墓葬中星宿绘制的意义，是否因不同的地域其图像学的含义也不同，这也是我们今后要关注的一个问题。毕竟南阳地域文化环境有着楚国历史传统，而洛阳又是一个较为多元的文化环境区域。

第三节　北京一带汉代画像石中所见南阳汉代画像因素

一　北京汉代画像石的考古材料

北京是汉代的北方边境，西汉时属于广阳国，东汉时属于广阳郡，东汉光武改制时，置幽州刺史部于蓟县。永元八年复为广阳郡驻所。其北是辽西鲜卑，其东北是辽西郡、辽东郡，其北是渤海。也就是在这样的一个边境地区，依然流行着中原的丧葬礼制，而且中原丧葬礼制中的画像石也在当地开花结果。

1964 年 6 月在北京西郊石景山上庄村东，因采石工程发现汉代石刻一批。这次所发现的石刻，主要的有 17 件。石柱二件：尺寸略有差异，通高约 2.25 米，柱上端周长 1.08—1.11 米，下端周长 1.27 米，底座圆柄高 0.25 米，周长 0.92—0.96 米，柱额四面作长方形，长 0.48 米、高 0.43 米，额面均用减地凸起的刻法刻字三行，"汉故幽州书佐秦君之神道"。一柱由于风化字迹不甚清楚，刻字内容与前相同。额下两侧各雕石虎一个，拱托其额，虎尾相交共后，下有垂莲杖饰绕柱一周，其下的柱体，为直棱纹。石柱础二件一长 113 米、宽 0.53 米、高 0.26 米，中简穿圆孔，孔径 0.31 米；一长 1.10 米、宽 0.51 米、高 0.30 米，孔径 0.24 米。孔为盛石柱圆柄之用，孔之两侧各雕伏虎，姿态生动。屋顶一件：顶

的平面已残缺，用直线雕成四个垂脊，长 0.85 米、高 0.58 米、残高 0.20
米。方形柱础一件：长 0.63 米、宽 0.54 米、高 0.24 米，柱础形如复斗，
四周分刻三角纹与棱纹，中间开长方形槽，长 0.18 米、宽 0.10 米、深
0.10 米。石阙顶一件：长 0.72 米、宽 0.63 米、高 0.28 米，阙顶为三
坡，前后各三行筒瓦，一面为五行筒瓦，两垂脊交于转角，一侧下皆开方
槽，上槽长 0.19 米、宽 0.11 米、深 0.05 米。石阙顶六件：形制大体相
同，阙顶部作四阿式，瓦陇多少不一，前后少至三行多至六行，两侧二至
四行，上及底皆开方槽，其中 4 号阙顶底部开菱形槽。石雕双人一件：高
0.2 米，面部已烧毁。石柱三件 2 号方石柱高 2.07 米、宽 0.45 米、厚
0.24 米，正面刻一武士手持兵器，上端刻一朱雀作飞翔状（图 10-26），
左边及顶部有踞齿纹框，后面除右边及顶部为踞齿纹框外，无其他装饰，
左侧面刻一龙（图 10-27）。①

图 10-26　执戟小吏、朱雀　　图 10-27　应龙

① 北京市文物工作队：《北京西郊发现汉代石阙清理简报》，《文物》1964 年第 11 期。

　　1957 年在北京丰台三台子村发现的汉墓墓门画像石。两块汉代画像石分别使用于墓门，刻画一伏羲一女娲（图 10-28），伏羲执规，女娲执矩，各着长襦，戴冠，人首蛇身。[①]

图 10-28　伏羲女娲

　　迄今为止，北京地区发现的汉代画像石仅仅四幅，北京西郊石景山上庄村东发现的汉代石柱有两幅汉代画像，北京丰台三台子村发现的两块画像石，这是仅有的四幅画像。北京西郊石景山上庄村东出土的秦君石阙阙身画像，正面刻一武士手持兵器，上端刻一朱雀作飞翔状，左边及顶部有踞齿纹框，后面除右边及顶部为踞齿纹框外，无其他装饰，左侧面刻一龙。北京丰台三台子村发现的汉墓墓门画像石仅有两块汉代画像石，刻画一伏羲一女娲，伏羲执规，女娲执矩，各着长襦，戴冠，人首蛇身。

---

　　① 信立祥：《汉代画像石综合研究》，文物出版社 2000 年版，第 354 页。

二　北京汉代画像石与南阳汉代画像石的关联

北京石景山和丰台出土的四块汉代画像石，其雕刻艺术表现手法主要有两种，一是石景山出土的汉代画像石，这两块画像石基本上均采用凿纹地浅浮雕，这种方式就是先把开采的石料打制成一种规则的形状，用墨线描绘出需要刻画的图像，并对图像进行浮起刻画，对细部施以阴线进行雕琢，画像没有进行细部打磨，依然保留打制的粗糙痕迹，有种历史沧桑之感，在画像之外的部分，并没有用凿子踢打平整，而是采用凿子刻画细密的凸起横线在画面之外作为装饰。这种竖幅横纹的凸起横线排列有序，为衬托画像起到了十分有效的作用。在画像的四周，有时会刻画出凸起较高的浮雕粗线作为边框，镶嵌在画面的边沿。边沿之外又刻画三角形浅浮雕作为装饰，在浅浮雕三角纹之外刻画凸起横线加以装饰，这样一来，画框的装饰就更加丰富一些。而在另外一幅应龙画像石中边框没有如此处理，而是没有刻画边框。二是丰台出土的两块墓门画像石，其雕刻技法大致与石景山的汉代画像石相同，只是底纹的处理稍有区别，是采用凿子刻画成排交织的斜线规整的布置在画面之外作为装饰，这种成排交织的斜线刻画得极细密又排列有序，为衬托画像起到了十分关键的作用。画像主题刻画得比较细致，而且有打磨的痕迹，人物面部均比较光滑，与南阳汉代画像石中人物的处理稍有不同，而是人物或动物的各个部位几乎均是利用凿子处理不规则的纹理，有凸凹不平的感觉。

在构图处理方面，北京石景山和丰台两地出土的画像石与南阳汉代画像石一样，均是一石一画，也就是一块石刻，刻画一幅画面，并非一块石头分为几个方格，一个方格刻画一幅画。此外，石景山所出的执戟小吏画像的构图与南阳众多门吏画像的构图极其相似，往往会在竖幅人物的上部刻画一些吉祥神兽，石景山所出的执戟小吏上边的朱雀口衔连珠，展翅欲飞，其造型艺术风格与南阳汉代画像石中朱雀的造型也十分相似。

北京这些汉代画像石，其制作年代根据汉幽州书佐秦君墓阙画像石的刻铭，系东汉和帝元兴元年，而丰台出土的画像石，其艺术风格与雕刻技法与石景山出土的极为相似。所以，我们暂定丰台出土的汉代画像石也为东汉和帝前后。此时也刚好是南阳汉代画像石最鼎盛的时期。至于南阳汉代画像石这种雕刻技艺如何传承到北京一带，也不甚明了。根据近年来对中国早期艺术传播的研究，基本上总结出了几种渠道，主要是商贸往来、游学访友、官宦调动、人口流动等几个原因来实现的。在东汉中期以前，国内政治稳定、边疆没有边患，更没有出现大规模从中原迁徙到北京一带居民的现象。所以，这种文化的交流，如何进行传播的，还有待进一步的研究。

第四节　巴蜀一带汉代画像石中所见南阳汉代画像因素

一　巴蜀一带汉代画像石的考古材料

在汉代画像石的分布区域中，巴蜀以及云贵一带是汉代画像石的一个极其重要的分布区域，这个分布区域，远离中原。但在考古发掘过程中，发现了众多汉代画像石，这些汉代画像石主要分布在今天的长江支流嘉陵江和岷江流域，主要发现有成都、重庆、彭山、乐山、雅安、宜宾、梓潼、新津、渠县、忠县、合川和云南的昭通以及贵州北部等地。①

目前巴蜀以及云南、贵州一带所发现的汉代画像石具体数量没有准确的数字，但根据考古发掘报告可知，各类汉代画像石墓、汉代画像石棺墓、汉代画像崖墓的数量应该有上百座，画像石数量也在千件以上。其内容根据罗二虎先生的划分，大致分为神仙仙境与升仙、墓主生活（社会生活）、历史人物故事、生殖崇拜、驱鬼镇墓、吉祥六大类。除生殖崇拜在别的区域鲜见外，其他内容均在其他地区属于常见题材。②

在雕刻技法方面，罗二虎先生也进行了较为详细的分析，主要有阴线刻，亦称"平面阴线刻"，其物象与石面均在同一平面上，物象的外轮廓线和细部刻画均使用阴线条。凹面刻，物象的轮廓线内大部或全部剔减内凹。剔地平面浅浮雕，可略称平面浅浮雕，其中有一部分是剔地隐起浅浮雕，画面物象一般凸起高达 0.5—1 厘米。剔地弧面浅浮雕，可略称弧面浅浮雕或浅浮雕，其中有一部分是剔地隐起浅浮雕。这种弧面浅浮雕物象的凸起高度因画面的大小而各有差异，0.5—4 厘米不等。从直观感觉上讲，轮廓线内的物象仅稍成凸起的弧面。高浮雕，高达 3—10 厘米。地面石阙楼部的雕刻也多为此类。与浅浮雕的情况一样，其凸出的高度与画像

---

① 信立祥：《汉代画像石综合研究》，文物出版社 2000 年版，第 15 页。
② 罗二虎：《西南汉代画像与画像墓研究》，博士学位论文，四川大学，2001 年，第 34 页。

画面的大小相连，不能从量上截然划断。半立雕，亦称半圆雕，即把物象的一部分或大部分部位立体地雕刻出来，使其接近于立体的圆雕，但物体仍有一部分与背景连接在一起。其凸起部分可高达 10—20 厘米。透雕，物象的某些部分采用镂空的雕刻法。这种技法多在高浮雕或半立雕的某些局部使用。①

二　巴蜀一带汉代画像石与南阳汉代画像石的关联

就突兀雕刻技法来讲，我们不能说巴蜀、云南北部、贵州北部的汉代画像石全部与南阳一带汉代画像石的雕刻技法一致，有个别的汉代画像石墓出土的画像石其雕刻技法也不与南阳汉代画像石相同，反倒与山东的一些汉代画像石雕刻技法一致。例如，乐山市沱沟嘴东汉中期崖墓出土的画像石棺，其画像的雕刻技法为平面浅浮雕，内容分层表现、人物不刻画细部，构图较满而密等，其整体的风格与山东苏北地区的画像风格很相似。新津县东汉中期崖墓石门上的凤鸟铺首画像（图 10-29），其雕刻技法和造型、风格又与南阳地区的画像相似。②此外郫县新市 1 号砖室墓石棺画像、彭山县双河崖墓石棺画像、新津县宝子山崖墓 5 号崖墓画像、新津县宝子山崖墓 6 号崖墓画像、宜宾县公子山崖墓 1 号石棺画像、郫县崖墓石棺（图 10-30）等多座汉墓画像的浅浮雕刻画风格，尤其是在画面以外的部分，采用凿子刻画成排交织的斜线规整布置在画面之外作为装饰，这种成排交织的斜线刻画得既细密又排列有序，为衬托画像起到了十分有效的作用。这种与南阳市方城县城关镇汉代画像石墓、方城县东关汉代画像石墓的画像石刻画风格和构图方式比较接近，从这一点来看，两地之间应该有着密切的关联。

巴蜀、云南北部、贵州北部出现的这些汉代画像石，其中有一大部分的雕刻艺术风格与南阳汉代画像石雕刻风格接近，这种情况应该有着较为复杂的社会因素。

根据文献记载，在西汉和东汉时期，中原一带尤其是南阳一带居民大量往巴蜀一带迁徙。在中原灾荒和战争年代，巴蜀往往成为中原人民向往之地。汉代时期，朝野上下都以巴蜀为"饶广"之地，中原统治者一遇

---

① 罗二虎：《西南汉代画像与画像墓研究》，博士学位论文，四川大学，2001 年，第 66 页。
② 罗二虎：《西南汉代画像与画像墓研究》，博士学位论文，四川大学，2001 年，第 99 页。

图 10-29　凤鸟铺首

图 10-30　郫县崖墓石棺牛郎织女

灾荒，遂令民"就食蜀汉"已成惯例。加之汉统治者在灾荒之年，对人口的迁移又不加"禁限"，如《汉书》曰："其议民欲徙宽大地者，听之。"① 大量饥民涌入巴蜀是不言而喻的。东汉江夏（今湖北境内）人刘

---

① 班固：《汉书》，中华书局 1962 年版，第 137 页。

焉，初为益州牧时，南阳、三辅民数万户流入益州，焉悉收以为众，名曰"东州兵"①。《英雄记》："先是南阳、三辅人流入益州数万家，焉收以为兵，名曰'东州兵'。"② 刘焉曾把流入益州的南阳、三辅百姓收编为军队，号为"东州兵"，这表明流入益州的数万家人口，似应以南阳人为主。东汉末涿郡（今河北涿县）人刘备在建安十二年（207年），采取诸葛亮联吴抗曹的策略，在赤壁之战击败曹操，据有荆州后，又率兵入蜀，夺取成都和汉中，建立蜀汉，自立为帝。③ 刘备在败走南阳郡新野县时，大批为避战祸的百姓追随其后。另外在《三国志·蜀书》中籍贯是南阳郡的就有许慈、来敏、邓芝三人。因此，可以说东汉末年入蜀的南阳人为数不少。

在考古发掘中，也发现了南阳官吏西迁入蜀的墓室榜题。2002年初，在四川省德阳市中江县民主乡八村七社玉江北岸山梁上，发掘了9座崖墓，其中M3墨书榜题约200字，分别位于上层3幅（第一、五、七幅）壁画上，推测其他壁画也应有榜题。内容为墓主人身份、职官、家世等。有"先祖南阳尉……土乡长里汉太鸿胪文君子宾""子宾子中黄门侍郎文君真坐与诏，外亲内亲相检厉见怨""父即鸿胪，拥十万众，平羌有功，赦死西徙，处此州郡"等内容。"汉太鸿胪文君子宾"可能是在平羌战争中"拥十万众，平羌有功"故"赦死西徙，处此州郡"。M3中发现的壁画从风格和内容上与南阳汉代画像石墓中的画像基本一致，由于墓主人特殊的家世，将南阳系统的墓室壁画带入四川，与四川当时流行的崖墓相结合。④

第五节　辽东汉魏墓壁画所见南阳汉代画像因素

在辽东考古发掘中，发掘出了大量的汉代壁画墓，这些汉代壁画墓，在墓室的空间营建和画像的排列以及绘画风格方面，与南阳汉代画像石墓有较多相似之处。因此，我们把辽东汉魏壁画墓也作为南阳汉代画像石艺术传播的一个路线。

在东汉后期，南阳一带经济逐渐衰退，战争接连不断，民众纷纷外

---

① 陈寿：《三国志》，中华书局1959年版，第865页。

② 陈寿：《三国志》，中华书局1959年版，第865页。

③ 陈寿：《三国志》，中华书局1959年版，第865页。

④ 四川省文物考古研究所、德阳市文物考古研究所、中江县文物保护管理所：《四川中江塔梁子崖墓发掘简报》，《文物》2004年第9期。

逃，分别寻找着比较宜居的栖身之地，尤其是黄巾大起义之后，南阳已经成为中原的一个主要战场。这样也更加剧了此地人口的迁移。当时南阳一带人民除了迁移河西、江南、巴蜀之外，辽东也成为南阳人民的一个选择。在此地出现的一些与南阳汉代画像石墓相似的汉墓形制、绘画风格便说明了这样一个问题。

一　辽东汉魏墓壁画的考古材料

辽东汉魏时期壁画墓，从现有考古发掘情况看，主要集中在现辽宁省辽阳市周边地区，辽阳古称"襄平"，最早的称谓见于《史记》，这座历史悠久的古城，至少已有两千多年的建置史。目前该地区发掘汉魏壁画墓30余座，主要有辽阳迎水寺壁画墓①、辽阳南林子壁画墓②、玉皇庙壁画墓③、辽阳北园壁画墓（北园1号墓）④、棒台子1号墓⑤、辽阳三道壕窑业第四现场车骑墓⑥、辽阳三道壕窑业第二现场令支令张君墓⑦、辽阳三道壕1号墓⑧、辽阳三道壕2号墓⑨、辽阳棒台子2号壁画墓⑩、辽阳南雪梅村壁画墓⑪、辽阳三道壕3号墓⑫、鹅房1号墓⑬、辽阳旧城东门

---

① ［日］八木奘三郎：《辽阳发现的壁画古坟》，《东洋学报》第11卷第1号，1921年1月，第143页。

② 《考古学杂志》第32卷第7号，1942年7月，第369页。

③ ［日］驹井和爱：《南满洲辽阳的古迹调查（第二回）》，《考古学杂志》第32卷第7号，1942年7月，第370页。

④ 李文信：《辽宁北园壁画墓记略》，《国立沈阳博物院筹备委员会汇刊》第1期，1947年10月10日。收录于《李文信考古文集》，辽宁人民出版社2009年版，第90页。

⑤ 李文信：《辽阳发现的三座壁画石墓》，《文物参考资料》1955年第5期。

⑥ 李文信：《辽阳发现的三座壁画石墓》，《文物参考资料》1955年第5期。

⑦ 李文信：《辽阳发现的三座壁画石墓》，《文物参考资料》1955年第5期。

⑧ 东北博物馆：《辽阳三道壕两座壁画墓的清理工作简报》，《文物参考资料》1955年第12期。

⑨ 东北博物馆：《辽阳三道壕两座壁画墓的清理工作简报》，《文物参考资料》1955年第12期。

⑩ 王增新：《辽阳市棒台子二号壁画墓》，《考古》1960年第1期。

⑪ 王增新：《辽宁辽阳县南雪梅村壁画墓及石墓》，《考古》1960年第1期。

⑫ 辽阳市文物管理所：《辽阳发现三座壁画墓》，《考古》1980年第1期。

⑬ 辽阳市文物管理所：《辽阳发现三座壁画墓》，《考古》1980年第1期。

里墓①等。根据现有材料看，辽东汉魏壁画墓葬发掘主要集中在以辽阳故城为中心的几个区域内。这些墓葬主要是石室壁画墓，在发现数量上看只占该地区汉墓的极少比例，且主要发现集中在辽阳地区。辽阳地区发现的汉魏壁画墓均为以南芬页岩经过加工的石板支筑成的石室墓，多为仿木结构，以石条为柱，支撑横梁，上以石板铺就墓顶，其中以石板构建单一或多个棺室，有的四周还建有回廊。壁画则多直接彩绘于石板之上，多用墨线勾勒形象，并施以红、黄、赭石、青、绿白等色彩。这种以石板构建仿木结构墓室，并在石板上直接彩绘壁画的独特营建与装饰方式，是辽东壁画墓十分突出的特点。②

二　辽东汉魏壁画墓与南阳汉代画像石的关联

从墓的形制上来讲，南阳汉代画像石墓，尤其是南阳机械厂画像石墓③后部并列三个棺室，前有以横长前堂的形式；南阳针织厂汉墓有前廊的回廊形墓室，南阳石桥汉画像石墓、南阳邓县长冢店汉画像石墓的前横廊后并列棺室的形制。这种情况分别与辽东第二、三期壁画墓中发现类似的情况相近，代表性的如体现回廊形制的迎水寺墓、北园1号墓、棒台子1号墓、北园3号墓；体现前横廊后并列棺室形制的三道壕地区的几座壁画墓等，也可作南阳地区画像石墓对辽东壁画墓形制的影响例证。④

在图像的绘制方面，南阳汉代画像石艺术也深深影响着辽西汉魏壁画墓的创作。在具体的图像使用关系上，我们也可初步建构起两地墓葬装饰上的一些联系，其中比较有代表性的相关题材与图像表现方面有以下几个方面。关于以墓主为中心的图像，唐河电厂、唐河针织厂等画像石墓出土的楼阁人物画像石（图10-31），墓主刻画在楼阁之中，在楼阁外有双树配置等。这类墓葬内发现的稳定图像组合方式虽然在山东地区石祠雕刻中也有反映，但与辽东壁画墓中的图像内在关联较为密切，如与北园1号墓

① 辽宁省博物馆、辽阳博物馆：《辽阳旧城东门里东汉壁画墓发掘报告》，《文物》1985年第6期。

② 郭大顺：《〈辽阳壁画墓群〉学习笔记》，《东亚考古学论丛》，日本奈良文化财研究所、中国辽宁省文物考古研究所，2006年，第245页。

③ 南阳市文物研究所：《南阳中建七局机械厂汉画像石墓》，《中原文物》1982年第1期。

④ 李林：《石室丹青——辽东汉魏墓室壁画研究》，博士学位论文，中央美术学院，2011年。

图 10-31　楼阁人物

后小室后壁图像构成上有比较多的相似之处，都具有相同的建筑、树木与墓主等核心图像组合，应该是共同反映出南阳地区汉代画像因素在向外传播过程中的不同面貌。此外，在属吏拜谒墓主与观乐舞百戏图像方面，唐河电厂画像石墓中出现与辽东壁画早期图像中拜谒百戏图像有类似表现的情况；汉灵帝建宁三年（公元 170 年）题记的南阳东关李相公庄许阿瞿画像石墓中的宴饮歌舞图（图 10-32），其中观乐舞表演场面也与辽阳北园 3 号墓中发现的宴饮观舞壁画图像类似；南阳县王寨发现建鼓乐舞画像石与北园 1 号墓等壁画墓中发现的建鼓乐舞杂技图像在内容与图像构成上十分接近。①

　　另外是车马出行图，南阳一带车马出行图比较丰富，唐河针织厂汉墓的建鼓车马出行画像石（10-33），其车马出行图像的表现与辽阳棒台子 1 号墓中壁画的有鼓车相随出行图在图像、规制上比较接近。此外，还有多幅车马出行画像石与辽东壁画墓中的车马出行画像的也很接近。还有一点值得我们注意的是，在南阳画像石中出现有大量的蹶张图像、持武器门吏

---

① 李林：《石室丹青——辽东汉魏墓室壁画研究》，博士学位论文，中央美术学院，2011 年。

图 10-32　宴饮歌舞

图 10-33　车马出行

图像等。这些在墓门处出现的图像，在墓室中的空间位置以及具体的图像表现上，也似乎可见与辽阳壁画墓中相类似图像的影响关系。大量的持盾或佩剑门吏与辽东壁画墓威武的门吏图相似，尤其是北园 3 号墓的持弓箭门卒图像来源很可能是与对这一南阳流行图像的吸收与改造有关。这些各类相似题材在组合使用、表现方式上的共同点，使我们有理由相信可以建构起两地在墓葬装饰图像上的一定联系。①

　　此外，在辽东地区的汉魏壁画墓中，也出现有对南阳汉代画像石改造

---

　　①　李林：《石室丹青——辽东汉魏墓室壁画研究》，博士学位论文，中央美术学院，2011 年。

之后的图像。比如，在南阳汉代画像石墓中，经常出现的蹶张画像，以及大量的执盾小吏、执剑小吏等，这些画像配置的规律基本比较固定，均处于墓门外面的门框以及里面。但与辽东汉魏壁画墓中的配置也极其相似，可以看出南阳汉代画像石与辽阳壁画墓中相类似图像的影响关系。此外，在画像的造型方面，也可以看出它们之间的关联，在辽东发掘大量的汉魏门吏画像与南阳汉代画像石墓中的门吏画像造型相似，尤其是北园 3 号墓的持弓箭门吏图像，明显与南阳汉代画像石墓中的门吏有着密切关系。如果把这相距千里的画像放置在一起，仔细分析题材和构图以及绘画风格，没有理由否定它们之间的各种联系，更会使我们相信它们之间的艺术传承关系。[①]

小　　结

当然，艺术的传播是极其复杂的情况，我们在此论述南阳汉代画像石影响的五个地域只是一个初步的考察，只不过这五个地域比较明显，可以拿出来互证的材料也比较多。信立祥在《汉代画像石的分期与分区》中还提到了南阳汉代画像石对山东汉代画像石的影响。其实古代的艺术交流与传播的方法和形式也会多样。以迁徙带动艺术交流的方式是最为普遍的。所以，通过辽东汉魏壁画、巴蜀汉代画像石我们可以找到人口流动的文献资料，但北京汉代画像石的艺术传播方式，我们已经无法找到相关的证据，留给我们无限的遐想，或是商业往来，或是官员调动，或是游学访友，或是人口流动，这些都是我们认为可能的原因之一。它不像南阳汉代画像石艺术对中岳汉三阙画像石艺术的影响，它们之间不仅距离不远，而且交通也十分方便。洛阳至南阳的交通早在夏朝时期已经畅通，至汉代时期更是畅通无阻，这两地的交流，其方式就更加方便，也更加多样化。

---

① 李林：《石室丹青——辽东汉魏墓室壁画研究》，博士学位论文，中央美术学院，2011 年。

2021 年度浙江省哲学社会科学规划后期资助重点课题成果（21HQZZ003Z）

浙江省哲学社会科学规划
后期资助课题成果文库

南阳汉代画像石综合研究

下卷

卜友常 著

中国社会科学出版社

下册目录

第十一章

南阳汉代画像石的衰亡

　　汉代画像石是汉代文化的核心表征，其主要原因是在汉代文化中心区域以外也不断发现，即使那些地区使用了汉代墓葬形式，内部也往往不乏图画装饰。因此，这也成为研究画像石地区风格和地域传布的一个重要问题。南阳作为汉代画像石的起源地，关于它的发展脉络，尤其是初期和尾声期的研究至关重要，这关系到南阳汉代画像石谱系及其全国其他地区汉代画像石谱系的研究。本章针对南阳汉代画像石终结的历史原境、画像石墓的视觉构建做一简要的梳理。

第一节　东汉末年社会因素对南阳汉代画像石墓的影响

一　历史原境与南阳汉代画像石墓的营建

　　上文已经提到，南阳汉代画像石墓的出现，有着深厚的社会原因。关于这一点，学术界也做了很多研究，但有一点是大家共识不变，就是认为汉代画像石墓的出现其中一个主要原因是社会稳定、经济发达。社会的稳定，是一切经济活动、社会活动、各类制造业的前提条件，同时也是社会秩序顺利发展的前提条件。而经济发达是各类社会活动的物质基础，任何事情的发展，均离不开经济的制约。南阳作为汉代的一个郡，汉代画像石墓在此能够首先发源，与其政治、经济有着密切的关系。南阳郡治宛处于南北交通要冲，同时也是当时最大的南北贸易集散地，汉代政府鉴于南阳郡治宛的特殊情况，设有工官、铁官。《汉书·地理志》曰："宛，故申伯国……有工官、铁官"。[1] 铁官系管理南阳一带的冶铁及其铸造与经营，

---

① 班固：《汉书》，中华书局1962年版，第1563页。

此项可谓对南阳的经济带来巨大的财富，推动南阳一带的经济发展，同时铁器工具的大量使用，也为推动南阳一带的农业、工业、手工艺等行业起到了巨大的作用。而工官的设置，一方面规范南阳郡治宛的手工艺制作团队，加强了此地手工艺品的生产质量，另一方面有利于培养一批良工巧匠的创作队伍，增强创作技艺的水平，从而使手工艺品在创新的道路上越走越远。也正因为如此，至西汉中期，宛已经成为全国著名的工商业城市。由于西汉召信臣等人在任南阳太守时，实行劝农政策，大规模兴修水利，使南阳郡"比室殷足""积蓄有余""户口倍增"，农业生产呈现出一派繁荣景象①。据《汉书·地理志》记载："南阳郡……户三十五万九千三百一十六，口一百九十四万二千零五十，县三十六"。②

此时的南阳郡已经成为全国最大的郡。特别需要指出的是，东汉开国皇帝刘秀就是南阳郡蔡阳县人，建国后的东汉王朝，众多功臣出自南阳，32位开国功臣中南阳郡出身的有13位，云台28位将军中南阳郡占了10位③。也正因为有如此优越的政治、经济背景，南阳地区的厚葬风俗愈演愈烈，同时也推动着汉代画像石墓的发展。据有关研究资料显示，汉代画像石墓或汉代画像石祠堂的营建，不是一般经济条件家庭可以承担起的。发现于泰山西南的永寿三年（157年）安国画像石祠堂题记称建造这座祠堂"贾钱二万七千"，相当于当时一个管辖1000户甚至更多人口的地方官员三至四年的收入。④ 如此众多费用，对于一般百姓家庭，可谓巨资。又如河南密县打虎亭1号汉墓（墓主人当为当地富人）的建筑材料系大青砖和青石构件。该墓共用大青砖9万多块，石材达900多立方米。相邻的2号汉墓用大青砖12万多块。"两墓合计……需3000多个劳动日……如按100人从事这两座汉墓的备料、加工修建，需5至6年时间。"⑤

由此可见，汉代画像石墓的营建是费工、费时、费钱的一项工程，与河南密县打虎亭1号汉墓、1号汉墓同等规模的南阳汉代画像石墓虽然不多，但从已经发掘的南阳麒麟岗汉代画像石墓、汉郁平大尹冯君孺久墓、

---

① 信立祥《汉代画像石综合研究》，文物出版社2000年版，第16页。

② 班固：《汉书》，中华书局1962年版，第1563页。

③ 信立祥：《汉代画像石综合研究》，文物出版社2000年版，第16页。

④ ［美］巫鸿：《中国古代艺术与建筑中的纪念碑性》，世纪出版集团、上海人民出版社2009年版，第255页。

⑤ 彭卫等：《中国风俗通史（秦汉卷）》，上海文艺出版社2002年版，第490页。

唐河针织厂汉代画像石墓、唐河电厂汉代画像石墓等，这些汉代画像石墓主的级别大都在类太守或秩两千石。这些墓主人与河南密县打虎亭1号汉墓墓主级别几乎一样。据信立祥先生研究，认为河南密县打虎亭1号汉墓墓主为东汉弘农太守张伯雅。虽然南阳这几座大型画像石墓的规模没有河南密县打虎亭1号汉墓、2号汉墓的规模大，但从各个工序来计，也是需要一大批资金来营建。

据统计，南阳目前发掘汉代画像石墓119座，最早的汉代画像石墓是唐河湖阳汉代画像石墓，时代应该属于西汉中后期，最晚的是方城党庄汉代画像石墓，时代应该属于东汉桓帝、灵帝时期。而兴盛时期是东汉早期，这个时期，正是南阳经济发达、政治稳定的黄金时期。尤其是东汉光武帝、明帝时期，精心营建南阳，并多次巡视南阳，再加上多位南阳籍开国功臣，也不忘回馈故乡，从而使南阳经济文化达到了前所未有的高度。画像石墓也随着高速发展的经济大潮愈演愈烈，成为全国墓葬变革的一朵奇葩，并向其他地域传播。

二　南阳汉代画像石衰亡时期的历史原境

当这种愈演愈烈的丧葬风俗在南阳呈现出一种势不可挡的时候，一场暴风疾雨般的政治风暴开始席卷南阳大地。

时间要从东汉孝灵皇帝中平元年（公元184年）说起，太平道首领张角掀起了一场声势浩大的农民起义，东汉的历史从此进入了一个重要的转折时期。这场起义主力活动于冀州（今河南临漳西南）、南阳（今河南南阳）、颍川（今河南禹州）等三个主要地区。《后汉书》有云："时南阳黄巾张曼成起兵，称'神上使'。众数万，杀郡守褚贡，屯宛下百余日。后太守秦颉击杀曼成，贼更以赵弘为帅，众浸盛，遂十余万，据宛城。俊与荆州刺史徐璆及秦颉合兵万八千人围弘，自六月至八月不拔。有司奏欲征俊。司空张温上疏曰：'昔秦用白起，燕任乐毅，皆旷年历载，乃能克敌。俊讨颍川，以有攻效，引师南指，方略已设，临军易将，兵家有忌，宜假日月，责其成功。'灵帝乃止。俊因急击弘，斩之。"[1]

由此可见，南阳当时已经是黄巾起义的主战场，由黄巾起义军的主帅张曼成亲自率领攻打宛城，而且一度攻下宛城，杀死郡守褚贡，占领宛城

---

① 范晔：《后汉书·皇甫嵩朱儁列传》，中华书局1964年版，第663页。

数月。如此大规模的起义军盘踞宛城，这些士兵犹如虎狼之势，"燔烧官府，劫略聚邑，州郡失据，长吏多逃亡旬日之间，天下向（响）应，京师震动"。对南阳郡的政治、经济给予沉重的打击，出现了"白骨露于野，千里无鸡鸣"的凄惨景象，从此经济萎靡不振，城乡社会一片萧条，南阳昔日的繁华已成云烟。众多豪强地主、达官贵族钟鸣鼎食的生活也日趋衰落，社会的宗法制度和丧葬习俗也受到沉重的冲击。

如果说政治稳定、经济繁荣是南阳汉代画像石墓起源的一个重要先决条件，那么政治动荡、经济萧条也给南阳汉代画像石墓的炽热发展浇上了一盆冷水，使人们看到政治的动荡，豪华的墓葬瞬间就会成为盗贼、起义军、军阀敛财的乐土。据《后汉书》记载，董卓命令自己的部队挖掘皇陵以及诸侯墓葬的事实。其文曰："（董卓）又使吕布发诸帝陵，及公卿已下冢墓，收其珍宝。"①

董卓的这一举措，破坏了大批汉代皇帝以及王公贵族的墓葬，洛阳一带不仅遭到盗掘，南阳作为东汉的陪都，贵族和豪强墓葬比比皆是，面对如此大的一场浩劫，南阳郡也未能幸免。这次浩劫，使西汉中期和东汉后期三百多年来厚葬之风得以反思，使这些墓主后裔们亲眼目睹自己先人的墓葬被挖掘，使他们对待丧葬、尤其是厚葬的观念产生动摇。在董卓大规模盗掘墓葬过程中，想必民间也会是蔚然成风，盗墓之风席卷全国的每一个角落，这也是历史不断重演的一种现象。每当经济衰退、民不聊生、政治动荡的时候，从盗墓过程中获得一些物资或财富维持生活，是众多下层民众无奈的生活方式。也正因为如此，往往时代越早的墓葬被盗的次数越多，所剩财物越少。所以，盗掘时代越近的墓，获得财富的几率越大。因此，众多的汉代墓葬就在这个时期频频被盗。如果说董卓派吕布盗掘诸陵及公卿墓葬是西汉以来第一次官方的盗墓行为，那么曹操设置的摸金校尉是西汉以来第一次政府设置的国家盗墓机构。这个机构使汉代末年的盗墓合法化，也助长了民间盗墓的风气，从而使盗墓更为猖獗。《三国志·袁绍传》中，裴松之引东晋史学家孙盛撰写的《魏氏春秋》中收录的《袁绍檄州郡文》记载了曹操成立盗墓机构的文献，其文曰："又梁孝王，先帝母弟，坟陵尊显，松柏桑梓，犹宜恭肃，而操率将校吏士亲临发掘，破棺裸尸，掠取金宝。至令圣朝流涕，士民伤怀。又署发丘中郎将、摸金校

---

① 范晔：《后汉书·董卓列传》，中华书局 1964 年版，第 669 页。

尉，所过隳突，无骸不露。"① 曹操亲自参与了盗墓行为，使他深感厚葬的弊端，曹操在建安十年春正月，攻袁谭破之，下令禁止厚葬。《三国志·魏武帝纪》曰："令民不得复私仇，禁厚葬，皆一之于法"。②

东汉末年，曹操开启了薄葬之风，其薄葬思想在当时产生了重大影响。并在公元 218 年的时候，亲自为自己选定了葬地，并下令："古之葬者，必居瘠薄之地。其规西门豹西原上为寿陵，因高为基，不封不树。《周礼》冢人掌公墓之地，凡诸侯居左右以前，卿大夫居后，汉制亦谓之陪陵。其公卿大臣列将有功者，宜陪寿陵，其陵为兆域，使足相容。"③ 考古资料表明，曹操高陵是一座东汉末期具有帝陵形制与规格的"不封不树"的墓葬。在建安二十五年临终的遗令中，又提出要"敛以时服，无藏金玉珍宝"④。

从黄巾起义到董卓乱政，再到曹操挟天子以令诸侯，南阳一带始终是战争的主要战场。政治治理能力下降，经济发展乏力，是完全可以想象的。经济基础决定上层建筑，物质的丰富，生活的奢侈，使死者厚葬亦成为可能；反之，物质的匮乏，经济的萧条，厚葬就失去了物质基础，东汉末年，狼烟四起，战争不断，城池也朝楚暮秦。中原一带经济受到极大的破坏，人民处于水深火热之中，基于此种情况，作为一个统治者，首要任务是维护社会稳定，满足民众最基本物质需求。也只有满足了基层人民的物质需要，才能从根本上维持社会的安定。因此，统治者不得不从丧葬制度上改变之前的厚葬习俗，转而实行薄葬政策，降低社会不必要的物质浪费。这样不仅能够节约财富来发展经济、救济民众，更能使统治者获民众的拥护，一举两得。

正因为如此，曹操在中原推行薄葬政策，在实施过程中，曹操也身体力行地践行这一规定，在其终令和遗令中，反复强调身后薄葬的愿望。其实他的这一观念，除了节约物质财富之外，也有感于东汉末年大规模的官方盗墓和民间盗墓，当年他面对梁孝王刘武陵墓被他的部属破坏得凌乱不堪时，这一景象也许使他终生难忘。曹操如此，生活在那个年代的达官贵

① 陈寿：《三国志·袁绍传》，中华书局 2007 年版，第 198 页。
② 陈寿：《三国志》，中华书局 2007 年版，第 27 页。
③ 陈寿：《三国志》，中华书局 2007 年版，第 53 页。
④ 陈寿：《三国志》，中华书局 2007 年版，第 53 页。

族亦是如此，他们也会或多或少亲眼目睹被盗墓葬的残忍景象。沉痛的教训，深刻的例子，彻底为东汉末年厚葬习俗的南阳人民敲响了警钟。使他们更清醒地认识到了厚葬的弊端，也认识到厚葬的后果，改变了多年来的思维模式。一个旧的丧葬习俗过去了，一个新的丧葬习俗也就在这个时期开启了，两汉三百多年厚葬之风产生的汉代画像石墓，随着阵阵清风，宛如一缕云烟，消散在天边的云际之间。

第二节　南阳汉代画像石墓衰亡时期的基本特征

南阳汉代画像石墓，来也匆匆，去也匆匆，它宛如天边的朝霞，有灿烂绚丽的时候，也有随风逝去的时刻。在南阳及其周边的地域之内，考古发掘工作者也发现了少量的东汉末期画像石墓，通过这些汉代画像石墓，会发现此时的画像石墓犹如强弩之末势不能穿鲁缟，往日满壁飞动、精彩绝伦、美轮美奂的画像石墓，仿佛一夜之间骤然开始黯然失色，末期的特征也格外明显。

一　南阳汉代画像石墓衰亡时期的发掘资料

1982 年春发掘的南阳方城党庄汉代画像石墓，是南阳汉代画像石墓发展历程中的里程碑，更为确切地说，该墓的发现，也是南阳汉代画像石终结时期的一个标符，昭示着南阳汉代画像石墓的尾声。此时的画像石墓，还有襄城茨沟汉代画像石墓、中原技校汉代画像石墓。

作为末期的南阳汉代画像石墓，基本情况简述如下。

（一）襄城茨沟汉代画像石墓

该汉墓通高 6.6 米（由土冢顶点至后室铺地砖的高度），通长 23.04 米。墓室结构是由墓道、甬道和七个砖室墓组成的。墓室系砖石混合结构，长 11.6 米，最宽处 9.22 米。由 7 个墓室构成。它的平面布局是前室、中室和后室建筑在一条中轴线上，皆设有石门可通。前室之北设一券门通往右前室；前室之南垒砌石门通往左前室。左前室之东砌有左后室，中间亦有券门可通。中室之北券砌右耳室；中室之南砌券门二以通左后室。该墓使用画像石 6 块。为前室门楣一块、左前室门楣一块、中室门楣一块、后室藻井一块，另一块后室门楣石已毁坏，仅发现少数残片。除中室门楣石两面均刻有画像外，其余完整的三块仅刻一面。画像雕刻都比较粗糙。它的雕刻方法是先在粗糙的平面上刻好画像，然后再在地上刻上横的或竖的平行线纹。主要画像有二龙穿璧、二龙交尾、斗兽等。[①]

（二）南阳市中原技校汉代画像石墓

该墓墓室长 10.9 米，最宽 3.12 米。由墓门、甬道、前室、二耳室、中室、二侧室和二后室组成。墓门由二立柱、二朵栌斗和一门楣组成，甬道西边有前室门，门凿有枢窝，窝内有朽木，可知原安装木门。二耳室位于前室南北两侧，大小略同。前室西侧是中室门，亦凿有门枢窝，窝内亦有朽木。中室南边有两侧室。中室与后室之间并列两个假门。此墓使用画像 10 幅，位于墓门的南、北立柱、前室的盖顶石、中室门楣石、二侧室门楣石、二侧室过梁、后室二门楣上。画像有拥彗门吏、执盾门吏、菱形纹穿璧图案、逐疫辟邪、乐舞百戏、鼓舞画像、二方连续菱形穿环图案。[②]

（三）方城县党庄汉代画像石墓

整个墓室南北通长 9.16 米、东西宽 3.32 米。墓室建筑为砖、石混合结构，平面为长方形，由封门墙、墓门、甬道、中室和双主室五部分组成。墓门由门楣、两门柱和门槛组成，无门扉。门道通高 1.24 米、东西宽 1.12 米。门楣和两门柱南面均刻二方连续菱形穿环图案，门槛为素面。中室平面近方形，南北长 2.83 米、东西宽 2.79 米、壁高约 1.57 米。清理时，已遭破主室墓室后部为两个东西并列的主室。东主室长 2.83 米、宽 0.98 米、壁高 1.10 米；西主室长 2.82 米、宽 0.92 米、壁高 1.10 米，券高 68 厘米。双主室之门，建造特殊，是南阳汉代画像石墓所仅见。两主室门均由门楣、门柱和门槛组成，无门扉。主室东门宽 97 厘米、西门宽 90 厘米、高皆为 1.12 米。画像石主要分布在墓门、门柱、墓室侧壁，画像有穿璧纹。[③]

二　南阳汉代画像石墓衰亡时期的画像配置

上述三座汉代画像石墓是迄今南阳考古发掘时代最晚的汉代画像石墓，通过这些墓葬的考古发掘材料，我们可以梳理出一些晚期墓葬的共同特点，同时也能理出画像石配置的基本方式，以及画像石刻画的一些特点。

---

① 河南省文物局文物工作队：《河南襄城茨沟汉画像石墓》，《考古学报》1964 年第 1 期。

② 石红艳、王清建：《南阳汉代画像石墓发掘报告集》，《南阳市中原技校汉画像石墓》，中州古籍出版社 2012 年版，第 400 页。

③ 南阳地区文物队：《方城县党庄汉代画像石墓——兼谈南阳汉画像石墓的衰亡问题》，《中原文物》1986 年第 2 期。

　　从墓室的构造来看，可以看出仍为多室墓，有纯石结构，亦有砖石结构，但大门的门扉已经发生了很大的变化。在此前，南阳汉代画像石墓墓门均由石门组成，墓门基本上刻画白虎、朱雀与铺首衔环等画像。但到了东汉晚期，这一情况发生了质的改变，墓门由石质变为木质，在已发掘的这三座东汉晚期画像石墓中，均反映了这一情况。譬如，襄城茨沟汉代画像石墓门均已不存在，应是使用木门已经腐朽。南阳市中原技校汉代画像石墓墓门无存，甬道西边有前室门，门凿有枢窝，窝内有朽木，可知原安装木门。方城县党庄汉代画像石墓，亦无门扉，可以推断，应为木门门扉腐朽无存。

　　在方城县党庄汉代画像石墓、襄城茨沟汉代画像石墓、南阳市中原技校汉代画像石墓中，均表现出前室由宽变窄，成为甬道或与甬道宽度接近。在方城县党庄汉代画像石墓中，墓室立柱上也增加了仿木结构的护斗，这也是南阳地区汉代画像石墓晚期的一个主要特征。

　　在画像石的配置方面，也存在着较大的变化。襄城茨沟汉代画像石墓使用画像石五块，南阳市中原技校汉代画像石墓使用画像石 10 块，方城县党庄汉代画像石墓约 12 块。这些画像石墓所用的画像石数量明显减少，画像石主要配置在墓门、过梁等部位，画面也与以前大不一样，开始由繁向简发展，图案增加，如方城县党庄汉代画像石墓 12 块均为穿环纹，没有其他画像。其他两座画像石墓画像题材多为一些二龙穿璧（图 11-1）、应龙、虎（图 11-2）、辟邪、异兽和神人之类，个别墓葬还保留着墓主生前生活、舞乐百戏和日、月、天象的画像等[1]，配置也明显没有兴盛期那

图 11-1　二龙穿璧

----

　　① 南阳地区文物队：《方城县党庄汉代画像石墓——兼谈南阳汉画像石墓的衰亡问题》，《中原文物》1986 年第 2 期。

图 11-2　虎、龙

么丰富和严谨。从这三座画像石墓可以看出，以前通常配置的门槛石也不再出现，甚至有的墓葬所用画像石系再葬材料，如在南阳中原技校汉代画像石墓中，执盾门吏画像石（图 11-3）、执彗门吏画像石（图 11-4）和五幅图案的雕刻技法为平面剔地浅浮雕，而鼓舞画像石、逐疫画像石、乐舞百戏画像石（图 11-5）三幅画像均为横竖纹衬底浅浮雕，可以看出三

图 11-3　执盾门吏　　　　　图 11-4　执彗门吏

幅画像与前七幅画像的雕刻方式截然不同。另外，本应刻在汉墓内墙壁的鼓舞图画像石在此墓中被用作盖顶石，且画像底边的部分画像在建墓的时候为了合缝而凿掉。逐疫画像石多刻于大门门楣正面，此墓中却配置在侧身过梁。因此，这三幅画像明显是利用以前墓葬的画像石，任意砌在墓室中①。此外，我们还会发现，此时的画像石墓葬，素面的石刻较多，就以南阳中原技校汉代画像石墓为例，约80%的石刻为素面。由此也可以看出，东汉晚期南阳地区汉代画像石墓的画像数量越来越少，这也成为汉代画像石墓末期的一个主要特征。

图 11-5　乐舞百戏

小　　结

南阳汉代画像石的衰亡，与当时的政治、经济有着密切的关系。如果说南阳汉代画像石墓的流行与厚葬密切相关的话，其背后的力量是经济快速发展作为动力，那么，南阳汉代画像石墓的衰亡，则与东汉末年的社会动荡密不可分。撇开丧葬信仰的角度，以社会学的角度来审视，会发现南阳汉代画像石墓的营建已经失去了赖以生存的社会环境。当社会处于动荡不安的情况下，势必会导致经济的持续下滑，政治治理的不断无序，最终使民众的生活水平不断下降。当社会下层的贫困民众衣食无着的时候，他们唯一的办法就是盗掘墓葬，以获得生活的物资，从而使其继续生活下去。而对于军阀来讲，他们的军队开支同样需要大量的物资来维持，除了盘剥中下层民众之外，最为有效的办法也就是盗掘墓葬。董卓与曹操就是显著的例子，作为特权组织，帝王将相陵墓属于他们的首选，因为这些墓葬陪葬品往往会价值连城，极易达到预期目的。上行下效，处于社会底层

---

① 石红艳、王清建：《南阳汉代画像石墓发掘报告集》，《南阳市中原技校汉画像石墓》，中州古籍出版社2012年版，第400页。

的民众，他们没有机会挖掘帝王将相的陵墓，一般官员或豪强的墓冢就成为他们的首选，作为一般官员或豪强的画像石墓，纷纷跃入盗墓贼的眼帘。正如时人所言，愈是厚葬，愈易引发盗墓。这个规律一般民众不仅能够理解，作为统治阶层的曹操更是心知肚明，因此，不仅自己嘱托其子不得为其厚葬，而且也大力倡导社会推行薄葬，反对厚葬。双重的社会因素，南阳汉代画像石墓的营建逐渐缺乏动力。在其历史原境下，有经济实力的家庭也越来越少，营建画像石墓的资金更是与日俱减。从心理上来讲，疯狂的盗墓已经为当时的民众敲响警钟，于是汉代画像石墓越来越走向尾声。

尾声期的南阳汉代画像石墓，其特点主要呈现在利用已经被盗掘画像石墓的建墓材料再次使用，所以我们会发现东汉晚期有的画像石墓，大墓较多，但画像配置已经没有以前那么考究，甚至有张冠李戴的配置错位。此外，就是聘请工匠营建一座画像石墓，其粉本的种类也极其匮乏，更没有创新的图像可言，有的甚至以几何纹来装饰，画像种类明显不如前期丰富。不得不提的是佛教中的莲花题材，也在此时期的墓葬中出现，已发掘的桐柏安棚汉代画像石墓中室穹窿顶顶盖石下端面就刻画一幅莲花图。随着时代的变迁，东汉末年以后，满壁飞动、流连忘返的画像石墓，已经成为过眼云烟，飘散得无影无踪。

南阳汉代画像石墓出土画像

一 西汉中后期（约昭帝至元帝）墓出土画像

1. 唐河县石灰窑汉代画像石墓出土画像

图 12-1 楼阁、铺首衔环

出土或征集时间：1980 年 5 月

尺寸：57cm×119cm×10cm

石质：砂岩石

组合关系：东室西门扉正面

原石情况：完整

收藏单位：南阳汉画馆

图 12-2 楼阁、铺首衔环

出土或征集时间：1980 年 5 月

尺寸：57cm×119cm×10cm

石质：砂岩石

组合关系：东室西门扉正面

原石情况：完整

收藏单位：南阳汉画馆

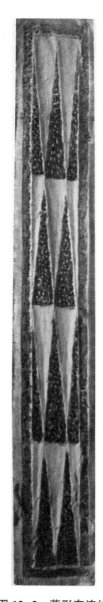

图 12-3 菱形套连纹

出土或征集时间：1980 年 5 月

尺寸：28cm×110cm×33cm

石质：砂岩石

组合关系：东室东门柱正面

原石情况：完整

收藏单位：南阳汉画馆

图 12-4 执戟小吏

出土或征集时间：1980 年 5 月

尺寸：33cm×110cm×28cm

石质：砂岩石

组合关系：东室东门柱侧面

原石情况：完整

收藏单位：南阳汉画馆

图 12-5 穿璧纹

出土或征集时间：1980 年 5 月

尺寸：28cm×110cm×33cm

石质：砂岩石

组合关系：东室东门柱正面

原石情况：完整

收藏单位：南阳汉画馆

2. 南阳杨官寺汉代画像石墓出土画像

图 12-6 人物	**图 12-7 郁垒**
出土或征集时间：1962 年春	出土或征集时间：1962 年春
尺寸：不详	尺寸：不详
石质：石灰石	石质：石灰石
组合关系：墓门中立柱正面	组合关系：墓门南立柱北侧面
原石情况：略残	原石情况：略残
收藏单位：南阳汉画馆	收藏单位：南阳汉画馆

图 12-8　双阙

出土或征集时间：1962 年春

尺寸：不详

石质：石灰石

组合关系：墓门北立柱南侧面

原石情况：略残

收藏单位：南阳汉画馆

图 12-9　菱形纹

出土或征集时间：1962 年春

尺寸：不详

石质：石灰石

组合关系：墓门南门楣正面

原石情况：略残

收藏单位：南阳汉画馆

图 12-10　菱形纹

出土或征集时间：1962 年春

尺寸：不详

石质：石灰石

组合关系：墓门北门楣正面

原石情况：略残

收藏单位：南阳汉画馆

图 12-11　菱形纹

出土或征集时间：1962 年春

尺寸：不详

石质：石灰石

组合关系：主室中立柱正面

原石情况：略残

收藏单位：南阳汉画馆

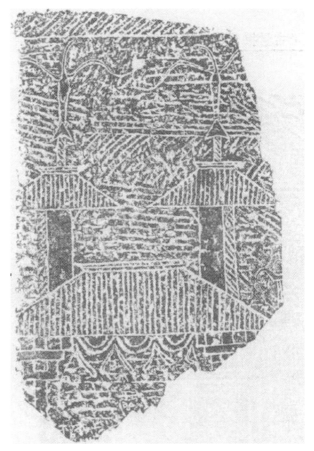

图 12-12　人物

出土或征集时间：1962 年春

尺寸：56cm×182cm×10cm

石质：石灰石

组合关系：北主室北门扉正面

原石情况：略残

收藏单位：南阳汉画馆

图 12-13　双阙

出土或征集时间：1962 年春

尺寸：不详

石质：石灰石

组合关系：北主室南门扉正面

原石情况：略残

收藏单位：南阳汉画馆

图 12-14　应龙

出土或征集时间：1962 年春

尺寸：不详

石质：石灰石

组合关系：北主室南门扉正面

原石情况：略残

收藏单位：南阳汉画馆

图 12-15　白虎

出土或征集时间：1962 年春

尺寸：不详

石质：石灰石

组合关系：南主室南门扉正面

原石情况：完整

收藏单位：南阳汉画馆

图 12-16　二龙穿璧

出土或征集时间：1962 年春

尺寸：不详

石质：石灰石

组合关系：南主室北门扉正面

原石情况：略残

收藏单位：南阳汉画馆

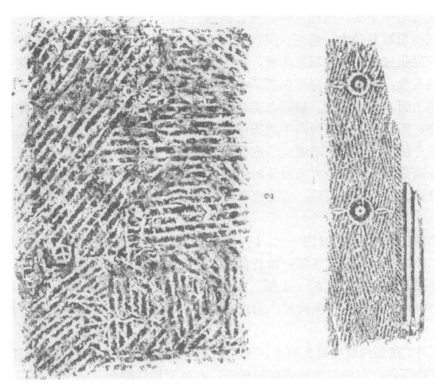

图 12-17　铭文

出土或征集时间：1962 年春

尺寸：不详

石质：石灰石

组合关系：南主室南壁石正面

原石情况：完整

收藏单位：南阳汉画馆

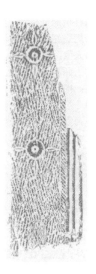

图 12-18　柿蒂纹

出土或征集时间：1962 年春

尺寸：不详

石质：石灰石

组合关系：墓内出土散石

原石情况：完整

收藏单位：南阳汉画馆

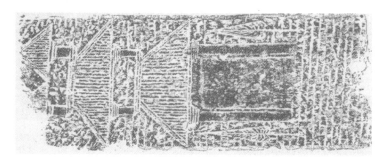

图 12-19　阙

出土或征集时间：1962 年春

尺寸：不详

石质：石灰石

组合关系：南侧室北立柱南侧面

原石情况：残缺

收藏单位：南阳汉画馆

3. 南阳县赵寨砖瓦厂汉画像石墓出土画像

图 12-20　门阙

出土或征集时间：1976 年 2 月

尺寸：24cm×168cm×30cm

石质：石灰石

组合关系：不详

原石情况：完整

收藏单位：南阳汉画馆

图 12-21　楼阁

出土或征集时间：1976 年 2 月

尺寸：47cm×177cm×8cm

石质：石灰石

组合关系：门扉

原石情况：完整

收藏单位：南阳汉画馆

图 12-22　门阙

出土或征集时间：1976 年 2 月

尺寸：38cm×171cm×23cm

石质：石灰石

组合关系：不详

原石情况：完整

收藏单位：南阳汉画馆

图 12-23　门阙

出土或征集时间：1976 年 2 月

尺寸：33cm×110cm×28cm

石质：石灰石

组合关系：不详

原石情况：完整

收藏单位：南阳汉画馆

图 12-24　门阙

出土或征集时间：1976 年 2 月

尺寸：32cm×168cm×27cm

石质：石灰石

组合关系：不详

原石情况：完整

收藏单位：南阳汉画馆

图 12-25　门阙

出土或征集时间：1976 年 2 月

尺寸：37cm×169cm×26cm

石质：石灰石

组合关系：不详

原石情况：完整

收藏单位：南阳汉画馆

图 12-26 门阙

出土或征集时间：1976 年 2 月

尺寸：37cm×173cm×27cm

石质：石灰石

组合关系：不详

原石情况：完整

收藏单位：南阳汉画馆

图 12-27 门阙

出土或征集时间：1976 年 2 月

尺寸：40cm×174cm×27cm

石质：石灰石

组合关系：不详

原石情况：完整

收藏单位：南阳汉画馆

4. 唐河湖阳汉代画像石墓出土画像石

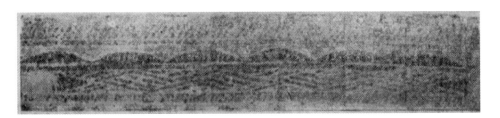

图 12-28　连弧纹

出土或征集时间：1983 年 6 月

尺寸：不详

石质：砂岩石

组合关系：门楣

原石情况：完整

收藏单位：南阳汉画馆

图 12-29　菱形纹

出土或征集时间：1983 年 6 月

尺寸：不详

石质：砂岩石

组合关系：门扉侧面立柱

原石情况：完整

收藏单位：南阳汉画馆

图 12-30　菱形纹

出土或征集时间：1983 年 6 月

尺寸：不详

石质：砂岩石

组合关系：门扉正面

原石情况：完整

收藏单位：南阳汉画馆

5. 南阳市万家园汉代画像石墓出土画像

图 12-31　白虎铺首

出土或征集时间：2006 年

尺寸：59cm×175cm×10cm

石质：石灰石

组合关系：墓门南门南门扉正面

原石情况：完整

收藏单位：南阳汉画馆

图 12-32　白虎铺首

出土或征集时间：2006 年

尺寸：60cm×174cm×10cm

石质：石灰石

组合关系：墓门南门北门扉正面

原石情况：完整

收藏单位：南阳汉画馆

图 12-33 朱雀铺首

出土或征集时间：2006 年

尺寸：59cm×169cm×10cm

石质：石灰石

组合关系：墓门北门南门扉正面

原石情况：完整

收藏单位：南阳汉画馆

图 12-34 朱雀铺首

出土或征集时间：2006 年

尺寸：58cm×170cm×10cm

石质：石灰石

组合关系：墓门北门北门扉正面

原石情况：完整

收藏单位：南阳汉画馆

图 12-35　小吏

出土或征集时间：2006 年

尺寸：37cm×173cm×27cm

石质：石灰石

组合关系：墓门南立柱正面

原石情况：完整

收藏单位：南阳汉画馆

图 12-36　小吏

出土或征集时间：2006 年

尺寸：40cm×174cm×27cm

石质：石灰石

组合关系：墓门北立柱正面

原石情况：完整

收藏单位：南阳汉画馆

图 12-37　小吏

出土或征集时间：2006 年

尺寸：32cm×159cm×30cm

石质：石灰石

组合关系：墓门中立柱正面

原石情况：完整

收藏单位：南阳汉画馆

图 12-38　穿璧纹

出土或征集时间：2006 年

尺寸：201cm×39cm×31cm

石质：石灰石

组合关系：墓门南门楣正面

原石情况：完整

收藏单位：南阳汉画馆

图 12-39　穿璧纹

出土或征集时间：2006 年

尺寸：216cm×40cm×31cm

石质：石灰石

组合关系：墓门北门楣正面

原石情况：完整

收藏单位：南阳汉画馆

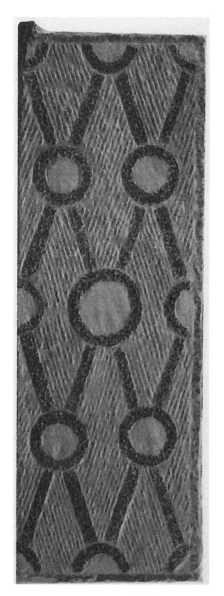

图 12-40　穿璧纹

出土或征集时间：2006 年

尺寸：57cm×175cm×10cm

石质：石灰石

组合关系：墓门南门南门扉背面

原石情况：完整

收藏单位：南阳汉画馆

图 12-41　穿璧纹

出土或征集时间：2006 年

尺寸：60cm×174cm×10cm

石质：石灰石

组合关系：墓门南门北门扉背面

原石情况：完整

收藏单位：南阳汉画馆

 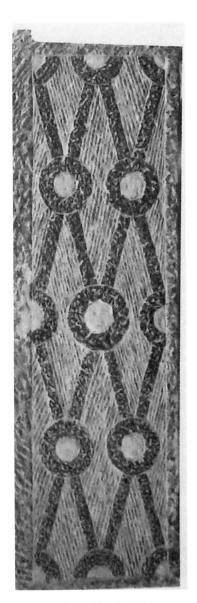

图 12-42　穿璧纹

出土或征集时间：2006 年

尺寸：59cm×169cm×10cm

石质：石灰石

组合关系：墓门北门南门扉背面

原石情况：完整

收藏单位：南阳汉画馆

图 12-43　穿璧纹

出土或征集时间：2006 年

尺寸：56cm×168cm×10cm

石质：石灰石

组合关系：墓门北门北门扉背面

原石情况：完整

收藏单位：南阳汉画馆

二　西汉末到新莽（成帝至王莽）墓出土画像

1. 唐河针织厂汉代画像石墓出土画像

图 12-44　伏羲

出土或征集时间：1972 年 6 月

尺寸：38cm×113cm×30cm

石质：砂岩石

组合关系：北主室北立柱正面

原石情况：完整

收藏单位：南阳汉画馆

图 12-45　女娲

出土或征集时间：1972 年 6 月

尺寸：39cm×113cm×30cm

石质：砂岩石

组合关系：南主室南立柱正面

原石情况：完整

收藏单位：南阳汉画馆

图 12-46　出行

出土或征集时间：1972 年 6 月

尺寸：55cm×40cm×168cm

石质：砂岩石

组合关系：前室墓顶石顶端

原石情况：完整

收藏单位：南阳汉画馆

图 12-47　出行

出土或征集时间：1972 年 6 月

尺寸：45cm×38cm×166cm

石质：砂岩石

组合关系：前室墓顶石顶端

原石情况：完整

收藏单位：南阳汉画馆

图 12-48 出行

出土或征集时间：1972 年 6 月

尺寸：61cm×60cm×166cm

石质：砂岩石

组合关系：前室墓顶石顶端

原石情况：完整

收藏单位：南阳汉画馆

图 12-49 出行

出土或征集时间：1972 年 6 月

尺寸：52cm×36cm×164cm

石质：砂岩石

组合关系：前室墓顶石顶端

原石情况：完整

收藏单位：南阳汉画馆

图 12-50　出行

出土或征集时间：1972 年 6 月

尺寸：52cm×40cm×168cm

石质：砂岩石

组合关系：前室墓顶石顶端

原石情况：完整

收藏单位：南阳汉画馆

图 12-51　拜谒

出土或征集时间：1972 年 6 月

尺寸：138cm×92cm×20cm

石质：砂岩石

组合关系：前室南壁上部

原石情况：完整

收藏单位：南阳汉画馆

图 12-52 拜谒

出土或征集时间：1972 年 6 月

尺寸：113cm×91cm×30cm

石质：砂岩石

组合关系：前室北壁上部

原石情况：完整

收藏单位：南阳汉画馆

图 12-53 宴宾

出土或征集时间：1972 年 6 月

尺寸：127cm×87cm×23cm

石质：砂岩石

组合关系：前室北壁下部

原石情况：完整

收藏单位：南阳汉画馆

图 12-54　拦驾

出土或征集时间：1972 年 6 月

尺寸：134cm×77cm×32cm

石质：砂岩石

组合关系：南主室南壁东端上部

原石情况：完整

收藏单位：南阳汉画馆

图 12-55　田猎

出土或征集时间：1972 年 6 月

尺寸：133cm×81cm×33cm

石质：砂岩石

组合关系：南主室南壁东端下部

原石情况：完整

收藏单位：南阳汉画馆

图 12-56　乐舞百戏

出土或征集时间：1972 年 6 月

尺寸：155cm×93cm×32cm

石质：砂岩石

组合关系：南主室南壁西端下部

原石情况：完整

收藏单位：南阳汉画馆

图 12-57　聂政自屠

出土或征集时间：1972 年 6 月

尺寸：106cm×66cm×15cm

石质：砂岩石

组合关系：南主室西壁上部

原石情况：完整

收藏单位：南阳汉画馆

图 12-58   建鼓舞

出土或征集时间：1972 年 6 月

尺寸：108cm×91cm×16cm

石质：砂岩石

组合关系：南主室西壁下部

原石情况：完整

收藏单位：南阳汉画馆

图 12-59   聂政自屠

出土或征集时间：1972 年 6 月

尺寸：106cm×99cm×16cm

石质：砂岩石

组合关系：北主室西壁上部

原石情况：完整

收藏单位：南阳汉画馆

图 12-60　盘古、斗兽

出土或征集时间：1972 年 6 月

尺寸：175cm×95cm×29cm

石质：砂岩石

组合关系：北主室北壁西端下部

原石情况：完整

收藏单位：南阳汉画馆

图 12-61　高祖斩蛇

出土或征集时间：1972 年 6 月

尺寸：113cm×78cm×30cm

石质：砂岩石

组合关系：北主室北壁东端下部

原石情况：完整

收藏单位：南阳汉画馆

图 12-62 虎吃女魃

出土或征集时间：1972 年 6 月

尺寸：194cm×45cm×30cm

石质：砂岩石

组合关系：墓南门门楣正面

原石情况：完整

收藏单位：南阳汉画馆

图 12-63 车骑出行

出土或征集时间：1972 年 6 月

尺寸：194cm×45cm×30cm

石质：砂岩石

组合关系：墓南门门楣背面

原石情况：完整

收藏单位：南阳汉画馆

图 12-64 虎吃女魃

出土或征集时间：1972 年 6 月

尺寸：204cm×46cm×32cm

石质：砂岩石

组合关系：墓北门门楣正面

原石情况：完整

收藏单位：南阳汉画馆

图 12-65　辎车出行

出土或征集时间：1972 年 6 月

尺寸：204cm×46cm×32cm

石质：砂岩石

组合关系：墓北门门楣背面

原石情况：完整

收藏单位：南阳汉画馆

图 12-66　羽人、白虎

出土或征集时间：1972 年 6 月

尺寸：132cm×45cm×32cm

石质：砂岩石

组合关系：主室隔梁西段南侧面

原石情况：完整

收藏单位：南阳汉画馆

图 12-67　范睢受袍

出土或征集时间：1972 年 6 月

尺寸：132cm×45cm×32cm

石质：砂岩石

组合关系：主室隔梁西段北侧面

原石情况：完整

收藏单位：南阳汉画馆

图 12-68　羽人、应龙

出土或征集时间：1972 年 6 月

尺寸：150cm×44cm×32cm

石质：砂岩石

组合关系：主室隔梁东段南侧面

原石情况：完整

收藏单位：南阳汉画馆

图 12-69　晏子见齐景公

出土或征集时间：1972 年 6 月

尺寸：150cm×44cm×32cm

石质：砂岩石

组合关系：主室隔梁东段北侧面

原石情况：完整

收藏单位：南阳汉画馆

图 12-70　荆轲刺秦王

出土或征集时间：1972 年 6 月

尺寸：106cm×58cm×16cm

石质：砂岩石

组合关系：北主室西壁下部

原石情况：完整

收藏单位：南阳汉画馆

图 12-71　白虎与神兽

出土或征集时间：1972 年 6 月

尺寸：161cm×62cm×31cm

石质：砂岩石

组合关系：北主室北壁西端上部

原石情况：完整

收藏单位：南阳汉画馆

图 12-72　晏子见齐景公

出土或征集时间：1972 年 6 月

尺寸：128cm×80cm×29cm

石质：砂岩石

组合关系：北主室北壁东端上部

原石情况：完整

收藏单位：南阳汉画馆

图 12-73　白虎、三足乌

出土或征集时间：1972 年 6 月

尺寸：130cm×47cm×41cm

石质：砂岩石

组合关系：南主室墓顶石

原石情况：完整

收藏单位：南阳汉画馆

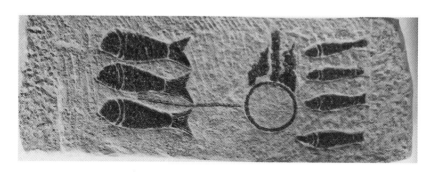

图 12-74　河伯出行

出土或征集时间：1972 年 6 月

尺寸：136cm×46cm×47cm

石质：砂岩石

组合关系：南主室墓顶石

原石情况：完整

收藏单位：南阳汉画馆

图 12-75　四神

出土或征集时间：1972 年 6 月

尺寸：130cm×48cm×42cm

石质：砂岩石

组合关系：南主室墓顶石

原石情况：完整

收藏单位：南阳汉画馆

图 12-76　虹霓

出土或征集时间：1972 年 6 月

尺寸：130cm×48cm×37cm

石质：砂岩石

组合关系：南主室墓顶石

原石情况：完整

收藏单位：南阳汉画馆

图 12-77　星象

出土或征集时间：1972 年 6 月

尺寸：130cm×47cm×45cm

石质：砂岩石

组合关系：北主室墓顶石

原石情况：完整

收藏单位：南阳汉画馆

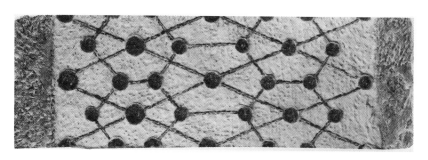

图 12-78　星象

出土或征集时间：1972 年 6 月

尺寸：133cm×43cm×45cm

石质：砂岩石

组合关系：北主室墓顶石

原石情况：完整

收藏单位：南阳汉画馆

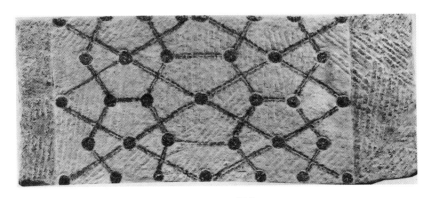

图 12-79　星象

出土或征集时间：1972 年 6 月

尺寸：133cm×59cm×38cm

石质：砂岩石

组合关系：北主室墓顶石

原石情况：完整

收藏单位：南阳汉画馆

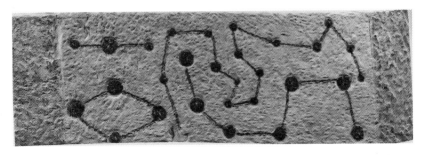

图 12-80　星象

出土或征集时间：1972 年 6 月

尺寸：130cm×44cm×39cm

石质：砂岩石

组合关系：北主室墓顶石

原石情况：完整

收藏单位：南阳汉画馆

图 12-81　星象

出土或征集时间：1972 年 6 月

尺寸：46cm×127cm×42cm

石质：砂岩石

组合关系：北主室墓顶石

原石情况：完整

收藏单位：南阳汉画馆

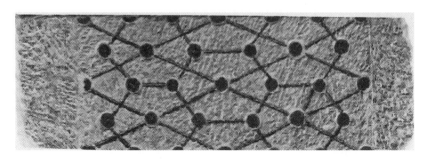

图 12-82　星象

出土或征集时间：1972 年 6 月

尺寸：44cm×133cm×42cm

石质：砂岩石

组合关系：北主室墓顶石

原石情况：完整

收藏单位：南阳汉画馆

图 12-83 执盾小吏

出土或征集时间：1972 年 6 月

尺寸：31cm×138cm×34cm

石质：砂岩石

组合关系：墓门南立柱正面

原石情况：完整

收藏单位：南阳汉画馆

图 12-84 执笏小吏

出土或征集时间：1972 年 6 月

尺寸：39cm×113cm×30cm

石质：砂岩石

组合关系：墓门北立柱正面

原石情况：完整

收藏单位：南阳汉画馆

图 12-85 白虎铺首

出土或征集时间：1972 年 6 月

尺寸：63cm×110cm×12cm

石质：砂岩石

组合关系：墓南门南门扉正面

原石情况：上端残缺

收藏单位：南阳汉画馆

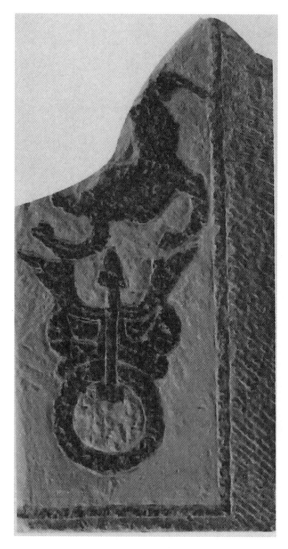

图 12-86 白虎铺首

出土或征集时间：1972 年 6 月

尺寸：52cm×40cm×168cm

石质：砂岩石

组合关系：墓南门北门扉正面

原石情况：上端残缺

收藏单位：南阳汉画馆

图 12-87 朱雀铺首

出土或征集时间：1972 年 6 月

尺寸：64cm×147cm×10cm

石质：砂岩石

组合关系：墓北门北门扉正面

原石情况：完整

收藏单位：南阳汉画馆

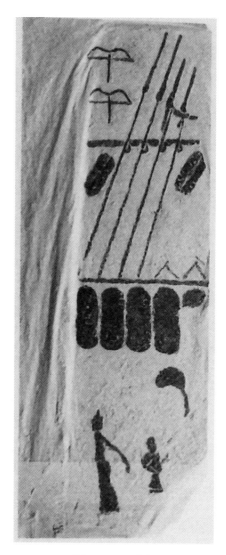

图 12-88　武库

出土或征集时间：1972 年 6 月

尺寸：86cm×187cm×20cm

石质：砂岩石

组合关系：前室东壁北端

原石情况：完整

收藏单位：南阳汉画馆

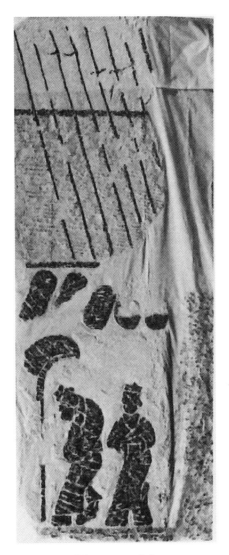

图 12-89　武库

出土或征集时间：1972 年 6 月

尺寸：74cm×185cm×17cm

石质：砂岩石

组合关系：前室东壁南端

原石情况：完整

收藏单位：南阳汉画馆

图 12-90 小吏

出土或征集时间：1972 年 6 月

尺寸：75cm×69cm×22cm

石质：砂岩石

组合关系：北侧室门口北壁下部

原石情况：完整

收藏单位：南阳汉画馆

图 12-91 菱形纹

出土或征集时间：1972 年 6 月

尺寸：34cm×138cm×31cm

石质：砂岩石

组合关系：墓门南立柱正面

原石情况：完整

收藏单位：南阳汉画馆

图 12-92 菱形纹

出土或征集时间：1972 年 6 月

尺寸：34cm×138cm×32cm

石质：砂岩石

组合关系：墓门北立柱正面

原石情况：完整

收藏单位：南阳汉画馆

图 12-93　穿璧纹

出土或征集时间：1972 年 6 月

尺寸：25cm×137cm×32cm

石质：砂岩石

组合关系：墓门中立柱正面

原石情况：完整

收藏单位：南阳汉画馆

图 12-94　菱形纹

出土或征集时间：1972 年 6 月

尺寸：45cm×137cm×32cm

石质：砂岩石

组合关系：墓门中立柱背面

原石情况：完整

收藏单位：南阳汉画馆

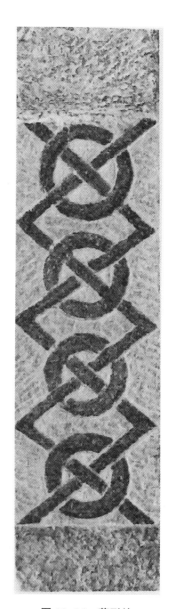

图 12-95 穿璧纹

出土或征集时间：1972 年 6 月

尺寸：43cm×164cm×38cm

石质：砂岩石

组合关系：前室墓顶石南端

原石情况：完整

收藏单位：南阳汉画馆

图 12-96 菱形纹

出土或征集时间：1972 年 6 月

尺寸：43cm×168cm×42cm

石质：砂岩石

组合关系：前室墓顶石

原石情况：完整

收藏单位：南阳汉画馆

图 12-97　穿璧纹

出土或征集时间：1972 年 6 月

尺寸：56cm×168cm×40cm

石质：砂岩石

组合关系：前室墓顶石

原石情况：完整

收藏单位：南阳汉画馆

图 12-98　穿璧纹

出土或征集时间：1972 年 6 月

尺寸：56cm×168cm×40cm

石质：砂岩石

组合关系：前室墓顶石

原石情况：完整

收藏单位：南阳汉画馆

图 12-99　穿璧纹

出土或征集时间：1972 年 6 月

尺寸：45cm×166cm×38cm

石质：砂岩石

组合关系：前室墓顶石

原石情况：完整

收藏单位：南阳汉画馆

图 12-100　穿璧纹

出土或征集时间：1972 年 6 月

尺寸：61cm×166cm×60cm

石质：砂岩石

组合关系：前室墓顶石

原石情况：完整

收藏单位：南阳汉画馆

图 12-101　穿璧纹

出土或征集时间：1972 年 6 月

尺寸：52cm×164cm×36cm

石质：砂岩石

组合关系：前室墓顶石

原石情况：完整

收藏单位：南阳汉画馆

图 12-102　穿璧纹

出土或征集时间：1972 年 6 月

尺寸：52cm×168cm×40cm

石质：砂岩石

组合关系：前室墓顶石

原石情况：完整

收藏单位：南阳汉画馆

图 12-103 穿璧纹

出土或征集时间：1972 年 6 月

尺寸：59cm×161cm×35cm

石质：砂岩石

组合关系：前室墓顶石

原石情况：完整

收藏单位：南阳汉画馆

图 12-104 穿璧纹

出土或征集时间：1972 年 6 月

尺寸：49cm×115cm×32cm

石质：砂岩石

组合关系：南室中隔梁下东立柱

原石情况：完整

收藏单位：南阳汉画馆

 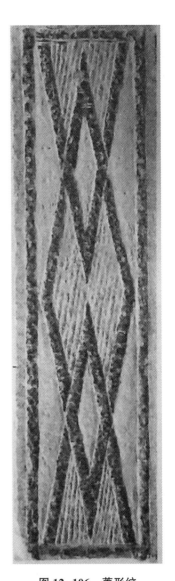

图 12-105　穿璧纹

出土或征集时间：1972 年 6 月

尺寸：49cm×115cm×32cm

石质：砂岩石

组合关系：主室中隔梁下东立柱

原石情况：完整

收藏单位：南阳汉画馆

图 12-106　菱形纹

出土或征集时间：1972 年 6 月

尺寸：32cm×115cm×49cm

石质：砂岩石

组合关系：南室中隔梁下东立柱

原石情况：完整

收藏单位：南阳汉画馆

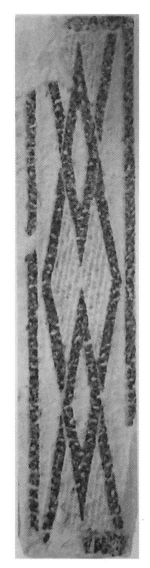

图 12-107 菱形纹

出土或征集时间：1972 年 6 月

尺寸：31cm×113cm×51cm

石质：砂岩石

组合关系：主室隔梁中立柱

原石情况：完整

收藏单位：南阳汉画馆

图 12-108　穿璧纹

出土或征集时间：1972 年 6 月

尺寸：51cm×113cm×31cm

石质：砂岩石

组合关系：主室隔梁下中立柱

原石情况：完整

收藏单位：南阳汉画馆

图 12-109　穿璧纹

出土或征集时间：1972 年 6 月

尺寸：39cm×113cm×30cm

石质：砂岩石

组合关系：主室中隔梁中立柱

原石情况：完整

收藏单位：南阳汉画馆

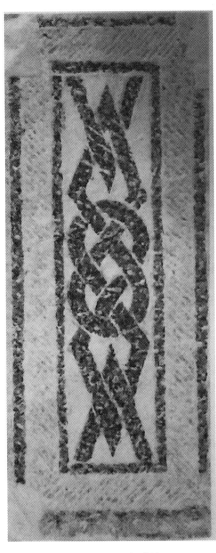

图 12-110　穿璧纹

出土或征集时间：1972 年 6 月

尺寸：51cm×113cm×31cm

石质：砂岩石

组合关系：主室隔梁中立柱

原石情况：完整

收藏单位：南阳汉画馆

图 12-111　穿璧纹

出土或征集时间：1972 年 6 月

尺寸：46cm×113cm×28cm

石质：砂岩石

组合关系：主室隔梁下西立柱

原石情况：完整

收藏单位：南阳汉画馆

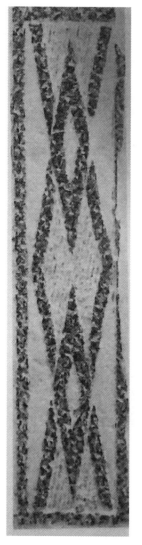

图 12-112　菱形纹

出土或征集时间：1972 年 6 月

尺寸：28cm×113cm×46cm

石质：砂岩石

组合关系：主室隔梁下西立柱

原石情况：完整

收藏单位：南阳汉画馆

图 12-113　连环纹

出土或征集时间：1972 年 6 月

尺寸：40cm×127cm×36cm

石质：砂岩石

组合关系：南主室墓顶石

原石情况：完整

收藏单位：南阳汉画馆

图 12-114　四穿璧纹

出土或征集时间：1972 年 6 月

尺寸：132cm×43cm×29cm

石质：砂岩石

组合关系：前侧室门楣正面

原石情况：完整

收藏单位：南阳汉画馆

图 12-115　穿璧纹

出土或征集时间：1972 年 6 月

尺寸：136cm×43cm×30cm

石质：砂岩石

组合关系：南主室门楣正面

原石情况：完整

收藏单位：南阳汉画馆

图 12-116　穿璧纹

出土或征集时间：1972 年 6 月

尺寸：135cm×43cm×30cm

石质：砂岩石

组合关系：北主室门楣正面

原石情况：完整

收藏单位：南阳汉画馆

图 12-117　穿璧纹

出土或征集时间：1972 年 6 月

尺寸：138cm×43cm×29cm

石质：砂岩石

组合关系：北侧室门楣正面

原石情况：完整

收藏单位：南阳汉画馆

图 12-118　穿璧纹

出土或征集时间：1972 年 6 月

尺寸：120cm×28cm×66cm

石质：砂岩石

组合关系：门槛石

原石情况：完整

收藏单位：南阳汉画馆

图 12-119　穿璧纹

出土或征集时间：1972 年 6 月

尺寸：46cm×24cm×56cm

石质：砂岩石

组合关系：门槛石

原石情况：完整

收藏单位：南阳汉画馆

图 12-120　穿璧纹

出土或征集时间：1972 年 6 月

尺寸：84cm×27cm×60cm

石质：砂岩石

组合关系：门槛石

原石情况：完整

收藏单位：南阳汉画馆

图 12-121　穿璧纹

出土或征集时间：1972 年 6 月

尺寸：133cm×29cm×60cm

石质：砂岩石

组合关系：门槛石

原石情况：完整

收藏单位：南阳汉画馆

2. 唐河县电厂汉代画像石墓出土画像

图 12-122　车马出行

出土或征集时间：1973 年 6 月

尺寸：269cm×43cm×33cm

石质：砂岩石

组合关系：墓门门楣正面

原石情况：完整

收藏单位：南阳汉画馆

图 12-123　射猎、二龙穿璧

出土或征集时间：1973 年 6 月

尺寸：296cm×43cm×33cm

石质：砂岩石

组合关系：墓门门楣正面

原石情况：完整

收藏单位：南阳汉画馆

图 12-124　车马出行

出土或征集时间：1973 年 6 月

尺寸：308cm×43cm×33cm

石质：砂岩石

组合关系：墓门门楣正面

原石情况：完整

收藏单位：南阳汉画馆

图 12-125　射猎

出土或征集时间：1973 年 6 月

尺寸：308cm×43cm×33cm

石质：砂岩石

组合关系：墓门门楣正面

原石情况：完整

收藏单位：南阳汉画馆

图 12-126　蹶张

出土或征集时间：1973 年 6 月

尺寸：56cm×38cm×34cm

石质：砂岩石

组合关系：主室隔梁中立柱东侧面

原石情况：完整

收藏单位：南阳汉画馆

图 12-127　执盾小吏

出土或征集时间：1973 年 6 月

尺寸：46cm×125cm×32cm

石质：砂岩石

组合关系：墓门东立柱正面

原石情况：完整

收藏单位：南阳汉画馆

图 12-128　小吏

出土或征集时间：1973 年 6 月

尺寸：39cm×125cm×33cm

石质：砂岩石

组合关系：墓门东立柱正面

原石情况：完整

收藏单位：南阳汉画馆

图 12-129　执钺吏

出土或征集时间：1973 年 6 月

尺寸：43cm×125cm×33cm

石质：砂岩石

组合关系：墓门东立柱背面

原石情况：完整

收藏单位：南阳汉画馆

图 12-130　佩剑小吏

出土或征集时间：1973 年 6 月

尺寸：46cm×126cm×27cm

石质：砂岩石

组合关系：前室南壁西立柱

原石情况：完整

收藏单位：南阳汉画馆

图 12-131　执笏小吏

出土或征集时间：1973 年 6 月

尺寸：40cm×116cm×33cm

石质：砂岩石

组合关系：西侧室西立柱正面

原石情况：完整

收藏单位：南阳汉画馆

图 12-132　执笏小吏

出土或征集时间：1973 年 6 月

尺寸：37cm×114cm×33cm

石质：砂岩石

组合关系：东侧室东立柱正面

原石情况：完整

收藏单位：南阳汉画馆

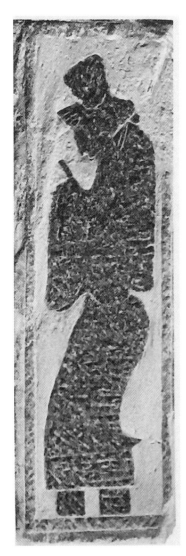

图 12-133　执笏小吏

出土或征集时间：1973 年 6 月

尺寸：38cm×115cm×32cm

石质：砂岩石

组合关系：西主室西立柱正面

原石情况：完整

收藏单位：南阳汉画馆

图 12-134　执笏小吏

出土或征集时间：1973 年 6 月

尺寸：37cm×115cm×33cm

石质：砂岩石

组合关系：主室中立柱正面

原石情况：完整

收藏单位：南阳汉画馆

图 12-135　执笏小吏

出土或征集时间：1973 年 6 月

尺寸：45cm×68cm×34cm

石质：砂岩石

组合关系：主室隔梁南立柱西侧面

原石情况：完整

收藏单位：南阳汉画馆

图 12-136　伏羲女娲交尾

出土或征集时间：1973 年 6 月

尺寸：46cm×125cm×32cm

石质：砂岩石

组合关系：墓门中立柱背面

原石情况：完整

收藏单位：南阳汉画馆

图 12-137　人物

出土或征集时间：1973 年 6 月

尺寸：45cm×68cm×34cm

石质：砂岩石

组合关系：主室隔梁南立柱东侧面

原石情况：完整

收藏单位：南阳汉画馆

图 12-138 凭几跽坐小吏

出土或征集时间：1973 年 6 月

尺寸：56cm×68cm×34cm

石质：砂岩石

组合关系：主室隔梁中立柱西侧面

原石情况：完整

收藏单位：南阳汉画馆

图 12-139　执吾吏

出土或征集时间：1973 年 6 月

尺寸：45cm×68cm×35cm

石质：砂岩石

组合关系：主室隔梁北立柱西侧面

原石情况：完整

收藏单位：南阳汉画馆

图 12-140　执斧小吏

出土或征集时间：1973 年 6 月

尺寸：45cm×68cm×35cm

石质：砂岩石

组合关系：主室隔梁北立柱东侧面

原石情况：完整

收藏单位：南阳汉画馆

图 12-141　戴冠小吏

出土或征集时间：1973 年 6 月

尺寸：146cm×46cm×34cm

石质：砂岩石

组合关系：西侧室门楣正面

原石情况：完整

收藏单位：南阳汉画馆

图 12-142　乐舞百戏

出土或征集时间：1973 年 6 月

尺寸：149cm×46cm×33cm

石质：砂岩石

组合关系：西主室门楣正面

原石情况：完整

收藏单位：南阳汉画馆

图 12-143　奏乐

出土或征集时间：1973 年 6 月

尺寸：153cm×45cm×33cm

石质：砂岩石

组合关系：东主室门楣正面

原石情况：完整

收藏单位：南阳汉画馆

图 12-144　拜谒

出土或征集时间：1973 年 6 月

尺寸：153cm×46cm×34cm

石质：砂岩石

组合关系：东侧室门楣正面

原石情况：完整

收藏单位：南阳汉画馆

图 12-145　双龙

出土或征集时间：1973 年 6 月

尺寸：165cm×43cm×35cm

石质：砂岩石

组合关系：主室隔梁南段西侧面

原石情况：完整

收藏单位：南阳汉画馆

图 12-146　鹿与人面虎

出土或征集时间：1973 年 6 月

尺寸：162cm×45cm×33cm

石质：砂岩石

组合关系：主室隔梁北段西侧面

原石情况：完整

收藏单位：南阳汉画馆

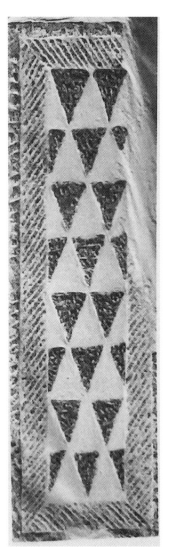

图 12-147　菱形纹

出土或征集时间：1973 年 6 月

尺寸：36cm×125cm×32cm

石质：砂岩石

组合关系：墓门中立柱正面

原石情况：完整

收藏单位：南阳汉画馆

图 12-148　菱形纹

出土或征集时间：1973 年 6 月

尺寸：40cm×115cm×34cm

石质：砂岩石

组合关系：东主室东立柱正面

原石情况：完整

收藏单位：南阳汉画馆

图 12-149　穿璧纹

出土或征集时间：1973 年 6 月

尺寸：125cm×45cm×30cm

石质：砂岩石

组合关系：前室南壁东立柱

原石情况：完整

收藏单位：南阳汉画馆

3. 唐河汉郁平大尹冯君孺久画像石墓出土画像

图 12-150　厅堂、人物

出土或征集时间：1978 年 3 月

尺寸：140cm×90cm

石质：砂岩石

组合关系：南阁室北壁

原石情况：完整

收藏单位：南阳武侯祠

图 12-151　拜谒

出土或征集时间：1978 年 3 月

尺寸：127cm×93cm

石质：砂岩石

组合关系：南阁室南壁

原石情况：完整

收藏单位：南阳武侯祠

图 12-152　拜谒

出土或征集时间：1978 年 3 月

尺寸：150cm×66cm

石质：砂岩石

组合关系：北阁室北壁

原石情况：完整

收藏单位：南阳武侯祠

图 12-153　训虎

出土或征集时间：1978 年 3 月

尺寸：120cm×70cm

石质：砂岩石

组合关系：北阁室北壁

原石情况：完整

收藏单位：南阳武侯祠

图 12-154　乐舞百戏

出土或征集时间：1978 年 3 月

尺寸：153cm×56cm

石质：砂岩石

组合关系：北阁室北壁

原石情况：完整

收藏单位：南阳武侯祠

图 12-155　建鼓

出土或征集时间：1978 年 3 月

尺寸：123cm×93cm

石质：砂岩石

组合关系：北阁室北壁

原石情况：完整

收藏单位：南阳武侯祠

图 12-156　乐舞百戏

出土或征集时间：1978 年 3 月

尺寸：67cm×160cm

石质：砂岩石

组合关系：南阁室南壁

原石情况：完整

收藏单位：南阳武侯祠

图 12-157　人面虎

出土或征集时间：1978 年 3 月

尺寸：112cm×40cm

石质：砂岩石

组合关系：南主室北壁

原石情况：完整

收藏单位：南阳武侯祠

图 12-158　蹶张、熊

出土或征集时间：1978 年 3 月

尺寸：129cm×66cm

石质：砂岩石

组合关系：南阁室南壁

原石情况：完整

收藏单位：南阳武侯祠

图 12-159　二龙穿璧、人物、羽人

出土或征集时间：1978 年 3 月

尺寸：183cm×34cm

石质：砂岩石

组合关系：南车库门楣

原石情况：完整

收藏单位：南阳武侯祠

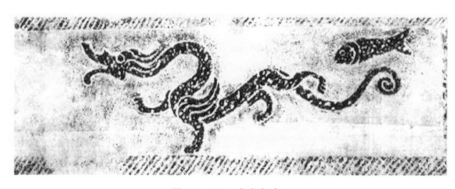

图 12-160　应龙与鱼

出土或征集时间：1978 年 3 月

尺寸：86cm×23cm

石质：砂岩石

组合关系：北主室南壁

原石情况：完整

收藏单位：南阳武侯祠

4. 南阳陈棚汉代彩绘画像石墓出土画像

图 12-161　拳勇、熊

出土或征集时间：2001 年 10 月

尺寸：163cm×42cm×27cm

石质：石灰石

组合关系：北前室门楣正面

原石情况：完整

收藏单位：南阳汉画馆

图 12-162　二兕相斗

出土或征集时间：2001 年 10 月

尺寸：163cm×42cm×27cm

石质：石灰石

组合关系：北前室门楣背面

原石情况：完整

收藏单位：南阳汉画馆

图 12-163 牛、狮、兽

出土或征集时间：2001 年 10 月

尺寸：86cm×23cm×cm

石质：石灰石

组合关系：中前室门楣正面

原石情况：完整

收藏单位：南阳汉画馆

图 12-164 拳勇

出土或征集时间：2001 年 10 月

尺寸：145cm×43cm ×25cm

石质：石灰石

组合关系：北前室门楣背面

原石情况：完整

收藏单位：南阳汉画馆

图 12-165　拳勇

出土或征集时间：2001 年 10 月

尺寸：175cm×39cm×25cm

石质：石灰石

组合关系：南前室门楣正面

原石情况：完整

收藏单位：南阳汉画馆

图 12-166　六博

出土或征集时间：2001 年 10 月

尺寸：175cm×39cm×25cm

石质：石灰石

组合关系：南前室门楣背面

原石情况：完整

收藏单位：南阳汉画馆

图 12-167　龙首

出土或征集时间：2001 年 10 月

尺寸：184cm×42cm×31cm

石质：石灰石

组合关系：前室北过梁北侧面

原石情况：完整

收藏单位：南阳汉画馆

图 12-168　龙首

出土或征集时间：2001 年 10 月

尺寸：184cm×42cm×31cm

石质：石灰石

组合关系：前室北过梁南侧面

原石情况：完整

收藏单位：南阳汉画馆

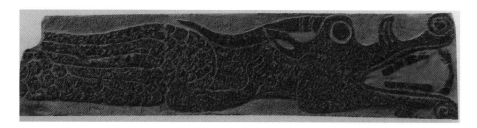

图 12-169　龙首

出土或征集时间：2001 年 10 月

尺寸：181cm×40cm×32cm

石质：石灰石

组合关系：前室南过梁北侧面

原石情况：完整

收藏单位：南阳汉画馆

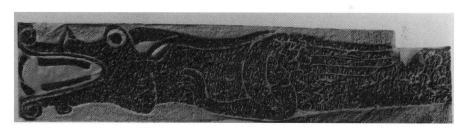

图 12-170　龙首

出土或征集时间：2001 年 10 月

尺寸：181cm×40cm×32cm

石质：石灰石

组合关系：前室南过梁南侧面

原石情况：完整

收藏单位：南阳汉画馆

图 12-171 六博

出土或征集时间：2001 年 10 月

尺寸：165cm×42cm×28cm

石质：石灰石

组合关系：北后室门楣正面

原石情况：中断

收藏单位：南阳汉画馆

图 12-172 建鼓舞

出土或征集时间：2001 年 10 月

尺寸：143cm×42cm×27cm

石质：石灰石

组合关系：中后室门楣正面

原石情况：完整

收藏单位：南阳汉画馆

图 12-173　乐舞百戏

出土或征集时间：2001 年 10 月

尺寸：175cm×40cm×27cm

石质：石灰石

组合关系：南后室门楣正面

原石情况：完整

收藏单位：南阳汉画馆

图 12-174　斗兽

出土或征集时间：2001 年 10 月

尺寸：110cm×21cm×7cm

石质：石灰石

组合关系：北后室门槛石

原石情况：完整

收藏单位：南阳汉画馆

图 12-175　双兕相斗

出土或征集时间：2001 年 10 月

尺寸：119cm×26cm×7cm

石质：石灰石

组合关系：中后室门槛石

原石情况：完整

收藏单位：南阳汉画馆

图 12-176　双兕相斗

出土或征集时间：2001 年 10 月

尺寸：110cm×20cm×7cm

石质：石灰石

组合关系：南后室门槛石

原石情况：完整

收藏单位：南阳汉画馆

图 12-177　乘象

出土或征集时间：2001 年 10 月

尺寸：183cm×42cm×30cm

石质：石灰石

组合关系：后室北过梁西段北侧面

原石情况：完整

收藏单位：南阳汉画馆

图 12-178　搏虎

出土或征集时间：2001 年 10 月

尺寸：183cm×42cm×30cm

石质：石灰石

组合关系：后室北过梁西段南侧面

原石情况：完整

收藏单位：南阳汉画馆

图 12-179　搏虎

出土或征集时间：2001 年 10 月

尺寸：43cm×134cm×33cm

石质：石灰石

组合关系：后室北过梁东段北侧面

原石情况：完整

收藏单位：南阳汉画馆

图 12-180　应龙

出土或征集时间：2001 年 10 月

尺寸：43cm×134cm×33cm

石质：石灰石

组合关系：后室北过梁东段南侧面

原石情况：完整

收藏单位：南阳汉画馆

图 12-181　锤击

出土或征集时间：2001 年 10 月

尺寸：166cm×40cm×32cm

石质：石灰石

组合关系：后室南过梁东段北侧面

原石情况：完整

收藏单位：南阳汉画馆

图 12-182　狩猎

出土或征集时间：2001 年 10 月

尺寸：166cm×40cm×32cm

石质：石灰石

组合关系：后室南过梁东段南侧面

原石情况：完整

收藏单位：南阳汉画馆

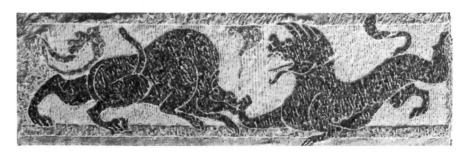

图 12-183　斗兽

出土或征集时间：2001 年 10 月

尺寸：136cm×42cm×32cm

石质：石灰石

组合关系：后室南过梁西段北侧面

原石情况：完整

收藏单位：南阳汉画馆

图 12-184　斗牛

出土或征集时间：2001 年 10 月

尺寸：136cm×42cm×32cm

石质：石灰石

组合关系：后室南过梁西段南侧面

原石情况：完整

收藏单位：南阳汉画馆

图 12-185　执戟小吏

出土或征集时间：2001 年 10 月

尺寸：26cm×160cm×34cm

石质：石灰石

组合关系：北前室北立柱正面

原石情况：完整

收藏单位：南阳汉画馆

图 12-186　执彗小吏

出土或征集时间：2001 年 10 月

尺寸：26cm×160cm×34cm

石质：石灰石

组合关系：北前室北立柱南侧面

原石情况：完整

收藏单位：南阳汉画馆

图 12-187　执戟小吏

出土或征集时间：2001 年 10 月

尺寸：40cm×160cm×25cm

石质：石灰石

组合关系：南前室南立柱正面

原石情况：完整

收藏单位：南阳汉画馆

图 12-188　执彗小吏

出土或征集时间：2001 年 10 月

尺寸：25cm×160cm×40cm

石质：石灰石

组合关系：南前室南立柱北侧面

原石情况：完整

收藏单位：南阳汉画馆

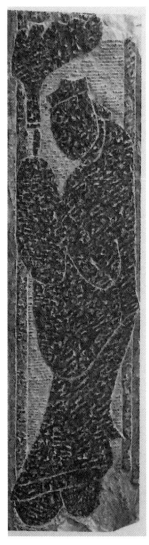

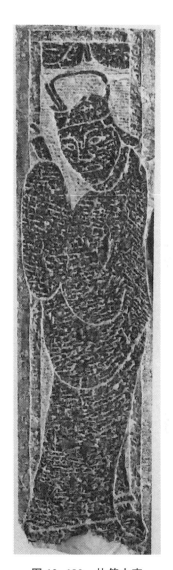

图 12-189　执彗小吏

出土或征集时间：2001 年 10 月

尺寸：32cm×117cm×31cm

石质：石灰石

组合关系：中前室北立柱正面

原石情况：完整

收藏单位：南阳汉画馆

图 12-190　执笏小吏

出土或征集时间：2001 年 10 月

尺寸：31cm×117cm×32cm

石质：石灰石

组合关系：中前室北立柱北侧面

原石情况：完整

收藏单位：南阳汉画馆

图 12-191 执彗小吏
出土或征集时间：2001 年 10 月
尺寸：31cm×117cm×32cm
石质：石灰石
组合关系：中前室北立柱东侧面
原石情况：完整
收藏单位：南阳汉画馆

图 12-192 执金吾
出土或征集时间：2001 年 10 月
尺寸：32cm×117cm×31cm
石质：石灰石
组合关系：中前室北立柱南侧面
原石情况：完整
收藏单位：南阳汉画馆

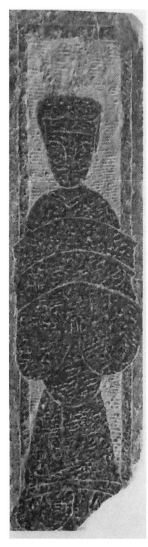 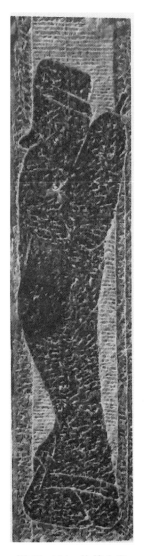

图 12-193 执盾小吏

出土或征集时间：2001 年 10 月

尺寸：32cm×118cm×30cm

石质：石灰石

组合关系：中前室南立柱正面

原石情况：略残

收藏单位：南阳汉画馆

图 12-194 执笏小吏

出土或征集时间：2001 年 10 月

尺寸：32cm×118cm×30cm

石质：石灰石

组合关系：中前室南立柱北侧面

原石情况：完整

收藏单位：南阳汉画馆

图 12-195　执金吾

出土或征集时间：2001 年 10 月

尺寸：30cm×118cm×32cm

石质：石灰石

组合关系：中前室南立柱东侧面

原石情况：完整

收藏单位：南阳汉画馆

图 12-196　执笏小吏

出土或征集时间：2001 年 10 月

尺寸：30cm×118cm×32cm

石质：石灰石

组合关系：中前室南立柱南侧

原石情况：完整

收藏单位：南阳汉画馆

图 12-197　执盾、金吾小吏

出土或征集时间：2001 年 10 月

尺寸：32cm×117cm×17cm

石质：石灰石

组合关系：北前室南梁柱正面

原石情况：完整

收藏单位：南阳汉画馆

图 12-198　端灯侍女

出土或征集时间：2001 年 10 月

尺寸：32cm×117cm×17cm

石质：石灰石

组合关系：北前室南梁柱东面

原石情况：完整

收藏单位：南阳汉画馆

图 12-199　托案侍女

出土或征集时间：2001 年 10 月

尺寸：31cm×118cm×19cm

石质：石灰石

组合关系：北前室北梁柱正面

原石情况：完整

收藏单位：南阳汉画馆

图 12-200　执彗小吏

出土或征集时间：2001 年 10 月

尺寸：31cm×118cm×19cm

石质：石灰石

组合关系：南前室北梁柱正面

原石情况：完整

收藏单位：南阳汉画馆

图 12-201　三角纹

出土或征集时间：2001 年 10 月

尺寸：28cm×148cm×28cm

石质：石灰石

组合关系：北后室门北立柱正面

原石情况：完整

收藏单位：南阳汉画馆

图 12-202　三角纹

出土或征集时间：2001 年 10 月

尺寸：27cm×148cm×28cm

石质：石灰石

组合关系：南后室门南立柱正面

原石情况：完整

收藏单位：南阳汉画馆

图 12-203 执彗小吏

出土或征集时间：2001 年 10 月

尺寸：28cm×148cm×28cm

石质：石灰石

组合关系：北后室门北立柱南侧面

原石情况：完整

收藏单位：南阳汉画馆

图 12-204 执彗小吏

出土或征集时间：2001 年 10 月

尺寸：40cm×127cm×36cm

石质：石灰石

组合关系：南后室门南立柱北侧面

原石情况：完整

收藏单位：南阳汉画馆

图 12-205　捧奁侍女

出土或征集时间：2001 年 10 月

尺寸：30cm×118cm×42cm

石质：石灰石

组合关系：中后室北立柱正面

原石情况：完整

收藏单位：南阳汉画馆

图 12-206　执盾小吏

出土或征集时间：2001 年 10 月

尺寸：42cm×118cm×30cm

石质：石灰石

组合关系：中后室北立柱北侧面

原石情况：完整

收藏单位：南阳汉画馆

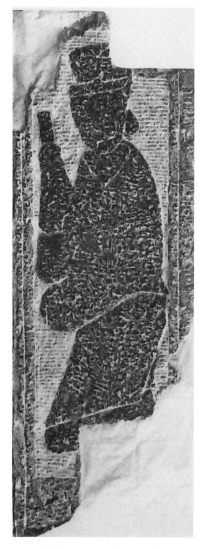

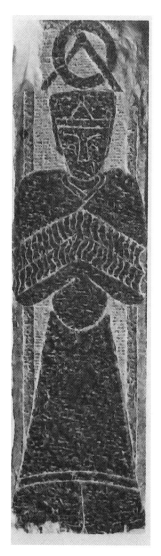

图 12-207　执笏小吏

出土或征集时间：2001 年 10 月

尺寸：42cm×118cm×30cm

石质：石灰石

组合关系：中后室北立柱南侧面

原石情况：完整

收藏单位：南阳汉画馆

图 12-208　执盾小吏

出土或征集时间：2001 年 10 月

尺寸：32cm×117cm×41cm

石质：石灰石

组合关系：中后室南立柱正面

原石情况：完整

收藏单位：南阳汉画馆

图 12-209　执笏小吏

出土或征集时间：2001 年 10 月

尺寸：41cm×117cm×32cm

石质：石灰石

组合关系：中后室南立柱北侧面

原石情况：完整

收藏单位：南阳汉画馆

图 12-210　执彗小吏

出土或征集时间：2001 年 10 月

尺寸：41cm×117cm×32cm

石质：石灰石

组合关系：中后室南立柱南侧面

原石情况：完整

收藏单位：南阳汉画馆

图 12-211　朱雀铺首

出土或征集时间：2001 年 10 月

尺寸：65cm×150cm×80cm

石质：石灰石

组合关系：北后室北门扉正面

原石情况：断裂、残缺

收藏单位：南阳汉画馆

图 12-212　朱雀铺首

出土或征集时间：2001 年 10 月

尺寸：47cm×155cm×7cm

石质：石灰石

组合关系：北后室南门扉正面

原石情况：断裂、残缺

收藏单位：南阳汉画馆

图 12-213 执节吏

出土或征集时间：2001 年 10 月

尺寸：65cm×150cm×80cm

石质：石灰石

组合关系：北后室北门扉北面

原石情况：断裂、残缺

收藏单位：南阳汉画馆

图 12-214 执笏小吏

出土或征集时间：2001 年 10 月

尺寸：47cm×155cm×7cm

石质：石灰石

组合关系：北后室南门扉背面

原石情况：断裂、残缺

收藏单位：南阳汉画馆

图 12-215　白虎铺首

出土或征集时间：2001 年 10 月

尺寸：45cm×143cm×8cm

石质：石灰石

组合关系：中后室北门扉正面

原石情况：完整

收藏单位：南阳汉画馆

图 12-216　白虎铺首

出土或征集时间：2001 年 10 月

尺寸：54cm×148cm×7cm

石质：石灰石

组合关系：北后室南门扉正面

原石情况：完整

收藏单位：南阳汉画馆

图 12-217　执笏小吏

出土或征集时间：2001 年 10 月

尺寸：45cm×143cm×8cm

石质：石灰石

组合关系：中后室北门扉背面

原石情况：完整

收藏单位：南阳汉画馆

图 12-218　执笏小吏

出土或征集时间：2001 年 10 月

尺寸：53cm×148cm×7cm

石质：石灰石

组合关系：中后室南门扉背面

原石情况：完整

收藏单位：南阳汉画馆

图 12-219　白虎铺首

出土或征集时间：2001 年 10 月

尺寸：54cm×157cm×7cm

石质：石灰石

组合关系：南后室北门扉正面

原石情况：完整

收藏单位：南阳汉画馆

图 12-220　白虎铺首

出土或征集时间：2001 年 10 月

尺寸：51cm×140cm×8cm

石质：石灰石

组合关系：南后室南门扉正面

原石情况：完整

收藏单位：南阳汉画馆

图 12-221　白虎铺首

出土或征集时间：2001 年 10 月

尺寸：53cm×148cm×7cm

石质：石灰石

组合关系：中后室南门扉背面

原石情况：完整

收藏单位：南阳汉画馆

图 12-222　白虎铺首

出土或征集时间：2001 年 10 月

尺寸：54cm×157cm×7cm

石质：石灰石

组合关系：南后室北门扉背面

原石情况：完整

收藏单位：南阳汉画馆

图 12-223　神人

出土或征集时间：2001 年 10 月

尺寸：51cm×140cm×8cm

石质：石灰石

组合关系：南后室南门扉背面

原石情况：画面漫漶

收藏单位：南阳汉画馆

图 12-224　执金吾

出土或征集时间：2001 年 10 月

尺寸：32cm×73cm×24cm

石质：石灰石

组合关系：后室北过梁东段东立柱正面

原石情况：完整

收藏单位：南阳汉画馆

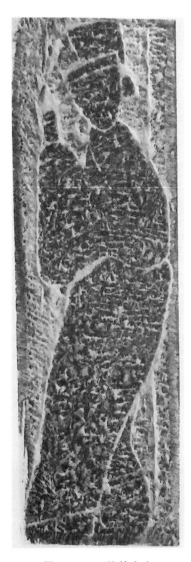 

图 12-225　执笏小吏

出土或征集时间：2001 年 10 月

尺寸：24cm×73cm×32cm

石质：石灰石

组合关系：后室北过梁东段东立柱南侧面

原石情况：完整

收藏单位：南阳汉画馆

图 12-226　俳优

出土或征集时间：2001 年 10 月

尺寸：32cm×72cm×24cm

石质：石灰石

组合关系：后室北过梁东段中立柱正面

原石情况：完整

收藏单位：南阳汉画馆

图 12-227　人首蛇身神

出土或征集时间：2001 年 10 月

尺寸：24cm×72cm×32cm

石质：石灰石

组合关系：后室北过梁东段中立柱北
侧面

原石情况：完整

收藏单位：南阳汉画馆

图 12-228　人首蛇身神

出土或征集时间：2001 年 10 月

尺寸：40cm×127cm×36cm

石质：石灰石

组合关系：后室北过梁东段中立柱南
侧面

原石情况：完整

收藏单位：南阳汉画馆

图 12-229　捧奁侍女

出土或征集时间：2001 年 10 月

尺寸：32cm×73cm×64cm

石质：石灰石

组合关系：后室北过梁东段西立柱正面

原石情况：完整

收藏单位：南阳汉画馆

图 12-230　熊

出土或征集时间：2001 年 10 月

尺寸：40cm×127cm×36cm

石质：石灰石

组合关系：后室北过梁东段西立柱北侧面

原石情况：完整

收藏单位：南阳汉画馆

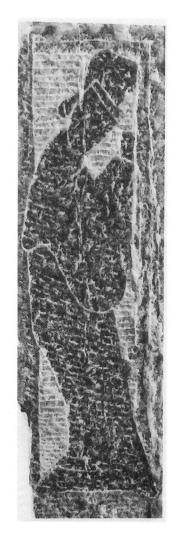

图 12-231　端灯侍女

出土或征集时间：2001 年 10 月

尺寸：32cm×73cm×24cm

石质：石灰石

组合关系：后室北过梁西段中立柱正面

原石情况：完整

收藏单位：南阳汉画馆

图 12-232　执笏小吏

出土或征集时间：2001 年 10 月

尺寸：24cm×73cm×32cm

石质：石灰石

组合关系：后室北过梁西段中立柱北侧面

原石情况：完整

收藏单位：南阳汉画馆

图 12-233 执彗小吏

出土或征集时间：2001 年 10 月

尺寸：24cm×73cm×32cm

石质：石灰石

组合关系：后室北过梁西段中立柱南侧面

原石情况：完整

收藏单位：南阳汉画馆

图 12-234 执笏小吏

出土或征集时间：2001 年 10 月

尺寸：33cm×73cm×28cm

石质：石灰石

组合关系：后室南过梁东段东立柱正面

原石情况：完整

收藏单位：南阳汉画馆

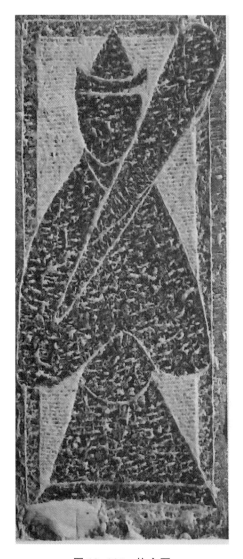

图 12-235　执金吾

出土或征集时间：2001 年 10 月

尺寸：32cm×72cm×24cm

石质：石灰石

组合关系：后室南过梁东段中立柱正面

原石情况：完整

收藏单位：南阳汉画馆

图 12-236　执彗小吏

出土或征集时间：2001 年 10 月

尺寸：40cm×127cm×36cm

石质：石灰石

组合关系：后室南过梁东段中立柱北侧面

原石情况：完整

收藏单位：南阳汉画馆

图 12-237　执彗小吏

出土或征集时间：2001 年 10 月

尺寸：24cm×72cm×32cm

石质：石灰石

组合关系：后室南过梁东段中立柱南侧面

原石情况：完整

收藏单位：南阳汉画馆

图 12-238　端灯侍女

出土或征集时间：2001 年 10 月

尺寸：30cm×73cm×42cm

石质：石灰石

组合关系：后室南过梁东段西立柱正面

原石情况：完整

收藏单位：南阳汉画馆

图 12-239 执金吾

出土或征集时间：2001 年 10 月

尺寸：32cm×72cm×23cm

石质：石灰石

组合关系：后室南过梁西段中立柱正面

原石情况：完整

收藏单位：南阳汉画馆

图 12-240 执笏小吏

出土或征集时间：2001 年 10 月

尺寸：40cm×127cm×36cm

石质：石灰石

组合关系：后室南过梁西段中立柱北侧面

原石情况：完整

收藏单位：南阳汉画馆

图 12-241　背囊侍女

出土或征集时间：2001 年 10 月

尺寸：46cm×73cm×32cm

石质：石灰石

组合关系：后室北过梁东段西立柱南侧面

原石情况：完整

收藏单位：南阳汉画馆

图 12-242　熊

出土或征集时间：2001 年 10 月

尺寸：42cm×73cm×30cm

石质：石灰石

组合关系：后室南过梁东段西立柱北侧面

原石情况：完整

收藏单位：南阳汉画馆

图 12-243　执钺神人

出土或征集时间：2001 年 10 月

尺寸：42cm×73cm×30cm

石质：石灰石

组合关系：后室南过梁东段西立柱南侧面

原石情况：完整

收藏单位：南阳汉画馆

三　东汉早期（光武帝至章帝）墓出土画像

1. 南阳英庄汉代画像石墓出土画像

图 12-244　执戟小吏

出土或征集时间：1965 年 11 月

尺寸：30cm×149cm×28cm

石质：石灰石

组合关系：墓门北立柱正面

原石情况：完整

收藏单位：南阳汉画馆

图 12-245　执戟小吏

出土或征集时间：1965 年 11 月

尺寸：34cm×150cm×27cm

石质：石灰石

组合关系：墓门南立柱正面

原石情况：完整

收藏单位：南阳汉画馆

图 12-246　执盾小吏

出土或征集时间：1965 年 11 月

尺寸：40cm×127cm×36cm

石质：石灰石

组合关系：墓门中立柱正面

原石情况：完整

收藏单位：南阳汉画馆

图 12-247 白虎铺首

出土或征集时间：1965 年 11 月

尺寸：49cm×155cm×8cm

石质：石灰石

组合关系：墓门北门北门扉正面

原石情况：完整

收藏单位：南阳汉画馆

图 12-248 白虎铺首

出土或征集时间：1965 年 11 月

尺寸：49cm×151cm×7cm

石质：石灰石

组合关系：墓门南门南门扉正面

原石情况：完整

收藏单位：南阳汉画馆

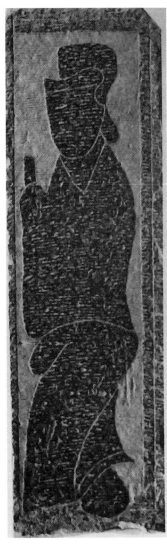

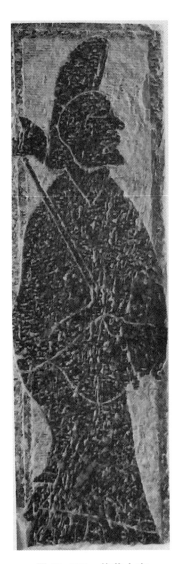

图 12-249　执笏小吏

出土或征集时间：1965 年 11 月

尺寸：49cm×155cm×8cm

石质：石灰石

组合关系：墓门北门北门扉背面

原石情况：完整

收藏单位：南阳汉画馆

图 12-250　执斧小吏

出土或征集时间：1965 年 11 月

尺寸：40cm×127cm×36cm

石质：石灰石

组合关系：墓门南门南门扉背面

原石情况：完整

收藏单位：南阳汉画馆

图 12-251　嫦娥奔月

出土或征集时间：1965 年 11 月

尺寸：40cm×127cm×36cm

石质：石灰石

组合关系：前室盖顶石

原石情况：完整

收藏单位：南阳汉画馆

图 12-252　斗兽

出土或征集时间：1965 年 11 月

尺寸：162cm×41cm×28cm

石质：石灰石

组合关系：墓门北门楣正面

原石情况：完整

收藏单位：南阳汉画馆

图 12-253　兽斗

出土或征集时间：●●●●●

尺寸：166cm×42cm×27cm

石质：石灰石

组合关系：墓门南门楣正面

原石情况：完整

收藏单位：南阳汉画馆

图 12-254　乐舞百戏

出土或征集时间：1965 年 11 月

尺寸：166cm×42cm×27cm

石质：石灰石

组合关系：墓门南门楣背面

原石情况：完整

收藏单位：南阳汉画馆

图 12-255　阳乌

出土或征集时间：1965 年 11 月

尺寸：169cm×83cm×20cm

石质：石灰石

组合关系：前室盖顶石

原石情况：完整

收藏单位：南阳汉画馆

图 12-256 应龙

出土或征集时间：1965 年 11 月

尺寸：160cm×74cm×25cm

石质：石灰石

组合关系：前室盖顶石

原石情况：完整

收藏单位：南阳汉画馆

图 12-257 雷公车

出土或征集时间：1965 年 11 月

尺寸：168cm×78cm×10cm

石质：石灰石

组合关系：前室盖顶石

原石情况：完整

收藏单位：南阳汉画馆

2. 方城县城关镇汉代画像石墓出土画像

图 12-258　斗兽

出土或征集时间：1982 年 5 月

尺寸：221cm×40cm×27cm

石质：砂岩石

组合关系：门楣正面

原石情况：完整

收藏单位：南阳汉画馆

图 12-259　双鹤

出土或征集时间：1982 年 5 月

尺寸：204cm×40cm×31cm

石质：砂岩石

组合关系：门楣正面

原石情况：完整

收藏单位：南阳汉画馆

图 12-260　羽人戏龙

出土或征集时间：1982 年 5 月

尺寸：204cm×40cm×31cm

石质：砂岩石

组合关系：北主室南壁

原石情况：完整

收藏单位：南阳汉画馆

图 12-261　阉牛

出土或征集时间：1982 年 5 月

尺寸：221cm×40cm×27cm

石质：砂岩石

组合关系：门楣正面

原石情况：完整

收藏单位：南阳汉画馆

图 12-262　朱雀、铺首衔环　　　　图 12-263　朱雀、铺首衔环

出土或征集时间：1982 年 5 月　　　　出土或征集时间：1982 年 5 月

尺寸：44cm×233cm×27cm　　　　　尺寸：40cm×127cm×36cm

石质：砂岩石　　　　　　　　　　石质：砂岩石

组合关系：东墓门西门扉正面　　　　组合关系：东墓门东门扉正面

原石情况：完整　　　　　　　　　　原石情况：完整

收藏单位：南阳汉画馆　　　　　　　收藏单位：南阳汉画馆

图 12-264　应龙铺首衔环

出土或征集时间：1982 年 5 月

尺寸：70cm×162cm×10cm

石质：砂岩石

组合关系：西墓门西门扉正面

原石情况：完整

收藏单位：南阳汉画馆

图 12-265　白虎铺首衔环

出土或征集时间：1982 年 5 月

尺寸：71cm×162cm×10cm

石质：砂岩石

组合关系：西墓门东门扉正面

原石情况：完整

收藏单位：南阳汉画馆

图 12-266　蹶张

出土或征集时间：1982 年 5 月

尺寸：160cm×70cm

石质：砂岩石

组合关系：东墓门西门扉背面

原石情况：完整

收藏单位：南阳汉画馆

图 12-267　武士

出土或征集时间：1982 年 5 月

尺寸：160cm×70cm

石质：砂岩石

组合关系：西墓门东门扉背面

原石情况：完整

收藏单位：南阳汉画馆

3. 方城东关汉代画像石墓出土画像

图 12-268　执戟小吏

出土或征集时间：1977 年 10 月

尺寸：170cm×90cm

石质：砂岩石

组合关系：墓门北门南门扉背面

原石情况：完整

收藏单位：南阳汉画馆

图 12-269　执盾小吏

出土或征集时间：1977 年 10 月

尺寸：170cm×90cm

石质：砂岩石

组合关系：墓门北门北门扉背面

原石情况：完整

收藏单位：南阳汉画馆

图 12-270　乐舞、蹴鞠

出土或征集时间：1977 年 10 月

尺寸：170cm×90cm

石质：砂岩石

组合关系：墓门南门南门扉背面

原石情况：完整

收藏单位：南阳汉画馆

图 12-271　乐舞百戏

出土或征集时间：1977 年 10 月

尺寸：170cm×90cm

石质：砂岩石

组合关系：墓门南门北门扉背面

原石情况：完整

收藏单位：南阳汉画馆

图 12-272　朱雀铺首

出土或征集时间：1977 年 10 月

尺寸：95cm×172cm×10cm

石质：砂岩石

组合关系：墓门北门南门扉正面

原石情况：完整

收藏单位：南阳汉画馆

图 12-273　朱雀铺首

出土或征集时间：1977 年 10 月

尺寸：96cm×172cm×10cm

石质：砂岩石

组合关系：墓门北门北门扉正面

原石情况：完整

收藏单位：南阳汉画馆

图 12-274　朱雀、应龙

出土或征集时间：1977 年 10 月

尺寸：94cm×172cm×10cm

石质：砂岩石

组合关系：墓门南门南门扉正面

原石情况：完整

收藏单位：南阳汉画馆

图 12-275　朱雀、白虎

出土或征集时间：1977 年 10 月

尺寸：93cm×172cm×10cm

石质：砂岩石

组合关系：墓门南门北门扉正面

原石情况：完整

收藏单位：南阳汉画馆

图 12-276　阉割

出土或征集时间：1977 年 10 月

尺寸：236cm×46cm×27cm

石质：砂岩石

组合关系：南墓门上门楣

原石情况：完整

收藏单位：南阳汉画馆

图 12-277　戏虎

出土或征集时间：1977 年 10 月

尺寸：266cm×42cm×31cm

石质：砂岩石

组合关系：南墓门下门楣

原石情况：完整

收藏单位：南阳汉画馆

图 12-278 龙虎斗

出土或征集时间：1977 年 10 月

尺寸：246cm×47cm×22cm

石质：砂岩石

组合关系：北墓门上门楣

原石情况：完整

收藏单位：南阳汉画馆

图 12-279　二龙穿璧

出土或征集时间：1977 年 10 月

尺寸：234cm×43cm×20cm

石质：砂岩石

组合关系：北墓门下门楣

原石情况：完整

收藏单位：南阳汉画馆

4. 南阳市麒麟岗汉代画像石墓出土画像

图 12-280　太一与伏羲女娲

出土或征集时间：1988 年 5 月

尺寸：364cm×151cm×14cm

石质：石灰石

组合关系：前室盖顶石

原石情况：九石组成，完整

收藏单位：南阳汉画馆

图 12-281　高禖

出土或征集时间：1988 年 5 月　　　尺寸：168cm×128cm×10cm

石质：石灰石　　　　　　　　　　组合关系：北主室盖顶石

原石情况：完整　　　　　　　　　　收藏单位：南阳汉画馆

图 12-282　高禖

出土或征集时间：1988 年 5 月　　　尺寸：285cm×116cm×12cm

石质：石灰石　　　　　　　　　　组合关系：中主室盖顶石

原石情况：原石有裂，已修复　　　　收藏单位：南阳汉画馆

图 12-283　东王公西王母与驱魔

出土或征集时间：1988 年 5 月　　　尺寸：128cm×42cm×29cm

石质：石灰石　　　　　　　　　　组合关系：南大门门楣

原石情况：完整　　　　　　　　　　收藏单位：南阳汉画馆

图 12-284 伏羲捧月

出土或征集时间：1988 年 5 月

尺寸：29cm×145cm×41cm

石质：石灰石

组合关系：北大门门楣下面

原石情况：完整

收藏单位：南阳汉画馆

图 12-285 女娲捧日

出土或征集时间：1988 年 5 月

尺寸：29cm×128cm×42cm

石质：石灰石

组合关系：南大门门楣下面

原石情况：完整

收藏单位：南阳汉画馆

图 12-286　驱魔图

出土或征集时间：1988 年 5 月

尺寸：162cm×40cm×22cm

石质：石灰石

组合关系：前室北壁假门门楣

原石情况：完整

收藏单位：南阳汉画馆

图 12-287　　驱魔图

出土或征集时间：1988 年 5 月

尺寸：157cm×40cm×18cm

石质：石灰石

组合关系：前室南壁假门门楣

原石情况：完整

收藏单位：南阳汉画馆

图 12-288　乐舞百戏

出土或征集时间：1988 年 5 月

尺寸：266cm×39cm×19cm

石质：石灰石

组合关系：北主室南壁

原石情况：完整

收藏单位：南阳汉画馆

图 12-289　高禖神图

出土或征集时间：1988 年 5 月

尺寸：81cm×32cm×30cm

石质：石灰石

组合关系：北主室北壁中假门门楣正面

原石情况：完整

收藏单位：南阳汉画馆

图 12-290　风神飞廉图

出土或征集时间：1988 年 5 月

尺寸：107cm×23cm×33cm

石质：石灰石

组合关系：北主室北壁东假门门楣正面

原石情况：完整

收藏单位：南阳汉画馆

图 12-291　大象图

出土或征集时间：1988 年 5 月

尺寸：32cm×60cm×29cm

石质：石灰石

组合关系：北主室北壁中假门东立柱正面

原石情况：完整

收藏单位：南阳汉画馆

图 12-292　羽人图

出土或征集时间：1988 年 5 月

尺寸：30cm×60cm×33cm

石质：石灰石

组合关系：北主室北壁中假门东立柱东侧面

原石情况：完整

收藏单位：南阳汉画馆

图 12-293 墓女主人图

出土或征集时间：1988 年 5 月

尺寸：108cm×112cm×10cm

石质：石灰石

组合关系：北主室东壁

原石情况：完整

收藏单位：南阳汉画馆

图 12-294　神兽图

出土或征集时间：1988 年 5 月

尺寸：88cm×31cm×32cm

石质：石灰石

组合关系：北主室南壁中假门门楣

原石情况：完整

收藏单位：南阳汉画馆

图 12-295　神兽（句芒）

出土或征集时间：1988 年 5 月

尺寸：87cm×33cm×31cm

石质：石灰石

组合关系：北主室南壁东假门门楣

原石情况：完整

收藏单位：南阳汉画馆

图 12-296　墓主人图

出土或征集时间：1988 年 5 月

尺寸：108cm×110cm×10cm

石质：石灰石

组合关系：中主室东壁

原石情况：完整

收藏单位：南阳汉画馆

图 12-297　玄狐图

出土或征集时间：1988 年 5 月

尺寸：47cm×60cm×7cm

石质：石灰石

组合关系：中主室南壁西假门后壁

原石情况：完整

收藏单位：南阳汉画馆

图 12-298　仙人飞廉图

出土或征集时间：1988 年 5 月

尺寸：79cm×32cm×30cm

石质：石灰石

组合关系：中主室南壁中假门门楣

原石情况：完整

收藏单位：南阳汉画馆

图 12-299　仙人乘龟

出土或征集时间：1988 年 5 月

尺寸：59cm×50cm×8cm

石质：石灰石

组合关系：中主室南壁中假门后壁

原石情况：完整

收藏单位：南阳汉画馆

图 12-300 神兽穷奇图

出土或征集时间：1988 年 5 月

尺寸：75cm×31cm×28cm

石质：石灰石

组合关系：中主室南壁东假门门楣正面

原石情况：完整

收藏单位：南阳汉画馆

图 12-301 神人乘槎图

出土或征集时间：1988 年 5 月

尺寸：29cm×61cm×29cm

石质：石灰石

组合关系：中主室南壁东假门东立柱

原石情况：完整

收藏单位：南阳汉画馆

图 12-302　神兽飞鼠图

出土或征集时间：1988 年 5 月

尺寸：31cm×60cm×30cm

石质：石灰石

组合关系：南主室北壁东假门东立柱

原石情况：完整

收藏单位：南阳汉画馆

图 12-303　神兽（孟槐）

出土或征集时间：1988 年 5 月

尺寸：79cm×32cm×30cm

石质：石灰石

组合关系：南主室北壁中假门门楣

原石情况：完整

收藏单位：南阳汉画馆

图 12-304　仙人不死草图

出土或征集时间：1988 年 5 月

尺寸：31cm×60cm×30cm

石质：石灰石

组合关系：南主室北壁东假门西立柱

原石情况：完整

收藏单位：南阳汉画馆

图 12-305   神兽（辟邪）图

出土或征集时间：1988 年 5 月

尺寸：95cm×28cm×30cm

石质：石灰石

组合关系：南主室北壁东假门门楣

原石情况：完整

收藏单位：南阳汉画馆

图 12-306   猛兕

出土或征集时间：1988 年 5 月

尺寸：105cm×25cm×26cm

石质：石灰石

组合关系：南主室南壁东假门门楣

原石情况：完整

收藏单位：南阳汉画馆

图 12-307 羽人、灵怪

出土或征集时间：1988 年 5 月

尺寸：144cm×40cm×30cm

石质：石灰石

组合关系：北大门门楣

原石情况：完整

收藏单位：南阳汉画馆

图 12-308 猛兕

出土或征集时间：1988 年 5 月

尺寸：86cm×24cm×25cm

石质：石灰石

组合关系：南主室南壁中假门门楣

原石情况：完整

收藏单位：南阳汉画馆

图 12-309　力士搏熊

出土或征集时间：1988 年 5 月

尺寸：145cm×40cm×29cm

石质：石灰石

组合关系：北大门门楣背面

原石情况：完整

收藏单位：南阳汉画馆

图 12-310　龙首

出土或征集时间：1988 年 5 月

尺寸：89cm×23cm×30cm

石质：石灰石

组合关系：南主室南壁西假门门楣

原石情况：完整

收藏单位：南阳汉画馆

图 12-311　踞坐赏乐

出土或征集时间：1988 年 5 月

尺寸：106cm×55cm×18cm

石质：石灰石

组合关系：南主室门楣

原石情况：完整

收藏单位：南阳汉画馆

图 12-312　龙首

出土或征集时间：1988 年 5 月

尺寸：112cm×31cm×31cm

石质：石灰石

组合关系：北主室北壁西假门门楣正面

原石情况：完整

收藏单位：南阳汉画馆

图 12-313　云纹

出土或征集时间：1988 年 5 月

尺寸：110cm×32cm×32cm

石质：石灰石

组合关系：北主室北壁西假门门楣底面

原石情况：完整

收藏单位：南阳汉画馆

图 12-314　云纹

出土或征集时间：1988 年 5 月

尺寸：82cm×30cm×32cm

石质：石灰石

组合关系：北主室北壁中假门门楣底面

原石情况：完整

收藏单位：南阳汉画馆

图 12-315　雀

出土或征集时间：1988 年 5 月

尺寸：107cm×29cm×33cm

石质：石灰石

组合关系：北主室北壁东假门门楣底面

原石情况：完整

收藏单位：南阳汉画馆

图 12-316　羽人

出土或征集时间：1988 年 5 月

尺寸：87cm×33cm×31cm

石质：石灰石

组合关系：中主室北壁东假门门楣

原石情况：完整

收藏单位：南阳汉画馆

图 12-317　云纹

出土或征集时间：1988 年 5 月

尺寸：87cm×32cm×31cm

石质：石灰石

组合关系：北主室南壁东假门门楣下面

原石情况：完整

收藏单位：南阳汉画馆

图 12-318　羽人

出土或征集时间：1988 年 5 月

尺寸：88cm×31cm×32cm

石质：石灰石

组合关系：中主室北壁中假门门楣

原石情况：完整

收藏单位：南阳汉画馆

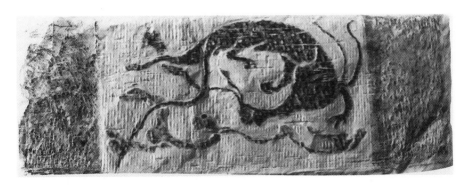

图 12-319　灵怪

出土或征集时间：1988 年 5 月

尺寸：88cm×32cm×31cm

石质：石灰石

组合关系：北主室南壁中假门门楣下面

原石情况：完整

收藏单位：南阳汉画馆

图 12-320　龙首

出土或征集时间：1988 年 5 月

尺寸：108cm×31cm×31cm

石质：石灰石

组合关系：北主室南壁西假门门楣正面

原石情况：完整

收藏单位：南阳汉画馆

图 12-321　龙首

出土或征集时间：1988 年 5 月

尺寸：108cm×31cm×31cm

石质：石灰石

组合关系：中主室北壁西假门门楣

原石情况：完整

收藏单位：南阳汉画馆

图 12-322　云纹

出土或征集时间：1988 年 5 月

尺寸：108cm×31cm×31cm

石质：石灰石

组合关系：北主室南壁西假门门楣下面

原石情况：完整

收藏单位：南阳汉画馆

图 12-323　云纹

出土或征集时间：1988 年 5 月

尺寸：95cm×19cm×30cm

石质：石灰石

组合关系：中主室南壁东假门门楣下面

原石情况：完整

收藏单位：南阳汉画馆

图 12-324　人首蛇身神

出土或征集时间：1988 年 5 月

尺寸：79cm×30cm×32cm

石质：石灰石

组合关系：中主室南壁中假门门楣下面

原石情况：完整

收藏单位：南阳汉画馆

图 12-325　龙首

出土或征集时间：1988 年 5 月

尺寸：108cm×32cm×31cm

石质：石灰石

组合关系：北主室南壁西假门门楣

原石情况：完整

收藏单位：南阳汉画馆

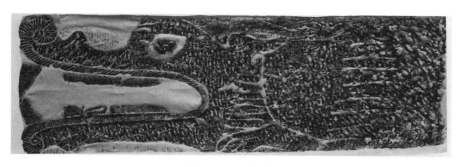

图 12-326　龙首

出土或征集时间：1988 年 5 月

尺寸：108cm×32cm×31cm

石质：石灰石

组合关系：南主室北壁西假门门楣正面

原石情况：完整

收藏单位：南阳汉画馆

图 12-327　云纹

出土或征集时间：1988 年 5 月

尺寸：106cm×31cm×32cm

石质：石灰石

组合关系：中主室南壁西假门门楣下面

原石情况：完整

收藏单位：南阳汉画馆

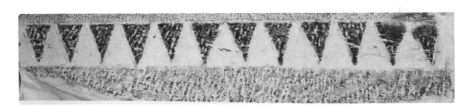

图 12-328　三角纹

出土或征集时间：1988 年 5 月

尺寸：72cm×16cm×32cm

石质：石灰石

组合关系：下嵌石

原石情况：完整

收藏单位：南阳汉画馆

图 12-329　三角纹

出土或征集时间：1988 年 5 月

尺寸：93cm×18cm×32cm

石质：石灰石

组合关系：下嵌石

原石情况：完整

收藏单位：南阳汉画馆

图 12-330　三角纹

出土或征集时间：1988 年 5 月

尺寸：90cm×18cm×31cm

石质：石灰石

组合关系：下嵌石

原石情况：完整

收藏单位：南阳汉画馆

图 12-331　三角纹

出土或征集时间：1988 年 5 月

尺寸：90cm×18cm×31cm

石质：石灰石

组合关系：下嵌石

原石情况：完整

收藏单位：南阳汉画馆

图 12-332　三角纹

出土或征集时间：1988 年 5 月

尺寸：72cm×18cm×31cm

石质：石灰石

组合关系：下嵌石

原石情况：完整

收藏单位：南阳汉画馆

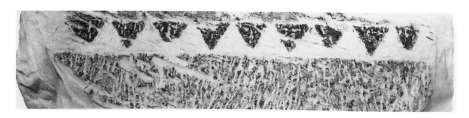

图 12-333　三角纹

出土或征集时间：1988 年 5 月

尺寸：72cm×18cm×31cm

石质：石灰石

组合关系：下嵌石

原石情况：完整

收藏单位：南阳汉画馆

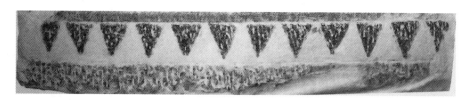

图 12-334　三角纹

出土或征集时间：1988 年 5 月

尺寸：83cm×13cm×31cm

石质：石灰石

组合关系：下嵌石

原石情况：完整

收藏单位：南阳汉画馆

图 12-335　三角纹

出土或征集时间：1988 年 5 月

尺寸：70cm×14cm×30cm

石质：石灰石

组合关系：下嵌石

原石情况：完整

收藏单位：南阳汉画馆

图 12-336　三角纹

出土或征集时间：1988 年 5 月

尺寸：86cm×23cm×cm

石质：石灰石

组合关系：下嵌石

原石情况：完整

收藏单位：南阳汉画馆

图 12-337　三角纹

出土或征集时间：1988 年 5 月

尺寸：83cm×17cm×31cm

石质：石灰石

组合关系：下嵌石

原石情况：残缺

收藏单位：南阳汉画馆

图 12-338　三角纹

出土或征集时间：1988 年 5 月

尺寸：83cm×17cm×31cm

石质：石灰石

组合关系：下嵌石

原石情况：完整

收藏单位：南阳汉画馆

图 12-339　三角纹

出土或征集时间：1988 年 5 月

尺寸：83cm×26cm×31cm

石质：石灰石

组合关系：下嵌石

原石情况：完整

收藏单位：南阳汉画馆

图 12-340　　三角纹

出土或征集时间：1988 年 5 月

尺寸：82cm×26cm×31cm

石质：石灰石

组合关系：下嵌石

原石情况：残缺

收藏单位：南阳汉画馆

图 12-341　菱形纹

出土或征集时间：1988 年 5 月

尺寸：17cm×132cm×23cm

石质：石灰石

组合关系：前室北壁假门西立柱东侧面

原石情况：完整

收藏单位：南阳汉画馆

图 12-342　菱形纹

出土或征集时间：1988 年 5 月

尺寸：26cm×133cm×18cm

石质：石灰石

组合关系：前室北壁假门中立柱西侧面

原石情况：完整

收藏单位：南阳汉画馆

图 12-343　菱形纹

出土或征集时间：1988 年 5 月

尺寸：27cm×133cm×18cm

石质：石灰石

组合关系：前室北壁假门中立柱
东侧面

原石情况：完整

收藏单位：南阳汉画馆

图 12-344　三菱形纹

出土或征集时间：1988 年 5 月

尺寸：27cm×133cm×18cm

石质：石灰石

组合关系：前室北壁假门东立
柱西侧面

原石情况：完整

收藏单位：南阳汉画馆

图 12-345　菱形纹

出土或征集时间：1988 年 5 月

尺寸：30cm×86cm×32cm

石质：石灰石

组合关系：中主室门北立柱北侧面

原石情况：完整

收藏单位：南阳汉画馆

图 12-346　菱形纹

出土或征集时间：1988 年 5 月

尺寸：30cm×86cm×32cm

石质：石灰石

组合关系：中主室门北立柱北侧面

原石情况：完整

收藏单位：南阳汉画馆

 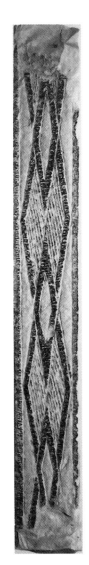 

图 12-347　菱形纹

出土或征集时间：1988
年 5 月

尺寸：16cm×132cm×22cm

石质：石灰石

组合关系：前室南壁中
立柱东侧面

原石情况：完整

收藏单位：南阳汉画馆

图 12-348　菱形纹

出土或征集时间：1988
年 5 月

尺寸：16cm×132cm×22cm

石质：石灰石

组合关系：前室南壁中
立柱西侧面

原石情况：完整

收藏单位：南阳汉画馆

图 12-349　菱形纹

出土或征集时间：1988
年 5 月

尺寸：16cm×132cm×22cm

石质：石灰石

组合关系：前室南壁中
立柱东侧面

原石情况：完整

收藏单位：南阳汉画馆

图 12-350　小吏

出土或征集时间：1988 年 5 月

尺寸：31cm×78cm×11cm

石质：石灰石

组合关系：南主室南壁东假门东立柱

原石情况：完整

收藏单位：南阳汉画馆

图 12-351　小吏

出土或征集时间：1988 年 5 月

尺寸：32cm×79cm×13cm

石质：石灰石

组合关系：南主室南壁中假门东立柱

原石情况：完整

收藏单位：南阳汉画馆

图 12-352 小吏

出土或征集时间：1988 年 5 月

尺寸：28cm×80cm×16cm

石质：石灰石

组合关系：南主室南壁西假门东立柱

原石情况：完整

收藏单位：南阳汉画馆

图 12-353 小吏

出土或征集时间：1988 年 5 月

尺寸：48cm×132cm×7cm

石质：石灰石

组合关系：南大门左门扉背面

原石情况：残缺

收藏单位：南阳汉画馆

图 12-354　执戟小吏

出土或征集时间：1988 年 5 月

尺寸：34cm×140cm×30cm

石质：石灰石

组合关系：南大门右门柱正面

原石情况：完整

收藏单位：南阳汉画馆

图 12-355　小吏

出土或征集时间：1988 年 5 月

尺寸：30cm×140cm×34cm

石质：石灰石

组合关系：南大门右门柱北侧面

原石情况：残缺

收藏单位：南阳汉画馆

图 12-356　小吏

出土或征集时间：1988 年 5 月

尺寸：28cm×113cm×46cm

石质：石灰石

组合关系：南大门右门柱背面

原石情况：完整

收藏单位：南阳汉画馆

图 12-357　神怪

出土或征集时间：1988 年 5 月

尺寸：23cm×132cm×17cm

石质：石灰石

组合关系：前室北壁假门西立柱正面

原石情况：完整

收藏单位：南阳汉画馆

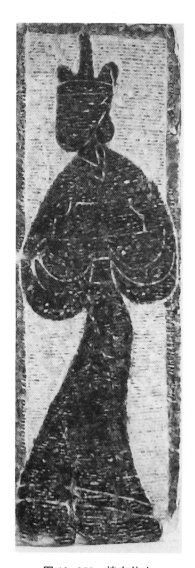

图 12-358　捧奁侍女

出土或征集时间：1988 年 5 月

尺寸：36cm×110cm×9cm

石质：石灰石

组合关系：前室北壁西假门后壁下端

原石情况：完整

收藏单位：南阳汉画馆

图 12-359　羽人

出土或征集时间：1988 年 5 月

尺寸：23cm×124cm×16cm

石质：石灰石

组合关系：前室北壁假门东立柱正面

原石情况：完整

收藏单位：南阳汉画馆

图 12-360 侍女

出土或征集时间：1988 年 5 月

尺寸：27cm×86cm×30cm

石质：石灰石

组合关系：北主室门北立柱正面

原石情况：完整

收藏单位：南阳汉画馆

图 12-361 人首蛇身神

出土或征集时间：1988 年 5 月

尺寸：18cm×87cm×31cm

石质：石灰石

组合关系：北主室门北立柱南侧面

原石情况：完整

收藏单位：南阳汉画馆

图 12-362　应龙

出土或征集时间：1988 年 5 月

尺寸：23cm×133cm×18cm

石质：石灰石

组合关系：北室北壁假门中立柱正面

原石情况：完整

收藏单位：南阳汉画馆

图 12-363　侍女

出土或征集时间：1988 年 5 月

尺寸：25cm×87cm×31cm

石质：石灰石

组合关系：中主室门北立柱正面石

原石情况：完整

收藏单位：南阳汉画馆

图 12-364　应龙

出土或征集时间：1988 年 5 月

尺寸：46cm×52cm×8cm

石质：石灰石

组合关系：前室北壁东假门后壁上端

原石情况：完整

收藏单位：南阳汉画馆

图 12-365　贵妇

出土或征集时间：1988 年 5 月

尺寸：41cm×82cm×9cm

石质：石灰石

组合关系：前室北壁东假门后壁下端

原石情况：完整

收藏单位：南阳汉画馆

图 12-366　羽人

出土或征集时间：1988 年 5 月

尺寸：31cm×87cm×30cm

石质：石灰石

组合关系：北主室门北立柱东侧面

原石情况：残缺

收藏单位：南阳汉画馆

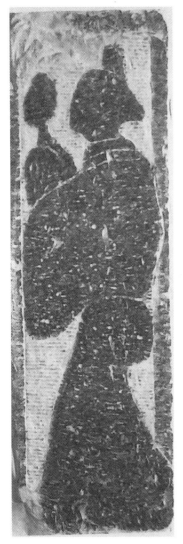

图 12-367 捧熏炉侍女

出土或征集时间：1988 年 5 月

尺寸：27cm×86cm×32cm

石质：石灰石

组合关系：南主室门北立柱正面

原石情况：完整

收藏单位：南阳汉画馆

图 12-368 人首蛇身神

出土或征集时间：1988 年 5 月

尺寸：20cm×87cm×32cm

石质：石灰石

组合关系：南主室门北立柱北侧面

原石情况：完整

收藏单位：南阳汉画馆

图 12-369　灯

出土或征集时间：1988 年 5 月

尺寸：30cm×60cm×32cm

石质：石灰石

组合关系：南主室门北立柱背面

原石情况：残缺

收藏单位：南阳汉画馆

图 12-370　侍女

出土或征集时间：1988 年 5 月

尺寸：31cm×87cm×32cm

石质：石灰石

组合关系：南主室门北立柱南侧面

原石情况：残缺

收藏单位：南阳汉画馆

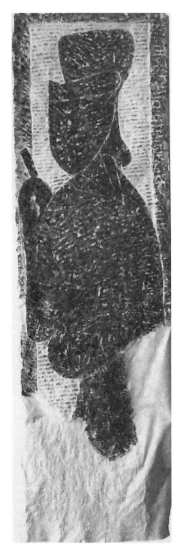

图 12-371　执笏小吏

出土或征集时间：1988 年 5 月

尺寸：30cm×97cm×23cm

石质：石灰石

组合关系：南主室门南立柱正面

原石情况：完整

收藏单位：南阳汉画馆

图 12-372　执金吾

出土或征集时间：1988 年 5 月

尺寸：30cm×97cm×23cm

石质：石灰石

组合关系：南主室门南立柱北侧面

原石情况：完整

收藏单位：南阳汉画馆

图 12-373　应龙

出土或征集时间：1988 年 5 月

尺寸：22cm×131cm×16cm

石质：石灰石

组合关系：前室南壁中立柱正面

原石情况：完整

收藏单位：南阳汉画馆

图 12-374　人首蛇身神

出土或征集时间：1988 年 5 月

尺寸：23cm×132cm×16cm

石质：石灰石

组合关系：前室南壁西假门西立柱正面

原石情况：完整

收藏单位：南阳汉画馆

图 12-375   人物踞坐、执金吾

出土或征集时间：1988 年 5 月   尺寸：64cm×48cm×8cm

石质：石灰石   组合关系：前室南壁东假门后壁上端

原石情况：完整   收藏单位：南阳汉画馆

图 12-376   二侍女

出土或征集时间：1988 年 5 月   尺寸：63cm×81cm×10cm

石质：石灰石   组合关系：前室南壁东假门后壁下端

原石情况：完整   收藏单位：南阳汉画馆

图 12-377　应龙

出土或征集时间：1988 年 5 月

尺寸：49cm×49cm×6cm

石质：石灰石

组合关系：前室南壁西假门后壁上端

原石情况：完整

收藏单位：南阳汉画馆

图 12-378　侍女

出土或征集时间：1988 年 5 月

尺寸：44cm×86cm×11cm

石质：石灰石

组合关系：前室南壁西假门后壁下端

原石情况：完整

收藏单位：南阳汉画馆

图 12-379　灵怪

出土或征集时间：1988 年 5 月

尺寸：60cm×60cm×11cm

石质：石灰石

组合关系：北主室北壁西假门后壁

原石情况：完整

收藏单位：南阳汉画馆

图 12-380　鹿

出土或征集时间：1988 年 5 月

尺寸：32cm×59cm×30cm

石质：石灰石

组合关系：中主室北壁中假门西立柱正面

原石情况：完整

收藏单位：南阳汉画馆

图 12-381　玄武

出土或征集时间：1988 年 5 月

尺寸：32cm×59cm×30cm

石质：石灰石

组合关系：中主室北壁中假门西立柱西侧面

原石情况：完整

收藏单位：南阳汉画馆

图 12-382　灵怪

出土或征集时间：1988 年 5 月

尺寸：30cm×59cm×32cm

石质：石灰石

组合关系：中主室北壁中假门西立柱东侧

原石情况：略残

收藏单位：南阳汉画馆

图 12-383　鹿

出土或征集时间：1988 年 5 月

尺寸：30cm×60cm×29cm

石质：石灰石

组合关系：中主室北壁中假门东立柱西侧面

原石情况：完整

收藏单位：南阳汉画馆

图 12-384　熊

出土或征集时间：1988 年 5 月　　　　　尺寸：62cm×63cm×8cm

石质：石灰石　　　　　　　　　　　　组合关系：北主室北壁中假门后壁

原石情况：完整　　　　　　　　　　　收藏单位：南阳汉画馆

图 12-385　白虎

出土或征集时间：1988 年 5 月　　　　　尺寸：63cm×57cm×8cm

石质：石灰石　　　　　　　　　　　　组合关系：北主室北壁东假门后壁

原石情况：完整　　　　　　　　　　　收藏单位：南阳汉画馆

图 12-386　灵怪（漫漶不清）　　　　　　　**图 12-387　朱雀**

出土或征集时间：1988 年 5 月　　　　　　　出土或征集时间：1988 年 5 月

尺寸：29cm×59cm×30cm　　　　　　　　尺寸：30cm×59cm×26cm

石质：石灰石　　　　　　　　　　　　　　石质：石灰石

组合关系：主室隔梁下西立柱　　　　　　　组合关系：北主室北壁东假门东立柱西侧面

原石情况：完整　　　　　　　　　　　　　原石情况：完整

收藏单位：南阳汉画馆　　　　　　　　　　收藏单位：南阳汉画馆

图 12-388　小吏

出土或征集时间：1988 年 5 月

尺寸：31cm×63cm×28cm

石质：石灰石

组合关系：北主室南壁东假门东立柱

原石情况：完整

收藏单位：南阳汉画馆

图 12-389　侍女

出土或征集时间：1988 年 5 月

尺寸：28cm×63cm×31cm

石质：石灰石

组合关系：中主室北壁东假门东立柱

原石情况：完整

收藏单位：南阳汉画馆

图 12-390 侍女

出土或征集时间：1988 年 5 月

尺寸：31cm×63cm×28cm

石质：石灰石

组合关系：北主室南壁东假门东立柱西侧面

原石情况：完整

收藏单位：南阳汉画馆

图 12-391 侍女

出土或征集时间：1988 年 5 月

尺寸：31cm×64cm×31cm

石质：石灰石

组合关系：北主室南壁中假门东立柱

原石情况：完整

收藏单位：南阳汉画馆

图 12-392　执盾小吏

出土或征集时间：1988 年 5 月

尺寸：31cm×64cm×31cm

石质：石灰石

组合关系：北主室南壁中假门东立柱东侧面

原石情况：略残

收藏单位：南阳汉画馆

图 12-393　托盘侍女

出土或征集时间：1988 年 5 月

尺寸：31cm×64cm×31cm

石质：石灰石

组合关系：中主室北壁中假门东立柱

原石情况：完整

收藏单位：南阳汉画馆

图 12-394　人物

出土或征集时间：1988 年 5 月

尺寸：31cm×64cm×31cm

石质：石灰石

组合关系：北主室南壁中假门东立柱西侧面

原石情况：残缺

收藏单位：南阳汉画馆

图 12-395　人物

出土或征集时间：1988 年 5 月

尺寸：40cm×127cm×36cm

石质：石灰石

组合关系：北主室南壁西假门东立柱

原石情况：完整

收藏单位：南阳汉画馆

图 12-396　执博山炉侍女

出土或征集时间：1988 年 5 月

尺寸：31cm×64cm×31cm

石质：石灰石

组合关系：北主室南壁西假门东立柱东侧面

原石情况：略残

收藏单位：南阳汉画馆

图 12-397　朱雀

出土或征集时间：1988 年 5 月

尺寸：31cm×64cm×31cm

石质：石灰石

组合关系：北主室北壁西假门东立柱

原石情况：略残

收藏单位：南阳汉画馆

图 12-398　执盾小吏

出土或征集时间：1988 年 5 月

尺寸：31cm×64cm×31cm

石质：石灰石

组合关系：北主室南壁西假门东立柱西侧面

原石情况：完整

收藏单位：南阳汉画馆

图 12-399　灵怪

出土或征集时间：1988 年 5 月

尺寸：29cm×61cm×31cm

石质：石灰石

组合关系：南主室南壁东假门东立柱

原石情况：完整

收藏单位：南阳汉画馆

图 12-400 灵怪

出土或征集时间：1988 年 5 月

尺寸：29cm×61cm×29cm

石质：石灰石

组合关系：中主室南壁东假门东立柱西侧面

原石情况：完整

收藏单位：南阳汉画馆

图 12-401 灵怪

出土或征集时间：1988 年 5 月

尺寸：30cm×60cm×30cm

石质：石灰石

组合关系：中主室南壁东假门西立柱

原石情况：完整

收藏单位：南阳汉画馆

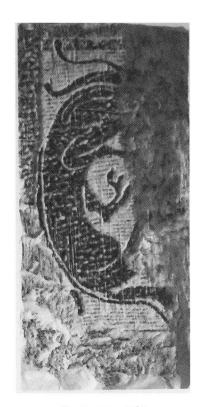

图 12-402　灵怪

出土或征集时间：1988 年 5 月

尺寸：30cm×60cm×31cm

石质：石灰石

组合关系：中主室南壁东假门西立柱东侧面

原石情况：完整

收藏单位：南阳汉画馆

图 12-403　隼鸟

出土或征集时间：1988 年 5 月

尺寸：30cm×60cm×31cm

石质：石灰石

组合关系：中主室南壁东假门西立柱西侧面

原石情况：完整

收藏单位：南阳汉画馆

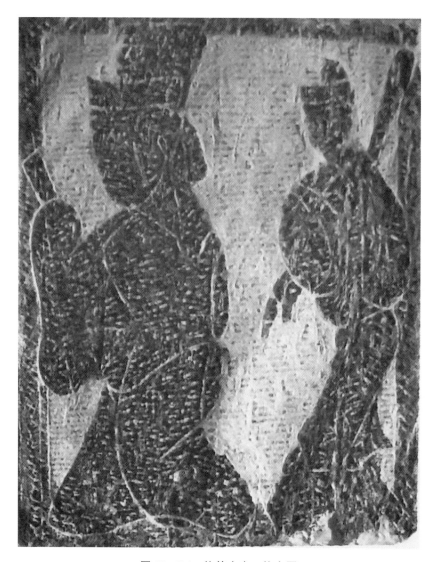

图 12-404 执笏小吏、执金吾

出土或征集时间：1988 年 5 月

尺寸：59cm×50cm×8cm

石质：石灰石

组合关系：南主室北壁中假门后壁

原石情况：完整

收藏单位：南阳汉画馆

图 12-405　神怪

出土或征集时间：1988 年 5 月

尺寸：30cm×60cm×30cm

石质：石灰石

组合关系：中主室南壁西假门东立柱

原石情况：完整

收藏单位：南阳汉画馆

图 12-406　灵怪

出土或征集时间：1988 年 5 月

尺寸：30cm×60cm×30cm

石质：石灰石

组合关系：中主室南壁西假门东立柱东侧面

原石情况：完整

收藏单位：南阳汉画馆

图 12-407　灵怪

出土或征集时间：1988 年 5 月

尺寸：30cm×60cm×30cm

石质：石灰石

组合关系：南主室北壁西假门东立柱

原石情况：完整

收藏单位：南阳汉画馆

图 12-408　羽人

出土或征集时间：1988 年 5 月

尺寸：30cm×60cm×30cm

石质：石灰石

组合关系：中主室南壁西假门东立柱西侧面

原石情况：完整

收藏单位：南阳汉画馆

图 12-409　蹶张

出土或征集时间：1988 年 5 月

尺寸：47cm×60cm×7cm

石质：石灰石

组合关系：南主室北壁西假门后壁

原石情况：完整

收藏单位：南阳汉画馆

四　东汉中晚期（和帝至献帝）墓出土画像

1. 邓州市梁寨汉代画像石墓出土画像

图 12-410　应龙

出土或征集时间：1989 年 11 月

尺寸：158cm×36cm×29cm

石质：石灰石

组合关系：南主室门楣正面

原石情况：完整

收藏单位：南阳汉画馆

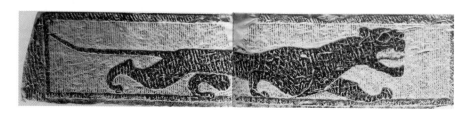

图 12-411　白虎

出土或征集时间：1989 年 11 月

尺寸：173cm×35cm×29cm

石质：石灰石

组合关系：北室门楣正面

原石情况：完整

收藏单位：南阳汉画馆

图 12-412　乐舞百戏

出土或征集时间：1989 年 11 月

尺寸：107cm×34cm×33cm

石质：石灰石

组合关系：墓室过梁中段北侧面

原石情况：完整

收藏单位：南阳汉画馆

图 12-413　马

出土或征集时间：1989 年 11 月

尺寸：122cm×32cm×34cm

石质：石灰石

组合关系：墓室过梁东段北侧面

原石情况：完整

收藏单位：南阳汉画馆

图 12-414　斗兽

出土或征集时间：1989 年 11 月

尺寸：107cm×34cm×33cm

石质：石灰石

组合关系：墓室过梁中段南侧面

原石情况：完整

收藏单位：南阳汉画馆

图 12-415　乐舞百戏

出土或征集时间：1989 年 11 月

尺寸：109cm×33cm×31cm

石质：石灰石

组合关系：墓室过梁西段北侧面

原石情况：完整

收藏单位：南阳汉画馆

图 12-416　虎、异兽

出土或征集时间：1989 年 11 月

尺寸：109cm×33cm×31cm

石质：石灰石

组合关系：墓室过梁西段南侧面

原石情况：完整

收藏单位：南阳汉画馆

图 12-417 捧奁侍女

出土或征集时间：1989 年 11 月

尺寸：32cm×107cm×31cm

石质：石灰石

组合关系：墓室过梁西起第二立柱正面

原石情况：完整

收藏单位：南阳汉画馆

图 12-418 犬、菱形纹

出土或征集时间：1989 年 11 月

尺寸：32cm×107cm×31cm

石质：石灰石

组合关系：墓室过梁西起第二立柱东侧面

原石情况：完整

收藏单位：南阳汉画馆

图 12-419　执金吾小吏

出土或征集时间：1989 年 11 月

尺寸：31cm×107cm×32cm

石质：石灰石

组合关系：墓室过梁西起第二立柱北侧面

原石情况：完整

收藏单位：南阳汉画馆

图 12-420　执便面小吏

出土或征集时间：1989 年 11 月

尺寸：31cm×107cm×32cm

石质：石灰石

组合关系：墓室过梁西起第二立柱南侧面

原石情况：完整

收藏单位：南阳汉画馆

图 12-421　捧奁侍女

出土或征集时间：1989 年 11 月

尺寸：33cm×107cm×30cm

石质：石灰石

组合关系：墓室过梁西起第三立柱东侧面

原石情况：完整

收藏单位：南阳汉画馆

图 12-422　执棒小吏

出土或征集时间：1989 年 11 月

尺寸：不详

石质：石灰石

组合关系：墓室过梁西起第三立柱南侧面

原石情况：完整

收藏单位：南阳汉画馆

图 12-423　执盾小吏

出土或征集时间：1989 年 11 月

尺寸：39cm×139cm×27cm

石质：石灰石

组合关系：北室门北立柱正面

原石情况：完整

收藏单位：南阳汉画馆

图 12-424　执盾小吏

出土或征集时间：1989 年 11 月

尺寸：33cm×136cm×27cm

石质：石灰石

组合关系：南室门南立柱正面

原石情况：完整

收藏单位：南阳汉画馆

图 12-425 侍女

出土或征集时间：1989 年 11 月

尺寸：33cm×107cm×26cm

石质：石灰石

组合关系：墓门中立柱正面

原石情况：完整

收藏单位：南阳汉画馆

图 12-426 横纹

出土或征集时间：1989 年 11 月

尺寸：107cm×33cm×26cm

石质：石灰石

组合关系：墓门中立柱北侧面

原石情况：完整

收藏单位：南阳汉画馆

图 12-427　穿璧纹

出土或征集时间：1989 年 11 月

尺寸：33cm×107cm×26cm

石质：石灰石

组合关系：墓门中立柱东侧面

原石情况：略残

收藏单位：南阳汉画馆

图 12-428　横纹

出土或征集时间：1989 年 11 月

尺寸：26cm×106cm×33cm

石质：石灰石

组合关系：墓门中立柱南侧面

原石情况：略残

收藏单位：南阳汉画馆

图 12-429　穿璧纹

出土或征集时间：1989 年 11 月

尺寸：不详

石质：石灰石

组合关系：墓室过梁东立柱正面

原石情况：完整

收藏单位：南阳汉画馆

2. 襄城茨沟汉代画像石墓出土画像石

图 12-430　二龙穿璧

出土或征集时间：1963 年 4 月

尺寸：180cm×23cm×42cm

石质：石灰石

组合关系：前室门楣

原石情况：完整

收藏单位：许昌博物馆

图 12-431　斗兽

出土或征集时间：1963 年 4 月

尺寸：162cm×35cm×40cm

石质：石灰石

组合关系：左前室门楣

原石情况：残缺

收藏单位：许昌博物馆

图 12-432　二龙交尾

出土或征集时间：1963 年 4 月

尺寸：240cm×23cm×40cm

石质：石灰石

组合关系：北主室南壁

原石情况：残缺

收藏单位：许昌博物馆

图 12-433 斗兽

出土或征集时间：1963 年 4 月

尺寸：240cm×28cm×40cm

石质：石灰石

组合关系：中室门楣

原石情况：残缺

收藏单位：许昌博物馆

3. 方城党庄汉画像石墓出土画像石

图 12-434 穿璧纹（该墓仅门额、两门框为画像石）

出土或征集时间：1984 年 4 月

尺寸：不详

石质：石灰石

组合关系：门楣、门楣立柱

原石情况：完整

收藏单位：南阳汉画馆

4. 宝丰县廖旗营墓地东汉画像石墓出土画像石

图 12-435　二龙穿璧、朱雀铺首衔环、执笏小吏、执彗小吏
（该墓仅墓门及门额及两边门框为画像石）

出土或征集时间：2010 年 5 月

尺寸：不详

石质：石灰石

组合关系：门楣、立柱、墓门

原石情况：完整

收藏单位：平顶山博物馆

南阳汉代天文画像石

图 13-1　女娲捧月

出土或征集地：南阳麒麟岗汉代画石墓出土

尺寸：145cm×29cm×42cm

石质：石灰石

组合关系：北大门门楣下面

原石情况：完整

收藏单位：南阳汉画馆

图 13-2　伏羲捧日

出土或征集地：南阳麒麟岗汉代画像石墓出土

尺寸：128cm×29cm×42cm

石质：石灰石

组合关系：南大门门楣下面

原石情况：完整

收藏单位：南阳汉画馆

图 13-3　南斗、北斗、四神、伏羲捧日、女娲捧月

出土或征集地：南阳麒麟岗汉代画像石墓出土

尺寸：164cm×151cm×14cm

石质：石灰石

组合关系：前室盖顶石，由九块石组成

原石情况：完整

收藏单位：南阳汉画馆

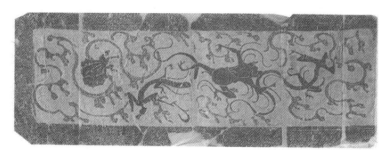

图 13-4　异兽、仙人

出土或征集地：南阳麒麟岗汉代画像石墓出土

尺寸：285cm×116cm×12cm

石质：石灰石

组合关系：中主室盖顶石，由五块石组成

原石情况：完整

收藏单位：南阳汉画馆

图 13-5　南斗、北斗、四神、伏羲捧日、女娲捧月

出土或征集地：南阳麒麟岗汉代画像石墓出土

尺寸：268cm×128cm×10cm

石质：石灰石

组合关系：北主室盖顶石，由六块石组成

原石情况：完整

收藏单位：南阳汉画馆

图 13-6　金乌、星宿

出土或征集地：南阳草店汉代画像石墓出土

尺寸：268cm×128cm×10cm

石质：石灰石

组合关系：前室南梁柱底面

原石情况：完整

收藏单位：南阳汉画馆

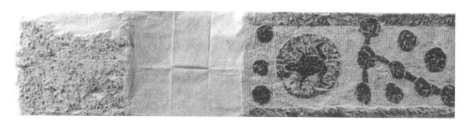

图 13-7　月、星宿

出土或征集地：南阳草店汉代画像石墓出土

尺寸：247cm×29cm×33cm

石质：石灰石

组合关系：前室北梁柱底面

原石情况：完整

收藏单位：南阳汉画馆

图 13-8　南斗、北斗、四神、伏羲捧日、女娲捧月

出土或征集地：南阳市东关晋墓出土

尺寸：266cm×108cm

石质：石灰石

组合关系：盖顶石

原石情况：完整

收藏单位：南阳汉画馆

图 13-9　嫦娥奔月

出土或征集地：南阳市西关汉墓出土

尺寸：143cm×59cm×12cm

石质：石灰石

组合关系：盖顶石

原石情况：完整

收藏单位：南阳汉画馆

图 13-10　天帝出行

出土或征集地：南阳市王庄汉墓出土

尺寸：173cm×49cm×28cm

石质：石灰石

组合关系：盖顶石

原石情况：完整

收藏单位：南阳汉画馆

图 13-11　五鹊

出土或征集地：南阳市王庄汉墓出土

尺寸：162cm×66cm×22cm

石质：石灰石

组合关系：盖顶石

原石情况：完整

收藏单位：南阳汉画馆

图 13-12　苍龙星座

出土或征集地：南阳市王庄汉墓出土

尺寸：160cm×42cm×22cm

石质：石灰石

组合关系：盖顶石

原石情况：完整

收藏单位：南阳汉画馆

图 13-13　河伯出行

出土或征集地：南阳市王庄汉墓出土　　尺寸：154cm×46cm

石质：石灰石　　　　　　　　　　　　组合关系：盖顶石

原石情况：完整　　　　　　　　　　　收藏单位：南阳汉画馆

图 13-14　常羲捧月

出土或征集地：南阳市王庄汉墓出土　　尺寸：162cm×64cm

石质：石灰石　　　　　　　　　　　　组合关系：盖顶石

原石情况：完整　　　　　　　　　　　收藏单位：南阳汉画馆

图 13-15　羲和捧日

出土或征集地：南阳市二化厂 30 墓出土

尺寸：160cm×40cm×30cm

石质：石灰石

组合关系：不详

原石情况：完整

收藏单位：南阳汉画馆

图 13-16 嫦娥奔月

出土或征集地：南阳市英庄汉代画像石墓出土

尺寸：112cm×37cm×29cm

石质：石灰石

组合关系：前室大梁底面

原石情况：完整

收藏单位：南阳汉画馆

图 13-17 嫦娥奔月

出土或征集地：南阳市英庄汉代画像石墓出土

尺寸：112cm×37cm×29cm

石质：石灰石

组合关系：前室盖顶石

原石情况：完整

收藏单位：南阳汉画馆

图 13-18　雷公车

出土或征集地：南阳市英庄汉代画像石墓出土　　尺寸：168cm×78cm×10cm

石质：石灰石　　　　　　　　　　　　　　　组合关系：前室盖顶石

原石情况：完整　　　　　　　　　　　　　　收藏单位：南阳汉画馆

图 13-19　应龙

出土或征集地：南阳市英庄汉代画像石墓出土　　尺寸：160cm×74cm×25cm

石质：石灰石　　　　　　　　　　　　　　　组合关系：前室盖顶石

原石情况：完整　　　　　　　　　　　　　　收藏单位：南阳汉画馆

图 13-20　阳乌

出土或征集地：南阳市英庄汉代画像石墓出土

尺寸：169cm×83cm×20cm

石质：石灰石

组合关系：前室盖顶石

原石情况：完整

收藏单位：南阳汉画馆

图 13-21　彗星

出土或征集地：南阳县王寨汉代画像石墓出土

尺寸：196cm×27cm×36cm

石质：石灰石

组合关系：前室过梁底面

原石情况：完整

收藏单位：南阳汉画馆

图 13-22　青龙、白虎、玄武

出土或征集地：南阳市邢营一号汉代画像石墓出土

尺寸：160cm×53cm×32cm

石质：石灰石

组合关系：东主室盖顶第二石

原石情况：完整

收藏单位：南阳汉画馆

图 13-23　神灵、螺神、伏羲

出土或征集地：南阳市邢营一号汉代画像石墓出土

尺寸：159cm×58cm×19cm

石质：石灰石

组合关系：东主室盖顶第五石

原石情况：完整

收藏单位：南阳汉画馆

图 13-24　二乌

出土或征集地：南阳市桑园路汉代画像石墓出土

尺寸：193cm×33cm×39cm

石质：石灰石

组合关系：前室梁柱底面

原石情况：完整

收藏单位：南阳汉画馆

图 13-25　阳乌、神怪

出土或征集地：南阳市溧河乡十里铺汉代画像石墓出土

尺寸：65cm×146cm×22cm

石质：石灰石

组合关系：前室盖顶石

原石情况：完整

收藏单位：南阳汉画馆

图 13-26　月、朱雀、青龙、白虎、羽人

出土或征集地：南阳市溧河乡十里铺汉代画像石墓出土

尺寸：91cm×149cm×12cm

石质：石灰石

组合关系：中室北盖顶石

原石情况：完整

收藏单位：南阳汉画馆

图 13-27　双首龙身神兽、鹿、玄武、羽人

出土或征集地：南阳市溧河乡十里铺汉代画像石墓出土

尺寸：87cm×146cm×13cm

石质：石灰石

组合关系：中室南盖顶石

原石情况：完整

收藏单位：南阳汉画馆

图 13-28　阳乌星宿

出土或征集地：南阳市溧河乡十里铺汉代画像石墓出土

尺寸：180cm×33cm×20cm

石质：石灰石

组合关系：后室盖顶石

原石情况：完整

收藏单位：南阳汉画馆

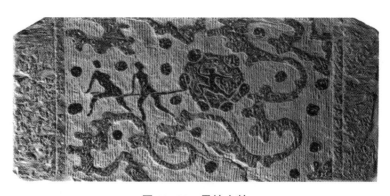

图 13-29　雷神击鼓

出土或征集地：南阳县高庙汉代画像石墓出土

尺寸：136cm×70cm×26cm

石质：石灰石

组合关系：中室盖顶石西端第一块

原石情况：完整

收藏单位：南阳汉画馆

图 13-30　穿璧纹

出土或征集地：南阳县高庙汉代画像石墓出土

尺寸：138cm×46cm×24cm

石质：石灰石

组合关系：盖顶石

原石情况：完整

收藏单位：南阳汉画馆

图 13-31　星云图

出土或征集地：南阳县高庙汉代画像石墓出土

尺寸：135cm×57cm×20cm

石质：石灰石

组合关系：盖顶石

原石情况：完整

收藏单位：南阳汉画馆

图 13-32　双首朱雀、星云图

出土或征集地：南阳县高庙汉代画像石墓出土

尺寸：147cm×99cm×30cm

石质：石灰石

组合关系：南侧室盖顶石

原石情况：完整

收藏单位：南阳汉画馆

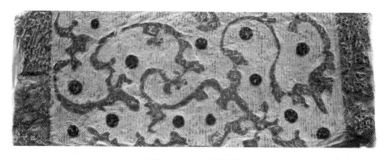

图 13-33　星云图

出土或征集地：南阳县高庙汉代画像石墓出土

尺寸：136cm×52cm×29cm

石质：石灰石

组合关系：盖顶石

原石情况：完整

收藏单位：南阳汉画馆

图 13-34　星云图

出土或征集地：南阳县高庙汉代画像石墓出土

尺寸：135cm×67cm×35cm

石质：石灰石

组合关系：盖顶石

原石情况：完整

收藏单位：南阳汉画馆

图 13-35　星云图

出土或征集地：南阳县高庙汉代画像石墓出土

尺寸：136cm×69cm×30cm

石质：石灰石

组合关系：盖顶石

原石情况：完整

收藏单位：南阳汉画馆

图 13-36　穿璧纹

出土或征集地：南阳县高庙汉代画像石墓出土

尺寸：144cm×102cm×27cm

石质：石灰石

组合关系：盖顶石

原石情况：完整

收藏单位：南阳汉画馆

图 13-37　穿璧纹

出土或征集地：南阳县高庙汉代画像石墓出土

尺寸：150cm×49cm×26cm

石质：石灰石

组合关系：盖顶石

原石情况：完整

收藏单位：南阳汉画馆

图 13-38 伏羲捧日女娲捧月

出土或征集地：南阳市辛店乡熊营画像石墓出土

尺寸：31cm×136cm×41cm

石质：石灰石

组合关系：主室门中柱正面

原石情况：完整

收藏单位：南阳汉画馆

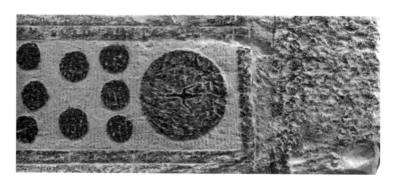

图 13-39　日月星宿

出土或征集地：南阳市辛店乡熊营画像石墓出土

尺寸：199cm×44cm×32cm

石质：石灰石

组合关系：前室过梁底面

原石情况：完整

收藏单位：南阳汉画馆

图 13-40　鸟、星云

出土或征集地：南阳市景庄汉代画像石墓出土

尺寸：179cm×43cm×21cm

石质：石灰石

组合关系：门槛石

原石情况：完整

收藏单位：南阳汉画馆

图 13-41　伏羲捧日

出土或征集地：南阳市景庄汉代画像石墓出土

尺寸：32cm×128cm×27cm

石质：石灰石

组合关系：主室西过梁南立柱东侧面

原石情况：完整

收藏单位：南阳汉画馆

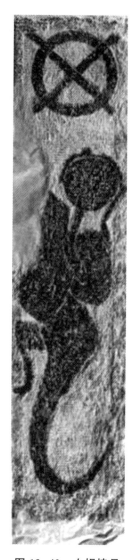

图 13-42   女娲捧月

出土或征集地：南阳市景庄汉代画像石墓出土

尺寸：31cm×128cm×25cm

石质：石灰石

组合关系：主室东过梁南立柱南侧面

原石情况：完整

收藏单位：南阳汉画馆

图 13-43　穿璧纹

出土或征集地：唐河县针织厂汉代画像石墓出土

尺寸：43cm×164cm×38cm

石质：砂岩石

组合关系：前室盖顶石南端

原石情况：完整

收藏单位：南阳汉画馆

图 13-44 穿璧纹

出土或征集地：唐河县针织厂汉代画像石墓出土

尺寸：43cm×168cm×42cm

石质：砂岩石

组合关系：前室盖顶石

原石情况：完整

收藏单位：南阳汉画馆

图 13-45　穿璧纹

出土或征集地：唐河县针织厂汉代画像石墓出土

尺寸：54cm×168cm×40cm

石质：砂岩石

组合关系：前室盖顶石

原石情况：完整

收藏单位：南阳汉画馆

图 13-46　穿璧纹

出土或征集地：唐河县针织厂汉代画像石墓出土

尺寸：55cm×168cm×40cm

石质：砂岩石

组合关系：前室盖顶石

原石情况：完整

收藏单位：南阳汉画馆

图 13-47　穿璧纹

出土或征集地：唐河县针织厂汉代画像石墓出土

尺寸：45cm×166cm×38cm

石质：砂岩石

组合关系：前室盖顶石

原石情况：完整

收藏单位：南阳汉画馆

图 13-48   穿璧纹

出土或征集地：唐河县针织厂汉代画像石墓出土

尺寸：61cm×166cm×60cm

石质：砂岩石

组合关系：前室盖顶石

原石情况：完整

收藏单位：南阳汉画馆

图 13-49　穿璧纹

出土或征集地：唐河县针织厂汉代画像石墓出土

尺寸：53cm×168cm×40cm

石质：砂岩石

组合关系：前室盖顶石

原石情况：完整

收藏单位：南阳汉画馆

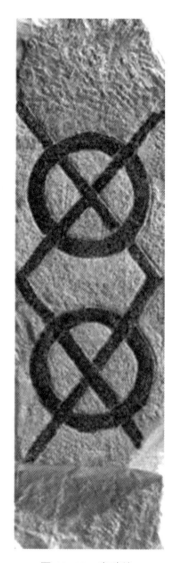

图 13-50 穿璧纹

出土或征集地：唐河县针织厂汉代画像石墓出土

尺寸：59cm×161cm×35cm

石质：砂岩石

组合关系：前室盖顶石

原石情况：完整

收藏单位：南阳汉画馆

图 13-51 星宿

出土或征集地：唐河县针织厂汉代画像石墓出土

尺寸：130cm×47cm×45cm

石质：砂岩石

组合关系：北主室盖顶石

原石情况：完整

收藏单位：南阳汉画馆

图 13-52 星宿

出土或征集地：唐河县针织厂汉代画像石墓出土

尺寸：130cm×47cm×45cm

石质：砂岩石

组合关系：北主室盖顶石

原石情况：完整

收藏单位：南阳汉画馆

图 13-53　星宿

出土或征集地：唐河县针织厂汉代画像石墓出土

尺寸：46cm×127cm×42cm

石质：砂岩石

组合关系：北主室盖顶石

原石情况：完整

收藏单位：南阳汉画馆

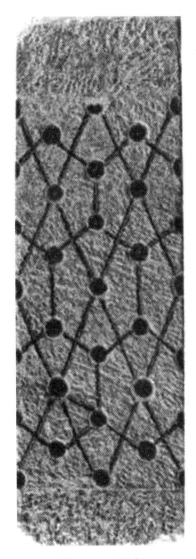

图 13-54　星宿

出土或征集地：唐河县针织厂汉代画像石墓出土

尺寸：44cm×133cm×42cm

石质：砂岩石

组合关系：北主室盖顶石

原石情况：完整

收藏单位：南阳汉画馆

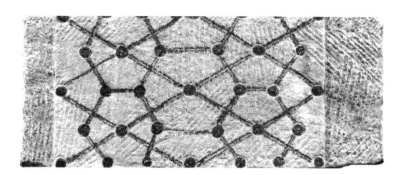

图 13-55 星宿

出土或征集地：唐河县针织厂汉代画像石墓出土

尺寸：133cm×59cm×38cm

石质：砂岩石

组合关系：北主室盖顶石

原石情况：完整

收藏单位：南阳汉画馆

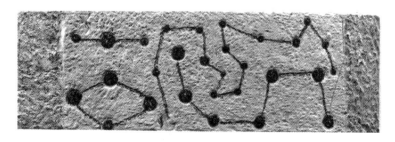

图 13-56 星宿

出土或征集地：唐河县针织厂汉代画像石墓出土

尺寸：130cm×44cm×39cm

石质：砂岩石

组合关系：北主室盖顶石

原石情况：完整

收藏单位：南阳汉画馆

图 13-57 四环套连纹

出土或征集地：唐河县针织厂汉代画像石墓出土

尺寸：40cm×127cm×36cm

石质：砂岩石

组合关系：南主室盖顶石

原石情况：完整

收藏单位：南阳汉画馆

图 13-58　白虎、三足乌

出土或征集地：唐河县针织厂汉代画像石墓出土

尺寸：130cm×47cm×40cm

石质：砂岩石

组合关系：南主室盖顶石

原石情况：完整

收藏单位：南阳汉画馆

图 13-59　三环套连纹

出土或征集地：唐河县针织厂汉代画像石墓出土

尺寸：128cm×54cm×40cm

石质：砂岩石

组合关系：南主室盖顶石

原石情况：完整

收藏单位：南阳汉画馆

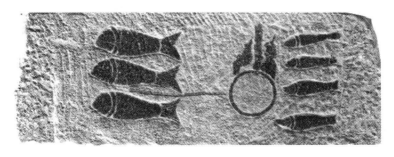

图 13-60　河伯出行

出土或征集地：唐河县针织厂汉代画像石墓出土

尺寸：139cm×46cm×47cm

石质：砂岩石

组合关系：南主室盖顶石

原石情况：完整

收藏单位：南阳汉画馆

图 13-61　四神

出土或征集地：唐河县针织厂汉代画像石墓出土

尺寸：130cm×48cm×42cm

石质：砂岩石

组合关系：南主室盖顶石

原石情况：完整

收藏单位：南阳汉

图 13-62　四神

出土或征集地：唐河县针织厂汉代画像石墓出土

尺寸：130cm×48cm×37cm

石质：砂岩石

组合关系：南主室盖顶石

原石情况：完整

收藏单位：南阳汉画馆

图 13-63　常羲主月

出土或征集地：南阳市东乡大桥镇

尺寸：35cm×91cm×22cm

石质：石灰石

组合关系：不详

原石情况：完整

收藏单位：南阳汉画馆

图 13-64　苍龙星座

出土或征集地：南阳市阮堂

尺寸：105cm×150cm×20cm

石质：石灰石

组合关系：不详

原石情况：完整

收藏单位：南阳汉画馆

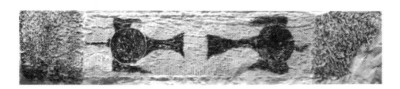

图 13-65　阳乌

出土或征集地：南阳市阮堂

尺寸：166cm×33cm×35cm

石质：石灰石

组合关系：不详

原石情况：完整

收藏单位：南阳汉画馆

图 13-66 阳乌

出土或征集地：南阳市一中

尺寸：156cm×24cm×36cm

石质：石灰石

组合关系：不详

原石情况：完整

收藏单位：南阳汉画馆

图 13-67 牛郎织女

出土或征集地：南阳市白滩

尺寸：188cm×51cm×29cm

石质：石灰石

组合关系：不详

原石情况：完整

收藏单位：南阳汉画馆

图 13-68　日月神交尾

出土或征集地：唐河县湖阳

尺寸：207cm×47cm×22cm

石质：砂岩石

组合关系：不详

原石情况：完整

收藏单位：南阳汉画馆

图 13-69　日月同辉

出土或征集地：南阳县

尺寸：183cm×32cm×31cm

石质：石灰石

组合关系：不详

原石情况：完整

收藏单位：南阳汉画馆

图 13-70　嫦娥会玄武

出土或征集地：南阳县

尺寸：183cm×32cm×31cm

石质：石灰石

组合关系：不详

原石情况：完整

收藏单位：南阳汉画馆

图 13-71　神兽、河伯出行

出土或征集地：南阳县

尺寸：147cm×42cm×26cm

石质：石灰石

组合关系：不详

原石情况：完整

收藏单位：南阳汉画馆

图 13-72　常羲捧月

出土或征集地：南阳市

尺寸：33cm×119cm×17cm

石质：石灰石

组合关系：不详

原石情况：完整

收藏单位：南阳汉画馆

图 13-73　后羿射日

出土或征集地：南阳市

尺寸：33cm×158cm×32cm

石质：石灰石

组合关系：不详

原石情况：完整

收藏单位：南阳汉画馆

图 13-74 日月与神人

出土或征集地：南阳市

尺寸：193cm×25cm×36cm

石质：石灰石

组合关系：不详

原石情况：完整

收藏单位：南阳汉画馆

图 13-75 日月同辉

出土或征集地：南阳市

尺寸：166cm×30cm×42cm

石质：石灰石

组合关系：不详

原石情况：完整

收藏单位：南阳汉画馆

图 13-76　日月同辉

出土或征集地：南阳市

尺寸：166cm×30cm×42cm

石质：石灰石

组合关系：不详

原石情况：一端残缺

收藏单位：南阳汉画馆

图 13-77　神人与日（月）

出土或征集地：南阳市

尺寸：32cm×162cm×23cm

石质：石灰石

组合关系：不详

原石情况：完整

收藏单位：南阳汉画馆

图 13-78　常羲捧日

出土或征集地：南阳市

尺寸：29cm×149cm×33cm

石质：石灰石

组合关系：不详

原石情况：完整

收藏单位：南阳汉画馆

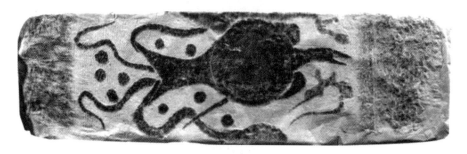

图 13-79　阳乌星宿

出土或征集地：南阳市

尺寸：162cm×48cm×17cm

石质：石灰石

组合关系：不详

原石情况：完整

收藏单位：南阳汉画馆

图 13-80　日月同辉

出土或征集地：南阳市

尺寸：216cm×33cm×39cm

石质：石灰石

组合关系：不详

原石情况：完整

收藏单位：南阳汉画馆

图 13-81　日月同辉

出土或征集地：南阳市

尺寸：240cm×28cm×33cm

石质：石灰石

组合关系：不详

原石情况：完整

收藏单位：南阳汉画馆

图 13-82　日

出土或征集地：南阳县英庄出土

尺寸：86cm×27cm

石质：石灰石

组合关系：不详

原石情况：完整

收藏单位：南阳汉画馆

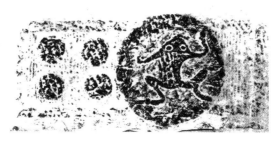

图 13-83　日

出土或征集地：南阳县英庄出土

尺寸：73cm×32cm

石质：石灰石

组合关系：不详

原石情况：完整

收藏单位：南阳汉画馆

图 13-84　后羿射日

出土或征集地：南阳县出土

尺寸：138cm×53cm

石质：石灰石

组合关系：不详

原石情况：完整

收藏单位：南阳汉画馆

图 13-85 斗兽、河伯出行

出土或征集地：南阳县出土

尺寸：138cm×53cm

石质：石灰石

组合关系：不详

原石情况：完整

收藏单位：南阳汉画馆

图 13-86 常羲捧月

出土或征集地：南阳县出土

尺寸：149cm×28cm×25cm

石质：石灰石

组合关系：不详

原石情况：完整

收藏单位：南阳汉画馆

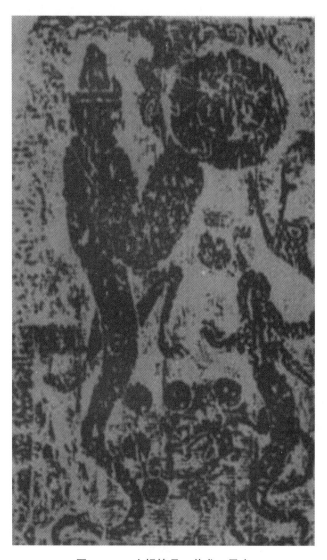

图 13-87　女娲捧月、苍龙、星宿

出土或征集地：南阳县出土

尺寸：148cm×29cm×33cm

石质：石灰石

组合关系：不详

原石情况：完整

收藏单位：不详

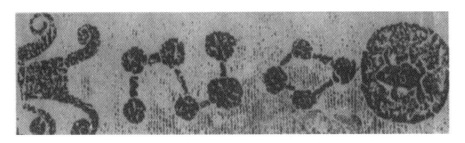

图 13-88　阳乌、星宿、蟾蜍

出土或征集地：南阳县出土

尺寸：146cm×28cm

石质：石灰石

组合关系：不详

原石情况：完整

收藏单位：南阳汉画馆

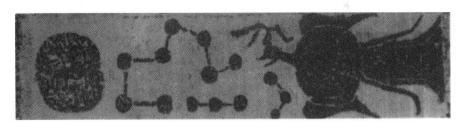

图 13-89　日月相望

出土或征集地：南阳县出土

尺寸：189cm×29cm

石质：石灰石

组合关系：不详

原石情况：完整

收藏单位：南阳汉画馆

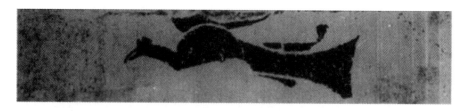

图 13-90　阳乌

出土或征集地：南阳县出土

尺寸：145cm×30cm×38cm

石质：石灰石

组合关系：不详

原石情况：完整

收藏单位：南阳汉画馆

图 13-91　阳乌、月、钩陈星宿

出土或征集地：南阳县草店汉墓出土

尺寸：245cm×25cm

石质：石灰石

组合关系：不详

原石情况：完整

收藏单位：南阳汉画馆

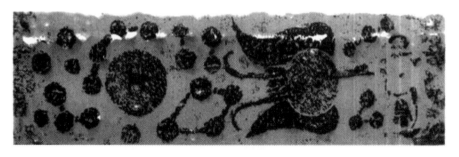

图 13-92　日月星宿

出土或征集地：南阳县

尺寸：188cm×48cm

石质：石灰石

组合关系：不详

原石情况：完整

收藏单位：南阳汉画馆

图 13-93　月、西王母

出土或征集地：南阳市魏公桥

尺寸：121cm×31cm

石质：石灰石

组合关系：不详

原石情况：完整

收藏单位：南阳汉画馆

图 13-94　月、云气

出土或征集地：南阳市

尺寸：174cm×24cm

石质：石灰石

组合关系：不详

原石情况：完整

收藏单位：南阳汉画馆

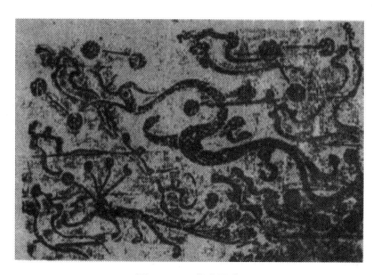

图 13-95　苍龙星座

出土或征集地：南阳市陇西寨亦祠

尺寸：135cm×89.4cm

石质：石灰石

组合关系：不详

原石情况：完整

收藏单位：不详

图 13-96　日月星宿

出土或征集地：南阳县

尺寸：103cm×32cm

石质：石灰石

组合关系：不详

原石情况：完整

收藏单位：南阳汉画馆

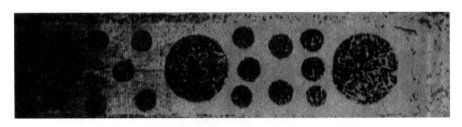

图 13-97　日月星宿

出土或征集地：南阳县新店汉代画像石墓出土

尺寸：198cm×42cm

石质：石灰石

组合关系：不详

原石情况：完整

收藏单位：南阳汉画馆

南阳汉代画像石墓发掘现场照片

一 西汉中后期（约昭帝至元帝）墓葬发掘现场照片

1. 南阳市万家园汉画像石墓发掘现场

图 14-1 南阳市万家园汉画像石墓后室

墓葬尺寸：长 13.24m×宽 3.24m

发掘单位：南阳市文物考古研究所

发掘时间：2005 年

图 14-2　南阳市万家园汉画像石墓前室

墓葬尺寸：长 13.24m×宽 3.24m

发掘单位：南阳市文物考古研究所

发掘时间：2005 年

2. 唐河县石灰窑村汉代画像石墓发掘现场

图 14-3　墓门情况

墓葬尺寸：长 3.97m×宽 3.34m×高 1.50m

发掘单位：南阳地区文物工作队、唐河县文化馆

发掘时间：1979 年 12 月

3. 湖北随县聂家湾汉代画像石墓发掘现场

图 14-4　墓室正面

墓葬尺寸：长 3m×宽 4.74m×高 1.62m

发掘单位：湖北省文物管理委员会

发掘时间：1964 年 11 月

二　西汉末到新莽（成帝至王莽）墓葬发掘现场照片

1. 唐河县针织厂汉代画像石墓发掘现场

图 14-5　墓葬俯视图

墓葬尺寸：长 5.08m×宽 4.52m×高 2.23m

发掘单位：河南省博物馆、南阳博物馆

发掘时间：1971 年秋

2. 唐河县电厂汉代画像石墓发掘现场

图 14-6　主室

墓葬尺寸：长 7m×宽 6.55m×高 2.82m

发掘单位：《南阳汉画像石》编委会

发掘时间：1073 年 6 月

3. 唐河汉郁平大尹冯君孺久画像石墓发掘现场

图 14-7　中室顶部

墓葬尺寸：长 9.5m×宽 6.15m×高 3.14m

发掘单位：南阳地区文物工作队、南阳博物馆

发掘时间：1978 年 3 月

图 14-8 西阁室

墓葬尺寸：长 9.5m×宽 6.15m×高 3.14m

发掘单位：南阳地区文物工作队、南阳博物馆

发掘时间：1978 年 3 月

图 14-9 主室

墓葬尺寸：长 9.5m×宽 6.15m×高 3.14m

发掘单位：南阳地区文物工作队、南阳博物馆

发掘时间：1978 年 3 月

图 14-10　南主室与南阁室

墓葬尺寸：长 9.5m×宽 6.15m×高 3.14m

发掘单位：南阳地区文物工作队、南阳博物馆

发掘时间：1978 年 3 月

4. 河南南阳陈棚汉代彩绘画像石墓发掘现场

图 14-11　现场图

墓葬尺寸：长 5m×宽 5.2m×高 4.5m

发掘单位：南阳市文物考古研究所

发掘时间：2001 年 11 月

5. 河南南阳市八一路汉代画像石墓发掘现场

图 14-12　全景

墓葬尺寸：长 5.18m×宽 5.7m×高 4.02m

发掘单位：南阳市文物考古研究所

发掘时间：2008 年 6 月

图 14-13　墓门

墓葬尺寸：长 5.18m×宽 5.7m×高 4.02m

发掘单位：南阳市文物考古研究所

发掘时间：2008 年 6 月

图 14-14　局部

墓葬尺寸：长 5.18m×宽 5.7m×高 4.02m

发掘单位：南阳市文物考古研究所

发掘时间：2008 年 6 月

6. 唐河县湖阳镇罐山 10 号汉代画像石墓发掘现场

图 14-15　墓门与前室

墓葬尺寸：长 7.9m×宽 5.9m×高 2.7m

发掘单位：南阳市文物考古研究所

发掘时间：2005 年冬

图 14-16 东耳室

墓葬尺寸：长 7.9m×宽 5.9m×高 2.7m

发掘单位：南阳市文物考古研究所

发掘时间：2005 年冬

三 东汉早期（光武帝至章帝）墓葬发掘现场照片

1. 南阳县辛店乡熊营画像石墓发掘现场

图 14-17 现场图

墓葬尺寸：长 4.54m×宽 3.24m

发掘单位：南阳市文物考古研究所

发掘时间：1989 年 4 月

2. 河南南阳县英庄汉画像石墓发掘现场

图 14-18 墓门

墓葬尺寸：长 5.22m×宽 3.67m

发掘单位：南阳地区文物工作队、南阳县文化馆

发掘时间：1983 年 4 月

3. 南阳市常庄汉代画像石墓发掘现场

图 14-19 全景（从东向西）

墓葬尺寸：长 10.94m×宽 4.42m

发掘单位：南阳市文物考古研究所

发掘时间：1989 年 11 月

图 14-20 全景（从南向北）

墓葬尺寸：长 10.94m×宽 4.42m

发掘单位：南阳市文物考古研究所

发掘时间：1989 年 11 月

图 14-21 墓门

墓葬尺寸：长 10.94m×宽 4.42m

发掘单位：南阳市文物考古研究所

发掘时间：1989 年 11 月

4. 南阳市老庄汉画像石墓 M3 发掘现场

图 14-22　全景（从南向北）

墓葬尺寸：长 1094m×宽 442m

发掘单位：南阳市文物考古研究所

发掘时间：1989 年 11 月

图 14-23　墓门（从北向南）

墓葬尺寸：长 1.094m×宽 4.42m

发掘单位：南阳市文物考古研究所

发掘时间：1989 年 11 月

图 14-24　后室（从南向北）

墓葬尺寸：长 1.094m×宽 4.42m

发掘单位：南阳市文物考古研究所

发掘时间：1989 年 11 月

图 14-25　东后室门槛石

墓葬尺寸：长 1.094m×宽 4.42m

发掘单位：南阳市文物考古研究所

发掘时间：1989 年 11 月

5. 南阳市万盛房地产汉画像石墓 M8 发掘现场

图 14-26　全景（从南向北）

墓葬尺寸：长 4.45m×宽 3.94m

发掘单位：南阳市文物考古研究所

发掘时间：2014 年 3 月

图 14-27　全景（从东向西）

墓葬尺寸：长 4.45m×宽 3.94m

发掘单位：南阳市文物考古研究所

发掘时间：2014 年 3 月

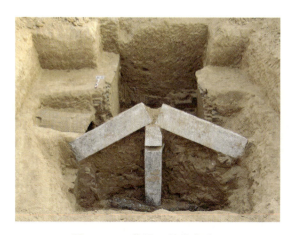

图 14-28　墓门（从北向南）

墓葬尺寸：长 4.45m×宽 3.94m

发掘单位：南阳市文物考古研究所

发掘时间：2014 年 3 月

四　东汉中晚期（和帝至献帝）墓葬发掘现场照片

1. 河南省南阳市体育中心游泳馆汉画像石墓 M18 发掘现场

图 14-29　全景（从南向北）

墓葬尺寸：长 5.82m×宽 3.5m

发掘单位：南阳市文物考古研究所

发掘时间：2009 年 12 月

图 14-30 中主室（从东向西）

墓葬尺寸：长 5.82m×宽 3.5m

发掘单位：南阳市文物考古研究所

发掘时间：2009 年 12 月

图 14-31 南侧室（从东向西）

墓葬尺寸：长 5.82m×宽 3.5m

发掘单位：南阳市文物考古研究所

发掘时间：2009 年 12 月

图 14-32　前室西梁柱北面

墓葬尺寸：长 5.82m×宽 3.5m

发掘单位：南阳市文物考古研究所

发掘时间：2009 年 12 月

2. 南阳牛王庙村八一星旺幼儿园 M20 发掘现场

图 14-33　全景（从东向西）

墓葬尺寸：长 19.2m×宽 11.62m

发掘单位：南阳市文物考古研究所

发掘时间：2014 年 7 月

图 14-34 甬道（从南向北）

墓葬尺寸：长 19.2m×宽 11.62m

发掘单位：南阳市文物考古研究所

发掘时间：2014 年 7 月

图 14-35 三前室（从西北向东南）

墓葬尺寸：长 19.2m×宽 11.62m

发掘单位：南阳市文物考古研究所

发掘时间：2014 年 7 月

图 14-36　中室背面（从西向东）

墓葬尺寸：长 19.2m×宽 11.62m

发掘单位：南阳市文物考古研究所

发掘时间：2014 年 7 月

图 14-37　三中室（从北向南）

墓葬尺寸：长 19.2m×宽 11.62m

发掘单位：南阳市文物考古研究所

发掘时间：2014 年 7 月

图 14-38 中室四角使用的连体斗

墓葬尺寸：长 19.2m×宽 11.62m

发掘单位：南阳市文物考古研究所

发掘时间：2014 年 7 月

图 14-39 中室墓顶（从东向西）

墓葬尺寸：长 19.2m×宽 11.62m

发掘单位：南阳市文物考古研究所

发掘时间：2014 年 7 月

图 14-40 后室门正面（从东向西）

墓葬尺寸：长 19.2m×宽 11.62m

发掘单位：南阳市文物考古研究所

发掘时间：2014 年 7 月

3. 河南宝丰县廖旗营墓地东汉画像石墓发掘现场

图 14-41 墓门

墓葬尺寸：长 12.1m×宽 2.52m

发掘单位：郑州大学历史学院考古学、河南省文物局

南水北调文物保护办公室、宝丰县文物局

发掘时间：2010 年 5 月

4. 河南郏县黑庙 M79 发掘现场

图 14-42 后室

墓葬尺寸：长 11.7m×宽 1.04m

发掘单位：河南省文物局南水北调办公室、河南

省文物考古研究所、平顶山文物管理局

发掘时间：2010 年 4 月

五 再葬墓（东汉晚期至西晋）墓葬发掘现场照片

1. 河南南阳景庄东汉画像石墓

图 14-43 墓门（从南向北）

墓葬尺寸：长 5.67m×宽 3.34m

发掘单位：南阳市文物考古研究所

发掘时间：2000 年 12 月

图 14-44　甬道、前室（从东向西）

墓葬尺寸：长 5.67m×宽 3.34m

发掘单位：南阳市文物考古研究所

发掘时间：2000 年 12 月

图 14-45　前室、后室（从东向西）

墓葬尺寸：长 5.67m×宽 3.34m

发掘单位：南阳市文物考古研究所

发掘时间：2000 年 12 月

3. 南阳市汽车运输公司住宅小区 M18 发掘现场

图 14-46　全景（从北向南）

墓葬尺寸：长 6.96m×宽 3.74m

发掘单位：南阳市文物考古研究所

发掘时间：1999 年 8 月

图 14-47　全景（从南向北）

墓葬尺寸：长 6.96m×宽 3.74m

发掘单位：南阳市文物考古研究所

发掘时间：1999 年 8 月

图 14-48　后室

墓葬尺寸：长 6.96m×宽 3.74m

发掘单位：南阳市文物考古研究所

发掘时间：1999 年 8 月

文献征引与阅读目录

一 考古资料

安徽省文物管理委员会：《定远县霸王庄古画像石墓》，《文物》1959年第12期。

安金槐：《河南密县后十士郭三号汉墓调查记》，《华夏文物》1994年3月。

安金槐、王与刚：《密县打虎亭汉代画像石墓与壁画墓》，《文物》1972年第2期。

［日］八木奘三郎：《辽阳发现的壁画古坟》，《东洋学报》第11卷第1号。

北京市古墓发掘办公室：《大葆台西汉木椁墓发掘简报》，《文物》1977年第6期。

北京市文物工作队：《北京西郊发现汉代石阙清理简报》，《文物》1964年第11期。

迟延璋、王天政：《山东潍坊市发现汉画像石墓》，《考古》1995年第11期。

戴应新、李仲煊：《陕西绥德县延家岔东汉画像石墓》，《考古》1983年第3期。

东北博物馆：《辽阳三道壕两座壁画墓的清理工作简报》，《文物参考资料》1955年第12期。

傅永魁：《巩县出土的汉画像石和画像砖》，《中原文物》1983年第3期。

耿建军：《江苏徐州佛山画像石墓》，《文物》2006年第1期。

管恩洁、霍启明、尹世绢：《山东临沂吴白庄汉画像石墓》，《东南文化》1999 年第 6 期。

贵州省文物考古研究所：《贵州金沙县汉画像石墓清理》，《文物》1998 年第 10 期。

郭兵：《湖北随县发现曾国铜器》，《文物》1973 年第 5 期。

郭建邦、王胜利：《襄城县发现一座东汉画像石墓》，《文物报》1986 年第 4 期。

郭沫若：《洛阳汉墓壁画试探》，《考古学报》1964 年第 2 期。

河南博物院：《河南永城固上村汉画像石墓》，《河南文博通讯》1980 年第 1 期。

南阳市文物考古研究所：《河南南阳陈棚汉代彩绘画像石墓》，《考古学报》2007 年第 2 期。

南阳市文物考古研究所：《河南南阳陈棚汉代彩绘画像石墓》，《考古学报》2007 年第 2 期。

河南省文化局文物工作队：《河南南阳杨官寺汉画像石墓发掘报告》，《考古学报》1963 年第 1 期。

河南省文化局文物工作队：《河南南召二郎岗新石器时代遗址》，《文物》1976 年第 5 期。

河南省文化局文物工作队：《河南襄城茨沟汉画像石墓》，《考古学报》1964 年第 1 期。

河南省文化局文物工作队：《洛阳西汉壁画墓发掘报告》，《考古学报》1964 年第 2 期。

河南省文物局南水北调办公室、河南省文物考古研究院、平顶山市文物管理局：《河南郏县黑庙 M79 发掘简报》，《华夏考古》2013 年第 1 期。

河南省文物局文物工作队、南阳市文物管理委员会：《河南南阳东关晋墓》，《考古》1963 年第 1 期。

河南省文物局文物工作队、南阳市文物管理委员会：《河南南阳西关一座古墓中的汉画像石》，《考古》1964 年第 8 期。

河南省文物考古研究院、鲁山县文物管理委员会：《河南鲁山望城岗汉代冶铁遗址一号炉发掘简报》，《华夏考古》2002 年第 1 期。

河南省文物考古研究院：《南阳北关瓦房庄汉代冶铁遗址发掘报告》，《华夏考古》1991 年第 1 期。

河南省文物考古研究院：《南阳市瓦房庄汉代制陶、铸铜遗址的发掘》，《华夏考古》1994 年第 1 期。

河南省文物考古研究院：《信阳楚墓》，文物出版社 1986 年版。

河南省文物考古研究院：《禹县东十里村东汉画像石墓发掘简报》，《中原文物》1985 年第 3 期。

河南省文物考古研究院等：《淅川下寺春秋楚墓》，文物出版社 1991 年版。

菏泽地区博物馆、梁山县文化馆：《山东梁山东汉纪年墓》，《考古》1988 年第 11 期。

贺福顺：《山东嘉祥县发现汉画像石墓》，《考古》1994 年第 8 期。

鹤壁市文物工作队、浚县文物旅游局：《浚县贾胡庄东汉画像石墓》，《中原文物》2000 年第 4 期。

湖北省博物馆：《湖北京山发现曾国铜器》，《文物》1972 年第 2 期。

湖北省博物馆、随州市博物馆：《湖北随州擂鼓墩二号墓发掘简报》，《文物》1985 年第 1 期。

湖北省博物馆等：《湖北江陵太晖观 50 号楚墓》，《考古》1977 年第 1 期。

湖北省博物馆江陵工作队：《江陵溪峨山楚墓》，《考古》1984 年第 6 期。

湖北省荆州地区博物馆：《江陵雨台山楚墓》，文物出版社 1984 年版。

湖北省文物管理委员会：《湖北随县唐镇汉魏墓清理》，《考古》1966 年第 2 期。

湖北省文物考古研究所：《江陵九店东周墓》，科学出版社 1995 年版。

湖南省博物馆：《长沙象鼻咀一号西汉墓》，《考古学报》1981 年第 1 期。

华东文物工作队山东组：《山东沂南汉画像石墓》，《文物参考资料》1954 年第 8 期。

淮阴市博物馆、泗洪县图书馆：《江苏泗洪打鼓墩樊氏画像石墓》，《考古》1992 年第 9 期。

黄州古墓发掘队：《湖北黄州国儿冲楚墓发掘简报》，《江汉考古》1983 年第 3 期。

济南市文化局文物处：《山东济宁青龙山汉画像石壁画墓》，《考古》1989 年第 11 期。

济南市文化局文物处、平阴县博物馆筹建处：《山东平阴新屯汉画像石墓》，《考古》1988 年第 11 期。

济宁地区文物组、嘉祥县文管所：《山东嘉祥宋山 1980 年出土的汉画像石》，《文物》1982 年第 5 期。

济宁市博物馆：《山东济宁师专西汉墓清理简报》，《文物》1992 年第 9 期。

济宁市文化局文物处、平阴县博物馆：《山东平阴孟庄东汉画像石墓》，《文物》2002 年第 2 期。

嘉祥县文管所：《山东嘉祥纸坊画像石墓》，《文物》1986 年第 5 期。

嘉兴地区文管会、海宁县博物馆：《浙江海宁东汉画像石墓发掘简报》，《文物》1983 年第 5 期。

江陵县博物馆：《江陵溪峨山楚墓》，《江汉考古》1992 年第 4 期。

江苏文物管理委员会、南京博物院：《江苏徐州、铜山五座汉墓清理简报》，《考古》1964 年第 10 期。

江苏文物管理委员会、南京博物院：《江苏徐州十里铺汉画像石墓》，《考古》1966 年第 2 期。

姜建成、庄明军：《山东青州市冢子庄汉画像石墓》，《考古》1993 年第 8 期。

荆沙铁路考古队：《江陵秦家咀楚墓发掘简报》，《江汉考古》1988 年第 2 期。

荆州地区博物馆：《湖北荆州砖瓦厂二号楚墓》，《江汉考古》1984 年第 1 期。

［日］驹井和爱：《南满洲辽阳的古迹调查（第二回）》，《考古学杂志》第 32 卷 7 号。

李德文、秦让平、汪欣、邓刚、杨亚宁：《安徽六安市白鹭洲战国墓 M566 的发掘》，《考古》2012 年第 5 期。

李洪甫：《连云港市锦屏山汉画像石墓》，《考古》1983 年第 10 期。

李俊山：《永城太丘一号汉画像石墓》，《中原文物》1990 年第 1 期。

李俊山：《永城僖山汉画像石墓》，《中原文物》1990 年第 1 期。

李林：《绥德寨山发现汉画像石墓》，《文博》1996 年第 4 期。

李文信：《辽宁北园壁画墓记略》，《国立沈阳博物院筹备委员会汇刊》第 1 期。

李文信：《辽阳发现的三座壁画石墓》，《文物参考资料》1955 年第 5 期。

连云港市博物馆：《连云港市孔望山摩崖造像调查报告》，《文物》1981 年第 7 期。

辽宁省博物馆、辽阳博物馆：《辽阳旧城东门里东汉壁画墓发掘报告》，《文物》1985 年第 6 期。

辽阳市文物管理所：《辽阳发现三座壁画墓》，《考古》1980 年第 1 期。

聊城地区博物馆：《山东阳谷县八里庙汉画像石墓》，《文物》1989 年第 8 期。

吕品、周到：《唐河县电厂汉画像石墓》，《中原文物》1982 年第 1 期。

洛阳博物馆：《洛阳卜千秋墓发掘简报》，《文物》1977 年第 6 期。

洛阳博物馆：《洛阳金谷园新莽时期壁画墓》，《文物参考资料丛刊》1985 年第 5 期。

洛阳古墓博物馆：《东汉天象神兽壁画墓》，《洛阳古墓博物馆》朝华出版社 1987 年版。

洛阳市第二文物工作队：《洛阳浅井头西汉壁画墓发掘简报》，《文物》1993 年第 5 期。

洛阳市第二文物工作队：《洛阳市朱村东汉壁画墓发掘简报》，《文物》1992 年第 12 期。

洛阳市第二文物工作队：《洛阳偃师县新莽壁画墓清理简报》，《文物》1992 年第 12 期。

洛阳市文物工作队：《河南洛阳北郊东汉壁画墓》，《考古》1991 年第 8 期。

洛阳市文物工作队：《河南洛阳市第 3850 号东汉墓》，《考古》1997 年第 8 期。

洛阳市文物工作队：《洛阳机车工厂东汉壁画墓》，《文物》1992 年第

3 期。

洛阳市文物工作队：《洛阳西工东汉壁画墓》，《中原文物》1982 年第 3 期。

《南阳汉画像石》编委会：《邓县长冢店汉画像石墓》，《中原文物》1982 年第 1 期。

南京博物院：《昌黎水库汉墓群发掘简报》，《文物参考资料》1957 年第 12 期。

南京博物院：《徐州茅村画像石墓》，《考古》1980 年第 4 期。

南京博物院：《徐州青山泉白集东汉画像石墓》，《考古》1981 年第 2 期。

南京博物院、邳县文化馆：《东汉彭城相缪宇墓》，《文物》1984 年第 8 期。

南京博物院、邳县文化馆：《江苏邳县白山故子两座汉代画像石墓》，《文物》1986 年第 5 期。

南京博物院、泗洪县图书馆：《江苏泗洪重岗汉画像石墓》，《考古》1986 年第 7 期。

南阳博物馆：《河南南阳军帐营汉画像石墓》，《考古与文物》1982 年第 1 期。

南阳博物馆：《河南南阳英庄汉画像石墓》，《中原文物》1983 年第 3 期。

南阳地区文物队：《方城县党庄汉代画像石墓——兼谈南阳汉画像石墓的衰亡问题》，《中原文物》1986 年第 2 期。

南阳地区文物队、南阳博物馆：《唐河汉郁平大尹冯君孺久画像石墓》，《考古学报》1980 年第 2 期。

南阳地区文物工作队、方城县文化馆：《河南方城县城关镇汉画像石墓》，《文物》1984 年第 3 期。

南阳地区文物工作队、南阳县文化馆：《河南南阳县十里铺画像石墓》，《文物》1986 年第 4 期。

南阳地区文物工作队、南阳县文化馆：《河南南阳县英庄汉画像石墓》，《文物》1984 年第 3 期。

南阳地区文物工作队、唐河县文化馆：《唐河县湖阳镇汉画像石墓清理简报》，《中原文物》1985 年第 3 期。

南阳地区文物工作队、唐河县文化馆:《唐河县针织厂二号汉画像石墓》,《中原文物》1985 年第 3 期。

南阳地区文物研究所:《河南南阳县蒲山汉墓的发掘》,《华夏考古》1991 年第 4 期。

南阳汉画馆:《南阳草店汉画像石墓》,《南阳汉代画像石墓》,河南美术出版社 1998 年版。

南阳汉画馆:《南阳市第二化工厂三十号汉代画像石墓》,《南阳汉代画像石墓》,河南美术出版社 1998 年版。

南阳汉画馆:《南阳县高庙汉画像石墓》,《南阳汉代画像石墓》,河南美术出版社 1998 年版。

南阳汉画馆编:《南阳市中原技校汉画像石墓》,《南阳汉代画像石墓发掘报告集》,中州古籍出版社 2012 年版。

南阳师范学院独山玉文化研究中心:《南阳黄山遗址独山玉制品调查简报》,《中原文物》2008 年第 5 期。

南阳市博物馆:《河南南阳石桥汉画像石墓》,《考古与文物》1982 年第 1 期。

南阳市博物馆:《南阳发现东汉许阿瞿墓志画像石》,《文物》1974 年第 8 期。

南阳市博物馆:《南阳麒麟岗汉代画像石墓》,《南阳汉代画像石墓考古发掘报告集》,中州古籍出版社 2012 年版。

南阳市博物馆:《南阳市独山西坡汉画像石墓》,《中原文物》1985 年第 3 期。

南阳市博物馆:《南阳市建材试验厂汉画像石墓》,《中原文物》1985 年第 3 期。

南阳市博物馆:《南阳市王庄汉画像石墓》,《中原文物》1985 年第 3 期。

南阳市博物馆:《南阳县王寨汉画像石墓》,《中原文物》1982 年第 1 期。

南阳市博物馆:《南阳县赵寨砖瓦厂汉画像石墓》,《中原文物》1982 年第 1 期。

南阳市博物馆、方城县文化馆:《河南方城东关汉画像石墓》,《文物》1980 年第 3 期。

南阳市古代建筑保护研究所：《河南南阳桑园路东汉画像石墓》，《文物》2003 年第 4 期。

南阳市考古研究所：《河南南阳市辛店熊营汉画像石墓》，《考古》2008 年第 2 期。

南阳市考古研究所：《河南南阳市永泰小区汉画像石墓》，《华夏考古》2010 年第 3 期。

南阳市文物队：《南阳市刘洼村汉画像石墓》，《中原文物》1991 年第 3 期。

南阳市文物工作队：《河南南阳市麒麟岗 8 号西汉木椁墓》，《考古》1996 年第 3 期。

南阳市文物工作队：《南阳市第二化工厂二十一号画像石墓发掘简报》，《中原文物》1993 年第 1 期。

南阳市文物工作队：《南阳市邢营画像石墓发掘报告》，《中原文物》1996 年第 1 期。

南阳市文物工作队：《南阳市药材市场画像石墓简报》，《中原文物》1994 年第 1 期。

南阳市文物管理委员会：《河南南阳市发现汉墓》，《考古》1966 年第 2 期。

南阳市文物考古研究所：《河南南阳景庄东汉画像石墓》，《文物》2012 年第 4 期。

南阳市文物考古研究所：《河南南阳市安居新村汉画像石墓》，《考古》2005 年第 8 期。

南阳市文物考古研究所：《河南南阳市八一路汉代画像石墓》，《考古》2012 年第 6 期。

南阳市文物考古研究所：《河南省南阳市万家园汉画像石墓》，《中原文物》2010 年第 5 期。

南阳市文物考古研究所：《南阳高新区标准厂房汉画像石墓》，《南都学坛》2015 年第 4 期。

南阳市文物考古研究所：《南阳市宛城区达士营汉画像石墓》，《华夏考古》2017 年第 1 期。

南阳市文物考古研究所：《南阳唐河县西冢张村画像石墓发掘简报》，《洛阳考古》2018 年第 3 期。

南阳市文物考古研究所、南阳知府衙门博物馆：《南阳市张衡路汉代画像石墓》，《中原文物》2017 年第 2 期。

南阳市文物考古研究所：《河南南阳县十里铺二号画像石墓》，《中原文物》1996 年第 3 期。

南阳市文物考古研究所：《河南省南阳市百里奚出土青铜器玉器》，《中原文物》1996 年第 3 期。

南阳市文物考古研究所：《河南省南阳县辛店乡熊营画像石墓》，《中原文物》1996 年第 3 期。

南阳市文物考古研究所：《南阳市妇幼保健院东晋墓》，《中原文物》1997 年第 4 期。

南阳市文物考古研究所：《南阳中建七局机械厂汉画像石墓》，《中原文物》1997 年第 4 期。

南阳市文物考古研究所：《桐柏县安棚画像石墓》，《中原文物》1996 年第 3 期。

南阳市文物考古研究所、唐河县文化馆：《河南唐河白庄汉画像石墓》，《中原文物》1997 年第 4 期。

南阳市文物考古研究所：《河南南阳蒲山二号汉画像石墓》，《中原文物》1997 年第 4 期。

南阳市文物考古研究所：《河南省邓州市梁寨汉画像石墓》，《中原文物》1996 年第 3 期。

内蒙古自治区博物馆文物工作队：《和林格尔汉墓壁画》，文物出版社 1978 年。

潘卫东等：《山东滕州市三国时期的画像石墓》，《考古》2002 年第 10 期。

平邑县文物管理站：《山东平邑东埠阴汉代画像石墓》，《考古》1990 年第 9 期。

乔保同等：《河南南阳市八一路汉代画像石墓》，《考古》2012 年第 6 期。

邱永生：《徐州青山泉水泥二厂一、二号汉墓发掘简报》，《中原文物》1992 年第 1 期。

山东省博物馆：《山东安丘汉画像石墓发掘简报》，《文物》1964 年第 4 期。

山东省博物馆、苍山县文化馆：《山东苍山元嘉元年画像石墓》，《考古》1975 年第 2 期。

山东省文物管理处：《山东福山东留公村汉墓清理简报》，《考古通讯》1956 年第 5 期。

山东省文物考古研究所、枣庄市文物管理办公室等：《山东枣庄市桥上东汉画像石墓》，《考古》2004 年第 6 期。

山西省考古研究所、吕梁地区文物工作室、离石县文物管理所：《山西离石马茂庄东汉画像石墓》，《文物》1992 年第 4 期。

山西省考古研究所、吕梁地区文物工作室、离石县文物管理所：《山西离石再次发现东汉画像石墓》，《文物》1996 年第 4 期。

陕西省博物馆、陕西省文管会写作组：《米脂东汉画像石墓发掘简报》，《文物》1972 年第 3 期。

陕西省考古研究所、榆林地区文物管理委员会：《陕西神木大保当第 11 号、第 23 号汉画像石墓发掘简报》，《文物》1997 年第 9 期。

陕西绥德县博物馆：《陕西绥德》，《文物》1983 年第 5 期。

商丘地区文化局：《河南夏邑吴庄石椁墓》，《中原文物》1990 年第 1 期。

沈宜扬：《湖北当阳刘家冢子东汉画像石墓发掘简报》，《文物资料丛刊》第 1 辑，文物出版社 1977 年版。

盛储彬：《江苏铜山县伊庄洪山汉画像石墓》，《华夏考古》2007 年第 1 期。

石敬东：《山东枣庄方庄汉画像石墓》，《考古》1994 年第 3 期。

睡虎地秦墓竹简整理小组编：《睡虎地秦墓竹简》，文物出版社 1990 年版。

司玉叶：《河南汤阴县发现东汉画像石墓》，《考古》1994 年第 4 期。

泗水县文管所：《山东泗水南陈东汉画像石墓》，《考古》1995 年第 5 期。

苏兆庆、张安礼：《山东莒县沈刘庄汉画像石墓》，《考古》1988 年第 9 期。

绥德县博物馆：《陕西绥德汉画像石墓》，《考古》1986 年第 1 期。

随县博物馆：《湖北随县城郊发现春秋墓葬和铜器》，《文物》1980 年第 1 期。

随县擂鼓墩一号墓考古发掘队：《湖北随县曾侯乙墓发掘简报》，《文物》1979 年第 7 期。

随州市博物馆：《湖北随县发现商周青铜器》，《考古》1984 年第 6 期。

随州市博物馆：《湖北随州安居出土青铜器》，《文物》1982 年第 12 期。

随州市博物馆：《湖北随州擂鼓墩战国东汉墓发掘简报》，《江汉考古》1992 年第 2 期。

随州市博物馆：《随州东城区发现东周墓葬和青铜器》，《江汉考古》1989 年第 1 期。

随州市博物馆：《随州擂鼓墩砖瓦厂十三号墓发掘简报》，《江汉考古》1984 年第 3 期。

随州市考古队：《湖北随州义地岗又出土青铜器》，《江汉考古》1994 年第 2 期。

孙文青：《南阳草店汉墓享堂画像记》，《国闻周报》1933 年第十卷第四十一期。

泰安地区文物局：《肥城县发现一座东汉画像石墓》，《文物》1986 年第 5 期。

泰安地区文物局：《山东泰安旧县村汉画像石墓》，《考古》1988 年第 4 期。

泰安地区文物局：《泰安县大汶口发现一座汉画像石墓》，《文物》1982 年第 6 期。

泰安市文物局：《泰安大汶口汉画像石墓》，《文物》1989 年第 1 期。

仝泽荣：《江苏睢宁墓山汉画像石墓》，《文物》1997 年第 9 期。

王步毅：《安徽宿县褚兰画像石墓》，《考古学报》1993 年第 4 期。

王德庆：《江苏邳县白山的汉画像石墓和遗址》，《考古通讯》1956 年第 6 期。

王德庆：《江苏铜山东汉墓清理简报》，《考古通讯》1957 年第 4 期。

王建中：《南阳古代独玉初探》，《中原文物》2002 年第 2 期。

王金元：《山西离石石盘汉代画像石墓》，《文物》2005 年第 2 期。

王献唐：《徐州市区的茅村汉墓群》，《文物参考资料》1953 年第 1 期。

王元平、石晶、孙柱才：《山东滕州高庄发现汉画像石墓》，《考古》2006 年第 10 期。

王增新：《辽阳市棒台子二号壁画墓》，《考古》1960 年第 1 期。

微山县文物管理处：《山东微山县汉画像石墓的清理》，《考古》1998 年第 3 期。

微山县文物管理处：《山东微山县西汉画像石墓》，《文物》2000 年第 10 期。

未名：《高邮天山一号汉墓发掘侧记》，《文博通讯》第 32 期。

吴兰、帮福、康兰英：《陕西神木柳港村汉画像石墓》，《中原文物》1986 年第 1 期。

吴兰、学勇：《陕西省米脂县官庄东汉画像石墓》，《考古》1987 年第 11 期。

吴兰、志安、春宁：《绥德辛店发现的两座画像石墓》，《考古与文物》1993 年第 1 期。

襄樊市博物馆：《随枣走廊几处新石器时代遗址调查》，《江汉考古》1995 年第 4 期。

小空山联合发掘队：《1987 年河南南召小空山旧石器遗址发掘报告》，《华夏考古》1988 年第 4 期。

肖湘、黄钢正：《长沙咸家湖西汉曹嬛墓》，《文物》1979 年第 3 期。

肖燕、徐加军、石敬东：《山东枣庄市清理两座汉画像石墓》，《中原文物》1994 年第 4 期。

解华英：《山东邹城市路口东汉画像石墓》，《考古》1996 年第 3 期。

徐州博物馆：《江苏徐州大庙汉晋画像石墓》，《文物》2003 年第 4 期。

徐州博物馆：《江苏徐州市清理五座汉画像石墓》，《考古》1996 年第 3 期。

徐州博物馆：《徐州发现东汉元和三年画像石》，《文物》1990 年第 9 期。

徐州博物馆：《徐州市韩山东汉墓发掘简报》，《文物》1990 年第 9 期。

徐州博物馆、赣榆县图书馆：《徐州赣榆金山汉画像石》，《考古》

1985 年第 9 期。

徐州博物馆、新沂县图书馆：《江苏新沂瓦窑汉画像石墓》，《考古》1987 年第 7 期。

徐州市博物馆等：《江苏沛县栖山汉画像石墓清理简报》，《考古学集刊》1982 年第 2 期。

烟台市博物馆、栖霞县文物管理所：《山东栖霞汉画像石墓》，《文物》2002 年第 7 期。

阎道衡：《永城芒山柿园发现梁国国王壁画墓》，《中原文物》1990 年第 1 期。

殷汝章：《山东章丘牟山水库发现大型石刻汉墓》，《文物》1964 年第 4 期。

永城县文管会、商丘博物馆：《永城太丘二号汉画像石墓》，《中原文物》1990 年第 1 期。

榆林地区文物管理委员会、绥德县博物馆：《陕西绥德县七里铺画像石墓调查简报》，《考古与文物》2002 年第 3 期。

云梦睡虎地秦墓编写组：《云梦睡虎地秦墓》，文物出版社 1981 年版。

云梦县文物工作组：《湖北云梦睡虎地秦汉墓发掘简报》，《考古》1981 年第 1 期。

枣庄市文物管理委员会办公室、枣庄市博物馆：《山东枣庄小山西汉画像石墓》，《文物》1997 年第 12 期。

枣庄市文物管理站：《山东枣庄南常汉画像石墓》，《考古与文物》1986 年第 1 期。

张寄庵：《徐州市北郊檀山发现的汉画像石墓》，《文物》1960 年第 7 期。

张江凯：《河南邓州八里岗遗址发掘简报》，《文物》1998 年第 9 期。

张维华：《南召县小空山发现旧石器时代文化》，《中原》1982 年第 1 期。

章丘市博物馆：《山东章丘市黄土崖东汉画像石墓》，《考古》1996 年第 10 期。

赵成甫、张蓬西、平春照：《河南唐河县石灰窑村画像石墓》，《文物》1982 年第 5 期。

赵康民：《秦始皇陵原名丽山》，《考古与文物》1980 年第 3 期。

郑杰祥：《河南新野发现的曾国铜器》，《文物》1973 年第 5 期。

郑州大学历史学院考古系、河南省文物局南水北调文物保护办公室、宝丰县文物局：《河南宝丰县廖旗营墓地东汉画像石墓》，《考古》2016 年第 3 期。

中国社会科学院考古研究所汉城工作队：《汉长安城未央宫第三号建筑遗址发掘简报》，《考古》1989 年第 1 期。

中国社会科学院考古研究所河南第二工作队：《河南偃师杏园村东汉壁画墓》，《考古》1985 年第 1 期。

重庆市博物馆、合川县文化馆田野考古工作组：《合川东汉画像石墓》，《文物》1977 年第 2 期。

周到、李京华：《唐河针织厂汉画像石墓的发掘》，《文物》1973 年第 6 期。

祝志成：《山东省惠民县汉画像石墓》，《文物参考资料》1957 年第 10 期。

淄博市博物馆：《山东淄博张庄东汉画像石墓》，《考古》1986 年第 8 期。

邹城市文物管理处：《山东邹城高李村汉画像石墓》，《文物》1994 年第 6 期。

邹城市文物管理局：《山东邹城市卧虎山汉画像石墓》，《考古》1999 年第 6 期。

二　文献资料

（汉）班固撰、颜师古注：《汉书》，中华书局 1998 年版。

（晋）陈寿：《三国志》，中华书局 2007 年版。

（清）陈立：《白虎通疏证》，中华书局 1994 年版。

陈直：《三辅黄图校证》，陕西人民出版社 1980 年版。

（汉）戴德：《大戴礼记》，（明）程荣纂辑《汉魏丛书》，吉林大学出版社 1992 年版。

（汉）董仲舒：《春秋繁露》，（明）程荣纂辑《汉魏丛书》，吉林大学出版社 1992 年版。

（晋）杜预：《春秋经传集解》，上海古籍出版社 1988 年版。

（清）段玉裁：《说文解字注》，浙江古籍出版社 1998 年版。

（宋）范晔：《后汉书》，中华书局 1965 年版。

（唐）房玄龄等：《晋书》，中华书局 1974 年版。

费振刚等辑校：《全汉赋》，北京大学出版社 1993 年版。

（汉）高诱注：《淮南子》，《诸子集成》（第七册），中华书局 1954 年版。

（汉）高诱注：《吕氏春秋》，《诸子集成》（第六册），中华书局 1954 年版。

（晋）郭璞注：《尔雅》，《汉魏古注十三经》，中华书局 1998 年版。

（晋）郭璞注：《穆天子传》，（明）程荣纂辑《汉魏丛书》，吉林大学出版社 1992 年版。

（汉）韩婴：《韩诗外传》，（明）程荣纂辑《汉魏丛书》，吉林大学出版社 1992 年版。

（清）郝懿行：《山海经笺疏》，巴蜀书社 1985 年版。

（魏）何晏集解：《论语》，《汉魏古注十三经》本，中华书局 1998 年版。

（宋）洪适：《隶释》卷六《从事武梁碑》。

（汉）桓宽：《盐铁论》，中华书局 2015 年版。

（唐）孔颖达：《春秋左传正义》，《十三经注疏》，中华书局 1980 年版。

（唐）孔颖达：《礼记正义》，《十三经注疏》，中华书局 1980 年版。

（宋）李昉等：《太平御览》，中华书局 1960 年版。

（北魏）郦道元著、王先谦校：《水经注》，岳麓书社 2014 年版。

（汉）刘向：《说苑》，（明）程荣纂辑《汉魏丛书》，吉林大学出版社 1992 年版。

（汉）刘向集录：《战国策》，上海古籍出版社 1985 年版。

（汉）陆贾：《新语》，（明）程荣纂辑《汉魏丛书》，吉林大学出版社 1992 年版。

逯钦立辑校：《先秦汉魏南北朝诗》，中华书局 1983 年版。

马非百：《盐铁论简注》，中华书局 1984 年版。

（唐）欧阳询：《艺文类聚》，上海古籍出版社 1999 年版。

（战国）《尚书》，《汉魏古注十三经》，中华书局 1998 年版。

（战国）慎到：《慎子》，《诸子集成》（第五册），中华书局 1954 年版。

（战国）尸佼：《尸子》，华东师范大学出版社 2009 年版。

（汉）司马迁：《史记》，中华书局 1973 年版。

（清）孙希旦：《礼记集解》，中华书局 1989 年版。

（清）孙诒让：《墨子间诂》，《诸子集成》（第四册），中华书局 1954 年版。

（明）汪瑗撰、董洪利点校：《楚辞集解》，北京古籍出版社 1994 年版。

（汉）王充：《论衡》，《诸子集成》（第七册），中华书局 1954 年版。

（汉）王符：《潜夫论》，（明）程荣纂辑《汉魏丛书》，吉林大学出版社 1992 年版。

（汉）王符著、汪继培笺、彭铎校正：《潜夫论笺校正》，中华书局 2014 年版。

（汉）王逸注、（宋）洪兴祖补注：《楚辞章句补注》，吉林人民出版社 1999 年版。

（晋）王嘉撰、（梁）萧绮录齐治平校注：《拾遗记》，中华书局 1981 年版。

（清）王先谦：《荀子集解》，《诸子集成》（第二册），中华书局 1954 年版。

（清）王先谦：《庄子集解》，《诸子集成》（第三册），中华书局 1954 年版。

（唐）王冰饮注：《黄帝内经素问》，文渊阁《四库全书》，《四部备要·史部国语》，中华书局 1936 年印行。

（魏）王弼：《老子注》，国学社整理《诸子集成》（第六册），中华书局 1954 年版。

王卡点校：《老子道德经河上公章句》，中华书局 1993 年版。

王明：《抱朴子内篇校释》，中华书局 1985 年版。

王明：《太平经合校》，中华书局 1960 年版。

（梁）萧统编、（唐）李善注：《文选》，上海古籍出版社 1986 年版。

（唐）徐坚等：《初学记》，中华书局 1962 年版。

（汉）严遵著、王德有点校：《老子指归》，中华书局 1994 年版。

（清）严可均校辑：《全上古三代秦汉三国六朝文》，中华书局 1958 年版。

（战国）《晏子春秋》，岳麓书社 2019 年版。

（汉）应劭：《风俗通义》，（明）程荣纂辑《汉魏丛书》，吉林大学 出版社 1992 年版。

袁珂校注：《山海经校注》，上海古籍出版社 1980 年版。

（晋）张湛：《列子》，《诸子集成》（第三册），中华书局 1954 年版。

张澍粹集补注本：《世本》，《世本八种》，商务印书馆 1957 年版。

（汉）郑玄笺：《毛诗》，《汉魏古注十三经》，中华书局 1998 年版。

（汉）郑玄注：《礼记》，《汉魏古注十三经》，中华书局 1998 年版。

（汉）郑玄注：《周礼》，《汉魏古注十三经》，中华书局 1998 年版。

（汉）郑玄注、（唐）贾公彦疏：《周礼注疏》，《十三经注疏》，中华 书局 1980 年版。

（宋）朱熹：《楚辞集注》，上海古籍出版社 1979 年版。

（宋）朱熹：《诗经集传》，吉林人民出版社 1999 年版。

三 论文、论著

艾兰：《"亚"形与殷人的宇宙观》，《中国文化》1991 年第 4 期。

艾延丁：《南阳汉画像石墓兴衰的特殊原因》，《南都学坛》1988 年第 3 期。

艾延丁：《南阳市王庄汉画像石墓顶画像考释》，《中原文物》1986 年 第 1 期。

艾延丁：《我国古代家畜的去势术——从汉画像石中的"犍牛图"谈 起》，《农业考古》1989 年第 2 期。

艾延丁、李陈广：《试论南阳汉代画像中的田猎活动》，《汉代画像石 研究》，文物出版社 1987 年版。

安金槐：《关于杨官寺画像石墓时代的问题再探讨》，《汉画学术文 集》，河南美术出版社 1996 年版。

安立华：《汉画像"金乌负日"图像探源》，《东南文化》1992 年第 3、4 期。

安志敏：《长沙新发现的西汉帛画试探》，《考古》1973 年第 1 期。

白立华：《试述汉画像石艺术的浪漫格调》，《新乡学院报》（社会科学版）2009 年第 1 期。

北京鲁迅博物馆、上海鲁迅纪念馆编：《鲁迅藏汉画象》，上海人民美术出版社 1986 年版。

薄松年主编：《中国美术史教程》，陕西人民美术出版社 2000 年版。

卜友常：《汉代伏羲女娲交尾画像浅议》，《郑州轻工业学院学报》（社会科学版）2012 年第 5 期。

卜友常：《汉代画像石墓与阴阳五行》，《郑州轻工业学院学报》（社会科学版）2010 年第 6 期。

卜友常：《汉代墓葬艺术考述》上海三联书店 2015 年版。

卜友常：《汉代宗资墓前的卫士——天禄、辟邪》，《美术界》2010 年第 3 期。

卜友常：《汉墓画像中"升仙"与"升天"问题辨析》，《南阳理工学院学报》2020 年第 5 期。

卜友常：《鲁迅藏汉代斗牛角抵戏画像浅议》，《湖北美术学院学报》2010 年第 1 期。

卜友常：《鲁迅藏汉代伏羲女娲画像浅议》，《新美术》2010 年第 5 期。

卜友常：《鲁迅藏汉代羽人画像考述》，《艺术教育》2013 年第 2 期。

卜友常：《鲁迅藏有翼神兽画像探析》，《山东工艺美术学院学报》2010 年第 2 期。

卜友常：《论南阳汉代画像石粉本流传的三个路线》，《艺术教育》2013 年第 3 期。

卜友常：《南阳汉代嫦娥奔月画像石浅议》，《商丘职业技术学院学报》2009 年第 6 期。

卜友常：《南阳汉代画像石制作的三大基地》，《艺术教育》2013 年第 4 期。

卜友常：《南阳汉代画像砖的渊源及其影响》，《中国艺术时空》2018 年第 4 期。

卜友常：《南阳汉画馆藏"宗资墓前天禄、辟邪"新考》，《艺术教育》2013 年第 12 期。

卜友常：《由汉代铺首画像看铺首的流变与功用》，《郑州轻工业学院学报》（社会科学版）2012 年第 2 期。

卜友常：《汉代礼仪美术研究，经典画像石刻解读——灵石不语斋藏石记》，浙江大学出版社 2014 年版。

蔡季襄：《晚周缯书考证》1944 年石印本。

蔡全法：《洛阳西汉壁画艺术源流与美学风格》，《洛阳古墓博物馆》创刊号（《中原文物》1987 年特刊）。

曹东坡：《南阳汉代画像石刻艺术初探》，《南阳师专学报》1986 年第 1 期。

曹宏伟：《试论南阳草店汉墓的研究成就及影响》，《中国汉画学会第十届年会论文集》，湖北人民出版社 2006 年版。

曹新洲：《从南阳市麒麟岗汉墓前室顶画像看汉代神话体系的形成》，《中国汉画学会第十届年会论文集》，湖北人民出版社 2006 年版。

曹新洲等：《浅谈南阳汉代画像石雕刻技法的分期和分区特点》，《中原文物》1996 年增刊。

柴中庆：《南阳汉代画像石墓墓主身份初探》，《汉代画像石研究》，文物出版社 1987 年版。

［日］长广敏雄：《南阳汉代画像石》，京都大学人文科学研究所研究报告，1974 年。

长山：《古代盘舞》，《舞蹈论丛》1981 年第 2 期。

长山：《南阳汉画像石中的射箭》，《体育报》1979 年 7 月 9 日。

长山、仁华：《论述王寨汉墓中的彗星图》，《中原文物》1980 年第 1 期。

长山、仁华：《南阳汉画中的阉牛图》，《中国兽医》1980 年第 1 期。

常任侠：《汉代绘画选集》，朝华美术出版社 1955 年版。

常任侠：《汉画艺术研究》，上海出版公司 1955 年版。

常任侠：《河南新出土汉代画像石刻试论》，《文物》1973 年第 7 期。

陈昌远：《关于洛阳西汉卜千秋墓室壁画的几个问题》，《洛阳古墓博物馆》创刊号（《中原文物》1987 年特刊）。

陈长山：《高禖画像小考》，《考古与文物》1987 年第 5 期。

陈长山、魏仁华：《蹶张图考》，《考古与文物》1987 年第 5 期。

陈迪：《从南阳的汉画像看汉代的傩文化》，《中原文物》2002 年第

1 期。

陈峰：《汉代服饰文化在南阳汉画像石中的体现》，《美与时代》2014年第 6 期。

陈峰：《汉画中的楚舞蹈艺术》，《南都学坛》1994 年第 2 期。

陈峰：《汉画中的日月神——伏羲、女娲》，《南都学坛》1992 年第 2 期。

陈峰：《南阳汉画像石人物服饰文化简析》，《现代装饰（理论）》2014 年第 6 期。

陈峰、刘太祥：《阳鸟初探》，《南阳汉代天文画像石研究》，民族出版社 1995 年版。

陈根远：《南阳汉代画像石的发现与研究》，《收藏》2005 年第 4 期。

陈根远：《孙文青与南阳汉代画像石》，《碑林集刊》第十集，陕西美术出版社 2004 年版。

陈锽：《古代帛画》，文物出版社 2005 年版。

陈家馨：《南阳汉画像石的龙形象解析》，《南阳师范学院学报》（社会科学版）2006 年第 1 期。

陈建宪：《神话与英雄》，生活·读书·新知三联书店 1944 年版。

陈江风：《"嫦娥奔月"画像石考释——兼与史国强同志商榷》，《南阳汉代天文画像石研究》，民族出版社 1995 年版。

陈江风：《"羲和捧日、常羲捧月"画像石质疑》，《中原文物》1988 年第 2 期。

陈江风：《关于唐河针织厂汉画像石墓中的两个问题》，《文物》1988 年第 12 期。

陈江风：《南阳天文画像石考释》，《汉代画像石研究》，文物出版社 1987 年版。

陈梦家：《战国楚帛书考》，《考古学报》1984 年第 2 期。

陈向峰：《南阳汉画像石"符号化"图像艺术的主体性研究及人本设计理念启示》，硕士学位论文，重庆大学，2011 年。

程健军：《南阳汉画像石中的"伏羲女娲图"》，《民间文学论坛》1989 年第 1 期。

程健军：《南阳汉画中的"伏羲女娲图"考》，《南都学坛》1988 年第 2 期。

赤银中：《道教在南阳汉画中的作用与影响》，《中国道教》2001年第5期。

赤银中：《南阳汉画中的内丹修仙术》，《中国汉画学会第十一届年会论文集》，湖北人民出版社2006年版。

赤银中、房凌云：《从汉画看中国古代早期社会的犬文化》，《南都学坛》2001年增刊。

赤银中、宋香勤：《南阳汉画与汉人的生存意识意识观》，《中国汉画学会第九届年会论文集》，中国社会科学出版社2004年版。

赤银中、王卫国：《南阳汉画像石砖中所体现的汉代建筑形象》，《中原文物》1996年增刊。

赤银中等：《阴阳五行思维模式与南阳汉画》，《中原文物》2002年第3期。

楚启恩：《中国壁画史》，北京工艺美术出版社2000年版。

崔芳、易忠：《南阳汉画像石与古埃及壁画的对比分析》，《开封大学学报》2011年第4期。

崔华：《试析汉代陶灶上的"灶神"画像》，《中国汉画学会第十届年会论文集》，湖北人民出版社2006年版。

崔华、牛耕：《从汉画中的水旱神形象看汉代的祈雨风俗》，《中原文物》1996年第3期。

崔华、牛耕：《略论汉代文物中的滑稽形象及其表演艺术》，《南都学坛》1998年第5期。

崔兰珍：《南阳汉画像石成因探索》，《美术界》2014年第6期。

崔平：《试论南阳发现的再葬画像石墓》，《中国汉画学会第十届年会论文集》，湖北人民出版社2006年版。

崔秀莲：《博大沉雄的南阳汉画像石》，《中州古今》2004年第6期。

丁君君：《从南阳汉画像石上看汉代的器乐艺术》，《大众文艺》2011年第7期。

董楚涵：《南阳汉画像石艺术中的汉代服装样式探微》，《现代丝绸科学与技术》2011年第2期。

段景琪：《南阳汉代画像石墓门扉画像浅议》，硕士学位论文，西安美术学院，2010年。

段拭：《汉画》，中国古典艺术出版社1958年版。

范迪安：《楚帛书图像及其结构解析》，《筚路蓝缕四十年—中央美术学院美术史系教师论文集》，人民美术出版社 1997 年版。

方国锦：《鎏金铜斛》，文物参考资料，1958 年版。

〔美〕费正清、〔英〕崔瑞德编：《剑桥中国秦汉史》，中国社会科学出版社 2006 年版。

冯健志：《论建鼓在汉代乐舞百戏中的作用》，《南都学坛》2000 年第 5 期。

冯晓青：《南阳汉画像石的和谐意蕴》，《艺术教育》2007 年第 7 期。

冯振琦：《南阳汉代"乐舞"的音乐美学探微》，《南都学坛》2001 年第 5 期。

傅抱石：《中国的绘画》，中国古典艺术出版社 1958 年版。

高观印：《试论南阳汉画中"胡人"特征及其相关问题》，《中原文物》1996 年增刊。

高旋：《南阳汉画像石民居建筑艺术浅析》，《中国汉画学会第十三届年会论文集》，中州古籍出版社 2011 年版。

高峥嵘：《汉画像石的线思维艺术——以南阳画像石艺术为例》，《大众文艺》2012 年第 13 期。

郜歌：《南阳汉代画像石的艺术特征》，《赤峰学院学报》（社会科学版）2013 年第 24 期。

宫大中：《洛阳古代墓室壁画艺术疏记》，《洛阳古墓博物馆》创刊号（《中原文物》1987 年特刊）。

顾颉刚：《顾颉刚古史论文集》（第三册），中华书局 1996 年版。

顾颉刚：《秦汉的方士与儒生》，上海古籍出版社 1998 年版。

顾伟：《南阳汉代画像石墓出土铺首衔环分析》，《江苏第二师范学院学报》2014 年第 7 期。

顾翔：《浅析南阳汉画像石造型语言的传承与线条特色》，《作家》2011 年第 20 期。

顾颖：《南阳汉画像石的浪漫主义精神》，《中原文物》2012 年第 2 期。

桂雪：《浅析南阳汉画像石中的乐舞形象》，硕士学位论文，郑州大学，2012 年。

郭大顺：《〈辽阳壁画墓群〉学习笔记》，《东亚考古学论丛》，日本奈良文化财研究所、中国辽宁省文物考古研究所，2006 年。

郭德维：《曾侯乙墓中漆筐上日、月和伏羲、女娲图象试释》，《江汉考古》1981 年第 1 期。

郭继峰等：《简析南阳汉画像石的意象空间》，《美术时代》2004 年第 6 期。

郭靖：《赏析南阳汉画像石中乐舞百戏的辉煌》，《青春岁月》2014 年第 1 期。

郭沫若：《关于晚周帛画的考察》，《人民文学》1953 年第 11 期。

郭天江、刘振宇：《南阳的古代道路》，《河南交通科技》1996 年第 3 期。

郭晓川：《南阳地区汉画像视觉形式演变的分期研究》，《美术研究》1994 年第 2 期。

郭学仁：《马王堆一号汉墓帛画内容新探》，《美术研究》1993 年第 2 期。

郭学智：《南阳汉画像中鼗鼓的图像学解读》，《中国汉画学会第十届年会论文集》，湖北人民出版社 2006 年版。

郭在贻：《从马王堆一号汉墓漆棺画谈到〈楚辞·招魂〉的“土伯九约”》，《杭州大学学报》1978 年第 6 期。

韩冰：《南阳汉画像石中的人物艺术表现形式》，《南都学坛》2008 年第 4 期。

韩连武：《南阳汉画两解》，《南都学坛》1987 年第 1 期。

韩连武：《南阳汉画像石星象研究》，《南阳师专学报》1982 年第 3 期。

韩连武：《谈南阳汉画像石中的星象图》，《南阳师专学报》1981 年第 1 期。

韩顺发：《汉画像中的倒立分类及名称考释》，《中原文物》1993 年第 2 期。

韩玉祥：《南阳汉画像石的收藏研究概述》，《南都学坛》1990 年第 5 期。

韩玉祥、李陈广：《南阳汉代画像石墓》，河南美术出版社 1998 年版。

韩玉祥、牛天伟：《麒麟岗汉画像石墓前室墓顶画像考释》，《南阳汉代天文画像石研究》，民族出版社 1995 年版。

郝玉建：《汉代旱涝疫灾害在汉画中的反映》，《中原文物》2002 年第
1 期。

河南省博物馆：《南阳汉画像石概述》，《文物》1973 年第 6 期。

贺昌群：《三种汉画之发现》，《文学季刊》（创刊号）1934 年 1 月。

贺福顺：《"嫦娥奔月图像商榷"的商榷》，《中原文物》1997 年第
1 期。

贺福顺：《高禖画像小考一文商榷》，《考古与文物》1992 年第 1 期。

贺福顺、寻铁勇：《〈伏羲、女娲、人物、奇兽〉图像管见——兼与
陈长山同志商榷》，《中国汉画学会第十届年会论文集》，湖北人民出版社
2006 年版。

侯甬坚：《论唐以前武关的地理位置》，《历史地理学探索》，中国社
会科学出版社 2004 年版。

后晓荣：《秦代政区地理》，社会科学文献出版社 2009 年版。

胡冰：《鲁迅对石刻画像的搜集与研究》，《文物参考资料》1953 年第
11 期。

湖北省博物馆：《曾侯乙墓》，文物出版社 1989 年版。

化铉：《南阳汉画像石"二桃杀三士"的艺术魅力》，《南都学坛》
2011 年第 3 期。

桓晓虹：《南阳汉画像石申请世界文化遗产的条件与优势》，《南都学
坛》2010 年第 2 期。

黄芬：《从汉画像石看南阳汉代社会风俗》，《中国汉画学会第十三届
年会论文集》，中州古籍出版社 2011 年版。

黄芬：《南阳麒麟岗汉画像石墓人物画像的审美意蕴》，《浙江社会科
学》2011 年第 3 期。

黄芬：《以形写神形神兼备——南阳麒麟岗汉画像石墓人物形象分
析》，《美术大观》2009 年第 1 期。

黄凤春：《随枣走廊话曾国——随州的曾侯墓地》，《中国文化遗产》
2013 年第 5 期。

黄明兰、郭引强：《洛阳汉墓壁画》，文物出版社 1996 年版。

黄佩贤：《汉代墓室壁画研究》，文物出版社 2008 年版。

黄茜文：《南阳汉代画像石中"乐舞图像"舞蹈类型小议》，《大众文

艺》2011 年第 24 期。

黄姗姗：《南阳汉画像石的龙图像对现代设计的新启示》，硕士学位论文，陕西师范大学，2012 年。

黄廷珣：《为鲁迅收集汉画像石的地下党员》，《协商论坛》2011 年第12 期。

黄宛峰：《羽人与楚文化》，《南都学坛》1993 年第 1 期。

黄晓芬：《汉墓的考古学研究》，岳麓书社 2003 年版。

黄雅峰：《河南汉画像石艺术》，《南都学坛》1999 年第 5 期。

黄雅峰：《南阳汉画像石、画像砖人物题材的艺术特点》，《大汉雄风——中国汉画学会第十一届论文集》，高等教育出版社 2008 年版。

黄雅峰：《南阳汉画像石的肌理研究》，《南都学坛》1994 年第 4 期。

黄雅峰：《南阳汉画像石的神话与美学》，《南都学坛》1981 年第1 期。

黄雅峰：《南阳汉画像石的艺术风格》，《中国汉画学会第九届年会论文集》，中国社会出版社 2004 年版。

黄雅峰：《南阳汉画像石和楚美术》，《南都学坛》1991 年第 2 期。

黄雅峰：《南阳汉画像石环境艺术表现的本元文化特点》，《艺术百家》2003 年第 1 期。

黄雅峰：《南阳汉画像砖石的美术史研究》，《中原文物》1996 年增刊。

黄雅峰：《南阳汉画像砖石的艺术起源》，《周口师范高等专科学报》1999 年第 4 期。

黄运甫：《略谈南阳汉画像中的棒形具——兼谈执棒者的身份》，《中原文物》1983 年特刊。

霍鹏飞：《南阳汉画像石中的人物服饰特征》，《纺织科技进展》2011 年第 3 期。

姬准：《南阳汉画像石中的民间类宗教考察》，《艺术探索》2009 年第1 期。

姬准：《天人和谐寓生机——浅谈南阳天象画像石》，《学园》2014 年第 20 期。

季仲玲：《从南阳汉画像谈汉代舞蹈的主要形式》，《中国高等教育与科研》2000 年第 3 期。

贾勇：《试析汉画中的日月崇拜习俗》，《中国汉画学会第十届年会论文集》，湖北人民出版社 2006 年版。

贾勇、刘朵：《从南阳汉画看楚文化对汉代音乐、舞蹈的影响》，《南都学坛》2001 年增刊。

贾勇、赵唯：《汉画中的牛神话》，《南都学坛》2002 年第 4 期。

［美］简詹姆斯：《河南南阳丧葬图像的作用》，《东方艺术》1990 年—1991 年。

姜亮夫：《古史学论文集》，上海古籍出版社 1996 年版。

蒋其豪：《汉代角抵戏探析》，《舞蹈论丛》1985 年第 3 期。

蒋英炬：《汉代的小祠堂——嘉祥宋山汉画像石的建筑复原》，《考古》1983 年第 8 期。

蒋英炬、吴文祺：《武氏祠画像石建筑配置考》，《考古学报》1981 年第 2 期。

蒋英炬、杨爱国：《汉代画像石与画像砖》，文物出版社 2001 年版。

金爱秀：《汉代斗牛试析》，《中国汉画学会第十届年会论文集》，湖北人民出版社 2006 年版。

金爱秀：《南阳英庄汉画像石墓"斗鸡图"考辨》，《农业考古》2012 年第 6 期。

金桂莲：《南阳汉画馆新收藏的散存汉代画像石汇存介绍》，《中国汉画学会第十二届年会论文集》，中州古籍出版社 2010 年版。

金桂莲、曾宪波：《南阳汉画中的建筑画像》，《中国汉画学会第十届年会论文集》，湖北人民出版社 2006 年版。

金维诺：《从楚墓帛画看早期肖像画的发展》，《中国美术史论集》，人民美术出版社 1981 年版。

金维诺、罗世平：《中国宗教美术史》，江西教育出版社 1995 年版。

鞠辉：《河南南阳陈棚汉代彩绘画像石墓两幅画像的考释》大汉雄风——中国汉画学会第十一届论文集》，高等教育出版社 2008 年版。

［英］李约瑟：《中国古代科学思想史》，陈立夫等译，江西人民出版社 1999 年版。

李长周：《商丘画像石与南阳画像石艺术风格的异同》，《南都学坛》2001 年增刊。

李陈广：《汉代面具的应用及影响》，《中原文物》1987 年第 1 期。

李陈广：《汉画龙的艺术》，《南都学坛》1988 年第 4 期。

李陈广：《汉画像石"河伯出行图"》，《中国文物报》1992 年 11 月 29 日。

李陈广：《汉画像中的跳丸》，《南都学坛》1987 年第 2 期。

李陈广：《南阳汉代画像石墓题铭》，《书法》1986 年第 3 期。

李陈广：《南阳汉代天文画像石概述》，《南阳汉代天文画像石研究》，民族出版社 1995 年版。

李陈广：《南阳汉画馆》，《文物天地》1988 年第 4 期。

李陈广：《南阳汉画像河伯图试析》，《中原文物》1986 年第 1 期。

李陈广：《南阳市散存的汉画像石选汇》，《中原文物》1985 年第 3 期。

李陈广：《浅析汉画龙的艺术形象及其影响》，《中原文物》1988 年第 4 期。

李陈广：《张衡〈西京赋〉与汉画百戏》，《南都学坛》1993 年第 1 期。

李陈广、韩玉祥：《南阳汉画像石的发现与研究——纪念南阳汉画馆创建六十周年》，《中原文物》1995 年第 3 期。

李陈广、韩玉祥等：《河南汉代体育活动》，《南都学坛》1988 年第 4 期。

李陈广、金康：《南阳汉画像石研究述评》，《南都学坛》1990 年第 5 期。

李陈广、魏仁华：《董作宾与南阳汉代画像石》，《汉画学术文集》，河南美术出版社 1996 年版。

李陈广等：《南阳汉代画像石墓分期研究》，《中原文物》1998 年第 4 期。

李陈广等：《南阳汉代画像石艺术》，《书与画》1991 年第 1 期。

李发林：《汉代画像石考释与研究》，中国文联出版社 2000 年版。

李发林：《鲁迅先生收藏的汉代画像石拓片经眼录》，《南阳师专学报》1986 年第 2 期。

李发林：《洛阳西汉壁画墓星象图新探》，《洛阳古墓博物馆》创刊号（《中原文物》1987 年特刊）。

李法慧：《南阳汉代的风俗文化》，《汉文化研究》，河南大学出版社

2004 年版。

李国新：《群形契合的视觉乐章——南阳画像石〈舞乐百戏〉艺术形式浅析》，《中国汉画学会第十届年会论文集》，湖北人民出版社 2006 年版。

李宏：《楚辞与南阳汉画像石》，《江汉考古》1987 年第 3 期。

李宏：《汉代丧葬制度的伦理意向》，《中原文物》1986 年第 4 期。

李宏：《略谈南阳汉画像石刻的艺术构图》，《南都学坛》1987 年第 4 期。

李宏：《南阳汉代画像石刻美学风格初探》，《中原文物》1983 年特刊。

李建：《楚文化对南阳汉代画像石艺术发展的影响》，《中原文物》1995 年第 3 期。

李建：《从汉画看汉代天文学成就》，《南阳汉代天文画像石研究》，民族出版社 1995 年版。

李建：《汉画中二龙交尾图略释》，《文物春秋》1998 年第 1 期。

李建：《虎豹神略考》，《南都学坛》1990 年第 5 期。

李建：《浅谈汉画像石中动物形象造型技巧与艺术成就——以河南南阳汉画像石为例》，《青年文学家》2010 年第 9 期。

李建、金桂莲：《从汉画看汉代祈雨风俗》，《中原文物》1996 年增刊。

李建毛：《也谈马王堆汉墓帛画的主题思想——兼质疑"引魂升天"说》，《美术史论》1992 年第 3 期。

李乐：《南阳汉代画像石中的乐器和乐队》，《南都学坛》1988 年第 1 期。

李林：《石室丹青——辽东汉魏墓室壁画研究》，博士学位论文，中央美术学院，2011 年。

李零：《楚帛书与"式图"》，《江汉考古》1991 年第 1 期。

李零：《中国方术考》，人民中国出版社 1993 年版。

李明：《南阳汉画像石中虎的形象及其艺术风格》，《消费导报》2007 年第 10 期。

李荣有：《汉画中的纯乐器演奏图》，《中原文物》2000 年第 5 期。

李荣有：《汉画中的纯乐器演奏图及其历史文化价值》，《中国音乐》

2000 年第 4 期。

　　李荣有:《民俗文化视野中的汉画乐舞艺术解读——以〈南阳汉代画像石墓〉为例》,《黄钟 (武汉音乐学院学报)》2009 年第 4 期。

　　李荣有:《南阳出土汉墓音乐文物分类研究》,《艺术学教育与科研》2000 年第 1 期。

　　李荣有:《南阳汉画中的音乐艺术表现形式》,《南都学坛》2000 年第 5 期。

　　李荣有:《南阳汉墓砖 (石) 画中的音乐艺术形象》,《黄钟 (武汉音乐学院学报)》2001 年第 4 期。

　　李荣有:《天人观念在南阳汉画乐舞文化场中的渗透》,《中国汉画学会第十届年会论文集》, 湖北人民出版社 2006 年版。

　　李伟男:《河南南阳新发现一块 "耕耘图" 画像石》,《农业考古》1996 年第 1 期。

　　李伟男:《南阳汉画所反映的建筑装饰艺术》,《南都学坛》2002 年第 5 期。

　　李伟男:《浅析汉画中的三足乌》,《文物春秋》1992 年第 2 期。

　　李伟男、李斌:《试析 "羲和浴日" 汉画像石》,《汉画学术文集》, 河南美术出版社 1996 年版。

　　李小白:《南阳汉画像石 "建木" 等形象的文化意蕴》,《南都学坛》2011 年第 6 期。

　　李小白:《南阳汉画像石的宇宙观念》,《洛阳师范学院学报》2014 年第 9 期。

　　李晓杰:《东汉政区地理》, 山东教育出版社 1999 年版。

　　李学勤:《国际汉学》, 江西教育出版社 1996 年版。

　　李英:《解读南阳汉画像石的档案学意义》,《山西档案》2012 年第 1 期。

　　李英:《南阳汉画像石的档案学价值》,《中原文物》2012 年第 1 期。

　　李幼馨:《南阳汉代画像石刻中的音乐艺术》,《南都学坛》1992 年第 4 期。

　　李玉真:《汉代鼖鼓概说》,《旗帜》, 中国文联出版社 2004 年版。

　　李浴:《中国美术史纲》, 辽宁人民美术出版社 1984 年版。

　　李跃红:《山东嘉祥画像石与河南南阳画像石之比较研究》,《装饰》

2009 年第 10 期。

李允经：《鲁迅与南阳汉画像》，《鲁迅研究动态》1985 年第 8 期。

李泽厚：《美的历程》，中国社会科学出版社 1984 年版。

李泽厚：《中国古代思想史论》，人民出版社 1985 年版。

李真玉：《从汉画看门神的演变过程》，《汉文化研究》2004 年。

李真玉：《浅谈汉画中天文图像的人文特色》，《南阳汉代天文画像研究》，民族出版社 1995 年版。

李真玉：《试析南阳汉画中的蟾蜍》，《中原文物》1995 年第 3 期。

李真玉：《试析南阳汉画中的巫术》，《中国汉画学会第十届年会论文集》，湖北人民出版社 2006 年版。

李中强：《南阳汉画像石音乐内容之阐释》，《洛阳大学学报》2004 年第 1 期。

李中雪：《南阳汉画像石中虎的形象艺术阐释》，《中州大学学报》2004 年第 3 期。

连劭名：《长沙楚帛书与中国古代宇宙论》，《文物》1991 年第 2 期。

梁哲、王安霞：《浅析南阳汉代画像石绘画艺术特点》，《科技创新导报》2009 年第 14 期。

[日] 林巳奈夫：《对洛阳卜千秋墓壁画的注释》，蔡凤书译，《华夏考古》1999 年第 4 期。

林剑鸣：《秦汉史》，上海人民出版社 1989 年版。

林通雁：《西汉霍去病墓石雕群的三个问题》，《美术观察》2009 年第 3 期。

凌皆兵、王清建：《试析南阳汉画像石的艺术特色》，《大汉雄风——中国汉画学会第十一届年会论文集》，高等教育出版社 2008 年版。

刘秉果：《汉代角抵戏与体育》，《体育教学与科研》1985 年第 1 期。

刘翠：《南阳麒麟岗汉墓画像石造型艺术研究》，硕士学位论文，西安美术学院，2013 年。

刘道广：《汉代人的天文观和汉画天文图》，《南阳汉代天文画像石研究》，民族出版社 1995 年版。

刘敦愿：《马王堆西汉帛画中的若干神话问题》，《马王堆汉墓研究》，湖南人民出版社 1981 年版。

刘弘：《汉画像石上所见太一神考》，《民间文学论坛》1989 年第

4 期。

刘红玉：《南阳出土投壶汉画石赏析》，《中原文物》2002 年第 5 期。

刘纪纲：《楚艺术美学五题》，《文艺研究》1990 年第 4 期。

刘剑丽：《南阳汉画像石动物形象的文化意蕴》，《南都学坛》2003 年第 6 期。

刘剑丽：《南阳汉画像石刻动物形象艺术剖析》，《装饰》2004 年第 8 期。

刘剑丽：《南阳汉画像石人物形象特征考释》，《美术》2003 年第 10 期。

刘克：《从升仙画像石看儒道二学对汉代文化心理的影响》，《宗教学研究》2003 年第 1 期。

刘克：《早期道教美学思想对汉画像石葬俗的影响》，《重庆师范大学学报》2004 年第 4 期。

刘兰云、葛松峰：《南阳汉画像中动物题材的初步研究》，《中国汉画学会第十届年会论文集》，湖北人民出版社 2006 年版。

刘立伟：《关于南阳汉代画像石艺术若干问题研究》，硕士学位论文，福建师范大学，2008 年。

刘立伟：《浅议南阳汉画像石中的人物形象造型》，《青年文学家》2011 年第 16 期。

刘牧原：《论南阳汉画像石的线条运用》，《戏剧之家（上半月）》2013 年第 7 期。

刘绍明、曾照阁：《"南阳工官"初探》，《南都学坛》（哲学社会科学版）1996 年第 5 期。

刘世声：《南阳汉代画像石（砖）的艺术价值与视觉效应》，《郑州大学学报》（哲学社会科学版）2008 年第 6 期。

刘帅：《南阳汉代画像石中的汉代音乐艺术启示》，《大众文艺》2011 年第 13 期。

刘太雷：《南阳汉画像石构图形式考》，《美术》2006 年第 12 期。

刘太祥：《汉代画像石研究综述》，《南都学坛》2002 年第 3 期。

刘文昌：《从南阳汉画像看汉代声乐文化》，《史学月刊》1998 年第 5 期。

刘霞：《从鎏金铜樽看汉代羽化升仙思想》，《中国汉画学会第十届年会论文集》，湖北人民出版社 2006 年版。

刘小磊、鞠辉：《南阳陈棚汉代彩绘画像石墓三幅画像的考释》，《中国汉画学会第十三届年会论文集》，中州古籍出版社 2011 年版。

刘小蓉：《南阳汉画像石的艺术表现形式》，《湛江师范学院学报》2010 年第 2 期。

刘晓路：《中国帛画》，中国书店 1994 年版。

刘新、张方、宋海富：《从"中耕图"看南阳汉代铁农具》，《江汉考古》1999 年第 1 期。

刘新等：《南阳发现"耕耘"画像石》，《汉画学术文集》，河南美术出版社 1996 年版。

刘信芳：《中国最早的物候历月名—楚帛书月名及神祇研究》，《中华文史论丛》第 53 辑，上海古籍出版社 1994 年版。

刘兴长：《南阳市积极收集汉代石刻画像》，《文物参考资料》1959 年第 9 期。

刘兴怀：《南阳汉墓门神浅说》，《美术研究》1990 年第 1 期。

刘兴怀、闪修山：《南阳汉代墓门画艺术》，百家出版社 1999 年版。

刘阳：《从南阳汉画看楚文化对汉代乐舞的影响》，《中国高等教育研究》2001 年第 2 期。

刘莹：《初探南阳麒麟岗汉画像石祥瑞图像》，《大众文艺》2012 年第 19 期。

刘玉生：《"秘戏"汉画像石管窥》，《中原文物》1996 年特刊。

刘玉生：《汉画像石"犀兕"管窥》，《中原文物》1996 年特刊。

刘玉生：《浅谈"胡奴门"汉画像石》，《汉代画像石研究》，文物出版社 1987 年版。

刘玉生、王卫国：《贿赂图与西门豹治邺图辨》，《中原文物》1995 年第 3 期。

刘玉生、王卫国：《土伯新探》，《楚文化研究论集（第四集）》，河南美术出版社 1994 年版。

刘云峰：《从南阳石刻画像看汉代的乐舞百戏》，《河南戏曲》1983 年第 4 期。

刘增杰：《鲁迅对南阳石刻画像的搜集与整理》，《鲁迅与河南》，河南人民出版社 1981 年版。

刘志雄、杨静荣：《龙与中国文化》，人民出版社1992年版。

柳玉东、逯爱英：《论南阳汉画像石艺术对南北朝南阳雕刻艺术的影响》，《汉文化研究》，河南大学出版社2004年版。

柳玉东、魏旭东：《〈讲经图〉与汉代教师地位》，《汉画学术文集》，河南美术出版社1996年版。

龙中：《略谈汉代角抵戏》，《南阳师专学报》1983年第1期。

鲁开阳：《孙文青藏南阳汉画像石拓片概述》，《美与时代》2003年第6期。

鲁力：《浅谈南阳汉代画像石刻》，《文博通讯》1983年第3期。

鲁迅校录：《古小说钩沉》，齐鲁书社1997年版。

逯爱英、柳玉东：《南阳汉画像石艺术对南北朝雕塑的影响》，《文史知识》2009年第6期。

吕品：《河南南阳汉画像石中的动物形象》，《考古与文物》1980年第4期。

吕品、周到：《河南汉画中的杂技艺术》，《中原文物》1984年第2期。

吕品编著：《中岳汉三阙》，文物出版社1990年版。

罗二虎：《西南汉代画像与画像墓研究》，博士学位论文，四川大学，2001年。

罗福颐：《芗他君祠堂题字解释》，《故宫博物院院刊》总二号，1960年。

罗松晨、王春玲：《从汉画看汉代吉祥文化》，《汉画学术文集》，河南美术出版社1996年版。

罗亚琳：《南阳唐河针织厂汉墓画像石研究》，硕士学位论文，中央美术学院，2007年。

罗永麟：《中国仙话研究》，上海文艺出版社1993年版。

马昌仪《中国灵魂信仰》，上海文艺出版社1998年版。

马豪放：《论南阳汉代画像石的独创艺术》，《美育时代》2004年第6期。

马豪放：《浅谈南阳汉代画像石中"牛"的艺术形象》，《电影评介》2009年第1期。

马豪放：《寓刚健于婀娜，行遒劲于婉媚——论南阳汉代画像石的艺术特征》，《郑州轻工业学院学报》2004 年第 4 期。

马骥：《南阳汉画像石中车的选介》，《大汉雄风——中国汉画学会第十一届年会论文集》，高等教育出版社 2008 年版。

马骥：《南阳汉画像石中的天文星座图》，《中国汉画学会第十三届年会论文集》，中州古籍出版社 2011 年版。

马俊乾：《孙文青与南阳汉画像石》，《河南文史资料》1988 年第 25 期。

马雍：《论长沙马王堆一号汉墓出土启画的名称和作用》，《考古》1973 年第 2 期。

马紫晨：《两汉时期的河南杂技》，《中州古今》1985 年第 5 期。

茅盾：《神话研究》，百花文艺出版社 1981 年版。

孟兰：《南阳汉代门亭画像石（砖）艺术价值初探》，《美与时代（上）》2010 年第 10 期。

米冠军等：《南阳汉代武术画像石浅析》，《中原文物》1998 年第 3 期。

《南阳汉代画像石的三大特征》，《荣宝斋》2005 年第 5 期。

南波：《南阳汉画》，《中州学刊》1983 年第 5 期。

南阳汉代画像石编辑委员会编：《南阳汉代画像石》，文物出版社 1985 年版。

南阳汉画馆：《南阳汉代画像石刻（续编）》，上海人民出版社 1988 年版。

南阳汉画馆：《南阳汉代画像石刻精粹》，河南美术出版社 2005 年版。

南阳汉画馆：《南阳汉代画像石墓》，河南美术出版社 1998 年版。

南阳汉画馆：《南阳汉代天文画像石研究》，民族出版社 1995 年版。

牛耕：《汉代画像中的音乐神形象》，《中原文物》1988 年第 3 期。

牛耕：《汉画中的〈风雨图〉》，《中国文物报》1992 年 11 月 29 日。

牛耕：《试述汉画中的〈雷神出行图〉》，《南都学坛》1990 年第 5 期。

牛耕等：《"蹴鞠"画像考辨》，《中原文物》1996 年增刊。

牛天伟：《汉画中的方相氏形象探源社科理论与实践》，中国致公出版社 2000 年版。

牛天伟：《鲁迅藏汉画像中的独角神兽考》，《鲁迅研究月刊》2005 年第 8 期。

牛天伟：《试论汉画中的北斗星画像》，《汉画学术文集》，河南美术出版社 1996 年版。

牛天伟：《试论汉画中的鱼及其文化内涵》，《汉文化研究》，河南大学出版社 2004 年版。

牛天伟、郭瑞华：《大螺、三头兽画像考释》，《博物馆学论丛》，中州古籍出版社 2003 年版。

牛天伟、李书谦：《从汉画看古代雷神形象的演变》，《三门峡考古文集》，中国档案出版社 2001 年版。

牛天伟、李真玉：《试析汉画中的酒文化》，《南都学坛》2000 年第 3 期。

牛天伟等：《南阳汉画像石又有新发现》，《中国文物报》1991 年 9 月 22 日。

牛向阳：《汉画掇英——南阳麒麟岗汉画像石墓仕女画像艺术赏析》，《美与时代》2006 年第 5 期。

牛向阳：《南阳麒麟岗汉画像石墓祥瑞画像造型图考》，《农业考古》2011 年第 4 期。

潘强：《汉代南阳画像石刻艺术探微》，《连云港师范高等专科学校学报》2005 年第 2 期。

庞国华：《南阳汉画像石欣赏次序的设计》，《艺术界》2001 年第 6 期。

庞国华：《南阳汉画像石装饰性特征中的空间语言分析》，《装饰》2012 年第 6 期。

彭俐：《汉画像石与北京奥运》，《中外文化交流》2004 年第 3 期。

彭卫等：《中国风俗通史（秦汉卷）》，上海文艺出版社 2002 年版。

彭洋云、张文华：《痴迷汉画像石的吕风林》，《中州统战》2003 年第 4 期。

平苹：《南阳汉代画像石艺术题材论述》，《西北成人教育学报》2009 年第 5 期。

平生：《投壶、朴和执金吾》，《文物天地》1988 年第 4 期。

乔宝同、苏磊：《汉画像石中太阳的形象及其所反映的社会意识》，

《中原文物》1996 年增刊。

乔保同等：《南阳汉画与构图》，《南都学坛》2001 年增刊。

邱京京：《南阳汉画像石艺术作为美术校本课程的可行性分析》，《美术大观》2014 年第 2 期。

群言：《南阳师专汉代画像石研究室成立》，《南阳师专学报》1985 年第 2 期。

仁华、旭东：《汉画拥彗管见》，《中原文物》1995 年第 3 期。

任积太、王付彤：《一幅"驱邪祈福图"考》，《南都学坛》1989 年第 2 期。

任积太、王付彤：《一幅罕见的祈子图》，《南都学坛》1989 年第 2 期。

任继愈：《中国哲学史》，人民出版社 1979 年版。

任义玲：《南阳汉画中的外力文化探析》，《中国汉画学会第十届年会论文集》，湖北人民出版社 2006 年版。

任义玲、李桂阁：《浅议南阳汉画中的犬》，《汉画学术文集》，河南美术出版社 1996 年版。

容媛：《南阳汉画像汇存（评介）》，《燕京学报》1938 年第 23 期。

闪修山：《汉郁平大尹冯君孺久画像石墓研究补遗》，《中原文物》1991 年第 3 期。

闪修山：《名人与南阳汉画》，《旅行家》1985 年第 12 期。

闪修山：《南阳汉画馆三次修建述略》，《河南文史资料》1984 年第 12 期。

闪修山：《南阳汉画像石刻掠影》，《光明日报》1983 年 10 月 1 日。

闪修山：《南阳汉画像中的投壶》，《体育报》1979 年 8 月 3 日。

闪修山：《南阳汉画中的门画艺术》，《中原文物》1985 年第 3 期。

闪修山、李陈广：《南阳汉画馆新馆及画像石陈列的构思》，《汉画学术文集》，河南美术出版社 1996 年版。

闪修山、王儒林等：《南阳汉画像石》，河南美术出版社 1989 年版。

闪修山等：《南阳汉代画像石刻》，上海人民出版社 1981 年版。

闪秀桂：《南阳汉画与教学简笔画》，《南都学坛》1996 年第 1 期。

商承祚：《战国楚帛书述略》，《文物》1964 年第 9 期。

尚勇：《论南阳汉画像石的造型语言》，《电影评介》2006 年第 19 期。

石飞：《93年中国南阳汉代画像石（砖）国际学术研讨会综述》，《美术研究》1994年第2期。

史国强：《南阳汉画中"嫦娥奔月"图像商榷》，《考古与文物》1983年第3期。

司马连竹：《南阳汉画像石中首次发现"牛车"有学者初步推断为"刘邦弃子图"》，《南阳日报》2012年12月7日。

宋广伟：《南阳与山东汉画像石艺术风格》，《南都学坛》1994年第5期。

宋华：《南阳汉画像石（砖）中的射箭活动》，《中原文物》2013年第4期。

苏健：《洛阳汉墓壁画略说》，《洛阳古墓博物馆》创刊号（《中原文物》1987年特刊）。

苏健：《美国波士顿美术馆藏洛阳汉墓壁画考》，《中原文物》1984年第2期。

孙保瑞：《简析汉画像石刻的视觉构成》，《汉文化研究》，河南大学出版社2004年版。

孙次舟：《论南阳汉画像石中的乐舞——驳滕固先生》，《历史与考古》1937年第3期。

孙广清：《河南汉画像石的发布与区域类型》，《考古学报》1991年第3期。

孙机：《汉代物质文化资料图说》，文物出版社1991年版。

孙鹏：《从南阳地区画像石看谶纬中的神话结构》，硕士学位论文，河北大学，2009年。

孙世文：《汉代角牴初探——对汉画像石中的角抵戏的考察》，《东北师大学报》1984年第4期。

孙团结：《人文精神之荟萃，艺术瑰宝之长廊——馆藏南阳汉画像石拓片展概览》，《西北美术》1999年第3期。

孙文青：《南阳草店汉墓画像发掘记》，《河南文史资料》1988年第25期。

孙文青：《南阳草店汉墓画像集》雨湘图书馆，1944年。

孙文青：《南阳草店汉墓画像集自序》，《河南博物馆馆刊》1936年第5期。

孙文青：《南阳草店汉墓享堂画像记》，《国闻周报》1933 年第 10 卷第 41 期。

孙文青：《南阳汉画访拓记》，《金陵学报》1934 年第 4 卷第 2 期。

孙文青：《南阳汉画像汇存》，广陵书社 1999 年版。

孙文青：《南阳汉画像汇存》，金陵大学中国文化研究所，1937 年。

孙文青：《南阳汉墓中的星象及斗兽图》，《科学画报》1933 年第 10 卷 10 期。

孙星衍：《汉官六种·汉官旧仪》，中华书局 1990 年版。

孙绪静：《虎年释虎——南阳汉画像石中虎形象浅探》，《文物世界》2010 年第 1 期。

孙绪静：《浅谈南阳汉画像石中虎的形象》，《山西财经大学学报》（高等教育版）2006 年第 1 期。

孙绪静：《浅探南阳汉画像石中四神之虎》，《科学之友（B 版）》2008 年第 1 期。

孙怡村：《从南阳汉画看汉代崇尚名节之风》，《汉画学术文集》，河南美术出版社 1996 年版。

孙怡村：《南阳汉画像石的美学意蕴》，《南都学坛》2000 年第 4 期。

孙怡村：《浅谈汉画像石与汉代"天人合一"思想》，《南都学坛》1999 年第 4 期。

孙怡村：《浅析南阳汉画像石天文图像之功能》，《汉画研究：中国汉画学会第十届年会论文集》，湖北人民出版社 2006 年版。

孙怡村、郝枫：《略谈"南阳汉画像石刻展览"的陈列设计特色》，《博物馆学论丛（无）》，中州古籍出版社 2003 年版。

孙怡村：《有意味的形式——试谈汉画中的菱形连（穿）环图案》，《汉文化研究》，河南大学出版社 2004 年版。

孙照金：《论南阳汉画像石的三大艺术特征：现实主义、浪漫主义、象征主义》，《美术》2005 年第 7 期。

孙照金：《南阳汉代雕塑天禄、辟邪的艺术特色》，《中原文物》2005 年第 4 期。

孙照金：《南阳汉画像石的构图美学》，《南都学坛》2005 年第 5 期。

孙照金：《南阳汉画像石艺术风格撷谈》，《美术观察》2006 年第 2 期。

孙照金：《人性的神庙——南阳汉画像石的神话世界》，《信阳师范学院学报》2005年第4期。

孙重恩：《伏羲女娲考》，《中原文物》1983年特刊。

孙重恩：《浅论升仙汉画》，《汉代画像石研究》，文物出版社1987年版。

孙作云：《长沙马王堆一号汉墓出土画幡考释》，《考古》1973年第1期。

孙作云：《洛阳西汉卜千秋墓壁画考释》，《文物》1977年第6期。

谭其骧：《中国历史地图集》，中国地图出版社1996年版。

谭淑琴：《汉画"聂政自屠"应为"伍子胥自刎"》，《河南文物考古论集（二）》，中州古籍出版社2000年版。

谭维四：《战国王陵曾侯乙墓》，浙江文艺出版社2012年版。

汤炳正：《曾侯乙墓的棺画与〈招魂〉中的"土伯"》，《社会科学战线》1982年第3期。

汤池：《信阳楚墓锦瑟漆画简介》，《美术研究》1980年第3期。

汤池译：《今藏美国波士顿的洛阳汉墓壁画》，《当代美术家》1986年第3期。

唐建中：《南阳汉代画像石刻对动物装饰教学的现实意义》，《艺术教育》2005年第5期。

唐新：《南阳汉代画像石艺术》，《收藏》2010年第11期。

滕固：《南阳汉画石刻之历史的及风格的考察》，《张菊生先生七十岁生日纪念论文集》，1937年。

田自秉：《中国工艺美术史》，东方出版中心2006年版。

汪小洋：《汉赋与汉画的本体关系及比较意义》，《文艺理论研究》2016年第2期。

王安霞、赵艳霞：《浅析南阳汉画像石、砖艺术风格之差异》，《中共郑州市委党校学报》2008年第5期。

王伯敏：《中国绘画史》，上海人民美术出版社1982年版。

王峰：《南阳汉画像石中的巫文化》，《南都学坛》2005年第5期。

王付彤、同人：《南阳汉画两图试解》，《南都学坛》1990年第1期。

王付彤等：《"嫦娥奔月"质疑与再考——与有关南阳汉画的三本书著者商榷》，《南都学坛》1988年第3期。

王歌莺：《略述南阳杨官寺汉画像石墓的建筑艺术》，《中原文物》1996 年增刊。

王佳：《南阳汉画像石艺术探微》，《牡丹江师范学院学报》（哲学社会科学版）2011 年第 2 期。

王建中：《鲁迅与南阳汉画像石艺术》，《中原文物》1981 年特刊。

王建中：《南阳古代独玉初探》，《中原文物》2002 年第 2 期。

王建中：《南阳市赵（周）寨"羽人升仙"画像石考——兼论南阳汉画像石墓产生的年代》，《中原文物》1996 年增刊。

王建中：《试论汉画像石墓的起源——兼论南阳汉画像石墓出现的年代》，《汉代画像石研究》，文物出版社 1987 年版。

王建中：《专家学者云集南阳研讨汉画》，《文物报》1985 年 11 月 30 日。

王建中、闪修山：《南阳两汉画像石》，文物出版社 1990 年版。

王建中等：《南阳汉代画像石三图释证》，《汉代画像石研究》，文物出版社 1987 年版。

王健民等：《曾侯乙墓出土的二十八宿青龙白虎图象》，《文物》1979 年第 7 期。

王今栋：《南阳汉画像石研究》，《美术》1984 年第 3 期。

王今栋：《南阳汉画像与古代神话》，《美术史论》1988 年第 4 期。

王今栋：《中国美术史上的一次飞跃——南阳汉代画像石研究》，《中原文物》1983 年特刊。

王京传：《随枣走廊两周时期文化变迁和社会结构——以该地区出土青铜礼器为根据》，《齐鲁学刊》2016 年第 6 期。

王娟：《厚葬的殇者，驱祟的仪式——南阳许阿瞿画像石墓个案研究》，《河南科技大学学报》（社会科学版）2013 年第 6 期。

王军校：《河南南阳唐河汉郁平大尹墓室碑刻及书法价值探析》，《华中师范大学学报》（人文社科版）2014 年第 3 期。

王恺：《"人面鸟"考》，《考古与文物》1985 年第 6 期。

王昆吾：《中国早期艺术与宗教》，东方出版社 1998 年版。

王兰珍：《探析南阳汉画像石视觉图像的艺术风格》，《艺术与设计（理论）》2013 年第 1 期。

王丽：《南阳汉代天文画像石浅析》，《南都学坛》2001 年增刊。

王丽：《南阳汉画像石中的建筑选介》，《大汉雄风——中国汉画学会第十一届年会论文集》，高等教育出版社 2008 年版。

王良启：《南阳汉代画像石的艺术风格》，《汉代画像石研究》，文物出版社 1987 年版。

王孟秋：《南阳画像石中乐舞研究》，《时代教育（教育教学）》2011 年第 7 期。

王明丽：《汉代角抵表演在南阳汉画像石中的艺术表现》，《南阳理工学院学报》2010 年第 5 期。

王明丽：《汉代角抵表演在南阳汉画像石中的艺术表现》，《中国汉画学会第十二届年会论文集》，中州古籍出版社 2010 年版。

王明丽、牛天伟：《从汉画看古代雷神形象的演变》，《中原文物》2002 年第 4 期。

王楠：《南阳汉画像石的"祥瑞"装饰艺术》，《河南大学学报》（社会科学版）2006 年第 6 期。

王楠：《浅论南阳汉画像石与篆刻的艺术风格》，《安阳师范学院学报》2005 年第 3 期。

王齐星：《汉代画像石"后羿射日"的构图艺术》，《南阳师专学报》1998 年第 1 期。

王强：《从汉画看汉代服饰》，《南都学坛》1999 年第 5 期。

王强：《从汉画看汉代南阳建筑风格和特征》，《西安建筑科技大学学报》2009 年第 1 期。

王强：《从南阳汉画像石说牛》，《中国牛业科学》2008 年第 5 期。

王强、杨莉：《试析南阳汉画中的舞蹈造型》，《中国汉画学会第十届年会论文集》，湖北人民出版社 2006 年版。

王清建：《略论南阳汉画升仙辟邪中的楚文化因素》，《中原文物》1996 年增刊。

王清建：《论汉画中的玄武形象》，《中原文物》1995 年第 3 期。

王清建、石红艳：《南阳汉画像石的艺术特色》，《南都学坛》2001 年增刊。

王清建等：《河南南阳汉代画像石中的民俗初探》，《南都学坛》2001 年第 1 期。

王蕊：《南阳汉画像石乐舞题材的双向审美效应》，《南都学坛》2004

年第 3 期。

王蕊：《南阳汉画像砖石艺术形象构成文化内涵》，《汉文化研究》，河南大学出版社 2004 年版。

王升平：《南阳陈棚汉墓彩绘画像石修复保护技法探讨》，《中国汉画学会第十三届年会论文集》，中州古籍出版社 2011 年版。

王爽：《南阳汉画像石的类型及其艺术特征》，《大舞台》2013 年第 3 期。

王爽：《南阳汉画像石的线条及其运用特点》，《美与时代（上）》2012 年第 3 期。

王四朋：《象外之音：南阳汉画像石听觉因素的视觉表现形式》，《南都学坛》2010 年第 4 期。

王松阳：《从南阳汉画像石中看汉代乐舞艺术发展得变迁》，《重庆科技学院学报》（社会科学版）2011 年第 14 期。

王伟：《南阳汉画像石民俗文化内涵解读》，《黑龙江史志》2013 年第 13 期。

王蔚波：《汉画像中的"玉兔捣药"》，《中州古今》1987 年第 1 期。

王文楚：《历史时期南阳盆地与中原地区间的交通发展》，《史学月刊》1964 年第 10 期。

王晓丽：《南阳汉画像石的民族艺术风格》，《信阳师范学院学报》（哲学社会科学版）2006 年第 4 期。

王笑山：《南阳汉画像石与十八罗汉的收存过程》，《河南文史资料》1984 年第 12 期。

王秀华：《关于南阳汉画像石艺术资源传承的思考》，《美与时代（上）》2013 年第 1 期。

王学典：《近五十年的中国历史学》，《历史研究》2004 年第 1 期。

王迅：《中国美术史》，上海人民美术出版社 1985 年版。

王彦辉：《汉代豪民研究》，东北师范大学出版社 2001 年版。

王玉金：《从汉画看楚俗在汉代的延续及其影响》，《江汉考古》2004 年第 2 期。

王玉金：《从汉画看汉代辟邪风俗》，《民俗研究》2000 年第 2 期。

王玉金：《从南阳汉画看汉代的等级制度》，《南都学坛》1993 年第

1 期。

　　王玉金：《论南阳汉画中舞乐百戏艺术》，《南阳教育学院学报》2001
年第 3 期。

　　王玉金：《南阳汉画与汉史研究》，《南都学坛》1999 年第 1 期。

　　王玉金：《南阳新出土大量汉画像石》，《中国文物报》1993 年 3 月
14 日。

　　王玉金：《试论汉画中的民风民俗》，《汉文化研究》，河南大学出版
社 2004 年版。

　　王玉金：《试论南阳汉画像石在汉代天文学研究中的价值》，《南阳汉
代天文画像石研究》，民族出版社 1995 年版。

　　王玉金：《试析楚文化对南阳汉画的影响》，《汉画学术文集》，河南
美术出版社 1996 年版。

　　王玉金：《试析南阳汉画像石中熊的形象》，《南都学坛》1990 年第
4 期。

　　王玉金：《试析南阳汉画中的农业图像》，《农业考古》1995 年第
1 期。

　　王玉金、李建：《河南南阳汉画与汉代谶纬迷信思想》，《南都学坛》
1994 年第 5 期。

　　王玉金、王清建：《浅论汉画中的升仙工具》，《南都学坛》1990 年第
5 期。

　　王元化：《卜千秋墓壁画试探》，《文学沉思录》，上海文艺出版社
1983 年版。

　　王子今：《门祭与门神崇拜》，上海三联书店 1996 年版。

　　未化：《南召县发现猿人牙齿化石》，《河南文博通讯》1979 年第
2 期。

　　魏琪：《浅谈南阳汉画像石艺术的楚文化浪漫情怀》，《美术教育研
究》2014 年第 7 期。

　　魏仁华：《南阳汉画像石中的足球戏》，《体育报》1979 年 7 月 20 日。

　　魏仁华：《南阳汉画中的搏击图试析》，《中原文物》1983 年特刊。

　　魏仁华：《试析南阳汉画像石中的幻日图像》，《中原文物》1985 年第
3 期。

　　魏仁华：《唐河针织厂汉画像石墓中的天象图》，《汉代画像石研究》，

文物出版社 1987 年版。

魏中策等：《南阳汉画像石砖几何学应用浅见》，《中原文物》1995 年第 2 期。

《文物》编辑部：《关于西汉卜千秋墓壁画中一些问题》，《文物》1979 年第 11 期。

文物编辑委员会编：《文物考古工作十年》，文物出版社 1991 年版。

文物图像研究室汉代拓本整理小组：《"中央研究院"历史语言研究所藏汉代石刻画像拓本目录》，"中央研究院"历史语言研究所，2002 年。

文亚楠、李犁：《南阳汉画浪漫美的解读》，《美术向导》2013 年第 6 期。

文永杰：《南阳汉画像石中的平面构成艺术》，《美与时代》2006 年第 11 期。

［美］巫鸿：《美术史十议》，生活·读书·新知三联书店 2008 年版。

［美］巫鸿：《中国古代艺术与建筑中的纪念碑性》，世纪出版集团上海人民出版社 2009 年版。

吴迪：《南阳汉代画像石中的体育活动》，《中原文物》2012 年第 5 期。

吴慎：《南阳地区汉代画像石保护研究》，硕士学位论文，郑州大学，2013 年。

吴曾德：《"四灵"浅论》，《郑州大学学报》1981 年第 4 期。

吴曾德：《汉代画像石研究》，文物出版社 1987 年版。

吴曾德：《投壶趣谈》，《文史知识》1983 年第 8 期。

吴曾德：《再论南阳汉代画像石之艺术渊源》，《汉代画像石研究》，文物出版社 1987 年版。

吴曾德、周到：《南阳汉画像石中的神话与天文》，《郑州大学学报》1978 年第 4 期。

吴曾德等：《就大型汉代画像石墓的形制论"汉制"》，《中原文物》1985 年第 3 期。

吴曾德等：《漫谈南阳汉画像石中的角抵戏》，《郑州大学学报》1979 年第 2 期。

夏鼐：《关于考古学上文化的定名问题》，《考古》1959 年第 4 期。

夏鼐：《洛阳西汉壁画墓中的星象图》，《考古》1965 年第 2 期。

项晓乐：《论南阳东汉画像石艺术的特色》，《大舞台》2013 年第 4 期。

萧兵：《卜千秋墓猪头神试说》，《中原文物》1981 年第 3 期。

［日］小南一郎：《中国的神话传说与古小说》，孙昌武译，中华书局 1993 年版。

肖亢达：《汉代南阳郡与南阳汉画像石墓》，《汉代画像石研究》，文物出版社 1987 年版。

肖萐父、李锦全：《中国哲学史》，人民出版社 1982 年版。

谢敬鹏：《南阳汉画像石的"气韵"之美》，《南都学坛》2013 年第 4 期。

信立祥：《汉代画像石综合研究》，文物出版社 2000 年版。

信立祥：《汉画像石的分区与分期研究》，《考古类型学的理论与实践》，文物出版社 1989 年版。

兴山：《一部绣像汉代史——南阳汉代画像石》，《中国文化报》1988 年 12 月 7 日。

徐呈瑞：《南阳汉代画像石的早期收集、著录与研究综述》，《汉画总录》，广西师范大学出版社 2015 年版。

徐吉军：《中国丧葬史》，江西高校出版社 1998 年版。

徐建国、杨旭：《从南阳汉画说秦汉建筑构件的装饰》，《汉画学术文集》，河南美术出版社 1996 年版。

徐凯歌：《南阳汉画像石的文化内涵及装饰特点研究》，《牡丹江师范学院学报》（哲学社会科学版）2013 年第 1 期。

徐凯歌：《南阳汉画像石装饰特点及在现代平面设计中的应用》，《大众文艺》2014 年第 11 期。

徐丽娟：《略论南阳汉画像石中的人物形象》，《汉文化研究》，河南大学出版社 2004 年版。

徐丽娟：《南阳汉画像石中的人物艺术特征》，《南都学坛》2005 年第 2 期。

徐凌等：《阴阳思想在汉代画像石上的表现》，《南都学坛》2002 年第 2 期。

徐森：《浅谈南阳汉画像石的历史渊源及艺术特点》，《文学界（理论版）》2011 年第 1 期。

徐颖：《从南阳汉画看汉代民族关系》，《汉画学术文集》，河南美术出版社 1996 年版。

徐颖：《南阳汉代彩绘画像石墓的特点及色彩的象征意义》，《中原文物》2013 年第 5 期。

徐颖：《南阳汉代画像石"生产劳动"题材的特点及成因》，《中国汉画学会第十届年会论文集》，湖北人民出版社 2006 年版。

徐永斌：《从汉代画像石看汉代南阳文化的繁荣》，《时代文学（双月上半月）》2009 年第 2 期。

徐永斌：《汉代南阳冶铁工艺的发展与画像石的雕刻》，《南都学坛》2008 年第 6 期。

徐永斌：《略论南阳汉画像石》，《美术大观》2008 年第 9 期。

徐永斌：《论南阳汉画像石中的肌理构成》，《美术大观》2008 年第 9 期。

徐永斌：《南阳汉画图像的构图形式》，《南都学坛》2003 年第 4 期。

徐永斌：《南阳汉画像石的发展与分期》，《中原文物》2009 年第 1 期。

徐永斌：《南阳汉画像石图像早期演变艺术特色》，《美术观察》2009 年第 4 期。

徐永斌：《试论南阳汉画像石的艺术地位》，《美术大观》2006 年第 8 期。

徐玉玲：《南阳汉画像石中的动物肖形研究》，硕士学位论文，山东大学，2012 年。

许倬云：《汉代农业——早期中国农业经济的形成》，江苏人民出版社 2012 年版。

薛保华：《南阳汉画像石艺术特点探析》，《大众文艺》2012 年第 2 期。

严屏、陈向峰：《南阳汉画像石的符号化造型分析》，《艺术与设计（理论）》2011 年第 4 期。

严文明：《关于考古学文化的理论》，《走向 21 世纪的考古学》，三秦出版社 1997 年版。

阎立川：《中国美术史略》，人民美术出版社 1980 年版。

杨刚：《南阳汉代画像石神仙祥瑞题材图像初探》，《美与时代（中旬）》2010 年第 3 期。

杨钢：《从南阳画像石看东汉人的幸福观》，《装饰》2009 年第 9 期。

杨钢：《浅谈南阳汉代画像石的艺术风格》，《艺术教育》2007 年第 8 期。

杨钢、张怡：《论南阳汉画像石图形中的"势"》，《美与时代（下半月）》2009 年第 8 期。

杨泓：《汉代的壁画墓》，《新中国的考古发现和研究》，文物出版社 1984 年版。

杨泓：《美术考古半世纪—中国美术考古发现史》，文物出版社 1997 年版。

杨泓：《战国绘画初探》，《文物》1989 年第 10 期。

杨焕成、吕品：《河南画像石中的建筑图案》，《中原文物》1983 年特刊。

杨宽：《战国史》，上海人民出版社 1980 年版。

杨士俊：《鲁迅关于南阳汉画的九封书信》，《中州古今》1994 年第 5 期。

杨廷宾：《忆鲁迅先生为搜集南阳汉画像石拓片倾注了心血》，《杨廷宾评传》，中国水利水电出版社 2010 年版。

杨伟：《论南阳汉画的相似性构成》，《宝鸡文理学院学报》2004 年第 4 期。

杨伟：《南阳汉画的美术学价值》，《南都学坛》2004 年第 4 期。

杨伟：《南阳汉画平面感初探》，《洛阳师范学院学报》2004 年第 4 期。

杨伟：《南阳汉画平面感的形成》，《装饰》2003 年第 8 期。

杨伟：《南阳汉画形象的体量控制》，《装饰》2004 年第 6 期。

杨晓瑜：《南阳汉画像石中的和谐思想及其现代意义》，《大舞台（双月号）》2008 年第 5 期。

杨孝鸿：《斗鸡及其内在的文化意义与社会时尚——以南阳英庄汉画像石〈斗鸡图〉为中心》，《中国汉画学会第十三届年会论文集》，中州古籍出版社 2011 年版。

杨孝鸿：《汉代羽化图像的发展及其成因》，《南都学坛》2004 年第 2 期。

杨絮飞：《浅析南阳汉画像砖、石中的"军人形象"塑造》，《中国汉画学会第十届年会论文集》，湖北人民出版社 2006 年版。

杨絮飞：《以谢赫"六法"形式谈南阳汉画像石"六美"》，《中国汉画学会第十三届年会论文集》，中州古籍出版社 2011 年版。杨絮飞等《南阳汉画像石的装饰语素》，《装饰》2005 年第 5 期。

杨义：《遥祭汉唐魄力——鲁迅与汉石画像》，《学术月刊》2014 年第2 期。

杨志玲、杜卫东：《论南阳汉画像石中汉代女性的服饰文化》，《南都学坛》2001 年增刊。

姚伟：《"既丽且康"古南阳——"南阳汉画像石"系列之一》，《躬耕》2009 年第 7 期。

姚伟：《唤醒沉睡前年的灵石——"南阳汉画像石"系列之一》，《躬耕》2009 年第 5 期。

姚伟：《来自汉朝的数千张"照片"——"南阳汉画像石"系列之一》，《躬耕》2009 年第 4 期。

姚伟：《涌动的活力打动鲁迅——"南阳汉画像石"系列之一》，《躬耕》2009 年第 6 期。

叶乐：《论南阳汉画像石的线条运用》，《牡丹江教育学院学报》2008年第 6 期。

叶舒宪：《中国神话哲学》，中国社会科学出版社 1992 年版。

一平：《南阳汉画像石的"藏"与"变"》，《中原文物》1983 年特刊。

尹俊敏：《大禹举贤图考》，《中原文物》1996 年特刊。

尹俊敏：《汉画〈裔射十日〉的艺术渊源及其寓意初探》，《中国汉画学会第十届年会论文集》，湖北人民出版社 2006 年版。

印群：《黄河中下游地区的东周墓葬制度》，社会科学文献出版社2001 年版。

永明：《略谈南阳汉画像石中的俳优》，《河南文物通讯》1997 年第4 期。

俞剑华：《中国壁画》，中国古典艺术出版社 1958 年版。

俞伟超：《考古类型学的理论与实践》，文物出版社 1989 年版。

俞伟超：《马王堆一号汉墓帛画内容考》，《先秦两汉考古学论集》，文物出版社 1985 年版。

俞伟超、高明：《周代用鼎制度研究》，《北京大学学报》1978 年第 1 期。

俞伟超、信立祥：《汉画像石墓》，《中国大百科全书·考古学》，中国大百科全书出版社 1986 年版。

玉祥、牛耕：《一幅汉代天文画像》，《中国文物报》1992 年 9 月 6 日。

袁朝：《江陵马山一号楚墓刺绣品图案考释》，《中原文物》193 年第 1 期。

袁珂：《中国古代神话》，中华书局 1960 年版。

袁珂：《中国神话通论》，巴蜀书社 1993 年版。

袁歆：《道教文化与南阳汉画像石艺术浅议》，《美与时代（上半月）》2009 年第 10 期。

袁仲一：《从考古资料看秦文化的发展和主要成就》，《文博》1990 年第 5 期。

臧锐：《论汉代画像石中的动物造型之美》，《郑州轻工业学院学报》2004 年第 4 期。

曾广：《从南阳汉画像石看古代建筑的装饰性》，《开放教育学院学报》2007 年第 4 期。

曾宪波：《汉画中的兵器初探》，《中原文物》1995 年第 3 期。

曾宪波：《鲁迅收集南阳汉画拓片始末》，《中州古今》1997 年第 3 期。

曾宪波：《南阳汉代画像石墓志题记题刻和现存汉代碑刻的初步研究》，《南阳理工学院学报》2013 年第 2 期。

曾宪波：《浅析汉画中的虎》，《南都学坛》1990 年第 5 期。

曾宪波：《由汉画试析先民对太阳黑子、日月相食及彗星天象的认识》，《南阳汉代天文画像石研究》，民族出版社 1995 年版。

曾宪波、郭瑞华：《试析南阳汉画中的祥瑞图像》，《汉文化研究》，河南大学出版社 2004 年版。

曾宪波、强玉春：《南阳汉代画像石的发现、收藏历史与理论研究综述》，《中国汉画学会第十三届年会论文集》，中州古籍出版社 2011 年版。

曾宪波等：《论南阳汉代建筑艺术》，《河南经济与社会发展策论》，中国致公出版社 2002 年版。

张安治：《西汉帛画的艺术成就》，《文物》1973 年第 9 期。

张朝霞：《南阳神灵信仰汉画产生的思想渊源》，《中国汉画学会第十届年会论文集》，湖北人民出版社 2006 年版。

张春岭：《天下绝响大汉风范——南阳汉画像石拾遗》，《东方收藏》2010 年第 9 期。

张春秋：《南阳汉画像石对陶艺创作的启示》，硕士学位论文，景德镇陶瓷学院，2008 年。

张光福：《中国美术史》，知识出版社 1982 年版。

张合荣：《汉墓壁画的布局、内容和风格》，《华夏考古》1995 年第 2 期。

张兼维：《"四神天象图"考》，《南阳汉代天文画像石研究》，民族出版社 1995 年版。

张兼维：《南阳汉画考释质疑三例》，《汉画学术文集》，河南美术出版社 1996 年版。

张兼维等：《中国画成熟的时代和标志》，《中原文物》1996 年增刊。

张今歌：《论南阳汉画像石中熊的意象》，《平顶山学院学报》2012 年第 3 期。

张露露：《试论南阳汉画像石中熊的图像》，《大汉雄风——中国汉画学会第十一届年会论文集》，高等教育出版社 2008 年版。

张清华：《从汉画像看我国戏曲艺术的产生》，《中原文物》1983 年特刊。

张宛艳：《从南阳汉画像石看汉代原始道教的孕育》，《华夏文明》2009 年第 1 期。

张维华：《南阳汉画像石中的"蚩尤旗"》，《中原文物》1981 年特刊。

张维华：《南阳汉画像石中的计里鼓车》，《中原文物》1981 年第 2 期。

张晓军：《南阳汉代花纹砖》，《中原文物》2005 年第 4 期。

张晓军：《浅谈南阳汉画像石中牛的艺术形象》，《中原文物》1985 年第 3 期。

张晓军等：《南阳汉代画像石砖》，陕西人民出版社 1989 年版。

张新斌：《汉代画像石所见儒风与楚风》，《中原文物》1993 年第 1 期。

张新强、李陈广：《南阳汉画早期拓片选集》，中州古籍出版社 1993 年版。

张新强、徐俊英：《也谈南阳汉代画像石刻的两幅"日月交蚀"图像》，《中原文物》1996 年增刊。

张学增：《南阳吉祥汉画浅析》，《美术研究》1994 年第 2 期。

张阳阳：《南阳汉画像石的构图研究》，《神州》2012 年第 14 期。

张怡：《南阳汉画像石的意象造型》，《芒种》2012 年第 21 期。

张怡：《南阳汉画像石祥瑞图像研究》，硕士学位论文，中原工学院，2009 年。

张怡：《试论南阳汉画像石祥瑞图形的美学特征》，《电影评介》2011 年第 3 期。

张勇、田丽：《谈南阳杨官寺汉画像石墓的年代问题》，《中原文物》2009 年第 6 期。

赵超：《汉代画像石墓中的画像布局及其意义》，《中原文物》1991 年第 3 期。

赵成甫：《楚画楚俗对南阳汉画像石的影响》，《楚文化研究论集》（第四集），河南人民出版社 1994 年版。

赵成甫：《南阳汉代画像石砖墓关系之比较》，《中原文物》1996 年第 4 期。

赵成甫：《南阳汉画像石墓分期管见》，《汉代画像石研究》，文物出版社 1987 年版。

赵成甫：《南阳汉画像石墓兴衰刍议》，《中原文物》1985 年第 3 期。

赵成甫：《南阳汉画像石中的神话画像》，《河南大学学报》1985 年第 4 期。

赵成甫：《试论南阳晚期汉画像石墓的特征——兼谈南阳汉画像石墓消亡的原因》，《汉画学术文集》，河南美术出版社 1996 年版。

赵建中：《南阳汉画像石主要动物题材刍议》，《南阳师专学报》1986 年第 2 期。

赵建中：《南阳汉画像石主要动物题材刍议》，《中原文物》1988 年第 4 期。

赵建中：《南阳汉画中角抵戏新探》，《中原文物》1983 年特刊。

赵建中：《浅谈南阳汉画像石中的角抵戏》，《考古与文物》1983 年第 3 期。

赵唯、王爱军：《从南阳汉画看汉代人的精神风貌》，《中国汉画学会第九届年会论文集》，中国社会科学出版社 2004 年版。

赵唯、王峰：《南阳汉画像石的浪漫主义特征》，《南都学坛》2001 年增刊。

赵艳霞：《南阳汉画像石图案装饰艺术研究》，硕士学位论文，江南大学，2009 年。

郑清森：《河南永城柿园汉墓壁画浅析》，《中原文物》2002 年第 6 期。

郑世华：《论南阳两汉画像石的艺术精神实质》，《美与时代（下半月）》2009 年第 8 期。

郑世华：《南阳汉画像石保护的现状、问题与对策》，《河南科技学院学报》2014 年第 1 期。

郑先兴：《汉画螺女神话原型分析》，《中国汉画学会第十届年会论文集》，湖北人民出版社 2006 年版。

郑新：《南阳天象汉画像石所反映的生态哲学意识》，《南都学坛》2007 年第 4 期。

郑延欣：《南阳汉画中的乐器与乐队组合》，《许昌师专学报》2002 年第 4 期。

郑燕欣：《南阳汉画像石中音乐艺术的美学特征》，《神州》2011 年第 14 期。

中国画像石全集编辑委员会：《中国画像石全集》，山东美术出版社、河南美术出版社 2000 年版。

锺敬文：《马王堆汉墓帛画的神话史意义》，《中华文史论丛》1979 年第 2 辑，上海古籍出版社 1979 年版。

周到：《汉画像与鼓乐》，《舞蹈艺术》1994 年第 2 期。

周到：《河南汉画像石考古四十年概况》，《中原文物》1989 年第 3 期。

周到：《河南汉画像石艺术》，《美术》1981 年第 2 期。

周到：《漫谈南阳汉画像石中的舞蹈》，《舞蹈》1978 年第 6 期。

周到：《南阳汉画像石中的几幅图像图》，《考古》1975 年第 1 期。

周到：《试析河南画像石刻中的乐舞百戏图像》，《中原文物》1981 年特刊。

周到、吕品：《河南汉画略说》，《中原文物》1983 年特刊。

周到、吕品：《河南汉画中的远古神话考略》，《史学月刊》1982 年第 2 期。

周到、吕品：《南阳汉画像石简论》，《中原文物》1982 年第 2 期。

周坤：《游南阳汉画馆》，《羊城晚报》1966 年。

周天游：《八家后汉书辑注》，上海古籍出版社 1986 年版。

周士琦：《马王堆汉墓帛画日月神话起源考》，《中华文史论丛》1979 年第 2 辑，上海古籍出版社 1979 年版。

周新献：《石上春秋——南阳汉画与汉文化》，中国文联出版社 2003 年版。

周振鹤：《西汉政区地理》，人民出版社 1987 年版。

周中玉：《南阳汉画像石的艺术语言评析》，《作家》2009 年第 10 期。

周子强：《独特的构图形式——南阳汉画像石的构成形式》，《美与时代》2005 年第 3 期。

周子强：《汉画像石造型元素在南阳城市雕塑设计中应用的途径与策略》，《南都学坛》2009 年第 4 期。

周子强：《焕发的肌理——南阳汉画像石肌理说探索》，《雕塑》2003 年第 3 期。

朱杰勤：《秦汉美术史》，商务印书馆 1936 年版。

朱俊全、李国红：《从南阳出土的画像石看汉代军事体育活动》，《体育文化导刊》2008 年第 4 期。

朱凌博：《浅析南阳汉代画像石》，《新课程学习（下）》2013 年第 7 期。

朱青生：《将军门神起源研究——论误解与成形》，北京大学出版社 1998 年版。

朱士麟：《南阳汉画像石四灵图像研究》，《许昌学院学报》2013 年第 6 期。

朱锡禄：《武氏祠汉画像石》，山东美术出版社 1986 年版。

祝建华、汤池:《曾侯墓漆画初探》,《美术研究》1980 年第 2 期。

祝重寿:《中国壁画史纲》,文物出版社 1995 年版。

庄建:《国图展出南阳汉画像石拓片》,《光明日报》2012 年 12 月 3 日。

四 英文文献

A Gutkind Bulling, "The Guide of The Souls Picture in the Western Han Tomb in Ma-Wang-Tui Near Ch'ang Sha", Oriental Art 20, 1974.

A. Gutkind Bulling, "The Eastern Han Tomb at Ho-linko-erh", Archives of Asian Art 31, 1977-78.

Cheng Te-K'un, "Yin-Yang Wu-Xing and Han Art, Harvard Journal of Asiatic Studies Vol 20, 1957: 1-2.

Jan Fontein and Wu Tung, Han and T'ang urals Museum of Fine Arts boston, 1976.

Jean M. James, A Guide to the Tomb and Shrine Art of the Han Dynasty 206 B. C. -A. D. 220, The Edwin Mellen Press, 1996.

Jean M. James, A Provisional Iconology of Western Han Funerary Art, Oriental Art Vol XXV, No 3, 1979.

Jean M. James, An Iconographic Study of Two late Han Funeary Mounments: The Offering Shrines of the Wu family and the Multichamber Tomb at Holingol, Ph. D. dissertation, The University of Lowa.

Jerome Silbergeld, "Mawangdui, Excavated Materials, and Transmitted Texts: A Cautionary Note", Early China 8, 1982-83.

Jonathan Chaves, "A Han Painted Tomb at loyang", Artibus Asiae Vol. XXX, 1968.

Martin J. Power, Art and Political Expression in Early China Yale u. Press. 1991.

Michael Loewe, Chinese Ideas of Life and Death: Faith Myth and Reason in the Han period (202BC-AD220). Allen and Unwin London. 1982.

Michael Loewe, Ways to Paradise: The Chinese Quest for Im ortality, Allen and Unwin London, 1979.

Ying-shih Yu, "Life and Immortality in the Mind of Ha China", Harvard

Journal of Asiatic Studies Vol. 25, 1964-1965.

Ying-shih Yu, "'O Soul, Come Back' A Study in the Changing Conceptions of the Soul and Afterlife in Pre-Buddhist China", Harvard Journal of Asiatic Studies Vol 47, No 2, 1987.

插图出处

第一章

图 1-1 作者摄于 2006 年 7 月。

图 1-2 孙文青：《南阳汉画像汇存》，广陵书社 1999 版，第 1 页。

图 1-3 孙文青：《南阳汉画像汇存》，广陵书社 1999 版，第 1 页。

图 1-4 孙文青：《南阳汉画像汇存》，广陵书社 1999 版，第 1 页。

图 1-5 孙文青：《南阳汉画像汇存》，广陵书社 1999 版，第 2 页。

图 1-6 孙文青：《南阳汉画像汇存》，广陵书社 1999 版，第 2 页。

图 1-7 南阳汉画馆藏资料。

图 1-8 南阳汉画馆藏资料。

第二章

图 2-1 作者摄于 2020 年 7 月。

第三章

图 3-1 湖北省博物馆：《曾侯乙墓文物艺术》，湖北美术出社 1992 年版，第 5 页。

图 3-2 湖北省博物馆：《曾侯乙墓文物艺术》，湖北美术出社 1992 年版，第 8 页。

图 3-3 湖北省文物管理委员会：《湖北随县唐镇汉魏墓清理》，《考古》1966 年第 2 期。

图 3-4 湖北省文物管理委员会：《湖北随县唐镇汉魏墓清理》，《考古》1966 年第 2 期。

图 3-5 湖北省文物管理委员会：《湖北随县唐镇汉魏墓清理》，《考

古》1966 年第 2 期。

图 3-6   南阳地区文物工作队、唐河县文化馆:《唐河县湖阳镇汉画像石墓清理简报》,《中原文物》1985 年第 3 期。

图 3-7   南阳地区文物工作队、唐河县文化馆:《河南唐河县石灰窑村画像石墓》,《文物》1982 年第 5 期。

图 3-8   南阳地区文物工作队、南阳博物馆:《唐河汉郁平大尹冯君孺人画像石墓》,《考古学报》1980 年第 2 期。

图 3-9   周到、李京华:《唐河针织厂汉画像石墓的发掘》,《文物》1973 年第 6 期。

图 3-10   南阳市文物考古研究所:《南阳唐河县西冢张村画像石墓发掘简报》》,《洛阳考古》2018 年第 3 期。

图 3-11   《南阳汉画像石》编委会:《唐河县电厂汉画像石墓》,《中原文物》1982 年第 1 期。

第四章

图 4-1   河南省文化局文物工作队:《河南南阳杨官寺汉画像石墓发掘报告》,《考古学报》1963 年第 1 期。

图 4-2   南阳市博物馆:《南阳县赵寨砖瓦厂汉画像石墓》,《中原文物》1982 年第 1 期。

图 4-3   南阳市文物考古研究所:《河南省南阳市万家园汉画像石墓》,《中原文物》2010 年第 5 期。

图 4-4   赵成甫:《河南唐河县石灰窑村画像石墓》,《文物》1982 年第 5 期。

图 4-5   赵成甫:《河南唐河县石灰窑村画像石墓》,《文物》1982 年第 5 期。

图 4-6   南阳地区文物工作队、唐河县文化馆:《唐河县湖阳镇汉画像石墓清理简报》,《中原文物》1985 年第 3 期。

图 4-7   南阳市文物考古研究所:《唐河县西冢张村画像石墓发掘简报》,1980 年 10 月,未刊资料。

图 4-8   南阳地区文物工作队、唐河县文化馆:《唐河县针织厂二号汉画像石墓》,《中原文物》1985 年第 3 期。

图 4-9   南阳市文物考古研究所、唐河县文化馆:《河南唐河罐山汉

画像石墓发掘报告》1989 年冬，未刊资料。

图 4-10　南阳市文物考古研究所、唐河县文化馆：《唐河县湖阳罐山汉画像墓发掘报告》1989 年冬，未刊资料。

图 4-11　南阳市文物考古研究所、唐河县文化馆：《河南唐河罐山汉画像石墓发掘报告》1989 年冬，未刊资料。

图 4-12　南阳市文物考古研究所、唐河县文化馆：《河南唐河罐山汉画像石墓发掘报告》1989 年冬，未刊资料。

图 4-13　南阳市文物考古研究所：《南阳市常庄画像石墓发掘简报》1989 年 11 月，未刊资料。

图 4-14　南阳市文物考古研究所：《南阳中建七局机械厂汉画像石墓》，《中原文物》1997 年第 4 期。

图 4-15　南阳市文物考古研究所：《唐河白庄汉代画像石墓》，《中原文物》1997 年第 4 期。

图 4-16　南阳市文物考古研究所：《南阳市安居新村汉代画像石墓》，《考古》2005 年第 8 期。

图 4-17　南阳市文物考古研究所：《南阳市永泰小区汉代画像石墓》，《华夏考古》2010 年第 3 期。

图 4-18　南阳市文物考古研究所：《南阳市永泰小区画像石墓 M35 发掘简报》，《中原文物》2014 年 6 月，第 4 页。

图 4-19　南阳市文物考古研究所：《南阳市东风机械厂生活区汉画像石 M17》，《中国汉画研究》第五卷 2018 年，第 32 页。

图 4-20　南阳市文物考古研究所：《河南南阳市熊营汉画像石墓》，《考古》2008 年第 2 期。

图 4-21　南阳文物考古研究所：《河南南阳陈棚汉代彩绘画像石墓》，《考古学报》2007 年第 2 期。

图 4-22　南阳市文物考古研究所：《唐河县黑龙镇西刘冲村汉代画像石墓》，《华夏考古》2018 年第 1 期。

图 4-23　南阳市文物考古研究所：《南阳市新店乡熊营画像石 M3》2002 年 8 月，未刊资料。

图 4-24　南阳市文物考古研究所：《南阳市八一路汉代画像石墓》，《考古》2012 年第 6 期。

图 4-25　南阳市文物考古研究所、南阳知府衙门博物馆：《南阳市张

衡路汉代画像石墓》，《中原文物》2017 年第 2 期。

图 4-26　南阳市文物考古研究所：《南阳市赵寨汉画像石墓发掘报告》2011 年 8 月，未刊资料。

图 4-27　南阳市文物考古研究所：《南阳市宛城区达士营汉画像石墓》，《华夏考古》2017 年第 1 期。

图 4-28　南阳市文物考古研究所：《南阳市老庄汉画像石墓 M3》2012 年 12 月，未刊资料。

图 4-29　凌皆冰、朱青生：《汉画总录》（第十七卷），广西师范大学出版社 2013 年版，第 163 页。

图 4-30　河南省文化局文物工作队：《洛阳西汉壁画墓发掘报告》，《考古学报》1964 年第 2 期。

图 4-31　王建中、闪修山：《南阳两汉画像石》，文物出版社 1990 年版，图 186。

图 4-32　王建中、闪修山：《南阳两汉画像石》，文物出版社 1990 年版，图 187。

图 4-33　凌皆冰、朱青生：《汉画总录》（第十七卷），广西师范大学出版社 2013 年版，第 248 页。

图 4-34　南阳地区文物队、南阳博物馆：《唐河汉郁平大尹冯君孺人画像石墓》，《考古学报》1980 年第 2 期。

图 4-35　南阳市博物馆：《河南南阳军帐营汉画像石墓》，《考古与文物》1982 年第 1 期。

图 4-36　南阳市博物馆：《河南南阳英庄汉画像石墓》，《中原文物》1983 年第 3 期。

图 4-37　南阳市博物馆：《南阳县王寨汉画像石墓》，《中原文物》1982 年第 1 期。

图 4-38　《南阳汉画像石》编委会：《邓县长冢店汉代画像石墓》，《中原文物》1982 年第 1 期。

图 4-39　南阳市博物馆、方城县文化馆：《河南方城东关汉画像石墓》，《文物》1980 年第 3 期。

图 4-40　南阳地区文物工作队、方城县文化馆《河南方城县城关镇汉画像石墓》，《文物》1984 年第 3 期。

图 4-41　南阳地区文物工作队、南阳县文化馆：《河南南阳县英庄汉

画像石墓》，《文物》1984 年第 3 期。

图 4-42　南阳地区文物研究所：《河南南阳县蒲山汉墓的发掘》，《华夏考古》1991 年第 4 期。

图 4-43　南阳市文物工作队：《南阳市刘洼村汉画像石墓》，《中原文物》1991 年第 3 期。

图 4-44　黄雅峰：《南阳麒麟岗汉代画像石墓》南阳汉画馆《南阳汉代画像石墓发掘报告集》，中州古籍出版社 2012 年版，第 489 页。

图 4-45　南阳市文物考古研究所：《河南省南阳县辛店乡熊营画像石墓》，《中原文物》1996 年第 3 期。

图 4-46　南阳市文物研究所：《河南南阳蒲山二号汉画像石墓》，《中原文物》1997 年第 4 期。

图 4-47　南阳市古代建筑保护研究所：《河南南阳桑园路东汉画像石墓》，《文物》2003 年第 4 期。

图 4-48　南阳市文物工作队：《南阳市邢营画像石墓发掘报告》，《中原文物》1996 年第 1 期。

图 4-49　李长周、柳荫：《南阳高新区标准厂房汉画像石墓》，《南都学坛》2015 年第 4 期。

图 4-50　南阳市文物考古研究所：《河南唐河井楼汉画像石墓》2009 年 3 月，未刊资料。

图 4-51　河南省文物局南水北调办公室、河南省文物考古研究所、平顶山市文物管理局：《河南郏县黑庙 M79 发掘简报》，《华夏考古》2013 年第 1 期。

图 4-52　南阳市文物考古研究所：《南阳市兵工新城汉画像石墓 M5 发掘简报》2010 年 4 月，未刊资料。

图 4-53　南阳市文物考古研究所：《南阳市兵工新城汉画像石墓 M6 发掘简报》2010 年 4 月，未刊资料。

图 4-54　南阳市文物考古研究所：《方城县南兰高速公路汉画像石墓 M1 发掘简报》2012 年 3 月，未刊资料。

图 4-55　南阳市文物考古研究所：《南阳市万盛地产汉画像石墓 M8 发掘简报》2014 年 3 月，未刊资料。

图 4-56　南阳市文物考古研究所：《南阳城区大屯教师公寓汉代画像

石墓 M3 发掘简报》2016 年 5 月，未刊资料。

图 4-57　宜昌市博物馆：《湖北当阳市郑家大坡东汉画像石墓》，《文物资料丛刊》1977 年第 1 期。

图 4-58　河南省文物局文物工作队：《河南襄城茨沟汉画像石墓》，《考古学报》1964 年第 1 期。

图 4-59　南阳地区文物工作队、新野县文化馆：《新野县前高庙村汉画像石墓》，《中原文物》1985 年第 3 期。

图 4-60　南阳市文物研究所：《桐柏县安棚汉画像石墓》，《中原文物》1996 年第 3 期。

图 4-61　韩玉祥、李陈广：《南阳汉代画像石墓》，河南美术出版社 1998 年版，第 56 页。

图 4-62　韩玉祥、李陈广：《南阳汉代画像石墓》，河南美术出版社 1998 年版，第 56 页。

图 4-63　南阳地区文物工作队：《方城党庄汉画像石墓——兼谈南阳汉画像石墓的衰亡问题》，《中原文物》1986 年第 2 期。

图 4-64　南阳市文物研究所：《河南省邓州市梁寨汉代画像石墓》，《中原文物》1996 年第 3 期。

图 4-65　郑州大学历史学院考古系、河南省文物局南水北调文物保护办公室、宝丰县文物局：《河南宝丰县廖旗营墓地东汉画像石墓》，《考古》2016 年第 3 期。

图 4-66　郑州大学历史学院考古系、河南省文物局南水北调文物保护办公室、宝丰县文物局：《河南宝丰县廖旗营墓地东汉画像石墓》，《考古》2016 年第 3 期。

图 4-67　南阳市文物考古研究所：《南阳牛王庙村八一星旺幼儿园 M20 发掘简报》2014 年 7 月，未刊资料。

图 4-68　卜友常、化建国：《河南省美术馆馆藏汉代画像石拓本》，河南美术出版社 2016 年版，第 17 页。

图 4-69　卜友常、化建国：《河南省美术馆馆藏汉代画像石拓本》，河南美术出版社 2016 年版，第 36 页。

图 4-70　凌皆冰、朱青生：《汉画总录》（第十七卷），广西师范大学出版社 2013 年版，第 172 页。

图 4-71　凌皆冰、朱青生：《汉画总录》（第十七卷），广西师范大

学出版社 2013 年版，第 232 页。

图 4-72　凌皆冰、朱青生：《汉画总录》（第十七卷），广西师范大学出版社 2013 年版，第 240 页。

图 4-73　凌皆冰、朱青生：《汉画总录》（第十七卷），广西师范大学出版社 2013 年版，第 240 页。

图 4-74　凌皆冰、朱青生：《汉画总录》（第十七卷），广西师范大学出版社 2013 年版，第 174 页。

图 4-75　王建中、闪修山：《南阳两汉画像石》，文物出版社 1990 年版，图 146。

图 4-76　凌皆冰、朱青生：《汉画总录》（第十七卷），广西师范大学出版社 2013 年版，第 169 页。

图 4-77　卜友常、化建国：《河南省美术馆馆藏汉代画像石拓本》，河南美术出版社 2016 年版，第 108 页。

图 4-78　凌皆冰、朱青生：《汉画总录》（第十七卷），广西师范大学出版社 2013 年版，第 63 页。

图 4-79　王建中、闪修山：《南阳两汉画像石》，文物出版社 1990 年版，图 20。

图 4-80　王建中、闪修山：《南阳两汉画像石》，文物出版社 1990 年版，图 80。

图 4-81　凌皆冰、朱青生：《汉画总录》（第十七卷），广西师范大学出版社 2013 年版，第 166 页。

图 4-82　凌皆冰、朱青生：《汉画总录》（第十七卷），广西师范大学出版社 2013 年版，第 171 页。

图 4-83　凌皆冰、朱青生：《汉画总录》（第十七卷），广西师范大学出版社 2013 年版，第 81 页。

图 4-84　作者摄于 1999 年 7 月。

图 4-85　王建中、闪修山：《南阳两汉画像石》，文物出版社 1990 年版，图 1。

图 4-86　王建中、闪修山：《南阳两汉画像石》，文物出版社 1990 年版，图 3。

图 4-87　王建中、闪修山：《南阳两汉画像石》，文物出版社 1990 年版，图 4。

图 4-88　卜友常、化建国：《河南省美术馆馆藏灵石不语斋汉代画像石拓本》，河南美术出版社 2016 年版，第 31 页。

图 4-89　王建中、闪修山：《南阳两汉画像石》，文物出版社 1990 年版，图 141。

图 4-90　王建中、闪修山：《南阳两汉画像石》，文物出版社 1990 年版，图 140。

图 4-91　王建中、闪修山：《南阳两汉画像石》，文物出版社 1990 年版，图 161。

图 4-92　王建中、闪修山：《南阳两汉画像石》，文物出版社 1990 年版，图 166。

图 4-93　王建中、闪修山：《南阳两汉画像石》，文物出版社 1990 年版，图 277。

图 4-94　王建中、闪修山：《南阳两汉画像石》，文物出版社 1990 年版，图 172。

图 4-95　王建中、闪修山：《南阳两汉画像石》，文物出版社 1990 年版，图 156。

图 4-96　卜友常、化建国：《河南省美术馆馆藏灵石不语斋汉代画像石拓本》，河南美术出版社 2016 年版，第 47 页。

图 4-97　王建中、闪修山：《南阳两汉画像石》，文物出版社 1990 年版，图 275。

图 4-98　王建中、闪修山：《南阳两汉画像石》，文物出版社 1990 年版，图 269。

图 4-99　王建中、闪修山：《南阳两汉画像石》，文物出版社 1990 年版，图 270。

图 4-100　王建中、闪修山：《南阳两汉画像石》，文物出版社 1990 年版，图 89。

图 4-101　王建中、闪修山：《南阳两汉画像石》，文物出版社 1990 年版，图 47。

图 4-102　河南省文物局南水北调办公室、河南省文物考古研究所、平顶山市文物管理局：《河南郏县黑庙 M79 发掘简报》，《华夏考古》2013 年第 1 期。

图 4-103　郑州大学历史学院考古系、河南省文物局南水北调文物保

护办公室、宝丰县文物局：《河南宝丰县廖旗营墓地东汉画像石墓》，《考古》2016 年第 3 期。

第五章

图 5-1　凌皆兵、朱青生：《汉画总录》（第十七卷），广西师范大学出版社 2013 年版，第 126 页。

图 5-2　凌皆兵、朱青生：《汉画总录》（第十七卷），广西师范大学出版社 2013 年版，第 236 页。

图 5-3　王建中、闪修山：《南阳两汉画像石》，文物出版社 1990 年版，图 257。

图 5-4　王建中、闪修山：《南阳两汉画像石》，文物出版社 1990 年版，图 182。

图 5-5　王建中、闪修山：《南阳两汉画像石》，文物出版社 1990 年版，图 19。

图 5-6　王建中、闪修山：《南阳两汉画像石》，文物出版社 1990 年版，图 102。

图 5-7　南阳地区文物工作队、南阳市博物馆：《唐河汉郁平大尹冯君孺人画像石墓》，《考古学报》1980 年第 2 期。

图 5-8　凌皆兵、朱青生：《汉画总录》（第十一卷），广西师范大学出版社 2013 年版，第 26 页。

图 5-9　凌皆兵、朱青生：《汉画总录》（第十一卷），广西师范大学出版社 2013 年版，第 25 页。

图 5-10　凌皆兵、朱青生：《汉画总录》（第十一卷），广西师范大学出版社 2013 年版，第 31 页。

图 5-11　凌皆兵、朱青生：《汉画总录》（第十一卷），广西师范大学出版社 2013 年版，第 66 页。

图 5-12　凌皆兵、朱青生：《汉画总录》（第十一卷），广西师范大学出版社 2013 年版，第 128 页。

图 5-13　凌皆兵、朱青生：《汉画总录》（第十一卷），广西师范大学出版社 2013 年版，第 92 页。

图 5-14　凌皆兵、朱青生：《汉画总录》（第十一卷），广西师范大学出版社 2013 年版，第 162 页。

图 5-31　凌皆兵、朱青生：《汉画总录》（第十一卷），广西师范大学出版社 2013 年版，第 296 页。

图 5-32　凌皆兵、朱青生：《汉画总录》（第十七卷），广西师范大学出版社 2013 年版，第 246 页。

图 5-33　卜友常、化建国：《河南省美术馆馆藏灵石不语斋汉代画像石拓本》，河南美术出版社 2016 年版，第 30 页。

图 5-34　卜友常、化建国：《河南省美术馆馆藏灵石不语斋汉代画像石拓本》，河南美术出版社 2016 年版，第 3 页。

图 5-35　王建中、闪修山：《南阳两汉画像石》，文物出版社 1990 年版，图 10。

图 5-36　凌皆兵、朱青生：《汉画总录》（第十二卷），广西师范大学出版社 2013 年版，第 153 页。

图 5-37　凌皆兵、朱青生：《汉画总录》（第十二卷），广西师范大学出版社 2013 年版，第 155 页。

图 5-38　王建中、闪修山：《南阳两汉画像石》，文物出版社 1990 年版，图 157。

图 5-39　凌皆兵、朱青生：《汉画总录》（第十七卷），广西师范大学出版社 2013 年版，第 223 页。

图 5-40　凌皆兵、朱青生：《汉画总录》（第十七卷），广西师范大学出版社 2013 年版，第 225 页。

图 5-41　凌皆兵、朱青生：《汉画总录》（第十七卷），广西师范大学出版社 2013 年版，第 232 页。

图 5-42　凌皆兵、朱青生：《汉画总录》（第十七卷），广西师范大学出版社 2013 年版，第 240 页。

图 5-43　凌皆兵、朱青生：《汉画总录》（第十七卷），广西师范大学出版社 2013 年版，第 238 页。

图 5-44　凌皆兵、朱青生：《汉画总录》（第十七卷），广西师范大学出版社 2013 年版，第 234 页。

图 5-45　凌皆兵、朱青生：《汉画总录》（第十一卷），广西师范大学出版社 2013 年版，第 152 页。

第六章

图 6-1　凌皆兵、朱青生：《汉画总录》（第十五卷），广西师范大学

学出版社 2013 年版，第 220 页。

图 6-18 凌皆兵、朱青生：《汉画总录》（第十二卷），广西师范大学出版社 2013 年版，第 222 页。

图 6-19 王建中、闪修山：《南阳两汉画像石》，文物出版社 1991 年版，图 272。

图 6-20 王建中、闪修山：《南阳两汉画像石》，文物出版社 1991 年版，图 278。

图 6-21 王建中、闪修山：《南阳两汉画像石》，文物出版社 1991 年版，图 270。

图 6-22 王建中、闪修山：《南阳两汉画像石》，文物出版社 1990 年版，图 253。

图 6-23 王建中、闪修山：《南阳两汉画像石》，文物出版社 1990 年版，图 257。

图 6-24 凌皆兵、朱青生：《汉画总录》（第十八卷），广西师范大学出版社 2013 年版，第 136 页。

图 6-25 凌皆兵、朱青生：《汉画总录》（第十八卷），广西师范大学出版社 2013 年版，第 130 页。

图 6-26 南阳地区文物工作队、唐河县文化馆：《唐河县针织厂二号汉画像石墓》，《南阳汉代画像石墓发掘报告集》，中州古籍出版社 2012 年版，第 235 页。

图 6-27 南阳地区文物工作队、唐河县文化馆：《唐河县针织厂二号汉画像石墓》，《南阳汉代画像石墓发掘报告集》，中州古籍出版社 2012 年版，第 235 页。

图 6-28 凌皆兵、朱青生：《汉画总录》（第十八卷），广西师范大学出版社 2013 年版，第 109 页。

图 6-29 凌皆兵、朱青生：《汉画总录》（第十八卷），广西师范大学出版社 2013 年版，第 109 页。

图 6-30 凌皆兵、朱青生：《汉画总录》（第十八卷），广西师范大学出版社 2013 年版，第 110 页。

图 6-31 凌皆兵、朱青生：《汉画总录》（第十八卷），广西师范大学出版社 2013 年版，第 112 页。

图 6-32 河南省文物局工作队：《河南襄城茨沟汉画像石墓》，《考

古学报》1964 年第 1 期。

图 6-33　凌皆兵、朱青生：《汉画总录》（第十七卷），广西师范大学出版社 2013 年版，第 245 页。

图 6-34　凌皆兵、朱青生：《汉画总录》（第十七卷），广西师范大学出版社 2013 年版，第 165 页。

图 6-35　凌皆兵、朱青生：《汉画总录》（第十五卷），广西师范大学出版社 2013 年版，第 248 页。

图 6-36　凌皆兵、朱青生：《汉画总录》（第十五卷），广西师范大学出版社 2013 年版，第 212 页。

图 6-37　凌皆兵、朱青生：《汉画总录》（第十五卷），广西师范大学出版社 2013 年版，第 248 页。

图 6-38　凌皆兵、朱青生：《汉画总录》（第十五卷），广西师范大学出版社 2013 年版，第 290 页。

图 6-39　凌皆兵、朱青生：《汉画总录》（第十五卷），广西师范大学出版社 2013 年版，第 290 页。

图 6-40　凌皆兵、朱青生：《汉画总录》（第十七卷），广西师范大学出版社 2013 年版，第 171 页。

图 6-41　凌皆兵、朱青生：《汉画总录》（第十七卷），广西师范大学出版社 2013 年版，第 166 页。

图 6-42　凌皆兵、朱青生：《汉画总录》（第卷），广西师范大学出版社 2013 年版，第页 98。

图 6-43　王建中、闪修山：《南阳两汉画像石》，文物出版社 1990 年版，图 102。

图 6-44　王建中、闪修山：《南阳两汉画像石》，文物出版社 1990 年版，图 97。

图 6-45　凌皆兵、朱青生：《汉画总录》（第十八卷），广西师范大学出版社 2013 年版，第 102 页。

图 6-46　凌皆兵、朱青生：《汉画总录》（第十八卷），广西师范大学出版社 2013 年版，第 102 页。

图 6-47　凌皆兵、朱青生：《汉画总录》（第十八卷），广西师范大学出版社 2013 年版，第 150 页。

图 6-48　凌皆兵、朱青生：《汉画总录》（第十八卷），广西师范大

学出版社 2013 年版，第 153 页。

图 6-49 凌皆兵、朱青生：《汉画总录》（第十五卷），广西师范大学出版社 2013 年版，第 102 页。

图 6-50 凌皆兵、朱青生：《汉画总录》（第十五卷），广西师范大学出版社 2013 年版，第 153 页。

图 6-51 凌皆兵、朱青生：《汉画总录》（第十四卷），广西师范大学出版社 2013 年版，第 79 页。

图 6-52 凌皆兵、朱青生：《汉画总录》（第十五卷），广西师范大学出版社 2013 年版，第 283 页。

图 6-53 凌皆兵、朱青生：《汉画总录》（第十五卷），广西师范大学出版社 2013 年版，第 279 页。

图 6-54 王建中、闪修山：《南阳两汉画像石》，文物出版社 1990 年版，图 146。

图 6-55 凌皆兵、朱青生：《汉画总录》（第十七卷），广西师范大学出版社 2013 年版，第 174 页。

图 6-56 凌皆兵、朱青生：《汉画总录》（第十七卷），广西师范大学出版社 2013 年版，第 169 页。

图 6-57 凌皆兵、朱青生：《汉画总录》（第十七卷），广西师范大学出版社 2013 年版，第 158 页。

图 6-58 凌皆兵、朱青生：《汉画总录》（第十七卷），广西师范大学出版社 2013 年版，第 63 页。

图 6-59 凌皆兵、朱青生：《汉画总录》（第十七卷），广西师范大学出版社 2013 年版，第 250 页。

图 6-60 凌皆兵、朱青生：《汉画总录》（第十七卷），广西师范大学出版社 2013 年版，第 246 页。

图 6-61 王建中、闪修山：《南阳两汉画像石》，文物出版社 1990 年版，图 132。

图 6-62 《南阳汉画像石》编委会：《邓县长冢店汉画像石墓》，《中原文物》1982 年第 1 期。

图 6-63 王建中、闪修山：《南阳两汉画像石》，文物出版社 1990 年版，图 37。

图 6-64 王建中、闪修山：《南阳两汉画像石》，文物出版社 1990 年

版，图 52。

图 6-65　凌皆兵、朱青生：《汉画总录》（第十二卷），广西师范大学出版社 2013 年版，第 253 页。

图 6-66　凌皆兵、朱青生：《汉画总录》（第十二卷），广西师范大学出版社 2013 年版，第 263 页。

图 6-67　凌皆兵、朱青生：《汉画总录》（第十二卷），广西师范大学出版社 2013 年版，第 261 页。

图 6-68　凌皆兵、朱青生：《汉画总录》（第十六卷），广西师范大学出版社 2013 年版，第 177 页。

图 6-69　凌皆兵、朱青生：《汉画总录》（第十六卷），广西师范大学出版社 2013 年版，第 187 页。

图 6-70　河南省文化局文物工作队：《河南南阳杨官寺汉画像石墓发掘报告》，《考古学报》1963 年第 1 期。

图 6-71　凌皆兵、朱青生：《汉画总录》（第十五卷），广西师范大学出版社 2013 年版，第 128 页。

图 6-72　凌皆兵、朱青生：《汉画总录》（第十五卷），广西师范大学出版社 2013 年版，第 144 页。

图 6-73　凌皆兵、朱青生：《汉画总录》（第十二卷），广西师范大学出版社 2013 年版，第 226 页。

图 6-74　凌皆兵、朱青生：《汉画总录》（第十五卷），广西师范大学出版社 2013 年版，第 62 页。

图 6-75　凌皆兵、朱青生：《汉画总录》（第十四卷），广西师范大学出版社 2013 年版，第 136 页。

图 6-76　凌皆兵、朱青生：《汉画总录》（第十四卷），广西师范大学出版社 2013 年版，第 26 页。

第七章

图 7-1　凌皆兵、朱青生：《汉画总录》（第十八卷），广西师范大学出版社 2013 年版，第 99 页。

图 7-2　高文：《中国画像石全集》（第七卷），河南美术出版社 2000 年版，第 78 页。

图 7-3　卜友常、化建国：《河南省美术馆馆藏灵石不语斋汉代画像

石拓本》，河南美术出版社 2016 年版，第 12 页。

图 7-4　河南省文化局文物工作队：《河南南阳杨官寺汉画像石墓发掘报告》，《考古学报》1963 年第 1 期。

图 7-5　南阳市博物馆：《南阳县赵寨砖瓦厂汉画像石墓》，《中原文物》1982 年第 1 期。

图 7-6　河南省文化局文物工作队：《河南南阳杨官寺汉画像石墓发掘报告》，《考古学报》1963 年第 1 期。

图 7-7　卜友常、化建国：《河南省美术馆馆藏灵石不语斋汉代画像石拓本》，河南美术出版社 2016 年版，第 146 页。

图 7-8　凌皆兵、朱青生：《汉画总录》（第十四卷），广西师范大学出版社 2013 年版，第 108 页。

图 7-9　王建中、闪修山：《南阳两汉画像石》，文物出版社 1990 年版，图 118。

图 7-10　凌皆兵、朱青生：《汉画总录》（第十七卷），广西师范大学出版社 2013 年版，第 166 页。

第八章

图 8-1　作者绘。

图 8-2　陕西省博物馆：《霍去病墓石刻》，陕西美术出版社 1985 年版，第 13 页。

图 8-3　阎根齐主编：《芒砀山西汉梁王墓地》，文物出版社 2001 年版，第 115 页。

图 8-4　阎根齐主编：《芒砀山西汉梁王墓地》，文物出版社 2001 年版，第 115 页。

图 8-5　湖南省博物馆、中国科学院考古研究所：《长沙马王堆一号汉墓》，文物出版社 1972 年版，图版 3。

图 8-6　湖南省博物馆、中国科学院考古研究所：《长沙马王堆一号汉墓》，文物出版社 1973 年版，图版 1。

图 8-7　河南省文物考古研究院：《曹操高陵》，中国社会科学出版社 2016 年版，第 111 页。

图 8-8　凌皆兵、朱青生：《汉画总录》（第十一卷），广西师范大学出版社 2013 年版，第 152 页。

第十章

图 10-1　作者摄于 2020 年 6 月。

图 10-2　作者摄于 2020 年 6 月。

图 10-3　作者摄于 2020 年 6 月。

图 10-4　河南博物馆:《中岳汉三阙》,文物出版社 1990 年版,第 89 页。

图 10-5　河南博物馆:《中岳汉三阙》,文物出版社 1990 年版,第 94 页。

图 10-6　河南博物馆:《中岳汉三阙》,文物出版社 1990 年版,第 88 页。

图 10-7　河南博物馆:《中岳汉三阙》,文物出版社 1990 年版,第 96 页。

图 10-8　河南博物馆:《中岳汉三阙》,文物出版社 1990 年版,第 103 页。

图 10-9　河南博物馆:《中岳汉三阙》,文物出版社 1990 年版,第 103 页。

图 10-10　河南博物馆:《中岳汉三阙》,文物出版社 1990 年版,第 104 页。

图 10-11　河南博物馆:《中岳汉三阙》,文物出版社 1990 年版,第 116 页。

图 10-12　河南博物馆:《中岳汉三阙》,文物出版社 1990 年版,第 118 页。

图 10-13　河南博物馆:《中岳汉三阙》,文物出版社 1990 年版,第 119 页。

图 10-14　河南博物馆:《中岳汉三阙》,文物出版社 1990 年版,第 121 页。

图 10-15　凌皆兵、朱青生:《汉画总录》(第十八卷),广西师范大学出版社 2013 年版,第 109 页。

图 10-16　凌皆兵、朱青生:《汉画总录》(第十八卷),广西师范大学出版社 2013 年版,第 109 页。

图 10-17　郑州大学历史学院考古系等:《河南宝丰县廖旗营墓地东

汉画像石墓》，《考古》2016 年第 3 期。

图 10-18　郑州大学历史学院考古系等：《河南宝丰县廖旗营墓地东汉画像石墓》，《考古》2016 年第 3 期。

图 10-19　黄明兰：《洛阳汉墓壁画》，文物出版社 1996 年版，第 13 页。

图 10-20　黄明兰：《洛阳汉墓壁画》，文物出版社 1996 年版，第 13 页。

图 10-21　黄明兰《洛阳汉墓壁画》，文物出版社 1996 年版，第 13 页。

图 10-22　黄明兰：《洛阳汉墓壁画》，文物出版社 1996 年版，第 15 页。

图 10-23　黄明兰：《洛阳汉墓壁画》，文物出版社 1996 年版，第 15 页。

图 10-24　黄明兰：《洛阳汉墓壁画》文物出版社 1996 年版，第 15 页。

图 10-25　黄明兰：《洛阳汉墓壁画》，文物出版社 1996 年版，第 15 页。

图 10-26　信立祥：《汉代画像石综合研究》，文物出版社 2000 年第 1 版，第 353 页。

图 10-27　信立祥：《汉代画像石综合研究》，文物出版社 2000 年第 1 版，第 353 页。

图 10-28　作者摄于 2020 年 6 月。

图 10-29　高文：《四川汉代画像石》，巴蜀书社 1987 年版，第 89 页。

图 10-30　高文：《四川汉代画像石》，巴蜀书社 1987 年版，第 68 页。

图 10-31　凌皆兵、朱青生：《汉画总录》（第十七卷），广西师范大学出版社 2013 年版，第 126 页。

图 10-32　作者摄于 2020 年 6 月。

图 10-33　王建中、闪修山：《南阳两汉画像石》，文物出版社 1990 年版。

第十一章

图 11-1　河南省文化局文物工作队：《河南襄城茨沟汉画像石墓》，

《考古学报》1964 年第 1 期。

图 11-2　河南省文化局文物工作队：《河南襄城茨沟汉画像石墓》，《考古学报》1964 年第 1 期。

图 11-3　南阳汉画馆：《南阳市中原技校汉画像石墓》，《南阳汉代画像石墓发掘报告集》，中州古籍出版社 2012 年版，第 399 页。

图 11-4　南阳汉画馆：《南阳市中原技校汉画像石墓》，《南阳汉代画像石墓发掘报告集》，中州古籍出版社 2012 年版，第 399 页。

图 11-5　南阳汉画馆：《南阳市中原技校汉画像石墓》，《南阳汉代画像石墓发掘报告集》，中州古籍出版社 2012 年版，第 399 页。

附录一　南阳汉代画像石墓出土画像

图 12-1　凌皆兵、朱青生：《汉画总录》（第十八卷），广西师范大学出版社 2013 年版，第 43 页。

图 12-2　凌皆兵、朱青生：《汉画总录》（第十八卷），广西师范大学出版社 2013 年版，第 45 页。

图 12-3　凌皆兵、朱青生：《汉画总录》（第十八卷），广西师范大学出版社 2013 年版，第 38 页。

图 12-4　凌皆兵、朱青生：《汉画总录》（第十八卷），广西师范大学出版社 2013 年版，第 41 页。

图 12-5　凌皆兵、朱青生：《汉画总录》（第十八卷），广西师范大学出版社 2013 年版，第 47 页。

图 12-6　河南省文化局文物工作队：《河南南阳杨官寺汉画像石墓发掘报告》，《考古学报》1963 年第 1 期。

图 12-7　河南省文化局文物工作队《河南南阳杨官寺汉画像石墓发掘报告》，《考古学报》1963 年第 1 期。

图 12-8　河南省文化局文物工作队《河南南阳杨官寺汉画像石墓发掘报告》，《考古学报》1963 年第 1 期。

图 12-9　河南省文化局文物工作队《河南南阳杨官寺汉画像石墓发掘报告》，《考古学报》1963 年第 1 期。

图 12-26　凌皆兵、朱青生：《汉画总录》（第卷），广西师范大学出版社 2013 年版，第 76 页。

图 12-27　凌皆兵、朱青生：《汉画总录》（第卷），广西师范大学出版社 2013 年版，第 78 页。

图 12-28　南阳地区文物工作队、唐河县文化馆：《唐河县湖阳镇汉画像石墓清理简报》，《中原文物》1985 年第 3 期。

图 12-29　南阳地区文物工作队、唐河县文化馆：《唐河县湖阳镇汉画像石墓清理简报》，《中原文物》1985 年第 3 期。

图 12-30　南阳地区文物工作队、唐河县文化馆：《唐河县湖阳镇汉画像石墓清理简报》，《中原文物》1985 年第 3 期。

图 12-31　凌皆兵、朱青生：《汉画总录》（第十三卷），广西师范大学出版社 2013 年版，第 257 页。

图 12-32　凌皆兵、朱青生：《汉画总录》（第十三卷），广西师范大学出版社 2013 年版，第 261 页。

图 12-33　凌皆兵、朱青生：《汉画总录》（第十三卷），广西师范大学出版社 2013 年版，第 265 页。

图 12-34　凌皆兵、朱青生：《汉画总录》（第十三卷），广西师范大学出版社 2013 年版，第 269 页。

图 12-35　凌皆兵、朱青生：《汉画总录》（第十三卷），广西师范大学出版社 2013 年版，第 251 页。

图 12-36　凌皆兵、朱青生：《汉画总录》（第十三卷），广西师范大学出版社 2013 年版，第 253 页。

图 12-37　凌皆兵、朱青生：《汉画总录》（第十三卷），广西师范大学出版社 2013 年版，第 255 页。

图 12-38　凌皆兵、朱青生：《汉画总录》（第十三卷），广西师范大学出版社 2013 年版，第 248 页。

图 12-39　凌皆兵、朱青生：《汉画总录》（第十三卷），广西师范大学出版社 2013 年版，第 249 页。

图 12-40　凌皆兵、朱青生：《汉画总录》（第十三卷），广西师范大学出版社 2013 年版，第 259 页。

图 12-41　凌皆兵、朱青生：《汉画总录》（第十三卷），广西师范大学出版社 2013 年版，第 263 页。

图 12-122　凌皆兵、朱青生:《汉画总录》（第十七卷），广西师范
　　　　　　大学出版社 2013 年版，第 246 页。

图 12-123　凌皆兵、朱青生:《汉画总录》（第十七卷），广西师范
　　　　　　大学出版社 2013 年版，第 246 页。

图 12-124　凌皆兵、朱青生:《汉画总录》（第十七卷），广西师范
　　　　　　大学出版社 2013 年版，第 248 页。

图 12-125　凌皆兵、朱青生:《汉画总录》（第十七卷），广西师范
　　　　　　大学出版社 2013 年版，第 250 页。

图 12-126　凌皆兵、朱青生:《汉画总录》（第十七卷），广西师范
　　　　　　大学出版社 2013 年版，第 252 页。

图 12-127　凌皆兵、朱青生:《汉画总录》（第十七卷），广西师范
　　　　　　大学出版社 2013 年版，第 307 页。

图 12-128　凌皆兵、朱青生:《汉画总录》（第十七卷），广西师范
　　　　　　大学出版社 2013 年版，第 257 页。

图 12-129　凌皆兵、朱青生:《汉画总录》（第十七卷），广西师范
　　　　　　大学出版社 2013 年版，第 259 页。

图 12-130　凌皆兵、朱青生:《汉画总录》（第十七卷），广西师范
　　　　　　大学出版社 2013 年版，第 261 页。

图 12-131　凌皆兵、朱青生:《汉画总录》（第十七卷），广西师范
　　　　　　大学出版社 2013 年版，第 275 页。

图 12-132　凌皆兵、朱青生:《汉画总录》（第十七卷），广西师范
　　　　　　大学出版社 2013 年版，第 287 页。

图 12-133　凌皆兵、朱青生:《汉画总录》（第十七卷），广西师范
　　　　　　大学出版社 2013 年版，第 289 页。

图 12-134　凌皆兵、朱青生:《汉画总录》（第十七卷），广西师范
　　　　　　大学出版社 2013 年版，第 291 页。

图 12-135　凌皆兵、朱青生:《汉画总录》（第十七卷），广西师范
　　　　　　大学出版社 2013 年版，第 295 页。

图 12-136　凌皆兵、朱青生:《汉画总录》（第十七卷），广西师范
　　　　　　大学出版社 2013 年版，第 301 页。

图 12-137　凌皆兵、朱青生:《汉画总录》（第十七卷），广西师范
　　　　　　大学出版社 2013 年版，第 265 页。

图 12-154 王建中、闪修山：《南阳两汉画像石》，文物出版社 1990
年版，图 86。

图 12-155 王建中、闪修山：《南阳两汉画像石》，文物出版社 1990
年版，图 97。

图 12-156 王建中、闪修山：《南阳两汉画像石》，文物出版社 1990
年版，图 98。

图 12-157 王建中、闪修山：《南阳两汉画像石》，文物出版社 1990
年版，图 102。

图 12-158 王建中、闪修山：《南阳两汉画像石》，文物出版社 1990
年版，图 182。

图 12-159 王建中、闪修山：《南阳两汉画像石》，文物出版社 1990
年版，图 187。

图 12-160 王建中、闪修山：《南阳两汉画像石》，文物出版社 1990
年版，图 253。

图 12-161 王建中、闪修山：《南阳两汉画像石》，文物出版社 1990
年版，图 257。

图 12-162 凌皆兵、朱青生：《汉画总录》（第十四卷），广西师范
大学出版社 2013 年版，第 20 页。

图 12-163 凌皆兵、朱青生：《汉画总录》（第十四卷），广西师范
大学出版社 2013 年版，第 24 页。

图 12-164 凌皆兵、朱青生：《汉画总录》（第十四卷），广西师范
大学出版社 2013 年版，第 26 页。

图 12-165 凌皆兵、朱青生：《汉画总录》（第十四卷），广西师范
大学出版社 2013 年版，第 28 页。

图 12-166 凌皆兵、朱青生：《汉画总录》（第十四卷），广西师范
大学出版社 2013 年版，第 30 页。

图 12-167 凌皆兵、朱青生：《汉画总录》（第十四卷），广西师范
大学出版社 2013 年版，第 32 页。

图 12-168 凌皆兵、朱青生：《汉画总录》（第十四卷），广西师范
大学出版社 2013 年版，第 42 页。

图 12-169 凌皆兵、朱青生：《汉画总录》（第十四卷），广西师范
大学出版社 2013 年版，第 44 页。

图 12-186　凌皆兵、朱青生：《汉画总录》（第十四卷），广西师范
大学出版社 2013 年版，第 35 页。

图 12-187　凌皆兵、朱青生：《汉画总录》（第十四卷），广西师范
大学出版社 2013 年版，第 37 页。

图 12-188　凌皆兵、朱青生：《汉画总录》（第十四卷），广西师范
大学出版社 2013 年版，第 39 页。

图 12-189　凌皆兵、朱青生：《汉画总录》（第十四卷），广西师范
大学出版社 2013 年版，第 41 页。

图 12-190　凌皆兵、朱青生：《汉画总录》（第十四卷），广西师范
大学出版社 2013 年版，第 51 页。

图 12-191　凌皆兵、朱青生：《汉画总录》（第十四卷），广西师范
大学出版社 2013 年版，第 53 页。

图 12-192　凌皆兵、朱青生：《汉画总录》（第十四卷），广西师范
大学出版社 2013 年版，第 55 页。

图 12-193　凌皆兵、朱青生：《汉画总录》（第十四卷），广西师范
大学出版社 2013 年版，第 57 页。

图 12-194　凌皆兵、朱青生：《汉画总录》（第十四卷），广西师范
大学出版社 2013 年版，第 59 页。

图 12-195　凌皆兵、朱青生：《汉画总录》（第十四卷），广西师范
大学出版社 2013 年版，第 61 页。

图 12-196　凌皆兵、朱青生：《汉画总录》（第十四卷），广西师范
大学出版社 2013 年版，第 63 页。

图 12-197　凌皆兵、朱青生：《汉画总录》（第十四卷），广西师范
大学出版社 2013 年版，第 65 页。

图 12-198　凌皆兵、朱青生：《汉画总录》（第十四卷），广西师范
大学出版社 2013 年版，第 67 页。

图 12-199　凌皆兵、朱青生：《汉画总录》（第十四卷），广西师范
大学出版社 2013 年版，第 69 页。

图 12-200　凌皆兵、朱青生：《汉画总录》（第十四卷），广西师范
大学出版社 2013 年版，第 71 页。

图 12-201　凌皆兵、朱青生：《汉画总录》（第十四卷），广西师范
大学出版社 2013 年版，第 73 页。

图 12-218　凌皆兵、朱青生:《汉画总录》（第十四卷），广西师范
　　　　　　大学出版社 2013 年版，第 119 页。

图 12-219　凌皆兵、朱青生:《汉画总录》（第十四卷），广西师范
　　　　　　大学出版社 2013 年版，第 123 页。

图 12-220　凌皆兵、朱青生:《汉画总录》（第十四卷），广西师范
　　　　　　大学出版社 2013 年版，第 125 页。

图 12-221　凌皆兵、朱青生:《汉画总录》（第十四卷），广西师范
　　　　　　大学出版社 2013 年版，第 121 页。

图 12-222　凌皆兵、朱青生:《汉画总录》（第十四卷），广西师范
　　　　　　大学出版社 2013 年版，第 123 页。

图 12-223　凌皆兵、朱青生:《汉画总录》（第十四卷），广西师范
　　　　　　大学出版社 2013 年版，第 127 页。

图 12-224　凌皆兵、朱青生:《汉画总录》（第十四卷），广西师范
　　　　　　大学出版社 2013 年版，第 131 页。

图 12-225　凌皆兵、朱青生:《汉画总录》（第十四卷），广西师范
　　　　　　大学出版社 2013 年版，第 149 页。

图 12-226　凌皆兵、朱青生:《汉画总录》（第十四卷），广西师范
　　　　　　大学出版社 2013 年版，第 151 页。

图 12-227　凌皆兵、朱青生:《汉画总录》（第十四卷），广西师范
　　　　　　大学出版社 2013 年版，第 153 页。

图 12-228　凌皆兵、朱青生:《汉画总录》（第十四卷），广西师范
　　　　　　大学出版社 2013 年版，第 155 页。

图 12-229　凌皆兵、朱青生:《汉画总录》（第十四卷），广西师范
　　　　　　大学出版社 2013 年版，第 157 页。

图 12-230　凌皆兵、朱青生:《汉画总录》（第十四卷），广西师范
　　　　　　大学出版社 2013 年版，第 159 页。

图 12-231　凌皆兵、朱青生:《汉画总录》（第十四卷），广西师范
　　　　　　大学出版社 2013 年版，第 163 页。

图 12-232　凌皆兵、朱青生:《汉画总录》（第十四卷），广西师范
　　　　　　大学出版社 2013 年版，第 169 页。

图 12-233　凌皆兵、朱青生:《汉画总录》（第十四卷），广西师范
　　　　　　大学出版社 2013 年版，第 171 页。

图 12-234   凌皆兵、朱青生：《汉画总录》（第十四卷），广西师范大学出版社 2013 年版，第 173 页。

图 12-235   凌皆兵、朱青生：《汉画总录》（第十四卷），广西师范大学出版社 2013 年版，第 183 页。

图 12-236   凌皆兵、朱青生：《汉画总录》（第十四卷），广西师范大学出版社 2013 年版，第 185 页。

图 12-237   凌皆兵、朱青生：《汉画总录》（第十四卷），广西师范大学出版社 2013 年版，第 187 页。

图 12-238   凌皆兵、朱青生：《汉画总录》（第十四卷），广西师范大学出版社 2013 年版，第 189 页。

图 12-239   凌皆兵、朱青生：《汉画总录》（第十四卷），广西师范大学出版社 2013 年版，第 191 页。

图 12-240   凌皆兵、朱青生：《汉画总录》（第十四卷），广西师范大学出版社 2013 年版，第 199 页。

图 12-241   凌皆兵、朱青生：《汉画总录》（第十四卷），广西师范大学出版社 2013 年版，第 201 页。

图 12-242   凌皆兵、朱青生：《汉画总录》（第十四卷），广西师范大学出版社 2013 年版，第 165 页。

图 12-243   凌皆兵、朱青生：《汉画总录》（第十四卷），广西师范大学出版社 2013 年版，第 193 页。

图 12-244   凌皆兵、朱青生：《汉画总录》（第十四卷），广西师范大学出版社 2013 年版，第 195 页。

图 12-245   凌皆兵、朱青生：《汉画总录》（第十五卷），广西师范大学出版社 2013 年版，第 177 页。

图 12-246   凌皆兵、朱青生：《汉画总录》（第十五卷），广西师范大学出版社 2013 年版，第 179 页。

图 12-247   凌皆兵、朱青生：《汉画总录》（第十五卷），广西师范大学出版社 2013 年版，第 181 页。

图 12-248   凌皆兵、朱青生：《汉画总录》（第十五卷），广西师范大学出版社 2013 年版，第 183 页。

图 12-249   凌皆兵、朱青生：《汉画总录》（第十五卷），广西师范大学出版社 2013 年版，第 187 页。

图 12-250　凌皆兵、朱青生：《汉画总录》（第十五卷），广西师范
　　　　　　大学出版社 2013 年版，第 185 页。

图 12-251　凌皆兵、朱青生：《汉画总录》（第十五卷），广西师范
　　　　　　大学出版社 2013 年版，第 189 页。

图 12-252　凌皆兵、朱青生：《汉画总录》（第十五卷），广西师范
　　　　　　大学出版社 2013 年版，第 201 页。

图 12-253　凌皆兵、朱青生：《汉画总录》（第十五卷），广西师范
　　　　　　大学出版社 2013 年版，第 166 页。

图 12-254　凌皆兵、朱青生：《汉画总录》（第十五卷），广西师范
　　　　　　大学出版社 2013 年版，第 172 页。

图 12-255　凌皆兵、朱青生：《汉画总录》（第十五卷），广西师范
　　　　　　大学出版社 2013 年版，第 173 页。

图 12-256　凌皆兵、朱青生：《汉画总录》（第十五卷），广西师范
　　　　　　大学出版社 2013 年版，第 190 页。

图 12-257　凌皆兵、朱青生：《汉画总录》（第十五卷），广西师范
　　　　　　大学出版社 2013 年版，第 195 页。

图 12-258　凌皆兵、朱青生：《汉画总录》（第十五卷），广西师范
　　　　　　大学出版社 2013 年版，第 198 页。

图 12-259　凌皆兵、朱青生：《汉画总录》（第十八卷），广西师范
　　　　　　大学出版社 2013 年版，第 109 页。

图 12-260　凌皆兵、朱青生：《汉画总录》（第十八卷），广西师范
　　　　　　大学出版社 2013 年版，第 109 页。

图 12-261　凌皆兵、朱青生：《汉画总录》（第十八卷），广西师范
　　　　　　大学出版社 2013 年版，第 109 页。

图 12-262　凌皆兵、朱青生：《汉画总录》（第十八卷），广西师范
　　　　　　大学出版社 2013 年版，第 109 页。

图 12-263　凌皆兵、朱青生：《汉画总录》（第十八卷），广西师范
　　　　　　大学出版社 2013 年版，第 109 页。

图 12-264　凌皆兵、朱青生：《汉画总录》（第十八卷），广西师范
　　　　　　大学出版社 2013 年版，第 109 页。

图 12-265　凌皆兵、朱青生：《汉画总录》（第十八卷），广西师范
　　　　　　大学出版社 2013 年版，第 109 页。

图 12-282　凌皆兵、朱青生:《汉画总录》（第十一卷），广西师范大学出版社 2013 年版，第 241 页。

图 12-283　凌皆兵、朱青生:《汉画总录》（第十二卷），广西师范大学出版社 2013 年版，第 34 页。

图 12-284　凌皆兵、朱青生:《汉画总录》（第十一卷），广西师范大学出版社 2013 年版，第 26 页。

图 12-285　凌皆兵、朱青生:《汉画总录》（第十一卷），广西师范大学出版社 2013 年版，第 25 页。

图 12-286　凌皆兵、朱青生:《汉画总录》（第十一卷），广西师范大学出版社 2013 年版，第 31 页。

图 12-287　凌皆兵、朱青生:《汉画总录》（第十一卷），广西师范大学出版社 2013 年版，第 67 页。

图 12-288　凌皆兵、朱青生:《汉画总录》（第十一卷），广西师范大学出版社 2013 年版，第 129 页。

图 12-289　凌皆兵、朱青生:《汉画总录》（第十一卷），广西师范大学出版社 2013 年版，第 93 页。

图 12-290　凌皆兵、朱青生:《汉画总录》（第十一卷），广西师范大学出版社 2013 年版，第 162 页。

图 12-291　凌皆兵、朱青生:《汉画总录》（第十一卷），广西师范大学出版社 2013 年版，第 166 页。

图 12-292　凌皆兵、朱青生:《汉画总录》（第十一卷），广西师范大学出版社 2013 年版，第 181 页。

图 12-293　凌皆兵、朱青生:《汉画总录》（第十一卷），广西师范大学出版社 2013 年版，第 185 页。

图 12-294　凌皆兵、朱青生:《汉画总录》（第十一卷），广西师范大学出版社 2013 年版，第 193 页。

图 12-295　凌皆兵、朱青生:《汉画总录》（第十一卷），广西师范大学出版社 2013 年版，第 202 页。

图 12-296　凌皆兵、朱青生:《汉画总录》（第十一卷），广西师范大学出版社 2013 年版，第 196 页。

图 12-297　凌皆兵、朱青生:《汉画总录》（第十一卷），广西师范大学出版社 2013 年版，第 243 页。

图 12-298　凌皆兵、朱青生:《汉画总录》(第十一卷),广西师范
　　　　　　大学出版社 2013 年版,第 293 页。

图 12-299　凌皆兵、朱青生:《汉画总录》(第十一卷),广西师范
　　　　　　大学出版社 2013 年版,第 250 页。

图 12-300　凌皆兵、朱青生:《汉画总录》(第十一卷),广西师范
　　　　　　大学出版社 2013 年版,第 281 页。

图 12-301　凌皆兵、朱青生:《汉画总录》(第十一卷),广西师范
　　　　　　大学出版社 2013 年版,第 244 页。

图 12-302　凌皆兵、朱青生:《汉画总录》(第十一卷),广西师范
　　　　　　大学出版社 2013 年版,第 263 页。

图 12-303　凌皆兵、朱青生:《汉画总录》(第十一卷),广西师范
　　　　　　大学出版社 2013 年版,第 277 页。

图 12-304　凌皆兵、朱青生:《汉画总录》(第十一卷),广西师范
　　　　　　大学出版社 2013 年版,第 252 页。

图 12-305　凌皆兵、朱青生:《汉画总录》(第十一卷),广西师范
　　　　　　大学出版社 2013 年版,第 277 页。

图 12-306　凌皆兵、朱青生:《汉画总录》(第十一卷),广西师范
　　　　　　大学出版社 2013 年版,第 246 页。

图 12-307　凌皆兵、朱青生:《汉画总录》(第十一卷),广西师范
　　　　　　大学出版社 2013 年版,第 296 页。

图 12-308　凌皆兵、朱青生:《汉画总录》(第十一卷),广西师范
　　　　　　大学出版社 2013 年版,第 20 页。

图 12-309　凌皆兵、朱青生:《汉画总录》(第十一卷),广西师范
　　　　　　大学出版社 2013 年版,第 22 页。

图 12-310　凌皆兵、朱青生:《汉画总录》(第十一卷),广西师范
　　　　　　大学出版社 2013 年版,第 22 页。

图 12-311　凌皆兵、朱青生:《汉画总录》(第十二卷),广西师范
　　　　　　大学出版社 2013 年版,第 12 页。

图 12-312　凌皆兵、朱青生:《汉画总录》(第十一卷),广西师范
　　　　　　大学出版社 2013 年版,第 97 页。

图 12-313　凌皆兵、朱青生:《汉画总录》(第十一卷),广西师范
　　　　　　大学出版社 2013 年版,第 158 页。

图 12-314　凌皆兵、朱青生：《汉画总录》（第十一卷），广西师范
　　　　　大学出版社 2013 年版，第 160 页。

图 12-315　凌皆兵、朱青生：《汉画总录》（第十一卷），广西师范
　　　　　大学出版社 2013 年版，第 164 页。

图 12-316　凌皆兵、朱青生：《汉画总录》（第十一卷），广西师范
　　　　　大学出版社 2013 年版，第 168 页。

图 12-317　凌皆兵、朱青生：《汉画总录》（第十一卷），广西师范
　　　　　大学出版社 2013 年版，第 198 页。

图 12-318　凌皆兵、朱青生：《汉画总录》（第十一卷），广西师范
　　　　　大学出版社 2013 年版，第 200 页。

图 12-319　凌皆兵、朱青生：《汉画总录》（第十一卷），广西师范
　　　　　大学出版社 2013 年版，第 204 页。

图 12-320　凌皆兵、朱青生：《汉画总录》（第十一卷），广西师范
　　　　　大学出版社 2013 年版，第 206 页。

图 12-321　凌皆兵、朱青生：《汉画总录》（第十一卷），广西师范
　　　　　大学出版社 2013 年版，第 208 页。

图 12-322　凌皆兵、朱青生：《汉画总录》（第十一卷），广西师范
　　　　　大学出版社 2013 年版，第 210 页。

图 12-323　凌皆兵、朱青生：《汉画总录》（第十一卷），广西师范
　　　　　大学出版社 2013 年版，第 212 页。

图 12-324　凌皆兵、朱青生：《汉画总录》（第十一卷），广西师范
　　　　　大学出版社 2013 年版，第 248 页。

图 12-325　凌皆兵、朱青生：《汉画总录》（第十一卷），广西师范
　　　　　大学出版社 2013 年版，第 254 页。

图 12-326　凌皆兵、朱青生：《汉画总录》（第十一卷），广西师范
　　　　　大学出版社 2013 年版，第 256 页。

图 12-327　凌皆兵、朱青生：《汉画总录》（第十一卷），广西师范
　　　　　大学出版社 2013 年版，第 258 页。

图 12-328　凌皆兵、朱青生：《汉画总录》（第十一卷），广西师范
　　　　　大学出版社 2013 年版，第 260 页。

图 12-329　凌皆兵、朱青生：《汉画总录》（第十二卷），广西师范
　　　　　大学出版社 2013 年版，第 37 页。

图 12-346　凌皆兵、朱青生：《汉画总录》（第十一卷），广西师范大学出版社 2013 年版，第 113 页。

图 12-347　凌皆兵、朱青生：《汉画总录》（第十一卷），广西师范大学出版社 2013 年版，第 115 页。

图 12-348　凌皆兵、朱青生：《汉画总录》（第十一卷），广西师范大学出版社 2013 年版，第 140 页。

图 12-349　凌皆兵、朱青生：《汉画总录》（第十一卷），广西师范大学出版社 2013 年版，第 142 页。

图 12-350　凌皆兵、朱青生：《汉画总录》（第十一卷），广西师范大学出版社 2013 年版，第 150 页。

图 12-351　凌皆兵、朱青生：《汉画总录》（第十二卷），广西师范大学出版社 2013 年版，第 29 页。

图 12-352　凌皆兵、朱青生：《汉画总录》（第十一卷），广西师范大学出版社 2013 年版，第 31 页。

图 12-353　凌皆兵、朱青生：《汉画总录》（第十一卷），广西师范大学出版社 2013 年版，第 59 页。

图 12-354　凌皆兵、朱青生：《汉画总录》（第十一卷），广西师范大学出版社 2013 年版，第 61 页。

图 12-355　凌皆兵、朱青生：《汉画总录》（第十一卷），广西师范大学出版社 2013 年版，第 63 页。

图 12-356　凌皆兵、朱青生：《汉画总录》（第十一卷），广西师范大学出版社 2013 年版，第 65 页。

图 12-357　凌皆兵、朱青生：《汉画总录》（第十一卷），广西师范大学出版社 2013 年版，第 71 页。

图 12-358　凌皆兵、朱青生：《汉画总录》（第十一卷），广西师范大学出版社 2013 年版，第 75 页。

图 12-359　凌皆兵、朱青生：《汉画总录》（第十一卷），广西师范大学出版社 2013 年版，第 89 页。

图 12-360　凌皆兵、朱青生：《汉画总录》（第十一卷），广西师范大学出版社 2013 年版，第 105 页。

图 12-361　凌皆兵、朱青生：《汉画总录》（第十一卷），广西师范大学出版社 2013 年版，第 107 页。

图 12-362　凌皆兵、朱青生：《汉画总录》（第十一卷），广西师范大学出版社 2013 年版，第 77 页。

图 12-363　凌皆兵、朱青生：《汉画总录》（第十一卷），广西师范大学出版社 2013 年版，第 111 页。

图 12-364　凌皆兵、朱青生：《汉画总录》（第十一卷），广西师范大学出版社 2013 年版，第 83 页。

图 12-365　凌皆兵、朱青生：《汉画总录》（第十一卷），广西师范大学出版社 2013 年版，第 85 页。

图 12-366　凌皆兵、朱青生：《汉画总录》（第十一卷），广西师范大学出版社 2013 年版，第 109 页。

图 12-367　凌皆兵、朱青生：《汉画总录》（第十一卷），广西师范大学出版社 2013 年版，第 117 页。

图 12-368　凌皆兵、朱青生：《汉画总录》（第十一卷），广西师范大学出版社 2013 年版，第 119 页。

图 12-369　凌皆兵、朱青生：《汉画总录》（第十一卷），广西师范大学出版社 2013 年版，第 121 页。

图 12-370　凌皆兵、朱青生：《汉画总录》（第十一卷），广西师范大学出版社 2013 年版，第 123 页。

图 12-371　凌皆兵、朱青生：《汉画总录》（第十一卷），广西师范大学出版社 2013 年版，第 125 页。

图 12-372　凌皆兵、朱青生：《汉画总录》（第十一卷），广西师范大学出版社 2013 年版，第 127 页。

图 12-373　凌皆兵、朱青生：《汉画总录》（第十一卷），广西师范大学出版社 2013 年版，第 139 页。

图 12-374　凌皆兵、朱青生：《汉画总录》（第十一卷），广西师范大学出版社 2013 年版，第 149 页。

图 12-375　凌皆兵、朱青生：《汉画总录》（第十一卷），广西师范大学出版社 2013 年版，第 135 页。

图 12-376　凌皆兵、朱青生：《汉画总录》（第十一卷），广西师范大学出版社 2013 年版，第 137 页。

图 12-377　凌皆兵、朱青生：《汉画总录》（第十一卷），广西师范大学出版社 2013 年版，第 145 页。

图 12-378　凌皆兵、朱青生：《汉画总录》（第十一卷），广西师范大学出版社 2013 年版，第 147 页。

图 12-379　凌皆兵、朱青生：《汉画总录》（第十一卷），广西师范大学出版社 2013 年版，第 171 页。

图 12-380　凌皆兵、朱青生：《汉画总录》（第十一卷），广西师范大学出版社 2013 年版，第 173 页。

图 12-381　凌皆兵、朱青生：《汉画总录》（第十一卷），广西师范大学出版社 2013 年版，第 175 页。

图 12-382　凌皆兵、朱青生：《汉画总录》（第十一卷），广西师范大学出版社 2013 年版，第 177 页。

图 12-383　凌皆兵、朱青生：《汉画总录》（第十一卷），广西师范大学出版社 2013 年版，第 183 页。

图 12-384　凌皆兵、朱青生：《汉画总录》（第十一卷），广西师范大学出版社 2013 年版，第 179 页。

图 12-385　凌皆兵、朱青生：《汉画总录》（第十一卷），广西师范大学出版社 2013 年版，第 187 页。

图 12-386　凌皆兵、朱青生：《汉画总录》（第十一卷），广西师范大学出版社 2013 年版，第 189 页。

图 12-387　凌皆兵、朱青生：《汉画总录》（第十一卷），广西师范大学出版社 2013 年版，第 191 页。

图 12-388　凌皆兵、朱青生：《汉画总录》（第十一卷），广西师范大学出版社 2013 年版，第 215 页。

图 12-389　凌皆兵、朱青生：《汉画总录》（第十一卷），广西师范大学出版社 2013 年版，第 217 页。

图 12-390　凌皆兵、朱青生：《汉画总录》（第十一卷），广西师范大学出版社 2013 年版，第 219 页。

图 12-391　凌皆兵、朱青生：《汉画总录》（第十一卷），广西师范大学出版社 2013 年版，第 221 页。

图 12-392　凌皆兵、朱青生：《汉画总录》（第十一卷），广西师范大学出版社 2013 年版，第 223 页。

图 12-393　凌皆兵、朱青生：《汉画总录》（第十一卷），广西师范大学出版社 2013 年版，第 225 页。

图 12-410　凌皆兵、朱青生：《汉画总录》（第十一卷），广西师范大学出版社 2013 年版，第 290 页。

图 12-411　凌皆兵、朱青生：《汉画总录》（第十七卷），广西师范大学出版社 2013 年版，第 22 页。

图 12-412　凌皆兵、朱青生：《汉画总录》（第十七卷），广西师范大学出版社 2013 年版，第 21 页。

图 12-413　凌皆兵、朱青生：《汉画总录》（第十七卷），广西师范大学出版社 2013 年版，第 40 页。

图 12-414　凌皆兵、朱青生：《汉画总录》（第十七卷），广西师范大学出版社 2013 年版，第 44 页。

图 12-415　凌皆兵、朱青生：《汉画总录》（第十七卷），广西师范大学出版社 2013 年版，第 42 页。

图 12-416　凌皆兵、朱青生：《汉画总录》（第十七卷），广西师范大学出版社 2013 年版，第 39 页。

图 12-417　凌皆兵、朱青生：《汉画总录》（第十七卷），广西师范大学出版社 2013 年版，第 38 页。

图 12-418　凌皆兵、朱青生：《汉画总录》（第十七卷），广西师范大学出版社 2013 年版，第 47 页。

图 12-419　凌皆兵、朱青生：《汉画总录》（第十七卷），广西师范大学出版社 2013 年版，第 51 页。

图 12-420　凌皆兵、朱青生：《汉画总录》（第十七卷），广西师范大学出版社 2013 年版，第 49 页。

图 12-421　凌皆兵、朱青生：《汉画总录》（第十七卷），广西师范大学出版社 2013 年版，第 53 页。

图 12-422　凌皆兵、朱青生：《汉画总录》（第十七卷），广西师范大学出版社 2013 年版，第 55 页。

图 12-423　凌皆兵、朱青生：《汉画总录》（第十七卷），广西师范大学出版社 2013 年版，第 55 页。

图 12-424　凌皆兵、朱青生：《汉画总录》（第十七卷），广西师范大学出版社 2013 年版，第 25 页。

图 12-425　凌皆兵、朱青生：《汉画总录》（第十七卷），广西师范大学出版社 2013 年版，第 27 页。

附录二：南阳汉代天文画像石

图 13-6　王建中、闪修山《南阳两汉画像石》，文物出版社 1991 年版，图 278。

图 13-7　凌皆兵、朱青生：《汉画总录》第十二卷），广西师范大学出版社 2013 年版，第 57 页。

图 13-8　凌皆兵、朱青生：《汉画总录》（第十二卷），广西师范大学出版社 2013 年版，第 163 页。

图 13-9　凌皆兵、朱青生：《汉画总录》（第十二卷），广西师范大学出版社 2013 年版，第 166 页。

图 13-10　凌皆兵、朱青生：《汉画总录》（第十二卷），广西师范大学出版社 2013 年版，第 219 页。

图 13-11　凌皆兵、朱青生：《汉画总录》（第十二卷），广西师范大学出版社 2013 年版，第 221 页。

图 13-12　凌皆兵、朱青生：《汉画总录》（第十二卷），广西师范大学出版社 2013 年版，第 222 页。

图 13-13　王建中、闪修山《南阳两汉画像石》，文物出版社 1991 年版，图 154。

图 13-14　王建中、闪修山《南阳两汉画像石》，文物出版社 1991 年版，图 175。

图 13-15　凌皆兵、朱青生：《汉画总录》（第十二卷），广西师范大学出版社 2013 年版，第 289 页。

图 13-16　凌皆兵、朱青生：《汉画总录》（第十五卷），广西师范大学出版社 2013 年版，第 209 页。

图 13-17　凌皆兵、朱青生：《汉画总录》（第十五卷），广西师范大学出版社 2013 年版，第 209 页。

图 13-18　凌皆兵、朱青生：《汉画总录》（第十五卷），广西师范大学出版社 2013 年版，第 198 页。

图 13-19　凌皆兵、朱青生：《汉画总录》（第十五卷），广西师范大学出版社 2013 年版，第 195 页。

图 13-20　凌皆兵、朱青生：《汉画总录》（第十五卷），广西师范大学出版社 2013 年版，第 190 页。

图 13-21　王建中、闪修山：《南阳两汉画像石》，文物出版社 1991 年版，图 272。

图 13-70　凌皆兵、朱青生：《汉画总录》（第二十一卷），广西师范大学出版社 2013 年版，第 279 页。

图 13-71　凌皆兵、朱青生：《汉画总录》（第二十一卷），广西师范大学出版社 2013 年版，第 200 页。

图 13-72　凌皆兵、朱青生：《汉画总录》（第二十一卷），广西师范大学出版社 2013 年版，第 207 页。

图 13-73　凌皆兵、朱青生：《汉画总录》（第二十一卷），广西师范大学出版社 2013 年版，第 209 页。

图 13-74　凌皆兵、朱青生：《汉画总录》（第二十三卷），广西师范大学出版社 2013 年版，第 79 页。

图 13-75　凌皆兵、朱青生：《汉画总录》（第二十三卷），广西师范大学出版社 2013 年版，第 91 页。

图 13-76　凌皆兵、朱青生：《汉画总录》（第二十三卷），广西师范大学出版社 2013 年版，第 150 页。

图 13-77　凌皆兵、朱青生：《汉画总录》（第二十三卷），广西师范大学出版社 2013 年版，第 229 页。

图 13-78　凌皆兵、朱青生：《汉画总录》（第二十二卷），广西师范大学出版社 2013 年版，第 21 页。

图 13-79　凌皆兵、朱青生：《汉画总录》（第二十二卷），广西师范大学出版社 2013 年版，第 177 页。

图 13-80　凌皆兵、朱青生：《汉画总录》（第二十二卷），广西师范大学出版社 2013 年版，第 188 页。

图 13-81　凌皆兵、朱青生：《汉画总录》（第二十二卷），广西师范大学出版社 2013 年版，第 195 页。

图 13-82　王建中、闪修山：《南阳两汉画像石》，文物出版社 1991 年版，图 176。

图 13-83　王建中、闪修山：《南阳两汉画像石》，文物出版社 1991 年版，图 174。

图 13-84　王建中、闪修山：《南阳两汉画像石》，文物出版社 1991 年版，图 148。

图 13-85　王建中、闪修山：《南阳两汉画像石》，文物出版社 1991 年版，图 148。

附录三 南阳汉代画像石墓发掘现场照片

图 14-4　湖北省文物管理委员会：《湖北随县唐镇汉魏墓清理》，《考古》1966 年第 2 期。

图 14-5　周到、李京华：《唐河县针织厂汉画像石墓的发掘》，《文物》1973 年第 6 期。

图 14-6　《南阳汉画像石》编委会：《唐河县电厂汉画像石墓》，《中原文物》1982 年第 1 期。

图 14-7　南阳地区文物队、南阳博物馆：《唐河汉郁平大尹冯君孺人画像石墓》，《考古学报》1980 年第 2 期。

图 14-8　南阳地区文物队、南阳博物馆：《唐河汉郁平大尹冯君孺人画像石墓》，《考古学报》1980 年第 2 期。

图 14-9　南阳地区文物队、南阳博物馆：《唐河汉郁平大尹冯君孺人画像石墓》，《考古学报》1980 年第 2 期。

图 14-10　南阳地区文物队、南阳博物馆：《唐河汉郁平大尹冯君孺人画像石墓》，《考古学报》1980 年第 2 期。

图 14-11　南阳市文物考古研究所《河南南阳陈棚汉代彩绘画像石墓》，《考古学报》2007 年第 2 期。

图 14-12　南阳市文物考古研究所《河南南阳市八一路汉代画像石墓》，《考古》2012 年第 6 期。

图 14-13　南阳市文物考古研究所：《河南南阳市八一路汉代画像石墓》，《考古》2012 年第 6 期。

图 14-14　南阳市文物考古研究所：《河南南阳市八一路汉代画像石墓》，《考古》2012 年第 6 期。

图 14-15　河南省文物考古研究院、南阳市文物考古研究所：《唐河县湖阳镇罐山 10 号汉墓发掘简报》资料未发表。

图 14-16　河南省文物考古研究院、南阳市文物考古研究所：《唐河县湖阳镇罐山 10 号汉墓发掘简报》资料未发表。

图 14-17　南阳市文物研究所：《河南省南阳县辛店乡熊营画像石墓》，《中原文物》1996 年第 3 期。

图 14-18　南阳地区文物工作队：《河南南阳县英庄汉画像石墓》，《文物》1984 年第 3 期。

图 14-19　南阳文物考古研究所：《南阳市常庄画像石墓发掘简报》资料未发表。

图 14-36　南阳市文物考古研究所:《南阳牛王庙村八一星旺幼儿园 M20 发掘简报》资料未发表。

图 14-37　南阳市文物考古研究所:《南阳牛王庙村八一星旺幼儿园 M20 发掘简报》资料未发表。

图 14-38　南阳市文物考古研究所:《南阳牛王庙村八一星旺幼儿园 M20 发掘简报》资料未发表。

图 14-39　南阳市文物考古研究所:《南阳牛王庙村八一星旺幼儿园 M20 发掘简报》资料未发表。

图 14-40　南阳市文物考古研究所:《南阳牛王庙村八一星旺幼儿园 M20 发掘简报》资料未发表。

图 14-41　郑州大学历史学院考古系:《河南宝丰县廖旗营墓地东汉 画像石墓》,《考古》2016 年第 3 期。

图 14-42　河南省文物局南水北调办公室等:《河南郏县黑庙 M79 发 掘简报》,《华夏考古》2013 年第 1 期。

图 14-43　南阳市文物考古研究所:《河南南阳景庄东汉画像石墓》, 《文物》2012 年第 4 期。

图 14-44　南阳市文物考古研究所:《河南南阳景庄东汉画像石墓》, 《文物》2012 年第 4 期。

图 14-45　南阳市文物考古研究所:《河南南阳景庄东汉画像石墓》, 《文物》2012 年第 4 期。

图 14-46　南阳市文物考古研究所:《南阳市汽车运输公司住宅小区 M18 发掘 14》资料未发表。

图 14-47　南阳市文物考古研究所:《南阳市汽车运输公司住宅小区 M18 发掘简报》资料未发表。

图 14-48　南阳市文物考古研究所:《南阳市汽车运输公司住宅小区 M18 发掘简报》资料未发表。

参考文献

61 号汉墓和"八里台"汉墓此处均为陶塑彩绘羊头。

班固：《汉书·百官公卿表上》，中华书局 1965 年版。

班固：《汉书·艺文志》，中华书局 2007 年版。

班固：《汉书》，中华书局 1962 年版。

班固撰、颜师古注：《汉书·郊祀志》，中华书局，1998 年版。

班固撰、颜师古注：《汉书》，中华书局 1998 年版。

北京市古墓发掘办公室：《大葆台西汉木椁墓发掘简报》，《文物》1977 年第 6 期。

北京市文物工作队：《北京西郊发现汉代石阙清理简报》，《文物》1964 年第 11 期。

卜友常：《汉代墓葬艺术考述》，上海三联书店 2015 年版。

《不手非止》第五号，1981 年发行；《大东文化大学创立 60 周年纪念中国学论集》，1984 年发行。

参阅南阳地区地理志办公室《河南省南阳地区地理志》，豫内资料，1991 年。

"草店墓影片与模型乃叚之董彦堂先生者，可以窥见其墓遗制，"商承祚：《南阳汉画像汇存跋》，载《南阳汉画像汇存》，中国文化研究所，1937 年。

［日］长广敏雄：《南阳汉代画像石》，京都大学人文科学研究所研究报告，1974 年。

陈锽：《古代帛画》，文物出版社 2005 年版。

陈江风：《天文与人文》国际文化出版公司，1988 年版。

陈寿：《三国志》，中华书局 1959 年版。

陈寿：《三国志》，中华书局 2007 年版。

陈寿：《三国志袁绍传》，中华书局 2007 年版。

单先进、熊传新：《长沙象鼻嘴一号西汉墓》，《考古学报》1981 年第 1 期。

丁心敬、王沛悦、杨晓冰编著：《南阳地理》2001 年第 5 期。

东北博物馆：《辽阳三道壕两座壁画墓的清理工作简报》，《文物参考资料》1955 年第 12 期。

董作宾 1895 年出生于南阳市宛城区长春街（现解放路）。民国十二三年时，28 岁的董已赴北京，入北京大学旁听，初学甲骨文。

Florence Ayscough, An Uncommon Aspect of Han Sculpture: Figures from Nan-yang, Monumenta Serica, Vol. 4, No. 1 (1939), pp. 334-344.

范晔：《后汉董卓列传》，中华书局 1964 年版。

范晔：《后汉书·祭祀上》，中华书局 1965 年版。

范晔：《后汉书·礼仪志》，中华书局 1965 年版。

范晔：《后汉书·天文志》，中华书局 1965 年版。

范晔：《后汉书·舆服志》，中华书局 1965 年版。

范晔：《后汉书百官志二》，中华书局 1956 年版。

范晔：《后汉书皇甫嵩朱儁列传》，中华书局 1964 年版。

方国锦：《鎏金铜斛》，《文物》1958 年第 9 期。

房玄龄等：《晋书·天文志》中华书局，1974 年版。

费正清、崔瑞德编：《剑桥中国秦汉史》，杨品泉等译，中国社会科学出版社 2006 年版。

顾颉刚：《秦汉的方士与儒生》，上海古籍出版社 1998 年版。

关百益（1882—1956），原名探谦，字益斋。满族。开封市人。清光绪三十三年（1907 年），毕业于京师大学堂速成科师范馆。1908—1917 年先后任北京第三中学堂、第一中学堂校长兼任高等学堂校长。1917 年受聘于河南省教育厅、历任河南优级师范学校校长、河南省立师范学校校长、河南省立第一中学校长、河南省省长秘书、河南省博物馆（今河南省博物院）馆长和河南省通志馆编纂等职。

郭兵：《湖北随县发现曾国铜器》，《文物》1973 年第 5 期。

郭大顺：《〈辽阳壁画墓群〉学习笔记》，《东亚考古学论丛》，日本奈良文化财研究所、中国辽宁省文物考古研究所，2006 年。

郭璞注：《山海经·大荒西经》，上海古籍出版社 2015 年版。

郭天江、刘振宇：《南阳的古代道路》，《河南交通科技》1996 年第
3 期。

韩玉祥、李陈广：《南阳汉代画像石墓》，河南美术出版社 1998
年版。

韩玉祥、李陈广主编：《南阳汉代画像石墓》，河南美术出版社 1998
年版。

《河南南召二郎岗新石器时代遗址》，《文物》1976 年第 5 期。

河南省博物馆、南阳市博物馆：《唐河针织厂汉画像石墓的发掘》，
《文物》1973 年第 6 期。

河南省博物馆等：《唐河针织厂汉画像石墓的发掘》，《文物》1973 年
第 6 期 。

河南省文化局文物工作队：《河南南阳杨官寺汉代画像石墓发掘报
告》，《考古学报》1963 年第 1 期。

河南省文化局文物工作队：《河南襄城茨沟汉代画像石墓》，《考古学
报》1964 年第 3 期。

河南省文化局文物工作队：《河南襄城茨沟汉画像石墓》，《考古学
报》1964 年第 1 期。

河南省文化局文物工作队：《洛阳西汉壁画墓发掘报告》，《考古学
报》1964 年第 2 期。

河南省文化局文物工作队：《南阳汉代石刻墓》，《文物》1958 年第
10 期。

河南省文物局南水北调办公室、河南省文物考古研究所、平顶山市文
物管理局：《河南郏县黑庙 M79 发掘简报》，《华夏考古》2013 年第 1 期。

河南省文物局文物工作队：《河南南阳杨官寺汉画像石墓发掘报告》，
《考古学报》1963 年第 1 期。

河南省文物局文物工作队：《河南襄城茨沟汉画像石墓》，《考古学
报》1964 年第 1 期。

河南省文物考古研究院、鲁山县文物管理委员会：《河南鲁山望城岗
汉代冶铁遗址一号炉发掘简报》，《华夏考古》2002 年第 1 期。

河南省文物考古研究院：《南阳北关瓦房庄汉代冶铁遗址发掘报告》，
《华夏考古》1991 年第 1 期。

河南省文物考古研究院：《南阳市瓦房庄汉代制陶、铸铜遗址的发

掘》，《华夏考古》1994年第1期。

河南省文物考古研究院：《信阳楚墓》，文物出版社1986年版。

河南省文物考古研究院等：《淅川下寺春秋楚墓》，文物出版社1991年版。

洪适：《隶释》卷六《从事武梁碑》。

侯甬坚：《论唐以前武关的地理位置》，载所著《历史地理学探索》，中国社会科学出版社2004年版。

《后汉·书儒林列传》中收录的经学大师，有洼丹、魏满、尹敏等三位为南阳人，这些大儒广收门徒，南阳治内郡有郡学，县有县学，还有兴盛的私学；《后汉书·樊宏阴识列传》载，删定《公羊严氏春秋》章句、世号"樊侯学"的樊鯈，教授门徒前后达三千馀人。

后晓荣：《秦代政区地理》，社会科学文献出版社2009年版。

胡玉康：《战国秦汉漆器艺术》，陕西人民美术出版社2003年版。

湖北省博物馆：《湖北京山发现曾国铜器》，《文物》1972年第2期。

湖北省博物馆：《随县曾侯乙墓》，文物出版社1980年版。

湖北省博物馆、随州市博物馆：《湖北随州擂鼓墩二号墓发掘简报》，《文物》1985年第1期。

湖北省博物馆等：《湖北江陵太晖观50号楚墓》，《考古》1977年第1期。

湖北省博物馆江陵工作队：《江陵溪峨山楚墓》，《考古》1984年第6期。

湖北省荆州地区博物馆：《江陵天星观1号楚墓》，《考古学报》1982年第1期。

湖北省荆州地区博物馆：《江陵雨台山楚墓》，文物出版社1984年版。

湖北省文物管理委员会：《湖北随县唐镇汉魏墓清理》，《考古》1966年第2期。

湖北省文物考古研究所：《江陵九店东周墓》，科学出版社1995年版。

湖南省博物馆：《长沙象鼻嘴一号西汉墓》，《考古学报》1981年第1期。

桓宽：《盐铁论·散不足》，中华书局2015年版。

黄凤春：《随枣走廊话曾国——随州的曾侯墓地》，《中国文化遗产》2013 年第 5 期。

黄明兰、郭引强：《洛阳汉墓壁画》，文物出版社 1996 年版。

黄晓芬：《汉墓的考古学研究》，岳麓书社 2003 年版。

黄州古墓发掘队：《湖北黄州国儿冲楚墓发掘简报》，《江汉考古》1983 年第 3 期。

济宁地区文物组、嘉祥县文管所：《山东嘉祥宋山 1980 年出土的汉画像石》，《文物》1982 年第 5 期。

江陵县博物馆：《江陵溪峨山楚墓》，《江汉考古》1992 年第 4 期。

蒋宏杰等：《河南南阳陈棚汉代彩绘画像石墓》，《考古学报》2007 年第 2 期。

蒋英炬、吴文祺：《武氏祠画像石建筑配置考》，《考古学报》1981 年第 2 期。

蒋英炬、杨爱国：《汉代画像石与画像砖》，文物出版社 2001 年版。

借鉴"工业区位论"概念，若将交通条件、资源环境及思想文化基础看作汉代考古学文化发展的一般区位要素，政治地位看作特殊区位要素，那么南阳无疑是当时最具发展优势的"区位单元"之一。参见阿尔弗雷德·韦伯著，李刚剑、张志人、张英保译：《工业区位论》，商务印书馆 2010 年版。

荆沙铁路考古队：《江陵秦家咀楚墓发掘简报》，《江汉考古》1988 年第 2 期。

荆州地区博物馆：《湖北荆州砖瓦厂二号楚墓》，《江汉考古》1984 年第 1 期。

《考古学杂志》第 32 卷第 7 号，1942 年 7 月。

李长周、柳荫：《南阳高新区标准厂房汉画像石墓》，《南都学坛》2015 年第 4 期。

李陈广、韩玉祥：《南阳汉画像石的发现与研究——纪念南阳汉画馆创建六十周年》，《中原文物》1995 年第 3 期。

李陈广、韩玉祥、牛天伟：《南阳汉代画像石墓分期研究》，《中原文物》1998 年第 4 期。

李德文、秦让平、汪欣、邓刚、杨亚宁：《安徽六安市白鹭洲战国墓 M566 的发掘》，《考古》2012 年第 5 期。

李发林：《汉代画像石考释与研究》，中国文联出版社 2000 年版。

李宏：《南阳汉代画像石刻美学风格初探》，《中原文物》1983 年特刊。

李林：《石室丹青——辽东汉魏墓室壁画研究》，博士学位论文，中央美术学院，2011 年。

李文信：《辽宁北园壁画墓记略》，《国立沈阳博物院筹备委员会汇刊》第 1 期，1947 年 10 月 10 日。收录于《李文信考古文集》，辽宁人民出版社 2009 年版。

李文信：《辽阳发现的三座壁画石墓》，《文物参考资料》1955 年第 5 期。

李允经：《鲁迅和南阳汉画像》，《鲁迅研究动态》1985 年第 8 期。杨士俊选注：《鲁迅关于南阳汉画的九封书信》，载《中州今古》1994 年期。曾宪波：《鲁迅收集南阳汉画拓片始末》，载《中州今古》1997 年第 3 期。黄廷珣：《为鲁迅搜集南阳汉画拓片的地下党员》，载《协商论坛》2011 年第 12 期），另加上鲁迅自己零散所购，一共数量为二百四十六幅（《鲁迅藏汉画象》一书《编印说明》。北京鲁迅博物馆、上海鲁迅纪念馆编：《鲁迅藏汉画象》，上海人民美术出版社 1986 年版。

李真玉：《浅谈汉画中天文图像的人文特色》，《南阳汉代天文画像石研究》，民族出版社 1995 年版。

郦道元著、王先谦校：《水经注》，岳麓书社 2014 年版。

梁白泉：《高邮天山一号汉墓发掘侧记》，《文博通讯》1981 年第 32 期。

梁白泉：《高邮天山一号汉墓发掘侧记》，《文博通讯》第 32 期，《新华日报》1980 年 5 月 30 日。

《辽阳发现的壁画古坟》，［日］八木奘三郎，《东洋学报》第 11 卷第 1 号，1921 年 1 月。

辽宁省博物馆、辽阳博物馆：《辽阳旧城东门里东汉壁画墓发掘报告》，《文物》1985 年第 6 期。

辽阳市文物管理所：《辽阳发现三座壁画墓》，《考古》1980 年第 1 期。

廖名春：《晏子春秋》，辽宁教育出版社 1998 年版。

林通雁：《西汉霍去病墓石雕群的三个问题》，《美术观察》2009 年第

3 期。

　　刘安等：《淮南子·精神训》，岳麓书社 2014 年版。

　　刘绍明、曾照阁：《"南阳工官"初探》，《南都学坛》（哲学社会科学版）1996 年第 5 期。

　　吕品编著：《中岳汉三阙》，文物出版社 1990 年版。

　　吕品、周到：《唐河县电厂汉画像石墓》，《中原文物》1982 年第 1 期。

　　罗二虎：《西南汉代画像与画像墓研究》，博士学位论文，四川大学，2001 年。

　　罗福颐：《芗他君石祠堂题字解释》，《故宫博物院院刊》总二号，1960 年。

　　洛阳博物馆：《洛阳金谷园新莽时期壁画墓》，《文物参考资料丛刊》九，1985 年。

　　洛阳博物馆：《洛阳西汉卜千秋墓壁画墓发掘简报》，《文物》1977 年第 6 期。

　　洛阳古墓博物馆：《东汉天象神兽壁画墓》，《洛阳古墓博物馆》，朝华出版社 1987 年版。

　　洛阳市第二文物工作队：《洛阳浅井头西汉壁画墓发掘简报》，《文物》1993 年第 5 期。

　　洛阳市第二文物工作队：《洛阳偃师县新莽壁画墓清理简报》，《文物》1992 年第 12 期。

　　洛阳市文物工作队：《河南洛阳北郊东汉壁画墓》，《考古》1991 年第 8 期。

　　洛阳市文物工作队：《河南洛阳市第 3850 号东汉墓》，《考古》1997 年第 8 期。

　　洛阳市文物工作队：《洛阳机车工厂东汉壁画墓》，《文物》1992 年第 3 期。

　　洛阳市文物工作队：《洛阳西工东汉壁画墓》，《中原文物》1982 年第 3 期。

　　《泌阳发现国内罕见冶铁遗址其发掘和研究将推动中国乃至世界冶金史研究进程》，《河南日报》2004 年月 3 日。

　　《南满洲辽阳的古迹调查（第二回）》，［日］驹井和爱，《考古学杂志》第 32 卷第 7 号，1942 年 7 月。

《南阳汉画像石》编委会：《邓县长冢店汉画像石墓》，《中原文物》1982 年第 1 期。

《南阳汉画像石》编委会：《唐河县电厂汉画像石墓》，《中原文物》1982 年第 1 期。

南阳博物馆：《河南南阳军帐营汉画像石墓》，《考古与文物》1982 年第 1 期。

南阳博物馆：《河南南阳英庄汉画像石墓》，《中原文物》1983 年第 3 期。

南阳博物馆：《南阳石桥汉代画像石墓》，《考古与文物》1982 年第 1 期。

南阳地理志办公室：《河南省南阳地区地理志》（豫内资料）1991 年。

南阳地区水利志编纂委员会：《南阳地区水利志》，南阳地区水利局（内部发行）。

南阳地区文管会、文化局编：《南阳地区文物志》（一），1982 年 6 月未刊稿。

南阳地区文物队：《方城党庄汉画像石墓——兼谈南阳汉画像石墓的衰亡问题》，《中原文物》1986 年第 2 期。

南阳地区文物队：《方城县党庄汉代画像石墓——兼谈南阳汉画像石墓的衰亡问题》，《中原文物》1986 年第 2 期。

南阳地区文物队、南阳博物馆：《唐河汉郁平大尹冯君孺人画像石墓》，《考古学报》1980 年第 2 期。

南阳地区文物队等：《唐河汉郁平大尹冯君孺人画像石墓》，《考古学报》1980 年第 2 期。

南阳地区文物工作队、方城县文化馆：《河南方城县城关镇汉画像石墓》，《文物》1984 年第 3 期。

南阳地区文物工作队、南阳县文化馆：《河南南阳县英庄汉画像石墓》，《文物》1984 年第 3 期。

南阳地区文物工作队、唐河县文化馆：《唐河县湖阳镇汉画像石墓清理简报》，《中原文物》1985 年第 3 期。

南阳地区文物工作队、唐河县文化馆：《唐河县针织厂二号汉画像石墓》，《中原文物》1985 年第 3 期。

南阳地区文物工作队、新野县文化馆：《新野县前高庙村汉画像石墓》，《中原文物》1985年第3期。

南阳地区文物工作队等：《唐河县针织厂二号汉画像石墓》，《中原文物》1985年第3期。

南阳地区文物考古研究所：《河南南阳县蒲山汉墓的发掘》，《华夏考古》1991年第4期。

南阳地区文物研究所：《河南南阳县蒲山汉墓的发掘》，《华夏考古》1991年第4期。

《南阳汉代画像石》编辑委员会编：《南阳汉代画像石》，文物出版社1985版。

南阳汉代画像石学术讨论会办公室编：《汉代画像石研究》，《南阳汉代画像石墓墓主人身份初探》，文物出版社1987年版。

南阳汉画馆：《南阳草店汉画像石墓》，《南阳汉代画像石墓发掘报告集》，中州古籍出版社2012年版。

南阳汉画馆：《南阳市第二化工厂三十号汉代画像石墓》，《南阳汉代画像石墓》，河南美术出版社1998年版。

南阳汉画馆：《南阳县高庙汉代画像石墓》，《南阳汉代画像石墓》，河南美术出版社1998年版。

南阳汉画馆：《南阳草店汉画像石墓》，《南阳汉代画像石墓发掘报告集》，中州古籍出版社2012年版。

南阳汉画馆编：《南阳市中原技校汉画像石墓》，《南阳汉代画像石墓发掘报告集》，中州古籍出版社2012年版。

《南阳汉画像石》编委会：《唐河县电厂汉画像石墓》，《中原文物》1982年第1期。

南阳师范学院独山玉文化研究中心：《南阳黄山遗址独山玉制品调查简报》，《中原文物》2008年第5期。

南阳市、方城县文化馆：《河南方城县城关镇汉画像石墓》，《文物》1984年第3期。

南阳市、方城县文化馆：《河南方城县东关汉画像石墓》，《文物》1980年第3期。

南阳市博物馆：《南阳发现东汉许阿瞿墓志画像石》，《文物》1974年第8期。

南阳市博物馆：《南阳麒麟岗汉代画像石墓》，《南阳汉代画像石墓考古发掘报告集》，中州古籍出版社 2012 年版。

南阳市博物馆：《南阳麒麟岗汉画像石墓发掘报告》，《南阳汉代画像石墓发掘报告集》，中州古籍出版社 2012 年版。

南阳市博物馆：《南阳市独山西坡汉画像石墓》，《中原文物》1985 年第 3 期。

南阳市博物馆：《南阳市建材试验厂汉画像石墓》，《中原文物》1985 年第 3 期。

南阳市博物馆：《南阳市王庄汉画像石墓》，《中原文物》1985 年第 3 期。

南阳市博物馆：《南阳县王寨汉画像石墓》，《中原文物》1982 年第 1 期。

南阳市博物馆：《南阳县赵寨砖瓦厂汉画像石墓》，《中原文物》1982 年第 1 期。

南阳市博物馆、方城县文化馆：《河南方城东关汉画像石墓》，《文物》1980 年第 3 期。

南阳市古代建筑保护研究所：《河南南阳桑园路东汉画像石墓》，《文物》2003 年第 4 期。

南阳市考古研究所：《河南唐河白庄画像石墓》，《中原文物》1997 年第 4 期。

南阳市考古研究所：《唐河县西冢张村画像石墓发掘简报》资料未发表。

南阳市文物队：《南阳市刘洼村汉画像石墓》，《中原文物》1991 年第 3 期。

南阳市文物工作队：《河南南阳市麒麟岗 8 号西汉木椁墓》，《考古》1996 年第 3 期。

南阳市文物工作队：《南阳市第二化工厂 21 号画像石墓发掘简报》，《中原文物》1993 年第 1 期。

南阳市文物工作队：《南阳市第二化工厂二十一号画像石墓发掘简报》，《中原文物》1993 年第 1 期。

南阳市文物工作队：《南阳市药材市场画像石墓简报》，《中原文物》1994 年第 1 期。

南阳市文物管理委员会：《河南南阳市发现汉墓》，《考古》1966 年第 2 期。

南阳市文物考古研究所：《方城县南兰高速公路汉画像石 M1 发掘简报》未刊，2012 年 3 月。

南阳市文物考古研究所：《河南南阳市安居新村汉画像石墓》，《考古》2005 年第 8 期。

南阳市文物考古研究所：《河南南阳市八一路汉代画像石墓》，《考古》2012 年第 6 期。

南阳市文物考古研究所：《河南南阳市辛店熊营汉画像石墓》，《考古》2008 年第 2 期。

南阳市文物考古研究所：《河南南阳市永泰小区汉画像石墓》，《华夏考古》2010 年第 3 期。

南阳市文物考古研究所：《河南省邓州市梁寨汉画像石墓》，《中原文物》1996 年第 3 期。

南阳市文物考古研究所：《河南省南阳市万家园汉画像石墓》，《中原文物》2010 年第 5 期。

南阳市文物考古研究所：《河南唐河井楼汉画像石墓》资料未发表。

南阳市文物考古研究所：《南阳城区大屯教师公寓汉代画像石 M3 发掘简报》未刊，2016 年 5 月。

南阳市文物考古研究所：《南阳汉代画像石墓分期研究》，河南美术出版社 2019 年版。

南阳市文物考古研究所：《南阳牛王庙村八一星旺幼儿园 M20 发掘简报》未刊，2014 年 7 月。

南阳市文物考古研究所：《南阳麒麟岗汉代画像石墓发掘报告》，《南阳麒麟岗汉代画像石墓》，三秦出版社 2008 年版。

南阳市文物考古研究所：《南阳市兵工新城汉画像 M6 发掘简报》未刊，2010 年 4 月。

南阳市文物考古研究所：《南阳市兵工新城汉画像石 M5 发掘简报》未刊，2010 年 4 月。

南阳市文物考古研究所：《南阳市东风机械厂生活区汉画像石 M17》资料未发表。

南阳市文物考古研究所：《南阳市老庄汉画像石墓 M3》资料未发表。

南阳市文物考古研究所：《南阳市宛城区达士营汉画像石墓》，《华夏考古》2017 年第 1 期。

南阳市文物考古研究所：《南阳市万盛地产汉画像石 M8 发掘简报》未刊，2014 年 3 月。

南阳市文物考古研究所：《南阳市新店乡熊营画像石 M3》资料未发表。

南阳市文物考古研究所：《南阳市永泰小区画像石墓 M35 发掘简报》，《中原文物》2014 年第 6 期。

南阳市文物考古研究所：《南阳市赵寨汉画像石墓发掘报告》资料未发表。

南阳市文物考古研究所：《南阳唐河县西冢张村画像石墓发掘简报》，《洛阳考古》2018 年第 3 期。

南阳市文物考古研究所：《南阳中建七局机械厂汉画像石墓》，《中原文物》1997 年第 4 期。

南阳市文物考古研究所：《唐河县黑龙镇西刘冲村汉画像石墓》资料未发表。

南阳市文物考古研究所：《唐河县西冢张村画像石 M2 发掘报告》未刊，1980 年 10 月。

南阳市文物考古研究所、南阳知府衙门博物馆：《南阳市张衡路汉代画像石墓》，《中原文物》2017 年第 2 期。

南阳市文物考古研究所、唐河县文化馆：《河南唐河罐山汉画像石墓发掘报告》未刊，1989 年 11 月。

南阳市文物研究所：《河南南阳蒲山二号汉画像石墓》，《中原文物》1997 年第 4 期。

南阳市文物研究所：《河南省邓州市梁寨汉画像石墓》，《中原文物》1996 年第 3 期。

南阳市文物研究所：《河南省南阳市百里奚出土青铜器玉器》，《中原文物》1996 年第 3 期。

南阳市文物研究所：《河南省南阳县辛店乡熊营画像石墓》，《中原文物》1996 年第 3 期。

南阳市文物研究所：《南阳中建七局机械厂汉画像石墓》，《中原文物》1982 年第 1 期。

南阳市文物研究所：《南阳中建七局机械厂汉画像石墓》，《中原文物》1997 年第 4 期。

南阳市文物研究所：《桐柏县安棚画像石墓》，《中原文物》1996 年第 3 期。

南阳文化工作队：《河南唐河县石灰窑村画像石墓》，《文物》1982 年第 5 期。

南阳文物考古研究所：《河南南阳陈棚汉代彩绘画像石墓》，《考古学报》2007 年第 2 期。

南阳文物考古研究所：《南阳市常庄画像石墓发掘简报》未刊，1989 年 11 月。

内蒙古自治区博物馆文物工作队：《和林格尔汉墓壁画》，文物出版社 1978 年版。

牛天伟：《试论汉画中的北斗星画像》，《汉画学术文集》，河南美术出版社 1996 年版。

欧阳修：《艺文类聚》，上海古籍出版社 1965 年版。

彭卫等：《中国风俗通史（秦汉卷）》，上海文艺出版社 2002 年版。

其文曰："南阳为光武帝之故里，当时文物之盛，读'驱车策驽马，游戏宛与洛'之古诗句略可想见。顾年代久远，遗迹渺然无存，惟石刻汉画时有再现。石刻多初民游猎故事，人物生动，刻画苍老，不特于以见古代艺术之精，且为研究古代历史文化之珍贵资料。惜前人多不注意搜集拓印，各书亦无著录，致散遗损毁，湮没不彰。世人多知山东有汉画，而不知南阳汉画之多，品质之精，实远出山东之上。民国十七年，张中孚先生访拓数十幅，请关君百益影印四十帧，名曰《南阳汉画像集》，交中华书局出版。此集之出，世人始知南阳之有汉画。然仅四十幅，犹未能哀集所有，蔚为大观。二十三年夏，余奉命督察宛属行政，见诸石散遗，日就损毁，思有以保存之。乃命李科长丹五、吴局长重辉、王馆长恒超从事访察搜集，除房基、桥梁无法拆下者不计外，共得百十八石。诸石既集，复命教育局设计，鸿工筑室于教育馆后院，名曰汉画馆'。藏诸其中，保存古物，以为学人研究之资。且于馆之西廊，预留隙地，以备将来续有发现之藏置。馆成，因记其始末如此。东峰罗震中华民国二十四年国庆纪念日。"

乔保同等：《河南南阳市八一路汉代画像石墓》，《考古》2012 年第 6 期。

日本京都大学人文科学研究所研究报告，1969 年。

《山海经海外西经》："龙鱼陵居在其北，状如狸。一曰鰕。即有神圣乘此以行九野。一曰鳖鱼在夭野北，其为鱼也如鲤"。

沈宁：《滕固艺术文集》上海人民美术出版社 2003 年版。滕固文章发表之后，孙次舟对其文章中南阳汉画像中的乐舞场景大抵为"巴渝舞"或至少与"巴渝舞"有关的论点进行了论证缜密的反驳。孙次舟《论南阳汉画像中的乐舞——驳滕固先生》，载《历史与考古》1937 年第三回。

沈宜扬：《湖北当阳刘家冢子东汉画像石墓发掘简报》，《文物资料丛刊》第 1 辑，文物出版社 1977 年版。

尸佼：《尸子》，华东师范大学出版社 2009 年版。

石红艳、王清建：《南阳汉代画像石墓发掘报告集》，《南阳麒麟岗汉画像石墓发掘报告》，中州古籍出版社 2012 年版。

石红艳、王清建：《南阳汉代画像石墓发掘报告集》，《南阳市中原技校汉画像石墓》，中州古籍出版社 2012 年版。

舒之梅：《从江陵凤凰山 168 号汉墓看汉代法家路线》，《考古》1976 年第 1 期。

睡虎地秦墓竹简整理小组编：《睡虎地秦墓竹简》，文物出版社 1990 年版。

司马迁：《史记·刺客列传》，中华书局 1973 年版。

司马迁：《史记·范雎蔡泽列传》，中华书局 1973 年版。

司马迁：《史记·秦始皇本纪》，中华书局 1973 年版。

司马迁：《史记》，中华书局 1957 年版。

司马迁：《史记》，中华书局 1959 年版。

四川省文物考古研究所、德阳市文物考古研究所、中江县文物保护管理所：《四川中江塔梁子崖墓发掘简报》，《文物》2004 年第 9 期。

随县博物馆：《湖北随县城郊发现春秋墓葬和铜器》，《文物》1980 年第 1 期。

随县擂鼓墩一号墓考古发掘队：《湖北随县曾侯乙墓发掘简报》，《文物》1979 年第 7 期。

随州市博物馆：《湖北随县安居出土青铜器》，《文物》1982 年第 12 期。

随州市博物馆：《湖北随县发现商周青铜器》，《考古》1984 年第

6 期。

随州市博物馆：《湖北随州安居镇发现春秋曾国墓》，《江汉考古》
1990 年第 1 期。

随州市博物馆：《湖北随州擂鼓墩战国东汉墓发掘简报》，《江汉考古》1992 年第 2 期。

随州市博物馆：《随州东城区发现东周墓葬和青铜器》，《江汉考古》
1989 年第 1 期。

随州市博物馆：《随州擂鼓墩砖瓦厂十三号墓发掘简报》，《江汉考古》1984 年第 3 期。

随州市考古队：《湖北随州义地岗又出土青铜器》，《江汉考古》1994年第 2 期。

孙文青：《南阳草店汉墓画像集自序》，《河南博物馆馆刊》1936 年第五期。

孙文青：《南阳草店汉墓享堂画像记》，《国闻周报》1933 年第十卷第四十一期。

孙文青：《南阳汉画像访拓记》，《金陵大学学报》1934 年第 4 卷第2 期。

孙文青：《南阳汉画像汇存》（上册），广陵书社 1999 年版。

孙文青：《南阳汉画像汇存》，中国文化研究所，1937 年。

孙文青：《南阳汉墓中的星象及斗兽图》，《科学画报》1933 年第十卷第十期。

孙星衍：《汉官六种·汉官旧仪》，中华书局 1990 年版。

孙怡村：《浅析南阳汉画像石天文图像之功能》，《汉画研究：中国汉画学会第十届年会论文集》，湖北人民出版社 2006 年版。

谭其骧：《中国历史地图集》，中国地图出版社 1996 年版。

谭维四：《战国王陵曾侯乙墓》，浙江文艺出版社 2012 年版。

汤池译：《今藏美国波士顿的洛阳汉墓壁画》，《当代美术家》1986 年第 3 期。

滕固：《南阳汉画像石刻之历史的及风格的考察》，《张菊生先生七十生日纪念论文集》，商务印书馆 1937 年版。文中提及其使用的拓本是南阳教育局代为雇工拓印了一百五十份，董作宾本欲约其往南阳考察原石，未成行。

滕固：《滕固文集》，上海人民出版社 2003 年版。

田自秉：《中国工艺美术史》，东方出版中心 2006 年版。

图一砖收入《神州国光集》第七集，图像作为一人侧坐，一手上举，另一手执弓箭，鼻子较高；中一人手挥长袖，脚下似有一盘鼓；右侧一人冠式向前，跪坐；画面下部为山峦树木。原文评其为汉画像之最奇者。第卅图和第卅一图风格上确非汉代之物，孙文青在《南阳汉画像访拓记》中收录并同意非汉代之说。

汪小洋：《汉赋与汉画的本体关系及比较意义》，《文艺理论研究》2016 年第 2 期。

王符著、汪继培笺、彭铎校正：《潜夫论笺校正》，中华书局 2014年版。

王建中：《南阳古代独玉初探》，《中原文物》2002 年第 2 期。

王建中、闪修山：《南阳两汉画像石》，文物出版社 1990 年版。

王建中、闪修山：《南阳两汉画像石研究》，文物出版社 1990 年版。

王京传：《随枣走廊两周时期文化变迁和社会结构——以该地区出土青铜礼器为根据》，《齐鲁学刊》2016 年第 6 期。

王文楚：《历史时期南阳盆地与中原地区间的交通发展》，《史学月刊》1964 年第 10 期。

王学典：《近五十年的中国历史学》，《历史研究》2004 年第 1 期。

王彦辉：《汉代豪民研究》，东北师范大学出版社 2001 年版。

王增新：《辽宁辽阳县南雪梅村壁画墓及石墓》，《考古》1960 年第1 期。

王增新：《辽阳市棒台子二号壁画墓》，《考古》1960 年第 1 期。

未化：《南召县发现猿人牙齿化石》，《河南文博通讯》1979 年第2 期。

《文物》1973 年第 6 期。1975 年，周到发表了《南阳汉画像石中的几幅天象图》，对当时能见到的阳乌、白虎星座、苍龙星座、日月合璧等图像进行了介绍和研究，这是较早的专题研究文章（《考古》1975 年第 1 期）。

文中关氏首先将"汉象"分为雕像和画像，以区别"鲁王墓前石人"类圆雕和"朱鲔墓""邹县食斋祠园"类浅浮雕。然后对浅浮雕类图像的雕刻技法做了"以阴线泐成图象者谓之减地阴文平钑象""仅将象身陷入而饰以阴阳互用之文理者谓之减地阴阳文陷入象""又或就减地阴文平鈒象将四围镂成文理者谓之镂地阴文隐起象""就减地阳文陷入象将四围石地镂成文理者谓之镂地阳文陷入象"四类雕刻技法。

巫鸿:《美术史十议》,生活·读书·新知三联书店 2008 年版。

巫鸿:《中国古代艺术与建筑中的纪念碑性》,世纪出版集团上海人民出版社 2009 年版。

吴兰、学勇:《陕西米脂县官庄东汉画像石墓》,《考古》1987 年第 11 期。

吴曾德:《汉代画像石研究》,文物出版社 1987 年版。

武关道、以南阳为一端,联系关中平原和江汉平原关道,春秋战国时期已经成为秦楚之间的交通要道,途径长安、蓝田县、商州至河南内乡、邓州、南阳之间道路的统称。

夏鼐:《关于考古学上文化的定名问题》,《考古》1959 年第 4 期。

襄樊市博物馆:《随枣走廊几处新石器时代遗址调查》,《江汉考古》1995 年第 4 期。

小空山联合发掘队:《1987 年河南南召小空山旧石器遗址发掘报告》,《华夏考古》1988 年第 4 期。

肖亢达:《汉代南阳郡与南阳汉画像石墓》,《汉代画像石研究》,文物出版社 1987 年版。

肖湘、黄纲正:《长沙咸家湖西汉曹(女巽)墓》,《文物》1979 年第 3 期。

肖湘、黄纲正:《长沙咸家湖西汉曹撰墓》,《文物》1979 年第 3 期。

信立祥:《汉代画像石综合研究》,文物出版社 2000 年版。

信立祥:《汉画像石的分区与分期研究》,《考古类型学的理论与实践》,文物出版社 1989 年版。

信立祥:《汉代画像石综合研究》,文物出版社 2000 年版。

邢义田:《中央研究院历史语言研究所藏汉代石刻画像拓本的来历与整理》,《中央研究院历史语言研究所藏汉代石刻画像拓本目录》,中央研究院历史语言研究所,2002 年。

徐颖:《南阳汉代彩绘画像石墓的特点及色彩的象征意义》,《中原文物》2013 年第 5 期。

徐呈瑞:《南阳汉代画像石的早期收集、著录与研究综述》,《汉画总录》第 30 卷，广西师范大学出版社 2015 年版。

徐永斌：《南阳汉画像石的发展与分期》，《中原文物》2009 年第 1 期。

许倬云：《汉代农业——早期中国农业经济的形成》，江苏人民出版社 2012 年版。

严文明：《关于考古学文化的理论》，《走向 21 世纪的考古学》，三秦出版社 1997 年版。

阎道衡：《永城芒山柿园发现梁国国王壁画墓》，《中原文物》1990 年第 1 期。

杨廷宾，南阳城区人，出生于读书世家，其父杨鹤汀为南阳辛亥革命先驱，辛亥革命后曾经出任首任南阳镇守使。1935 年，杨廷宾从北京大学艺术学院毕业后，回到家乡南阳，在南阳女子中学教美术。王正朔，内乡人，王正今又名王黎生，为王正朔的堂兄弟。王冶秋、王正朔、杨廷宾在北京西山中学读书时为同窗好友。王正朔、杨廷宾等人非常乐意帮助鲁迅收集南阳汉画拓片，保护祖国珍贵的文化遗产。

印群：《黄河中下游地区的东周墓葬制度》，社会科学文献出版社 2001 年版。

俞伟超：《汉代诸侯王与列侯墓葬的形制分析—兼论"周制""汉制"与"晋制"的三阶段性》，《中国考古学会第一次年会论文集》，文物出版社 1980 年版。

俞伟超：《考古类型学的理论与实践》，文物出版社 1989 年版。

俞伟超：《考古学中的汉文化问题》，《古史的考古学探索》，文物出版社 2002 年版。

俞伟超、高明：《周代用鼎制度研究》，《北京大学学报》1978 年第 1 期。

俞伟超、信立祥：《汉画像石墓》，《中国大百科全书·考古学》，中国大百科全书出版社 1986 年版。

袁仲一：《从考古资料看秦文化的发展和主要成就》。《秦文化论丛》第 5 辑，西北大学出版社 1990 年版。

云梦睡虎地秦墓编写组：《云梦睡虎地秦墓》，文物出版社 1981 年版。

云梦县文物工作组：《湖北云梦睡虎地秦汉墓发掘简报》，《考古》

1981 年第 1 期。

曾宪波、强玉春《南阳汉代画像石的发现、收藏历史与理论研究综述》，《中国汉画学会第十三届年会论文集》，中州古籍出版社 2011 年版。

张江凯：《河南邓州八里岗遗址发掘简报》，《文物》1998 年第 9 期。

张维华：《南召县小空山发现旧石器时代文化》，《中原文物》1982 年第 1 期。

赵超：《汉代画像石墓中的画像布局及其意义》，《中原文物》1991 年第 3 期。

赵成甫：《南阳汉画像石墓分期管见》，《汉代画像石研究》，文物出版社 1987 年版。

赵成甫：《南阳汉画像石墓兴衰刍议》，《中原文物》1985 年第 3 期。

赵成甫、张蓬酉、平春照：《河南唐河县石灰窑村画像石墓》，《文物》1982 年第 5 期。

赵康民：《秦始皇陵原名丽山》，《考古与文物》1980 年第 3 期。

郑杰祥：《河南新野发现的曾国铜器》，《文物》1973 年第 5 期。

郑清森：《河南永城柿园汉墓壁画浅析》，《中原文物》2002 年第 6 期。

郑州大学历史学院考古系、河南省文物局南水北调文物保护办公室、宝丰县文物局：《河南宝丰县廖旗营墓地东汉画像石墓》，《考古》2016 年第 3 期。

中国社会科学院考古研究所汉城工作队：《汉长安城未央宫第三号建筑遗址发掘简报》，《考古》1989 年第 1 期。

中国社会科学院考古研究所河南第二工作队：《河南偃师杏园村东汉壁画墓》，《考古》1985 年第 1 期。

中原墓葬的演变，有着一个漫长的过程，至西汉中期，社会经济和政治均得到前所未有发展和强化，传统的棺椁制度，已与当时的社会情景不相符合。新兴的阶层要求改革旧的葬制。这种丧葬制度的变革，就在关中和中原地区发生了。汉武帝、昭帝、宣帝时期，丧葬制度在多方面均发生了较多变化，出现了以砖代木、以石代木、以石代砖的墓葬，并且这种墓葬逐渐成为一种比较时髦的丧葬形式。这种丧葬形式，基本上汇聚了画像砖墓、崖墓、石椁墓的各种优点，创造出了整齐、坚固、省工、阔气，又宜于雕刻且能表示一定身份的墓葬——画像石墓。

周到、李京华：《唐河针织厂汉画像石墓的发掘》，《文物》1973年第6期。

周到、李京华：《唐河针织厂汉画像石墓的发掘》，《中原文物》1973年第2期。

周到、吕品：《南阳汉画像石简论》，《中原文物》1982年第2期。

周天游：《八家后汉书辑注》，上海古籍出版社1986年版。

周振鹤：《西汉政区地理》，人民出版社1987年版。李晓杰：《东汉政区地理》，山东教育出版社1999年版。

《诸子集成》，中华书局2006年版。

后　记

　　南阳汉代画像石早在 20 世纪 30 年代就已经引起学界关注，但依然有诸多问题扑朔迷离。系统梳理和深入研究南阳汉代画像石已经成为学术界一项刻不容缓的任务，笔者不揣浅陋，1999 年执教南阳期间，便开始整理、研究南阳汉代画像石。截至目前，考察了南阳及其周边汉代遗迹和汉代画像石墓葬 300 多处，自费搜集流散在南阳民间的汉代画像石 230 多块，撰写考察报告 100 多篇。倏尔二十载已过，而笔者在研究南阳汉代画像石的道路上上下求索，收获寥寥。虽有拙作问世，但深感管窥之见不如登高一瞥，也只有全面而又系统地梳理与研究南阳汉代画像石，才是对自己学术研究的一次重要提升和系统学习。基于这样的动机，于 2017 年开始，又一次次深入南阳大地，收集专业资料，考察汉代墓葬遗存，希望与古人交流，得到南阳汉代画像石背后那神秘的思绪。但历史不容穿越，人死不能复生，只有面对汉代人的作品，去一点一滴地梳理、归类、研究，方能有所感悟。

　　在该项研究的过程中，笔者多次茫然无措，又多次走出茫然，继续前进；其中艰辛，如鱼饮水，冷暖自知。经过一番周折，这部书稿的写作总算告一段落。回想起当初动笔时的野心勃勃，确如初生牛犊般的莽撞。当笔者一头扎进南阳汉代画像石之中，努力一窥南阳汉代画像石一斑的时候，深深感到了自己的卑微与渺小。

　　汉代的思想犹如百川归海，庞大而又复杂。南阳汉代画像石墓是汉代人宇宙观的浓缩，认识与解读南阳汉代画像石，首先要熟悉汉代前后浩如烟海的典籍，而笔者能做的只是学习。偶有所感，也未必能真正契合汉代人的思维，但是知难而上，把毕生精力用于推动汉代美术考古研究，是笔者的初衷，也是笔者一生所愿。

　　最后，笔者要感谢把我引入学术之路的老师毛建波先生和陈锽先生，是他们让笔者得以略窥中国古代学术之门径。陈锽先生对书稿结构的指导和建议使我受益匪浅。中国国家博物馆信立祥先生多次指导笔者的学术研究，使其免入歧途。东南大学汪小洋先生、南阳汉画馆牛天伟先生、清华大学谈晟广先生、鲁迅美术学院李林先生等，对书稿提出了不同程度的修改意见，使得拙著避免不少错误；本书编辑宫京蕾老师在编辑、校对过程中认真负责，在此一并表示感谢。此外，南阳市文物考古研究所所长乔保同先生、副所长王凤剑先生不惜提供36篇未发表的汉代画像石墓考古发掘报告，从而使拙著内容更加丰满，其君子之德，没齿难忘。

　　二十年磨一剑，但因水平所限，拙著与学界的期待难免有差距，批评、否定才能产生新知，本书如有不妥之处，敬请广大读者批评指正。

卜友常

辛丑年五月二十日于灵石不语斋